COLETÂNEA DE QUESTÕES

GESTÃO

Questões para Administração de Empresas,
Gestão de Recursos Humanos, Gestão Financeira, Gestão Comercial,
Logística, Marketing, Processos Gerenciais, Secretariado Executivo,
Relações Internacionais, Ciências Contábeis e Ciências Econômicas.

2012 © Wander Garcia

Coordenador da Coleção: Wander Garcia
Organizadores: Wander Garcia e Elson Garcia

Editor: Márcio Dompieri
Projeto gráfico, Capa e Diagramação: R2 Criações

FICHA CATALOGRÁFICA ELABORADA PELO

Sistemas de Bibliotecas da UNICAMP /
Diretoria de Tratamento da Informação
Bibliotecária: Helena Joana Flipsen – CRB-8ª / 5283

G   Garcia, Wander.
     Coletânea de Questões e Habilidades Gerais e Específicas do ENADE – Administração – 2ª Edição / Wander Garcia -- Campinas, SP : Editora Foco, 2012.
     p. 316

     1. Administração. 2. Exames - Questões. 3. Educação.
I. Título.

                              CDD   - 658
                                     - 371.261
                                     - 370

     ISBN 978-85-62168-75-8

Índices para Catálogo Sistemático:

1. Administração	658
2. Exames - Questões	371.261
3. Educação	370

2012
Proibida a reprodução total ou parcial.
Os infratores serão processados na forma da lei.
Todos os direitos reservados à
Editora Foco Jurídico Ltda
Al. José Amstalden 491 – Cj. 52
CEP 13331-100 – Indaiatuba – SP
E-mail: contato@editorafoco.com.br
www.editorafoco.com.br

SUMÁRIO

CAPÍTULO I
AVALIAÇÃO DAS HABILIDADES E CONTEÚDOS GERAIS E ESPECÍFICOS 9

CAPÍTULO II
QUESTÕES DE FORMAÇÃO GERAL 13

HABILIDADE 01
INTERPRETAR, COMPREENDER E ANALISAR TEXTOS, CHARGES, FIGURAS,
FOTOS, GRÁFICOS E TABELAS 17

HABILIDADE 02
ESTABELECER COMPARAÇÕES, CONTEXTUALIZAÇÕES, RELAÇÕES,
CONTRASTES E RECONHECER DIFERENTES MANIFESTAÇÕES ARTÍSTICAS 25

HABILIDADE 03
ELABORAR SÍNTESES E EXTRAIR CONCLUSÕES 37

HABILIDADE 04
CRITICAR, ARGUMENTAR, OPINAR, PROPOR SOLUÇÕES E FAZER ESCOLHAS 45

ANEXO I
GABARITO E PADRÃO DE RESPOSTA 53

HABILIDADE 1 – INTERPRETAR, COMPREENDER E ANALISAR TEXTOS,
CHARGES, FIGURAS, FOTOS, GRÁFICOS E TABELAS 53

HABILIDADE 2 – ESTABELECER COMPARAÇÕES, CONTEXTUALIZAÇÕES, RELAÇÕES,
CONTRASTES E RECONHECER DIFERENTES MANIFESTAÇÕES ARTÍSTICAS 53

HABILIDADE 3 – ELABORAR SÍNTESES E EXTRAIR CONCLUSÕES 53

HABILIDADE 4 – CRITICAR, ARGUMENTAR, OPINAR, PROPOR SOLUÇÕES E FAZER ESCOLHAS 55

CAPÍTULO III
QUESTÕES DE COMPONENTE ESPECÍFICO DE ADMINISTRAÇÃO DE EMPRESAS 59

CONTEÚDO 01
TEORIAS DA ADMINISTRAÇÃO 63

CONTEÚDO 02
ADMINISTRAÇÃO DE RECURSOS HUMANOS 75

CONTEÚDO 03
ADMINISTRAÇÃO MERCADOLÓGICA E MARKETING 91

CONTEÚDO 04
ADMINISTRAÇÃO ESTRATÉGICA 103

CONTEÚDO 05
ADMINISTRAÇÃO FINANCEIRA E ORÇAMENTÁRIA 111

CONTEÚDO 06
ADMINISTRAÇÃO DE PRODUÇÃO, ORGANIZAÇÃO, PROCESSOS E MÉTODOS 127

CONTEÚDO 07
ADMINISTRAÇÃO DE SISTEMAS DE INFORMAÇÃO E TECNOLOGIA DA INFORMAÇÃO 137

CONTEÚDO 08
ADMINISTRAÇÃO DE SERVIÇOS 145

CONTEÚDO 09
ADMINISTRAÇÃO DE RECURSOS MATERIAIS E PATRIMONIAIS 147

CONTEÚDO 10
LOGÍSTICA 153

CONTEÚDO 11
ÉTICA E RESPONSABILIDADE SOCIAL 155

CONTEÚDO 12
TEMAS COMBINADOS 161

CAPÍTULO IV QUESTÕES DE COMPONENTES ESPECÍFICOS DE GESTÃO DE RECURSOS HUMANOS	**165**
CAPÍTULO V QUESTÕES DE COMPONENTES ESPECÍFICOS DE GESTÃO FINANCEIRA	**177**
CAPÍTULO VI QUESTÕES DE COMPONENTES ESPECÍFICOS DE MARKETING	**189**
CAPÍTULO VII QUESTÕES DE COMPONENTES ESPECÍFICOS DE PROCESSOS GERENCIAIS	**199**
CAPÍTULO VIII QUESTÕES DE COMPONENTES ESPECÍFICOS DE SECRETARIADO EXECUTIVO	**211**
CAPÍTULO IX QUESTÕES DE COMPONENTES ESPECÍFICOS DE RELAÇÕES INTERNACIONAIS	**233**
CAPÍTULO X QUESTÕES DE COMPONENTES ESPECÍFICOS DE CIÊNCIAS CONTÁBEIS	**243**

CONTEÚDO 01
TEORIA CONTÁBIL 247

CONTEÚDO 02
ÉTICA GERAL E PROFISSIONAL 249

CONTEÚDO 03
ESCRITURAÇÃO CONTÁBIL E ELABORAÇÃO DE DEMONSTRAÇÕES CONTÁBEIS 253

CONTEÚDO 04
CONTABILIDADE SOCIETÁRIA 255

CONTEÚDO 05
ANÁLISE E INTERPRETAÇÃO DE DEMONSTRAÇÃO CONTÁBEIS 267

CONTEÚDO 06
CONTABILIDADE E ANÁLISE DE CUSTO 271

CONTEÚDO 07
CONTABILIDADE GERENCIAL 273

CONTEÚDO 08
CONTROLADORIA 279

CONTEÚDO 09
ORÇAMENTO E ADMINISTRAÇÃO FINANCEIRA 281

CONTEÚDO 10
CONTABILIDADE E ORÇAMENTO GOVERNAMENTAL 283

CONTEÚDO 11
AUDITORIA EXTERNA E INTERNA 285

CONTEÚDO 12
PERÍCIA 287

CONTEÚDO 13
LEGISLAÇÃO SOCIETÁRIA, COMERCIAL, TRABALHISTA E TRIBUTÁRIA 289

CONTEÚDO 14
ESTATÍSTICA DESCRITIVA E INFERÊNCIA 293

CONTEÚDO 15
SISTEMAS E TECNOLOGIAS DE INFORMAÇÕES 295

CAPÍTULO XI
QUESTÕES DE COMPONENTES ESPECÍFICOS DE CIÊNCIAS ECONÔMICAS — 297

CONTEÚDO 01
ESTATÍSTICA 301

CONTEÚDO 02
MATEMÁTICA 305

CONTEÚDO 03
CONTABILIDADE EMPRESARIAL 307

CONTEÚDO 04
ECONOMIA BRASILEIRA CONTEMPORÂNEA 309

CONTEÚDO 05
FORMAÇÃO ECONÔMICA DO BRASIL 313

CONTEÚDO 06
HISTÓRIA DO PENSAMENTO ECONÔMICO 317

CONTEÚDO 07
HISTÓRIA ECONÔMICA GERAL 321

CONTEÚDO 08
MICROECONOMIA 325

CONTEÚDO 09
MACROECONOMIA 333

CONTEÚDO 10
CONTABILIDADE SOCIAL 345

CONTEÚDO 11
ECONOMIA INTERNACIONAL 349

CONTEÚDO 12
ECONOMIA POLÍTICA 353

CONTEÚDO 13
ECONOMIA DO SETOR PÚBLICO 355

CONTEÚDO 14
ECONOMIA MONETÁRIA 357

CONTEÚDO 15
DESENVOLVIMENTO SOCIOECONÔMICO 361

CONTEÚDO 16
ECONOMETRIA 363

CONTEÚDO 17
TEMAS COMBINADOS 367

CAPÍTULO XII
GABARITO E PADRÃO DE RESPOSTA   **369**

CAPÍTULO III
QUESTÕES DE COMPONENTES ESPECÍFICOS DE ADMINISTRAÇÃO DE EMPRESAS 371

    CONTEÚDO 01 – TEORIAS DA ADMINISTRAÇÃO 371

    CONTEÚDO 02 – ADMINISTRAÇÃO DE RECURSOS HUMANOS 372

    CONTEÚDO 03 – ADMINISTRAÇÃO MERCADOLÓGICA E MARKETING 374

    CONTEÚDO 04 – ADMINISTRAÇÃO ESTRATÉGICA 376

    CONTEÚDO 05 – ADMINISTRAÇÃO FINANCEIRA E ORÇAMENTÁRIA 379

    CONTEÚDO 06 – ADMINISTRAÇÃO DE PRODUÇÃO, ORGANIZAÇÃO, PROCESSOS E MÉTODOS 381

    CONTEÚDO 07 – ADMINISTRAÇÃO DE SISTEMAS DE INFORMAÇÃO E TECNOLOGIA DA INFORMAÇÃO . 382

    CONTEÚDO 08 – ADMINISTRAÇÃO DE SERVIÇOS 383

    CONTEÚDO 09 – ADMINISTRAÇÃO DE RECURSOS MATERIAIS E PATRIMONIAIS 383

    CONTEÚDO 10 – LOGÍSTICA 384

    CONTEÚDO 11 – ÉTICA E RESPONSABILIDADE SOCIAL 384

    CONTEÚDO 12 – TEMAS COMBINADOS 385

CAPÍTULO IV
QUESTÕES DE COMPONENTES ESPECÍFICOS DE GESTÃO DE RECURSOS HUMANOS 388

CAPÍTULO V
QUESTÕES DE COMPONENTES ESPECÍFICOS DE GESTÃO FINANCEIRA 389

CAPÍTULO VI
QUESTÕES DE COMPONENTES ESPECÍFICOS DE MARKETING 390

CAPÍTULO VII
QUESTÕES DE COMPONENTES ESPECÍFICOS DE PROCESSOS GERENCIAIS 391

CAPÍTULO VIII
QUESTÕES DE COMPONENTES ESPECÍFICOS DE SECRETARIADO EXECUTIVO 392

CAPÍTULO IX
QUESTÕES DE COMPONENTES ESPECÍFICOS DE RELAÇÕES INTERNACIONAIS 395

CAPÍTULO X
QUESTÕES DE COMPONENTES ESPECÍFICOS DE CIÊNCIAS CONTÁBEIS 396

    CONTEÚDO 02 – ÉTICA GERAL E PROFISSIONAL 399

    CONTEÚDO 03 – ESCRITURAÇÃO CONTÁBIL E ELABORAÇÃO DE DEMONSTRAÇÕES CONTÁBEIS 399

    CONTEÚDO 04 – CONTABILIDADE SOCIETÁRIA 399

    CONTEÚDO 05 – ANÁLISE E INTERPRETAÇÃO DE DEMONSTRAÇÃO CONTÁBEIS 403

    CONTEÚDO 06 – CONTABILIDADE E ANÁLISE DE CUSTO 403

    CONTEÚDO 07 – CONTABILIDADE GERENCIAL 403

    CONTEÚDO 08 – CONTROLADORIA 404

    CONTEÚDO 09 – ORÇAMENTO E ADMINISTRAÇÃO FINANCEIRA 404

    CONTEÚDO 10 – CONTABILIDADE E ORÇAMENTO GOVERNAMENTAL 404

    CONTEÚDO 11 – AUDITORIA EXTERNA E INTERNA 404

    CONTEÚDO 12 – PERÍCIA 405

    CONTEÚDO 13 – LEGISLAÇÃO SOCIETÁRIA, COMERCIAL, TRABALHISTA E TRIBUTÁRIA 405

    CONTEÚDO 14 – ESTATÍSTICA DESCRITIVA E INFERÊNCIA 405

    CONTEÚDO 15 – SISTEMAS E TECNOLOGIAS DE INFORMAÇÕES 405

CAPÍTULO XI
QUESTÕES DE COMPONENTES ESPECÍFICOS DE CIÊNCIAS ECONÔMICAS 406

    CONTEÚDO 02 – MATEMÁTICA 406

    CONTEÚDO 03 – CONTABILIDADE EMPRESARIAL 406

    CONTEÚDO 04 – ECONOMIA BRASILEIRA CONTEMPORÂNEA 406

    CONTEÚDO 05 – FORMAÇÃO ECONÔMICA DO BRASIL 406

    CONTEÚDO 06 – HISTÓRIA DO PENSAMENTO ECONÔMICO 407

    CONTEÚDO 07 – HISTÓRIA ECONÔMICA GERAL 408

    CONTEÚDO 08 – MICROECONOMIA 408

    CONTEÚDO 09 – MACROECONOMIA 409

    CONTEÚDO 10 – CONTABILIDADE SOCIAL 411

    CONTEÚDO 11 – ECONOMIA INTERNACIONAL 411

    CONTEÚDO 12 – ECONOMIA POLÍTICA 411

    CONTEÚDO 13 – ECONOMIA DO SETOR PÚBLICO 411

    CONTEÚDO 14 – ECONOMIA MONETÁRIA 411

    CONTEÚDO 15 – DESENVOLVIMENTO SOCIOECONÔMICO 412

    CONTEÚDO 16 – ECONOMETRIA 412

    CONTEÚDO 17 – TEMAS COMBINADOS 413

Capítulo I
Avaliação das Habilidades e Conteúdos Gerais e Específicos

Avaliação das Habilidades e Conteúdos Gerais e Específicos

Mais do que nunca as Instituições de Ensino Superior, o Ministério da Educação e o mercado de trabalho buscam a formação de profissionais que desenvolvam habilidades, competências e conteúdos gerais e específicos.

Nesse sentido, o Exame Nacional de Desempenho dos Estudantes - ENADE, instituído pela Lei 10.861/04, vem submetendo, principalmente junto aos alunos concluintes, exame **obrigatório** que avalia habilidades e competências destes, e não apenas a capacidade de decorar do estudante, o que faz com que essa avaliação esteja muito mais próxima do que é a "vida real", o mercado de trabalho, do que outros exames de proficiência e de concursos com os quais o estudante se depara durante sua vida escolar e profissional.

Esse exame tem os seguintes **objetivos**:

a) avaliar o desempenho dos estudantes com relação aos **conteúdos programáticos** previstos nas diretrizes curriculares dos cursos de graduação;

b) avaliar o desempenho dos estudantes quanto ao **desenvolvimento de competências e habilidades** necessárias ao aprofundamento da formação geral e profissional;

c) avaliar o desempenho dos estudantes quanto ao **nível de atualização** com relação à realidade brasileira e mundial;

d) servir como um dos **instrumentos de avaliação** das instituições de ensino superior e dos cursos de graduação.

Dessa forma, o exame não privilegia o verbo **decorar**, mas sim os verbos analisar, comparar, relacionar, organizar, contextualizar, interpretar, calcular, **raciocinar**, argumentar, propor, dentre outros.

É claro que será aferido também se os conteúdos programáticos ministrados nos cursos superiores foram bem compreendidos, mas o foco maior é a avaliação do desenvolvimento da capacidade de compreensão, de síntese, de crítica, de argumentação e de proposição de soluções por parte dos estudantes.

Além disso, o exame é **interdisciplinar** e **contextualizado**, inserindo o estudante dentro de situações-problemas, de modo a verificar a capacidade deste de *aprender a pensar*, a *refletir* e a *saber como fazer*.

O exame é formado por 40 questões, sendo 10 questões de **Formação Geral, das quais duas são subjetivas**, e 30 questões de **Componente Específico, das quais três são subjetivas**.

As questões subjetivas costumam avaliar textos argumentativos a serem escritos, em geral, em até 15 linhas.

O peso da parte de formação geral é de 25%, ao passo que o peso da segunda parte é de 75%.

O objetivo da presente obra é colaborar com esse processo contínuo de desenvolvimento de habilidades e conteúdos gerais e específicos junto aos alunos, a partir do conhecimento e resolução de questões do exame mencionado e do Exame Nacional de Cursos, questões essas que, como se viu, primam pela avaliação desses conteúdos e competências.

Capítulo II
Questões de Formação Geral

1) Conteúdos e Habilidades objetos de perguntas nas questões de Formação Geral.

As questões de Formação Geral avaliam, junto aos estudantes, o conhecimento e a compreensão, dentre outros, dos seguintes **Conteúdos**:

a) Arte, cultura e filosofia;

b) Avanços tecnológicos;

c) Ciência, tecnologia e inovação;

d) Democracia, ética, cidadania e direitos humanos;

e) Ecologia e biodiversidade;

f) Globalização e geopolítica;

g) Políticas públicas: educação, habitação, saneamento, saúde, transporte, segurança, defesa e desenvolvimento sustentável;

h) Relações de trabalho;

i) Responsabilidade social e redes sociais: setor público, privado, terceiro setor;

j) Sociodiversidade: multiculturalismo, tolerância, inclusão e exclusão (inclusive digital), relações de gênero; minorias;

k) Tecnologias de Informação e Comunicação;

l) Vida urbana e rural;

m) Violência e terrorismo;

n) Relações interpessoais;

o) Propriedade intelectual;

p) Diferentes mídias e tratamento da informação.

Tais conteúdos são o pano de fundo para avaliação do desenvolvimento dos seguintes grupos de Habilidades:

a) **Interpretar**, **compreender** e **analisar** textos, charges, figuras, fotos, gráficos e tabelas.

b) Estabelecer **comparações**, contextualizações, relações, contrastes e reconhecer diferentes manifestações artísticas.

c) Elaborar sínteses e extrair **conclusões**.

d) **Criticar**, **argumentar**, opinar, propor **soluções** e fazer escolhas.

As questões objetivas costumam trabalhar com as três primeiras habilidades, ao passo que as questões discursivas trabalham, normalmente, com a quarta habilidade.

Com relação às questões de Formação Geral optamos por classificá-las nesta obra pelas quatro Habilidades acima enunciadas.

2) Questões de Formação Geral classificadas por Habilidades.

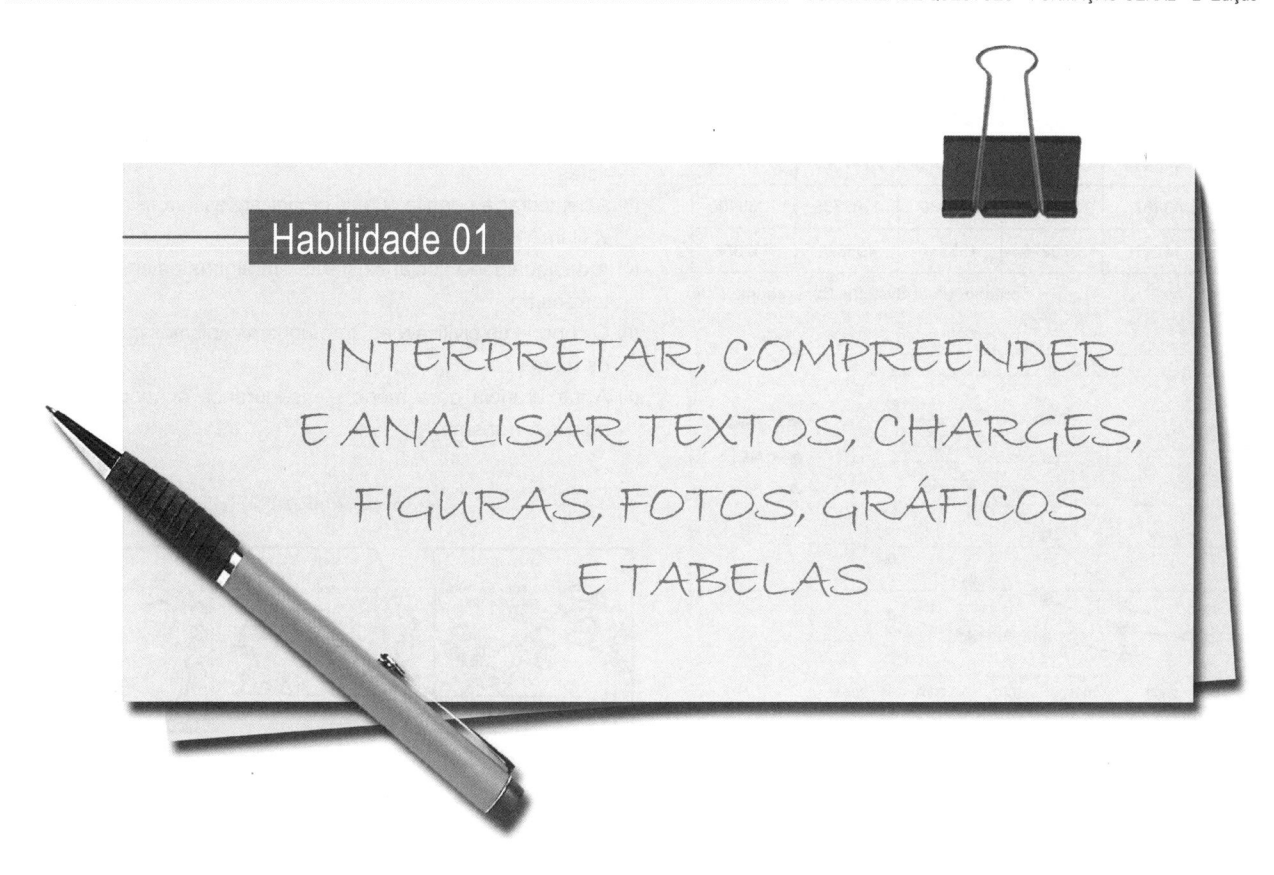

Habilidade 01

INTERPRETAR, COMPREENDER E ANALISAR TEXTOS, CHARGES, FIGURAS, FOTOS, GRÁFICOS E TABELAS

---

1. (EXAME 2004)

TEXTO

"O homem se tornou lobo para o homem, porque a meta do desenvolvimento industrial está concentrada num objeto e não no ser humano. A tecnologia e a própria ciência não respeitaram os valores éticos e, por isso, não tiveram respeito algum para o humanismo. Para a convivência. Para o sentido mesmo da existência.

Na própria política, o que contou no pós-guerra foi o êxito econômico e, muito pouco, a justiça social e o cultivo da verdadeira imagem do homem. Fomos vítimas da ganância e da máquina. Das cifras. E, assim, perdemos o sentido autêntico da confiança, da fé, do amor. As máquinas andaram por cima da plantinha sempre tenra da esperança. E foi o caos."

ARNS, Paulo Evaristo. **Em favor do homem.** Rio de Janeiro: Avenir, s/d. p.10.

De acordo com o texto, pode-se afirmar que

(A) a industrialização, embora respeite os valores éticos, não visa ao homem.
(B) a confiança, a fé, a ganância e o amor se impõem para uma convivência possível.
(C) a política do pós-guerra eliminou totalmente a esperança entre os homens.
(D) o sentido da existência encontra-se instalado no êxito econômico e no conforto.
(E) o desenvolvimento tecnológico e científico não respeitou o humanismo.

2. (EXAME 2004)

Millôr e a ética do nosso tempo

MAS DE UMA COISA O SENHOR PODE ESTAR CERTO, SE ALGUM DIA EU ABRIR MÃO DE MINHAS CONVICÇÕES MORAIS, A PREFERÊNCIA É SUA.

A charge de Millôr aponta para

(A) a fragilidade dos princípios morais.
(B) a defesa das convicções políticas.
(C) a persuasão como estratégia de convencimento.
(D) o predomínio do econômico sobre o ético.
(E) o desrespeito às relações profissionais.

3. (EXAME 2004)

Os países em desenvolvimento fazem grandes esforços para promover a inclusão digital, ou seja, o acesso, por parte de seus cidadãos, às tecnologias da era da informação. Um dos indicadores empregados é o número de hosts, ou seja, número de computadores que estão conectados à Internet. A tabela e o gráfico abaixo mostram a evolução do número de hosts nos três países que lideram o setor na América Latina.

Numero de *hosts*

	2000	2001	2002	2003	2004
Brasil	446444	876596	1644575	2237527	3163349
México	404873	559165	918288	1107795	1333406
Argentina	142470	270275	465359	495920	742358

Fonte: Internet Systems Consortium, 2004

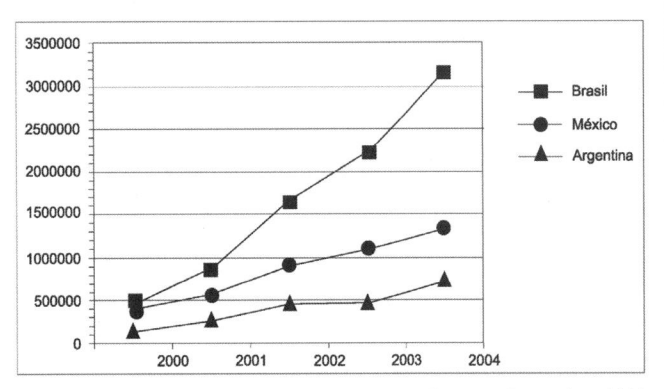

Fonte: Internet Systems Consortium, 2004

Dos três países, os que apresentaram, respectivamente, o maior e o menor crescimento percentual no número de hosts no período 2000-2004 foram:

(A) Brasil e México.
(B) Brasil e Argentina.
(C) Argentina e México.
(D) Argentina e Brasil.
(E) México e Argentina.

4. (EXAME 2005)

As ações terroristas cada vez mais se propagam pelo mundo, havendo ataques em várias cidades, em todos os continentes.

Nesse contexto, analise a seguinte notícia:

> No dia 10 de março de 2005, o Presidente de Governo da Espanha José Luis Rodriguez Zapatero em conferência sobre o terrorismo, ocorrida em Madri para lembrar os atentados do dia 11 de março de 2004, "assinalou que os espanhóis encheram as ruas em sinal de dor e solidariedade e dois dias depois encheram as urnas, mostrando assim o único caminho para derrotar o terrorismo: a democracia. Também proclamou que não existe álibi para o assassinato indiscriminado. Zapatero afirmou que não há política, nem ideologia, resistência ou luta no terror, só há o vazio da futilidade, a infâmia e a barbárie. Também defendeu a comunidade islâmica, lembrando que não se deve vincular esse fenômeno com nenhuma civilização, cultura ou religião. Por esse motivo apostou na criação pelas Nações Unidas de uma aliança de civilizações para que não se continue ignorando a pobreza extrema, a exclusão social ou os Estados falidos, que constituem, segundo ele, um terreno fértil para o terrorismo".

(MANCEBO, Isabel. Madri fecha conferência sobre terrorismo e relembra os mortos de 11-M. (Adaptado).
Disponível em: http://www2.rnw.nl/rnw/pt/atualidade/europa/at050311_onzedemarco?Acesso em Set. 2005)

A principal razão, indicada pelo governante espanhol, para que haja tais iniciativas do terror está explicitada na seguinte afirmação:

(A) O desejo de vingança desencadeia atos de barbárie dos terroristas.
(B) A democracia permite que as organizações terroristas se desenvolvam.
(C) A desigualdade social existente em alguns países alimenta o terrorismo.
(D) O choque de civilizações aprofunda os abismos culturais entre os países.
(E) A intolerância gera medo e insegurança criando condições para o terrorismo.

5. (EXAME 2005)

(Laerte. *O condomínio*)

(Laerte. *O condomínio*)
(Disponível em: http://www2.uol.com.br/laerte/tiras/index-condomínio.html)

As duas charges de Laerte são críticas a dois problemas atuais da sociedade brasileira, que podem ser identificados pela crise

(A) na saúde e na segurança pública.
(B) na assistência social e na habitação.
(C) na educação básica e na comunicação.
(D) na previdência social e pelo desemprego.
(E) nos hospitais e pelas epidemias urbanas.

6. (EXAME 2005)

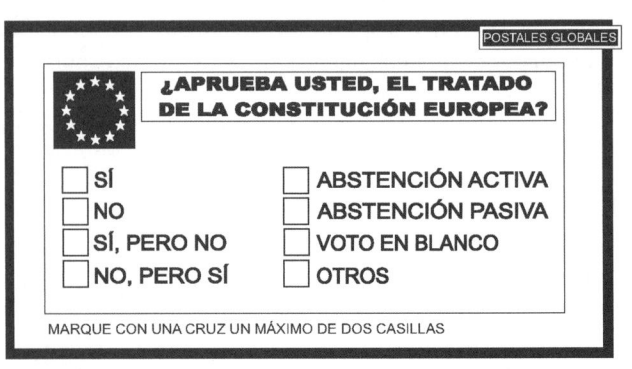

(La Vanguardia, 04 dez. 2004)

O referendo popular é uma prática democrática que vem sendo exercida em alguns países, como exemplificado, na charge, pelo caso espanhol, por ocasião da votação sobre a aprovação ou não da Constituição Européia. Na charge, pergunta-se com destaque:

"Você aprova o tratado da Constituição Européia?", sendo apresentadas várias opções, além de haver a possibilidade de dupla marcação.

A **crítica** contida na charge indica que a prática do referendo deve

(A) ser recomendada nas situações em que o plebiscito já tenha ocorrido.

(B) apresentar uma vasta gama de opções para garantir seu caráter democrático.

(C) ser precedida de um amplo debate prévio para o esclarecimento da população.

(D) significar um tipo de consulta que possa inviabilizar os rumos políticos de uma nação.

(E) ser entendida como uma estratégia dos governos para manter o exercício da soberania.

7. (EXAME 2006)

Jornal do Brasil, 3 ago. 2005.

Tendo em vista a construção da idéia de nação no Brasil, o argumento da personagem expressa

(A) a afirmação da identidade regional.
(B) a fragilização do multiculturalismo global.
(C) o ressurgimento do fundamentalismo local.
(D) o esfacelamento da unidade do território nacional.
(E) o fortalecimento do separatismo estadual.

8. (EXAME 2006)

A formação da consciência ética, baseada na promoção dos valores éticos, envolve a identificação de alguns conceitos como: "consciência moral", "senso moral", "juízo de fato" e "juízo de valor".

A esse respeito, leia os quadros a seguir.

Quadro I - Situação
Helena está na fila de um banco, quando, de repente, um indivíduo, atrás na fila, se sente mal. Devido à experiência com seu marido cardíaco, tem a impressão de que o homem está tendo um enfarto. Em sua bolsa há uma cartela com medicamento que poderia evitar o perigo de acontecer o pior. Helena pensa: "Não sou médica – devo ou não devo medicar o doente? Caso não seja problema cardíaco – o que acho difícil –, ele poderia piorar? Piorando, alguém poderá dizer que foi por minha causa – uma curiosa que tem a pretensão de agir como médica. Dou ou não dou o remédio? O que fazer?"

Quadro II - Afirmativas
1 - O "senso moral" relaciona-se à maneira como avaliamos nossa situação e a de nossos semelhantes, nosso comportamento, a conduta e a ação de outras pessoas segundo idéias como as de justiça e injustiça, certo e errado.
2 - A "consciência moral" refere-se a avaliações de conduta que nos levam a tomar decisões por nós mesmos, a agir em conformidade com elas e a responder por elas perante os outros.

Qual afirmativa e respectiva razão fazem uma associação mais adequada com a situação apresentada?

(A) Afirmativa 1- porque o "senso moral" se manifesta como conseqüência da "consciência moral", que revela sentimentos associados às situações da vida.

(B) Afirmativa 1- porque o "senso moral" pressupõe um "juízo de fato", que é um ato normativo enunciador de normas segundo critérios de correto e incorreto.

(C) Afirmativa 1- porque o "senso moral" revela a indignação diante de fatos que julgamos ter feito errado provocando sofrimento alheio.

(D) Afirmativa 2- porque a "consciência moral" se manifesta na capacidade de deliberar diante de alternativas possíveis que são avaliadas segundo valores éticos.

(E) Afirmativa 2- porque a "consciência moral" indica um "juízo de valor" que define o que as coisas são, como são e por que são.

9. (EXAME 2006)

A legislação de trânsito brasileira considera que o condutor de um veículo está dirigindo alcoolizado quando o teor alcoólico de seu sangue excede 0,6 gramas de álcool por litro de sangue. O gráfico abaixo mostra o processo de absorção e eliminação do álcool quando um indivíduo bebe, em um curto espaço de tempo, de 1 a 4 latas de cerveja.

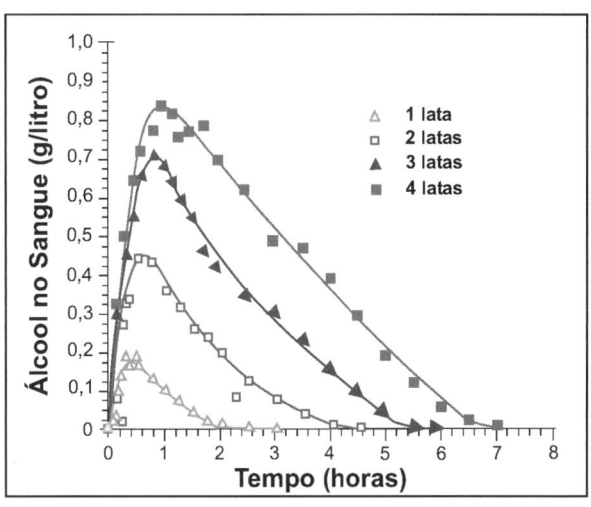

(Fonte: National Health Institute, Estados Unidos)

Considere as afirmativas a seguir.

I. O álcool é absorvido pelo organismo muito mais lentamente do que é eliminado.

II. Uma pessoa que vá dirigir imediatamente após a ingestão da bebida pode consumir, no máximo, duas latas de cerveja.

III. Se uma pessoa toma rapidamente quatro latas de cerveja, o álcool contido na bebida só é completamente eliminado após se passarem cerca de 7 horas da ingestão.

Está(ão) correta(s) a(s) afirmativa(s)

(A) II, apenas.
(B) I e II, apenas.
(C) I e III, apenas.
(D) II e III, apenas.
(E) I, II e III.

10. (EXAME 2006)

A tabela abaixo mostra como se distribui o tipo de ocupação dos jovens de 16 a 24 anos que trabalham em 5 Regiões Metropolitanas e no Distrito Federal.

Distribuição dos jovens ocupados, de 16 a 24 anos, segundo posição na ocupação
Regiões Metropolitanas e Distrito Federal - 2005 (em porcentagem)

Regiões Metropolitanas e Distrito Federal	Assalariados					Autônomos			Empregado Doméstico	Outros
	Total	Setor privado			Setor público	Total	Trabalha para o público	Trabalha para empresas		
		Total	Com carteira assinada	Sem carteira assinada						
Belo Horizonte	79,0	72,9	53,2	19,7	6,1	12,5	7,9	4,6	7,4	(1)
Distrito Federal	80,0	69,8	49,0	20,8	10,2	9,8	5,2	4,6	7,1	(1)
Porto Alegre	86,0	78,0	58,4	19,6	8,0	7,7	4,5	3,2	3,0	(1)
Recife	69,8	61,2	36,9	24,3	8,6	17,5	8,4	9,1	7,1	(1)
Salvador	71,6	64,5	39,8	24,7	7,1	18,6	14,3	4,3	7,2	(1)
São Paulo	80,4	76,9	49,3	27,6	3,5	11,3	4,0	7,4	5,3	(1)

(Fonte: Convênio DIEESE / Seade, MTE / FAT e convênios regionais. PED - Pesquisa de Emprego e Desemprego Elaboração: DIEESE)
Nota: (1) A amostra não comporta a desagregação para esta categoria.

Das regiões estudadas, aquela que apresenta o maior percentual de jovens sem carteira assinada, dentre os jovens que são assalariados do setor privado, é

(A) Belo Horizonte.
(B) Distrito Federal.
(C) Recife.
(D) Salvador.
(E) São Paulo.

11. (EXAME 2007)

Os países em desenvolvimento fazem grandes esforços para promover a inclusão digital, ou seja, o acesso, por parte de seus cidadãos, às tecnologias da era da informação. Um dos indicadores empregados é o número de *hosts*, isto é, o número de computadores que estão conectados à Internet. A tabela e o gráfico abaixo mostram a evolução do número de *hosts* nos três países que lideram o setor na América do Sul.

	2003	2004	2005	2006	2007
Brasil	2.237.527	3.163.349	3.934.577	5.094.730	7.422.440
Argentina	495.920	742.358	1.050.639	1.464.719	1.837.050
Colômbia	55.626	115.158	324.889	440.585	721.114

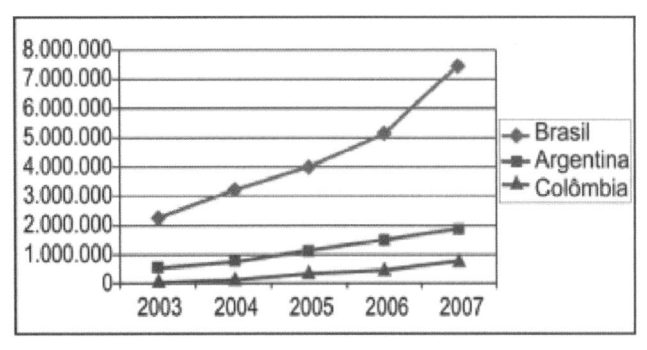

Fonte: IBGE (Network Wizards, 2007)

Dos três países, os que apresentaram, respectivamente, o maior e o menor crescimento percentual no número de *hosts*, no período 2003 – 2007, foram

(A) Brasil e Colômbia.
(B) Brasil e Argentina.
(C) Argentina e Brasil.
(D) Colômbia e Brasil.
(E) Colômbia e Argentina.

12. (EXAME 2008)

CIDADÃS DE SEGUNDA CLASSE?

As melhores leis a favor das mulheres de cada país-membro da União Européia estão sendo reunidas por especialistas.

O objetivo é compor uma legislação continental capaz de contemplar temas que vão da contracepção à eqüidade salarial, da prostituição à aposentadoria. Contudo, uma legislação que assegure a inclusão social das cidadãs deve contemplar outros temas, além dos citados.

São dois os temas mais específicos para essa legislação:

(A) aborto e violência doméstica.
(B) cotas raciais e assédio moral.
(C) educação moral e trabalho.
(D) estupro e imigração clandestina.
(E) liberdade de expressão e divórcio.

13. (EXAME 2008)

A foto a seguir, da americana Margaret Bourke-White (1904-71), apresenta desempregados na fila de alimentos durante a Grande Depressão, que se iniciou em 1929.

STRICKLAND, Carol; BOSWELL, John. **Arte Comentada**: da pré-história ao pós-moderno. Rio de Janeiro: Ediouro [s.d.].

Além da preocupação com a perfeita composição, a artista, nessa foto, revela

(A) a capacidade de organização do operariado.
(B) a esperança de um futuro melhor para negros.
(C) a possibilidade de ascensão social universal.
(D) as contradições da sociedade capitalista.
(E) o consumismo de determinadas classes sociais.

14. (EXAME 2008)

CENTROS URBANOS MEMBROS DO GRUPO "ENERGIA-CIDADES"

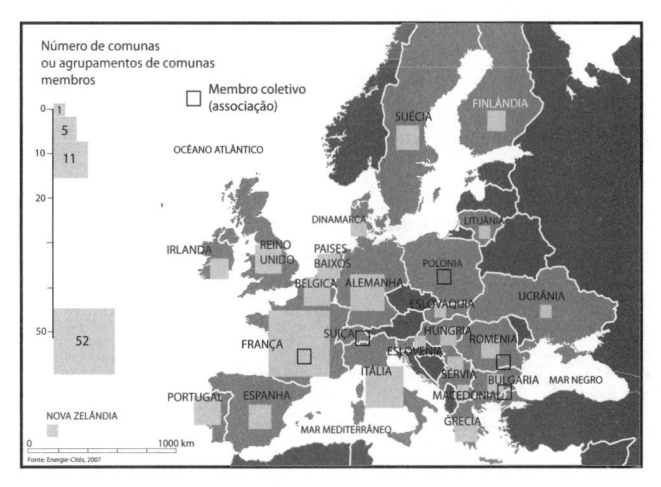

LE MONDE Diplomatique Brasil. **Atlas do Meio Ambiente**, 2008. p. 82.

No mapa, registra-se uma prática exemplar para que as cidades se tornem sustentáveis de fato, favorecendo as trocas horizontais, ou seja, associando e conectando territórios entre si, evitando desperdícios no uso de energia.

Essa prática exemplar apóia-se, fundamentalmente, na

(A) centralização de decisões políticas.
(B) atuação estratégica em rede.
(C) fragmentação de iniciativas institucionais.
(D) hierarquização de autonomias locais.
(E) unificação regional de impostos.

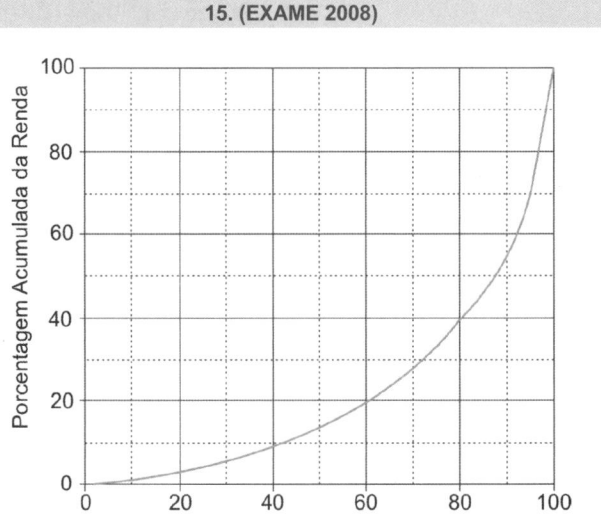

15. (EXAME 2008)

Disponível em: http://www.ipea.gov.br/sites/000/2/livros/desigualdaderendanobrasil/cap_04_avaliandoasignificancia.pdf

Apesar do progresso verificado nos últimos anos, o Brasil continua sendo um país em que há uma grande desigualdade de renda entre os cidadãos. Uma forma de se constatar este fato é por meio da Curva de Lorenz, que fornece, para cada valor de x entre 0 e 100, o percentual da renda total do País auferido pelos x% de brasileiros de menor renda. Por exemplo, na Curva de Lorenz para 2004, apresentada ao lado, constata-se que a renda total dos 60% de menor renda representou apenas 20% da renda total.

De acordo com o mesmo gráfico, o percentual da renda total correspondente aos 20% de **maior** renda foi, aproximadamente, igual a

(A) 20%
(B) 40%
(C) 50%
(D) 60%
(E) 80%

16. (EXAME 2009)

Leia o trecho:

O sertão vai a Veneza

Festival de Veneza exibe "Viajo Porque Preciso, Volto Porque Te Amo", de Karim Aïnouz e Marcelo Gomes, feito a partir de uma longa viagem pelo sertão nordestino. [...] Rodaram 13 mil quilômetros, a partir de Juazeiro do Norte, no Ceará, passando por Pernambuco, Paraíba, Sergipe e Alagoas, improvisando dia a dia os locais de filmagem. "Estávamos à procura de tudo que encetava e causava estranhamento. Queríamos romper com a ideia de lugar isolado, intacto, esquecido, arraigado numa religiosidade intransponível. Eu até evito usar a palavra 'sertão' para ter um novo olhar sobre esse lugar", conta Karim.

A ideia era afastar-se da imagem histórica da região na cultura brasileira. "Encontramos um universo plural que tem desde uma feira de equipamentos eletrônicos a locais de total desolação", completa Marcelo.

CRUZ, Leonardo. Folha de S. Paulo, p. E1, 05/09/2009.

A partir da leitura desse trecho, é INCORRETO afirmar que

(A) a feira de equipamentos eletrônicos, símbolo da modernidade e da tecnologia sofisticada, é representativa do contrário do que se pensa sobre o sertão nordestino.
(B) as expressões isolamento, esquecimento e religiosidade, utilizadas pelos cineastas, são consideradas adequadas para expressar a atual realidade sertaneja.
(C) o termo "sertão" tem conotação pejorativa, por implicar atraso e pobreza; por isso, seu uso deve ser cuidadoso.
(D) os entrevistados manifestam o desejo de contribuir para a desmistificação da imagem do sertão nordestino, congelada no imaginário de parte dos brasileiros.
(E) revela o estranhamento que é comum entre pessoas mal informadas e simplificadoras, que veem o sertão como uma região homogênea.

17. (EXAME 2009)

Leia o planisfério, em que é mostrada uma imagem noturna da superfície terrestre, obtida a partir de imagens de satélite:

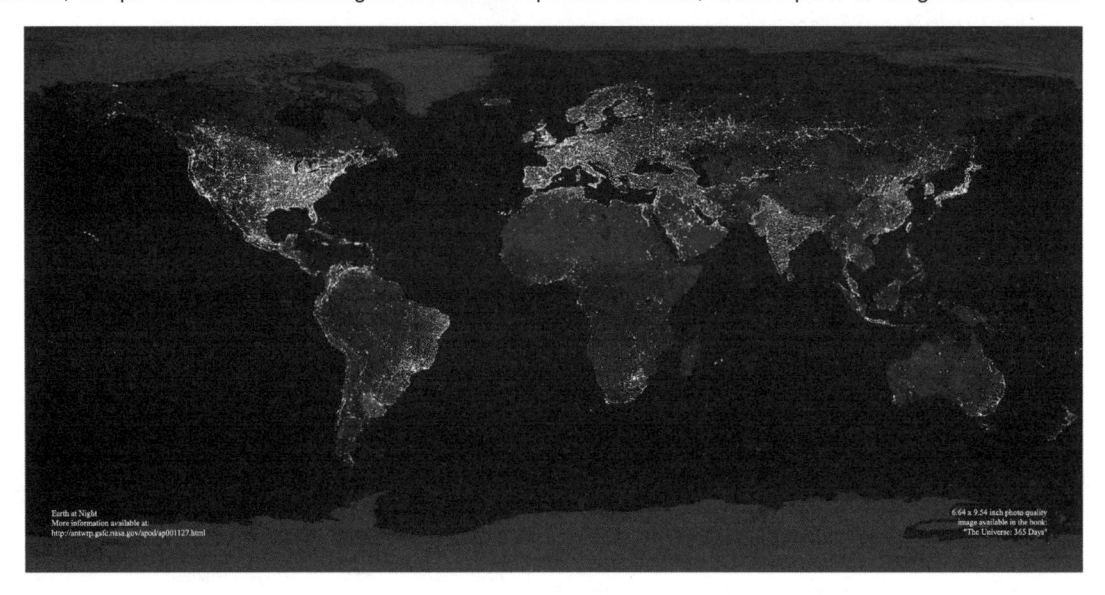

http://antwrp.gsfc.nasa.gov/apod/image/0011/earthlights_dmsp_big.jpg (Acessado em 21 set. 2009).

Com base na leitura desse planisfério, é CORRETO afirmar que as regiões continentais em que se verifica luminosidade noturna mais intensa

(A) abrigam os espaços de economia mais dinâmica do mundo contemporâneo, onde se localizam os principais centros de decisão que comandam a atual ordem mundial.
(B) expressam a divisão do Planeta em dois hemisférios – o Leste e o Oeste – que, apesar de integrados à economia-mundo, revelam indicadores sociais discrepantes.
(C) comprovam que o Planeta pode abrigar o dobro de seu atual contingente populacional, desde que mantido o padrão de consumo praticado pela sociedade contemporânea.
(D) registram fluxos reduzidos de informação, de pessoas, de mercadorias e de capitais, tendo em vista a saturação de suas redes de circulação, alcançada no início do século XXI.
(E) substituíram suas tradicionais fontes de energia não renováveis, historicamente empregadas na geração de eletricidade, por alternativas limpas e não poluentes.

18. (EXAME 2010)

A charge acima representa um grupo de cidadãos pensando e agindo de modo diferenciado, frente a uma decisão cujo caminho exige um percurso ético. Considerando a imagem e as ideias que ela transmite, avalie as afirmativas que se seguem.

I. A ética não se impõe imperativamente nem universalmente a cada cidadão; cada um terá que escolher por si mesmo os seus valores e ideias, isto é, praticar a autoética.
II. A ética política supõe o sujeito responsável por suas ações e pelo seu modo de agir na sociedade.
III. A ética pode se reduzir ao político, do mesmo modo que o político pode se reduzir à ética, em um processo a serviço do sujeito responsável.
IV. A ética prescinde de condições históricas e sociais, pois é no homem que se situa a decisão ética, quando ele escolhe os seus valores e as suas finalidades.
V. A ética se dá de fora para dentro, como compreensão do mundo, na perspectiva do fortalecimento dos valores pessoais.

É correto apenas o que se afirma em

(A) I e II.
(B) I e V.
c). II e IV.
(D) III e IV.
(E) III e V.

19. (EXAME 2010)

De agosto de 2008 a *janeiro* de 2009, o desmatamento na Amazônia Legal concentrou-se em regiões específicas. Do ponto de vista fundiário, a maior parte do desmatamento (cerca de 80%) aconteceu em áreas privadas ou em diversos estágios de posse. O restante do desmatamento ocorreu em assentamentos promovidos pelo INCRA, conforme a política de Reforma Agrária (8%), unidades de conservação (5%) e em terras indígenas (7%).

Disponível em: <WWW.imazon.org.br>.
Acesso em: 26 ago. 2010. (com adaptações).

Infere-se do texto que, sob o ponto de vista fundiário, o problema do desmatamento na Amazônia Legal está centrado

(A) nos grupos engajados na política de proteção ambiental, pois eles não aprofundaram o debate acerca da questão fundiária.
(B) nos povos indígenas, pois eles desmataram a área que ocupavam mais do que a comunidade dos assentados pelo INCRA.
(C) nos posseiros irregulares e proprietários regularizados, que desmataram mais, pois muitos ainda não estão integrados aos planos de manejo sustentável da terra.
(D) nas unidades de conservação, que costumam burlar leis fundiárias; nelas, o desmatamento foi maior que o realizado pelos assentados pelo INCRA.
(E) nos assentamentos regulamentados pelo INCRA, nos quais o desmatamento foi maior que o realizado pelos donos de áreas privadas da Amazônia Legal.

20. (EXAME 2010)

Levantamento feito pelo jornal Folha de S. Paulo e publicado em 11 de abril de 2009, com base em dados de 2008, revela que o índice de homicídios por 100 mil habitantes no Brasil varia de 10,6 a 66,2. O levantamento inclui dados de 23 estados e do Distrito Federal. De acordo com a Organização Mundial da Saúde (OMS), áreas com índices superiores a 10 assassinatos por 100 mil habitantes são consideradas zonas epidêmicas de homicídios.

HOMICÍDIOS NO PAÍS

TAXA DE HOMICÍDIOS POR 100 MIL HABITANTES EM 2008

AL	66,2
ES	56,6
PE	51,6
RJ	45,1
BA	32,8
RO	30,3
MT	30,0
DF	28,0
PR	27,1
SE	26,9
MS	25,2
AC	24,3
CE	24,2
GO	20,9
AM	20,7
RN	18,7
TO	18,0
RS	15,9
MA	15,4
PB	14,7
SP	13,2
SC	13,0
RR	10,6

23,7 é a taxa média aproximada de homicídios por 100 mil habitantes do Brasil

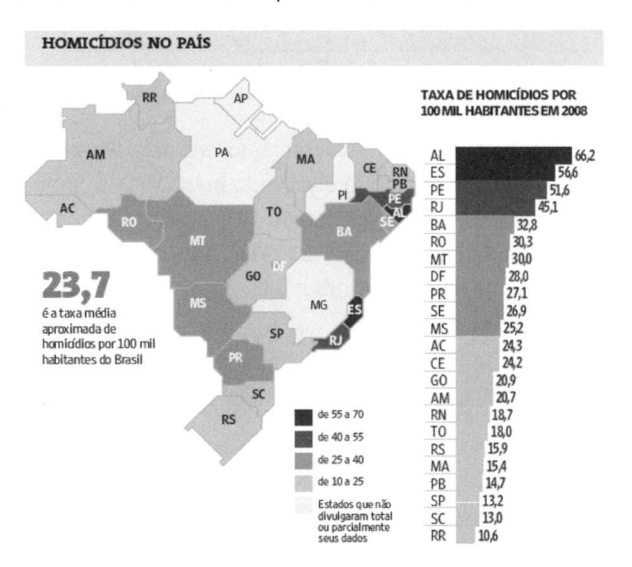

Análise da mortalidade por homicídios no Brasil. Disponível em: <http://www1.folha.uol.com.br/folha/cotidiano/ult95u549196.shtml>.
Acesso em: 22 ago. 2010.

A partir das informações do texto e do gráfico acima, conclui-se que

(A) o número total de homicídios em 2008 no estado da Paraíba é inferior ao do estado de São Paulo.
(B) os estados que não divulgaram os seus dados de homicídios encontram-se na região Centro-Oeste.
(C) a média aritmética das taxas de homicídios por 100 mil habitantes da região Sul é superior à taxa média aproximada do Brasil.
(D) a taxa de homicídios por 100 mil habitantes do estado da Bahia, em 2008, supera a do Rio Grande do Norte em mais de 100%.
(E) Roraima é o estado com menor taxa de homicídios por 100 mil habitantes, não se caracterizando como zona epidêmica de homicídios.

21. (EXAME 2011)

Retrato de uma princesa desconhecida

Para que ela tivesse um pescoço tão fino
Para que os seus pulsos tivessem um quebrar de caule
Para que os seus olhos fossem tão frontais e limpos
Para que a sua espinha fosse tão direita
E ela usasse a cabeça tão erguida
Com uma tão simples claridade sobre a testa
Foram necessárias sucessivas gerações de escravos
De corpo dobrado e grossas mãos pacientes
Servindo sucessivas gerações de príncipes
Ainda um pouco toscos e grosseiros
Ávidos cruéis e fraudulentos
Foi um imenso desperdiçar de gente
Para que ela fosse aquela perfeição
Solitária exilada sem destino

ANDRESEN, S. M. B. Dual. Lisboa: Caminho, 2004. p. 73.

No poema, a autora sugere que

(A) os príncipes e as princesas são naturalmente belos.
(B) os príncipes generosos cultivavam a beleza da princesa.
(C) a beleza da princesa é desperdiçada pela miscigenação racial.
(D) o trabalho compulsório de escravos proporcionou privilégios aos príncipes.
(E) o exílio e a solidão são os responsáveis pela manutenção do corpo esbelto da princesa.

22. (EXAME 2011)

A cibercultura pode ser vista como herdeira legítima (embora distante) do projeto progressista dos filósofos do século XVII. De fato, ela valoriza a participação das pessoas em comunidades de debate e argumentação. Na linha reta das morais da igualdade, ela incentiva uma forma de reciprocidade essencial nas relações humanas. Desenvolveu-se a partir de uma prática assídua de trocas de informações e conhecimentos, coisa que os filósofos do Iluminismo viam como principal motor do progresso. (...) A cibercultura não seria pós-moderna, mas estaria inserida perfeitamente na continuidade dos ideais revolucionários e republicanos de liberdade, igualdade e fraternidade. A diferença é apenas que, na cibercultura, esses "valores" se encarnam em dispositivos técnicos concretos. Na era das mídias eletrônicas, a igualdade se concretiza na possibilidade de cada um transmitir a todos; a liberdade toma forma nos *softwares* de codificação e no acesso a múltiplas comunidades virtuais, atravessando fronteiras, enquanto a fraternidade, finalmente, se traduz em interconexão mundial.

LEVY, P. Revolução virtual. Folha de S. Paulo.
Caderno Mais, 16 ago. 1998, p.3 (adaptado).

O desenvolvimento de redes de relacionamento por meio de computadores e a expansão da Internet abriram novas perspectivas para a cultura, a comunicação e a educação.

De acordo com as ideias do texto acima, a cibercultura

(A) representa uma modalidade de cultura pós-moderna de liberdade de comunicação e ação.
(B) constituiu negação dos valores progressistas defendidos pelos filósofos do Iluminismo.
(C) banalizou a ciência ao disseminar o conhecimento nas redes sociais.
(D) valorizou o isolamento dos indivíduos pela produção de *softwares* de codificação.
(E) incorpora valores do Iluminismo ao favorecer o compartilhamento de informações e conhecimentos.

23. (EXAME 2011)

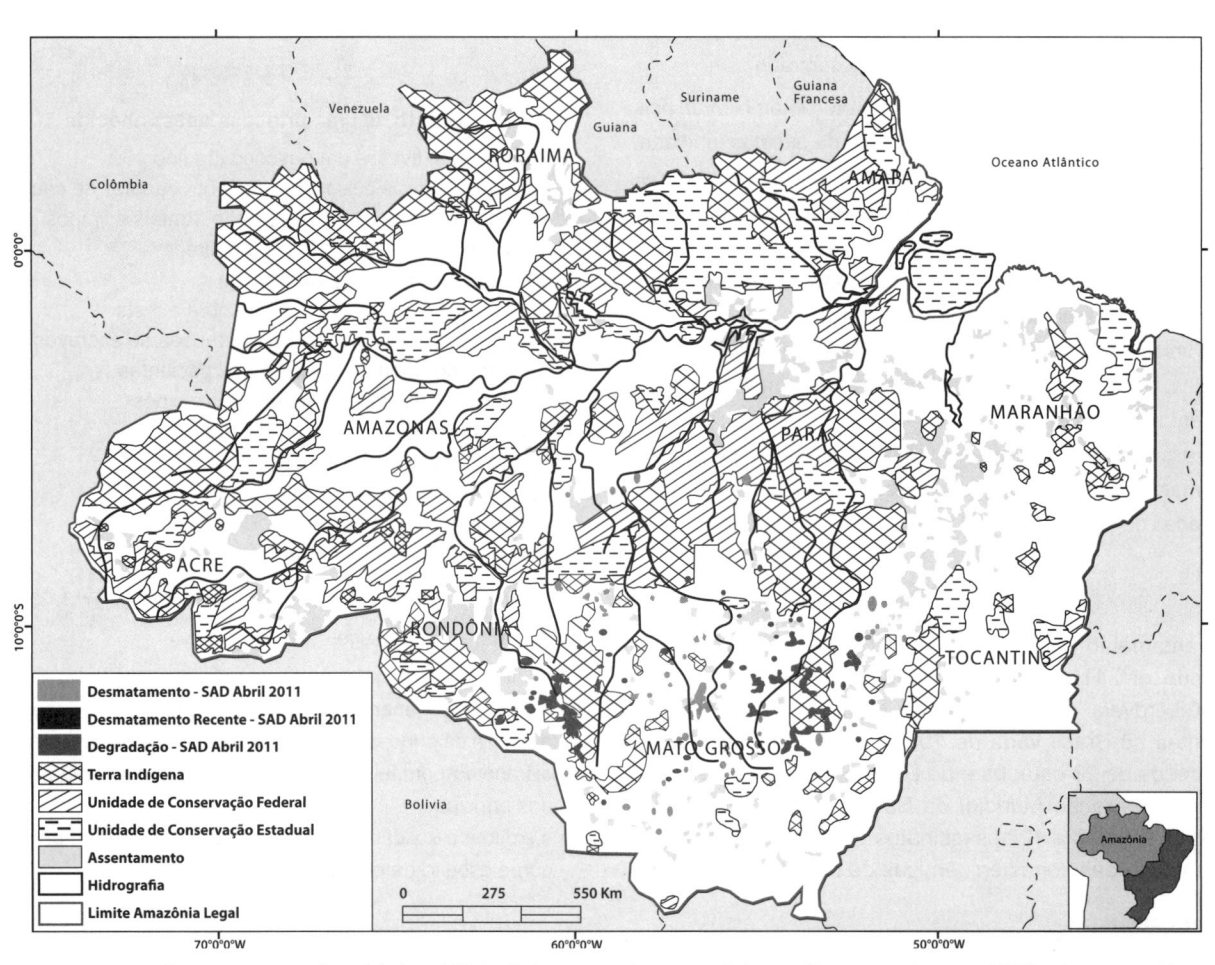

Desmatamento na Amazônia Legal. Disponível em: <www.imazon.org.br/mapas/desmatamento-mensal-2011>. Acesso em: 20 ago. 2011.

O ritmo de desmatamento na Amazônia Legal diminuiu no mês de junho de 2011, segundo levantamento feito pela organização ambiental brasileira Imazon (Instituto do Homem e Meio Ambiente da Amazônia). O relatório elaborado pela ONG, a partir de imagens de satélite, apontou desmatamento de 99 km² no bioma em junho de 2011, uma redução de 42% no comparativo com junho de 2010. No acumulado entre agosto de 2010 e junho de 2011, o desmatamento foi de 1 534 km², aumento de 15% em relação a agosto de 2009 e junho de 2010. O estado de Mato Grosso foi responsável por derrubar 38% desse total e é líder no *ranking* do desmatamento, seguido do Pará (25%) e de Rondônia (21%).

Disponível em: <http://www.imazon.org.br/imprensa/imazon-na-midia>. Acesso em: 20 ago. 2011 (com adaptações).

De acordo com as informações do mapa e do texto,

(A) foram desmatados 1 534 km² na Amazônia Legal nos últimos dois anos.
(B) não houve aumento do desmatamento no último ano na Amazônia Legal.
(C) três estados brasileiros responderam por 84% do desmatamento na Amazônia Legal entre agosto de 2010 e junho de 2011.
(D) o estado do Amapá apresenta alta taxa de desmatamento em comparação aos demais estados da Amazônia Legal.
(E) o desmatamento na Amazônia Legal, em junho de 2010, foi de 140 km2, comparando-se o índice de junho de 2011 ao índice de junho de 2010.

Habilidade 02

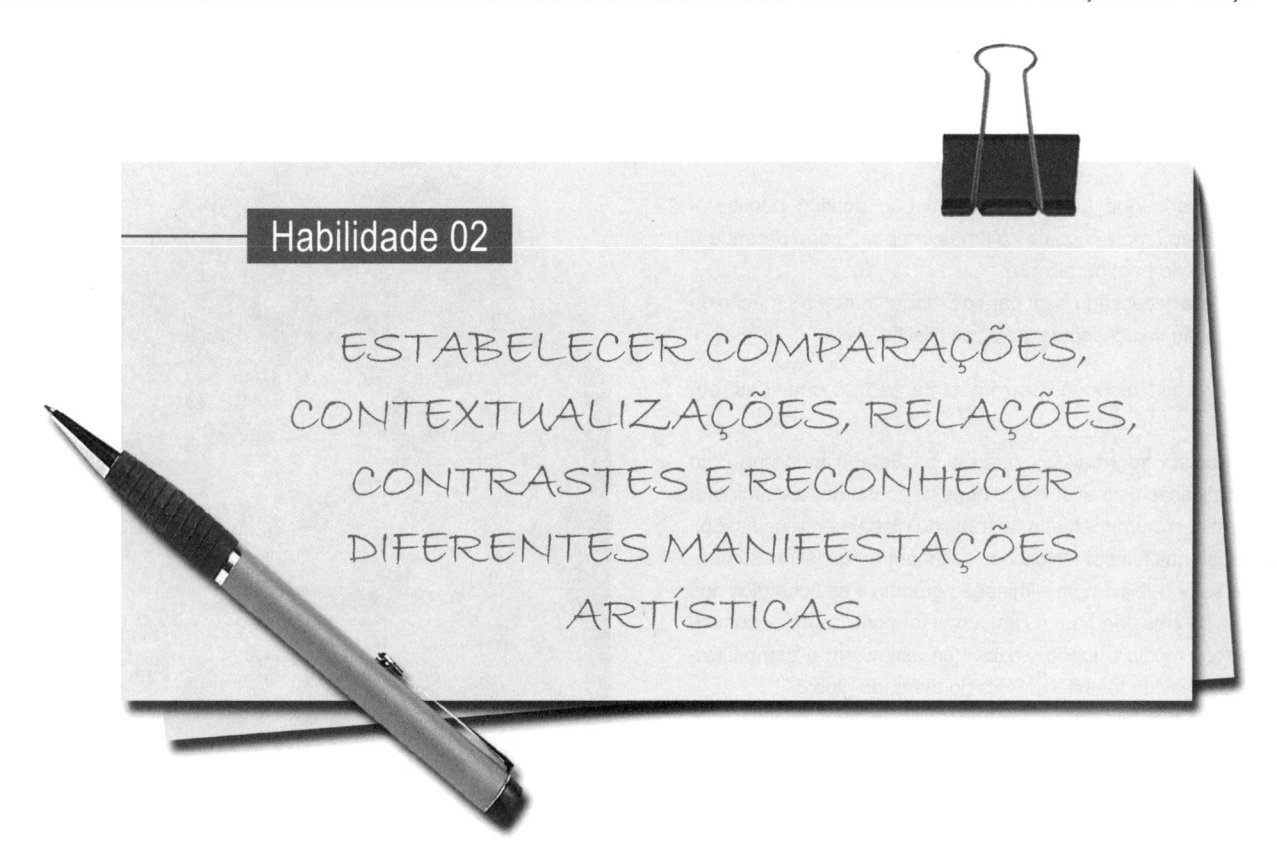

ESTABELECER COMPARAÇÕES, CONTEXTUALIZAÇÕES, RELAÇÕES, CONTRASTES E RECONHECER DIFERENTES MANIFESTAÇÕES ARTÍSTICAS

TEXTO I

"O homem se tornou lobo para o homem, porque a meta do desenvolvimento industrial está concentrada num objeto e não no ser humano. A tecnologia e a própria ciência não respeitaram os valores éticos e, por isso, não tiveram respeito algum para o humanismo. Para a convivência. Para o sentido mesmo da existência.

Na própria política, o que contou no pós-guerra foi o êxito econômico e, muito pouco, a justiça social e o cultivo da verdadeira imagem do homem. Fomos vítimas da ganância e da máquina. Das cifras. E, assim, perdemos o sentido autêntico da confiança, da fé, do amor. As máquinas andaram por cima da plantinha sempre tenra da esperança. E foi o caos."

ARNS, Paulo Evaristo. **Em favor do homem.** Rio de Janeiro: Avenir, s/d. p.10.

TEXTO II

Millôr e a ética do nosso tempo

MAS DE UMA COISA O SENHOR PODE ESTAR CERTO, SE ALGUM DIA EU ABRIR MÃO DE MINHAS CONVICÇÕES MORAIS, A PREFERÊNCIA É SUA.

1. (EXAME 2004)

A charge de Millôr e o texto de Dom Paulo Evaristo Arns tratam, em comum,

(A) do total desrespeito às tradições religiosas e éticas.
(B) da defesa das convicções morais diante da corrupção.
(C) da ênfase no êxito econômico acima de qualquer coisa.
(D) da perda dos valores éticos nos tempos modernos.
(E) da perda da fé e da esperança num mundo globalizado.

2. (EXAME 2004)

"Os determinantes da globalização podem ser agrupados em três conjuntos de fatores: tecnológicos, institucionais e sistêmicos."

GONÇALVES, Reinaldo. **Globalização e Desnacionalização.** São Paulo: Paz e Terra, 1999.

"A ortodoxia neoliberal não se verifica apenas no campo econômico. Infelizmente, no campo social, tanto no âmbito das idéias como no terreno das políticas, o neoliberalismo fez estragos (...)."

SOARES, Laura T. **O Desastre Social.** Rio de Janeiro: Record, 2003.

"Junto com a globalização do grande capital, ocorre a fragmentação do mundo do trabalho, a exclusão de grupos humanos, o abandono de continentes e regiões, a concentração da riqueza em certas empresas e países, a fragilização da maioria dos Estados, e assim por diante (...). O primeiro passo para que o Brasil possa enfrentar esta situação é parar de mistificá-la."

BENJAMIM, Cesar & outros. **A Opção Brasileira.** Rio de Janeiro: Contraponto, 1998.

Diante do conteúdo dos textos apresentados acima, algumas questões podem ser levantadas.

1. A que está relacionado o conjunto de fatores de "ordem tecnológica"?
2. Considerando que globalização e opção política neoliberal caminharam lado a lado nos últimos tempos, o que defendem os críticos do neoliberalismo?
3. O que seria necessário fazer para o Brasil enfrentar a situação da globalização no sentido de "parar de mistificá-la"?

A alternativa que responde corretamente às três questões, em ordem, é:

(A) revolução da informática / reforma do Estado moderno com nacionalização de indústrias de bens de consumo / assumir que está em curso um mercado de trabalho globalmente unificado.
(B) revolução nas telecomunicações / concentração de investimentos no setor público com eliminação gradativa de subsídios nos setores da indústria básica / implementar políticas de desenvolvimento a médio e longo prazos que estimulem a competitividade das atividades negociáveis no mercado global.
(C) revolução tecnocientífica / reforço de políticas sociais com presença do Estado em setores produtivos estratégicos / garantir níveis de bem-estar das pessoas considerando que uma parcela de atividades econômicas e de recursos é inegociável no mercado internacional.
(D) revolução da biotecnologia / fortalecimento da base produtiva com subsídios à pesquisa tecnocientífica nas transnacionais / considerar que o aumento das barreiras ao deslocamento de pessoas, o mundo do trabalho e a questão social estão circunscritos aos espaços regionais.
(E) Terceira Revolução Industrial / auxílio do FMI com impulso para atração de investimentos estrangeiros / compreender que o desempenho de empresas brasileiras que não operam no mercado internacional não é decisivo para definir o grau de utilização do potencial produtivo, o volume de produção a ser alcançado, o nível de emprego e a oferta de produtos essenciais.

3. (EXAME 2004)

A leitura do poema de Carlos Drummond de Andrade traz à lembrança alguns quadros de Cândido Portinari.

Portinari

De um baú de folhas-de-flandres no caminho da roça
um baú que os pintores desprezaram
mas que anjos vêm cobrir de flores namoradeiras
salta João Cândido trajado de arco-íris
saltam garimpeiros, mártires da liberdade, São João da Cruz
salta o galo escarlate bicando o pranto de Jeremias
saltam cavalos-marinhos em fila azul e ritmada
saltam orquídeas humanas, seringais, poetas de e sem óculos, transfigurados
saltam caprichos do nordeste – nosso tempo
(nele estamos crucificados e nossos olhos dão testemunho)
salta uma angústia purificada na alegria do volume justo e da cor autêntica
salta o mundo de Portinari que fica lá no fundo maginando novas surpresas.

ANDRADE, Carlos Drummond de. **Obra completa.** Rio de Janeiro: Companhia Editora Aguilar, 1964. p.380-381.

Uma análise cuidadosa dos quadros selecionados permite que se identifique a alusão feita a eles em trechos do poema.

I

II

III

IV

V

Podem ser relacionados ao poema de Drummond os seguintes quadros de Portinari:

(A) I, II, III e IV.
(B) I, II, III e V.
(C) I, II, IV e V.
(D) I, III, IV e V.
(E) II, III, IV e V.

4. (EXAME 2005)

Leia e relacione os textos a seguir

> O Governo Federal deve promover a inclusão digital, pois a falta de acesso às tecnologias digitais acaba por excluir socialmente o cidadão, em especial a juventude.

(Projeto Casa Brasil de inclusão digital começa em 2004. In: MAZZA, Mariana. *JB online*.)

Comparando a proposta acima com a charge, pode-se concluir que

(A) o conhecimento da tecnologia digital está democratizado no Brasil.
(B) a preocupação social é preparar quadros para o domínio da informática.
(C) o apelo à inclusão digital atrai os jovens para o universo da computação.
(D) o acesso à tecnologia digital está perdido para as comunidades carentes.
(E) a dificuldade de acesso ao mundo digital torna o cidadão um excluído social.

5. (EXAME 2005)

Leia trechos da carta-resposta de um cacique indígena à sugestão, feita pelo Governo do Estado da Virgínia (EUA), de que uma tribo de índios enviasse alguns jovens para estudar nas escolas dos brancos.

> "(...) Nós estamos convencidos, portanto, de que os senhores desejam o nosso bem e agradecemos de todo o coração. Mas aqueles que são sábios reconhecem que diferentes nações têm concepções diferentes das coisas e, sendo assim, os senhores não ficarão ofendidos ao saber que a vossa idéia de educação não é a mesma que a nossa. (...) Muitos dos nossos bravos guerreiros foram formados nas escolas do Norte e aprenderam toda a vossa ciência. Mas, quando eles voltaram para nós, eram maus corredores, ignorantes da vida da floresta e incapazes de suportar o frio e a fome. Não sabiam caçar o veado, matar o inimigo ou construir uma cabana e falavam nossa língua muito mal. Eles eram, portanto, inúteis. (...) Ficamos extremamente agradecidos pela vossa oferta e, embora não possamos aceitá-la, para mostrar a nossa gratidão concordamos que os nobres senhores de Virgínia nos enviem alguns de seus jovens, que lhes ensinaremos tudo que sabemos e faremos deles homens."

(BRANDÃO, Carlos Rodrigues. *O que é educação*. São Paulo: Brasiliense, 1984)

A relação entre os dois principais temas do texto da carta e a forma de abordagem da educação privilegiada pelo cacique está representada por:

(A) sabedoria e política / educação difusa.

(B) identidade e história / educação formal.

(C) ideologia e filosofia / educação superior.

(D) ciência e escolaridade / educação técnica.

(E) educação e cultura / educação assistemática.

6. (EXAME 2005)

(Colecção Roberto Marinho. Seis décadas da arte moderna brasileira. Lisboa: Fundação Calouste Gulbenkian, 1989. p.53.)

A "cidade" retratada na pintura de Alberto da Veiga Guignard está tematizada nos versos

(A) Por entre o Beberibe, e o oceano
   Em uma areia sáfia, e lagadiça
   Jaz o Recife povoação mestiça,
   Que o belga edificou ímpio tirano.

   (MATOS, Gregório de. *Obra poética*. Ed. James Amado. Rio de Janeiro: Record, 1990. Vol. II, p. 1191.)

(B) Repousemos na pedra de Ouro Preto,
   Repousemos no centro de Ouro Preto:
   São Francisco de Assis! igreja ilustre, acolhe,
   À tua sombra irmã, meus membros lassos.

   (MENDES, Murilo. *Poesia completa e prosa*. Org. Luciana Stegagno Picchio. Rio de Janeiro: Nova Aguilar, 1994. p. 460.)

(C) Bembelelém
   Viva Belém!
   Belém do Pará porto moderno integrado na equatorial
   Beleza eterna da paisagem
   Bembelelém
   Viva Belém!

   (BANDEIRA, Manuel. *Poesia e prosa*. Rio de Janeiro: Aguilar, 1958. Vol. I, p. 196.)

(D) Bahia, ao invés de arranha-céus, cruzes e cruzes
   De braços estendidos para os céus,
   E na entrada do porto,
   Antes do Farol da Barra,
   O primeiro Cristo Redentor do Brasil!

   (LIMA, Jorge de. *Poesia completa*. Org. Alexei Bueno. Rio de Janeiro: Nova Aguilar, 1997. p. 211.)

(E) No cimento de Brasília se resguardam
   maneiras de casa antiga de fazenda,
   de copiar, de casa-grande de engenho,
   enfim, das casaronas de alma fêmea.

   (MELO NETO, João Cabral. *Obra completa*. Rio de Janeiro: Nova Aguilar, 1994. p. 343.)

7. (EXAME 2006)

INDICADORES DE FRACASSO ESCOLAR NO BRASIL

ATÉ OS ANOS 90	DADOS DE 2002
Mais da metade (52%) dos que iniciavam não conseguiam concluir o Ensino Fundamental na idade correta.	Já está em 60% a taxa dos que concluem o Ensino Fundamental na idade certa.
Quando conseguiam, o tempo médio era de 12 anos.	Tempo médio atual é de 9.7 anos.
Por isso não iam para o Ensino Médio, iam direto para o mercado de trabalho.	Ensino Médio - 1 milhão de novos alunos por ano e idade média de ingresso caiu de 17 para 15, indicador indireto de que os concluintes do Fundamental estão indo para o Médio.
A escolaridade média da força de trabalho era de 5.3 anos.	A escolaridade média da força de trabalho subiu para 6.4 anos.
No Ensino Médio, o atendimento à população na série correta (35%) era metade do observado em países de desenvolvimento semelhante, como Argentina, Chile e México.	No Ensino Médio, o atendimento à população na série correta é de 45%.

(Disponível em http://revistaescola.abril.com.br/edicoes/0173/aberto/fala_exclusivo.pdf)

Observando os dados fornecidos no quadro, percebe-se

(A) um avanço nos índices gerais da educação no País, graças ao investimento aplicado nas escolas.

(B) um crescimento do Ensino Médio, com índices superiores aos de países com desenvolvimento semelhante.

(C) um aumento da evasão escolar, devido à necessidade de inserção profissional no mercado de trabalho.

(D) um incremento do tempo médio de formação, sustentado pelo índice de aprovação no Ensino Fundamental.

(E) uma melhoria na qualificação da força de trabalho, incentivada pelo aumento da escolaridade média.

8. (EXAME 2006)

José Pancetti

O tema que domina os fragmentos poéticos abaixo é o mar. Identifique, entre eles, aquele que mais se aproxima do quadro de Pancetti.

(A) Os homens e as mulheres
adormecidos na praia
que nuvens procuram
agarrar?

(MELO NETO, João Cabral de. Marinha. **Os melhores poemas**. São Paulo: Global, 1985. p. 14.)

(B) Um barco singra o peito
rosado do mar.
A manhã sacode as ondas
e os coqueiros.

(ESPÍNOLA, Adriano. Pesca. **Beira-sol**. Rio de Janeiro: TopBooks, 1997. p. 13.)

(C) Na melancolia de teus olhos
Eu sinto a noite se inclinar
E ouço as cantigas antigas
Do mar.

(MORAES, Vinícius de. Mar. **Antologia poética**. 25 ed. Rio de Janeiro: José Olympio, 1984. p. 93.)

(D) E olhamos a ilha assinalada
pelo gosto de abril que o mar trazia
e galgamos nosso sono sobre a areia
num barco só de vento e maresia.

(SECCHIN, Antônio Carlos. A ilha. **Todos os ventos**. Rio de Janeiro: Nova Fronteira, 2002. p. 148.)

(E) As ondas vêm deitar-se no estertor da praia larga...
No vento a vir do mar ouvem-se avisos naufragados...
Cabeças coroadas de algas magras e de estrados...
Gargantas engolindo grossos goles de água amarga...

(BUENO, Alexei. Maresia. **Poesia reunida**. Rio de Janeiro: Nova Fronteira, 2003. p. 19.)

9. (EXAME 2006)

Observe as composições a seguir.

(CAULOS. **Só dói quando eu respiro**. Porto Alegre: L & PM, 2001.)

QUESTÃO DE PONTUAÇÃO

Todo mundo aceita que ao homem
cabe pontuar a própria vida:
que viva em ponto de exclamação
(dizem: tem alma dionisíaca);

viva em ponto de interrogação
(foi filosofia, ora é poesia);
viva equilibrando-se entre vírgulas
e sem pontuação (na política):

o homem só não aceita do homem
que use a só pontuação fatal:
que use, na frase que ele vive
o inevitável ponto final.

(MELO NETO, João Cabral de. **Museu de tudo e depois**. Rio de Janeiro: Nova Fronteira, 1988.)

Os dois textos acima relacionam a vida a sinais de pontuação, utilizando estes como metáforas do comportamento do ser humano e das suas atitudes.

A exata correspondência entre a estrofe da poesia e o quadro do texto "Uma Biografia" é

(A) a primeira estrofe e o quarto quadro.
(B) a segunda estrofe e o terceiro quadro.
(C) a segunda estrofe e o quarto quadro.
(D) a segunda estrofe e o quinto quadro.
(E) a terceira estrofe e o quinto quadro.

10. (EXAME 2007)

Cidadezinha qualquer

Casas entre bananeiras
mulheres entre laranjeiras
pomar amor cantar.

Um homem vai devagar.
Um cachorro vai devagar.
Um burro vai devagar.
Devagar... as janelas olham.

Eta vida besta, meu Deus.

ANDRADE, Carlos Drummond de. Alguma poesia. In: **Poesia completa**. Rio de Janeiro: Nova Aguilar, 2002, p. 23.

Cidadezinha cheia de graça...
Tão pequenina que até causa dó!
Com seus burricos a pastar na praça...
Sua igrejinha de uma torre só...

Nuvens que venham, nuvens e asas,
Não param nunca nem num segundo...
E fica a torre, sobre as velhas casas,
Fica cismando como é vasto o mundo!...

Eu que de longe venho perdido,
Sem pouso fixo (a triste sina!)
Ah, quem me dera ter lá nascido!

Lá toda a vida poder morar!
Cidadezinha... Tão pequenina
Que toda cabe num só olhar...

QUINTANA, Mário. A rua dos cataventos In: **Poesia completa**. Org. Tânia Franco Carvalhal. Rio de Janeiro: Nova Aguilar, 2006, p. 107.

Ao se escolher uma ilustração para esses poemas, qual das obras, abaixo, estaria de acordo com o tema neles dominante?

(A) Di Cavalcanti
(B) Tarsila do Amaral
(C) Taunay
(D) Manezinho Araújo
(E) Guignard

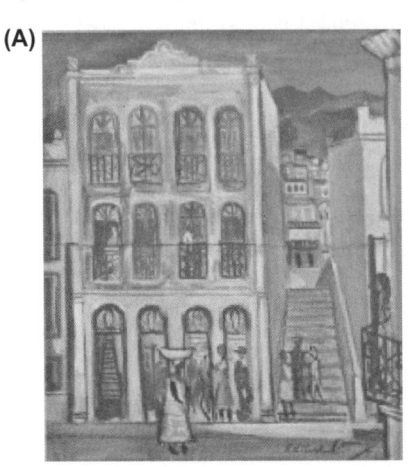

11. (EXAME 2007)

Vamos supor que você recebeu de um amigo de infância e seu colega de escola um pedido, por escrito, vazado nos seguintes termos:

> "Venho mui respeitosamente solicitar-lhe o empréstimo do seu livro de Redação para Concurso, para fins de consulta escolar."

Essa solicitação em tudo se assemelha à atitude de uma pessoa que

(A) comparece a um evento solene vestindo *smoking* completo e cartola.
(B) vai a um piquenique engravatado, vestindo terno completo, calçando sapatos de verniz.
(C) vai a uma cerimônia de posse usando um terno completo e calçando botas.
(D) freqüenta um estádio de futebol usando sandálias de couro e bermudas de algodão.
(E) veste terno completo e usa gravata para proferir um conferência internacional.

12. (EXAME 2008)

O escritor Machado de Assis (1839-1908), cujo centenário de morte está sendo celebrado no presente ano, retratou na sua obra de ficção as grandes transformações políticas que aconteceram no Brasil nas últimas décadas do século XIX.

O fragmento do romance *Esaú e Jacó*, a seguir transcrito, reflete o clima político-social vivido naquela época.

> Podia ter sido mais turbulento. Conspiração houve, decerto, mas uma barricada não faria mal. Seja como for, venceu-se a campanha. (...)
>
> Deodoro é uma bela figura. (...)
>
> Enquanto a cabeça de Paulo ia formulando essas idéias, a de Pedro ia pensando o contrário; chamava o movimento um crime.
>
> — Um crime e um disparate, além de ingratidão; o imperador devia ter pegado os principais cabeças e mandá-los executar.
>
> ASSIS, Machado de. Esaú e Jacó. In:__. **Obra completa**. Rio de Janeiro: Nova Aguilar, 1979. v. 1, cap. LXVII (Fragmento).

Os personagens a seguir estão presentes no imaginário brasileiro, como símbolos da Pátria.

I

Disponível em: http://www.morcegolivre.vet.br/tiradentes_lj.html

II

ERMAKOFF, George. Rio de Janeiro, 1840-**1900**: Uma crônica fotográfica. Rio de Janeiro: G. Ermakoff Casa Editorial, 2006. p.189.

III

ERMAKOFF, George. Rio de Janeiro, 1840-1900: Uma crônica fotográfica. Rio de Janeiro: G. Ermakoff Casa Editorial, 2006. p.38.

IV

LAGO, Pedro Corrêa do; BANDEIRA, Júlio. Debret e o Brasil: Obra Completa 1816-1831. Rio de Janeiro: Capivara, 2007. p. 78.

V

LAGO, Pedro Corrêa do; BANDEIRA, Julio. Debret e o Brasil: Obra Completa 1816-1831. Rio de Janeiro: Capivara, 2007. p. 93.

Das imagens acima, as figuras referidas no fragmento do romance *Esaú e Jacó* são

(A) I e III
(B) I e V
(C) II e III
(D) II e IV
(E) II e V

13. (EXAME 2008)

Quando o homem não trata bem a natureza, a natureza não trata bem o homem.

Essa afirmativa reitera a necessária interação das diferentes espécies, representadas na imagem a seguir.

Disponível em: http://curiosidades.spaceblog.com.br. Acesso em: 10 out. 2008.

Depreende-se dessa imagem a

(A) atuação do homem na clonagem de animais pré-históricos.
(B) exclusão do homem na ameaça efetiva à sobrevivência do planeta.
(C) ingerência do homem na reprodução de espécies em cativeiro.
(D) mutação das espécies pela ação predatória do homem.
(E) responsabilidade do homem na manutenção da biodiversidade.

14. (EXAME 2008)

O filósofo alemão Friedrich Nietzsche(1844-1900), talvez o pensador moderno mais incômodo e provocativo, influenciou várias gerações e movimentos artísticos. O Expressionismo, que teve forte influência desse filósofo, contribuiu para o pensamento contrário ao racionalismo moderno e ao trabalho mecânico, através do embate entre a razão e a fantasia.

As obras desse movimento deixam de priorizar o padrão de beleza tradicional para enfocar a instabilidade da vida, marcada por angústia, dor, inadequação do artista diante da realidade. Das obras a seguir, a que reflete esse enfoque artístico é

(A)

Homem idoso na poltrona Rembrandt van Rijn - Louvre, Paris Disponível em: http://www.allposters.com/ gallery.asp?startat=/ getposter. aspolAPNum=1350898

(B)

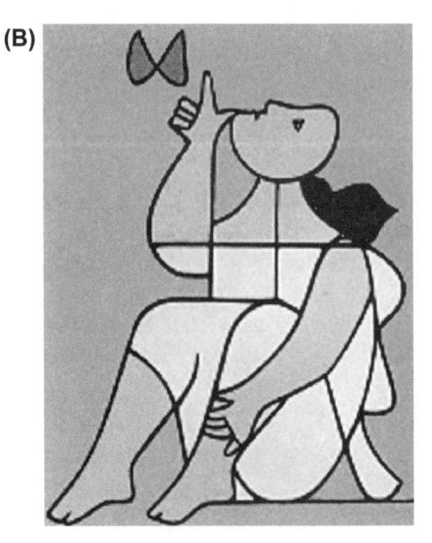

Figura e borboleta Milton Dacosta Disponível em: http://www.unesp.br/ouvidoria/ publicacoes/ed_0805.php

(C)

O grito - Edvard Munch - Museu Munch, Oslo Disponível em: http://members.cox.net/ claregerber2/The%20Scream2.jpg

(D)

Menino mordido por um lagarto Michelangelo Merisi (Caravaggio) – National Gallery, Londres Disponível em: http://vr.theatre.ntu.edu.tw/artsfile/ artists/ images/Caravaggio/Caravaggio024/File1.jpg

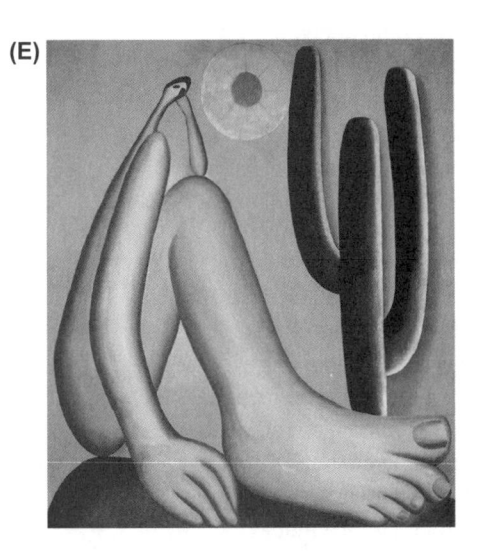

(E)

Abaporu - *Tarsila do Amaral* Disponível em: http://tarsiladoamaral.com.br/index_frame.htm

15. (EXAME 2009)

A urbanização no Brasil registrou marco histórico na década de 1970, quando o número de pessoas que viviam nas cidades ultrapassou o número daquelas que viviam no campo. No início deste século, em 2000, segundo dados do IBGE, mais de 80% da população brasileira já era urbana.

Considerando essas informações, estabeleça a relação entre as charges:

PORQUE

BARALDI, Márcio. http://www.marciobaraldi.com.br/baraldi2/component/joomgallery/?func=detail&id=178. (Acessado em 5 out. 2009)

Com base nas informações dadas e na relação proposta entre essas charges, é CORRETO afirmar que

(A) a primeira charge é falsa, e a segunda é verdadeira.

(B) a primeira charge é verdadeira, e a segunda é falsa.

(C) as duas charges são falsas.

(D) as duas charges são verdadeiras, e a segunda explica a primeira.

(E) as duas charges são verdadeiras, mas a segunda não explica a primeira.

16. (EXAME 2009)

Leia o gráfico, em que é mostrada a evolução do número de trabalhadores de 10 a 14 anos, em algumas regiões metropolitanas brasileiras, em dado período:

NÚMERO DE CRIANÇAS E ADOLESCENTES TRABALHANDO É O MAIOR EM 19 MESES

Evolução do número de trabalhadores de 10 a 14 anos nas seis regiões metropolitanas avaliadas na PME (Pesquisa Mensal de Emprego)

83 mil — 88 mil — 88 mil — 103 mil — 132 mil

Fonte: IBGE

http://www1.folha/uol.com.br/folha/cotidiano/ult95u85799.shtml, acessado em 2 out. 2009. (Adaptado)

Leia a charge:

"MEU PRIMEIRO EMPREGO!"

www.charges.com.br, acessado em 15 set. 2009.

Há relação entre o que é mostrado no gráfico e na charge?

(A) Não, pois a faixa etária acima dos 18 anos é aquela responsável pela disseminação da violência urbana nas grandes cidades brasileiras.
(B) Não, pois o crescimento do número de crianças e adolescentes que trabalham diminui o risco de sua exposição aos perigos da rua.
(C) Sim, pois ambos se associam ao mesmo contexto de problemas socioeconômicos e culturais vigentes no país.
(D) Sim, pois o crescimento do trabalho infantil no Brasil faz crescer o número de crianças envolvidas com o crime organizado.
(E) Ambos abordam temas diferentes e não é possível se estabelecer relação mesmo que indireta entre eles.

17. (EXAME 2010)

Painel da série Retirantes, de Cândido Portinari.
Disponível em: <http://3.bp.blogspot.com>. Acesso em 24 ago. 2010.

Morte e Vida Severina

(trecho)

Aí ficarás para sempre,
livre do sol e da chuva,
criando tuas saúvas.
— Agora trabalharás
só para ti, não a meias,
como antes em terra alheia.
— Trabalharás uma terra
da qual, além de senhor,
serás homem de eito e trator.
— Trabalhando nessa terra,
tu sozinho tudo empreitas:
serás semente, adubo, colheita.
— Trabalharás numa terra
que também te abriga e te veste:
embora com o brim do Nordeste.
— Será de terra
tua derradeira camisa:
te veste, como nunca em vida.
— Será de terra
e tua melhor camisa:
te veste e ninguém cobiça.
— Terás de terra
completo agora o teu fato:
e pela primeira vez, sapato.
Como és homem,
a terra te dará chapéu:
fosses mulher, xale ou véu.
— Tua roupa melhor
será de terra e não de fazenda:
não se rasga nem se remenda.
— Tua roupa melhor
e te ficará bem cingida:
como roupa feita à medida.

João Cabral de Meio Neto. **Morte e Vida Severina.**
Rio de Janeiro: Objetiva. 2008.

Analisando o painel de Portinari apresentado e o trecho destacado de Morte e Vida Severina, conclui-se que

(A) ambos revelam o trabalho dos homens na terra, com destaque para os produtos que nela podem ser cultivados.
(B) ambos mostram as possibilidades de desenvolvimento do homem que trabalha a terra, com destaque para um dos personagens.
(C) ambos mostram, figurativamente, o destino do sujeito sucumbido pela seca, com a diferença de que a cena de Portinari destaca o sofrimento dos que ficam.
(D) o poema revela a esperança, por meio de versos livres, assim como a cena de Portinari traz uma perspectiva próspera de futuro, por meio do gesto.
(E) o poema mostra um cenário próspero com elementos da natureza, como sol, chuva, insetos, e, por isso, mantém uma relação de oposição com a cena de Portinari.

18. (EXAME 2010)

Para preservar a língua, é preciso o cuidado de falar de acordo com a norma padrão. Uma dica para o bom desempenho linguístico é seguir o modelo de escrita dos clássicos. Isso não significa negar o papel da gramática normativa; trata-se apenas de ilustrar o modelo dado por ela. A escola é um lugar privilegiado de limpeza dos vícios de fala, pois oferece inúmeros recursos para o domínio da norma padrão e consequente distância da não padrão. Esse domínio é o que levará o sujeito a desempenhar competentemente as práticas sociais; trata-se do legado mais importante da humanidade.

PORQUE

A linguagem dá ao homem uma possibilidade de criar mundos, de criar realidades, de evocar realidades não presentes. E a língua é uma forma particular dessa faculdade [a linguagem] de criar mundos. A língua, nesse sentido, é a concretização de uma experiência histórica. Ela está radicalmente presa à sociedade.

XAVIER, A. C. & CORTEZ. s. (orgs.). Conversas com Linguistas: virtudes e controvérsias da Linguística. Rio de Janeiro: Parábola Editorial, p.72-73. 2005 (com adaptações).

Analisando a relação proposta entre as duas asserções acima, assinale a opção correta.

(A) As duas asserções são proposições verdadeiras, e a segunda é uma justificativa correta da primeira.
(B) As duas asserções são proposições verdadeiras, mas a segunda não é uma justificativa correta da primeira.
(C) A primeira asserção é uma proposição verdadeira, e a segunda é uma proposição falsa.
(D) A primeira asserção é uma proposição falsa, a segunda é uma proposição verdadeira.
(E) As duas asserções são proposições falsas.

19. (EXAME 2011)

Com o advento da República, a discussão sobre a questão educacional torna-se pauta significativa nas esferas dos Poderes Executivo e Legislativo, tanto no âmbito Federal quanto no Estadual. Já na Primeira República, a expansão da demanda social se propaga com o movimento da escolar-novista; no período getulista, encontram-se as reformas de Francisco Campos e Gustavo Capanema; no momento de crítica e balanço do pós-1946, ocorre a promulgação da primeira Lei de Diretrizes e Bases da Educação Nacional, em 1961. É somente com a Constituição de 1988, no entanto, que os brasileiros têm assegurada a educação de forma universal, como um direito de todos, tendo em vista o pleno desenvolvimento da pessoa no que se refere a sua preparação para o exercício da cidadania e sua qualificação para o trabalho. O artigo 208 do texto constitucional prevê como dever do Estado a oferta da educação tanto a crianças como àqueles que não tiveram acesso ao ensino em idade própria à escolarização cabida.

Nesse contexto, avalie as seguintes asserções e a relação proposta entre elas.

A relação entre educação e cidadania se estabelece na busca da universalização da educação como uma das condições necessárias para a consolidação da democracia no Brasil.

PORQUE

Por meio da atuação de seus representantes nos Poderes Executivos e Legislativo, no decorrer do século XX, passou a ser garantido no Brasil o direito de acesso à educação, inclusive aos jovens e adultos que já estavam fora da idade escolar.

A respeito dessas asserções, assinale a opção correta.

(A) As duas são proposições verdadeiras, e a segunda é uma justificativa correta da primeira.
(B) As duas são proposições verdadeiras, mas a segunda não é uma justificativa correta da primeira.
(C) A primeira é uma proposição verdadeira, e a segunda, falsa.
(D) A primeira é uma proposição falsa, e a segunda, verdadeira.
(E) Tanto a primeira quanto a segunda asserções são proposições falsas.

20. (EXAME 2011)

A definição de desenvolvimento sustentável mais usualmente utilizada é a que procura atender às necessidades atuais sem comprometer a capacidade das gerações futuras. O mundo assiste a um questionamento crescente de paradigmas estabelecidos na economia e também na cultura política. A crise ambiental no planeta, quando traduzida na mudança climática, é uma ameaça real ao pleno desenvolvimento das potencialidades dos países.

O Brasil está em uma posição privilegiada para enfrentar os enormes desafios que se acumulam. Abriga elementos fundamentais para o desenvolvimento: parte significativa da biodiversidade e da água doce existentes no planeta; grande extensão de terras cultiváveis; diversidade étnica e cultural e rica variedade de reservas naturais.

O campo do desenvolvimento sustentável pode ser conceitualmente dividido em três componentes: sustentabilidade ambiental, sustentabilidade econômica e sustentabilidade sociopolítica.

Nesse contexto, o desenvolvimento sustentável pressupõe

(A) a preservação do equilíbrio global e do valor das reservas de capital natural, o que não justifica a desaceleração do desenvolvimento econômico e político de uma sociedade.

(B) a redefinição de critérios e instrumentos de avaliação de custo-benefício que reflitam os efeitos socioeconômicos e os valores reais do consumo e da preservação.

(C) o reconhecimento de que, apesar de os recursos naturais serem ilimitados, deve ser traçado um novo modelo de desenvolvimento econômico para a humanidade.

(D) a redução do consumo das reservas naturais com a consequente estagnação do desenvolvimento econômico e tecnológico.

(E) a distribuição homogênea das reservas naturais entre as nações e as regiões em nível global e regional.

Habilidade 03

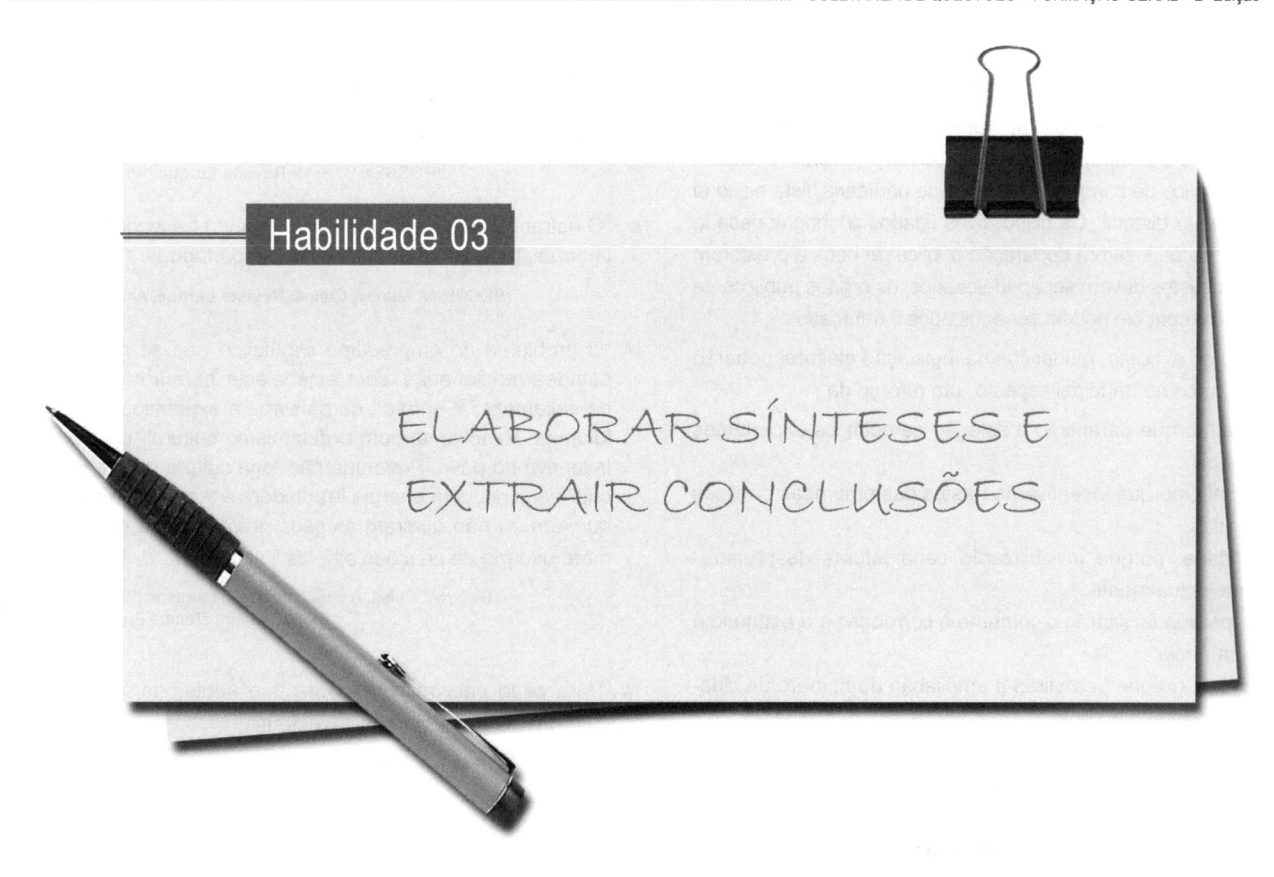

ELABORAR SÍNTESES E EXTRAIR CONCLUSÕES

1. (EXAME 2004)

"Crime contra Índio Pataxó comove o país

(...) Em mais um triste "Dia do Índio", Galdino saiu à noite com outros indígenas para uma confraternização na Funai. Ao voltar, perdeu-se nas ruas de Brasília (...). Cansado, sentou-se num banco de parada de ônibus e adormeceu. Às 5 horas da manhã, Galdino acordou ardendo numa grande labareda de fogo. Um grupo "insuspeito" de cinco jovens de classe média alta, entre eles um menor de idade, (...) parou o veículo na avenida W/2 Sul e, enquanto um manteve-se ao volante, os outros quatro dirigiram-se até a avenida W/3 Sul, local onde se encontrava a vítima. Logo após jogar combustível, atearam fogo no corpo. Foram flagrados por outros jovens corajosos, ocupantes de veículos que passavam no local e prestaram socorro à vítima. Os criminosos foram presos e conduzidos à 1ª Delegacia de Polícia do DF onde confessaram o ato monstruoso. Aí, a estupefação: 'os jovens queriam apenas se divertir' e 'pensavam tratar-se de um mendigo, não de um índio,' o homem a quem incendiaram. Levado ainda consciente para o Hospital Regional da Asa Norte – HRAN, Galdino, com 95% do corpo com queimaduras de 3º grau, faleceu às 2 horas da madrugada de hoje."

Conselho Indigenista Missionário - Cimi, Brasília-DF, 21 abr. 1997.

A notícia sobre o crime contra o índio Galdino leva a reflexões a respeito dos diferentes aspectos da formação dos jovens.

Com relação às questões éticas, pode-se afirmar que elas devem:

(A) manifestar os ideais de diversas classes econômicas.
(B) seguir as atividades permitidas aos grupos sociais.
(C) fornecer soluções por meio de força e autoridade.
(D) expressar os interesses particulares da juventude.
(E) estabelecer os rumos norteadores de comportamento.

2. (EXAME 2004)

Muitos países enfrentam sérios problemas com seu elevado crescimento populacional.

Em alguns destes países, foi proposta (e por vezes colocada em efeito) a proibição de as famílias terem mais de um filho.

Algumas vezes, no entanto, esta política teve conseqüências trágicas (por exemplo, em alguns países houve registros de famílias de camponeses abandonarem suas filhas recém-nascidas para terem uma outra chance de ter um filho do sexo masculino). Por essa razão, outras leis menos restritivas foram consideradas. Uma delas foi: as famílias teriam o direito a um segundo (e último) filho, caso o primeiro fosse do sexo feminino.

Suponha que esta última regra fosse seguida por todas as famílias de um certo país (isto é, sempre que o primeiro filho fosse do sexo feminino, fariam uma segunda e última tentativa para ter um menino). Suponha ainda que, em cada nascimento, sejam iguais as chances de nascer menino ou menina.

Examinando os registros de nascimento, após alguns anos de a política ter sido colocada em prática, seria esperado que:

(A) o número de nascimentos de meninos fosse aproximadamente o dobro do de meninas.
(B) em média, cada família tivesse 1,25 filhos.
(C) aproximadamente 25% das famílias não tivessem filhos do sexo masculino.
(D) aproximadamente 50% dos meninos fossem filhos únicos.
(E) aproximadamente 50% das famílias tivessem um filho de cada sexo.

3. (EXAME 2005)

Está em discussão, na sociedade brasileira, a possibilidade de uma reforma política e eleitoral. Fala-se, entre outras propostas, em financiamento público de campanhas, fidelidade partidária, lista eleitoral fechada e voto distrital. Os dispositivos ligados à obrigatoriedade de os candidatos fazerem declaração pública de bens e prestarem contas dos gastos devem ser aperfeiçoados, os órgãos públicos de fiscalização e controle podem ser equipados e reforçados.

Com base no exposto, mudanças na legislação eleitoral poderão representar, como principal aspecto, um reforço da

(A) política, porque garantirão a seleção de políticos experientes e idôneos.
(B) economia, porque incentivarão gastos das empresas públicas e privadas.
(C) moralidade, porque inviabilizarão candidaturas despreparadas intelectualmente.
(D) ética, porque facilitarão o combate à corrupção e o estímulo à transparência.
(E) cidadania, porque permitirão a ampliação do número de cidadãos com direito ao voto.

4. (EXAME 2006)

Samba do Approach

Venha provar meu brunch
Saiba que eu tenho approach
Na hora do lunch
Eu ando de ferryboat

Eu tenho savoir-faire
Meu temperamento é light
Minha casa é hi-tech
Toda hora rola um insight
Já fui fã do Jethro Tull
Hoje me amarro no Slash
Minha vida agora é cool
Meu passado é que foi trash

Fica ligada no link
Que eu vou confessar, my love
Depois do décimo drink
Só um bom e velho engov
Eu tirei o meu green card
E fui pra Miami Beach
Posso não ser pop star
Mas já sou um nouveau riche

Eu tenho sex-appeal
Saca só meu background
Veloz como Damon Hill
Tenaz como Fittipaldi
Não dispenso um happy end
Quero jogar no dream team
De dia um macho man
E de noite uma drag queen.

(Zeca Baleiro)

I. "(...) Assim, nenhum verbo importado é defectivo ou simplesmente irregular, e todos são da primeira conjugação e se conjugam como os verbos regulares da classe."
(POSSENTI, Sírio. **Revista Língua**. Ano I, n.3, 2006.)

II. "O estrangeirismo lexical é válido quando há incorporação de informação nova, que não existia em português."
(SECCHIN, Antonio Carlos. **Revista Língua**, Ano I, n.3, 2006.)

III. "O problema do empréstimo lingüístico não se resolve com atitudes reacionárias, com estabelecer barreiras ou cordões de isolamento à entrada de palavras e expressões de outros idiomas. Resolve-se com o dinamismo cultural, com o gênio inventivo do povo. Povo que não forja cultura dispensa-se de criar palavras com energia irradiadora e tem de conformar-se, queiram ou não queiram os seus gramáticos, à condição de mero usuário de criações alheias."
(CUNHA, Celso. A língua portuguesa e a realidade brasileira. Rio de Janeiro: Tempo Brasileiro, 1972.)

IV. "Para cada palavra estrangeira que adotamos, deixa-se de criar ou desaparece uma já existente."
(PILLA, Éda Heloisa. Os neologismos do português e a face social da língua. Porto Alegre: AGE, 2002.)

O Samba do Approach, de autoria do maranhense Zeca Baleiro, ironiza a mania brasileira de ter especial apego a palavras e a modismos estrangeiros. As assertivas que se confirmam na letra da música são, apenas,

(A) I e II.
(B) I e III.
(C) II e III.
(D) II e IV.
(E) III e IV.

5. (EXAME 2007)

Revista **Isto É Independente**. São Paulo: Ed. Três [s.d.]

O alerta que a gravura acima pretende transmitir refere-se a uma situação que

(A) atinge circunstancialmente os habitantes da área rural do País.
(B) atinge, por sua gravidade, principalmente as crianças da área rural.
(C) preocupa no presente, com graves conseqüências para o futuro.
(D) preocupa no presente, sem possibilidade de ter conseqüências no futuro.
(E) preocupa, por sua gravidade, especialmente os que têm filhos.

6. (EXAME 2007)

Os ingredientes principais dos fertilizantes agrícolas são nitrogênio, fósforo e potássio (os dois últimos sob a forma dos óxidos P_2O_5 e K_2O, respectivamente). As percentagens das três substâncias estão geralmente presentes nos rótulos dos fertilizantes, sempre na ordem acima. Assim, um fertilizante que tem em seu rótulo a indicação 10-20-20 possui, em sua composição, 10% de nitrogênio, 20% de óxido de fósforo e 20% de óxido de potássio. Misturando-se 50 kg de um fertilizante 10-20-10 com 50 kg de um fertilizante 20-10-10, obtém-se um fertilizante cuja composição é

(A) 7,5-7,5-5.
(B) 10-10-10.
(C) 15-15-10.
(D) 20-20-15.
(E) 30-30-20.

7. (EXAME 2007)

Leia o esquema abaixo.

1. Coleta de plantas nativas, animais silvestres, microorganismos e fungos da floresta Amazônica.
2. Saída da mercadoria do país, por portos e aeroportos, camuflada na bagagem de pessoas que se disfarçam de turistas, pesquisadores ou religiosos.
3. Venda dos produtos para laboratórios ou colecionadores que patenteiam as substâncias provenientes das plantas e dos animais.
4. Ausência de patente sobre esses recursos, o que deixa as comunidades indígenas e as populações tradicionais sem os benefícios dos *royalties*.
5. Prejuízo para o Brasil!

Com base na análise das informações acima, uma campanha publicitária contra a prática do conjunto de ações apresentadas no esquema poderia utilizar a seguinte chamada:

(A) Indústria farmacêutica internacional, fora!
(B) Mais respeito às comunidades indígenas!
(C) Pagamento de *royalties* é suficiente!
(D) Diga não à biopirataria, já!
(E) Biodiversidade, um mau negócio?

8. (EXAME 2007)

Entre 1508 e 1512, Michelangelo pintou o teto da Capela Sistina no Vaticano, um marco da civilização ocidental. Revolucionária, a obra chocou os mais conservadores, pela quantidade de corpos nus, possivelmente, resultado de seus secretos estudos de anatomia, uma vez que, no seu tempo, era necessária a autorização da Igreja para a dissecação de cadáveres.

Recentemente, perceberam-se algumas peças anatômicas camufladas entre as cenas que compõem o teto. Alguns pesquisadores conseguiram identificar uma grande quantidade de estruturas internas da anatomia humana, que teria sido a forma velada de como o artista "imortalizou a comunhão da arte com o conhecimento".

Uma das cenas mais conhecidas é "A criação de Adão". Para esses pesquisadores ela representaria o cérebro num corte sagital, como se pode observar nas figuras a seguir.

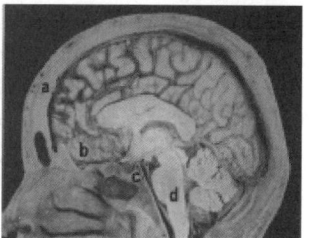

BARRETO, Gilson e OLIVEIRA, Marcelo G. de. **A arte secreta de Michelangelo - Uma lição de anatomia na Capela Sistina.** ARX.

Considerando essa hipótese, uma ampliação interpretativa dessa obra-prima de Michelangelo expressaria

(A) o Criador dando a consciência ao ser humano, manifestada pela função do cérebro.
(B) a separação entre o bem e o mal, apresentada em cada seção do cérebro.
(C) a evolução do cérebro humano, apoiada na teoria darwinista.
(D) a esperança no futuro da humanidade, revelada pelo conhecimento da mente.
(E) a diversidade humana, representada pelo cérebro e pela medula.

9. (EXAME 2008)

A exposição aos raios ultravioleta tipo B (UVB) causa queimaduras na pele, que podem ocasionar lesões graves ao longo do tempo. Por essa razão, recomenda-se a utilização de filtros solares, que deixam passar apenas uma certa fração desses raios, indicada pelo Fator de Proteção Solar (FPS).

Por exemplo, um protetor com FPS igual a 10 deixa passar apenas 1/10 (ou seja, retém 90%) dos raios UVB. Um protetor que retenha 95% dos raios UVB possui um FPS igual a

(A) 95   (B) 90   (C) 50   (D) 20   (E) 5

10. (EXAME 2009)

O Ministério do Meio Ambiente, em junho de 2009, lançou campanha para o consumo consciente de sacolas plásticas, que já atingem, aproximadamente, o número alarmante de 12 bilhões por ano no Brasil.

Veja o *slogan* dessa campanha:

SACO É UM SACO.
PRA CIDADE, PRO PLANETA, PRO FUTURO, PRA VOCÊ.

O possível êxito dessa campanha ocorrerá porque

I. se cumpriu a meta de emissão zero de gás carbônico estabelecida pelo Programa das Nações Unidas para o Meio Ambiente, revertendo o atual quadro de elevação das médias térmicas globais.
II. deixaram de ser empregados, na confecção de sacolas plásticas, materiais oxibiodegradáveis e os chamados bioplásticos que, sob certas condições de luz e de calor, se fragmentam.
III. foram adotadas, por parcela da sociedade brasileira, ações comprometidas com mudanças em seu modo de produção e de consumo, atendendo aos objetivos preconizados pela sustentabilidade.
IV. houve redução tanto no quantitativo de sacolas plásticas descartadas indiscriminadamente no ambiente, como também no tempo de decomposição de resíduos acumulados em lixões e aterros sanitários.

Estão CORRETAS somente as afirmativas

(A) I e II.
(B) I e III.
(C) II e III.
(D) II e IV.
(E) III e IV.

11. (EXAME 2009)

Leia o trecho:

> O movimento antiglobalização apresenta-se, na virada deste novo milênio, como uma das principais novidades na arena política e no cenário da sociedade civil, dada a sua forma de articulação/atuação em redes com extensão global. Ele tem elaborado uma *nova gramática no repertório das demandas e dos conflitos sociais*, trazendo novamente as lutas sociais para o palco da cena pública, e a política para a dimensão, tanto na forma de operar, nas ruas, como no conteúdo do debate que trouxe à tona: o modo de vida capitalista ocidental moderno e seus efeitos destrutivos sobre a natureza (humana, animal e vegetal).

GOHN, 2003.

É INCORRETO afirmar que o movimento antiglobalização referido nesse trecho

(A) cria uma rede de resistência, expressa em atos de desobediência civil e propostas alternativas à forma atual da globalização, considerada como o principal fator da exclusão social existente.
(B) defende um outro tipo de globalização, baseado na solidariedade e no respeito às culturas, voltado para um novo tipo de modelo civilizatório, com desenvolvimento econômico, mas também com justiça e igualdade social.
(C) é composto por atores sociais tradicionais, veteranos nas lutas políticas, acostumados com o repertório de protestos políticos, envolvendo, especialmente, os trabalhadores sindicalizados e suas respectivas centrais sindicais.
(D) recusa as imposições de um mercado global, uno, voraz, além de contestar os valores impulsionadores da sociedade capitalista, alicerçada no lucro e no consumo de mercadorias supérfluas.
(E) utiliza-se de mídias, tradicionais e novas, de modo relevante para suas ações com o propósito de dar visibilidade e legitimidade mundiais ao divulgar a variedade de movimentos de sua agenda.

12. (EXAME 2009)

O Brasil tem assistido a um debate que coloca, frente a frente, como polos opostos, o desenvolvimento econômico e a conservação ambiental. Algumas iniciativas merecem considerações, porque podem agravar ou desencadear problemas ambientais de diferentes ordens de grandeza.

Entre essas iniciativas e suas consequências, é INCORRETO afirmar que

(A) a construção de obras previstas pelo PAC (Programa de Aceleração do Crescimento) tem levado à redução dos prazos necessários aos estudos de impacto ambiental, o que pode interferir na sustentabilidade do projeto.
(B) a construção de grandes centrais hidrelétricas nas bacias do Sudeste e do Sul gera mais impactos ambientais do que nos grandes rios da Amazônia, nos quais o volume de água, o relevo e a baixa densidade demográfica reduzem os custos da obra e o passivo ambiental.
(C) a exploração do petróleo encontrado na plataforma submarina pelo Brasil terá, ao lado dos impactos positivos na economia e na política, consequências ambientais negativas, se persistir o modelo atual de consumo de combustíveis fósseis.
(D) a preocupação mais voltada para a floresta e os povos amazônicos coloca em alerta os ambientalistas, ao deixar em segundo plano as ameaças aos demais biomas.
(E) os incentivos ao consumo, sobretudo aquele relacionado ao mercado automobilístico, para que o Brasil pudesse se livrar com mais rapidez da crise econômica, agravarão a poluição do ar e o intenso fluxo de veículos nas grandes cidades.

13. (EXAME 2010)

Conquistar um diploma de curso superior não garante às mulheres a equiparação salarial com os homens, como mostra o estudo "Mulher no mercado de trabalho: perguntas e respostas", divulgado pelo Instituto Brasileiro de Geografia e Estatística (IBGE), nesta segunda-feira, quando se comemora o Dia Internacional da Mulher.

Segundo o trabalho, embasado na Pesquisa Mensal de Emprego de 2009, nos diversos grupamentos de atividade econômica, a escolaridade de nível superior não aproxima os rendimentos recebidos por homens e mulheres. Pelo contrário, a diferença acentua-se. No caso do comércio, por exemplo, a diferença de rendimento para profissionais com escolaridade de onze anos ou mais de estudo é de R$ 616,80 a mais para os homens. Quando a comparação é feita para o nível superior, a diferença é de R$ 1.653,70 para eles.

Disponível em: <http://oglobo.globo.com/economia/boachance/mat/2010/03/08>. Acesso em: 19 out. 2010 (com adaptações).

Considerando o tema abordado acima, analise as afirmações seguintes.

I. Quanto maior o nível de análise dos indicadores de gêneros, maior será a possibilidade de identificação da realidade vivida pelas mulheres no mundo do trabalho e da busca por uma política igualitária capaz de superar os desafios das representações de gênero.

II. Conhecer direitos e deveres, no local de trabalho e na vida cotidiana, é suficiente para garantir a alteração dos padrões de inserção das mulheres no mercado de trabalho.

III. No Brasil, a desigualdade social das minorias étnicas, de gênero e de idade não está apenas circunscrita pelas relações econômicas, mas abrange fatores de caráter histórico-cultural.

IV. Desde a aprovação da Constituição de 1988, tem havido incremento dos movimentos gerados no âmbito da sociedade para diminuir ou minimizar a violência e o preconceito contra a mulher, a criança, o idoso e o negro.

É correto apenas o que se afirma em

(A) I e II.
(B) II e IV.
(C) III e IV.
(D) I, II e III.
(E) I, II e IV.

14. (EXAME 2010)

O mapa abaixo representa as áreas populacionais sem acesso ao saneamento básico.

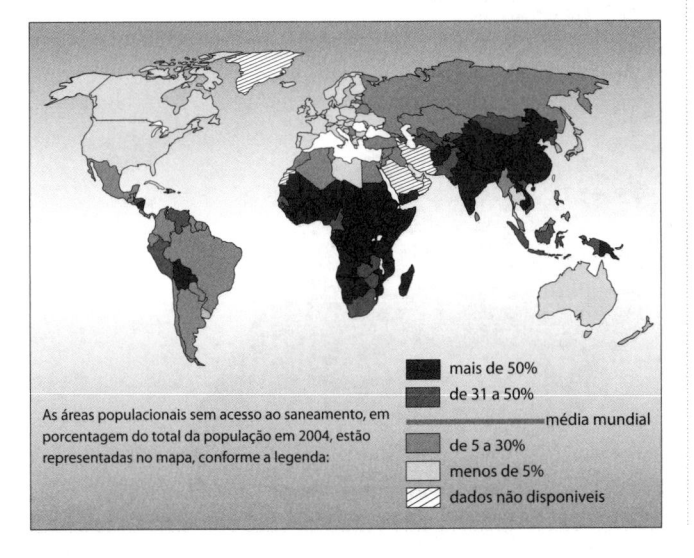

Considerando o mapa apresentado, analise as afirmações que se seguem.

I. A globalização é fenômeno que ocorre de maneira desigual entre os países, e o progresso social independe dos avanços econômicos.

II. Existe relação direta entre o crescimento da ocupação humana e o maior acesso ao saneamento básico.

III. Brasil, Rússia, Índia e China, países pertencentes ao bloco dos emergentes, possuem percentual da população com acesso ao saneamento básico abaixo da média mundial.

IV. O maior acesso ao saneamento básico ocorre, em geral, em países desenvolvidos.

V. Para se analisar o índice de desenvolvimento humano (IDH) de um país, deve-se diagnosticar suas condições básicas de infraestrutura, seu PIB per capita, a saúde e a educação.

É correto apenas o que se afirma em

(A) I e II.
(B) I e III.
(C) II e V.
(D) III e IV.
(E) IV e V.

15. (EXAME 2010)

Isótopos radioativos estão ajudando a diagnosticar as causas da poluição atmosférica. Podemos, com essa tecnologia, por exemplo, analisar o ar de uma região e determinar se um poluente vem da queima do petróleo ou da vegetação.

Outra utilização dos isótopos radioativos que pode, no futuro, diminuir a área de desmatamento para uso da agricultura é a irradiação nos alimentos. A técnica consiste em irradiar com isótopos radioativos para combater os micro-organismos que causam o apodrecimento dos vegetais e aumentar a longevidade dos alimentos, diminuindo o desperdício. A irradiação de produtos alimentícios já é uma realidade, pois grandes indústrias que vendem frutas ou suco utilizam essa técnica.

Na área médica, as soluções nucleares estão em ferramentas de diagnóstico, como a tomografia e a ressonância magnética, que conseguem apontar, sem intervenção cirúrgica, mudanças metabólicas em áreas do corpo. Os exames conseguem, inclusive, detectar tumores que ainda não causam sintomas, possibilitando um tratamento precoce do câncer e maior possibilidade de cura.

A notícia acima

(A) comenta os malefícios do uso de isótopos radioativos, relacionando-os às causas da poluição atmosférica.
(B) elenca possibilidades de uso de isótopos radioativos, evidenciando, assim, benefícios do avanço tecnológico.
(C) destaca os perigos da radiação para a saúde, alertando sobre os cuidados que devem ter a medicina e a agroindústria.
(D) propõe soluções nucleares como ferramentas de diagnóstico em doenças de animais, alertando para os malefícios que podem causar ao ser humano.
(E) explica cientificamente as várias técnicas de tratamento em que se utilizam isótopos radioativos para matar os micro-organismos que causam o apodrecimento dos vegetais.

16. (EXAME 2011)

Exclusão digital é um conceito que diz respeito às extensas camadas sociais que ficaram à margem do fenômeno da sociedade da informação e da extensão das redes digitais. O problema da exclusão digital se apresenta como um dos maiores desafios dos dias de hoje, com implicações diretas e indiretas sobre os mais variados aspectos da sociedade contemporânea.

Nessa nova sociedade, o conhecimento é essencial para aumentar a produtividade e a competição global. É fundamental para a invenção, para a inovação e para a geração de riqueza. As tecnologias de informação e comunicação (TICs) proveem uma fundação para a construção e aplicação do conhecimento nos setores públicos e privados. É nesse contexto que se aplica o termo exclusão digital, referente à falta de acesso às vantagens e aos benefícios trazidos por essas novas tecnologias, por motivos sociais, econômicos, políticos ou culturais.

Considerando as ideias do texto acima, avalie as afirmações a seguir.

I. Um mapeamento da exclusão digital no Brasil permite aos gestores de políticas públicas escolherem o públicoalvo de possíveis ações de inclusão digital.
II. O uso das TICs pode cumprir um papel social, ao prover informações àqueles que tiveram esse direito negado ou negligenciado e, portanto, permitir maiores graus de mobilidade social e econômica.
III. O direito à informação diferencia-se dos direitos sociais, uma vez que esses estão focados nas relações entre os indivíduos e, aqueles, na relação entre o indivíduo e o conhecimento.
IV. O maior problema de acesso digital no Brasil está na deficitária tecnologia existente em território nacional, muito aquém da disponível na maior parte dos países do primeiro mundo.

É correto apenas o que se afirma em

(A) I e II.
(B) II e IV.
(C) III e IV.
(D) I, II e III.
(E) I, III e IV.

17. (EXAME 2011)

A educação é o Xis da questão

Desemprego
Aqui se vê que a taxa de desemprego é menor para quem fica mais tempo na escola

- 13,05% — Até 10 anos de estudo
- 7,91% — 12 a 14 anos de estudo
- 3,83% — 15 a 17 anos de estudo
- 2,66% — Mais de 17 anos de estudo

Salário
Aqui se vê que os salários aumentam conforme os anos de estudo (em reais)

- 18 500 — Salário de quem tem doutorado ou MBA
- 8 600 — Salário de quem tem curso superior e fala uma língua estrangeira
- 1 800 — Salário de quem conclui o ensino médio

Fontes: Manager Assessoria em Recursos Humanos e IBGE

Disponível em: <http://ead.uepb.edu.br/noticias,82>. Acesso em: 24 ago. 2011.

A expressão "o Xis da questão" usada no título do infográfico diz respeito

(A) à quantidade de anos de estudos necessários para garantir um emprego estável com salário digno.
(B) às oportunidades de melhoria salarial que surgem à medida que aumenta o nível de escolaridade dos indivíduos.
(C) à influência que o ensino de língua estrangeira nas escolas tem exercido na vida profissional dos indivíduos.
(D) aos questionamentos que são feitos acerca da quantidade mínima de anos de estudo que os indivíduos precisam para ter boa educação.
(E) à redução da taxa de desemprego em razão da política atual de controle da evasão escolar e de aprovação automática de ano de acordo com a idade.

18. (EXAME 2011)

Em reportagem, Owen Jones, autor do livro **Chavs: a difamação da classe trabalhadora**, publicado no Reino Unido, comenta as recentes manifestações de rua em Londres e em outras principais cidades inglesas.

Jones prefere chamar atenção para as camadas sociais mais desfavorecidas do país, que desde o início dos distúrbios, ficaram conhecidas no mundo todo pelo apelido *chavs*, usado pelos britânicos para escarnecer dos hábitos de consumo da classe trabalhadora. Jones denuncia um sistemático abandono governamental dessa parcela da população: "Os políticos insistem em culpar os indivíduos pela desigualdade", diz. (...) "você não vai ver alguém assumir ser um *chav*, pois se trata de um insulto criado como forma de generalizar o comportamento das classes mais baixas. Meu medo não é o preconceito e, sim, a cortina de fumaça que ele oferece. Os distúrbios estão servindo como o argumento ideal para que se faça valer a ideologia de que os problemas sociais são resultados de defeitos individuais, não de falhas maiores. Trata-se de uma filosofia que tomou conta da sociedade britânica com a chegada de Margaret Thatcher ao poder, em 1979, e que basicamente funciona assim: você é culpado pela falta de oportunidades. (...) Os políticos insistem em culpar os indivíduos pela desigualdade".

Suplemento Prosa & Verso, O Globo, Rio de Janeiro, 20 ago. 2011, p. 6 (adaptado).

Considerando as ideias do texto, avalie as afirmações a seguir.

I. *Chavs* é um apelido que exalta hábitos de consumo de parcela da população britânica.
II. Os distúrbios ocorridos na Inglaterra serviram para atribuir deslizes de comportamento individual como causas de problemas sociais.
III. Indivíduos da classe trabalhadora britânica são responsabilizados pela falta de oportunidades decorrente da ausência de políticas públicas.
IV. As manifestações de rua na Inglaterra reivindicavam formas de inclusão nos padrões de consumo vigente.

É correto apenas o que se afirma em

(A) I e II.
(B) I e IV.
(C) II e III.
(D) I, III e IV.
(E) II, III e IV.

QUESTÕES DISCURSIVA

1. (EXAME 2004) DISCURSIVA

Leia o e-mail de Elisa enviado para sua prima que mora na Itália e observe o gráfico.

Vivi durante anos alimentando os sonhos sobre o que faria após minha aposentadoria que deveria acontecer ainda este ano.

Um deles era aceitar o convite de passar uns meses aí com vocês, visto que os custos da viagem ficariam amenizados com a hospedagem oferecida e poderíamos aproveitar para conviver por um período mais longo.

Carla, imagine que completei os trinta anos de trabalho e não posso me aposentar porque não tenho a idade mínima para a aposentadoria. Desta forma, teremos, infelizmente, que adiar a idéia de nos encontrarmos no próximo ano.

Um grande abraço, Elisa.

Fonte: Brasil em números 1999. Rio de Janeiro. IBGE, 2000.

Ainda que mudanças na dinâmica demográfica não expliquem todos os problemas dos sistemas de previdência social, apresente:

a) uma explicação sobre a relação existente entre o envelhecimento populacional de um país e a questão da previdência social;

b) uma situação, além da elevação da expectativa de vida, que possivelmente contribuiu para as mudanças nas regras de aposentadoria do Brasil nos últimos anos.

2. (EXAME 2005) DISCURSIVA

Nos dias atuais, as novas tecnologias se desenvolvem de forma acelerada e a Internet ganha papel importante na dinâmica do cotidiano das pessoas e da economia mundial. No entanto, as conquistas tecnológicas, ainda que representem avanços, promovem conseqüências ameaçadoras.

Leia os gráficos e a situação-problema expressa através de um diálogo entre uma mulher desempregada, à procura de uma vaga no mercado de trabalho, e um empregador.

Acesso à Internet

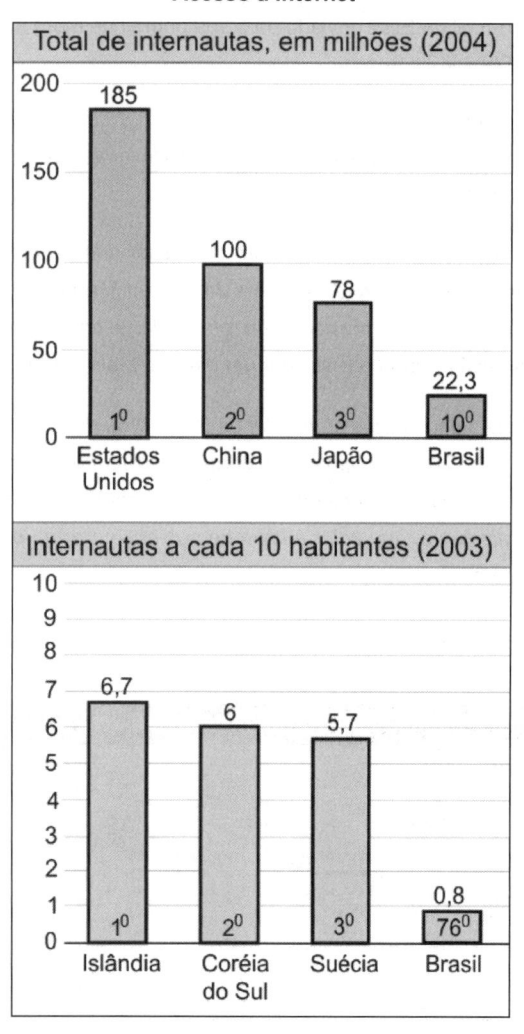

Total de internautas, em milhões (2004)
- Estados Unidos (1º): 185
- China (2º): 100
- Japão (3º): 78
- Brasil (10º): 22,3

Internautas a cada 10 habitantes (2003)
- Islândia (1º): 6,7
- Coréia do Sul (2º): 6
- Suécia (3º): 5,7
- Brasil (76º): 0,8

Situação-problema

- **mulher:**
- – Tenho 43 anos, não tenho curso superior completo, mas tenho certificado de conclusão de secretariado e de estenografia.

- **empregador:**
- – Qual a abrangência de seu conhecimento sobre o uso de computadores? Quais as linguagens que você domina? Você sabe fazer uso da Internet?

- **mulher:**
- – Não sei direito usar o computador. Sou de família pobre e, como preciso participar ativamente da despesa familiar, com dois filhos e uma mãe doente, não sobra dinheiro para comprar um.

- **empregador:**
- – Muito bem, posso, quando houver uma vaga, oferecer um trabalho de recepcionista. Para trabalho imediato, posso oferecer uma vaga de copeira para servir cafezinho aos funcionários mais graduados.

Apresente uma conclusão que pode ser extraída da análise

a) dos dois gráficos;

b) da situação-problema, em relação aos gráficos.

3. (EXAME 2006) DISCURSIVA

Sobre a implantação de "políticas afirmativas" relacionadas à adoção de "sistemas de cotas" por meio de Projetos de Lei em tramitação no Congresso Nacional, leia os dois textos a seguir.

Texto I

"Representantes do Movimento Negro Socialista entregaram ontem no Congresso um manifesto contra a votação dos projetos que propõem o estabelecimento de cotas para negros em Universidades Federais e a criação do Estatuto de Igualdade Racial.

As duas propostas estão prontas para serem votadas na Câmara, mas o movimento quer que os projetos sejam retirados da pauta. (...) Entre os integrantes do movimento estava a professora titular de Antropologia da Universidade Federal do Rio de Janeiro, Yvonne Maggie. 'É preciso fazer o debate. Por isso ter vindo aqui já foi um avanço', disse."

(Folha de S.Paulo – Cotidiano, 30 jun. 2006 com adaptação.)

Texto II

"Desde a última quinta-feira, quando um grupo de intelectuais entregou ao Congresso Nacional um manifesto contrário à adoção de cotas raciais no Brasil, a polêmica foi reacesa. (...) O diretor executivo da Educação e Cidadania de Afrodescendentes e Carentes (Educafro), frei David Raimundo dos Santos, acredita que hoje o quadro do país é injusto com os negros e defende a adoção do sistema de cotas."

(Agência Estado-Brasil, 03 jul. 2006.)

Ampliando ainda mais o debate sobre todas essas políticas afirmativas, há também os que adotam a posição de que o critério para cotas nas Universidades Públicas não deva ser restritivo, mas que considere também a condição social dos candidatos ao ingresso.

Analisando a polêmica sobre o sistema de cotas "raciais", identifique, no atual debate social,

a) um argumento coerente utilizado por aqueles que o criticam;

b) um argumento coerente utilizado por aqueles que o defendem.

Habilidade 04

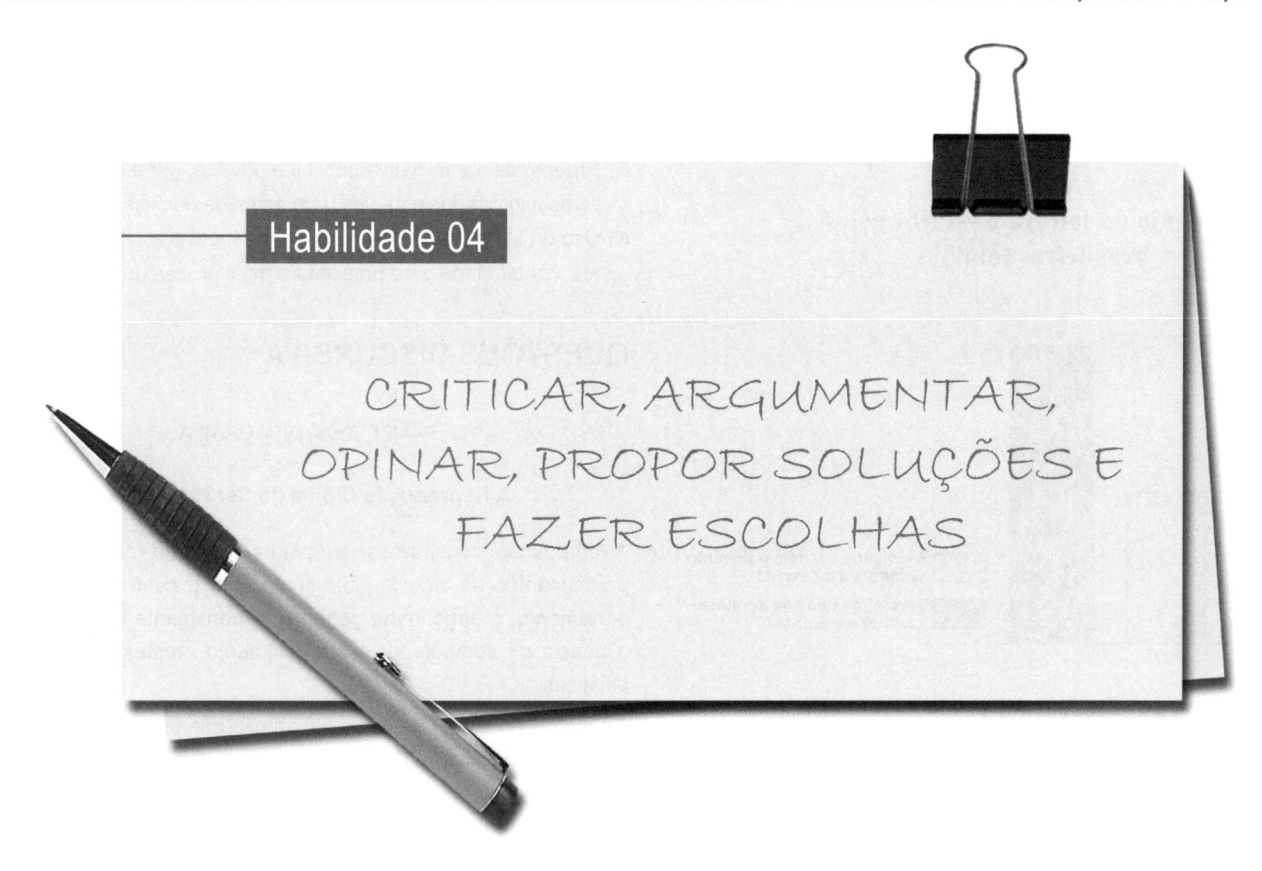

CRITICAR, ARGUMENTAR, OPINAR, PROPOR SOLUÇÕES E FAZER ESCOLHAS

1. (EXAME 2007)

Desnutrição entre crianças quilombolas

"Cerca de três mil meninos e meninas com até 5 anos de idade, que vivem em 60 comunidades quilombolas em 22 Estados brasileiros, foram pesados e medidos. O objetivo era conhecer a situação nutricional dessas crianças.(...)

De acordo com o estudo, 11,6% dos meninos e meninas que vivem nessas comunidades estão mais baixos do que deveriam, considerandose a sua idade, índice que mede a desnutrição. No Brasil, estima-se uma população de 2 milhões de quilombolas.

A escolaridade materna influencia diretamente o índice de desnutrição. Segundo a pesquisa, 8,8% dos filhos de mães com mais de quatro anos de estudo estão desnutridos. Esse indicador sobe para 13,7% entre as crianças de mães com escolaridade menor que quatro anos.

A condição econômica também é determinante. Entre as crianças que vivem em famílias da classe E (57,5% das avaliadas), a desnutrição chega a 15,6%; e cai para 5,6% no grupo que vive na classe D, na qual estão 33,4% do total das pesquisadas.

Os resultados serão incorporados à política de nutrição do País. O Ministério de Desenvolvimento Social prevê ainda um estudo semelhante para as crianças indígenas."

BAVARESCO, Rafael. UNICEF/BRZ. Boletim, ano 3, n. 8, jun. 2007.

O boletim da UNICEF mostra a relação da desnutrição com o nível de escolaridade materna e a condição econômica da família. Para resolver essa grave questão de subnutrição infantil, algumas iniciativas são propostas:

I. distribuição de cestas básicas para as famílias com crianças em risco;
II. programas de educação que atendam a crianças e também a jovens e adultos;
III. hortas comunitárias, que ofereçam não só alimentação de qualidade, mas também renda para as famílias.

Das iniciativas propostas, pode-se afirmar que

(A) somente I é solução dos problemas a médio e longo prazo.
(B) somente II é solução dos problemas a curto prazo.
(C) somente III é solução dos problemas a curto prazo.
(D) I e II são soluções dos problemas a curto prazo.
(E) II e III são soluções dos problemas a médio e longo prazo.

2. (EXAME 2009)

Leia os gráficos:

**Gráfico I:
Domínio da leitura e escrita pelos brasileiros (em %)**

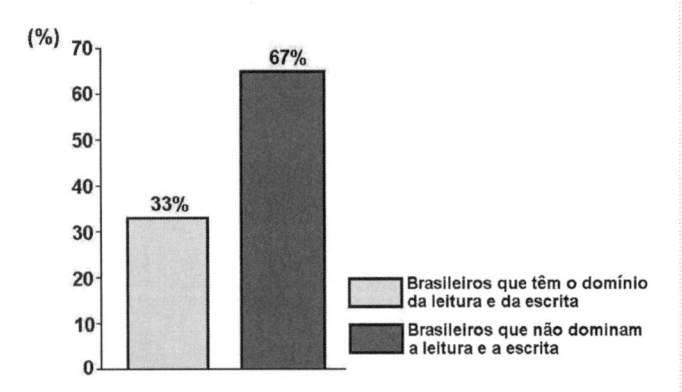

- 33% — Brasileiros que têm o domínio da leitura e da escrita
- 67% — Brasileiros que não dominam a leitura e a escrita

**Gráfico II:
Municípios brasileiros que possuem livrarias (em %)**

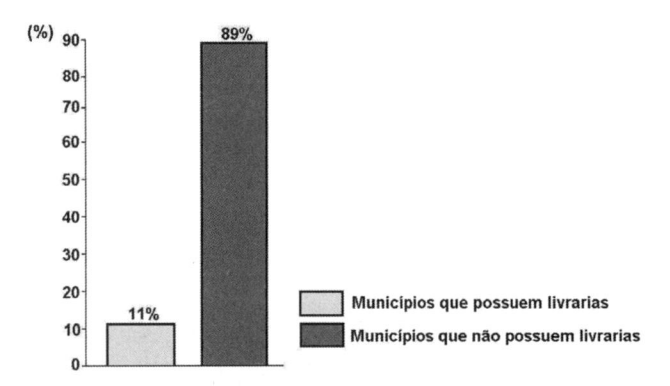

- 11% — Municípios que possuem livrarias
- 89% — Municípios que não possuem livrarias

Indicador Nacional de Alfabetismo Funcional - INAF, 2005.

Relacione esses gráficos às seguintes informações:

O Ministério da Cultura divulgou, em 2008, que o Brasil não só produz mais da metade dos livros do continente americano, como também tem parque gráfico atualizado, excelente nível de produção editorial e grande quantidade de papel. Estima-se que 73% dos livros do país estejam nas mãos de 16% da população.

Para melhorar essa situação, é necessário que o Brasil adote políticas públicas capazes de conduzir o país à formação de uma sociedade leitora.

Qual das seguintes ações NÃO contribui para a formação de uma sociedade leitora?

(A) Desaceleração da distribuição de livros didáticos para os estudantes das escolas públicas, pelo MEC, porque isso enriquece editoras e livreiros.

(B) Exigência de acervo mínimo de livros, impressos e eletrônicos, com gêneros diversificados, para as bibliotecas escolares e comunitárias.

(C) Programas de formação continuada de professores, capacitando-os para criar um vínculo significativo entre o estudante e o texto.

(D) Programas, de iniciativa pública e privada, garantindo que os livros migrem das estantes para as mãos dos leitores.

(E) Uso da literatura como estratégia de motivação dos estudantes, contribuindo para uma leitura mais prazerosa.

QUESTÕES DISCURSIVA

1. (EXAME 2004) DISCURSIVAS

A Reprodução Clonal do Ser Humano

A reprodução clonal do ser humano acha-se no rol das coisas preocupantes da ciência juntamente com o controle do comportamento, a engenharia genética, o transplante de cabeças, a poesia de computador e o crescimento irrestrito das flores plásticas.

A reprodução clonal é a mais espantosa das perspectivas, pois acarreta a eliminação do sexo, trazendo como compensação a eliminação metafórica da morte. Quase não é consolo saber que a nossa reprodução clonal, idêntica a nós, continua a viver, principalmente quando essa vida incluirá, mais cedo ou mais tarde, o afastamento provável do eu real, então idoso. É difícil imaginar algo parecido à afeição ou ao respeito filial por um único e solteiro núcleo; mais difícil ainda é considerar o nosso novo eu autogerado como algo que não seja senão um total e desolado órfão. E isso para não mencionar o complexo relacionamento interpessoal inerente à auto-educação desde a infância, ao ensino da linguagem, ao estabelecimento da disciplina e das maneiras etc. Como se sentiria você caso se tornasse, por procuração, um incorrigível delinquente juvenil na idade de 55 anos?

As questões públicas são óbvias. Quem será selecionado e de acordo com que qualificações? Como enfrentar os riscos da tecnologia erroneamente usada, tais como uma reprodução clonal autodeterminada pelos ricos e poderosos, mas socialmente indesejáveis, ou a reprodução feita pelo Governo de massas dóceis e idiotas para realizarem o trabalho do mundo? Qual será, sobre os não-reproduzidos clonalmente, o efeito de toda essa mesmice humana? Afinal, nós nos habituamos, no decorrer de milênios, ao permanente estímulo da singularidade; cada um de nós é totalmente diverso, em sentido fundamental, de todos os bilhões. A individualidade é um fato essencial da vida. A idéia da ausência de um eu humano, a mesmice, é aterrorizante quando a gente se põe a pensar no assunto.

(...)

Para fazer tudo bem direitinho, com esperanças de terminar com genuína duplicata de uma só pessoa, não há outra escolha. É preciso clonar o mundo inteiro, nada menos.

THOMAS, Lewis. **A medusa e a lesma.**
Rio de Janeiro: Nova Fronteira, 1980. p.59.

Em no máximo dez linhas, expresse a sua opinião em relação a uma – e somente uma – das questões propostas no terceiro parágrafo do texto.

2. (EXAME 2005) DISCURSIVA

A queimada é um dos muitos crimes que ainda se comete contra o ecossistema

(JB ECOLÓGICO. JB, Ano 4, n. 41, junho 2005, p.21.)

Agora é vero. Deu na imprensa internacional, com base científica e fotos de satélite: a continuar o ritmo atual da devastação e a incompetência política secular do Governo e do povo brasileiro em contê-la, a Amazônia desaparecerá em menos de 200 anos. A última grande floresta tropical e refrigerador natural do único mundo onde vivemos irá virar deserto.

Internacionalização já! Ou não seremos mais nada. Nem brasileiros, nem terráqueos. Apenas uma lembrança vaga e infeliz de vida breve, vida louca, daqui a dois séculos.

A quem possa interessar e ouvir, assinam essa declaração: todos os rios, os céus, as plantas, os animais, e os povos índios, caboclos e universais da Floresta Amazônica. Dia cinco de junho de 2005.

Dia Mundial do Meio Ambiente e Dia Mundial da Esperança. A última.

(CONCOLOR, Felis. Amazônia? Internacionalização já! In: JB ecológico. Ano 4, nº41, jun. 2005, p. 14, 15. fragmento)

A tese da internacionalização, ainda que circunstancialmente possa até ser mencionada por pessoas preocupadas com a região, longe está de ser solução para qualquer dos nossos problemas. Assim, escolher a Amazônia para demonstrar preocupação com o futuro da humanidade é louvável se assumido também, com todas as suas consequências, que o inaceitável processo de destruição das nossas florestas é o mesmo que produz e reproduz diariamente a pobreza e a desigualdade por todo o mundo.

Se assim não for, e a prevalecer mera motivação "da propriedade", então seria justificável também propor devaneios como a internacionalização do Museu do Louvre ou, quem sabe, dos poços de petróleo ou ainda, e neste caso não totalmente desprovido de razão, do sistema financeiro mundial.

(JATENE, Simão. Preconceito e pretensão. In: JB ecológico. Ano 4, nº 42, jul. 2005, p. 46, 47. fragmento)

A partir das idéias presentes nos textos acima, expresse a sua opinião, fundamentada em dois argumentos sobre **a melhor maneira de se preservar a maior floresta equatorial do planeta. (máximo de 10 linhas)**

3. (EXAME 2005) DISCURSIVA

Vilarejos que afundam devido ao derretimento da camada congelada do subsolo, uma explosão na quantidade de insetos, números recorde de incêndios florestais e cada vez menos gelo – esses são alguns dos sinais mais óbvios e assustadores de que o Alasca está ficando mais quente devido às mudanças climáticas, disseram cientistas.

As temperaturas atmosféricas no Estado norte-americano aumentaram entre 2 ºC e 3 ºC nas últimas cinco décadas, segundo a Avaliação do Impacto do Clima no Ártico, um estudo amplo realizado por pesquisadores de oito países.

(Folha de S. Paulo, 28 set. 2005)

O aquecimento global é um fenômeno cada vez mais evidente devido a inúmeros acontecimentos como os descritos no texto e que têm afetado toda a humanidade.

Apresente duas sugestões de providências a serem tomadas pelos governos que tenham como objetivo minimizar o processo de aquecimento global.

4. (EXAME 2006) DISCURSIVA

Leia com atenção os textos abaixo.

Duas das feridas do Brasil de hoje, sobretudo nos grandes centros urbanos, são a banalidade do crime e a violência praticada no trânsito. Ao se clamar por solução, surge a pergunta: de quem é a responsabilidade?

por quê?

São cerca de 50 mil brasileiros assassinados a cada ano, número muito superior ao de civis mortos em países atravessados por guerras. Por que se mata tanto? Por que os governantes não se sensibilizam e só no discurso tratam a segurança como prioridade? Por que recorrer a chavões como endurecer as leis, quando já existe legislação contra a impunidade? Por que deixar tantos jovens morrerem, tantas mães chorarem a falta dos filhos?

(**O Globo**. Caderno Especial. 2 set. 2006.)

FIQUE VIVO

Diante de uma tragédia urbana, qualquer reação das pessoas diretamente envolvidas é permitida. Podem sofrer, revoltar-se, chorar, não fazer nada. Cabe a quem está de fora a atitude. Cabe à sociedade perceber que o drama que naquela hora é de três ou cinco famílias é, na verdade, de todos nós. E a nós não é reservado o direito da omissão. Não podemos seguir vendo a vida dos nossos jovens escorrer pelas mãos. Não podemos achar que evoluir é aceitar crianças de 11 anos consumindo bebidas alcoólicas e, mais tarde, juntando esse hábito ao de dirigir, sem a menor noção de responsabilidade. (...) Queremos diálogo com nossos meninos. Queremos campanhas que os alertem. Queremos leis que os protejam. Queremos mantê-los no mundo para o qual os trouxemos. Queremos – e precisamos – ficar vivos para que eles fiquem vivos.

(**O Dia**, Caderno Especial, Rio de Janeiro, 10 set. 2006.)

Com base nas idéias contidas nos textos acima, responda à seguinte pergunta, fundamentando o seu ponto de vista com argumentos.

Como o Brasil pode enfrentar a violência social e a violência no trânsito?

Observações:
- Seu texto deve ser dissertativo-argumentativo (não deve, portanto, ser escrito em forma de poema ou de narração).
- O seu ponto de vista deve estar apoiado em argumentos.
- Seu texto deve ser redigido na modalidade escrita padrão da Língua Portuguesa.
- O texto deve ter entre 8 e 12 linhas.

5. (EXAME 2007) DISCURSIVA

Leia, com atenção, os textos a seguir.

JB Ecológico. Nov. 2005

Revista Veja. 12 out. 2005.

"Amo as árvores, as pedras, os passarinhos. Acho medonho que a gente esteja contribuindo para destruir essas coisas."

"Quando uma árvore é cortada, ela renasce em outro lugar. Quando eu morrer, quero ir para esse lugar, onde as árvores vivem em paz."

Antônio Carlos Jobim. **JB Ecológico**. Ano 4, nº 41, jun. 2005, p.65.

Desmatamento cai e tem baixa recorde

O governo brasileiro estima que cerca de 9.600 km2 da floresta amazônica desapareceram entre agosto de 2006 e agosto de 2007, uma área equivalente a cerca de 6,5 cidades de São Paulo.

Se confirmada a estimativa, a partir de análise de imagens no ano que vem, será o menor desmatamento registrado em um ano desde o início do monitoramento, em 1998, representando uma redução de cerca de 30% no índice registrado entre 2005 e 2006. (...)

Com a redução do desmatamento entre 2004 e 2006, "o Brasil deixou de emitir 410 milhões de toneladas de CO_2 (gás do efeito estufa). Também evitou o corte de 600 milhões de árvores e a morte de 20 mil aves e 700 mil primatas. Essa emissão representa quase 15% da redução firmada pelos países desenvolvidos para o período 2008-2012, no Protocolo de Kyoto." (...)

"O Brasil é um dos poucos países do mundo que tem a oportunidade de implementar um plano que protege a biodiversidade e, ao mesmo tempo, reduz muito rapidamente seu processo de aquecimento global."

SELIGMAN, Felipe. **Folha de S. Paulo**. Editoria de Ciência, 11 ago. 2007 (Adaptado).

Soja ameaça a tendência de queda, diz ONG

Mesmo se dizendo otimista com a queda no desmatamento, Paulo Moutinho, do IPAM (Instituto de Pesquisa Ambiental da Amazônia), afirma que é preciso esperar a consolidação dessa tendência em 2008 para a "comemoração definitiva".

"Que caiu, caiu. Mas, com a recuperação nítida do preço das commodities, como a soja, é preciso ver se essa queda acentuada vai continuar", disse o pesquisador à Folha.

"O momento é de aprofundar o combate ao desmatamento", disse Paulo Adário, coordenador de campanha do Greenpeace.

Só a queda dos preços e a ação da União não explicam o bom resultado atual, diz Moutinho.

"Estados como Mato Grosso e Amazonas estão fazendo esforços particulares. E parece que a ficha dos produtores caiu. O desmatamento, no médio prazo, acaba encarecendo os produtos deles."

GERAQUE, Eduardo. **Folha de S. Paulo**. Editoria de Ciência. 11 ago. 2007 (Adaptado)

A partir da leitura dos textos motivadores, redija uma proposta, fundamentada em dois argumentos, sobre o seguinte tema:

EM DEFESA DO MEIO AMBIENTE

Procure utilizar os conhecimentos adquiridos, ao longo de sua formação, sobre o tema proposto.

Observações

- Seu texto deve ser dissertativo-argumentativo (não deve, portanto, ser escrito em forma de poema ou de narração).
- A sua proposta deve estar apoiada em, pelo menos, dois argumentos.
- O texto deve ter entre 8 e 12 linhas.
- O texto deve ser redigido na modalidade escrita padrão da Língua Portuguesa.
- Os textos motivadores não devem ser copiados.

6. (EXAME 2007) DISCURSIVA

Sobre o papel desempenhado pela mídia nas sociedades de regime democrático, há várias tendências de avaliação com posições distintas. Vejamos duas delas:

Posição I: A mídia é encarada como um mecanismo em que grupos ou classes dominantes são capazes de difundir idéias que promovem seus próprios interesses e que servem, assim, para manter o *status quo*. Desta forma, os contornos ideológicos da ordem hegemônica são fixados, e se reduzem os espaços de circulação de idéias alternativas e contestadoras.

Posição II: A mídia vem cumprindo seu papel de guardiã da ética, protetora do decoro e do Estado de Direito. Assim, os órgãos midiáticos vêm prestando um grande serviço às sociedades, com neutralidade ideológica, com fidelidade à verdade factual, com espírito crítico e com fiscalização do poder onde quer que ele se manifeste.

Leia o texto a seguir, sobre o papel da mídia nas sociedades democráticas da atualidade - exemplo do jornalismo.

> "Quando os jornalistas são questionados, eles respondem de fato: 'nenhuma pressão é feita sobre mim, escrevo o que quero'. E isso é verdade. Apenas deveríamos acrescentar que, se eles assumissem posições contrárias às normas dominantes, não escreveriam mais seus editoriais. Não se trata de uma regra absoluta, é claro. Eu mesmo sou publicado na mídia norte-americana. Os Estados Unidos não são um país totalitário. (...) Com certo exagero, nos países totalitários, o Estado decide a linha a ser seguida e todos devem-se conformar. As sociedades democráticas funcionam de outra forma: a linha jamais é anunciada como tal; ela é subliminar. Realizamos, de certa forma, uma "lavagem cerebral em liberdade". Na grande mídia, mesmo os debates mais apaixonados se situam na esfera dos parâmetros implicitamente consentidos – o que mantém na marginalidade muitos pontos de vista contrários."

Revista Le Monde Diplomatique Brasil, ago. 2007 - texto de entrevista com Noam Chomsky.

Sobre o papel desempenhado pela mídia na atualidade, faça, em no máximo, 6 linhas, o que se pede:

a) escolha entre as posições I e II a que apresenta o ponto de vista mais próximo do pensamento de Noam Chomsky e explique a relação entre o texto e a posição escolhida;

b) apresente uma argumentação coerente para defender seu posicionamento pessoal quanto ao fato de a mídia ser ou não livre.

7. (EXAME 2008) DISCURSIVA

DIREITOS HUMANOS EM QUESTÃO

O caráter universalizante dos direitos do homem (...) não é da ordem do saber teórico, mas do operatório ou prático: eles são invocados para agir, desde o princípio, em qualquer situação dada.

François JULIEN, filósofo e sociólogo.

Neste ano, em que são comemorados os 60 anos da Declaração Universal dos Direitos Humanos, novas perspectivas e concepções incorporam-se à agenda pública brasileira. Uma das novas perspectivas em foco é a visão mais integrada dos direitos econômicos, sociais, civis, políticos e, mais recentemente, ambientais, ou seja, trata-se da integralidade ou indivisibilidade dos direitos humanos. Dentre as novas concepções de direitos, destacam-se:

- a habitação como **moradia digna** e não apenas como necessidade de abrigo e proteção;
- a segurança como **bem-estar** e não apenas como necessidade de vigilância e punição;
- o trabalho como **ação para a vida** e não apenas como necessidade de emprego e renda.

Tendo em vista o exposto acima, selecione **uma** das concepções destacadas e esclareça por que ela representa um avanço para o exercício pleno da cidadania, na perspectiva da integralidade dos direitos humanos.

Seu texto deve ter entre **8** e **10** linhas.

LE MONDE Diplomatique Brasil. Ano 2, n. 7, fev. 2008, p. 31.

8. (EXAME 2008) DISCURSIVA

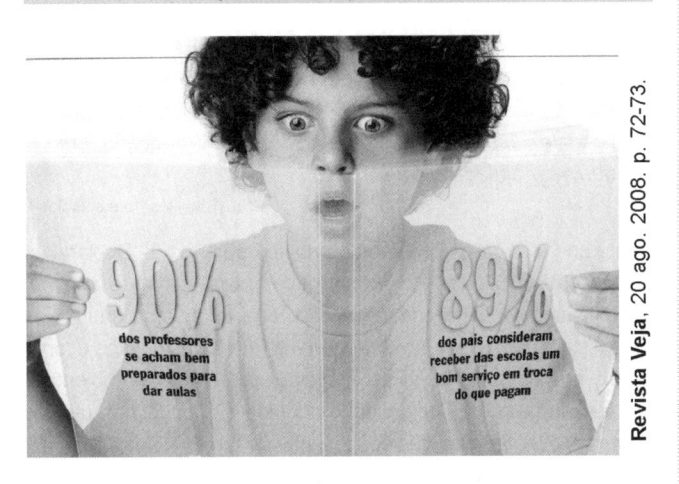

Revista Veja, 20 ago. 2008. p. 72-73.

90% dos professores se acham bem preparados para dar aulas

89% dos pais consideram receber das escolas um bom serviço em troca do que pagam

Alunos dão nota 7,1 para ensino médio

Apesar das várias avaliações que mostram que o ensino médio está muito aquém do desejado, os alunos, ao analisarem a formação que receberam, têm outro diagnóstico. No questionário socioeconômico que responderam no Enem (Exame Nacional do Ensino Médio) do ano passado, eles deram para seus colégios nota média 7,1. Essa boa avaliação varia pouco conforme o desempenho do aluno. Entre os que foram mal no exame, a média é de 7,2; entre aqueles que foram bem, ela fica em 7,1.

GOIS, Antonio. **Folha de S.Paulo**, 11 jun. 2008 (Fragmento).

Entre os piores também em matemática e leitura

O Brasil teve o quarto pior desempenho, entre 57 países e territórios, no maior teste mundial de matemática, o Programa Internacional de Avaliação de Alunos (Pisa) de 2006. Os estudantes brasileiros de escolas públicas e particulares ficaram na 54ª posição, à frente apenas de Tunísia, Qatar e Quirguistão. Na prova de leitura, que mede a compreensão de textos, o país foi o oitavo pior, entre 56 nações.

Os resultados completos do Pisa 2006, que avalia jovens de 15 anos, foram anunciados ontem pela Organização para a Cooperação e o Desenvolvimento (OCDE), entidade que reúne países adeptos da economia de mercado, a maioria do mundo desenvolvido.

WEBER, Demétrio. Jornal **O Globo**, 5 dez. 2007, p. 14 (Fragmento).

Ensino fundamental atinge meta de 2009

O aumento das médias dos alunos, especialmente em matemática, e a diminuição da reprovação fizeram com que, de 2005 para 2007, o país melhorasse os indicadores de qualidade da educação. O avanço foi mais visível no ensino fundamental. No ensino médio, praticamente não houve melhoria. Numa escala de zero a dez, o ensino fundamental em seus anos iniciais (da primeira à quarta série) teve nota 4,2 em 2007. Em 2005, a nota fora 3,8. Nos anos finais (quinta a oitava), a alta foi de 3,5 para 3,8. No ensino médio, de 3,4 para 3,5. Embora tenha comemorado o aumento da nota, ela ainda foi considerada "pior do que regular" pelo ministro da Educação, Fernando Haddad.

GOIS, Antonio e PINHO, Angela. **Folha de S.Paulo**, 12 jun. 2008 (Fragmento).

A partir da leitura dos fragmentos motivadores reproduzidos, redija um texto dissertativo (fundamentado em pelo menos **dois** argumentos), sobre o seguinte tema:

A CONTRADIÇÃO ENTRE OS RESULTADOS DE AVALIAÇÕES OFICIAIS E A OPINIÃO EMITIDA PELOS PROFESSORES, PAIS E ALUNOS SOBRE A EDUCAÇÃO BRASILEIRA.

No desenvolvimento do tema proposto, utilize os conhecimentos adquiridos ao longo de sua formação.

Observações

- Seu texto deve ser de cunho dissertativo-argumentativo (não deve, portanto, ser escrito em forma de poema, de narração etc.).
- Seu ponto de vista deve estar apoiado em pelo menos **dois** argumentos.
- O texto deve ter entre **8** e **10** linhas.
- O texto deve ser redigido na modalidade padrão da Língua Portuguesa.
- Seu texto não deve conter fragmentos dos textos motivadores.

9. (EXAME 2009) DISCURSIVA

O Ministério da Educação (MEC) criou o Índice Geral de Cursos – IGC, que é o resultado das notas atribuídas a cada instituição de Ensino Superior pelo MEC, considerando-se a qualidade dos cursos de graduação de cada uma delas. O IGC tem como função orientar o público sobre a qualidade do ensino oferecido em cada instituição.

Segundo o sítio do Ministério da Educação, as instituições recebem uma nota de 1 a 5, considerando:

I. o resultado dos estudantes no Enade; e
II. variáveis de insumo, tais como:
- corpo docente (formação acadêmica, jornada e condições de trabalho);
- infraestrutura da instituição (instalações físicas, biblioteca, salas de aula, laboratórios);
- programa pedagógico.

Com base nessas informações, considere a situação a seguir e faça o que se pede:

Um universitário que frequenta um curso de graduação em uma escola **Y** consulta o sítio do MEC e verifica que seu curso recebeu IGC 2,0. No mesmo endereço, ele consulta os critérios empregados pelo Ministério para o cálculo desse índice.

a) Leia esta afirmativa: (Valor: 4 pontos)

O critério corpo docente é o que contribuiu de forma determinante para a obtenção do IGC 2,0, da escola Y.

Assinale com um X, no espaço indicado, se você concorda ou não com essa afirmativa.

☐ Sim, concordo.   ☐ Não concordo.

Apresente dois argumentos que deem suporte à sua resposta.

Argumento 1: _____

Argumento 2: _____

b) Proponha duas ações para que os atores envolvidos no curso de graduação da escola Y devem empreender com vistas à melhoria da qualidade de ensino e consequente elevação do IGC na próxima avaliação a ser realizada pelo MEC. (Valor: 6 pontos)

10. (EXAME 2009) DISCURSIVA

Leia o trecho:

> Quais as possibilidades, no Brasil atual, de a cidadania se enraizar nas práticas sociais? Essa é uma questão que supõe discutir as possibilidades, os impasses e os dilemas da construção da cidadania, tendo como foco a dinâmica da sociedade. Antes de mais nada, é preciso dizer que tomar a sociedade como foco de discussão significa um modo determinado de problematizar a questão dos direitos. Os direitos são aqui tomados como práticas, discursos e valores que afetam o modo como as desigualdades e diferenças são figuradas no cenário público, como interesses se expressam e os conflitos se realizam.

TELLES, 2006. (Adaptado)

Na abordagem salientada nesse trecho, qual direito social você destacaria para diminuir as desigualdades de renda familiar no Brasil? Apresente dois argumentos que deem suporte à sua resposta.

11. (EXAME 2010) DISCURSIVA

As seguintes acepções dos termos democracia e ética foram extraídas do Dicionário Houaiss da Língua Portuguesa.

democracia. POL. **1** governo do povo; governo em que o povo exerce a soberania **2** sistema político cujas ações atendem aos interesses populares **3** governo no qual o povo toma as decisões importantes a respeito das políticas públicas, não de forma ocasional ou circunstancial, mas segundo princípios permanentes de legalidade **4** sistema político comprometido com a igualdade ou com a distribuição equitativa de poder entre todos os cidadãos **5** governo que acata a vontade da maioria da população, embora respeitando os direitos e a livre expressão das minorias

ética. 1 parte da filosofia responsável pela investigação dos princípios que motivam, distorcem, disciplinam ou orientam o comportamento humano, refletindo esp. a respeito da essência das normas, valores, prescrições e exortações presentes em qualquer realidade social **2** p.ext. conjunto de regras e preceitos de ordem valorativa e moral de um indivíduo, de um grupo social ou de uma sociedade

Dicionário Houaiss da Língua Portuguesa.
Rio de Janeiro: Objetiva, 2001.

Considerando as acepções acima, elabore um texto dissertativo, com até 15 linhas, acerca do seguinte tema:

COMPORTAMENTO ÉTICO NAS SOCIEDADES DEMOCRÁTICAS.

Em seu texto, aborde os seguintes aspectos:

a) conceito de sociedade democrática; (valor: 4,0 pontos)
b) evidências de um comportamento não ético de um indivíduo; (valor: 3,0 pontos)
c) exemplo de um comportamento ético de um futuro profissional comprometido com a cidadania (valor: 3,0 pontos)

12. (EXAME 2010) DISCURSIVA

Para a versão atual do Plano Nacional de Educação (PNE), em vigor desde 2001 e com encerramento previsto para 2010, a esmagadora maioria dos municípios e estados não aprovou uma legislação que garantisse recursos para cumprir suas metas. A seguir, apresentam-se alguns indicativos do PNE 2001.

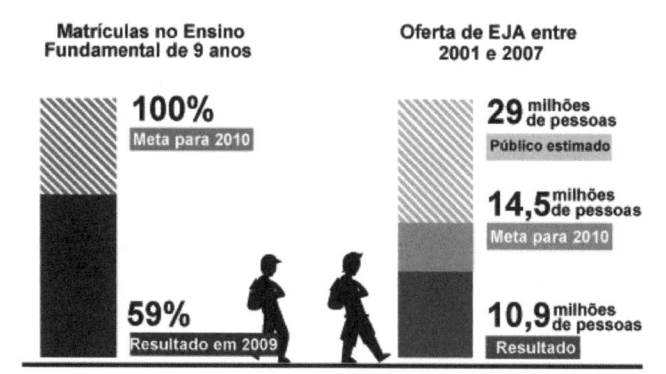

Matrículas no Ensino Fundamental de 9 anos
100% Meta para 2010
59% Resultado em 2009

Oferta de EJA entre 2001 e 2007
29 milhões de pessoas — Público estimado
14,5 milhões de pessoas — Meta para 2010
10,9 milhões de pessoas — Resultado

Entre 2001 e 2007, 10,9 milhões de pessoas fizeram parte de turmas de Educação de Jovens e Adultos (EJA). Parece muito, mas representa apenas um terço dos mais de 29 milhões de pessoas que não chegaram à 4ª série e seriam o público-alvo dessa faixa de ensino. A inclusão da EJA no Fundo de Manutenção e Desenvolvimento da Educação Básica e de Valorização dos Profissionais da Educação (FUNDEB) representou uma fonte de recursos para ampliar a oferta, mas não atacou a evasão, hoje em alarmantes 43%.

Disponível em: <http://revistaescola.abril.com.br/politicas-publicas>.
Acesso em: 31 ago. 2010 (com adaptações).

Com base nos dados do texto acima e tendo em vista que novas diretrizes darão origem ao PNE de 2011 - documento que organiza prioridades e propõe metas a serem alcançadas nos dez anos seguintes -, redija um único texto argumentativo em, no máximo, 15 linhas, acerca da seguinte assertiva:

O DESAFIO, HOJE, NÃO É SÓ MATRICULAR, MAS MANTER OS ALUNOS DA EDUCAÇÃO DE JOVENS E ADULTOS NA ESCOLA, DIMINUINDO A REPETÊNCIA E O ABANDONO.

Em seu texto, contemple os seguintes aspectos:

a) a associação entre escola e trabalho na vida dos estudantes da EJA; (valor: 5,0 pontos)
b) uma proposta de ação que garanta a qualidade do ensino e da aprendizagem e diminua a repetência e a evasão. (valor: 5,0 pontos)

13. (EXAME 2011) DISCURSIVA

A Educação a Distância (EaD) é a modalidade de ensino que permite que a comunicação e a construção do conhecimento entre os usuários envolvidos possam acontecer em locais e tempos distintos. São necessárias tecnologias cada vez mais sofisticadas para essa modalidade de ensino não presencial, com vistas à crescente necessidade de uma pedagogia que se desenvolva por meio de novas relações de ensino-aprendizagem.

O Censo da Educação Superior de 2009, realizado pelo MEC/INEP, aponta para o aumento expressivo do número de matrículas nessa modalidade. Entre 2004 e 2009, a participação da EaD na Educação Superior passou de 1,4% para 14,1%, totalizando 838 mil matrículas, das quais 50% em cursos de licenciatura. Levantamentos apontam ainda que 37% dos estudantes de EaD estão na pós-graduação e que 42% estão fora do seu estado de origem.

Considerando as informações acima, enumere três vantagens de um curso a distância, justificando brevemente cada uma delas.

14. (EXAME 2011) DISCURSIVA

A Síntese de Indicadores Sociais (SIS 2010) utiliza-se da Pesquisa Nacional por Amostra de Domicílios (PNAD) para apresentar sucinta análise das condições de vida no Brasil. Quanto ao analfabetismo, a SIS 2010 mostra que os maiores índices se concentram na população idosa, em camadas de menores rendimentos e predominantemente na região Nordeste, conforme dados do texto a seguir.

A taxa de analfabetismo referente a pessoas de 15 anos ou mais de idade baixou de 13,3% em 1999 para 9,7% em 2009. Em números absolutos, o contingente era de 14,1 milhões de pessoas analfabetas. Dessas, 42,6% tinham mais de 60 anos, 52,2% residiam no Nordeste e 16,4% viviam com ½ salário-mínimo de renda familiar *per capita*. Os maiores decréscimos no analfabetismo por grupos etários entre 1999 a 2009 ocorreram na faixa dos 15 a 24 anos. Nesse grupo, as mulheres eram mais alfabetizadas, mas a população masculina apresentou queda um pouco mais acentuada dos índices de analfabetismo, que passou de 13,5% para 6,3%, contra 6,9% para 3,0% para as mulheres.

SIS 2010: Mulheres mais escolarizadas são mães mais tarde e têm menos filhos. Disponível em: <www.ibge.gov.br/home/presidencia/noticias>. Acesso em: 25 ago. 2011 (adaptado).

População analfabeta com idade superior a 15 anos	
ano	porcentagem
2000	13,6
2001	12,4
2002	11,8
2003	11,6
2004	11,2
2005	10,7
2006	10,2
2007	9,9
2008	10,0
2009	9,7

Fonte: IBGE

Com base nos dados apresentados, redija um texto dissertativo acerca da importância de políticas e programas educacionais para a erradicação do analfabetismo e para a empregabilidade, considerando as disparidades sociais e as dificuldades de obtenção de emprego provocadas pelo analfabetismo. Em seu texto, apresente uma proposta para a superação do analfabetismo e para o aumento da empregabilidade.

ANEXO I

GABARITO E PADRÃO DE RESPOSTA

HABILIDADE 1 – INTERPRETAR, COMPREENDER E ANALISAR TEXTOS, CHARGES, FIGURAS, FOTOS, GRÁFICOS E TABELAS		
1. E	9. D	17. A
2. A	10. C	18. A
3. A	11. D	19. C
4. C	12. A	20. A
5. A	13. D	21. D
6. C	14. B	22. E
7. A	15. D	23. C
8. D	16. B	

HABILIDADE 2 – ESTABELECER COMPARAÇÕES, CONTEXTUALIZAÇÕES, RELAÇÕES, CONTRASTES E RECONHECER DIFERENTES MANIFESTAÇÕES ARTÍSTICAS		
1. D	8. B	15. E
2. C	9. E	16. C
3. B	10. E	17. C
4. E	11. B	18. D
5. E	12. C	19. A
6. B	13. E	20. B
7. E	14. C	

HABILIDADE 3 – ELABORAR SÍNTESES E EXTRAIR CONCLUSÕES		
1. E	7. D	13. E
2. C	8. A	14. E
3. D	9. D	15. B
4. C	10. E	16. A
5. C	11. C	17. B
6. C	12. B	18. E

QUESTÕES DISCURSIVA

1. DISCURSIVA

ANÁLISE OFICIAL – PADRÃO DE RESPOSTA

a) O envelhecimento da população, resultado de um processo de aumento da participação dos idosos no conjunto total da população, se, por um lado, é um dado positivo porque expressa o aumento da expectativa de vida das pessoas, por outro, implica um ônus maior para os sistemas previdenciários e de saúde, pois os governos têm que pagar por mais tempo os benefícios/direitos de aposentadoria e arcar com assistência médica e hospitalar de um número maior de idosos (a elevação da expectativa de vida do brasileiro prolonga o tempo de recebimento dos benefícios da aposentadoria). Isso implica a necessidade de medidas eficazes por parte da previdência social que possam garantir aposentadoria e assistência médica satisfatória.

b) Pode ser apresentada uma das seguintes situações:
- a redução das taxas de fecundidade deverá provocar, a médio e longo prazos, a diminuição de contribuintes ao sistema previdenciário;
- ao contrário dos países desenvolvidos que primeiro acumularam riquezas e depois envelheceram, o Brasil entra num processo de envelhecimento da população com questões econômicas e sociais não resolvidas;
- grande parcela de trabalhadores no Brasil não é contribuinte do sistema previdenciário;
- o sistema previdenciário, ao longo do tempo, permitiu a coexistência de milhares de aposentadorias extremamente elevadas ao lado de milhões de aposentadorias miseráveis;
- fraudes no sistema previdenciário, inclusive com formação de quadrilhas;
- o alargamento de benefícios a outras camadas da população que não pagaram a previdência pelo tempo regular;
- a opção política neoliberal, com a proposta de redução do papel do Estado, estimulou a previdência privada;
- a metodologia que anteriormente era adotada no cálculo da previdência social.

2. DISCURSIVA
ANÁLISE OFICIAL – PADRÃO DE RESPOSTA

a) Poderá ser apresentada uma das conclusões:
- O Brasil, que é uma das nações mais populosas do mundo, tem um número absoluto de internautas alto, correspondendo a 22,3 milhões em 2004, o que coloca o país na 10ª posição no *ranking* mundial. Porém, isso representa uma pequena parcela da população, pois, para cada 10 habitantes, em 2003, havia menos de 1 internauta.
- O Brasil reflete um panorama global de desigualdade no acesso às novas tecnologias de informática, como o uso da internet, o que caracteriza um índice considerável de exclusão digital: em números absolutos somos o 10º país com maior quantidade de internautas, mas em números relativos o quadro muda, visto que mais de 80% dos brasileiros ainda não têm acesso à Internet.
- leitura comparativa dos países que aparecem no gráfico, levando em conta os valores absolutos e relativo/tamanho da população.

b) Poderá ser apresentada uma das conclusões:
- Com a introdução das novas tecnologias de informática, o desemprego estrutural é uma realidade no Brasil e no mundo, reduzindo os postos de trabalho e de tarefas no mundo do trabalho e exigindo pessoas preparadas para o uso dessas novas tecnologias.
- A pequena oferta de trabalho pelo desemprego estrutural gera o deslocamento de pessoas com bom nível de educação formal, mas sem preparo para o uso das novas tecnologias de informática, para atividades que exigem baixa qualificação profissional.
- No mundo atual, a camada mais pobre da população precisa, além de outros fatores, se preocupar com mais um obstáculo para ter uma vida digna: a exclusão digital. Não possuir acesso à rede mundial na área de informática significa mais dificuldade para conseguir emprego e perda em aspectos primordiais da cidadania. Assim, dominar recursos básicos de informática torna-se exigência para quem quer ingressar no mercado de trabalho. Na atualidade, além da exigência de qualificação para o uso das novas tecnologias de informática, a discriminação da mulher no mercado de trabalho, com o aumento dodesemprego estrutural, é facilitada, colocando-a numa situação subalterna, mesmo quando ela tem bom nível de educação formal.

3. DISCURSIVA
ANÁLISE OFICIAL – PADRÃO DE RESPOSTA

Tema – Políticas Públicas / Políticas Afirmativas / Sistema de Cotas "raciais

a) O aluno deverá apresentar, num texto coerente e coeso, a essência de um dos argumentos a seguir contra o sistema de cotas.
- Diversos dispositivos dos projetos (Lei de cotas e Estatuto da Igualdade Racial) ferem o princípio constitucional da igualdade política e jurídica, visto que todos são iguais perante a lei. Para se tratar desigualmente os desiguais, é preciso um fundamento razoável e um fim legítimo e não um fundamento que envolve a diferença baseada, somente, na cor da pele.
- Implantar uma classificação racial oficial dos cidadãos brasileiros, estabelecer cotas raciais no serviço público e criar privilégios nas relações comerciais entre poder público e empresas privadas que utilizem cotas raciais na contratação de funcionários é um equívoco. Sendo aprovado tal estatuto, o País passará a definir os direitos das pessoas com base na tonalidade da pele e a História já condenou veementemente essas tentativas.
- Políticas dirigidas a grupos "raciais estanques em nome da justiça social não eliminam o racismo e podem produzir efeito contrário; dando-se respaldo legal ao conceito de "raça, no sentido proposto, é possível o acirramento da intolerância.
- A adoção de identidades étnicas e culturais não deve ser imposta pelo Estado. A autorização da inclusão de dados referentes ao quesito raça/cor em instrumentos de coleta de dados em fichas de instituições de ensino e nas de atendimento em hospitais, por exemplo, pode gerar ainda mais preconceito.
- O sistema de cotas valorizaria excessivamente a raça, e o que existe, na verdade, é a raça humana. Além disso, há dificuldade para definir quem é negro porque no País domina a miscigenação.
- O acesso à Universidade deve basear-se em um único critério: o de mérito. Não sendo assim, a qualidade acadêmica pode ficar ameaçada por alunos despreparados. Nesse sentido, a principal luta é a de reivindicar propostas que incluam maiores investimentos na educação básica.
- O acesso à Universidade Pública que não esteja unicamente vinculado ao mérito acadêmico pode provocar a falência do ensino público e gratuito, favorecendo as faculdades da rede privada de ensino superior.

b) O aluno deverá apresentar, num texto coerente e coeso, a essência de um dos argumentos a seguir a favor do sistema de cotas.

- É preciso avaliar sobre que "igualdade se está tratando quando se diz que ela está ameaçada com os projetos em questão. Há necessidade de diferenciar a igualdade formal (do ordenamento jurídico e da estrutura estatal) da igualdade material (igualdade de fato na vida econômica). Ao longo da História, manteve-se a centralização política e a exclusão de grande parte da população brasileira na maioria dos direitos, perpetuando-se o mando sobre uma enorme massa de população.
É preciso, então, fazer uma reparação.
- Não se pode ocultar a diversidade e as especificidades sociopolíticas e culturais do povo brasileiro.
- O princípio da igualdade assume hoje um significado complexo que deve envolver o princípio da igualdade na lei, perante a lei e em suas dimensões formais e materiais. A cota não tira direitos, mas rediscute a distribuição dos bens escassos da nação até que a distribuição igualitária dos serviços públicos seja alcançada.
- Não se pode negar a dimensão racial como uma categoria de análise das relações sociais brasileiras. A acusação de que a defesa do sistema de cotas promove a criação de grupos sociais estanques não procede; é injusta e equivocada. Admitir as diferenças não significa utilizá-las para inferiorizar um povo, uma pessoa pertencente a um determinado grupo social.
- A utilização das expressões "raça e "racismo pelos que defendem o sistema de cotas está relacionada ao entendimento informal, e nunca como purismo biológico; trata-se de um conceito político aplicado ao processo social construído sobre diferenças humanas, portanto, um construto em que grupos sociais se identificam e são identificados.
- Na luta por ações afirmativas e pelo Estatuto da Igualdade Racial se defende muito mais do que o aumento de vagas para o trabalho e o ensino; defende-se um projeto político contra a opressão e a favor do respeito às diferenças.
- Dizer que é difícil definir quem é negro é uma hipocrisia, pois não faltam agentes sociais versados em identificar negros e discriminá-los.
- As Universidades Públicas no Brasil sempre operaram num velado sistema de cotas para brancos afortunados, visto que a metodologia dos vestibulares acaba por beneficiar os alunos egressos das escolas particulares e dos cursinhos caros.
- Pesquisas revelam que, para as Universidades que já adotaram o sistema de cotas, não há diferenças de rendimento entre alunos cotistas e não-cotistas; os números revelam, inclusive, que no quesito freqüência os cotistas estão em vantagem (são mais assíduos).

HABILIDADE 4 – CRITICAR, ARGUMENTAR, OPINAR, PROPOR SOLUÇÕES E FAZER ESCOLHAS

1. E
2. A

QUESTÕES DISCURSIVA

1. **DISCURSIVA**

ANÁLISE OFICIAL – PADRÃO DE RESPOSTA

O estudante poderá focalizar uma das seguintes questões:
- qualificação para o processo de seleção clonal;
- autodeterminação pelos ricos e poderosos da reprodução de indivíduos socialmente indesejáveis;
- riscos de tecnologia, erroneamente usada pelo Governo, de massas dóceis e idiotas para realizar trabalhos do mundo;
- efeito de toda a mesmice humana sobre os não-reproduzidos clonalmente;
- estímulo à singularidade que acompanha o homem há milênios;
- individualidade como fato essencial da vida;
- aterrorizante ausência de um eu-humano, a mesmice.

Na análise das respostas, serão considerados os seguintes aspectos:
- adequação ao tema
- coerência
- coesão textual
- correção gramatical do texto

2. **DISCURSIVA**

ANÁLISE OFICIAL – PADRÃO DE RESPOSTA

O candidato deverá, em no máximo 10 linhas, apresentar uma proposta de preservação da Floresta Amazônica, fundamentada em dois argumentos coerentes com a proposta e coerentes entre si, no padrão formal culto da língua.

O aluno poderá utilizar os textos apresentados, articulando-os para elaborar sua resposta, ou utilizálos como estímulo para responder à questão.

No desenvolvimento do tema o candidato deverá fornecer uma proposta que garanta, pelo menos uma das três possibilidades: a proteção, ou a recuperação, ou a sustentabilidade da Floresta Amazônica.

Algumas possibilidades de encaminhamento do tema:

1) Articulação entre o aspecto ecológico e econômico da preservação da Amazônia.
2) A Amazônia é uma das nossas principais riquezas naturais. Os países ricos acabaram com as suas florestas e agora querem preservar a nossa a qualquer custo. Internacionalizar a Floresta Amazônica é romper com a soberania nacional, uma vez que ela é parte integrante do território brasileiro.
3) A Floresta Amazônica é tão importante para o Brasil quanto para o mundo e, como o nosso país não tem conseguido preservá-la, a internacionalização tornou-se uma necessidade.

4) Para preservar a floresta amazônica deve-se adotar uma política de auto-sustentabilidade que valorize, ao mesmo tempo a produção para a sobrevivência e a geração de riquezas sem destruir as árvores.
5) Na política de valorização da Amazônia, deve-se reflorestar o que tiver sido destruído, sobretudo a vegetação dos mananciais hídricos.
6) Criar condições para que a população da floresta possa sobreviver dignamente com os recursos oferecidos pela região.
7) Propor políticas ambientais, numa parceria público-privada, para aproveitar o potencial da região.
8) Despertar a consciência ecológica na população local, para ela aprender a defender o seu próprio patrimônio/desenvolver o turismo ecológico.
9) Promover, em todo o País, campanhas em defesa da Floresta Amazônica.
10) Criar incentivos financeiros para aqueles que cumprirem a legislação ambiental.

3. DISCURSIVA

ANÁLISE OFICIAL – PADRÃO DE RESPOSTA

Uma sugestão que pode ser feita é a repressão ao desmatamento, especialmente àquele feito através das queimadas, garantindo que as florestas mantenham ou ampliem suas dimensões atuais para restabelecer a emissão de oxigênio na atmosfera e garantir o equilíbrio do regime de chuvas.

A outra é o controle da emissão de gases poluentes de automóveis e indústrias, especialmente os de origem fóssil, com o objetivo de minimizar o efeito estufa, um dos fatores que contribuem para o aquecimento global.

4. DISCURSIVA

ANÁLISE OFICIAL – PADRÃO DE RESPOSTA

O aluno deverá apresentar proposta de como o País poderá enfrentar a violência social e a violência no trânsito, sobretudo nos grandes centros urbanos, responsáveis pela morte de milhares de jovens. O texto, desenvolvido entre oito e doze linhas, deve estar fundamentado em argumentos e ser redigido na modalidade escrita padrão da Língua Portuguesa.

Conteúdo informativo dos dois textos:

Texto 1 "Por quê?: O número de brasileiros, sobretudo de jovens, assassinados anualmente é superior ao de vários países em guerra, pouco sendo feito, na prática, para impedir essa tragédia.

Texto 2 "Fique vivo: O que a sociedade pode fazer para evitar que jovens morram de acidentes de trânsito? Ela deve oferecer leis que os protejam, campanhas que os alertem através do diálogo para criar noção de responsabilidade.

Para o desenvolvimento do tema, poderão ser consideradas as abordagens a seguir.

1) A **violência social,** responsável pela morte de muitos jovens, é fruto de vários fatores: a miséria, o desnível econômico numa sociedade de consumo, a baixa escolaridade, a desorganização familiar, a ausência do poder público em comunidades que carecem de projetos que valorizem a cidadania através de atividades esportivas, culturais e educativas.

Aspectos que podem ser focalizados no encaminhamento do tema:
- investimento na educação de tempo integral em que à atividade educativa se agregue a esportiva/cultural;
- acesso dos jovens das periferias das grandes cidades ao mercado de trabalho através de projetos de redução do desnível socioeconômico;
- combate à violência e repressão ao crime organizado com investimento financeiro na formação, no salário e no aparelhamento das polícias;
- rigor no cumprimento da legislação contra o crime com o controle externo do Judiciário.

2) A **violência no trânsito,** responsável pela morte de muitos jovens, é, em grande parte, conseqüência tanto do consumo excessivo do álcool quanto da alta velocidade. A glamorização de bebidas alcoólicas e de carros velozes tem levado adolescentes a dirigirem embriagados e em excesso de velocidade. A legislação vigente deve ser revista para que as penas sejam mais rigorosas. Além disso, é necessário promover campanhas educativas, melhorar a fiscalização do trânsito, e conscientizar a todos da tragédia que é a morte dos jovens que transformam a bebida e o automóvel em armas contra a própria vida.

Aspectos que podem ser focalizados no encaminhamento do tema:
- proibição de propaganda de bebida alcoólica nos veículos de comunicação;
- obrigatoriedade de os fabricantes de veículos divulgarem os perigos da alta velocidade nos carros mais potentes;
- inserção, nos critérios para tirar carteira de motorista, de leitura de material educativo sobre as graves conseqüências de dirigir alcoolizado;
- campanhas conjuntas dos governos e da sociedade civil que alertem os jovens para dirigir com responsabilidade;
- legislação mais rigorosa sobre os crimes de dirigir embriagado e em alta velocidade.

5. DISCURSIVA

ANÁLISE OFICIAL – PADRÃO DE RESPOSTA

O estudante deverá apresentar uma proposta de defesa do meio ambiente, fundamentada em dois argumentos. O texto, desenvolvido entre oito e doze linhas, deve ser redigido na modalidade escrita padrão da Língua Portuguesa. Conteúdo informativo dos textos:

1) Desmatamento cai e tem baixa recorde Análise de imagens vem comprovando a redução do desmatamento no Brasil. Com isso, o país protege a sua biodiversidade, adequando-se às metas do Protocolo de Kyoto.

2) Soja ameaça a tendência de queda, diz ONG A confirmação da tendência de queda no desmatamento depende dos dados referentes a 2008. A elevação do preço da soja no mercado internacional pode comprometer a consolidação da tendência de queda do desmatamento. Os produtores de soja compreendem que a redução do desmatamento pode levar à valorização do seu produto.

Possibilidades de encaminhamento do tema:
1) Medidas governamentais para a redução do desmatamento.
2) Contribuição do Brasil em defesa da biodiversidade.
3) Cumprimento das metas do Protocolo que Kyoto.
4) Tomada de consciência da necessidade de preservação do meio ambiente.
5) Implementação de ações individuais e coletivas visando à salvação do meio ambiente.
6) Participação da sociedade em movimentos ecológicos.
7) Estimulo à educação ambiental promovida pela sociedade civil e pelos governos.
8) Elaboração de programas em defesa do meio ambiente veiculados pela mídia.
9) Preservação do meio ambiente compatível com o progresso econômico e social.
10) Necessidade de conscientização dos grandes produtores rurais de que a preservação do meio ambiente favorece o agronegócio.

6. DISCURSIVA

ANÁLISE OFICIAL – PADRÃO DE RESPOSTA

a) Posição I
Explicação – O estudante deverá, no seu texto (com o máximo de 6 linhas, de forma coerente, com boa organização textual e com pertinência ao tema e coesão), elaborar uma explicação envolvendo, do ponto de vista do conteúdo, a relação entre os elementos da coluna da esquerda (posição I) com os elementos da coluna da direita (texto de Noam Chomsky).

b) Resposta mais livre do estudante com a elaboração de um texto (com o máximo de 6 linhas, de forma coerente, com boa organização textual e com pertinência ao tema) que expresse seu posicionamento quanto ao fato de a mídia ser ou não livre e que apresente argumentos para caracterizar a dependência ou a independência da produção midiática.

7. DISCURSIVA

ANÁLISE OFICIAL – PADRÃO DE RESPOSTA QUESTÃO 9

A concepção que foi destacada nos três itens corresponde à ultrapassagem da mera noção de necessidade humana básica para aquela de direito humano, como um princípio de ação, na medida em que não se trata de reconhecer apenas uma carência a ser suprida, mas a possibilidade de exigência da dignidade e qualidade de vida, através da efetivação do direito (à habitação/à segurança/ao trabalho). Assim, o trabalho como ação qualificada está em correspondência com a possibilidade de uma moradia adequada, dentro de uma ambiência de bem-estar cidadão, numa perspectiva integrada, isto é, remetendo-se esses direitos uns aos outros.

8. DISCURSIVA

ANÁLISE OFICIAL – PADRÃO DE RESPOSTA

Com base nos dados veiculados pelos textos motivadores versando sobre o fraco desempenho dos alunos nas avaliações internacionais (PISA) e a opinião favorável dos professores quanto à sua preparação para o desempenho docente, dos pais em relação ao que auferem das escolas onde seus filhos estudam e dos próprios discentes que consideram o ensino recebido como de boa qualidade, espera-se que seja apontada a contradição existente entre esses pontos de vista e os dados oficiais.

Assim, o estudante deve produzir um texto dissertativo, fundamentado em argumentos (texto opinativo), no padrão escrito formal da Língua Portuguesa, sobre a contradição aludida (opinião dos pais, professores e alunos vs dados oficiais) e as suas causas.

9. DISCURSIVA

ANULADA

10. DISCURSIVA

ANÁLISE OFICIAL – PADRÃO DE RESPOSTA

O estudante poderá propor:

- **Acesso à educação pública, gratuita e de qualidade**, o que favorece ao cidadão ocupar postos de trabalho que exigem maior qualificação e, consequentemente, maior remuneração;
- **Permanência do estudante na escola, em todos os níveis escolares – da educação infantil a educação superior –** o que possibilita o cidadão se qualificar profissionalmente e ter acesso a melhores condições de trabalho e remuneração e, consequentemente, de vida;
- **Condições dignas de trabalho, com remuneração que garanta qualidade de vida do indivíduo**, fruto de reivindicação daquele que tem condições de trabalhar com qualidade, como consequência de seu preparo cultural e profissional;
- **Assistência à saúde, em seu contexto mais amplo**, o que favorece uma renda familiar não comprometida com a suspensão de enfermidades e, até mesmo, caracterizada pela redução de gastos com portadores de necessidades especiais;
- **Ser proprietário do imóvel em que se reside**, o que se reduz os gastos com aluguel e promove o equilíbrio financeiro familiar.

11. DISCURSIVA

ANÁLISE OFICIAL – PADRÃO DE RESPOSTA

O aluno deverá explicitar as características de uma sociedade democrática: representatividade do povo no poder, regulação por meio de leis, igualdade de direitos e de deveres. (Valor: 4,0 pontos)

O aluno deverá caracterizar comportamento não ético como aquele que fere a igualdade de direitos e de deveres, buscando apenas o benefício pessoal em detrimento dos objetivos da sociedade como um todo. (Valor: 3,0 pontos)

O aluno deverá ilustrar sua argumentação com dois exemplos de comportamentos éticos. (Valor: 3,0 pontos)

12. DISCURSIVA

ANÁLISE OFICIAL – PADRÃO DE RESPOSTA

Espera-se que a resposta a essa questão seja um único texto, contendo os aspectos solicitados.

O estudante deverá comentar o texto-base, que mostra os números da evasão escolar na EJA.

Ele deverá considerar, em seu texto, a responsabilidade dos governos em relação à educação de jovens e adultos, que precisam conciliar o estudo e o trabalho em seu dia a dia.

Por fim, espera-se que o texto apresente alguma sugestão de ação para garantir a qualidade do ensino e a aprendizagem desses alunos, mantendo-os na escola e diminuindo, portanto, o índice de evasão nesse nível de ensino.

13. DISCURSIVA

ANÁLISE OFICIAL – PADRÃO DE RESPOSTA

O estudante deve ser capaz de apontar algumas vantagens dentre as seguintes, quanto à modalidade EaD:

(i) flexibilidade de horário e de local, pois o aluno estabelece o seu ritmo de estudo;

(ii) valor do curso, em geral, é mais baixo que do ensino presencial;

(iii) capilaridade ou possibilidade de acesso em locais não atendidos pelo ensino presencial;

(iv) democratização de acesso à educação, pois atende a um público maior e mais variado que os cursos presenciais; além de contribuir para o desenvolvimento local e regional;

(v) troca de experiência e conhecimento entre os participantes, sobretudo quando dificilmente de forma presencial isso seria possível (exemplo, de pontos geográficos longínquos);

(vi) incentivo à educação permanente em virtude da significativa diversidade de cursos e de níveis de ensino;

(vii) inclusão digital, permitindo a familiarização com as mais diversas tecnologias;

(viii) aperfeiçoamento/formação pessoal e profissional de pessoas que, por distintos motivos, não poderiam frequentar as escolas regulares;

(ix) formação/qualificação/habilitação de professores, suprindo demandas em vastas áreas do país;

(x) inclusão de pessoas com comprometimento motor reduzindo os deslocamentos diários.

14. DISCURSIVA

ANÁLISE OFICIAL – PADRÃO DE RESPOSTA

O estudante deve abordar em seu texto:

- identificação e análise das desigualdades sociais acentuadas pelo analfabetismo, demonstrando capacidade de examinar e interpretar criticamente o quadro atual da educação com ênfase no analfabetismo;

- abordagem do analfabetismo numa perspectiva crítica, participativa, apontando agentes sociais e alternativas que viabilizem a realização de esforços parasua superação, estabelecendo relação entre o analfabetismo e a dificuldade para a obtenção de emprego;

- indicação de avanços e deficiências de políticas e de programas de erradicação do analfabetismo, assinalando iniciativas realizadas ao longo do período tratado e seus resultados, expressando que estas ações, embora importantes para a eliminação do analfabetismo, ainda se mostram insuficientes.

Capítulo III

Questões de componente específico de Administração de Empresas

1) Conteúdos e Habilidades objetos de perguntas nas questões de Componente Específico.

As questões de Componente Específico são criadas de acordo com o curso de graduação do estudante.

Essas questões, que representam ¾ (três quartos) da prova e são em número de 30, podem trazer, em Administração de Empresas, dentre outros, os seguintes **Conteúdos**:

1) Teorias da Administração
2) Administração de Recursos Humanos
3) Administração Mercadológica e Marketing
4) Administração Estratégica
5) Administração Financeira e Orçamentária
6) Administração de Produção, Organização, Processos e Métodos
7) Administração de Sistemas de Informação e Tecnologia da Informação
8) Administração de Serviços
9) Administração de Recursos Materiais e Patrimoniais
10) Logística
11) Ética e Responsabilidade Social

No contexto desses conteúdos será avaliado junto ao estudante conhecimentos relacionados à sua formação básica (estudos antropológicos, sociológicos, filosóficos, psicológicos, ético-profissionais, políticos, comportamentais, econômicos e contábeis, bem como os relacionados com as tecnologias da comunicação e da informação e das ciências jurídicas), bem como aos estudos quantitativos e tecnologias (abrangendo pesquisa operacional, teoria dos jogos, modelos matemáticos e estatísticos e aplicação de tecnologias que contribuam para a definição e utilização de estratégias e procedimentos inerentes à Administração).

O objetivo aqui é avaliar junto ao estudante a compreensão dos conteúdos programáticos mínimos a serem vistos no curso de graduação, de forma avançada. Também é avaliado o nível de atualização com relação à realidade brasileira e mundial.

Avalia-se aqui também *competências* e *habilidades*. A ideia é verificar se o estudante desenvolveu as principais **Habilidades** para o profissional de Administração de Empresas, que são as seguintes:

a) domínio das correntes teóricas e das linhas de pensamento da área de Administração;
b) pensamento estratégico, reconhecimento e definição de problemas, atuação preventiva, equacionamento de soluções, introdução de mudanças, transferência e generalização de conhecimentos e exercício, em diferentes graus de complexidade, do processo da tomada de decisão;
c) expressão e comunicação compatíveis com o exercício profissional, inclusive nos processos de negociação e nas comunicações interpessoais ou intergrupais;
d) reflexão crítica e atuação seletiva na esfera das operações das organizações;
e) raciocínio lógico, crítico e analítico para operar com valores, metodologias e formulações quali-quantitativas, presentes nas relações formais e causais de fenômenos administrativos, expressando-se de modo crítico e criativo diante dos diferentes contextos organizacionais e sociais;
f) iniciativa, criatividade, determinação, vontade política e administrativa, vontade de aprender, abertura às mudanças e consciência da qualidade e das implicações éticas do seu exercício profissional;
g) interpretação e transferência de conhecimentos da experiência cotidiana para o ambiente de trabalho e para o campo de atuação profissional, em diferentes modelos organizacionais;
h) elaboração, implementação e consolidação de projetos em organizações; e
i) consultoria em gestão e administração, elaboração de pareceres e perícias administrativas, gerenciais, organizacionais, estratégicas e operacionais.

Com relação às questões de Componente Específico optamos por classificá-las pelos Conteúdos enunciados no início deste item.

2) Questões de Componente Específico classificadas por Conteúdos.

Conteúdo 01

TEORIAS DA ADMINISTRAÇÃO

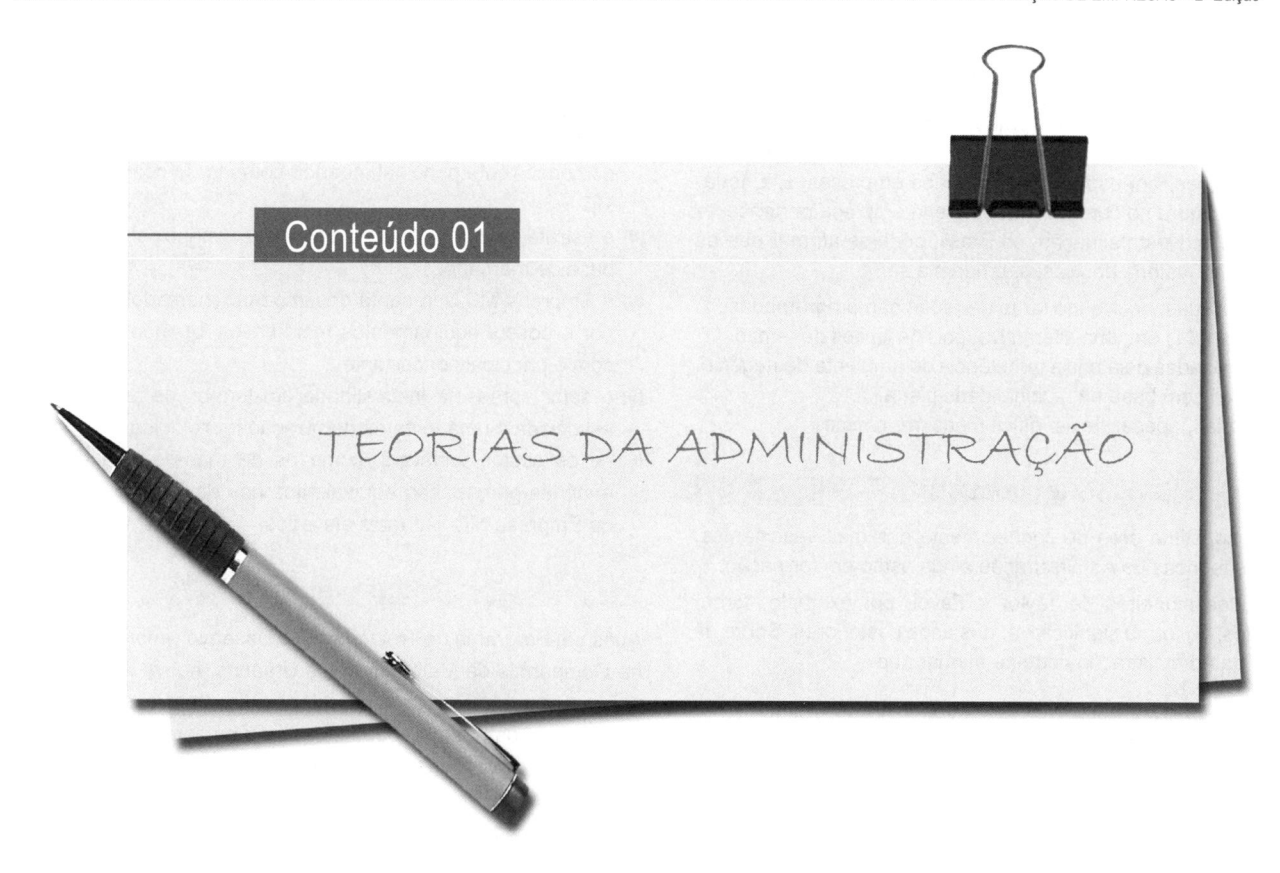

1. (EXAME 2009)

Cada uma das teorias administrativas surgiu como uma resposta aos problemas empresariais mais relevantes de sua época.

Sobre as Teorias de Administração, considere as afirmativas a seguir:

I. A Teoria da Burocracia de Weber procurou utilizar métodos quantitativos na busca de soluções para problemas complexos.
II. A Visão Sistêmica da Administração considerou a organização como um sistema fechado, sem necessidade de interação com o ambiente, o qual é estável e previsível.
III. A Escola das Relações Humanas apresentou a existência da organização informal e das necessidades sociais das pessoas na organização.
IV. A Administração Científica de Taylor buscou aumentar a eficiência operacional das empresas por meio da ausência de desperdícios e da divisão do trabalho.

Estão CORRETAS somente as afirmativas

(A) II e IV.
(B) I, II e IV.
(C) I, III e IV.
(D) II, III e IV.
(E) III e IV.

2. (EXAME 2009)

Leia o texto:

Carlos Andrade foi nomeado para substituir o antigo presidente do grupo empresarial Xambri. Seu principal desafio será transformar a cultura de uma empresa familiar em uma nova cultura organizacional, fundada em novos valores, como profissionalismo, envolvimento e proatividade. Carlos sabe que essa não será uma tarefa fácil, principalmente em função da resistência dos gerentes e dos funcionários do grupo Xambri, que não estão acostumados com mudanças e participação nas decisões. Uma solução fácil seria demiti-los e contratar outros funcionários, mas Carlos não quer criar um clima tenso na organização. Prefere optar por um caminho que melhore o clima e estimule o envolvimento dos antigos funcionários.

Em qual abordagem teórica da administração Carlos deve se basear para enfrentar esse desafio?

(A) Clássica.
(B) Comportamental.
(C) Contingencial.
(D) Fundamental.
(E) Sistêmica.

3. (EXAME 2009)

Leia o texto:

Durante sua atividade profissional, os administradores precisam tomar inúmeras decisões que envolvem riscos com impacto no desempenho de suas organizações. Fazem-no num contexto em que não dispõem de informações suficientes e têm restrições de recursos e de tempo para coletar mais informações para apoiar o seu processo decisório. Além disso, possuem limitações cognitivas que impedem alcançar uma solução ótima para os problemas que enfrentam.

Com base no texto, é CORRETO afirmar que os administradores tomam decisões num contexto de racionalidade

(A) instrumental.
(B) legal.
(C) limitada.
(D) plena.
(E) técnica.

4. (EXAME 2006)

Desde o início de seu Curso o jovem gerente tinha aprendido que uma das atividades mais desafiadoras do Administrador era tomar decisões, em especial, em grandes empresas. Ele, todavia, estava agora no comando da pequena empresa pertencente à sua família. Nesta situação, no Brasil, pode-se afirmar que as decisões, na maioria dos casos, tendem a ser

(A) programadas, ocorrendo raras decisões não programadas.
(B) concentradas em uma alternativa, pois há limites de tempo.
(C) condicionadas pela baixa turbulência do ambiente de negócio.
(D) tomadas com base na racionalidade plena.
(E) arriscadas, apesar de ser difícil mensurar o risco.

5. (EXAME 2006)

Embora constitua área de conhecimento das mais fascinantes, as bases teóricas da Administração ainda estão em formação.

Os estudos pioneiros de Taylor e Fayol, por exemplo, foram ampliados, de forma significativa, nos anos posteriores. Sobre as Teorias da Administração pode-se afirmar que:

I. na Burocracia, o trabalho realiza-se por meio de funcionários que ocupam cargos, os quais têm atribuições oficiais, fixas e ordenadas por meio de regras, leis ou disposições regimentais;
II. na Administração Científica, enfatiza-se o estudo das tarefas, a seleção e o treinamento de trabalhadores e a busca pela eficiência operacional;
III. na Reengenharia de Processos, há um esforço deliberado de se ter uma visão sistêmica da empresa, lastreado em estruturas organizacionais verticalizadas;
IV. na visão Contingencial, procura-se analisar como as condições ambientais da empresa afetam as possibilidades de escolha nas decisões organizacionais;
V. na abordagem Comportamentalista, a eficácia organizacional é promovida pela aplicação de análise *quantitativa aos problemas e decisões administrativas*.

São corretas, apenas, as afirmativas

(A) I, II e III.
(B) I, II e IV.
(C) I, III e V.
(D) II, IV e V.
(E) III, IV e V.

6. (EXAME 2006)

Na última reunião de direção da Empresa MC – Moderna e Competente, foi analisado o seguinte quadro, elaborado pela Unidade de Inteligência Competitiva:

Ano (*)	Empresa Mc			Concorrente Principal			Todo o Setor		
	2004	2005	2006	2004	2005	2006	2004	2005	2006
Participação de Mercado (%)	20	25	30	25	20	10	–	–	–
Margem de Contribuição Média(%)	30	30	30	34	38	42	36	36	36
Idade Média dos Equipamentos (anos)	10	7	5	12	13	14	15	14	13

(*) Dados estimados para 2006.

Levando em consideração estas informações, a direção da MC pode afirmar que

(A) a modernização tecnológica ocorreu de forma mais intensa no concorrente principal, quando comparado com a Empresa MC.
(B) a estratégia competitiva do concorrente principal é ampliar a base de mercado.
(C) a Empresa MC apresenta desempenho mercadológico superior e possui equipamentos mais novos, quando comparada com o principal concorrente.
(D) o setor apresenta instabilidade em termos de rentabilidade, associada a uma lenta modernização tecnológica.
(E) se os custos variáveis, como os de mão-de-obra direta e matérias-primas, são equivalentes nas empresas, os preços da Empresa MC são mais elevados.

7. (EXAME 2003)

Após um Programa de Treinamento e Desenvolvimento realizado na Companhia de Melhoramentos Urbanos, houve a conscientização dos gestores para a importância da interdependência das partes que compõem o todo. Isto tornou os gerentes mais preocupados em investir em funcionários multitarefas, no desenvolvimento humano e no conhecimento de todas as áreas da organização, pois o corpo de gestores passou a ter uma visão

(A) sistêmica.
(B) funcional.
(C) especializada.
(D) contingencial.
(E) racional substantiva.

8. (EXAME 2003)

Em um seminário nacional, organizado para discutir a gestão empresarial no Brasil, um renomado palestrante alertou para o fato de que muitas organizações ainda apresentam características que denotam grande identidade com a Administração Clássica.

Considere os seguintes aspectos:

I. Ciclo motivacional;
II. Divisão do trabalho;
III. Departamentalização;
IV. Descentralização;
V. Funções da empresa;
VI. Funções da Administração;
VII. Processo decisório participativo.

As características a que o palestrante se referia são, apenas,

(A) I, II, IV e V.
(B) I, III, IV e VII.
(C) II, III, V e VI.
(D) III, IV, V e VI.
(E) IV, V, VI e VII.

9. (EXAME 2003)

Ao refletir sobre o planejamento da Empresa Brasileira de Panquecas (Ebrapan), o gerente administrativo percebeu que o ambiente externo exerce sobre a organização fortes ações diretas e indiretas. Os elementos de ação indireta afetam o clima no qual a organização opera, podendo vir a se tornar elementos de ação direta. Entre os elementos de ação indireta que podem influenciar a administração da Ebrapan, incluem-se

(A) grupos ecológicos, meios de comunicação e grupos de pressão política.
(B) grupos ecológicos, oferta de mão-de-obra e concorrentes.
(C) grupos de pressão política, instituições financeiras e acionistas.
(D) legislação, oferta de mão-de-obra e concorrentes.
(E) concorrentes, instituições financeiras e legislação.

10. (EXAME 2003)

Como estagiária de Administração de uma prefeitura municipal, Júlia teve oportunidade de observar, de perto, um modelo burocrático de organização que só conhecia dos livros.

Assim, que característica ela identificou nessa organização?

(A) A liderança competitiva.
(B) A descontinuidade do trabalho.
(C) A monopolização de posições.
(D) O profissionalismo de seus membros.
(E) O vínculo ao ocupante e não ao cargo.

11. (EXAME 2003)

Uma revista de negócios de circulação nacional apresenta o modelo de "produção enxuta" abaixo, adotado por uma empresa transnacional.

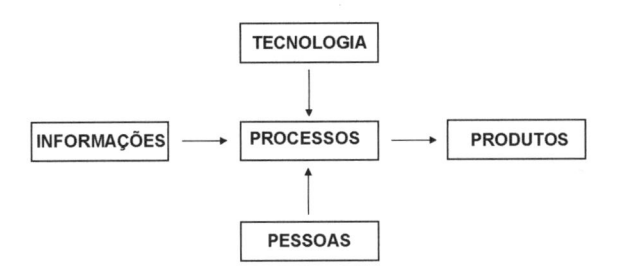

```
              TECNOLOGIA
                  ↓
INFORMAÇÕES → PROCESSOS → PRODUTOS
                  ↑
               PESSOAS
```

Considerando que o modelo está inserido no ambiente e com ele interage, este sistema é do tipo

(A) estático.
(B) independente.
(C) autodeterminado.
(D) fechado.
(E) aberto.

12. (EXAME 2002)

A produção em escala se diferencia da produção artesanal em inúmeros aspectos. Quando se observa o indivíduo nesse contexto, conclui-se que as características associadas principalmente à produção em escala são:

(A) a especialização do indivíduo, a visão sistêmica, a máxima produtividade e o comprometimento.
(B) a especialização do trabalho, a máxima produtividade, a visão sistêmica e o padrão de produção.
(C) a divisão do trabalho, a especialização do indivíduo, o padrão de produção e a alienação do processo.
(D) o planejamento estratégico, a divisão do trabalho, o tempo padrão e a visão contingencial.
(E) o padrão de produção, a motivação, a divisão do trabalho e a alienação do processo.

13. (EXAME 2002)

Considere o gráfico a seguir como um modelo comportamental de controle.

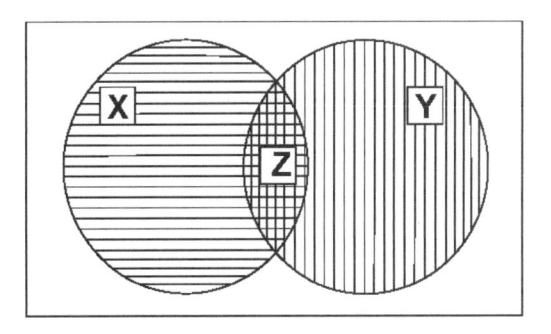

A que correspondem as áreas do gráfico representadas, respectivamente, pelas letras **X**, **Y** e **Z**?

	X	Y	Z
(A)	auto-controle e/ou controle grupal	auto-controle e/ou controle grupal	controle compartilhado
(B)	auto-controle e/ou controle grupal	controle compartilhado	auto-controle e/ou controle grupal
(C)	auto-controle	controle grupal	controle grupal
(D)	controle compartilhado	auto-controle e/ou controle grupal	auto-controle e/ou controle grupal
(E)	controle exacerbado	controle grupal	auto-controle

14. (EXAME 2002)

Ao implementar um programa de avaliação organizacional, o gerente de Recursos Humanos da Empresa KLJ optou por um questionário que privilegiasse um conjunto de necessidades, a fim de poder identificar aspectos que deveriam ser implementados para a melhoria da motivação de seu pessoal. Assim, levou em consideração as seguintes necessidades:

I. básicas;
II. sociais;
III. salariais;
IV. de segurança;
V. de desenvolvimento;
VI. de *status*;
VII. de auto-realização;
VIII. de auto-avaliação.

Para uma boa avaliação comportamental, segundo o modelo de Maslow, deverão ser contempladas no instrumento apenas as necessidades:

(A) I, II, IV, VI e VII
(B) I, II, V, VI e VIII
(C) I, III, IV, V e VIII
(D) II, III, IV, VI e VII
(E) II, III, V, VII e VIII

15. (EXAME 2002)

Um consultor famoso, ao proferir uma palestra, fez a seguinte afirmação: *O custo para conquistar um cliente é 'x', para mantê-lo é 10 vezes 'x', e para reconquistá-lo é superior a 25 vezes 'x'. E a burocratização de uma empresa no relacionamento com seus clientes é o primeiro estágio para o processo entrópico desta relação.* A interpretação dessa afirmação é que:

(A) é mais difícil conquistar um cliente do que mantê-lo ou reconquistá-lo, sendo que a formalização no relacionamento com o cliente é o primeiro passo para perdê-lo.
(B) é difícil conquistar um cliente, porém é mais difícil mantê-lo ou reconquistá-lo, sendo que a formalização no relacionamento com o cliente é o primeiro passo para perdê-lo.
(C) é difícil conquistar um cliente, é mais fácil mantê-lo ou reconquistá-lo, sendo que a informalização no relacionamento com o cliente é o primeiro passo para perdê-lo.
(D) é fácil conquistar um cliente, é difícil mantê-lo e é impossível reconquistá-lo, sendo que a formalização no relacionamento com o cliente é o primeiro passo para atraí-lo.
(E) é fácil conquistar um cliente, é mais fácil ainda mantê-lo ou reconquistá-lo, sendo que a formalização no relacionamento com o cliente é o primeiro passo para atraí-lo.

Leia o texto abaixo e responda às duas questões a seguir.

A nova ordem organizacional se desenha em ambientes altamente competitivos e de extrema instabilidade e incerteza, a ponto de algumas questões básicas quanto ao próprio objetivo organizacional estarem sendo colocadas incisivamente às organizações.

Há bem pouco tempo atrás, as organizações almejavam a liderança do mercado e as grandes margens de lucro. Já o presente tem-se revelado como a era da sobrevivência organizacional. Quanto ao futuro,...

16. (EXAME 2002)

Diante da instabilidade gerada pelo ambiente, que posição deve adotar uma organização?

(A) Aceitar o determinismo ambiental como inevitável e se curvar às suas conseqüências.
(B) Aceitar a inevitabilidade da necessidade de mudança e de adaptação.
(C) Aceitar os mecanismos criados para assegurar a autopreservação das "ilhas de eficiência".
(D) Manter as zonas de conforto imanentes e inerentes de acordo com os propósitos da cultura organizacional.
(E) Ignorar a acomodação associada à burocratização das organizações.

17. (EXAME 2002)

Das situações abaixo, qual caracteriza uma mudança que está ocorrendo diante da nova ordem organizacional?

(A) A competição entre empresas diferentes passa a evitar a competição entre empresas totalmente similares.
(B) A logística tem um papel cada vez menor no contexto organizacional.
(C) A ênfase na hierarquia é reduzida, e aumenta a importância da integração entre diferentes áreas e setores.
(D) As fronteiras e/ou limites industriais, que eram incertos, agora evidenciam-se com precisão.
(E) As parcerias passam a ser desnecessárias e até perigosas.

As duas questões a seguir contêm duas afirmações. Em relação a essas questões, assinale, no Cartão-Resposta,

(A) se as duas afirmações são verdadeiras e a segunda justifica a primeira.
(B) se as duas afirmações são verdadeiras e a segunda não justifica a primeira.
(C) se a primeira é verdadeira e a segunda é falsa.
(D) se a primeira é falsa e a segunda é verdadeira.
(E) se as duas são falsas.

18. (EXAME 2002)

Uma organização está mais preparada para lidar com um contexto de mudanças quando seus membros têm o direito de exprimir suas diferenças

PORQUE

a expressão das diferenças dos membros de uma organização deve possibilitar a resolução de seus conflitos dentro dela.

19. (EXAME 2002)

As organizações não são totalmente auto-suficientes, nem totalmente dependentes

PORQUE

as organizações trocam recursos com o ambiente interno e dependem dele.

20. (EXAME 2001)

Para o desempenho de suas funções, como administrador de uma grande empresa, João acreditava que era importante apenas desenvolver o seu bom senso e suas habilidades interpessoais e de comunicação. Você, como um bom administrador, sabe que, para que tenhamos um ambiente de trabalho de alto desempenho, isto não é suficiente. É preciso também desenvolver habilidades

(A) técnicas, conceituais e de decisão.
(B) cognitivas, afetivas e de inovação.
(C) emocionais, profissionais e de reflexão.
(D) mentais, tecnológicas e de criação.
(E) lógicas, analíticas e de avaliação.

21. (EXAME 2001)

A empresa Padrão teve problemas de sucessão na administração após a morte de seu fundador. Como tentativa de assegurar a continuidade dos negócios, ela optou por uma estratégia empresarial defensiva para:

(A) explorar e localizar novas oportunidades de produtos/mercados.
(B) garantir um domínio atual e, ao mesmo tempo, buscar, localizar e explorar novas oportunidades de produtos/mercados.
(C) garantir e conservar o domínio atual de produtos/mercados.
(D) equilibrar áreas de operação estável com áreas dinâmicas e instáveis.
(E) manter flexibilidade nas tecnologias para modificar as operações sempre que necessário.

22. (EXAME 2001)

Para modernizar a Empresa Recordes Ltda., o consultor Raul propõe às lideranças uma estrutura em rede (network structure) porque este tipo de estrutura

(A) diminui o risco de perdas de negócios e a falta de controle local.
(B) diminui a lealdade dual e os possíveis conflitos de subordinação.
(C) diminui a incerteza, quanto aos contratados, e aumenta a lealdade do pessoal.
(D) favorece a competitividade global e a flexibilidade da força de trabalho.
(E) favorece o enriquecimento de cargos e a política salarial.

23. (EXAME 2001)

A empresa Victória está passando por uma fase de letargia, estagnação e complacência que tem afetado significativamente os seus lucros. Segundo o seu diretor Francês, isto está ocorrendo porque esta não é uma organização que aprene. As organizações que aprendem gerenciam as mudanças

(A) na estrutura ou nas pessoas, através da compra de novas máquinas, equipamentos, instalações e do treinamento e desenvolvimento de recursos humanos.
(B) na tecnologia redesenhando o fluxo de trabalho e as estruturas de órgão e cargos, reduzindo os níveis hierárquicos.
(C) nas pessoas através de novos métodos de trabalho, redução de níveis hierárquicos, aumento do desempenho individual e organizacional.
(D) nas pessoas ou na cultura da organização com novos relacionamentos, conhecimentos, capacidades, habilidades, expectativas, percepções e motivações.
(E) nos produtos ou serviços implementando novas redes de comunicações e novos paradigmas organizacionais.

24. (EXAME 2001)

A competitividade e a globalização do setor aéreo têm obrigado as suas empresas a gerenciarem sob uma perspectiva contingencial na qual

(A) não existe uma "única melhor maneira" de administrar e organizar, porque as circunstâncias variam.
(B) é fundamental a aplicação de análise quantitativa aos problemas e decisões administrativas.
(C) o sucesso organizacional é baseado na satisfação de necessidades econômicas e sociais do indivíduo e do grupo.
(D) a estrutura organizacional deve eliminar a variabilidade de resultados para a definição do comportamento dos especialistas.
(E) os administradores devem enfatizar o bem-estar, a motivação e a comunicação dos trabalhadores.

25. (EXAME 2001)

Real Computadores Ltda. é uma pequena empresa de software que está crescendo rapidamente. Os fundadores da empresa atribuem grande parte do seu sucesso à maneira como ela está estruturada. A Real é projetada para criar conflito. Todas as equipes de produtos e grupos de apoio competem uns com os outros por recursos internos e mercados externos. Pode-se caracterizar a visão de conflito desta empresa como uma visão

(A) de relações humanas: o conflito é uma ocorrência natural em todos os grupos e organizações.
(B) tradicional: o conflito é visto como um resultado funcional decorrente de comunicação deficiente.
(C) disfuncional: o conflito não pode ser eliminado e pode, em alguns casos, beneficiar o desempenho de um grupo.
(D) potencial: o conflito é visto como um resultado disfuncional decorrente de falta de abertura e confiança entre as pessoas.
(E) interacionista: o conflito deve ser estimulado, já que um grupo harmonioso, calmo e tranqüilo é inclinado a tornar-se estático e apático.

26. (EXAME 2000)

Quando uma patente expira (como a patente da Polaroid em fotografia instantânea), outras empresas (por exemplo, a Kodak) podem então entrar no mercado, onde vão competir com as empresas estabelecidas. Constitui(em) barreira(s) à entrada de novas empresas em um setor:

(A) a segmentação de mercado.
(B) a capacidade do setor para atender a necessidades emergenciais.
(C) as políticas e regulamentações governamentais.
(D) os consumidores intermediários.
(E) os consumidores finais.

27. (EXAME 2000)

Você é responsável pelo novo desenho organizacional de sua empresa, e com base nos seus conhecimentos de downsizing e empowerment, você busca um número ideal de subordinados que se reportam diretamente a um supervisor, isto é, uma amplitude de controle ótima para a sua estrutura. Para tal você considera que a amplitude deve ser maior quando

(A) o trabalho não é rotineiro.
(B) o administrador não é altamente capacitado.
(C) os cargos são diferentes e as medidas de desempenho, comparáveis.
(D) os subordinados não são altamente treinados.
(E) os subordinados preferem ter autonomia a um controle cerrado da supervisão.

28. (EXAME 2000)

O senso comum considera a palavra "burocracia" como excesso de formalismo e de papelório. Tal idéia advém da ocorrência de conseqüências imprevistas (ou indesejadas) do modelo burocrático ideal defendido por Weber, às quais deu-se o nome de disfunções da burocracia. Entre essas disfunções incluem-se:

(A) despersonalização do relacionamento, resistência a mudanças, imperativo tecnológico e ambiente turbulento.
(B) despersonalização do relacionamento, uso da categorização como técnica do processo decisório, grupos autônomos e racionalização científica.
(C) resistência a mudanças, exibição de sinais de autoridade, superconformidade em relação às regras e aos regulamentos e propensão dos participantes a se defenderem de pressões externas.
(D) resistência a mudanças, internalização das diretrizes, humanização do trabalho e enriquecimento de cargos.
(E) superconformidade em relação às regras e aos regulamentos, uso da categorização como técnica do processo decisório, imperativo ambiental e indolência sistemática.

29. (EXAME 2000)

Na análise da decisão de fechamento de uma grande fábrica de refrigerantes, a sua diretoria, composta por uma equipe de trabalho coesa, aprovou por unanimidade o projeto. Este grupo de executivos mantinha um padrão de comportamento chamado pensamento grupal, no qual concordar com as opiniões uns dos outros e recusar-se a criticar suas idéias se transformou em norma. Para que o **pensamento grupal** não afete a tomada de decisão, em seu grupo de trabalho você deverá alimentar

(A) uma certa intensidade de conflito construtivo.

(B) a "ilusão de invulnerabilidade".

(C) a "ilusão de moralidade".

(D) a "ilusão de unanimidade".

(E) a presença de indivíduos com socializações semelhantes.

30. (EXAME 2000)

Jack Smith, da General Motors, deixou Wall Street furiosa por não adotar uma posição mais dura com a força de trabalho. Enquanto os investidores queriam custos trabalhistas mais baixos, Smith quis uma força de trabalho que estivesse a favor da empresa, e não contra ela. No seu processo decisório, Smith, uma vez que considerou as possíveis conseqüências das opções, buscou uma estratégia de otimização que resulta

(A) no máximo benefício ao menor custo, com margem de contribuição positiva.

(B) no melhor equilíbrio possível entre várias metas.

(C) na melhor visão sistêmica do mercado.

(D) na escolha de uma alternativa definitiva, com margem de contribuição positiva.

(E) na escolha da primeira opção aceitável ou adequada para atingir uma meta ou critério-alvo.

31. (EXAME 1999)

A figura acima representa uma empresa de porte médio. De acordo com o modelo, os supervisores passam cerca de 30% de seu tempo em atividades gerenciais e 70% em atividades técnicas. Já o presidente passa, no mínimo, 90% do seu tempo em atividades gerenciais e, no máximo, 10% em atividades técnicas. Se colocássemos todos os outros níveis hierárquicos no modelo, veríamos que, ao mesmo tempo que um indivíduo progride em uma organização, as **atividades gerenciais** e as exigências em relação a elas aumentam, e o envolvimento em **atividades técnicas** diminui.

Muitas vezes observamos nas organizações um contraste entre o nível gerencial e o nível funcional. Uma situação na qual o gerente se envolve mais em **atividades técnicas** do que o esperado no seu nível gerencial caracteriza:

(A) o exercício limitado das funções do administrador.

(B) a predominância da obtenção de resultados eficazes através de pessoas.

(C) uma maior ênfase ao elemento humano na organização.

(D) uma criteriosa alocação de recursos escassos.

(E) que os seus subordinados trabalham segundo as próprias potencialidades.

32. (EXAME 1999)

O presidente de uma grande loja de departamentos quer aumentar as vendas e decide fazer uma liquidação de calçados, porque tal departamento fica localizado no fundo do segundo andar da loja. O presidente acredita que os clientes comprarão outros produtos no trajeto até o fundo do segundo andar. Como o departamento de calçados é o mais distante da entrada da loja, apenas uma liquidação fantástica atrairia os clientes para o segundo andar. Ele, então, decide fazer uma liquidação do tipo

"Pague 1 e leve 2". No entanto, o gerente do departamento tem como meta vender o maior número de calçados possível, porque seus vendedores são comissionados e dependem do valor total de vendas. Quando o presidente anuncia que o departamento de calçados terá uma liquidação do tipo "Pague 1 e leve 2", o gerente fica enraivecido.

Podemos identificar a fonte deste conflito organizacional na:

(A) competição pelos recursos entre setores e departamentos.

(B) falha de comunicação e má interpretação da informação.

(C) diferença entre as metas dos grupos (departamentos ou unidades).

(D) divergência sobre os critérios de departamentalização.

(E) incongruência da estrutura da empresa.

33. (EXAME 1999)

Uma cadeia de lanchonetes descobre que seu negócio está mudando com base em duas constatações: (1) mais pessoas estão comendo fora, em estabelecimentos de fast-food e, (2) devido a variações demográficas, existem menos adolescentes disponíveis para trabalhar por um salário mínimo em empregos entediantes. O primeiro ponto sugere que a organização deveria expandir seu negócio e tirar proveito da oportunidade de crescimento. A resposta tradicional para mais negócios – empregar mais adolescentes – não é uma opção, como deixa claro o segundo ponto. Uma situação como esta exige do administrador uma decisão contingencial. Ele listou como possíveis as decisões abaixo. Entretanto, uma delas é baseada na Abordagem Clássica da Administração. Qual?

(A) Ignorar as oportunidades mercadológicas de crescimento e continuar como está agora, por medida de segurança.

(B) Alterar a estrutura organizacional, aumentando a autonomia decisória dos funcionários.

(C) Separar o trabalho em tarefas básicas e dividi-lo entre os funcionários, de forma que cada um possa especializar-se numa tarefa específica.

(D) Elaborar um planejamento estratégico, identificando o papel da variável demográfica na absorção de mão-de-obra.
(E) Explorar outras fontes de mão-de-obra, como, por exemplo, donas de casa, aposentados, estudantes que abandonaram os estudos, deficientes, etc.

34. (EXAME 1999)

O Diretor da empresa ALFA tem uma tarefa a realizar e, para tanto, estabelece uma **equipe de projetos**. O que ele precisa fazer para realçar o status deste grupo e obter a participação entusiástica dos funcionários?

(A) Incentivar para que todos os funcionários interessados participem do grupo, independente do nível hierárquico.
(B) Fazer com que o grupo aumente de tamanho incentivando adesões irrestritas.
(C) Designar funcionários de prestígio, dispostos a participar como membros deste grupo.
(D) Explicitar ao grupo e à organização a importância da tarefa a ser realizada, bem como os riscos que correm os que dela participarem.
(E) Não vincular este grupo a qualquer tipo de recompensa de desempenho social e/ou financeira.

35. (EXAME 1999)

Existe um consenso crescente de que a **tomada de decisão** deve levar em consideração a natureza complexa dos negócios, resultante de ambientes organizacionais modernos que sofrem constantes transformações.

Assim sendo, a abordagem mais contemporânea para a solução de problemas deve buscar o pensamento:

(A) linear, supondo que cada problema tem uma solução única, e que esta afetará basicamente a área do problema e não o restante da organização.
(B) linear, buscando a simplicidade no tratamento das questões e considerando que o essencial é que os problemas sejam definidos, e as soluções, implementadas.
(C) sistêmico, supondo que, uma vez implementada uma solução, esta permanecerá válida e deverá ser avaliada apenas em termos de quão bem resolve o problema.
(D) sistêmico, focalizando os problemas como singulares, e abordando isoladamente cada área do problema independente dos inter-relacionamentos entre os elementos organizacionais.
(E) sistêmico, supondo que os problemas são complexos, têm mais de uma causa e mais de uma solução, e estão inter-relacionados com o restante da organização.

36. (EXAME 1999)

Você é contratado para fazer um programa de gerenciamento de cultura na Indústria DETEX, tradicional fabricante de detergentes domésticos. Apesar de você saber que a empresa tem valores internalizados de difícil mudança, você utiliza alguns processos e modelos de intervenção, entre os quais um tem grandes possibilidades de prejudicar o desempenho da empresa no médio/longo prazo. Qual?

(A) Mudar o processo administrativo da alta administração, de caráter divisionista, para uma posição coerente e coesa.
(B) Introduzir um programa para mudar os artefatos visíveis da empresa, isto é, mudar a arquitetura e o layout das salas e os uniformes.
(C) Envolver e incentivar a participação dos funcionários na elaboração de um código de ética para a organização.
(D) Desenvolver um amplo programa de comunicação e divulgação da missão, princípios, objetivos, filosofia e valores da empresa.
(E) Permitir que os empregados definam a política de recompensas e punições segundo sua própria visão dos objetivos empresariais.

37. (EXAME 1999)

Quando se avalia uma organização e sua atuação no mercado, verifica-se que a empresa é um sistema inserido em um ambiente sujeito à ação de múltiplas variáveis que atuam direta e/ou indiretamente sobre a mesma. Considerando que a organização está sujeita a uma grande variedade de ações internas e externas, podemos afirmar que uma Empresa é um sistema:

(A) probabilístico simples.
(B) probabilístico complexo.
(C) probabilístico hipercomplexo.
(D) determinístico complexo.
(E) determinístico hipercomplexo.

38. (EXAME 1999)

A figura acima retrata o comportamento de um sistema durante seu ciclo de vida, de acordo com conceitos, de grande importância na Teoria de Sistemas, desenvolvidos pela Teoria da Informação e pela Cibernética. Uma interpretação **ERRADA** de um dos conceitos apresentados na figura é:

(A) Informação e Incerteza podem ser relacionadas pela seguinte expressão de forma logarítmica: Incerteza = – Informação.
(B) a Informação pode ser definida como a medida da quantidade de organização ou ordem (em oposição à aleatoriedade) em um sistema.
(C) a Teoria da Informação considera a Informação como a quantidade análoga à Entropia (expressa pela mesma unidade: BIT).
(D) a Variedade de um sistema, medida em BITs, reduz-se à medida que o sistema torna-se mais previsível (ou menos incerto).
(E) à medida que a Entropia diminui, a desorganização aumenta e a energia do sistema (Informação) degrada-se.

39. (EXAME 1999)

Considere que o ambiente do sistema é o conjunto dos elementos situados "fora" dele e que: **1** - uma mudança nos atributos desses elementos afeta o sistema; **2** - esses atributos podem ser mudados pelo funcionamento do sistema. Assim, considerando uma empresa do setor de bens de consumo, qual é o único elemento que faz parte exclusivamente do ambiente do sistema?

(A) Estrutura organizacional.
(B) Demanda dos produtos.
(C) Processo de produção.
(D) Produtos fabricados.
(E) Preço de oferta de produtos.

40. (EXAME 1999)

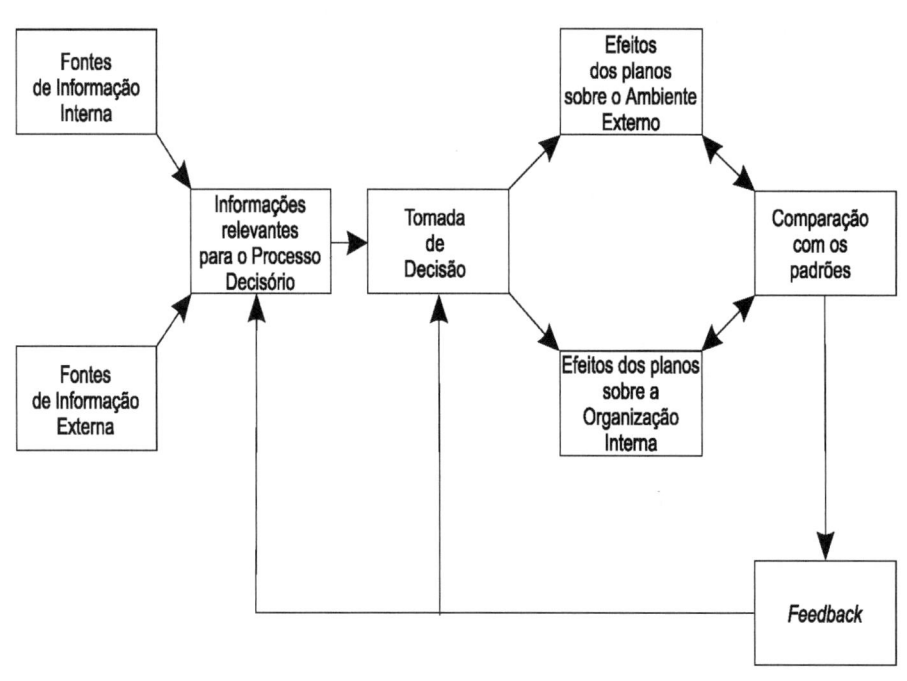

Fonte: Chiavenato. Teoria Geral da Administração.

O diagrama acima é uma ilustração dos componentes básicos de um Sistema de Informação Gerencial. No que se refere à sua aplicação no Planejamento e Controle da Produção (PCP), a completa informatização do sistema é considerada mais difícil quando se trata de:

(A) Tomada de Decisão.
(B) Comparação com os padrões e Feedback.
(C) Fontes de Informação Interna e Externa.
(D) Informações relevantes para o Processo Decisório.
(E) Efeitos dos planos sobre o Ambiente Externo e a Organização Interna.

41. (EXAME 1998)

Fatores Condicionantes do Desenho Organizacional

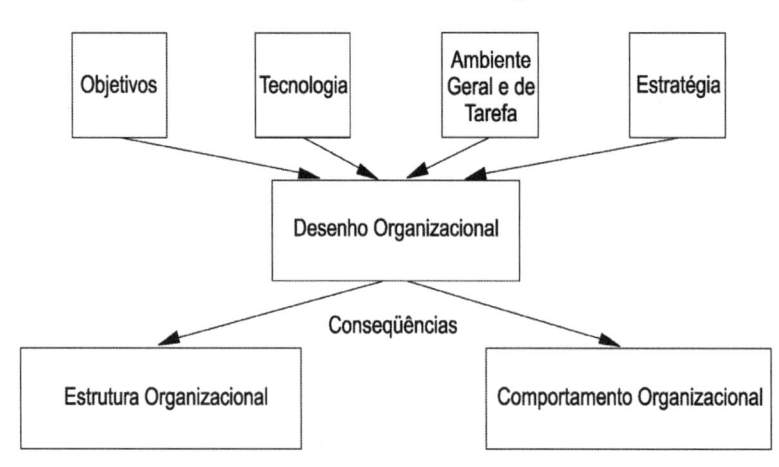

Analise os fatores condicionantes do Desenho Organizacional acima e identifique aquele cujo enfoque parte simultaneamente da análise e mapeamento ambiental (avaliação externa) e das decisões tomadas.

(A) Objetivos.
(B) Estratégia.
(C) Tecnologia.
(D) Ambiente Geral.
(E) Ambiente de Tarefa.

42. (EXAME 1998)

Segundo Paulo Roberto Motta, *"as organizações inovadoras possuem maior flexibilidade na sua estrutura: as fronteiras administrativas e as divisões internas são mais ambíguas e fluidas, permitindo a livre circulação de idéias e encorajando iniciativas individuais; constroem uma nova cultura em que a unidade e a diversidade convivem simultaneamente como forças de agregação."*

(Fonte: *Transformação Organizacional: a teoria e a prática de inovar*)

Assim, pode-se afirmar que as organizações que buscam estruturas organizacionais flexíveis devem ser:

(A) atomizadas e holográficas.
(B) burocráticas e mecanicistas.
(C) mecanicistas e atomizadas.
(D) tayloristas e holográficas.
(E) tayloristas e burocráticas.

43. (EXAME 1998)

Segundo o economista John Kenneth Galbraith, após a Primeira Guerra Mundial teve início a era da incerteza, que, por suas características, impõe ao administrador o desafio de:

(A) elaborar sistemas de recompensas que satisfaçam a hierarquia, a autoridade, a unidade de comando, a eficiência e a departamentalização.
(B) equalizar o poder dentro das organizações, reduzindo a diferença de poder e status entre supervisores e subordinados.
(C) gerir um ambiente de turbulência e instabilidade, cheio de mudanças e transformações.
(D) introduzir nas organizações o princípio da unidade de comando e da cadeia escalar.
(E) selecionar e escolher os membros das organizações com base exclusivamente na competência técnica e na qualificação profissional.

44. (EXAME 1998)

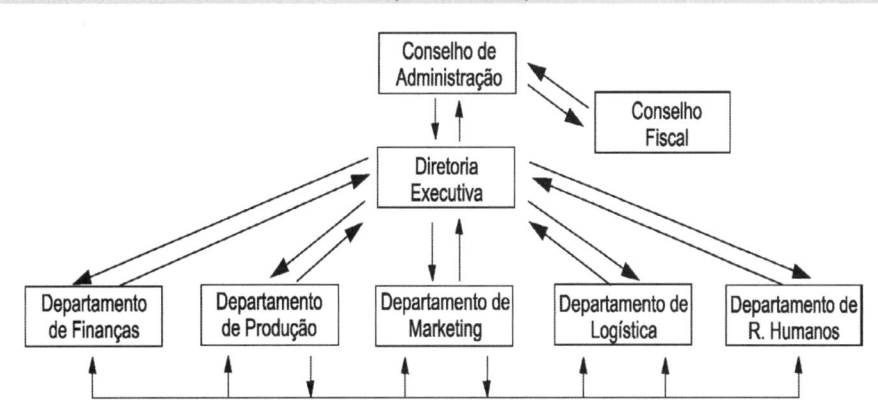

Na representação gráfica acima as setas indicam a existência de interações intraorganizacionais. Nesse mesmo gráfico, as interações intradepartamentais retratadas mostram:

(A) um Sistema-Empresa com seus subsistemas componentes.
(B) uma loja de departamentos.
(C) uma empresa produtora de mercadorias e / ou serviços.
(D) as relações de uma empresa com o ambiente de tarefa.
(E) as relações de uma empresa com o macroambiente.

45. (EXAME 1998)

A concepção qualitativa do homem no contexto das organizações enseja uma associação entre o comportamento organizacional do indivíduo, o sistema de incentivos e a relação entre os objetivos organizacionais e os individuais com cada uma das teorias administrativas.

A teoria dos sistemas, que enfatiza o desempenho de papéis, incentivos mistos e conflitos, está relacionada com o indivíduo organizacional do tipo Homem:

(A) Econômico.
(B) Funcional.
(C) Social.
(D) Organizacional.
(E) Administrativo.

46. (EXAME 1998)

No seu primeiro dia de trabalho na empresa de produtos Alimentícios Celeste, o presidente João de Souza descreveu aos novos funcionários o seu modelo de administração com as seguintes palavras: *"A aceleração do trabalho só poderá ser obtida por meio da padronização obrigatória dos métodos, adoção obrigatória dos melhores instrumentos e condições de trabalho e cooperação obrigatórias. E esta atribuição de impor padrões e forçar a cooperação compete exclusivamente à gerência."* A partir desta citação, concluímos que a empresa estava embasada:

(A) na Teoria Comportamental da Administração.
(B) na abordagem humanística da organização.
(C) no modelo burocrático de organização.
(D) nos princípios da Teoria Contingencial.
(E) nos princípios da Administração Científica.

47. (EXAME 1998)

As Lojas Piratininga S.A., tradicional cadeia de lojas de roupas com filiais em diversos estados do Brasil, foi obrigada a diminuir sua estrutura devido à retração das vendas em função da conjuntura econômica. O seu Diretor de Planejamento explicou que a empresa somente conseguirá sobreviver se se adaptar a um ambiente **mutável e heterogêneo**.

Isso significa que é preciso ter um desenho organizacional:

(A) simples com reações padronizadas ao ambiente por meio de regras e regulamentos de rotina.
(B) complexo e diferenciado para lidar com multivariados segmentos ambientais.
(C) onde o ambiente de tarefa permita reações padronizadas e rotineiras.
(D) onde o ambiente de tarefa permita utilizar um modelo burocrático com uniformidade de critérios.
(E) onde o ambiente de tarefa permita à empresa pequena diferenciação de atividades.

48. (EXAME 1998)

A GAMA S.A. é uma empresa de pequeno porte do setor de transporte que está enfrentando sérios problemas financeiros decorrentes do seu processo decisório. Para justificar esta situação, o seu Presidente afirmou que " o processo decisório na GAMA S.A. envolve uma racionalidade limitada e é , basicamente, satisfatório e não otimizante." Assim, nessa empresa, o administrador:

(A) tem condições de analisar todas as alternativas possíveis e receber todas as informações necessárias para a tomada de decisões.
(B) procura sempre alternativas ótimas dentro das possibilidades da situação envolvida antes de tomar uma decisão.
(C) evita manter as regras estabelecidas pela empresa para tomada de decisão e somente redefine os procedimentos quando sofre pressões.
(D) busca a incerteza e evita regras padronizadas para tomar decisões.
(E) toma decisões sem poder procurar e analisar todas as alternativas possíveis, optando, na maioria dos casos, por alternativas satisfatórias.

49. (EXAME 1998)

O fundador da Action Instruments, Jim Pinto, costumava dizer que: "*Nós estamos construindo um capitalismo com coração*". Segundo ele, sua empresa tem tentado construir um negócio fundado profundamente em princípios humanísticos, e dos empregados é esperado que tenham um ativo interesse no sucesso e na administração da Companhia.

Deste caso podemos afirmar que:

(A) os administradores que sentem seus valores compatíveis com os da organização são menos confiantes de que estarão no futuro trabalhando para o mesmo empregador.
(B) a percepção da estreita relação entre os valores pessoais e organizacionais aumenta a consciência e o entendimento dos valores da organização, o que, por sua vez, leva a maior influência junto aos superiores, colegas e subordinados.
(C) em geral, os objetivos de uma organização são vistos como menos importantes por aqueles que sentem que existe um alinhamento entre os seus valores e os da companhia.
(D) quanto maior a compatibilidade entre valores pessoais e organizacionais, menor a tendência a concordar que os valores organizacionais são guiados por altos padrões éticos.
(E) à medida que os administradores percebem que seus valores são compatíveis com os da organização, eles tendem a sentir que as pressões do trabalho afetam substancialmente suas vidas fora dele.

50. (EXAME 1998)

O título impresso no cartão de visitas de Joel Silva era "gerente de produção", cargo no qual ele tinha mais de 30 subordinados, que comandava em um amplo escritório. O rapaz, de 29 anos, tinha grandes ambições de progredir na organização, motivado pela perspectiva de promoções e melhoria de status. Isto foi há dois anos, antes de a empresa ser fundida com uma concorrente. Hoje Joel trabalha num espaço comum a outros vinte gerentes e o número de pessoas diretamente subordinadas a ele foi cortado para apenas cinco.

Você é o diretor de Recursos Humanos desta empresa e deve enfrentar o desafio da motivação de uma força de trabalho que, como Joel, está entediada. Qual seria, nesse caso, a atitude correta e adequada que você tomaria?

(A) Estabeleceria um programa contínuo que buscasse identificar e satisfazer as necessidades, os desejos e as expectativas dos empregados.
(B) Estabeleceria um modelo de modificação de comportamento embasado num esquema de reforço intermitente.
(C) Estabeleceria um sistema de ameaças ou coação para que o trabalho fosse realizado acoplado a um sistema de recompensas a todos no fim do ano.
(D) Implementaria uma política de elogios e reforço contínuo embasada na teoria de condicionamento operante.
(E) Permitiria que os empregados definissem a sua política de recompensas e punições segundo os seus valores e suas prioridades.

51. (EXAME 1997)

A partir da Teoria da Contingência, a variável tecnologia assume um importante papel na teoria administrativa. Esta abordagem propõe uma tipologia que identifica três tipos de tecnologias, de acordo com seu arranjo dentro da organização: tecnologia de elos em seqüência, mediadora e intensiva. Assinale a opção **INCORRETA** com relação à utilização de cada um desses tipos.

(A) A companhia telefônica liga aqueles que querem chamar com os que querem ser chamados e, por isto, demanda uma tecnologia mediadora.

(B) Uma linha de montagem de produção em massa demanda uma tecnologia de seqüência de elos encadeados e interdependentes.

(C) Uma agência de propaganda vende tempo e espaço, ligando os veículos às demais organizações e, por isto, demanda uma tecnologia mediadora.

(D) Um hospital representa a focalização de uma ampla variedade de habilidades e especializações sobre um único cliente e, por isto, exige uma tecnologia intensiva.

(E) Um banco comercial liga os depositantes com aqueles que tomam emprestado e, por isto, demanda uma tecnologia intensiva.

52. (EXAME 1997

A tomada de decisões é o núcleo da responsabilidade administrativa. Quanto à forma, existem dois tipos de decisão: as decisões programáveis (de acordo com métodos e técnicas estabelecidos) e as decisões não programáveis (que constituem novidades e tendem a ser tomadas dentro de regras improvisadas). Com base nesta classificação, assinale o único exemplo **INCORRETO** de um dos tipos de decisão.

(A) Programável — Elaboração de calendário escolar dos cursos de graduação de uma univer-sidade.

(B) Programável — Contratação de mão-de-obra extra para vendas natalinas.

(C) Não programável — Resposta às queixas dos consumidores sobre os produtos/serviços da empresa.

(D) Não programável — Demissão de funcionário devido a problemas recentes de maus desempenhos.

(E) Não programável — Financiamento de linha vital de pesquisa que acabe introduzindo um produto novo e importante.

53. (EXAME 1997

Sobre as vantagens e desvantagens da centralização e da descentralização organizacionais, podemos afirmar corretamente que numa empresa descentralizada:

(A) a eliminação dos esforços duplicados reduz os custos operacionais, embora as linhas de comunicação mais distantes provoquem demoras prolongadas.

(B) as decisões são tomadas mais rapidamente pelos próprios executores, mas pode ocorrer falta de informação e de coordenação entre os departamentos.

(C) o maior envolvimento na tomada de decisão entre os administradores médios aumenta as taxas de rotatividade e absenteísmo.

(D) os tomadores de decisão são os que têm mais informação sobre a situação e, portanto, prescindem de melhor treinamento.

(E) os administradores nos níveis mais baixos em geral se sentem frustrados porque estão fora do processo decisorial.

54. (EXAME 1997

As opções a seguir apresentam afirmações a respeito de aspectos gerais da estratégia, estrutura e desempenho de uma organização. Assinale a única verdadeira.

(A) O ambiente de uma empresa é tudo aquilo que pode ser controlado.

(B) O desempenho de uma empresa independe de sua estratégia.

(C) A estratégia de uma empresa depende principalmente da sua estrutura.

(D) A integração empresarial depende apenas da estrutura organizacional.

(E) Na integração horizontal, procuram-se produtos e serviços complementares.

55. (EXAME 1997)

Quando analisamos a evolução da história das empresas e, sobretudo, a história da sua administração, em geral, encontramos seis fases: a artesanal, a da transição do artesanato à industrialização, a do desenvolvimento industrial, a do gigantismo industrial, a moderna e a da incerteza. Esta última, que se iniciou na década de oitenta, marcada pela revolução do computador, exige que o gerente:

(A) seja um decisor racional, um planejador sistemático e um coordenador e supervisor eficiente das atividades organizacionais.

(B) seja eficaz na sua especialidade e em sua capacidade de comandar e coordenar tarefas.

(C) pense na realidade administrativa como algo racional, controlável e passível de ser uniformizado.

(D) compreenda que as organizações são diferentes e estão inseridas em ambientes complexos e heterogêneos em ritmo de mudança acelerada.

(E) supervisione rotinas e lide com tecnologias específicas, ao mesmo tempo que adote ações de curto prazo na busca de recursos.

56. (EXAME 1997)

Segundo a metodologia de Schein, a cultura de uma organização pode ser aprendida em três níveis: (1º) dos artefatos visíveis, (2º) dos valores que governam o comportamento das pessoas e (3º) dos pressupostos básicos e inconscientes.

Sobre a dificuldade de gerenciamento da cultura organizacional, podemos afirmar que:

(A) é mais elevada no primeiro nível porque, embora esses artefatos sejam fáceis de encontrar, nem sempre são decifráveis ou de fácil interpretação.

(B) é mais elevada no segundo nível porque são necessários processos de análise e entrevistas para identificar os valores manifestos da cultura.

(C) é mais elevada no terceiro nível, pois tais pressupostos são internalizados no inconsciente dos membros da organização.

(D) o grau de dificuldade para o gerenciamento da cultura organizacional é o mesmo nos três níveis.

(E) a cultura organizacional não pode ser gerenciada em nenhum destes níveis.

57. (EXAME 1997)

O fluxo direcional das mensagens e informações dentro de uma estrutura organizacional pode ser classificado em comunicações descendentes (aquelas que fluem de cima para baixo), ascendentes (aquelas que fluem de baixo para cima), e laterais (as que fluem no sentido horizontal).

Qual dos exemplos listados abaixo corresponde a uma comunicação ascendente?

(A) Políticas e procedimentos.
(B) Reclamações e sugestões.
(C) Grupos de trabalho.
(D) Regulamentos e manuais.
(E) Intercâmbio de informação interdepartamental.

58. (EXAME 1997) DISCURSIVA

No senso comum, a idéia de **conflito** aparece geralmente associada a algum sentido negativo como desavença, desarmonia, desacordo, desaprovação, desentendimento, intriga, incongruência, discordância, oposição, dentre outros. Apesar disso, o conflito é uma condição geral dos homens, assim como das organizações. Denota a existência de idéias, sentimentos, ações e/ou interesses divergentes. O reconhecimento e a análise do conflito no contexto da Teoria Administrativa contribuíram para o seu entendimento como possuindo, também, uma dimensão positiva. Dentro das organizações, verificam-se diversos tipos de conflito como: de interesses, de papéis, hierárquico, de identidade, de personalidade, entre outros.

Como pode ser o conflito percebido de forma positiva dentro das organizações? Comente.

Conteúdo 02

ADMINISTRAÇÃO DE RECURSOS HUMANOS

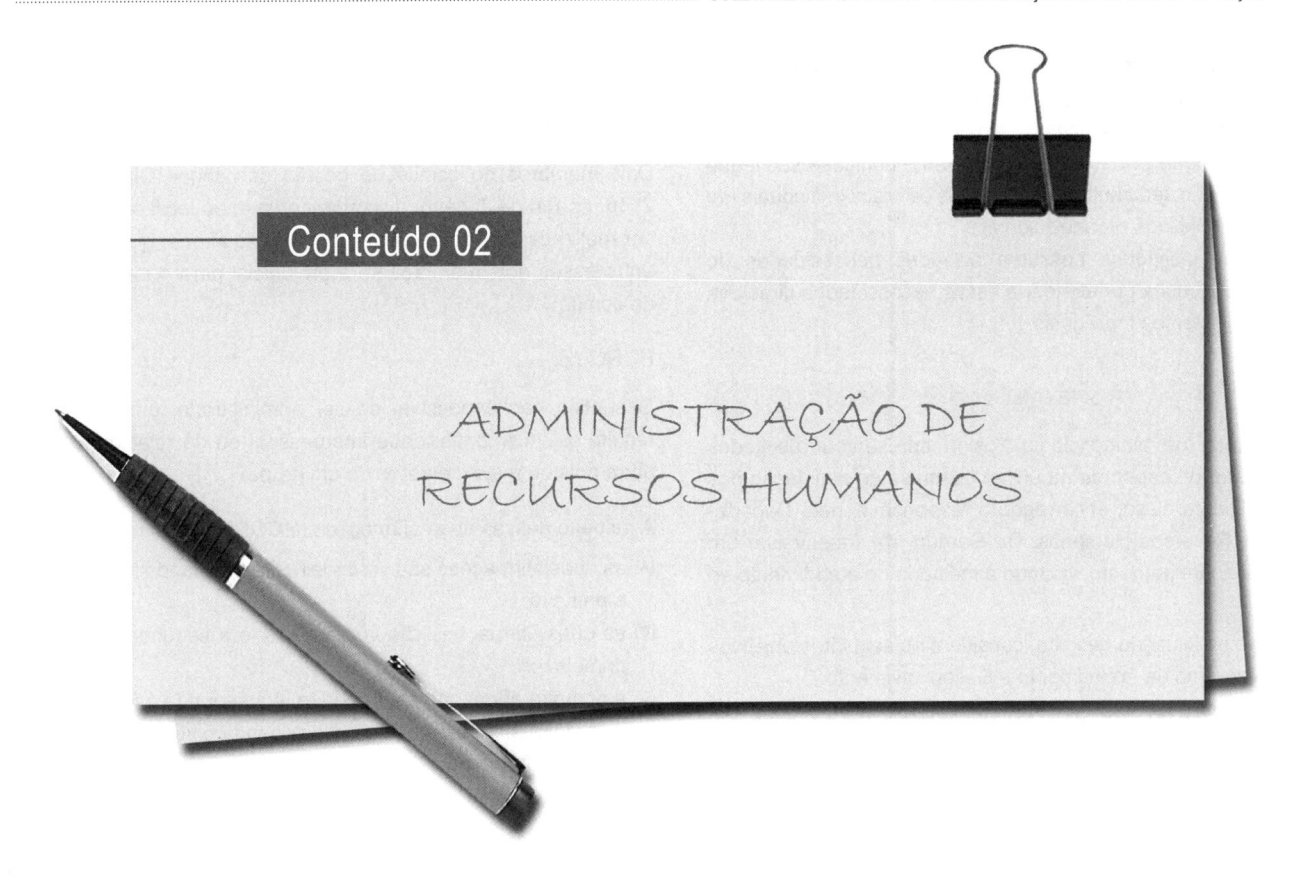

1. (EXAME 2009)

Saiu o resultado da pesquisa de clima organizacional da BomTempo S.A. Entretanto, os resultados relativos ao item Responsabilidade e Motivação com o Trabalho são os que mais preocupam Jorge, o Diretor de Recursos Humanos. Estes são os resultados da pesquisa:

Responsabilidade e Motivação com o Trabalho	Índice de 5 a 1*	Grau de Importância**
1. Satisfação com o conteúdo e a variedade do trabalho	2,2	Muito importante
2. Satisfação com o nível de responsabilidade sobre o trabalho	2,1	Importante
3. Satisfação com a autonomia para realizar o trabalho	4,5	Muito importante
4. Satisfação com a influência na tomada de decisão para realizar o trabalho	4,2	Importante
5. Satisfação com o feedback no trabalho e nos seus resultados	4,0	Muito importante

* Índice de 1 a 5, sendo 5 muito bom; 4 bom; 3 regular; 2 ruim; 1 muito ruim.
** Escala de 4 opções: muito importante; importante; pouco importante; não importante.

Alguns funcionários relataram, no campo do questionário reservado para comentários adicionais, que as atividades não utilizavam plenamente o seu potencial. Com base nas informações e nos dados apresentados, Jorge solicitou à sua equipe preparar algumas opções de planos voltados para gerar motivação com o trabalho e reverter essa situação junto aos funcionários.

Por qual das alternativas Jorge deverá optar?

(A) Abertura dos canais de comunicação e *feedback*.
(B) Aumento do trabalho em grupo.
(C) Enriquecimento de cargo lateral e vertical.
(D) Participação dos funcionários no processo decisório.
(E) Simplificação das atividades.

2. (EXAME 2009)

Um dos principais desafios do líder é conseguir a dedicação e o empenho de seus liderados na realização das atividades e tarefas que lhes competem, visando a alcançar os objetivos organizacionais. A liderança efetiva pressupõe, portanto, o conhecimento das principais teorias motivacionais que podem orientar as ações do líder com o objetivo de canalizar os esforços dos liderados.

É CORRETO afirmar, tendo em conta os conceitos básicos das teorias da motivação, que

(A) a expectativa dos indivíduos sobre a sua habilidade em desempenhar uma tarefa com sucesso é uma importante fonte de motivação no trabalho.
(B) objetivos genéricos e abrangentes, que dão margem para diferentes interpretações e ações, são uma importante fonte de motivação no trabalho.

(C) os indivíduos tendem a se esforçar e a melhorar seu desempenho, quando acreditam que esse desempenho diferenciado resultará em recompensas para o grupo.

(D) todas as modalidades de recompensas e punições são legítimas, quando seu intuito é estimular os esforços individuais em prol dos objetivos organizacionais.

(E) todos os indivíduos possuem elevadas necessidades de poder, e a busca por atender a essas necessidades direciona os seus esforços individuais.

3. (EXAME 2009)

O laboratório de biotecnologia Ypslon apresentou resultados muito abaixo do esperado na última pesquisa de satisfação dos clientes. Diante disso, encarregou o responsável pelo Departamento de Recursos Humanos, Dr. Garrido, de desenvolver um programa de treinamento, visando à melhoria do atendimento ao cliente.

Com base na situação descrita, considere os seguintes objetivos de um programa de Treinamento e Desenvolvimento:

I. proporcionar ao funcionário oportunidades para o contínuo desenvolvimento em seu cargo atual;

II. utilizar instrumental adequado que permita a medição do desempenho do funcionário durante um dado período de tempo;

III. mudar a atitude dos funcionários para criar um relacionamento interpessoal mais satisfatório e para aumentar o seu nível de envolvimento;

IV. identificar os funcionários que necessitam de reciclagem e selecionar os empregados com condição de receberem promoção ou serem transferidos.

Estão CORRETOS somente os objetivos

(A) I e III.
(B) III e IV.
(C) II e III.
(D) I e IV.
(E) I e II.

4. (EXAME 2009)

Considerando-se a necessidade de se criar uma intensa colaboração entre todos os funcionários para atingir as metas estipuladas, o gerente do Restaurante Paladar Exótico decidiu aplicar um Plano de Incentivo de Grupo, por meio de bonificações à sua equipe de funcionários.

Qual das alternativas representa adequadamente esse Plano de Incentivo de Grupo?

(A) Incentivar o desempenho diferenciado dos diversos subgrupos componentes da equipe de funcionários.

(B) Promover à posição de supervisor do grupo o funcionário que mais se destacar na realização das suas atividades.

(C) Recompensar, de forma diferenciada, os funcionários, com base na experiência deles.

(D) Recompensar o conjunto dos funcionários sempre que as metas esperadas do restaurante forem atingidas ou superadas.

(E) Recompensar os funcionários que se destacarem na superação das metas individuais.

5. (EXAME 2009)

Leia o trecho:

Dois membros do comitê de gestão dos Jogos Olímpicos de 2016, no Rio de Janeiro, discordam quanto ao local onde devem ser realizadas as provas de remo. Pode-se afirmar que o conflito entre esses dois membros será prejudicial para o desempenho do comitê.

PORQUE

O conflito não é possível de ser administrado, uma vez que resulta da incompatibilidade interpessoal ou de relacionamento entre dois ou mais membros de um grupo.

A respeito dessas duas afirmações, é CORRETO afirmar que

(A) as duas afirmações são verdadeiras, e a segunda não justifica a primeira.
(B) as duas afirmações são verdadeiras, e a segunda justifica a primeira.
(C) a primeira afirmação é verdadeira, e a segunda é falsa.
(D) a primeira afirmação é falsa, e a segunda é verdadeira.
(E) as duas afirmações são falsas.

6. (EXAME 2006)

A Empresa de Exportação Ji-Paraná está fazendo uma atualização de seus cargos e salários. Iniciou o processo a partir da descrição de cargos, como é recomendado. Para implementar uma descrição eficiente de cargos é necessário considerar

(A) os requisitos mentais.
(B) os requisitos físicos.
(C) as faixas salariais.
(D) as tarefas e atribuições.
(E) as condições de trabalho.

7. (EXAME 2006)

O Banco Solidariedade & Amigos S.A. recém-adquiriu uma empresa de *software*, a SB Sistemas Bancários Ltda., que detinha 25% do mercado de programas de segurança bancária.

Após uma análise organizacional, percebeu-se que a expansão desejada não ocorria devido à falta de agressividade da empresa e da sua estrutura extremamente verticalizada, pesada e inflexível.

O Banco decidiu implementar uma transformação radical na nova empresa, redesenhando-a como uma organização adaptativa. Assim, será necessário desenvolver na empresa uma cultura organizacional que:

I. seja voltada para o cliente;
II. valorize a inovação e a criatividade;
III. mantenha as crenças existentes;
IV. promova o aprender a aprender;
V. se baseie em metas e na implantação de um plano de incentivos.

Estão corretos, apenas, os itens

(A) I, II e III.
(B) I, II e IV.
(C) III, IV e V.
(D) I, II, III e V.
(E) I, II, IV e V.

8. (EXAME 2006)

Muitas empresas têm dificuldade de promover mudanças nos comportamentos de seus funcionários no ambiente de trabalho.

PORQUE

As crenças, valores e atitudes que compõem a cultura organizacional influenciam comportamentos dos funcionários na empresa.

Analisando as afirmações acima, conclui-se que

(A) as duas afirmações são verdadeiras, e a segunda justifica a primeira.
(B) as duas afirmações são verdadeiras, e a segunda não justifica a primeira.
(C) a primeira afirmação é verdadeira, e a segunda é falsa.
(D) a primeira afirmação é falsa, e a segunda é verdadeira.
(E) as duas afirmações são falsas.

9. (EXAME 2006)

As novas políticas de pessoal, recentemente implantadas na Confecção Norma Modas, trouxeram insatisfação e estresse para o ambiente de trabalho e conseqüentes perdas financeiras.

A insatisfação e o estresse foram detectados a partir dos seguintes indicadores:

I. custos associados a doenças ocupacionais;
II. violência no trabalho;
III. nível de responsabilidade atribuída ao cargo;
IV. inclinações pessoais;
V. absenteísmo e rotatividade.

Como fontes adequadas de investigação, estão corretos, somente,

(A) I, II e V.
(B) I, III e V.
(C) II, III e IV.
(D) II, IV e V.
(E) III, IV e V.

10. (EXAME 2006)

Dentre os pilotos que compõem o quadro da Cia. Aérea Lunar, alguns têm demonstrado desempenho acima da média. Para esses, o Departamento de Recursos Humanos (RH) resolveu estabelecer um plano de recompensas diferenciado daquele utilizado para o restante da Companhia. Celso, Analista de RH, fez um levantamento das diferentes estratégias para recompensar esse grupo de pilotos. Quais das estratégias de recompensa relacionadas abaixo são mais indicadas para esse caso?

(A) Aquelas que estão diretamente vinculadas ao critério dos objetivos de realização empresarial, aliadas ao tempo de serviço no cargo.
(B) Aquelas que atingem indivíduos de desempenho acima do esperado, sem que o tempo de serviço seja levado em conta.
(C) Aquelas que contemplam resultados globais, perceptíveis porém impossíveis de serem quantificados.
(D) Aquelas que contemplam resultados setoriais, perceptíveis porém impossíveis de serem quantificados.
(E) Aquelas que se referem aos indivíduos de desempenho acima do esperado e que trabalham há mais tempo na empresa.

11. (EXAME 2003)

Na condição de avaliador de desempenho, designado pela Gerência de Recursos Humanos para analisar o resultado de uma pesquisa de clima organizacional no Departamento de Vendas, você observou que os aspectos abaixo foram destacados pelo grupo como pontos fracos.

I. Salários;
II. Reconhecimento no exercício da função;
III. Atitude dos supervisores;
IV. Possibilidade de enfrentar desafios;
V. Plano de carreira;
VI. Limpeza do local de trabalho;
VII. Segurança no trabalho.

Analisando esses aspectos segundo a Teoria de Herzberg, são considerados fatores motivacionais, apenas,

(A) I, III e V.
(B) I, V e VII.
(C) II, IV e V.
(D) II, V e VI.
(E) III, VI e VII.

12. (EXAME 2003)

Após muitos anos trabalhando na Empresa Criativa Ltda., Luís viveu inúmeras situações de conflito na gestão. Indagado sobre a relevância do conflito, Luís afirmou corretamente que, numa organização que busca a inovação, o conflito

(A) é desejável, não devendo ser evitado, na medida em que possibilita identificar e solucionar problemas, além de minimizar atritos.
(B) somente é desejável quando aumenta o absenteísmo, melhora a motivação e evita o clima hostil verificado em muitas organizações.
(C) somente é aceitável quando viabiliza a hostilidade, diminuindo o estresse e a ansiedade.
(D) é aceitável, devendo, no entanto, ser evitado, na medida em que é mais gerador de problemas e atritos do que de soluções.
(E) é indesejável, devendo ser evitado, na medida em que é potencial gerador de problemas e atritos.

13. (EXAME 2003)

Paulo, Gerente do Departamento Financeiro da empresa Balanços S.A., recebeu a incumbência de escolher entre Marcos e Lúcia, dois de seus subordinados, aquele que seria promovido ao cargo de Chefe do Setor Orçamentário da empresa.

Alinhado às abordagens mais avançadas de gerenciamento de pessoas, Paulo decidiu pela promoção de Lúcia. Ela tem demonstrado ser proativa, possuir capacidade de liderança e de delegação, além de sólida formação acadêmica e habilidade interpessoal.

Os insumos relevantes à tomada de decisão de Paulo foram orientados para valorização do fator

(A) experiência.
(B) competência.
(C) visão de mercado.
(D) cumprimento das rotinas de trabalho.
(E) tempo de permanência no cargo.

14. (EXAME 2003)

O Grupo Lazer S.A., que atua no setor hoteleiro, resolveu investir em educação, criando uma universidade corporativa de serviços.

Essa decisão foi baseada na premissa de que a universidade corporativa cresce em importância, nos dias atuais, em função

(A) da necessidade de padronização das atividades operativas e comerciais.
(B) da determinação legal que incentiva a formação do trabalhador.
(C) do aumento de rotatividade de seu corpo funcional e redução do absenteísmo.
(D) do desenvolvimento de novas tecnologias e da rápida obsolescência dos conhecimentos organizacionais.
(E) da maior flexibilização das relações de trabalho e da jornada laboral.

15. (EXAME 2003)

A Direção de um banco comercial de porte médio, visando a obter vantagem competitiva, decidiu implementar um novo sistema de remuneração, baseado em resultados.

O modelo vincula a remuneração ao alcance de metas prénegociadas, de tal forma que as metas individuais são alinhadas às grupais, que, por sua vez, são desdobradas das metas empresariais.

Essa forma de remuneração constitui um poderoso aliado do desempenho organizacional porque

(A) utiliza modelos padronizados que podem ser aplicados a diferentes ramos de atividades.
(B) possibilita o maior comprometimento com os objetivos organizacionais.
(C) independe da cultura organizacional, pois o valor da recompensa é baseado no cargo ocupado.
(D) é de fácil modelagem, pois prescinde de indicadores de desempenho.
(E) é concebida sob a ótica de resultados igualitários.

16. (EXAME 2003)

Fernanda, Gerente de Desenvolvimento da Seta S.A., resolveu adotar ensino via Internet (*e-learning*) como tecnologia educacional, além dos programas de treinamento já existentes. Tal decisão foi baseada em resultados obtidos junto a empresas que substituíram os métodos tradicionais de aprendizagem pelo *e-learning*.

Para sua surpresa, os resultados alcançados pelo novo método não foram satisfatórios.

Esse tipo de insucesso ocorre devido à inexistência, na empresa, de

(A) uma matriz de incidentes críticos.
(B) cultura organizacional favorável.
(C) instrutores com formação em tecnologia da informação.
(D) computadores de última geração.
(E) vinculação do método de aprendizagem a recompensas financeiras.

17. (EXAME 2003)

Uma empresa de pesquisa do setor agro-industrial tem sofrido uma significativa evasão de técnicos de elevada competência. Da análise dos levantamentos das causas de desligamentos, conclui-se que a maior incidência de respostas aponta para a impossibilidade de ascensão funcional na carreira técnica. Só há possibilidade de ascensão quando o técnico é promovido a gerente.

O modelo de carreira adotado apresenta-se ineficaz porque se baseia

(A) no fornecimento de um plano de desenvolvimento do empregado em sua área de atuação.
(B) em estímulo ao crescimento do empregado por meio do conhecimento prático em áreas distintas.
(C) em pressupostos de mobilidade e ascensão profissional do empregado pelo exercício da função gerencial ou de ocupação na sua área de especialização.
(D) em pressupostos de que a estrutura organizacional contemporânea tende a ser mais horizontalizada.
(E) em premissas de que os cargos gerenciais são mais relevantes do que os técnicos.

18. (EXAME 2003)

Marcos, Gerente de Recursos Humanos, delineou um programa de Qualidade de Vida no Trabalho – QVT, a ser implantado nos próximos três meses, sem custos adicionais. O programa de QVT está centrado nos seguintes pontos-chave:

I. definição de jornada de trabalho flexível;
II. estabelecimento de normas e rotinas rígidas de trabalho;
III. reestruturação do trabalho por meio do enriquecimento de tarefas dos colaboradores;
IV. revisão do Plano de Cargos e Salários da Companhia;
V. desenvolvimento de trabalho voluntário dos colaboradores junto a comunidades carentes.

Estão corretos, apenas, os pontos

(A) I, II e IV.
(B) I, III e V.
(C) II, III e IV.
(D) I, II, III e V.
(E) II, III, IV e V.

A questão a seguir contêm duas afirmações. Em relação a essa questão, assinale, no Cartão-Resposta,

(A) se as duas afirmações são verdadeiras e a segunda justifica a primeira.
(B) se as duas afirmações são verdadeiras e a segunda não justifica a primeira.
(C) se a primeira é verdadeira e a segunda é falsa.
(D) se a primeira é falsa e a segunda é verdadeira.
(E) se as duas são falsas.

19. (EXAME 2002)

A avaliação de reação aplicada ao final de um programa de treinamento não avalia a eficácia desse programa

PORQUE

a eficácia de um programa de treinamento é avaliada a partir dos objetivos alcançados face aos pretendidos.

20. (EXAME 2002)

Uma empresa acaba de instituir um programa de remuneração por habilidades e competências. A ação prioritária de gestão de recursos humanos na implementação desse programa será

(A) ampliar o sistema de benefícios.
(B) mudar as técnicas de seleção.
(C) reduzir o quadro de pessoal.
(D) alterar as descrições de cargo.
(E) criar o planejamento de carreira.

21. (EXAME 2002)

Analise os seguintes aspectos, relacionados à área de Recursos Humanos:

I. nível de competência gerencial instalado na empresa;
II. cultura organizacional;
III. política de recrutamento e seleção da empresa;
IV. relacionamento com as entidades de representação sindical;
V. índice de rotatividade de pessoal;
VI. capacidade de investimento em qualificação.

Considerando que o gerente de Recursos Humanos de uma empresa pretende introduzir o método de avaliação de desempenho conhecido como "Avaliação Participativa por Objetivos – APPO", tal empresa deverá considerar, necessariamente, dentre os apresentados, os seguintes aspectos:

(A) I, II e V.
(B) I, II e VI.
(C) I, III e IV.
(D) II, V e VI.
(E) III, IV e V.

22. (EXAME 2002)

Uma empresa de grande porte, após passar por um processo de reestruturação, decidiu rever o seu sistema de remuneração. Você é o gerente de Recursos Humanos da empresa e foi solicitado a propor um sistema de remuneração estratégica, que alinha os objetivos profissionais individuais com os da organização. O sistema proposto deverá

(A) oferecer níveis salariais acima do nível da concorrência.
(B) ampliar o pacote de benefícios.
(C) introduzir a remuneração por habilidades e competências para os cargos administrativos.
(D) contemplar várias alternativas de remuneração que privilegiem o desempenho.
(E) basear-se nas descrições de cargo.

23. (EXAME 2002)

Para que uma empresa possa se configurar como uma organização de aprendizagem, ela precisa

(A) revisar os requisitos básicos dos cargos.
(B) alinhar sua política de remuneração com o mercado.
(C) criar estratégias de *marketing*.
(D) privilegiar a remuneração funcional.
(E) investir em formação de liderança.

24. (EXAME 2002)

A empresa Alfa vem enfrentando problemas de competitividade. Como alternativa de racionalização de custos, optou por trocar seus fornecedores, obtendo matéria-prima mais barata. Os custos de produção diminuíram, mas a empresa passou a enfrentar um grande volume de reclamações referentes à queda na qualidade dos produtos, comprometendo ainda mais sua posição no mercado. A gerência de Recursos Humanos decidiu propor um programa interno de treinamento para solucionar o problema de qualidade dos produtos. O modo como essa decisão foi tomada é

(A) adequado porque a queda da qualidade de produtos/serviços foi fruto do desempenho dos funcionários.
(B) adequado porque é papel do profissional de Recursos Humanos garantir a qualidade dos produtos/serviços.
(C) adequado porque, quando a questão é qualidade, treinamento é a solução.
(D) inadequado porque o levantamento de necessidades de treinamento não considerou todos os fatores que podem ter gerado a queda de qualidade dos produtos.
(E) inadequado porque o treinamento implicará custos que podem agravar os problemas de competitividade da empresa.

25. (EXAME 2002)

A globalização tem imposto mudanças em diversos aspectos do mundo de negócios. Várias são as técnicas utilizadas pelas organizações para enfrentar esse novo cenário, tais como *downsizing*, delegação e equipes interfuncionais. Contudo, a utilização dessas técnicas deve vir acompanhada de um enfoque gerencial denominado *empowerment*, que significa o fortalecimento do poder decisório dos indivíduos de uma empresa, tendo como condição inerente e necessária à sua utilização

(A) a intolerância a erros de decisão.
(B) a circulação restrita das informações gerenciais.
(C) a competência decisória dos gestores.
(D) a flexibilização da missão da empresa.
(E) a inexistência de sistema de recompensas.

26. (EXAME 2002)

A LCL Consultoria está realizando um estudo da estrutura organizacional da Araucária Ltda. e propôs a criação da seguinte estrutura matricial:

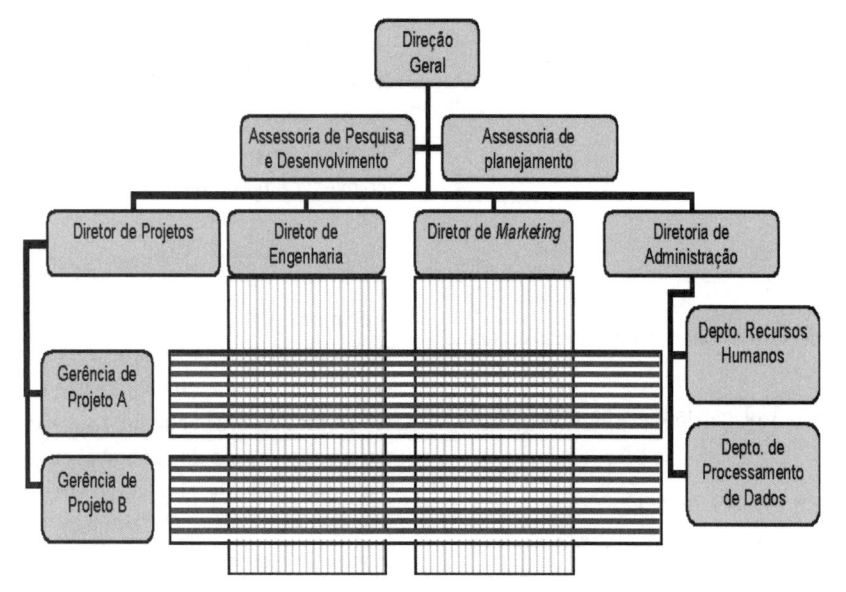

Entretanto, tal tipo de estrutura organizacional apresenta maior risco de surgimento de conflitos em função

(A) da falta de mobilidade do conhecimento especializado.
(B) da falta de unidade de comando nos projetos.
(C) da inadequação da distribuição geográfica.
(D) da necessidade de contínuo treinamento das equipes.
(E) da dispersão dos trabalhos das equipes.

27. (EXAME 2001)

Ricardo Cruz fazia uma carreira brilhante numa subsidiária de uma multinacional, quando foi transferido para a matriz. Apesar de falar o idioma da empresa-mãe com fluência, ele teve dificuldades de linguagem na comunicação entre culturas. Ele enfrentou problema em virtude das barreiras causadas

(A) pela semântica: as palavras implicavam diferentes significados em idiomas diferentes afetando as suas negociações.
(B) pela semelhança entre percepções: usar um estilo pessoal, informal, numa situação em que se espera um estilo mais formal, pode ser embaraçoso e desagradável.
(C) pela diferença de percepções: é preciso pressupor diferenças até que as semelhanças sejam provadas e, então, tratar as interpretações como uma hipótese funcional.
(D) pelas diferenças de tom: pessoas que falam idiomas diferentes realmente vêem o mundo de formas diferentes, e era preciso enfatizar mais a descrição do que a interpretação ou a avaliação.
(E) pelas conotações das palavras: ele percebeu que palavras significam coisas diferentes para pessoas diferentes e era preciso praticar empatia.

28. (EXAME 2001)

Janaína foi trabalhar numa empresa moderna que utiliza a avaliação de 360 graus como técnica de avaliação de desempenho. Isto significa que, nesta empresa, a avaliação de desempenho é feita

(A) por cada pessoa que, para evitar a subjetividade implícita no processo, toma por base alguns referenciais como critérios.
(B) por todos os elementos que mantêm alguma interação com o avaliado, de forma circular.
(C) pela própria equipe de trabalho que se torna responsável pela definição de metas e objetivos a alcançar.
(D) pelo gerente de linha ou supervisor, com assessoria do órgão de RH.
(E) pelo gerente, que funciona como o elemento de guia e orientação, e pelo funcionário, que avalia o seu desempenho em função da retroação fornecida pelo gerente.

29. (EXAME 2001)

A empresa Alfa definiu uma estratégia de modificação de comportamento de seus empregados baseada em reforço positivo. Para tanto essa empresa

(A) optou por condicionar uma parcela significativa da remuneração dos vendedores à satisfação dos clientes.
(B) colocou um empregado à prova por causa de excesso de faltas e, após vinte dias consecutivos de ida ao trabalho, premiou o empregado removendo a prova.
(C) demitiu todos os empregados que faltaram mais de vinte dias consecutivos, o que serviu de exemplo aos demais.
(D) premiou os empregados com bom desempenho, deixando de aplicar sanções desconfortáveis.
(E) buscou direcionar os comportamentos desejáveis por meio da definição dos valores da empresa.

30. (EXAME 2001)

Maria do Carmo utilizou os princípios da teoria da aprendizagem tanto no desenho como na implementação de um programa de treinamento e desenvolvimento de Recursos Humanos para sua empresa. Isso significa que ela

(A) considerou os critérios de seleção dos treinandos para escolher os instrumentos de avaliação a serem aplicados ao final do treinamento.
(B) buscou padrões que pudessem proporcionar aos treinandos uma medida de sua capacidade.
(C) evitou o pragmatismo, para que o treinando pudesse abstrair-se da realidade e idealizar a sua prática.
(D) evitou informar aos treinandos o que esperava como resultado do treinamento para que ficassem mais à vontade.
(E) privilegiou que participassem do treinamento pessoas que estavam motivadas a aprender.

31. (EXAME 2001)

Na fusão entre duas grandes empresas houve duas condições que caracterizaram o quadro de pessoal: (1) a demanda excedeu a oferta para cargos operacionais, (2) a oferta excedeu a demanda para cargos de chefias intermediárias. Você é responsável pelo planejamento estratégico de Recursos Humanos da empresa resultante da fusão e, portanto, realizou

(A) um programa de demissões voluntárias, desligamentos e cortes de salários para as chefias intermediárias.
(B) um programa de demissões voluntárias, desligamentos e cortes de salários para cargos operacionais.
(C) um programa de compartilhamento de trabalho e horários reduzidos para cargos operacionais.
(D) um programa de utilização de pessoal temporário e de horas extras para as chefias intermediárias.
(E) um rodízio de funções tanto para as chefias intermediárias quanto para os cargos operacionais.

32. (EXAME 2001)

Berenice Dantas quer reformular a política de remuneração de sua empresa introduzindo um programa de remuneração variável. Ela justifica a escolha com base nos seguintes argumentos:

(A) facilita o equilíbrio interno (coerência dos salários dentro da organização) e o equilíbrio externo (coerência dos salários da organização com o mercado).
(B) homogeniza e padroniza os salários dentro da organização e facilita a administração dos salários e o seu controle centralizado.
(C) ajusta a remuneração às diferenças individuais das pessoas e ao alcance de metas e resultados.
(D) focaliza a execução das tarefas e a busca de eficiência, funcionando como elemento de conservação da rotina e do *status quo*.
(E) afeta diretamente os custos fixos da organização, incentivando o espírito empreendedor e a aceitação de riscos e responsabilidades.

33. (EXAME 2000)

Após uma entrevista de seleção para a empresa ALFA, João foi informado que não seria admitido para o cargo de gerente, por não possuir **habilidades interpessoais e de comunicação** fundamentais para desempenhar a função. Assim, quanto a João, a entrevistadora alegou que

(A) o seu conhecimento de erros de propensão em avaliação de desempenho não era suficiente para uma boa auditoria de Recursos Humanos.
(B) a sua especialização em Sistemas de Informação não favorecia a comunicação interfuncional na empresa.
(C) ele tinha dificuldades em reconhecer questões complexas e resolver problemas para benefício da organização.
(D) ele tinha dificuldades em trabalhar em equipe, dividir as informações com os outros e ensinar as pessoas a aprender.
(E) ele não conseguia considerar os objetivos e as estratégias gerais da empresa nas interações entre as diferentes partes da organização.

34. (EXAME 2000)

Você é responsável pela execução de um programa de treinamento de uma organização e aprendeu que, quanto às técnicas a serem usadas neste treinamento, não existe uma que seja sempre a melhor. O melhor método depende da combinação de alguns fatores que precisam ser avaliados em cada situação, e entre os quais citam-se:

I. efetividade em termos de custo;
II. princípios de aprendizagem;
III. medições subjetivas;
IV. escalas de comportamento;
V. adequação das instalações;
VI. conteúdo desejado do programa;
VII. preferências e capacidades do treinando e do treinador.

Os fatores corretos são:

(A) I, IV, V e VI apenas.
(B) II, III, IV e VII apenas.
(C) II, III, VI e VII apenas.
(D) I, II, III, VI e VII apenas.
(E) I, II, V, VI e VII apenas.

35. (EXAME 2000)

A organização Delatel exerce o controle dos seus funcionários quase que exclusivamente através de mecanismos burocráticos, por meio de procedimentos operacionais padronizados, regras, regulamentações e supervisão cerrada. Um consultor da empresa disse que ela estava perdendo produtividade e que para reverter este quadro precisaria fazer uma reestruturação através de um enxugamento downsizing para eliminar de forma planejada cargos e níveis hierárquicos. Para implementar as suas demissões a organização optou por um **programa de demissão voluntária**, mas isto gerou o seguinte problema:

(A) a administração não conseguiu enfocar a melhoria de um elemento de cada vez, de modo que a mudança fosse um processo cumulativo.

(B) a empresa, com esta diretriz de Recursos Humanos, estimulou a saída dos funcionários mais qualificados.

(C) os funcionários que saíram apresentaram um comportamento de síndrome do sobrevivente, o que afetou a empresa como um todo.

(D) os funcionários que ficaram passaram a trabalhar dentro de um quadro orientado de valores que faz oposição ao controle autoritário.

(E) foram demitidas as pessoas que não tinham mais motivação para a mudança, o que aumentou a responsabilidade dos que permaneceram.

36. (EXAME 2000)

Você estudou o sistema de classificação da Hewlett-Packard que exige que o gerente coloque 10% de seus funcionários na categoria "excepcional", 40% na categoria "muito bom", 40% na categoria "bom" e 10% na categoria "inaceitável".

Com base neste modelo você sugere que a sua empresa introduza a escala de classificação como método de avaliação de desempenho orientado para o passado. Isto significa que será solicitado ao avaliador que:

(A) escolha a declaração mais descritiva em cada par de declarações sobre o empregado que está sendo classificado.

(B) introduza teste de conhecimento ou aptidões e observações de potencial para todas as funções.

(C) registre as declarações que descrevem o potencial do empregado, em relação ao perfil do cargo.

(D) vá para o campo junto com um representante especializado do órgão de Recursos Humanos e acompanhe os supervisores em suas classificações.

(E) proporcione uma avaliação subjetiva do desempenho de um indivíduo, ao longo de uma escala que vai do nível mais baixo ao mais alto.

37. (EXAME 2000)

Num processo de seleção para uma função gerencial, o seu entrevistador afirma que a **perspectiva contingencial** é fundamental para a gestão de negócios naquela empresa e pede que você construa uma lista de **características situacionais** que afetam diariamente as decisões. Você não é escolhido para a função porque se engana ao mencionar

(A) a taxa de mudança e o grau de complexidade do ambiente externo à organização.

(B) a divisão do trabalho em tarefas especializadas nas quais se busque delegar autoridade juntamente com responsabilidade.

(C) as forças e fraquezas internas da organização.

(D) o tipo de tarefas, recursos e tecnologias que a organização utiliza.

(E) os valores, objetivos, habilidades e atitudes dos administradores e trabalhadores da organização.

38. (EXAME 2000)

Depois de um grande crescimento que durou mais de quinze anos, a empresa Barckley atravessa uma crise que abala profundamente seus funcionários. Todos os planos e esforços canalizam-se para os departamentos operacionais: vendas, produção e marketing. Isso provoca certo amargor nos setores administrativos, de finanças, pessoal e informática. Afinal, foram eles que, nos dois últimos anos, por inúmeras vezes soaram os alarmes para avisar dos perigos em que incorria este ou aquele comportamento e propuseram planos alternativos. Para tratar deste conflito organizacional, o diretor presidente da empresa deverá optar por uma **estratégia de intervenção de poder** que:

(A) considere a causa do conflito, embora ignore metas prioritárias, ou seja, a organização em geral.

(B) satisfaça, pelo menos parcialmente, a posição de marketing, embora não trate das causas verdadeiras do conflito.

(C) imponha uma solução que, a curto prazo, resolva o problema, mas que provavelmente deixará um resíduo de ressentimento nos funcionários.

(D) procure alcançar a harmonia na organização, tratando o problema superficialmente e negando a sua importância para a organização.

(E) ignore totalmente o problema, acreditando que, assim, este simplesmente "desaparecerá".

39. (EXAME 2000)

Você é gerente de Recursos Humanos de uma média empresa que está preocupada com reivindicações trabalhistas e exigências dos sindicatos. Para prevenir possíveis conflitos, você elabora para a diretoria um programa de enriquecimento de cargos. Na defesa do projeto você argumenta que o **enriquecimento do cargo** traz vantagens, tanto para a empresa como para o empregado, porque pode:

(A) aumentar a motivação do pessoal em face da necessidade de todos os indivíduos de assumir riscos e enfrentar novas oportunidades através da estandardização do processo e dos resultados do trabalho.

(B) facilitar o ajustamento mútuo da coordenação do trabalho através de processos simples de comunicação informal, enquanto o controle permanece nas mãos do gerente.

(C) gerar menor absenteísmo em virtude do comprometimento e sentimento de responsabilidade no cargo, quando o empregado não se sente explorado pela empresa com a imposição de um trabalho mais difícil.

(D) gerar maior rotação de pessoal garantindo a multifuncionalidade e a ambigüidade das funções no nível operacional.

(E) gerar maior produtividade diminuindo o conflito íntimo relacionado à dificuldade em assimilar novas atribuições e responsabilidades e facilitando a supervisão direta.

40. (EXAME 2000)

O gerente geral do HOSPITAL CORAÇÃO DE OURO descreveu a um entrevistador o seu estilo de liderança como uma mistura de todos os estilos. "Em alguns momentos, sou um ditador, digo aos meus subordinados o que fazer. Em outros, sou um modelo de função, lidero pelo exemplo. Nesse ambiente, geralmente deixo que as pessoas participem ... Gosto muito da idéia da participação, mas numa situação crítica, automaticamente me torno autocrático."

Este chefe defende a abordagem situacional da liderança. A justificativa correta para defender essa abordagem é a seguinte:

(A) o líder que tem poder de competência é respeitado porque possui conhecimentos ou certas habilidades nas quais as pessoas acreditam.
(B) a liderança através do poder de referência e de coerção exige fazer com que as tarefas sejam desempenhadas para garantir que a unidade de trabalho ou a organização atinjam suas metas.
(C) as características pessoais definem o poder legítimo de um líder e são consideradas mais importantes que o seu real comportamento na tomada de decisão.
(D) as características de personalidade de fato distinguem os líderes eficazes das outras pessoas pelo seu empenho, motivação, integridade, autoconfiança e conhecimento do negócio.
(E) não existem traços e comportamentos universalmente importantes, pois comportamentos eficazes variam de uma situação para outra e o líder deve primeiro analisar a situação e depois decidir o que fazer.

41. (EXAME 1999)

A Empresa SIGMA havia experimentado um enorme crescimento nos últimos anos em função do volume de projetos contratados.

Mas a estrutura organizacional da SIGMA estava extremamente centralizada, com autoridade e responsabilidade fortemente concentradas na diretoria. Você sugeriu uma reestruturação organizacional através da **descentralização de poder** baseado no argumento de que:

(A) as decisões serão tomadas por administradores que têm uma visão global da empresa.
(B) as decisões serão tomadas mais rapidamente pelos próprios executores, que, em geral, têm mais informação sobre a situação.
(C) as decisões serão mais consistentes com os objetivos empresariais, facilitando a especialização e a qualificação dos quadros superiores.
(D) será mais fácil a padronização de normas e procedimentos da empresa, sem variações entre os seus diversos departamentos.
(E) serão eliminados esforços duplicados reduzindo os custos operacionais da empresa.

42. (EXAME 1999)

Na Companhia Madureira S.A., dedicada ao ramo de bens de consumo, o Gerente de Recursos Humanos, quando analisa os questionários de avaliação de desempenho, percebe que a cultura paternalista da empresa faz com que a maioria dos entrevistados favoreça as pessoas de que gosta, independente da sua competência profissional e de seus resultados.

Esta propensão, causada em geral porque os avaliadores não conseguem ficar emocionalmente desligados, pode ser qualificada como:

(A) efeito recenticidade.
(B) efeito halo.
(C) erro de tendência central.
(D) propensão de rigor.
(E) propensão de complacência.

43. (EXAME 1999)

Na BETA S.A., empresa que explora produtos químicos, o Diretor Superintendente Joel Matoso percebeu que seus funcionários estavam desmotivados e não comprometidos com os resultados do seu trabalho. Para diagnosticar melhor as causas desse clima organizacional, ele fez uma pesquisa na qual identificou que as **necessidades sociais** do grupo não estavam sendo satisfeitas.

Para minimizar tal problema ele deverá:

(A) aumentar a qualidade das refeições e a duração dos intervalos para descanso.
(B) aumentar o conforto das instalações e melhorar a iluminação no ambiente de trabalho.
(C) analisar o processo de trabalho e aumentar os salários e os benefícios.
(D) implementar um programa que aumente a estabilidade dos funcionários na organização.
(E) desenvolver um programa de participação do grupo na solução dos problemas do trabalho.

44. (EXAME 1999)

Miguel Sousa, dono de uma média empresa de informática, tem consciência de que a produtividade organizacional está intimamente relacionada à qualificação dos seus funcionários.

Para isto, contrata um profissional de Treinamento e Desenvolvimento (T&D) de Recursos Humanos, que deverá:

(A) adotar o estilo "deixe que eu faço para você", isto é, de executor de tarefas.
(B) adotar o estilo de baixa assertividade perante as áreas usuárias de T&D.
(C) conhecer de perto a realidade de trabalho à qual ele deve dar apoio.
(D) centralizar e apoiar os processos de mudança da empresa e dos indivíduos que nela trabalham.
(E) exercer um papel de incentivador da elevação do grau de conformidade dos funcionários às tarefas que devem desempenhar.

45. (EXAME 1999)

Você é gerente de Recursos Humanos de um banco de investimentos que exige um perfil de funcionário competitivo, agressivo e dinâmico. Para a seleção de um trainee, após uma pré-seleção baseada em análise dos currículos, você considera mais vantajoso convidar os candidatos para um(a):

(A) teste eminentemente objetivo, que confirme as habilidades técnicas e emocionais do candidato e permita a identificação da sua capacidade para resolver problemas.
(B) entrevista rápida, de cinco minutos, para que se confirmem os dados escritos no currículo, oferecendo uma oportunidade para maiores discernimentos quanto às diferenças entre os candidatos.
(C) entrevista estruturada, que permite que se criem perguntas subjetivas à medida que a entrevista prossegue, gerando uma conversação amistosa.
(D) entrevista de stress com perguntas argumentativas e provocativas, o que permite verificar como o candidato reagirá sob pressão.
(E) entrevista padronizada para facilitar a confiabilidade de informações e o enquadramento do candidato.

46. (EXAME 1999)

Com o intuito de melhorar a mensuração dos retornos dos investimentos realizados em Treinamento e Desenvolvimento (T&D), o Diretor de RH da Companhia ROBI COMB criticou o seu gerente alegando que a empresa não estava avaliando bem os seus programas na área. Após estudar melhor o assunto, o gerente constatou que a forma mais precisa de caracterizar os objetivos de uma avaliação é:

(A) analisar o aprendizado dos participantes do programa aplicando testes de conhecimento e entrevistas em profundidade.
(B) verificar a eficiência com que foram utilizados os recursos de T&D, compatibilizando os gastos realizados com os lucros obtidos.
(C) verificar a reação dos treinandos com relação ao conteúdo desenvolvido e aos métodos utilizados.
(D) identificar a reação dos treinandos ao programa, o seu aprendizado, as mudanças de comportamento geradas e seu reflexo na implementação das metas organizacionais.
(E) produzir gráficos com medidas do desempenho dos instrutores, da qualidade do material didático e da atuação da equipe logística da empresa.

47. (EXAME 1999)

O seu chefe elaborou um **sistema de remuneração** para a empresa, levando em consideração os cinco fatores abaixo. Qual deles **NÃO** se aplica a esse sistema?

(A) Oferta e demanda de mão-de-obra da empresa.
(B) Determinações dos sindicatos trabalhistas.
(C) Capacidade de pagamento da empresa e sua produtividade.
(D) Matriz de incidente crítico de desempenho.
(E) Regulamentações governamentais.

48. (EXAME 1999)

Você está interessado em participar de um programa de desenvolvimento gerencial sobre técnicas de liderança.

Seu chefe não quer autorizá-lo e argumenta que **"a liderança é fruto de qualidades inatas, e não produto de habilidades e conhecimentos apreendidos".**

Para alcançar o seu objetivo, você explica ao seu chefe que:

(A) a concepção de liderança que você tem se baseia na teoria de características da liderança, a qual é uma teoria genética que focaliza o indivíduo, ao invés da tarefa.
(B) a liderança tem duas dimensões – orientação para tarefas e para indivíduos – e não pode ser totalmente explicada nem pela abordagem genética nem pela abordagem das características da liderança.
(C) a liderança é a solução dos problemas gerenciais, e precisa respeitar a abordagem genética, as características universais dos trabalhadores e a natureza da organização.
(D) os tipos de comportamento dependem do grau de autoridade inerente ao cargo e do grau de liberdade disponível num contínuo de padrões de liderança.
(E) os estilos de liderança são inatos, flexíveis e não podem ser aprendidos, mas os gerentes podem mudar a mescla de orientação para tarefa e orientação para funcionário conforme a situação o exigir.

49. (EXAME 1998)

O renomado especialista em estratégias corporativas C.K. Prahalad desenvolveu o conceito de habilidade cumulativa básica na organização, que recebeu a denominação de "competência essencial". Essa competência é obtida através de três fatores: treinamento constante de pessoas, realocação orientada pelo desempenho e pela criação de oportunidades e formação de grupos, rompendo não só as barreiras funcionais, mas também aquelas entre os níveis organizacionais. Como responsável pelo Departamento de Pessoal da empresa Eletrônica S.A., você argumenta que o planejamento de carreira é um instrumento que pode ajudar a sua empresa a desenvolver essas competências essenciais. Isto porque você acha que o planejamento de carreira:

(A) garante o sucesso empresarial, já que sem ele os empregados raramente estão prontos para as oportunidades que surgem.
(B) desenvolve as ofertas externas de talento e, por conseguinte, garante menor rotatividade de empregados.
(C) diminui as possibilidades de entesouramento de subordinados-chaves, encorajando os empregados a explorarem suas capacidades potenciais.
(D) induz os empregados ao crescimento e ao desenvolvimento, e satisfaz necessidades de estima, reconhecimento e realização.
(E) promove a rotatividade de empregados, a política de demissões voluntárias e gera mais lealdade para com a organização.

50. (EXAME 1998)

Ken Blanchard enfatiza: " Feedback é o café da manhã dos campeões. Dá aos empregados uma medida do próprio desempenho". Você, como bom administrador, está preocupado em avaliar corretamente o seu pessoal, e tem consciência das dificuldades inerentes a esse processo. Para que o **efeito-halo** não distorça seu julgamento, você:

(A) tende a ser muito rigoroso ao avaliar o desempenho do seu subordinado.
(B) evita que a sua opinião pessoal a respeito do subordinado influa na mensuração do desempenho.
(C) busca situar todos os subordinados em uma média, evitando colocá-los em posições extremas.
(D) considera prioritariamente como fonte de classificação para a sua avaliação as ações mais recentes do subordinado.
(E) estabelece padrões de desempenho amplos que permitam flexibilidade nas avaliações.

51. (EXAME 1998)

Especialistas em administração da remuneração têm observado que o mercado de trabalho está sujeito ao que os economistas chamam de "ilusão do dinheiro", que faz com que as pessoas se sintam melhor recebendo um aumento de 10% numa inflação de 8%, do que se os números forem respectivamente 3% e 1%. O desafio de inflação baixa pode gerar insatisfação no trabalho, e precisa ser vencido através de um gerenciamento de remuneração que busque:

(A) identificar os cargos de uma mesma família e classificar, a partir de descrições distintas, as atividades realmente executadas.
(B) categorizar a qualificação de pessoal segundo os regulamentos governamentais que afetam salários e envolvem os componentes críticos de cada cargo.
(C) manter programas de promoção calcados na antigüidade, isto é, que o indivíduo seja promovido após decorrido um período de tempo pré-determinado independente de outros fatores.
(D) assegurar o equilíbrio interno conseguido pela correta avaliação de cargos, de forma a manter uma hierarquia, e o equilíbrio externo através da adequação salarial da organização frente ao mercado de trabalho.
(E) identificar, para o sistema de cargos, funções comissionadas e sistemas de benefícios diferenciados, que possam complementar a perda do adicional correspondente à gratificação de função.

52. (EXAME 1998)

Segundo Darryl F. Zanuck, fundador da 20th Century Fox, "se dois homens num mesmo trabalho concordam todo o tempo, então um deles não serve. Se eles discordam todo o tempo, então os dois não servem". Para que o administrador selecione as pessoas certas, ele precisa:

(A) atender a três desafios, que se referem à ética, à oferta de mão-de-obra e a imposições organizacionais.
(B) diminuir o quociente de seleção para atrair mais candidatos.
(C) utilizar testes que avaliem a combinação provável entre os conhecimentos dos candidatos e os requisitos do cargo.
(D) elaborar roteiros estruturados e não estruturados para a condução de entrevistas de seleção.
(E) criar um relacionamento relaxado com o candidato a emprego para facilitar o clima de comunicação.

53. (EXAME 1998)

Jairo Magalhães é diretor de Recursos Humanos de uma empresa multinacional e percebe que muitos funcionários que acabam de ser contratados não têm um desempenho eficaz porque não estão integrados na organização. Para tentar resolver esse problema, Jairo introduz na empresa **programas de orientação/integração**. Este tipo de programa traz o benefício de:

(A) treinar os empregados nas obrigações que devem cumprir.
(B) melhorar o coeficiente de inteligência emocional dos funcionários.
(C) melhorar o conhecimento e as aptidões do cargo em todos os níveis da organização.
(D) ajudar os empregados a compreender os aspectos sociais, técnicos e culturais do local de trabalho.
(E) reduzir os custos de consultoria externa por utilizar consultoria interna competente.

54. (EXAME 1998)

Segundo William J. O'Brien, ex- presidente da Hanover Insurance, EUA, *"o motor da mudança não é tecnológico, mas humano. Assim, a organização do futuro deverá ser coerente com a aspiração das pessoas por auto-respeito e auto-realização"*.

Para gerenciar esta realidade, as organizações têm criado sistemas inovadores de recompensa e distribuição de lucros, compostos de três elementos básicos: o pagamento em termos de salário, benefícios tais como seguro, assistência médica, férias etc, e recompensas não monetárias tais como reconhecimento, condições de trabalho e elogios. A satisfação com essas recompensas é parte de uma reação complexa a uma certa situação influenciada por diversos fatores.

Qual das afirmações abaixo **CONTRADIZ** os resultados das pesquisas sobre o tema?

(A) A satisfação com uma recompensa é uma função de quanto se recebe e quanto a pessoa acha que deveria ter recebido.
(B) A satisfação geral com o trabalho é influenciada principalmente pela satisfação com as recompensas extrínsecas que os empregados recebem.
(C) A sensação de satisfação das pessoas é influenciada por comparações com o que aconteceu a outras.
(D) As pessoas variam muito em relação às recompensas que desejam e à importância que atribuem a cada uma.
(E) Muitas recompensas extrínsecas são importantes e gratificantes porque levam a outras recompensas (tais como poder e *status*).

55. (EXAME 1998)

"As empresas gastam mais tempo preocupando-se com os produtos do que com as pessoas. Os presidentes do futuro entenderão que os empregados são o cerne da questão. As pessoas trarão bons resultados se a visão, os valores e o sistema de gestão permitirem que dêem suas contribuições".

(Edgar Bronfman Jr., presidente da Seagram Company Ltda, EUA.)

Vários executivos apresentam discurso semelhante e enfatizam as vantagens da **gestão participativa**. De fato, embora haja vários benefícios em se ter a participação no local de trabalho, há, também, diversas barreiras que precisam ser vencidas.

Assinale a opção que **NÃO** constitui uma barreira a ser vencida.

(A) Filosofias autoritárias.
(B) Falta de vontade de participar.
(C) Limitações de tarefa e de tempo.
(D) Medo dos gerentes de perder o poder e o controle.
(E) Grande nível de interdependência entre cargos diferentes.

56. (EXAME 1998)

Segundo Rensis Likert, quatro sistemas de administração podem ser identificados, quando se analisa o processo decisorial, o sistema de comunicações, as relações interpessoais e os sistemas de recompensas de uma organização. São eles: autoritário coercitivo, autoritário-benevolente, consultivo e participativo.

Você trabalha numa empresa industrial que utiliza tecnologia apurada e mão-de-obra especializada, e que foi classificada no sistema **autoritário-benevolente**. Diante disso, podemos afirmar que nessa empresa:

(A) há uma ênfase no sistema de recompensas sociais e as punições são raras.
(B) a confiança depositada nas pessoas é bem elevada e a participação e o envolvimento grupal são intensos.
(C) o processo decisorial é centralizado na cúpula administrativa, permitindo uma diminuta delegação de caráter rotineiro.
(D) o trabalho é realizado em equipes e incentiva-se a formação de grupos.
(E) o sistema de comunicações facilita o fluxo no sentido vertical (descendente e ascendente) e horizontal.

57. (EXAME 1998)

Interessado em investigar os diferentes sistemas de valores nacionais e de que forma eles interagem com os sistemas de valores organizacionais, Geert Hofstede realizou uma ampla pesquisa durante quinze anos, envolvendo 53 países, e argumentou: *"uma desconsideração pelas outras culturas é um luxo a que somente os fortes podem-se dar... e até onde vão as teorias de administração, o relativismo cultural é uma idéia cuja era já chegou."*

Sendo assim, é **INCORRETO** afirmar que:

(A) as diferenças no caráter nacional podem ter impacto direto sobre as práticas e relacionamentos no trabalho.
(B) considerando que as organizações desenvolvem suas próprias culturas e seus sistemas de valores predominantes, as subsidiárias estrangeiras de organizações multinacionais acabam por desenvolver uma cultura híbrida, refletindo a cultura organizacional internacional e a cultura nacional local.
(C) o caráter nacional é unimodal, ou seja, todas as pessoas de um certo país têm necessariamente as características associadas àquela cultura, o que facilita a transferibilidade das práticas gerenciais.
(D) estudos comparativos de diversas culturas em organizações semelhantes sugerem que os funcionários das diferentes sociedades podem ter expectativas bem diferentes sobre o trabalho e a satisfação que dele obtêm.
(E) em multinacionais bem integradas com uma forte cultura pode-se verificar grande similaridade entre os seus membros, apesar de origens raciais diferentes.

58. (EXAME 1997)

Entre as críticas feitas à Teoria das Relações Humanas, **NÃO** podemos apontar:

(A) extremo racionalismo e pragmatismo na concepção da administração.
(B) concepção ingênua e romântica do operário.
(C) limitação do campo experimental.
(D) parcialidade das conclusões e ênfase nos grupos informais.
(E) inadequada visualização dos problemas das relações industriais.

59. (EXAME 1997)

Assinale a afirmativa que **NÃO** se refere a um fator ambiental que tem acentuado as preocupações com a prática participativa na gerência no mundo contemporâneo.

(A) A introdução da participação está primordialmente vinculada ao aumento da eficiência e da produtividade: se os trabalhadores participam nos lucros, têm interesse em aumentar este lucro.
(B) A democratização das relações sociais ocasiona formas de organização de instituições sociais, que, por sua vez, irão suscitar pressões para democratizar a organização econômica e a produção de bens e serviços.
(C) A velocidade e a intensidade com que as mudanças ambientais atingem a organização do trabalho, hoje em dia, desatualizam rapidamente as estruturas estabelecidas, os processos de tomada de decisão e o impacto dessas decisões no ambiente socioeconômico em que a organização opera.
(D) O desenvolvimento alcançado pelos meios de comunicação coloca ao alcance de parcelas consideráveis da população economicamente ativa condições de participação e expressão de direitos alcançados por grupos similares.
(E) O aumento do nível educacional e cultural determina grande elevação das aspirações profissionais e faz crescer o hiato entre o que o indivíduo conhece e aquilo que faz ou deseja fazer, criando novas demandas na organização do trabalho.

60. (EXAME 1997)

Você é o responsável pela definição do perfil do cargo de uma digitadora de computador. Para isso, como fonte de identificação de padrão de cargo, você utiliza :

(A) mensuração do trabalho.
(B) estabelecimento participativo de metas.
(C) questionário de análise de posição.
(D) entrevista estruturada.
(E) livros de registros de empregados.

61. (EXAME 1997)

Um dos desafios da Moderna Administração de Pessoal e de Recursos Humanos diz respeito à qualidade de vida no trabalho. Sobre esta questão é correto afirmar que:

(A) em geral, os esforços para melhorar a qualidade de vida no trabalho procuram tornar os cargos mais produtivos e satisfatórios.
(B) embora sejam usadas muitas técnicas diferentes sob o título "qualidade de vida no trabalho," nenhuma delas acarreta a reformulação dos cargos.
(C) cargos altamente especializados, nos quais não há uma necessidade de identificação com as tarefas, proporcionam níveis mais elevados de qualidade de vida no trabalho.
(D) a qualidade de vida no trabalho não é afetada pela maneira como as tarefas são agrupadas na organização.
(E) elementos comportamentais não precisam ser considerados em projetos de cargo que busquem a alta qualidade de vida no trabalho.

62. (EXAME 1997)

Você foi designado para fazer parte de uma comissão de cargos e salários, incumbida de rever as carreiras e o plano de cargos da organização. Para consolidar a carreira dos engenheiros, compete a você defender a opção por uma carreira em Y, substituindo a carreira por linha hierárquica que vem sendo praticada. Nesse sentido, você afirma que a carreira em Y é mais adequada porque:

(A) os cargos gerenciais são mais importantes do que os cargos técnicos e, conseqüentemente, é natural que o profissional no topo de sua carreira ocupe um cargo gerencial.
(B) com uma carreira flexível, qualquer mudança na estrutura da empresa gera grandes problemas na alocação das pessoas que ocupam cargos gerenciais.
(C) ela valoriza o trabalho do generalista e satisfaz as necessidades organizacionais de expansão da amplitude administrativa.
(D) ela permite um menor número de pessoas no topo da organização, sem que, necessariamente, seja aumentada a estrutura organizacional.
(E) ela tem como pressuposto a mobilidade e a ascensão profissional do empregado pelo exercício de funções gerenciais ou de ocupações na sua área de especialidade.

63. (EXAME 1997)

Recomenda-se que se faça um anúncio do tipo fechado para o recrutamento de um candidato quando queremos:

(A) atrair poucos candidatos para o cargo.
(B) receber currículos personalizados.
(C) manter a confidencialidade do nome da empresa.
(D) conhecer as intenções salariais dos candidatos.
(E) conhecer a habilidade redacional dos interessados.

64. (EXAME 1997)

Os funcionários de sua empresa chegam constantemente atrasados ao trabalho e às reuniões. Você deseja mudar este tipo de comportamento e, para tanto, decide aplicar a teoria do aprendizado com base em estímulos decorrente dos trabalhos de Skinner. Isso significa que você:

(A) buscará identificar, dentro da hierarquia de necessidades de seus funcionários, a que não estava sendo satisfeita.
(B) buscará compreender as intenções para agir e as expectativas de resultados dos seus funcionários.
(C) pesquisará quais os fatores que precisam ser modificados na política de Recursos Humanos para que os funcionários se sintam mais comprometidos com o trabalho.
(D) estabelecerá esquemas de reforço para que os funcionários cheguem na hora.
(E) definirá junto com seus funcionários um plano de metas de pontualidade a serem alcançadas paulatinamente.

65. (EXAME 1997)

"Somente pessoas carismáticas e com qualidades inatas podem transformar-se em grandes líderes". Essa afirmação não caracteriza a linguagem administrativa moderna da teoria da liderança porque:

(A) hoje, acredita-se que líderes são pessoas comuns que aprendem habilidades comuns, mas que no seu conjunto formam uma pessoa incomum.
(B) a teoria gerencial moderna concentra suas ações mais na explicação da natureza da liderança do que na tentativa de propor alternativas que transformem dirigentes em líderes.
(C) a aceitação de que a liderança é inata conduz a estudos sobre a transformação de características de liderança efetiva em alternativas de comportamento gerencial a serem ensinadas aos gerentes.
(D) a liderança é vista como dependente das condições organizacionais, ou seja, do contexto exclusivamente interno no qual o líder está inserido.
(E) as características de liderança são universais e aplicáveis a qualquer tipo de pessoa e de organização.

66. (EXAME 1997)

Você é o responsável pela seleção de dez estagiários para a sua empresa. Para tomar esta decisão você opta pela técnica de entrevista estruturada. A maior vantagem desse tipo de entrevista é:

(A) dar oportunidade a discernir melhor as diferenças entre os candidatos.
(B) melhorar a confiabilidade do processo de entrevista.

(C) permitir que se criem perguntas à medida que a entrevista prossegue, gerando uma conversação amistosa.
(D) permitir a identificação da capacidade de o candidato resolver problemas.
(E) permitir que se verifique como o candidato reagirá sob pressão.

67. (EXAME 1997)

Você vem recebendo queixas no atendimento aos clientes da sua empresa e, por isto, elaborou um programa de desenvolvimento para mudança comportamental e atitudinal de seus atendentes.

Para avaliar os resultados deste programa você buscou identificar:

(A) quão bem utilizados foram os recursos financeiros.
(B) como o programa trouxe mudança de comportamento aos treinandos.
(C) a reação dos treinandos ao programa e o seu aprendizado.
(D) a reação dos treinandos com relação ao conteúdo desenvolvido.
(E) a reação dos treinandos quanto aos métodos utilizados.

68. (EXAME 1997)

Você é designado para implementar um processo de mudança na sua empresa, mas os seus funcionários apresentam resistências psicológicas e emocionais. As opções abaixo apresentam atitudes e sentimentos dos empregados que caracterizam a sua resistência psicológica à mudança, à **EXCEÇÃO** de uma. Assinale-a.

(A) Há um julgamento de que as mudanças podem ameaçar a segurança dos funcionários.
(B) Os funcionários, como as pessoas em geral, têm medo do desconhecido.
(C) O código de ética da nova administração não é aceito.
(D) A liderança empresarial que está implantando a mudança não inspira confiança.
(E) A manutenção da situação atual é mais fácil e confortável.

69. (EXAME 2009) DISCURSIVA

Presente no mercado de móveis e eletrodomésticos desde a década de 1960, a rede Conforto do Lar possui, atualmente, 27 lojas espalhadas no interior de um estado brasileiro. O crescimento desordenado do negócio, contudo, colocou a empresa diante de alguns problemas operacionais. A Conforto do Lar enfrenta um número expressivo de reclamações de clientes e de processos abertos no Procon, a respeito da entrega de produtos. De fato, existem problemas graves de comunicação entre os vários departamentos envolvidos com o atendimento ao cliente, o que tem acarretado inúmeros conflitos.

Em função da atual organização das atividades, existe um verdadeiro "jogo de empurra" acerca da responsabilidade, tanto sobre os problemas enfrentados quanto sobre o tipo de solução a ser empregado. Paulo, um jovem consultor, recentemente graduado em Administração, fez o seu diagnóstico da situação: as tarefas dos funcionários de cada departamento não estão bem definidas devido ao crescimento desestruturado da empresa. Esse problema é agravado pelo fato de o fundador da empresa, Sr. Pedro, sempre ter adotado uma postura paternalista, cultivando uma relação próxima e amigável com os seus subordinados diretos (responsáveis pelos diferentes departamentos). Paulo, por sua vez, tem consciência de que os problemas não são fruto da falta de competência ou da experiência desses funcionários e precisa convencer o Sr. Pedro sobre a necessidade de modificar o seu estilo de liderança, de forma a solucionar os problemas da empresa.

Em que medida as teorias da liderança contingencial ajudariam Paulo a reunir argumentos para convencer o Sr. Pedro a resolver o problema relatado? Justifique. (Valor: 10 pontos)

70. (EXAME 2006) DISCURSIVA

Você foi contratado como Gerente da área de Informática da Cia. DEBUG, cujo maior objetivo é a implantação de um novo sistema vital para a empresa, pois a mesma vem perdendo clientes importantes e cometendo erros irreparáveis. Sua equipe já está completa e conta com um grupo de 20 pessoas.

Nesta equipe, existem pessoas que são fundamentais para o bom andamento do processo, pois elas, além de deterem informações, também são respeitadas por todo o grupo. São elas:

– Antônio, que é o mais antigo na equipe, acompanhou todas as implantações anteriores, conhece minuciosamente todos os processos e, em função do seu vasto conhecimento, é respeitado por todos. Entretanto, é resistente a mudanças.
– Sílvio é "um boa praça". Sempre alegre, adora festas, tudo é motivo de comemoração. Analista de Sistemas altamente técnico, conhece tudo referente a esta implantação e em relação à empresa. Peça-chave no processo, é pouco concentrado e tem estabilidade no emprego, o que o leva a ser um pouco "folgado".
– Maria, chefe do setor de vendas, é a que mais deverá utilizar o novo sistema. Altamente resistente ao uso de computadores, alega que não precisa do sistema e prefere que aumentem o quadro de pessoal, já que todos os documentos devem ser conferidos manualmente.

Explique como deverá ser a atuação do Gerente em relação a essa equipe, visando a minimizar a resistência à mudança, no processo de implantação do novo sistema.

71. (EXAME 2003) DISCURSIVA

ANTECIPANDO-SE AOS FATOS: o presente é importante, mas é o futuro que importa

Era uma amizade de mais de quinze anos, que tinha começado ainda nos bancos da faculdade, durante o Curso de Administração. Maria Júlia e Daniela tinham habilidades e competências pessoais complementares. A primeira era organizada, objetiva e orientada para resultados. A segunda era criativa, inovadora e voltada para a singularidade. Ambas tinham forte espírito empreendedor.

A empresa de confecção que tinham implantado, ainda como estudantes, com a ajuda financeira de seus familiares, era um sucesso. Elas tinham construído uma empresa com fama de ser diferente, marca forte, bons canais de distribuição e a reputação de fabricar produtos quase individualizados. Seus produtos tendiam a fazer bom uso das cores e havia um esforço mercadológico de antecipar a moda, acrescido, recentemente, de uma certa sensibilidade ecológica.

Como é normal em quase todos os negócios de confecção, a sazonalidade nas vendas também existia e afetava as principais atividades da empresa, em especial, os recursos humanos e o próprio faturamento. As finanças, todavia, estavam bem controladas e podiam ser consideradas saudáveis. Entretanto, existiam evidências de que o modelo empresarial adotado tinha alcançado seu limite, já apresentando alguns sinais de estagnação. Tudo isso era agravado por um volume excessivo de cópias fraudulentas de seus produtos, por parte de concorrentes de menor tamanho. Estava ficando cada vez mais difícil o cliente perceber a diferença entre o produto original e as cópias oferecidas no mercado por um preço muito menor.

Na última reunião de planejamento com as gerências, uma série de idéias foi discutida, visando a levar a empresa a um novo patamar de atuação. Até mesmo um consultor participou da reunião. Eram visíveis a energia das proprietárias e o comprometimento do quadro gerencial com as mudanças. A visão era proativa e de antecipação aos fatos. A questão era o que fazer antes de a crise ocorrer. As propostas listadas a seguir são resultado das discussões, mas havia a necessidade de detalhá-las e para isso contamos com você.

a) **1ª proposta:** Implementar uma nova gerência de comércio exterior. Neste caso, a empresa recrutaria um executivo cujo objetivo principal seria, no prazo de três anos, fazer com que cerca de 25% do faturamento da empresa fosse de produtos exportados. No tocante ao preenchimento da vaga, você faria o recrutamento interno ou externo? Justifique sua opção, apresentando 3 (três) razões para a escolha.

72. (EXAME 2002) DISCURSIVA

O DESENVOLVIMENTO VEM COM NOVOS INVESTIMENTOS

Nos últimos anos, o nível de investimento direto com capital estrangeiro tem sido significativo no Brasil. Alguns estados brasileiros têm adotado políticas de desenvolvimento bastante agressivas e complexas para atraí-lo. Essas políticas são implementadas por meio de um conjunto de fatores que podem ser classificados, de uma maneira geral, como incentivos ao desenvolvimento estadual, o que acirra a competição entre os estados.

A estratégia corporativa da multinacional DREAMINVEST identificou que seu portfólio de negócios seria muito beneficiado se a empresa instalasse uma nova unidade fabril no Brasil. A empresa era conhecida por produzir uma pequena família de produtos categorizados como bens de consumo durável de alto valor unitário. A tecnologia de processo de produção era avançada e fazia uso, de maneira intensa, de robótica, sem que isso acarretasse impactos no meio ambiente. A questão ambiental, aliás, era uma grande preocupação da DREAMINVEST. Os produtos tinham *design* avançado, com funcionalidade sofisticada, e eram avaliados como de qualidade superior. A sua manufatura podia ser classificada como de classe mundial. Ademais, ela tinha a reputação de atender adequadamente os consumidores dos Estados Unidos e da Europa Ocidental, o que satisfazia as expectativas de uma considerável parcela de consumidores brasileiros, ávidos por consumir produtos que fazem sucesso nos países desenvolvidos. O padrão de qualidade da empresa deveria ser mantido no Brasil, onde não existem produtos similares nem substitutos. A empresa, todavia, ainda não opera em nenhum país da América Latina.

Com vistas à implantação da nova unidade fabril, a DREAMINVEST contratou a filial brasileira de uma das maiores empresas de consultoria do mundo. Estudos preliminares resultaram na escolha de um estado que vinha implementando uma bem-sucedida política de atração de novos investimentos industriais. Algumas características foram também cuidadosamente analisadas pela consultoria contratada, dentre as quais destacam-se: aspectos mercadológicos típicos do consumidor brasileiro; custos logísticos referentes ao transporte; e a necessidade de poucos operários, porém muito bem qualificados. O relatório preliminar foi, então, encaminhado à sede da empresa multinacional para decisão superior.

A alta direção da DREAMINVEST, visando à tomada de decisão final, foi favorável ao detalhamento dos estudos e solicitou que fossem realizados contatos com as Secretarias do Governo Estadual responsáveis pelo assunto, o que foi feito de imediato. A coligação partidária que estava no poder apresentava visíveis dificuldades para ganhar a eleição daquele ano.

As reuniões técnicas se deram em uma atmosfera proativa muito profissional. Os consultores estavam convencidos de que os técnicos do Governo ofereceram as facilidades comuns à atração de novos investimentos, em linha com a política de desenvolvimento vigente.

Durante um jantar com integrantes da equipe de governo, um assessor político, de forma discreta, relatou algumas dificuldades enfrentadas pelo governo estadual atual para vencer as próximas eleições e sugeriu que uma eventual contribuição ao fundo de campanha do candidato oficial seria bastante apreciada. Tudo poderia ser feito em conformidade com a legislação eleitoral vigente.

A empresa, por sua vez, sugeriu que fossem erguidas algumas barreiras à entrada de novos concorrentes, em particular de um, detentor de forte posição no mercado asiático, e que era conhecido por sua capacidade de oferecer a mesma linha de produtos por preços inferiores aos praticados pela DREAMINVEST.

A DREAMINVEST está contratando gerentes para a filial brasileira, cuja direção será exercida por executivos vindos da matriz.

Levando em consideração as informações constantes no texto, responda aos itens abaixo.

d) Proponha um programa de treinamento para os níveis gerencial e operacional da filial da DREAMINVEST do Brasil.

73. (EXAME 1999) DISCURSIVA

A empresa Três Rios é uma média manufatura que vem tendo problemas financeiros devido ao aumento da competitividade. Assim sendo, a sua diretoria, representada pelo Presidente João Marco, optou por cortes de pessoal para reduzir os custos variáveis e chamou seu gerente de Recursos Humanos, Luís Cláudio, para providenciar as demissões.

Luís Cláudio, após uma análise do seu quadro de Pessoal, decidiu iniciar o processo em um grupo de nove funcionários da área de informática que, após a informatização da empresa, estava com capacidade ociosa.

Para tanto, ele tomou as seguintes decisões: escolheu uma sexta-feira para informar ao grupo sobre a demissão e chamou cada funcionário pessoalmente para dar a notícia. Ele iniciava a conversa fazendo a avaliação de desempenho do demitido, ressaltando os pontos fracos, a fim de justificar a demissão. A reação de cada um era muito negativa: todos esboçavam reações agressivas criticando a empresa, alegando que a mesma não tinha reconhecimento pela cooperação de seus funcionários, etc.

Após o terceiro funcionário, todos os que eram chamados pelo gerente já sabiam que se tratava da demissão. Instaurou-se na área um clima de terror. Ninguém conseguia desempenhar as suas tarefas. Em um determinado momento, Luís Cláudio chamou a sua secretária a fim de fazer uma solicitação, e a mesma entrou em sua sala muito nervosa, pedindo pelo amor de Deus que ele não a mandasse embora.

Luís Cláudio se surpreendeu e tratou logo de tranquilizá-la, colocando-se numa posição de vítima e explicando-lhe que ele só estava cumprindo decisões tomadas pela diretoria e transmitidas pelo Presidente, das quais fora apenas informado. Com base no caso descrito, responda às perguntas abaixo, justificando as suas respostas.

a) Você acredita que a forma pela qual o Presidente comprometeu Luís Cláudio, informando-o apenas da decisão da diretoria, dificultou a condução do processo? Como você se comportaria no lugar do Presidente?

b) Se você fosse o gerente de Recursos Humanos (Luís Cláudio) o que faria para que o clima organizacional não fosse afetado pelo processo de demissões?

c) Avalie o comportamento ético/moral de Luís Cláudio.

74. (EXAME 1998) DISCURSIVA

Sr. Evandro, proprietário da empresa Xisto Ltda, está enfrentando a situação relatada abaixo.

Há três anos, ao identificar problemas de desempenho de pessoal, o Sr. Evandro decidiu implementar uma política de Treinamento e Desenvolvimento (T&D), acreditando ser esta a grande solução. Assim agindo, a função de Recursos Humanos resumiu-se ao T&D, sendo que o Recrutamento e a Seleção, e a Avaliação de Potencial foram centralizados na pessoa do Sr. Evandro.

Observou-se que, após o processo, os funcionários passaram a demonstrar uma competência maior na execução das tarefas, embora com um aumento significativo da rotatividade de pessoal. Noventa e cinco por cento do pessoal que deixou a empresa no ano passado colocaram como motivo do desligamento os baixos salários e a falta de perspectivas profissionais, embora gostassem muito de trabalhar na empresa.

O Sr. Evandro passou a centrar suas críticas na área de T&D, alegando que os investimentos feitos em treinamento estavam redundando em custos, pois os prováveis benefícios dele advindos eram, na realidade, usufruídos por outras empresas.

Diante da situação exposta, você, como consultor contratado pela empresa Xisto Ltda., o que recomendaria ao Sr. Evandro?

75. (EXAME 1997) DISCURSIVA

Ademir é supervisor de Controle de Qualidade da linha de produção. A característica mais marcante do seu estilo de chefia diz respeito ao fato de ele ser muito centralizador. Sua mesa de trabalho está sempre cheia de pastas e processos, assim como as gavetas de sua mesa. Não é raro levar tarefas para fazer em sua residência, principalmente nos fins de semana. Seu superior, por várias vezes, observou que Ademir demora muito tempo para tomar decisões ou opinar sobre problemas muito simples com os quais a empresa se defronta. Os processos ficam parados em sua mesa até que ele tenha tempo para se inteirar do assunto e propor a decisão que julga ser correta. Por outro lado, não são poucas as vezes em que Ademir observa seus subordinados parados, sem tarefas para executar.

Quando questionado porque não delegava tarefas para eles executarem, Ademir respondeu que eles não tinham competência para executá-las. Também não confiava nas habilidades de seus subordinados. Apesar de Ademir estar consciente das vantagens da delegação de autoridade, ele continuava centralizando o poder.

Com base na situação exposta, responda:

a) quais os **riscos** e as **barreiras** de um processo de delegação de autoridade?

b) que vantagens pode Ademir usufruir ao exercer a delegação de autoridade na sua empresa?

76. (EXAME 1997) DISCURSIVA

O diretor da empresa Golvea Ltda. encaminhou a seus gerentes e supervisores um memorando, solicitando-lhes o preenchimento dos questionários enviados em anexo, que versavam sobre a avaliação do desempenho de seus subordinados. A conclusão da avaliação seria a classificação dos mesmos em ruim, regular, bom e muito bom. O resultado da avaliação foi fixado nos diversos quadros de aviso da empresa, criando uma insatisfação geral entre os funcionários. Cerca de 90% discordaram, apresentando como justificativa o fato de não terem participado do processo de avaliação. Além disso, sentiram-se humilhados em vista de o resultado ter-se tornado público.

Você foi contratado como consultor a fim de explicar onde a empresa errou nesse processo e como deveria ter atuado para que o projeto obtivesse êxito. Portanto, responda:

a) onde a empresa errou no processo de avaliação de desempenho?

b) se fosse alterada a metodologia de avaliação de desempenho e conjugada a uma avaliação de potencial, haveria melhores resultados? Por quê?

Conteúdo 03

ADMINISTRAÇÃO MERCADOLÓGICA E MARKETING

1. (EXAME 2009)

Leia o trecho:

Fatores culturais exercem influência no comportamento de compra dos consumidores.

PORQUE

A cultura consiste no conjunto compartilhado de valores e crenças duradouras que caracterizam e distinguem grupos sociais.

A respeito dessas duas afirmações, é CORRETO afirmar que

(A) as duas afirmações são verdadeiras, e a segunda não justifica a primeira.
(B) as duas afirmações são verdadeiras, e a segunda justifica a primeira.
(C) a primeira afirmação é verdadeira, e a segunda é falsa.
(D) a primeira afirmação é falsa, e a segunda é verdadeira.
(E) as duas afirmações são falsas.

2. (EXAME 2009)

A Camurati S.A. é uma empresa de médio porte que produz rolos de filmes plásticos que serão utilizados como embalagens. Seus clientes são grandes empresas alimentícias, e seus fornecedores são grandes empresas petroquímicas. O produto da Camurati S.A. é altamente padronizado, a concorrência é intensa e a competição se dá unicamente por preço.

Qual das seguintes alternativas descreve a situação competitiva para a Camurati S.A.?

(A) A rivalidade entre as empresas do setor é baixa, e, por isso, a situação da empresa no longo prazo é estável.
(B) Existe uma elevada diferenciação dos produtos da empresa, e, devido a isso, apresenta uma vantagem competitiva perante os concorrentes.
(C) Existe uma elevada homogeneidade entre as empresas do setor, e, por isso, necessita ser operacionalmente eficiente ou ter economias de escala.
(D) Possui um grande poder de barganha perante seus fornecedores, e, em consequência, consegue comprar a mercadoria a custos inferiores aos dos seus concorrentes.
(E) Tem grande poder de barganha com seus clientes, e, por isso, consegue vender a mercadoria a preços superiores aos de seus concorrentes.

3. (EXAME 2009)

Alberto Santos, diretor de marketing da 14 Bis Linhas Aéreas, dividiu a base de clientes da empresa em cinco grupos, com base no tamanho, na participação percentual na receita, no custo de atendimento e nos volumes de transações atuais (valor real) e potenciais (valor estratégico).

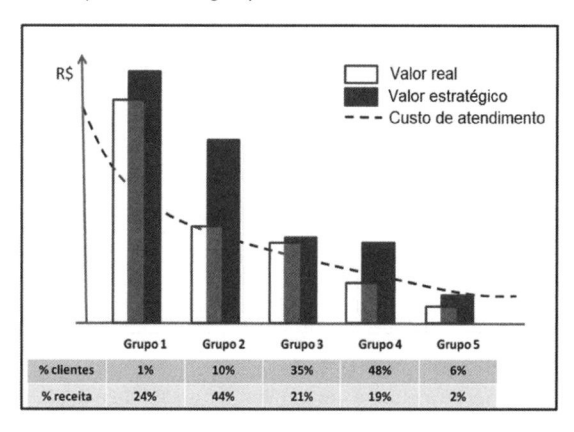

	Grupo 1	Grupo 2	Grupo 3	Grupo 4	Grupo 5
% clientes	1%	10%	35%	48%	6%
% receita	24%	44%	21%	19%	2%

PEPPERS & ROGERS. CRM Séries: Marketing 1 to 1. 2ª Edição. São Paulo, Makron Books, 2001. (Adaptado)

Com base na análise da figura, Alberto Santos pode definir a estratégia de marketing de relacionamento para a sua empresa.

Devem ser usadas estratégias de retenção para os clientes do Grupo 1.

PORQUE

O Grupo 1 é o que apresenta maior potencial de crescimento.

A respeito dessas duas afirmações, é CORRETO afirmar que

(A) as duas afirmações são verdadeiras, e a segunda não justifica a primeira.
(B) as duas afirmações são verdadeiras, e a segunda justifica a primeira.
(C) a primeira afirmação é verdadeira, e a segunda é falsa.
(D) a primeira afirmação é falsa, e a segunda é verdadeira.
(E) as duas afirmações são falsas.

4. (EXAME 2009)

Leia o trecho:

As vendas de uma concessionária de carros nos últimos cinco meses foram de 450, 750, 450, 400 e 350. A previsão para o próximo mês, utilizando o método de média móvel trimestral, é 400 unidades.

PORQUE

A média móvel trimestral é a média de todos os elementos de uma série temporal durante um ano.

A respeito dessas duas afirmações, é CORRETO afirmar que

(A) as duas afirmações são verdadeiras, e a segunda não justifica a primeira.
(B) as duas afirmações são verdadeiras, e a segunda justifica a primeira.
(C) a primeira afirmação é verdadeira, e a segunda é falsa.
(D) a primeira afirmação é falsa, e a segunda é verdadeira.
(E) as duas afirmações são falsas.

5. (EXAME 2006)

"A Iluminada" é uma empresa que produz luminárias. Ela atende a clientes individuais, vendendo desde luminárias para classes populares até produtos de luxo. A respeito das ofertas da empresa ao mercado, analise as afirmativas abaixo.

Ao adotar segmentação de mercado, a empresa pode fixar preços diferenciados de acordo com os segmentos considerados.

PORQUE

As características dos clientes em cada segmento de mercado afetam o valor que eles percebem para os produtos da empresa.

Analisando as afirmações acima, conclui-se que

(A) as duas afirmações são verdadeiras, e a segunda justifica a primeira.
(B) as duas afirmações são verdadeiras, e a segunda não justifica a primeira.
(C) a primeira afirmação é verdadeira, e a segunda é falsa.
(D) a primeira afirmação é falsa, e a segunda é verdadeira.
(E) as duas afirmações são falsas.

6. (EXAME 2006)

Jeremias trabalha como Diretor de Marketing da "Pé no Chão", empresa que produz sandálias de couro. A empresa nunca desenvolveu uma marca de produtor, comercializando seus produtos, no Brasil e no exterior, através de varejistas, que os vendem com suas próprias marcas. Jeremias tem tentado convencer os donos da empresa a desenvolver uma marca de produtor, com a qual eles poderiam vender os produtos. O que o uso de uma marca de produtor permitiria à empresa "Pé no Chão"?

(A) Vender seus produtos através de distribuidores exclusivos, o que garantiria maiores margens de lucro.
(B) Ficar protegida em caso de flutuações na demanda.
(C) Construir uma imagem junto ao seu público-alvo.
(D) Posicionar melhor o produto como de alta qualidade combinando uma marca de produtor com preço popular.
(E) Segmentar o mercado demograficamente, o que não seria possível com marcas próprias de varejistas.

7. (EXAME 2006)

A "Quitutes da Tia Zuzu" é uma pequena empresa brasileira que produz misturas pré-preparadas para bolos e tortas. O sucesso desta empresa é tal que os diretores estão considerando expandir o composto de produtos, comercializando bolos e tortas prontos. Os gerentes de produto, no entanto, temem que as novas linhas de produtos canibalizem a linha de misturas. Como a empresa pode se proteger da possibilidade de canibalização?

I. Direcionando a comunicação do novo produto para um público com perfil psicográfico diferente daqueles que compram as misturas pré-preparadas.
II. Concentrando a distribuição da nova linha de produtos em regiões onde as misturas de bolos e tortas não são distribuídas.
III. Comercializando a nova linha de produtos com uma marca diferente, usando uma estratégia de multimarcas.

Está(ão) correta(s), apenas, o(s) item(ns)

(A) I.
(B) II.
(C) III.
(D) I e II.
(E) I e III.

8. (EXAME 2006)

Muitas empresas brasileiras têm tentado exportar os seus produtos. No entanto, a exportação pode requerer que estes sejam adaptados. Sobre isso, analise as afirmativas abaixo.

Produtos importados sempre devem ser analisados à luz da cultura local.

PORQUE

A decisão de compra é influenciada, entre outros fatores, pelo nível de conhecimento do consumidor a respeito do produto que compra.

Analisando as afirmações acima, conclui-se que

(A) as duas afirmações são verdadeiras, e a segunda justifica a primeira.
(B) as duas afirmações são verdadeiras, e a segunda não justifica a primeira.
(C) a primeira afirmação é verdadeira, e a segunda é falsa.
(D) a primeira afirmação é falsa, e a segunda é verdadeira.
(E) as duas afirmações são falsas.

9. (EXAME 2003)

A Enthorna, uma companhia fabricante de bebidas, está para lançar uma linha *ice*, composta de destilados de baixo teor alcoólico misturados com refrigerantes. Como decidiu adotar uma estratégia de *marketing* baseada em uma segmentação demográfica do mercado, vai

(A) veicular comerciais que acentuem o baixo teor de álcool das bebidas da linha, de modo a atrair consumidores com hábitos moderados de bebida.
(B) direcionar o posicionamento da marca para pessoas de bom gosto, que sabem o que é melhor para si.
(C) criar uma campanha comercial que associe o ato de ingerir as bebidas da nova linha a momentos de paz e tranqüilidade, transmitindo, assim, a imagem de que a bebida é relaxante.
(D) distribuir amostras em faculdades, barezinhos da moda e danceterias, com uso de formadores de opinião e linguagem voltados para o público jovem.
(E) sortear viagens para quem juntar dez rótulos de qualquer bebida da linha e escrever uma frase, dizendo por que consome os produtos da marca.

10. (EXAME 2003)

Num cenário competitivo, uma das formas de que uma empresa dispõe para conquistar o seu lugar no mercado é a elaboração de uma estratégia de preços que vincule o preço dos produtos à sua qualidade. A tabela a seguir apresenta nove estratégias possíveis, numeradas de 1 a 9.

PREÇO / QUALIDADE	ALTO	MÉDIO	BAIXO
ALTA	1	2	3
MÉDIA	4	5	6
BAIXA	7	8	9

Analisando essa tabela, conclui-se que

(A) a estratégia 1 pode atrair consumidores que dão expressiva importância à qualidade dos produtos que compram, relativamente a outros atributos.
(B) a estratégia 3 afasta os consumidores, já que todos desconfiam quando a vantagem é grande demais.
(C) a estratégia 5 é a mais recomendável, pois garante um aceitável nível de qualidade por um preço razoável, o que cai no agrado dos consumidores.
(D) a estratégia 6 é arriscada em função da possibilidade de gerar nos consumidores o sentimento de que foram logrados.
(E) a estratégia 9 não costuma atrair consumidores por lidar, de forma admitida, com produtos de baixa qualidade.

11. (EXAME 2003)

No intuito de se adequar às necessidades dos seus alunos, a Universidade Inácio de Meneses acaba de realizar uma pesquisa junto a 1.000 deles para mensurar a atitude quanto ao atendimento pessoal prestado em sua biblioteca recém-informatizada. Para cada entrevistado — todos eles usuários da biblioteca — foram feitas duas perguntas: qual o grau de importância que ele creditava ao serviço de atendimento pessoal na biblioteca e qual o seu grau de satisfação com o referido serviço. A tabulação das respostas é apresentada na tabela a seguir.

Grau de Satisfação	GRAU DE IMPORTÂNCIA			
	Não importante	Indiferente	Importante	Total
Insatisfeito	81	58	344	483
Neutro	42	32	191	265
Satisfeito	42	30	180	252
Total	165	120	715	1.000

Com base nos resultados, qual das medidas a seguir seria sensato adotar?

(A) Conceber uma campanha maciça de conscientização dos alunos para a importância do serviço de atendimento pessoal na biblioteca.
(B) Premiar os funcionários de atendimento pelo excelente resultado alcançado.
(C) Providenciar, com urgência, um treinamento de atendimento ao cliente para os funcionários que atuam nessa área.
(D) Reduzir o atendimento pessoal ao mínimo necessário, como forma de mostrar aos alunos que o sistema informatizado é mais rápido e preciso do que o atendimento pessoal.
(E) Explicar aos poucos alunos insatisfeitos que o atendimento pessoal não é tão necessário em uma biblioteca informatizada.

12. (EXAME 2003)

Com o acirramento da concorrência no mercado de telefonia celular, as empresas vêm fazendo esforços com vistas à sobrevivência e ao sucesso. Quando se adotam estratégias de produto-mercado, quatro delas podem ser destacadas: penetração de mercado, desenvolvimento de mercado, desenvolvimento de produto e diversificação. Dos cinco esforços de *marketing* desenvolvidos pela operadora Zetatel, apresentados a seguir, qual é o único que corresponde a uma estratégia de penetração de mercado?

(A) Desconto de 50% na primeira fatura do cliente recém-egresso de um concorrente.
(B) Descontos na tarifa para os clientes que falam mais de 1.000 minutos por mês.
(C) Planos econômicos para atrair consumidores de baixa renda que ainda não dispõem de um celular.
(D) Oferecimento aos seus clientes de uma gama de novos serviços, como o *e-mail* por telefone.
(E) Expansão além do mercado de telefonia celular e desenvolvimento de produtos de transmissão de imagens para a área médica.

13. (EXAME 2003)

Um instituto de pesquisa está analisando o mercado de produtos que são borrifados na roupa lavada para facilitar a passagem a ferro. Para tanto, entrevistou donas-de-casa de todo o País para avaliar a sua familiaridade (o quanto conheciam) e receptividade (a imagem que tinham) com relação a quatro diferentes marcas (Pasfácil, Passamole, Ferro Suave e Deslizy). O resultado do estudo é reproduzido no gráfico a seguir.

De acordo com esse gráfico, só uma das estratégias de marketing abaixo é a acertada para a respectiva marca. Qual?

(A) A Pasfácil deve investir numa campanha de comunicação, no intuito de conquistar a atenção de mais pessoas.
(B) A Passamole deve primeiro reduzir seu grau de exposição, melhorar sua qualidade e, por fim, procurar de novo a atenção dos consumidores.
(C) A Passamole precisa investir em comunicação para atrair a atenção de mais pessoas.
(D) A Ferro Suave não precisa fazer nenhuma campanha, pois sua receptividade, relativamente baixa no mercado, é fruto da avaliação de poucos consumidores.
(E) A Deslizy deve ser retirada do mercado, pois não há como solucionar uma situação desfavorável como a sua.

14. (EXAME 2003)

A Orvalho é uma empresa fabricante de materiais e equipamentos para atividades ao ar livre, como barracas de camping, caniços, molinetes, jaquetas especiais para uso no mato, etc. Atualmente, a sua produção é vendida, exclusivamente, em lojas próprias. A direção da empresa está cogitando a adoção do marketing multi-canal como estratégia de distribuição, que, no entanto, apresenta a seguinte desvantagem:

(A) redes multicanais só são adequadas para a distribuição de produtos de altíssima qualidade, o que não é o caso da Orvalho.
(B) a empresa, ampliando a rede de canais, incorrerá em custos maiores, que nunca compensam eventuais aumentos de cobertura de mercado.
(C) a Orvalho presta um atendimento padronizado que seria impossível reproduzir em outras lojas, qualquer que fosse a nova opção de canal.
(D) a Orvalho conta com clientes de portes muito diferentes — característica essa incompatível com o emprego de diferentes canais de venda.
(E) existe a possibilidade de conflito de canais e de dois ou mais deles passarem a disputar os mesmos clientes.

15. (EXAME 2002)

Hélio Ribeiro é um freqüente comprador de livros de Marketing pela Internet. Ele prestigia a livraria virtual Virtulivro, da qual é cliente há quatro anos. Hélio percebe que a Virtulivro pratica a estratégia da customização em massa quando observa que o site

(A) sugere-lhe novos títulos, baseado nas suas compras anteriores.
(B) apresenta uma grande variedade de títulos.
(C) cobra preços mais baixos do que as filiais reais.
(D) oferece uma variedade de títulos muito maior do que as lojas reais.
(E) é especializado em livros de Marketing.

16. (EXAME 2002)

A tabela a seguir apresenta a distribuição etária da população de um país, em percentual, ao longo do tempo (com previsão para os próximos 20 anos). Nesse país, a taxa de crescimento populacional prevista é zero.

FAIXAS ETÁRIAS	1940	1960	1980	2000	2020
0 a 9 anos	30	31	26	18	12
10 a 19 anos	24	22	24	20	19
20 a 39 anos	30	28	29	34	36
40 a 64 anos	12	14	15	20	23
65 anos ou mais	4	5	6	8	10

Como resultado da análise do quadro acima, um fabricante de

(A) sabão em pó troca a abordagem de propaganda comparativa dos seus comerciais por um tom jocoso.
(B) balas e doces decide abrir uma rede de lojas próximas a colégios.
(C) fraldas infantis passa a produzir, também, fraldas geriátricas.
(D) bicicletas lança uma linha esportiva para esportes radicais.
(E) refrigerantes descontinua a sua linha diet.

17. (EXAME 2002)

Um grupo de amigos resolveu abrir um negócio voltado para homens sozinhos e que trabalham fora. Percebendo a necessidade, nesse segmento, de alguém para cuidar da casa, o grupo abriu a Casa Fácil — um empreendimento que começou como um serviço de arrumação de casa. O serviço teve grande sucesso, e os sócios o expandiram segundo uma estratégia de diversificação. Assim, criaram um serviço de

(A) mecânica de automóvel para homens sozinhos que trabalham fora.
(B) arrumação de armários para homens sozinhos que trabalham fora.
(C) arrumação de casa para senhoras sozinhas que ficam em casa.
(D) reparos domésticos para senhoras sozinhas que ficam em casa.
(E) reparos domésticos gerais para homens sozinhos que trabalham fora.

18. (EXAME 2002)

Uma edição recente da revista Exame versou sobre o avanço, no mercado brasileiro, de marcas de produtos baratos, que conquistaram os consumidores de baixa renda e causaram sensíveis perdas de parcelas de mercado das marcas líderes.

São situações que propiciam o surgimento de novas marcas de produtos baratos:

(A) maturidade de mercado, cartel e grande número de consumidores de baixa renda.
(B) crescimento de mercado, marcas tradicionais vulneráveis e necessidades não satisfeitas.
(C) grande poder de negociação dos distribuidores, preços tabelados e necessidades não satisfeitas.
(D) estabilização econômica, protecionismo do mercado e grande extensão de linha dos concorrentes.
(E) protecionismo de mercado, poucos concorrentes e grande desigualdade social.

19. (EXAME 2002)

Um fabricante acaba de desenvolver um produto inteiramente novo: um gel que, passado diariamente sobre os dentes antes de o usuário dormir, protege-o de cáries por um período três vezes maior que a simples escovação diária.

O fabricante sabe que deverá esperar um processo decisório complexo por parte do público-alvo, em função de fatores como a falta de informação dos consumidores sobre o produto, a existência de produtos pseudo-similares e o preço do gel.

No complexo processo decisório do consumidor, haverá cinco etapas, nas quais o fabricante poderá deparar-se com inúmeros problemas. Dentre as opções a seguir, qual é a única em que o problema descrito corresponde à etapa apresentada?

	Etapa	Problema
(A)	Reconhecimento do Problema	O consumidor não percebe a necessidade do produto
(B)	Busca de Informação	O consumidor não valoriza novas marcas
(C)	Seleção de Alternativas	O consumidor não dá importância às recomendações dos balconistas de farmácia
(D)	Compra	O consumidor não sabe como usar o produto
(E)	Pós-Compra	Há insuficiente propaganda persuasiva

20. (EXAME 2001)

Cinco empresas, cada qual por um motivo diferente, estão a ponto de encomendar uma pesquisa de marketing. Em qual das situações abaixo basta uma pesquisa qualitativa para atender ao objetivo desejado?

(A) O hospital São Clemente deseja saber o índice de satisfação dos clientes com os seus serviços.
(B) A agência de publicidade Focus deseja avaliar o recall do público para a recente campanha publicitária que elaborou para o refrigerante Zynn.
(C) Um fabricante de bebidas alcoólicas deseja saber em que ocasiões os consumidores tomam cada tipo de bebida.
(D) Uma universidade deseja avaliar, junto a alunos do ensino médio, o percentual de intenção de matrícula nas áreas técnica, humana, biomédica e social.
(E) Uma emissora de TV deseja conhecer o perfil demográfico dos telespectadores de determinado programa.

21. (EXAME 2001)

Numa prova de Administração Mercadológica, um aluno escreveu: "Um ponto crítico em serviços, que confere a eles uma imagem de baixa qualidade, é sua variabilidade".

Tal afirmativa merece reparos porque

(A) a variabilidade não é uma característica típica dos serviços.
(B) a variabilidade dos serviços pode ser justamente a razão que gera uma boa imagem do serviço.
(C) a variabilidade de um serviço e a satisfação do consumidor apresentam alta correlação positiva.
(D) a influência da variabilidade sobre a qualidade percebida dos serviços é mínima se comparada à da perecibilidade.
(E) bens físicos também apresentam variabilidade e não têm sua imagem prejudicada por isso.

22. (EXAME 2000)

Considerando a sua linha de cereais matinais, que vem perdendo participação de mercado há seis meses consecutivos, o gerente de marketing de uma empresa regional de alimentos considera a possibilidade de pleitear que se realizem investimentos para a criação de uma extensão no ciclo de vida de um dos principais produtos desta linha. Para criar uma extensão no ciclo de vida desse produto a empresa deverá:

(A) fazer propaganda cooperada e lançar nova linha de produtos.
(B) criar novos usos para matéria-prima básica e reformular o seu merchandising.
(C) aumentar o preço e reduzir o giro de estoque desse produto.
(D) terceirizar a fabricação e modificar a logística de distribuição do produto.
(E) promover o incremento do consumo entre os usuários atuais e renovar a embalagem.

23. (EXAME 2000)

Em uma reunião com a sua equipe de marketing, o Diretor Geral de uma fábrica de confecções masculinas, envolvido em conduzir um processo de segmentação de mercado, apresentou três segmentos aos quais a empresa está apta a atender com seus produtos. São eles:

I. homens do sul do Brasil que compram roupas mais pesadas durante o inverno;
II. homens com renda mensal superior a R$ 2.000,00;
III. homens de espírito jovial, independente da idade.

Esses três segmentos podem ser classificados, respectivamente, como:

(A) geográfico, demográfico e psicográfico.
(B) geográfico, demográfico e por benefícios.
(C) psicográfico, comportamental e por benefícios.
(D) demográfico, psicográfico e comportamental.
(E) comportamental, por benefícios e geográfico.

24. (EXAME 2000)

Considerando que uma determinada empresa decide introduzir um produto no mercado adotando a estratégia de apreçamento por skimming (desnatação de mercado), a sua equipe de marketing reúne os argumentos abaixo para apresentar à Diretoria Geral. I - É preciso estimular a demanda, que parece elástica.

II. O produto é trivial.
III. A empresa utiliza capital intensivo.
IV. A empresa precisa de margem para custear os investimentos em desenvolvimento.
V. O mercado é desconhecido.
VI. Faltam recursos iniciais para promoção.
VII. A concorrência é iminente, devendo lançar um produto semelhante dentro em breve.

Os argumentos a favor do apreçamento por skimming são:

(A) I, II, e IV apenas.
(B) II, IV e V apenas.
(C) III, V e VII apenas.
(D) IV, V e VI apenas.
(E) V, VI e VII apenas.

25. (EXAME 1999)

Maria Helena, uma dona-de-casa, com curso de 2º grau completo, 28 anos de idade, é moradora em uma cidade com mais de 500.000 habitantes. Em um estudo de **segmentação de mercado**, a classificação de Maria Helena envolve as variáveis:

(A) demográfica e geográfica.
(B) demográfica e comportamental.
(C) comportamental e psicográfica.
(D) comportamental e geográfica.
(E) psicográfica e demográfica.

26. (EXAME 1999)

O fabricante de um determinado desodorante usa, como recurso de comunicação para seu produto, as seguintes mensagens: "O produto que não afasta as pessoas de você!" e "Você merece esse cuidado!". Nas comunicações de marketing das mensagens acima, são utilizados, respectivamente, o apelo:

(A) sensorial e o social.
(B) racional e o sensorial.
(C) racional e o social.
(D) social e o relativo ao ego.
(E) relativo ao ego e o sensorial.

27. (EXAME 1999)

Você é o Gerente de Marketing de uma empresa que opera com um determinado produto em um mercado em concorrência pura (ou perfeita). Para que você melhor se enquadre no mercado, em relação aos itens **diferenciação** e **preço** de produto, a combinação que deve ser feita corresponde a produto:

(A) não diferenciado e preço abaixo da média dos concorrentes.
(B) não diferenciado e preço no nível dos concorrentes.
(C) diferenciado e preço no nível dos concorrentes.
(D) diferenciado e preço abaixo da média dos concorrentes.
(E) diferenciado com preço acima da média dos concorrentes.

28. (EXAME 1999)

Para aumentar a sua competitividade no mercado, a Companhia de Utensílios Domésticos, além da pontualidade e garantia dos serviços aplicados a seus produtos, também oferece o transporte do cliente de sua casa ou de seu trabalho até a fábrica para visita às suas dependências, onde há um posto de vendas. Neste caso, agregando estas vantagens aos produtos desta empresa, caracteriza- se, sob a ótica do Marketing, a oferta do produto:

(A) estratégico.
(B) esperado.
(C) ampliado.
(D) potencial.
(E) básico ou genérico.

29. (EXAME 1999)

Uma empresa quer lançar uma nova secadora de toalhas, que ainda não tem similar no mercado. Os proprietários da empresa conhecem muito pouco do mercado e, portanto, pretendem realizar uma **pesquisa exploratória** para conhecê-lo melhor. Isso significa que vão fazer:

(A) descrição dos hábitos dos consumidores em relação ao uso de secadoras.
(B) teste de mercado do novo produto.
(C) geração de atributos e motivações de compra de uma secadora de toalhas.
(D) identificação da mídia mais indicada para veicular mensagens publicitárias destinadas ao mercado-alvo.
(E) hierarquização dos atributos do produto em termos de sua importância percebida pelos consumidores.

30. (EXAME 1999)

"Doce é o nosso negócio"

Com esta frase, a Candy Life vende bombons e balas que são distribuídos através de supermercados, minimercados e armazéns de bairro. Os lucros declinantes levaram seu Diretor de Marketing a optar pelo desenvolvimento de um novo produto: uma nova goma de mascar que ajuda a combater as cáries. Optou-se, também, por uma embalagem tradicional de cores escuras que fosse associada às propriedades medicinais do produto. O fracasso desse lançamento levou a empresa a realizar uma pesquisa. As quatro frases abaixo resumem algumas opiniões de consumidores sobre o produto:

I. "A goma que eu uso tem gosto bom. O sabor desta é horrível."
II. "Não vou pagar tudo isso por uma goma de mascar. Ela não deve valer tanto assim."
III. "Nunca vi este produto em nenhuma lanchonete que costumo freqüentar."
IV. Esta embalagem com cores escuras lembra remédio."

Correlacione as opiniões acima aos seguintes elementos do composto de Marketing.

P - Distribuição
Q - Posicionamento
R - Preço
S - Produto
T - Receptividade

A relação correta é:

(A) I - P ; II - Q ; III - T ; IV - Q.
(B) I - S ; II - R ; III - P ; IV - S.
(C) I - S ; II - T ; III - Q ; IV - S.
(D) I - T ; II - R ; III - Q ; IV - T.
(E) I - T ; II - S ; III - P ; IV - T.

31. (EXAME 1998)

Correlacione as afirmativas abaixo com os termos apresentados imediatamente após.

I. Os consumidores preferem os produtos de melhor qualidade, desempenho e aspectos inovadores. Portanto, as organizações deveriam esforçar-se para aprimorar seus produtos permanentemente.

II. Uma empresa deve determinar as necessidades, desejos e interesses dos mercados-alvo e, então, proporcionar aos clientes um valor superior, de forma a manter ou melhorar o bem-estar desses clientes e da sociedade.

III. Os consumidores preferem os produtos acessíveis e baratos. A administração deveria, portanto, concentrar-se em melhorar seus processos de fabricação, bem como em melhorar a eficiência da distribuição.

IV. Para atingir as metas organizacionais é preciso determinar as necessidades e os desejos dos mercados-alvo e proporcionar aos clientes a satisfação esperada de forma mais eficiente que seus concorrentes.

V. Os consumidores só comprarão quantidades suficientes de produtos de uma empresa se ela preparar adequadamente o seu quadro de vendedores. Ela deverá também desenvolver um grande esforço de promoção.

P - Produção

Q - Vendas

R - Produto

S - Marketing

T - Marketing Social

A correlação correta é:

(A) I - P, II - S, III - R, IV - Q e V - T.
(B) I - Q, II - P, III - T, IV - R e V - S.
(C) I - R, II - T, III - P, IV - S e V - Q.
(D) I - S, II - Q, III - R, IV - T e V - P.
(E) I - T, II - R, III - Q, IV - P e V - S.

32. (EXAME 1998)

A pesquisa de marketing e os sistemas de informações de marketing são fontes de dados para conhecer melhor o consumidor e o desempenho da empresa em relação a suas estratégias de marketing, bem como auxiliar o profissional de marketing na tomada de decisão. Pode-se afirmar então que:

(A) a busca de dados primários pelo profissional de marketing é imprescindível para tomar uma decisão de marketing sem riscos.

(B) a decisão do tipo de pesquisa a ser aplicada deve considerar o custo da mesma e o nível de risco envolvido na solução do problema.

(C) dados secundários se referem a informações não disponíveis no mercado e obtidos através de pesquisa específica, desenhada para a solução de um determinado problema.

(D) com um bom sistema de informações de marketing, o profissional dessa área terá êxito nas suas decisões estratégicas.

(E) sem pesquisa quantitativa, não há condições de eliminar os riscos na tomada de decisão estratégica de marketing.

33. (EXAME 1998)

Maria comprou uma geladeira que, após dois meses de funcionamento, apresentou um pequeno defeito, que tornou inviável o seu uso. Assinale a opção que retrata a solução desse problema dentro da filosofia do conceito de marketing.

(A) Maria foi gentilmente atendida e informada que, de acordo com os procedimentos, a visita do técnico aconteceria no prazo de uma semana. Ela comunicou a sua aflição pela premência de ter a geladeira funcionando. Entretanto, o prazo do conserto não foi cumprido.

(B) Maria, após tentar, durante três dias, comunicar-se com a empresa para efetuar sua reclamação, foi atendida e informada de que o técnico faria o conserto em 24 horas. No dia seguinte o técnico colocou a geladeira em funcionamento.

(C) Maria ligou para um telefone especial para reclamações, indicado pela empresa. A sua mensagem foi registrada em uma secretária eletrônica que garantia solução no prazo de 24 horas. Maria teve a geladeira consertada após três dias.

(D) Maria conseguiu, após diversas tentativas, entrar em contato com a empresa. A sua ligação foi passada para três pessoas, pois cada uma dizia não ser responsável pela solução daquele problema. Finalmente, obteve o conserto da geladeira em dois dias.

(E) Maria, com um número de telefone especial para reclamações, conseguiu ser atendida de maneira educada e cortês. A informação é de que o conserto ocorreria o mais rápido possível, no máximo, dentro de 24 horas. O conserto aconteceu na manhã seguinte.

34. (EXAME 1998)

Os estágios do processo decisório de compra do consumidor são: reconhecimento da necessidade, busca de informação, avaliação das alternativas, decisão de compra e comportamento pós-compra. Assinale a opção que identifica corretamente o estágio em que se encontra o consumidor.

(A) Quando Marta chegou em casa e verificou a falta de alguns artigos para fazer o jantar, ela estava tomando uma decisão de compra.

(B) João sempre leu revistas técnicas sobre carros, o que indica o reconhecimento da necessidade de comprar um carro.

(C) Mauro, após consultar amigos sobre determinadas marcas de computador e visitar lojas do ramo, possui informações para avaliar as alternativas oferecidas.

(D) Carla, quando o carro novo, recém-adquirido, apresentou um defeito intermitente, passou à fase de busca de informação sobre como solucionar o problema.

(E) Joaquim está no estágio pós-compra, pois, após buscar informações e visitar alguns apartamentos para alugar, decidiu não se mudar do endereço atual.

35. (EXAME 1998)

Os cinco estágios do processo de adoção de uma inovação indicam o grau de envolvimento do consumidor. São eles: conscientização, interesse, avaliação, experimentação e adoção. Indique a assertiva correta sobre o conceito de adoção.

(A) Marli descobriu que foi lançada uma nova máquina de lavar e gostaria de ter mais informações a respeito.
(B) José resolveu ir à agência de motos para experimentar um novo modelo que oferece dispositivos de segurança especiais e melhor desempenho.
(C) Sávio, após dirigir um novo modelo de carro e testar os seus dispositivos, fechou o negócio na revendedora, embora tivesse dúvida sobre uma das novidades.
(D) Cátia, no fim do dia, cansada do trabalho de descascar legumes, ficou interessada pelo anúncio de um novo aparelho que poderia facilitar a sua tarefa.
(E) Pedro gostou do novo modelo de moto, principalmente dos seus dispositivos de segurança, mas está em dúvida em relação ao desempenho.

36. (EXAME 1997)

Pedro, um pequeno empresário, observou que os usuários de seus produtos tinham dificuldade na abertura das embalagens. Irritavam-se com o tempo perdido nessa operação, embora comprassem o produto por seu agradável sabor e por sua embalagem atrativa. Pedro, então, decidiu envolver os já sobrecarregados departamentos de Engenharia e Produção para solucionar o problema. O objetivo era facilitar o processo de retirada da embalagem pelo usuário sem onerar os custos do produto. A nova embalagem foi implementada para maior satisfação dos clientes. Qual das situações abaixo reflete a ação de Pedro?

(A) Centraliza decisões, impondo sua opinião junto aos funcionários e direcionando os recursos da empresa para situações não relevantes para o negócio.
(B) Desafia e sobrecarrega seus funcionários, exigindo um esforço adicional em assuntos não centrais para o negócio, o que provoca um desgaste desnecessário.
(C) Solicita tarefas desnecessárias e sobrecarrega os funcionários porque a estrutura organizacional da empresa, atualmente funcional, não está direcionada para as novas necessidades da firma.
(D) Busca atender às necessidades de seus clientes, de forma a mantê-los satisfeitos, sem se preocupar com a motivação dos funcionários nem com os custos da empresa.
(E) Busca criar valores nos produtos, atendendo às necessidades dos clientes e aumentando o nível de satisfação desses consumidores, sem perder, no entanto, a visão de custo da empresa.

37. (EXAME 1997)

Numa decisão de compra, podem ser identificados cinco papéis assumidos pelas pessoas. São eles: iniciador, influenciador, decisor, comprador e usuário. Assinale a opção que contém a definição correta do papel respectivamente indicado.

(A) Usuário: pessoa que faz a compra.
(B) Influenciador: pessoa que primeiro sugere a idéia de compra do produto ou serviço.
(C) Decisor: pessoa que resolve se deve comprar, o que comprar, como e onde fazê-lo.
(D) Comprador: pessoa que consome ou usa o produto.
(E) Iniciador: pessoa que influencia a decisão de compra.

38. (EXAME 1997)

Paulo possui um carro com três anos de uso, que começou a apresentar problemas de desempenho. Por isso, pensa seriamente em adquirir um carro novo, mas está preocupado em virtude das poucas informações a respeito do mercado de carros e de sua limitada disponibilidade financeira.

Assinale a opção que identifica a situação de Paulo em relação a envolvimento, freqüência e percepção do risco dessa compra.

(A) Alto envolvimento, baixa freqüência, alto risco percebido.
(B) Alto envolvimento, alta freqüência, baixo risco percebido.
(C) Baixo envolvimento, alta freqüência, baixo risco percebido.
(D) Baixo envolvimento, baixa freqüência, baixo risco percebido.
(E) Baixo envolvimento, baixa freqüência, alto risco percebido.

39. (EXAME 1997)

Maria, boa aluna de marketing, leu um texto no qual era dito que o empresário deve criar uma estrutura de valor (utilidades) dos produtos/serviços oferecidos no mercado para conquistar o consumidor. Maria concluiu que, para que as necessidades dos consumidores sejam atendidas, é preciso que:

(A) os produtos e serviços contemplem utilidades de tempo e forma, de modo que os processos decisórios de compra dos consumidores sejam idênticos no uso dos mesmos.
(B) os produtos e serviços ofereçam utilidades de forma, conceito e local, possibilitando que a organização se estruture matricialmente.
(C) as utilidades de tempo e lugar sejam consideradas como as únicas relevantes nas estratégias dos produtos e serviços, permitindo a adoção de uma nova estrutura funcional de vendas.
(D) as utilidades de forma, lugar, tempo e posse, identificadas através de diversas metodologias de pesquisa, sejam consideradas no desenvolvimento das estratégias de marketing.
(E) as utilidades de tempo, lugar e posse sejam consideradas no desenvolvimento das estratégias de marketing e que haja também uma organização de vendas diretas.

40. (EXAME 1997)

Você está estudando o processo de segmentação e verifica que pode aplicar estratégias de marketing diferenciado e indiferenciado. A primeira implica diversidade de estratégias para melhor atender a um determinado segmento de mercado. Assinale a opção que **NÃO** se refere a marketing diferenciado.

(A) Após o levantamento de clientes importantes, a empresa colocou o mesmo produto em vários segmentos de mercado. Manteve a mesma estrutura da força de vendas e desenvolveu políticas de preço, dando descontos especiais que variavam em função do perfil de cada grupo homogêneo de clientes.

(B) Numa segmentação por estilo de vida e classe social, após uma pesquisa, a empresa manteve a estrutura organizacional interna para não arriscar o nível motivacional dos funcionários. Replanejou o composto de produto, e passou a ofertar linhas de produto em função dos grupos de consumidores classificados por estilo de vida.

(C) Numa segmentação geográfica, a empresa decidiu manter a mesma estrutura organizacional para cada filial. Adotou uma política de produto padronizado, independente da localização geográfica, solicitando a cada agência de publicidade uma mensagem que considerasse a tradição dos consumidores locais.

(D) Na pesquisa de mercado, a empresa identificou, junto a seus consumidores, necessidades diferenciadas por idade e estilo de vida. Decidiu estabelecer políticas diferenciadas de motivação para os funcionários de fabricação e manter os mesmos produtos, não modificando as outras estratégias de marketing.

(E) Na pesquisa dos consumidores, a empresa identificou que existiam segmentos com necessidades diferenciadas. Apesar disso, foram mantidas a estrutura organizacional de produção, as estratégias de canal de distribuição e de campanha publicitária, mas realizadas pequenas modificações nos produtos.

41. (EXAME 1997)

Produtos e serviços têm um ciclo de vida composto de várias fases: crescimento, maturidade e declínio. A esse respeito, assinale a assertiva **INCORRETA**.

(A) Na fase de crescimento, a empresa investe no desenvolvimento do produto para conquistar maiores mercados.
(B) O período de maturidade indica que deve ser feito um investimento em produção.
(C) O declínio de um produto significa que há uma restrição da demanda em relação àquele produto da empresa.
(D) Quando o produto está em crescimento, a empresa deve investir no composto de promoção.
(E) Quando se observa o início da queda de vendas de um produto, dependendo da situação, pode-se decidir sobre a revitalização do produto no mercado.

42. (EXAME 2009) DISCURSIVA

De acordo com uma visão conservadora dos negócios, em tempos de crise não se podem fazer apostas arriscadas. É preciso proteger as posições estabelecidas, cortar custos desnecessários e esperar o mercado se restabelecer.

Para enfrentar a crise econômica mundial, a presidência da rede de hotéis Tucuman, adotando uma postura conservadora, decidiu fazer alguns cortes no orçamento de marketing para o próximo ano. A fim de racionalizar seus investimentos e buscar a sustentabilidade futura dos seus negócios, o presidente do grupo determinou que o diretor de marketing priorizasse as unidades mais importantes e cortasse os investimentos nas menos expressivas para a estratégia da rede. Entre os funcionários, existe o temor de que uma política agressiva de redução de custo implique demissões em massa.

Com base na análise do *portfólio* de negócios do Grupo Tucuman, utilizando a matriz BCG representada na figura, que decisões de investimento deve tomar o diretor de marketing para cada unidade hoteleira, a fim de seguir as diretrizes da presidência? (Valor: 10 pontos)

Matriz BCG do Grupo Empresarial Tucuman

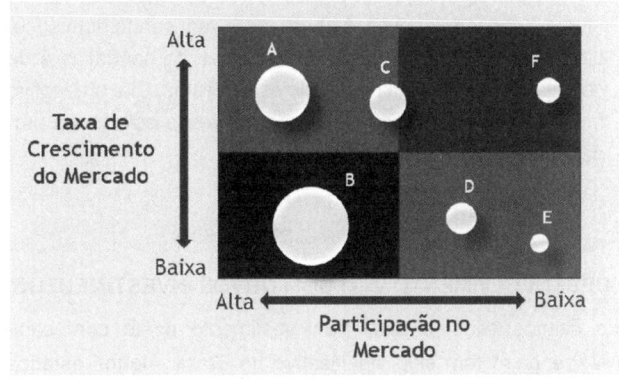

43. (EXAME 2003) DISCURSIVA

ANTECIPANDO-SE AOS FATOS: o presente é importante, mas é o futuro que importa

Era uma amizade de mais de quinze anos, que tinha começado ainda nos bancos da faculdade, durante o Curso de Administração. Maria Júlia e Daniela tinham habilidades e competências pessoais complementares. A primeira era organizada, objetiva e orientada para resultados. A segunda era criativa, inovadora e voltada para a singularidade. Ambas tinham forte espírito empreendedor.

A empresa de confecção que tinham implantado, ainda como estudantes, com a ajuda financeira de seus familiares, era um sucesso. Elas tinham construído uma empresa com fama de ser diferente, marca forte, bons canais de distribuição e a reputação de fabricar produtos quase individualizados. Seus produtos tendiam a fazer bom uso das cores e havia um esforço mercadológico de antecipar a moda, acrescido, recentemente, de uma certa sensibilidade ecológica.

Como é normal em quase todos os negócios de confecção, a sazonalidade nas vendas também existia e afetava as principais atividades da empresa, em especial, os recursos humanos e o próprio faturamento. As finanças, todavia, estavam bem controladas e podiam ser consideradas saudáveis. Entretanto, existiam evidências de que o modelo empresarial adotado tinha alcançado seu limite, já apresentando alguns sinais de estagnação. Tudo isso era agravado por um volume excessivo de cópias fraudulentas de seus produtos, por parte de concorrentes de menor tamanho. Estava ficando cada vez mais difícil o cliente perceber a diferença entre o produto original e as cópias oferecidas no mercado por um preço muito menor.

Na última reunião de planejamento com as gerências, uma série de idéias foi discutida, visando a levar a empresa a um novo patamar de atuação. Até mesmo um consultor participou da reunião. Eram visíveis a energia das proprietárias e o comprometimento do quadro gerencial com as mudanças. A visão era proativa e de antecipação aos fatos. A questão era o que fazer antes de a crise ocorrer. As propostas listadas a seguir são resultado das discussões, mas havia a necessidade de detalhá-las e para isso contamos com você.

(D) **4ª proposta:** Direcionar o esforço de propaganda para utilizar artistas com prestígio nacional, visando a manter os clientes atuais e conseguir novos. A abordagem vem sendo bem sucedida no Brasil com empresas fabricantes de sandálias e de cerveja, bem como em rede de lojas varejistas. Cite um motivo favorável e um desfavorável à adoção desse esforço de propaganda.

44. (EXAME 2002) DISCURSIVA

O DESENVOLVIMENTO VEM COM NOVOS INVESTIMENTOS

Nos últimos anos, o nível de investimento direto com capital estrangeiro tem sido significativo no Brasil. Alguns estados brasileiros têm adotado políticas de desenvolvimento bastante agressivas e complexas para atraí-lo. Essas políticas são implementadas por meio de um conjunto de fatores que podem ser classificados, de uma maneira geral, como incentivos ao desenvolvimento estadual, o que acirra a competição entre os estados.

A estratégia corporativa da multinacional DREAMINVEST identificou que seu portfólio de negócios seria muito beneficiado se a empresa instalasse uma nova unidade fabril no Brasil. A empresa era conhecida por produzir uma pequena família de produtos categorizados como bens de consumo durável de alto valor unitário. A tecnologia de processo de produção era avançada e fazia uso, de maneira intensa, de robótica, sem que isso acarretasse impactos no meio ambiente. A questão ambiental, aliás, era uma grande preocupação da DREAMINVEST. Os produtos tinham *design* avançado, com funcionalidade sofisticada, e eram avaliados como de qualidade superior. A sua manufatura podia ser classificada como de classe mundial. Ademais, ela tinha a reputação de atender adequadamente os consumidores dos Estados Unidos e da Europa Ocidental, o que satisfazia as expectativas de uma considerável parcela de consumidores brasileiros, ávidos por consumir produtos que fazem sucesso nos países desenvolvidos. O padrão de qualidade da empresa deveria ser mantido no Brasil, onde não existem produtos similares nem substitutos. A empresa, todavia, ainda não opera em nenhum país da América Latina.

Com vistas à implantação da nova unidade fabril, a DREAMINVEST contratou a filial brasileira de uma das maiores empresas de consultoria do mundo. Estudos preliminares resultaram na escolha de um estado que vinha implementando uma bem-sucedida política de atração de novos investimentos industriais. Algumas características foram também cuidadosamente analisadas pela consultoria contratada, dentre as quais destacam-se: aspectos mercadológicos típicos do consumidor brasileiro; custos logísticos referentes ao transporte; e a necessidade de poucos operários, porém muito bem qualificados. O relatório preliminar foi, então, encaminhado à sede da empresa multinacional para decisão superior.

A alta direção da DREAMINVEST, visando à tomada de decisão final, foi favorável ao detalhamento dos estudos e solicitou que fossem realizados contatos com as Secretarias do Governo Estadual responsáveis pelo assunto, o que foi feito de imediato. A coligação partidária que estava no poder apresentava visíveis dificuldades para ganhar a eleição daquele ano.

As reuniões técnicas se deram em uma atmosfera proativa muito profissional. Os consultores estavam convencidos de que os técnicos do Governo ofereceram as facilidades comuns à atração de novos investimentos, em linha com a política de desenvolvimento vigente.

Durante um jantar com integrantes da equipe de governo, um assessor político, de forma discreta, relatou algumas dificuldades enfrentadas pelo governo estadual atual para vencer as próximas eleições e sugeriu que uma eventual contribuição ao fundo de campanha do candidato oficial seria bastante apreciada. Tudo poderia ser feito em conformidade com a legislação eleitoral vigente.

A empresa, por sua vez, sugeriu que fossem erguidas algumas barreiras à entrada de novos concorrentes, em particular de um, detentor de forte posição no mercado asiático, e que era conhecido por sua capacidade de oferecer a mesma linha de produtos por preços inferiores aos praticados pela DREAMINVEST.

A DREAMINVEST está contratando gerentes para a filial brasileira, cuja direção será exercida por executivos vindos da matriz.

Levando em consideração as informações constantes no texto, responda aos itens abaixo.

c) Considerando as características do produto, tal como descritas no texto, e imaginando o perfil de renda e sofisticação do público-alvo, como você trabalharia o composto de *marketing* ("4 Ps"), de modo a posicionar o produto por qualidade?

45. (EXAME 1998) DISCURSIVA

Na cidade de Cachos de Ouro, famosa pelo volume, variedade e qualidade das bananas que produz, encontram-se três fábricas de doces de banana que competem no mesmo mercado.

A Qualidoce, a mais tradicional das três, produz doces de alta qualidade e detém 30% do mercado. Sua comunicação sempre foi fortemente orientada por apelos de qualidade, os quais os consumidores reconhecem como legítimos ao usarem o produto. Desta forma, com o passar dos anos, a marca Qualidoce se transformou em sinônimo de qualidade para os consumidores. A boa imagem da marca permite que seus preços sejam, em média, 20% mais caros do que os preços dos concorrentes. Dentre as três fabricantes, a Qualidoce é a que apresenta a maior rentabilidade. Tudo isso faz com que ela seja um padrão de referência no mercado.

A Banana Pop é a que detém a maior participação de mercado: 60%. Ela luta desesperadamente para conquistar reputação semelhante à da Qualidoce. Gasta pesadas somas em propaganda para incutir nos consumidores a idéia de que seus produtos são tão bons quanto os da Qualidoce. No entanto, segundo o seu Diretor de Marketing, "isto até agora parece só ter feito reforçar a posição da concorrente". A participação de mercado da Banana Pop só se tem mantido graças a um preço 20% inferior ao dos produtos Qualidoce, o que tem prejudicado sua rentabilidade. Na última pesquisa realizada pela agência "Fala Mercado", a marca Banana Pop foi fortemente associada a "produto popular" e de "baixo preço", ficando muito longe da Qualidoce no que se refere à imagem de qualidade.

A terceira fabricante é a Pro-Light, cuja participação de mercado é inferior a 10%. A Pró-Light fabrica produtos com baixas calorias, dirigidos a um público preocupado em manter a forma, sem deixar de consumir doce. Esta empresa foi a última das três a entrar no mercado. Sua marca gradativamente vai-se consolidando, mas seus investimentos em propaganda ainda têm sido altos. Por isso sua rentabilidade ainda não é a desejada. A Direção da empresa está consciente, no entanto, de que embora sua participação de mercado no futuro não deva ultrapassar os 10%, sua rentabilidade melhorará quando o produto for definitivamente conhecido e aceito pelo público visado.

Com base no enunciado acima,

a) explique sucintamente o posicionamento das três fabricantes de doces de banana apresentadas no caso, explicitando qual das três empresas tem o posicionamento mais bem definido até agora e por quê;

b) sob uma ótica de Marketing, por que a Banana Pop não está tendo boa rentabilidade? O que a empresa deveria fazer para melhorá-la?

46. (EXAME 1998) DISCURSIVA

A empresa "Doce Tabaco", após dois anos de intensas pesquisas, lançou finalmente o revolucionário cigarro sem fumaça. O termo "revolucionário" cai bem ao novo produto porque, além de não produzir fumaça, ele apresenta outras importantes inovações:

a) o cigarro não queima, portanto não reduz o tamanho enquanto é consumido, permanecendo aceso até que uma pequena ponteira de carbono seja consumida;

b) não produz cinza, dispensando, portanto, o indesejável cinzeiro;

c) é revestido de uma lâmina rígida, de material sintético, artificial e não tóxico, que não permite que ele seja facilmente esmagado, após consumido, como acontece com os cigarros de papel;

d) o prazer de fumar é obtido por um aromatizante depositado em uma embalagem de alumínio dentro do produto, responsável pela maior parte da nicotina do cigarro;

e) a embalagem do produto é biodegradável.

A empresa "Doce Tabaco" está utilizando, na comunicação do cigarro sem fumaça, apelos relacionados à inovação tecnológica de cunho mais racional do que emocional.

O preço do produto é vinte e cinco por cento superior à média dos demais cigarros existentes no mercado.

Você acredita que a imagem da "Doce Tabaco" como empresa politicamente correta seria beneficiada pelo lançamento deste produto? Considerando os fatores (a) éticos, (b) sociais, (c) culturais e (d) ecológicos, justifique a sua resposta.

47. (EXAME 1997) DISCURSIVA

A empresa "Beleza & Encanto" é uma fabricante de cosméticos de alta qualidade que distribui seus produtos de forma seletiva, através de lojas de alto *status*, que mantêm uma seção exclusiva para os produtos B&E.

No final do ano passado, a empresa lançou um esmalte para unhas, produto que ainda não fazia parte da linha B&E. A propaganda do esmalte B&E utiliza apelos relacionados a beleza e vaidade. A empresa adotou o mesmo canal de distribuição empregado para os demais produtos. Nos pontos de venda há demonstradoras que pintam gratuitamente as unhas das clientes interessadas no produto e ensinam como utilizá-lo corretamente. Em que pese todo o esforço de marketing despendido pela empresa, os resultados de venda do novo esmalte têm sido decepcionantes, muito diferentes dos resultados obtidos com os demais produtos B&E. O diretor de marketing acha que o problema está relacionado à distribuição, que, embora permita um valor agregado maior, implica também preços maiores às consumidoras finais. Embora não tendo realizado nenhuma pesquisa, ele acredita que as clientes, quando compram esmalte, não valorizam os serviços oferecidos pelos pontos de venda, não encontrando, portanto, razões para pagar mais pelo produto. Sendo assim, na opinião desse diretor, a distribuição via supermercados é a mais indicada para o esmalte B&E.

a) Comente a posição do diretor de marketing da B&E.

b) Para você, que implicações traria uma distribuição do esmalte B&E via supermercados para a empresa?

Conteúdo 04

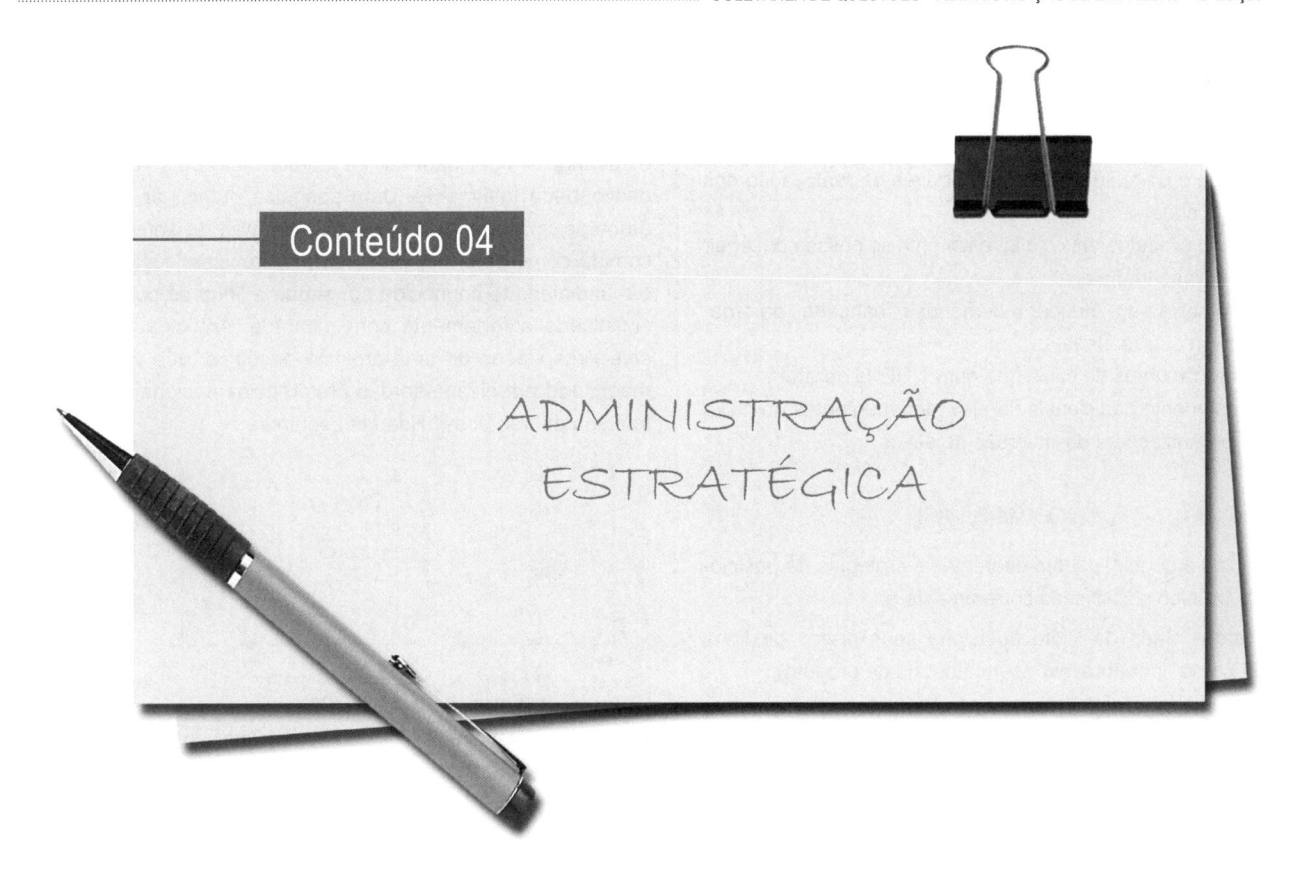

ADMINISTRAÇÃO ESTRATÉGICA

1. (EXAME 2006)

O novo presidente da Empresa Mercados Múltiplos está redirecionando a sua estratégia por meio de um processo clássico centralizado de gestão estratégica de natureza prescritiva, cujos modelos conceituais e etapas são bem conhecidos. Assim, o presidente está correto ao afirmar que o processo deve contemplar

(A) o atendimento das expectativas dos diferentes grupos na estrutura de poder da empresa.
(B) a implementação de estratégias emergentes.
(C) a avaliação de concorrentes potenciais e produtos substitutos.
(D) a utilização de processo participativo de tomada de decisão estratégica.
(E) a manutenção do organograma e do sistema de informação existentes.

2. (EXAME 2003)

Em suas atividades em uma grande empresa nacional, Mariana percebeu que havia perda de esforços ao se pulverizarem os negócios da empresa em diversas linhas de produtos e serviços.

Para reverter essa situação organizacional, ela deverá definir

(A) uma estratégia de maior diversificação para melhorar o desempenho da empresa junto ao mercado.
(B) os produtos e serviços para melhor atender seus clientes internos e motivá-los para o trabalho.
(C) novos canais de comunicação para melhorar sua interação com o mercado.
(D) o foco da empresa para estabelecer suas prioridades, considerando os produtos, serviços e clientes.
(E) o foco da empresa para melhorar o *marketing* interno e as relações com a concorrência.

3. (EXAME 2002)

A Nutripetiz, uma grande empresa brasileira atuante na área de alimentação infantil, realizou em fins de 2001 uma análise SWOT (forças, fraquezas, oportunidades e ameaças) do ambiente interno e externo, como pré-requisito para a elaboração de um plano estratégico para 2002. Uma possível conclusão dessa análise é:

(A) a acentuada queda no número de nascimentos nos últimos anos no País, computada pelo IBGE, constitui uma fraqueza da Nutripetiz.
(B) a grande economia de escala, obtida pela Nutripetiz na produção de suas extensas linhas de produtos, constitui uma oportunidade para a Empresa.
(C) a baixa qualidade dos serviços de pós-venda prestados pela Nutripetiz, registrada pelo seu *call center*, constitui uma ameaça à Nutripetiz.
(D) a avidez por produtos de alimentação infantil, demonstrada pelos supermercados, constitui uma força da Nutripetiz.
(E) a crescente atenção dos pais ao valor nutritivo dos alimentos de seus filhos, observada em uma pesquisa, é uma oportunidade para a Nutripetiz.

4. (EXAME 2001)

Para a análise do portfólio de negócios da Empresa Pathi S/A foi escolhida a matriz BCG, do BOSTON CONSULTING GROUP, que requer a avaliação de todos os serviços da organização em termos de duas dimensões: crescimento e participação relativa de mercado. Constatou-se que as unidades estratégicas de negócios da empresa (UENs) "são crianças–problema" ou "sinais de interrrogação" (pequena participação relativa em mercados de crescimento rápido).

O seu presidente, Dr. Walter Lima, quer transformar as UENs em estrelas (alta participação relativa em mercados de crescimento rápido) e para tanto

(A) consolidou o domínio da empresa através da realocação dos fundos gerados.
(B) selecionou produtos em cujo investimento se possa conseguir uma participação maior.
(C) utilizou o caixa para atender a demandas financeiras da organização em outras áreas.
(D) drenou os recursos de caixa que outras UENs geraram.
(E) fez investimentos adicionais de elevados montantes de caixa para a organização e desinversão de ativos.

5. (EXAME 2001)

Os exemplos a seguir ilustram diferentes estratégias de posicionamento. O único classificado corretamente é:

(A) a empresa Casa do Vidro posiciona seus pratos da linha Resist como "inquebráveis" (por categoria de produto).
(B) a agência de turismo Full Radical posiciona-se como "a melhor opção para quem gosta de aventura" (por usuário).
(C) a academia Lindocorpo posiciona-se como um "centro de estética e saúde" (por benefício).
(D) o detergente Limpalev posiciona-se como "o detergente que não agride as suas mãos" (por utilização).
(E) o medicamento Cortaporre posiciona-se como "para quem tomou umas doses a mais" (por atributo).

6. (EXAME 2001)

Segundo Michael Porter, uma das cinco forças que exercem influência sobre a rentabilidade média de um setor é a ameaça de entrada de novos concorrentes. Essa ameaça tende a ser mais significativa quando

(A) existe escassez de matéria-prima.
(B) há muitos distribuidores escoando a produção do setor.
(C) as empresas do setor operam sob a forma de licenciamento.
(D) o setor é mais segmentado.
(E) o setor caracteriza-se pela posse de ativos caros.

7. (EXAME 2001)

A Sawon — uma empresa do ramo de higiene pessoal — acaba de ampliar sua linha de produtos. Em que situação uma empresa pode tomar uma decisão dessas?

(A) A empresa está a ponto de se retirar do mercado, e qualquer nova fonte de receita é bem-vinda.
(B) A empresa utiliza plenamente sua capacidade de produção e, com isso, conta com os benefícios do efeito escala.
(C) A empresa adota a estratégia de alta lucratividade, e as ampliações de linhas costumam aumentar sua rentabilidade.
(D) A empresa decide neutralizar um ou mais concorrentes no segmento de preços mais baixos para evitar sua entrada no segmento superior.
(E) O canal de distribuição conta com vários níveis, e o surgimento de novos produtos pode contribuir para a redução de uma indesejável concorrência entre esses níveis.

8. (EXAME 2001)

A Karaby — uma rede internacional de restaurantes — está estudando a viabilidade de se instalar num país cujos hábitos desconhece totalmente. Uma pesquisa preliminar apontou os atributos "grau de condimentação" e "grau de sofisticação" da comida como determinantes das preferências locais. A Karaby é mundialmente conhecida por seguir a linha de comida pouco sofisticada e fortemente condimentada. Antecipando os possíveis resultados de uma próxima pesquisa, que vai indicar a magnitude e a dispersão das preferências nacionais, a Karaby imagina as três possibilidades seguintes:

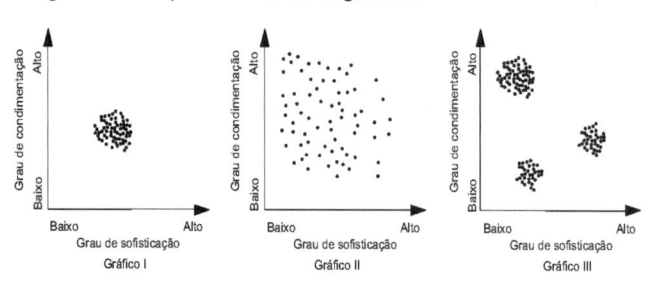

A Karaby provavelmente decidirá se instalar no novo país se as preferências nacionais forem bem descritas pelo

(A) Gráfico I – caso em que deve esperar uma intensa concorrência no seu segmento.
(B) Gráfico I – caso em que deve esperar concorrentes por todo o espaço.
(C) Gráfico II – caso em que não iria contar com concorrentes no seu segmento.
(D) Gráfico II – caso em que haverá uma ferrenha concorrência no seu segmento.
(E) Gráfico III – caso em que pode esperar concorrentes que atendam tanto ao seu segmento quanto a segmentos distintos.

9. (EXAME 2001)

Um grupo financeiro recém adquiriu uma empresa de software que detinha 25% do mercado de programas de segurança bancária. Após uma análise organizacional, percebeu-se que a expansão desejada não vinha ocorrendo devido à falta de agressividade da empresa adquirida, em função de sua estrutura extremamente pesada, inflexível e de pouca interação com o mercado.

O grupo decidiu implementar uma transformação radical na nova empresa, redesenhando-a como uma organização adaptativa. Você, convidado a opinar sobre as ações necessárias à consolidação de uma organização adaptativa, identificou ações imediatas a serem implementadas, em que se destaca:

(A) promover um downsizing, redefinindo a estrutura de organização, capaz de aprender e de adaptar-se às mudanças e valorizando a inovação e a criatividade.
(B) implementar um programa de vendas arrojado para atender aos antigos consumidores.
(C) estabelecer uma estrutura organizacional rígida com desenho mecanístico e clara unidade de comando.
(D) rever a política de cargos e salários, estabelecendo melhores salários e maior número de órgãos de staff.
(E) redesenhar o organograma da empresa de modo a melhorar a pirâmide de necessidades.

10. (EXAME 2001)

A empresa Floristas Amistosas Ltda., que comercializa flores e arranjos, tendo vivenciado uma expansão muito grande nos últimos cinco anos, percebeu um crescimento que já não mais comportava a centralização original. Quais tipos de departamentalização devem ser privilegiados para melhor atender à expansão territorial verificada e à maximização dos resultados nas novas lojas implantadas?

(A) Geográfica e por custos.
(B) Geográfica e por produtos.
(C) Geográfica e funcional.
(D) Funcional e por especialização.
(E) Funcional e por produtos.

11. (EXAME 2000)

Raul Fragoso, presidente de uma grande empresa de varejo alimentício, optou por uma estratégia empresarial de concentração, mas foi duramente criticado. Justificou a escolha alegando que, desta forma, ele focalizaria

(A) um único negócio, podendo penetrar melhor em um mercado de alto crescimento.
(B) o fato de a empresa ser única em seu setor em dimensões que os consumidores valorizam, buscando a alta qualidade dos produtos e sua distribuição diferenciada.
(C) a entrada em novos negócios relacionados ao negócio central original, visando à transferência de tecnologias.
(D) a expansão do domínio da organização na cadeia de fornecimento ou de distribuidores, reduzindo custos.
(E) a expansão para negócios não relacionados entre si, minimizando os riscos devidos a flutuações de mercado em um único setor.

12. (EXAME 2000)

Você é administrador de uma pequena empresa que visa a competir no mercado global. Para se expandir no mercado internacional um administrador qualificado opta

(A) pelo licenciamento, que minimiza a perda de controle sobre a tecnologia, sem que precise arcar com os custos e riscos de abertura de um mercado estrangeiro.
(B) pela exportação, que lhe permite fugir de barreiras tarifárias, gerando economias de escala, e evitando custos de fabricação em outros países.
(C) por uma franquia porque, além de oferecer as vantagens do licenciamento, permite fugir de barreiras tarifárias, diminuindo também o risco de perda de controle sobre a qualidade.
(D) por uma joint venture com uma empresa do País, porque se beneficiaria com o conhecimento local de seu parceiro e dos custos e riscos compartilhados.
(E) por uma subsidiária própria porque mantém o controle sobre a tecnologia e as operações com baixo custo e baixo risco.

13. (EXAME 2000)

Ao decidir pela variedade da sua linha de produtos, o executivo principal de uma empresa do setor de bens de consumo deve avaliar:

I. a sua própria propensão ao risco;
II. a natureza dos produtos;
III. a logística de distribuição de sua empresa;
IV. o estágio do ciclo de vida de seus produtos;
V. a matéria-prima empregada na produção;
VI. as ações da concorrência;
VII. as condições de acesso aos mercados internacionais.

As alternativas corretas são:

(A) I, II, IV e VI apenas.
(B) I, IV, VI e VII apenas.
(C) II, III, V e VI apenas.
(D) II, III, IV e VI apenas.
(E) III, IV, VI e VII apenas.

14. (EXAME 2000)

José Ferreira, Diretor de Marketing de uma grande confecção de moda feminina e fornecedor de lojas de departamentos, considera a possibilidade de abrir uma rede de lojas de venda direta da fábrica. A distribuição direta de um produto pelo próprio fabricante, sem intermediários, implica:

(A) maiores custos e distribuição intensiva.
(B) melhor controle de todos os aspectos do seu marketing.
(C) preços mais baixos ao consumidor final.
(D) montagem de uma operação de comércio eletrônico e terceirização do serviço de entrega.
(E) contratação de uma nova agência de propaganda.

15. (EXAME 2000)

A equipe de marketing de um fabricante de cerveja, que detém o 3º lugar no mercado nacional em termos de vendas, está decidindo sobre a estratégia promocional a ser implementada no próximo ano. Para condicionar o caráter do esforço promocional da empresa, na intenção de enfatizar estratégias de push (empurrar) e de pull (puxar), é necessário considerar, respectivamente:

(A) o grau de diferenciação do produto e a possibilidade de construir preferência pela marca.
(B) o grau de lealdade à marca e o grau de diferenciação do produto.
(C) o índice de troca de marcas e o preço do produto.
(D) os custos relativos das formas de comunicação e o tamanho da embalagem.
(E) as estratégias promocionais dos concorrentes e o tempo de reposição do produto.

16. (EXAME 1999)

Você trabalha numa indústria de autopeças que está cada dia mais preocupada com o processo de globalização e internacionalização do setor. Para enfrentar este desafio você utiliza, para a preparação do planejamento empresarial, a abordagem PFOA (SWOT) reproduzida abaixo.

OPERAÇÕES FUTURAS	OPORTUNIDADES	AMEAÇAS
O QUE É	BOM	RUIM
OPERAÇÕES PRESENTES	PONTOS FORTES	PONTOS FRACOS

Nessa abordagem são analisadas as potencialidades ou pontos fortes, as fragilidades ou pontos fracos, as oportunidades e as ameaças para a sua empresa.

Depois de entrevistar seus gerentes e funcionários-chaves, você agrupou os dados em unidades lógicas de planejamento, mas errou na interpretação das premissas desta matriz quando considerou:

(A) a quebra de um equipamento como uma coação, uma imposição coercitiva do ambiente, à qual a empresa não se pode furtar.
(B) a política de incentivo às exportações como uma oportunidade que deve ser explorada pela empresa.
(C) o tabelamento de preços pelo Governo como uma restrição que reduz o grau de liberdade da empresa.
(D) uma possível greve dos funcionários como uma contingência que pode afetar seriamente o trabalho da empresa.
(E) um possível aumento da inflação como uma ameaça que pode afetar seriamente o desempenho empresarial.

17. (EXAME 1999)

Visando a melhorar sua posição no mercado, a Fábrica de Chocolates Amélia optou pelo desenvolvimento de um Plano de Marketing, o qual apresenta as principais diretrizes das atividades a serem desenvolvidas. A seqüência correta das três primeiras etapas do processo de Planejamento de Marketing é:

(A) definição de objetivos; análise das oportunidades; formulação de estratégias.
(B) definição de objetivos; formulação de estratégias; elaboração de planos.
(C) análise das oportunidades; definição de objetivos; elaboração de planos.
(D) análise das oportunidades; definição de objetivos; formulação de estratégias.
(E) análise das oportunidades; formulação de estratégias; elaboração de planos.

18. (EXAME 1999)

O diretor-presidente da Cia. EREMITA contratou uma conceituada empresa de consultoria para diagnosticar as causas da gradativa perda de competitividade experimentada a partir dos últimos cinco anos por esta empresa e indicar soluções. A equipe de consultores designada para esse trabalho constatou, dentre outros fatos considerados menos significativos, que, há pouco mais de cinco anos, por medida de economia, foram extintas as divisões de Pesquisa e de Produto do Departamento de Marketing da Cia. EREMITA, bem como todo o Departamento de P& D. Com base principalmente nessa constatação a equipe de consultores emitiu diagnóstico no sentido de que as mudanças organizacionais

impostas teriam provocado uma ruptura, embora parcial, da interação da Cia. EREMITA com o macroambiente e o ambiente de tarefa, fazendo com que esta empresa passasse a comportar-se como um sistema virtualmente fechado. Face ao exposto, o que denota uma característica da Cia. EREMITA como sistema fechado?

(A) Indiferenciação interna.
(B) Integração a si mesma.
(C) Adaptação ao ambiente externo.
(D) Desenvolvimento e alocação de recursos.
(E) Alcance e manutenção de altos níveis de desempenho.

19. (EXAME 1998)

Celso e Jane desenvolveram um novo produto de conveniência que possui um benefício específico de alta utilidade para os consumidores. Nesse tipo de situação, historicamente, a concorrência tem respondido de forma rápida, colocando produtos similares no mercado. Assinale a opção que apresenta uma afirmação correta em relação à estratégia de preço indicada para o caso.

(A) Preços altos devem ser adotados para selecionar os compradores pelo poder aquisitivo até a entrada dos concorrentes.
(B) Preço de penetração é uma estratégia inadequada, pois perder-se-ia a oportunidade de maior lucratividade.
(C) A concorrência não é fator preocupante, portanto preço alto é a melhor alternativa para conquistar os clientes no mercado.
(D) A grande demanda do produto permite estimular uma política de preço de desnatação e possibilitar, assim, um maior retorno para a empresa.
(E) Uma estratégia de preço baixo deve ser empregada para aproveitar a diferenciação do produto, conquistando maior número de clientes.

20. (EXAME 1997)

O planejamento estratégico de sua empresa prevê um aumento de trinta por cento da participação de mercado do seu produto carro-chefe nos próximos três anos. É fundamental que se repasse esta informação para a área de Recursos Humanos para que seja:

(A) planejada a demanda futura de Recursos Humanos.
(B) calculada a rotatividade de pessoal.
(C) feito um inventário de aptidões de Recursos Humanos.
(D) programada a política de férias.
(E) analisada a taxa de absenteísmo organizacional.

21. (EXAME 1997)

Você é responsável pela Gerência de Canais e necessita decidir sobre o envolvimento dos intermediários no esforço de venda dos produtos de sua empresa e a presença desses produtos nos pontos de venda. A empresa tem hoje três filiais com capacidade limitada de vendas. O produto por ela comercializado é um bem de conveniência de alto consumo no país. Assinale a opção que deve ser adotada para essa situação.

(A) Um canal curto combinando distribuição intensiva com distribuição exclusiva, monitorada pelos gerentes de canais.
(B) Um canal de um nível com uma distribuição seletiva, combinada com a força de vendas das filiais.
(C) Uma combinação de distribuição exclusiva e seletiva em canais de vários níveis.
(D) Uma distribuição exclusiva combinada com a força de vendas da empresa em um canal curto.
(E) Uma distribuição intensiva de canais de vários níveis, monitorada pelos gerentes de canais.

22. (EXAME 1997)

Fernanda, uma empreendedora, está decidindo a estratégia de preço de lançamento de um novo produto de alta tecnologia. Sua empresa é líder no mercado e existe uma demanda reprimida, que não pode ser atendida, a curto prazo, por falta de capacidade imediata de produção. Qual das estratégias é a recomendada para o caso?

(A) Seguir o preço estabelecido pela concorrência para ganhar maior volume de vendas.
(B) Adotar um preço de penetração para abranger uma maior parcela de mercado.
(C) Adotar uma política de preço alto para selecionar a demanda a ser atendida, até atingir o nível de produção que satisfaça a demanda.
(D) Estabelecer uma política de descontos por um determinado tempo como forma promocional de preço.
(E) Dar descontos especiais sempre que a concorrência colocar produtos a preço competitivo.

23. (EXAME 1997)

Alberto, responsável pelo planejamento de marketing, necessita elaborar a estratégia do composto promocional, também chamado de composto de comunicação de marketing, cujos elementos chaves são: propaganda, marketing direto, promoção de vendas, relações públicas, publicidade e venda pessoal. A esse respeito, podemos afirmar corretamente que:

(A) a forma de interação entre o cliente e o vendedor é um canal direto de nível três, que busca interferir diretamente com os compradores potenciais, ao qual se denomina força de vendas da empresa.
(B) a propaganda é uma das formas de comunicação que tem como objetivo tornar a empresa e os produtos mais conhecidos sem que se pretenda estimular a venda do produto, mas sim o posicionamento da empresa junto aos consumidores potenciais.
(C) a promoção de vendas é uma forma de aumentar as vendas, buscando um novo posicionamento na mente dos consumidores e estimulando vendas a médio e a longo prazo.
(D) as mídias, que divulgam informações de uma empresa e/ou produto em um contexto de publicidade, buscam intervir nas crenças dos clientes potenciais e/ou informá-los, constituindo a atividade reconhecida como marketing direto.
(E) os conteúdos da propaganda, seja de produtos tangíveis, de conveniência ou de escolha, deverão refletir uma realidade consistente com os produtos anunciados, sem omissão e/ou distorção de informações.

24. (EXAME 2006) DISCURSIVA

A grande imprensa de negócios noticiou recentemente que uma das maiores redes mundiais de fast food estava colocando à venda as lojas próprias que mantinha na América Latina, inclusive no Brasil. Tratava-se de uma mudança importante no modelo de negócio estabelecido, o qual apresentava sinais de esgotamento. Nesse sentido, no novo modelo, a multinacional deixava de ter subsidiárias integrais e passava a receber os royalties pela concessão de sua marca. As lojas seriam vendidas em bloco para grandes franqueadores.

Apresente e justifique uma vantagem e uma desvantagem da franquia como estratégia de expansão de negócios de empresas multinacionais.

25. (EXAME 2003) DISCURSIVA

ANTECIPANDO-SE AOS FATOS: o presente é importante, mas é o futuro que importa

Era uma amizade de mais de quinze anos, que tinha começado ainda nos bancos da faculdade, durante o Curso de Administração. Maria Júlia e Daniela tinham habilidades e competências pessoais complementares. A primeira era organizada, objetiva e orientada para resultados. A segunda era criativa, inovadora e voltada para a singularidade. Ambas tinham forte espírito empreendedor.

A empresa de confecção que tinham implantado, ainda como estudantes, com a ajuda financeira de seus familiares, era um sucesso. Elas tinham construído uma empresa com fama de ser diferente, marca forte, bons canais de distribuição e a reputação de fabricar produtos quase individualizados. Seus produtos tendiam a fazer bom uso das cores e havia um esforço mercadológico de antecipar a moda, acrescido, recentemente, de uma certa sensibilidade ecológica.

Como é normal em quase todos os negócios de confecção, a sazonalidade nas vendas também existia e afetava as principais atividades da empresa, em especial, os recursos humanos e o próprio faturamento. As finanças, todavia, estavam bem controladas e podiam ser consideradas saudáveis. Entretanto, existiam evidências de que o modelo empresarial adotado tinha alcançado seu limite, já apresentando alguns sinais de estagnação. Tudo isso era agravado por um volume excessivo de cópias fraudulentas de seus produtos, por parte de concorrentes de menor tamanho. Estava ficando cada vez mais difícil o cliente perceber a diferença entre o produto original e as cópias oferecidas no mercado por um preço muito menor.

Na última reunião de planejamento com as gerências, uma série de idéias foi discutida, visando a levar a empresa a um novo patamar de atuação. Até mesmo um consultor participou da reunião. Eram visíveis a energia das proprietárias e o comprometimento do quadro gerencial com as mudanças. A visão era proativa e de antecipação aos fatos. A questão era o que fazer antes de a crise ocorrer. As propostas listadas a seguir são resultado das discussões, mas havia a necessidade de detalhá-las e para isso contamos com você.

(B) **2ª proposta:** Internacionalizar os negócios da empresa. A estratégia de internacionalização contempla diversos aspectos endógenos e exógenos à empresa. Há relatos de sucessos e insucessos de empresas brasileiras que se voltaram, total ou parcialmente, para o mercado externo. Considerando-se que não se deseja ter sócio, nem franquias e nem há capital disponível para novos investimentos, qual estratégia de internacionalização é indicada? Justifique sua opção, apresentando 3 (três) motivos para a escolha.

26. (EXAME 2002) DISCURSIVA

O DESENVOLVIMENTO VEM COM NOVOS INVESTIMENTOS

Nos últimos anos, o nível de investimento direto com capital estrangeiro tem sido significativo no Brasil. Alguns estados brasileiros têm adotado políticas de desenvolvimento bastante agressivas e complexas para atraí-lo. Essas políticas são implementadas por meio de um conjunto de fatores que podem ser classificados, de uma maneira geral, como incentivos ao desenvolvimento estadual, o que acirra a competição entre os estados.

A estratégia corporativa da multinacional DREAMINVEST identificou que seu portfólio de negócios seria muito beneficiado se a empresa instalasse uma nova unidade fabril no Brasil. A empresa era conhecida por produzir uma pequena família de produtos categorizados como bens de consumo durável de alto valor unitário. A tecnologia de processo de produção era avançada e fazia uso, de maneira intensa, de robótica, sem que isso acarretasse impactos no meio ambiente. A questão ambiental, aliás, era uma grande preocupação da DREAMINVEST. Os produtos tinham *design* avançado, com funcionalidade sofisticada, e eram avaliados como de qualidade superior. A sua manufatura podia ser classificada como de classe mundial. Ademais, ela tinha a reputação de atender adequadamente os consumidores dos Estados Unidos e da Europa Ocidental, o que satisfazia as expectativas de uma considerável parcela de consumidores brasileiros, ávidos por consumir produtos que fazem sucesso nos países desenvolvidos. O padrão de qualidade da empresa deveria ser mantido no Brasil, onde não existem produtos similares nem substitutos. A empresa, todavia, ainda não opera em nenhum país da América Latina.

Com vistas à implantação da nova unidade fabril, a DREAMINVEST contratou a filial brasileira de uma das maiores empresas de consultoria do mundo. Estudos preliminares resultaram na escolha de um estado que vinha implementando uma bem-sucedida política de atração de novos investimentos industriais. Algumas características foram também cuidadosamente analisadas pela consultoria contratada, dentre as quais destacam-se: aspectos mercadológicos típicos do consumidor brasileiro; custos logísticos referentes ao transporte; e a necessidade de poucos operários, porém muito bem qualificados. O relatório preliminar foi, então, encaminhado à sede da empresa multinacional para decisão superior.

A alta direção da DREAMINVEST, visando à tomada de decisão final, foi favorável ao detalhamento dos estudos e solicitou que fossem realizados contatos com as Secretarias do Governo Estadual responsáveis pelo assunto, o que foi feito de imediato. A coligação partidária que estava no poder apresentava visíveis dificuldades para ganhar a eleição daquele ano.

As reuniões técnicas se deram em uma atmosfera proativa muito profissional. Os consultores estavam convencidos de que os técnicos do Governo ofereceram as facilidades comuns à atração de novos investimentos, em linha com a política de desenvolvimento vigente.

Durante um jantar com integrantes da equipe de governo, um assessor político, de forma discreta, relatou algumas dificuldades enfrentadas pelo governo estadual atual para vencer as próximas eleições e sugeriu que uma eventual contribuição ao fundo de campanha do candidato oficial seria bastante apreciada. Tudo poderia ser feito em conformidade com a legislação eleitoral vigente.

A empresa, por sua vez, sugeriu que fossem erguidas algumas barreiras à entrada de novos concorrentes, em particular de um, detentor de forte posição no mercado asiático, e que era conhecido por sua capacidade de oferecer a mesma linha de produtos por preços inferiores aos praticados pela DREAMINVEST.

A DREAMINVEST está contratando gerentes para a filial brasileira, cuja direção será exercida por executivos vindos da matriz. Levando em consideração as informações constantes no texto, responda aos itens abaixo.

a) Indique cinco critérios (fatores de localização) que a empresa de consultoria deverá considerar no que se refere à escolha do Estado brasileiro onde será instalada a nova fábrica.

b) De acordo com o modelo de Michael Porter, que análise você faz das forças que regem a concorrência no negócio da DREAMINVEST no Brasil?

27. (EXAME 2001) DISCURSIVA

VIVA A VACA LOUCA!

Com a recente crise da vaca louca na Europa, a produção da indústria de frangos no Brasil passou a ter novo alento. Com o Plano Real e a implícita sobrevalorização de nossa moeda, as exportações brasileiras de frango, pela pouca competitividade em preço e qualidade, caíram substancialmente. Após a primeira crise do Real, com significativa desvalorização da moeda, essa indústria passou a ter competitividade de preço, mas ainda sofria as conseqüências de barreiras não tarifárias, principalmente de qualidade, impostas pelos diversos países importadores, notadamente os europeus. Muitas empresas do setor haviam tomado empréstimos em moeda estrangeira antes da desvalorização, e acabaram sofrendo enormes perdas cambiais. Com isso, continuavam as dificuldades para a recuperação do setor. Como "Deus é brasileiro", a crise da vaca louca veio dar enorme alento aos produtores brasileiros do setor. Mas Deus não é só brasileiro, e os exportadores asiáticos de frango também vislumbraram oportunidade de exportação, e estão, rapidamente, buscando adequação às normas ISO 9000 para enquadramento na Comunidade Econômica Européia, pois as barreiras ali impostas são muito próximas àquelas normas.

A diretoria da Frangos Crazy Chicken S.A., uma das menores empresas do setor no Brasil, está analisando a viabilidade de retomada de um projeto de exportação de frangos para a Europa, o que já havia sido realizado antes do Plano Real. Os diretores sabem, no entanto, que enfrentarão a concorrência de empresas brasileiras e asiáticas, fundamentalmente em preço e qualidade, e que, portanto, serão importantes custo de produção baixo e conformidade às normas ISO 9000. Os preços do quilo do frango congelado de todos os concorrentes e da própria Crazy são similares em euros, constituindo-se em uma commodity. O Quadro 1, a seguir, apresenta a demonstração simplificada de resultados das diversas empresas do setor, sendo que as empresas Roki e Tori são asiáticas e as demais, brasileiras.

QUADRO 1. DEMONSTRAÇÕES SIMPLIFICADAS DE RESULTADO DAS PRINCIPAIS EMPRESAS DO SETOR NO EXERCÍCIO DE 2000 (valores em R$ milhões)

	CRAZY	FRANFAL	FRANGÃO	FRANDIA	ROKI	TORI
Vendas Líquidas	557	1.021	1.573	2.778	227	1.413
(–) Custo dos Produtos Vendidos	469	820	1.112	1.972	148	1.162
(=) Resultado Bruto	88	201	461	806	79	251
(–) Despesas Operacionais	94	204	396	671	49	158
(=) Resultado Operacional	(6)	(3)	65	135	30	93

O Quadro 2, que se segue, apresenta os balanços dos períodos de 1998, 1999 e 2000 da Frangos Crazy Chicken S.A., no modelo disponibilizado pela CVM-Comissão de Valores Mobiliários. A empresa é de capital aberto.

QUADRO 2. BALANÇO PATRIMONIAL DA FRANGOS CRAZY CHICKEN S.A. (valores em R$ 1.000)

ATIVOS

CÓDIGO	DESCRIÇÃO	2.000	1.999	1.998
1	Ativo total	254.631	227.178	214.992
1.01	Ativo Circulante	157.763	143.354	122.249
1.01.01	Disponibilidades	40.598	50.983	43.258
1.01.02	Contas a Receber de Clientes	46.365	33.859	27.642
1.01.03	Estoques	40.692	34.884	21.070
1.01.04	Outros Créditos Operacionais	30.108	23.628	30.279
1.02	Realizável a Longo Prazo	27.097	11.788	19.335
1.02.01	Créditos Diversos	21.417	9.800	14.928
1.02.02	Créditos com Pessoas Ligadas	4.456	1.131	2.248
1.02.03	Outros Créditos a Longo Prazo	1.224	857	2.159
1.03	Ativo Permanente	69.771	72.036	73.408
1.03.01	Investimentos	1.325	941	2.809
1.03.02	Imobilizado	67.231	69.817	70.026
1.03.03	Diferido	1.215	1.278	573

PASSIVOS E PATRIMÔNIO LÍQUIDO

CÓDIGO	DESCRIÇÃO	2.000	1.999	1.998
2	Passivo total	254.631	227.178	214.992
2.01	Passivo Circulante	157.442	112.111	111.284
2.01.01	Empréstimos e Financiamentos	6.926	6.026	11.640
2.01.02	Debêntures	12.809	14.253	6.322
2.01.03	Fornecedores	120.957	78.479	71.818
2.01.04	Impostos, Taxas e Contribuições	11.888	9.901	9.371
2.01.05	Dividendos a Pagar	0	280	130
2.01.06	Provisões	0	0	0
2.01.07	Dívidas com Pessoas Ligadas	0	0	0
2.01.08	Outros Débitos Operacionais	3.862	3.172	12.003
2.02	Exigível a Longo Prazo	8.259	27.545	28.429
2.02.01	Empréstimos e Financiamentos	3.100	2.866	10.326
2.02.02	Debêntures	5.000	8.000	15.000
2.02.03	Provisões	0	0	0
2.02.04	Dívidas com Pessoas Ligadas	0	0	0
2.02.05	Outros Débitos a Longo Prazo	159	16.679	103
2.03	Resultados de Exercícios Futuros	0	0	0
2.04	Participações Minoritárias	11.023	11.652	10.222
2.05	Patrimônio Líquido	78.907	75.870	65.057
2.05.01	Capital Social Realizado	88.385	88.385	88.385
2.05.02	Reservas de Capital	0	0	0
2.05.03	Reservas de Reavaliação	0	0	0
2.05.04	Reservas de Lucro	0	0	0
2.05.05	Resultados Acumulados	(9.478)	(12.515)	(23.328)

Você foi contratado para fazer um parecer que fundamente a decisão da diretoria da Crazy de investir no projeto de exportação. A diretoria está particularmente interessada em competitividade, capacidade financeira, operações e sistemas de informação gerencial.

a) Negociando seu produto como commodity, e com base nos dados apresentados, qual é a capacidade atual da Crazy em competir no mercado europeu, com diferenciação por custo, com as demais empresas nacionais e com as principais empresas asiáticas? Que recomendações você faz à Crazy?

b) A expansão das vendas da Crazy para o exterior implicará aumento da necessidade de capital de giro? Explique sua resposta.

c) Como a gestão da produção poderá ajudar a reduzir a necessidade de capital de giro?

d) Pelo exposto no texto e nas questões anteriores, qual é o módulo mais importante de um sistema integrado de gestão (ERP) a ser adquirido para a Crazy?

Este caso envolve importantes aspectos da administração ligados a competitividade (item **a**), capacidade financeira (item **b**), operações (item **c**) e sistemas de informação gerencial (item **d**).

28. (EXAME 2000) DISCURSIVA

A Distribuidora de Livros Megabooks S/A desenvolveu um site na Internet para comercializar seus livros. Os proprietários da empresa, dois jovens administradores recém-formados e apaixonados por computadores, estão entusiasmados com o novo canal de vendas que abriram.

Passados seis meses desde o início das operações via Internet, as vendas da Megabooks praticamente dobraram. Entretanto, paralelamente, multiplicaram-se também os problemas de entrega. A Megabooks tem utilizado sistemas rápidos de entrega, como SEDEX e DHL. Mesmo assim, o tempo necessário desde o processamento do pedido até a entrega do produto é de, aproximadamente, 8 dias, que tem sido considerado muito alto por parte dos clientes. Acreditava-se que o fato de o cliente poder comprar sem sair de casa fosse mais do que suficiente para compensar o prazo de entrega de 8 dias e toda a atenção foi concentrada no processo de venda via Internet. Como, no entanto, os clientes não entendem por que a compra é tão rápida e a entrega é tão demorada, suas reclamações se avolumam.

Na tentativa de resolver o problema, os executivos da Megabooks estão trabalhando um plano no qual deverão ser reavaliados os elementos do composto de marketing. Você foi convidado a assessorar a equipe envolvida na elaboração desse plano. O que você propõe, em termos de alterações no produto, no preço, na distribuição e na comunicação da empresa, com vistas a reverter o problema?

29. (EXAME 1999) DISCURSIVA

Conscientes de que as empresas não podem mais dar-se ao luxo de simplesmente prestar atenção aos seus mercados domésticos, os diretores da Cervejaria Águia S.A. pretendem ingressar no mercado internacional.

Na última viagem que fez à Ásia, o Diretor de Marketing da Águia S.A., Sr.Horácio Gallo, ficou impressionado com o potencial do mercado da Coréia do Sul. Além de ser o maior mercado de consumo da Ásia, depois do Japão, os consumidores sul-coreanos estão ávidos por produtos do Ocidente. Os níveis de renda e de educação crescentes da população, associados a uma demanda por cerveja também crescente – mais de 15% ao ano – não deixam dúvidas aos diretores de que a Coréia do Sul representa uma grande oportunidade para a Águia S.A.

Alguns fatos, no entanto, estão intrigando os diretores da empresa. O primeiro deles é o baixo nível de investimento estrangeiro no país. A Coréia do Sul apresenta, provavelmente, o menor nível de investimentos estrangeiros de toda a costa do Pacífico. Os analistas internacionais apontam a Coréia do Sul como um país de baixo risco para investimentos, mas são unânimes, também, em apontá-la como um "mercado difícil". O preço dos imóveis é alto; a compra de um terreno, em local de bom movimento em Seul, capital do país, pode custar até 10 milhões de dólares. O aluguel de um imóvel já pronto pode implicar a necessidade de um depósito inicial de até 1 milhão de dólares. O custo do terreno para a instalação de uma fábrica é, freqüentemente, maior do que o custo para a construção da própria fábrica. Os custos de matérias-primas são os mais altos da Ásia. Os salários, graças aos altos níveis de industrialização do país, têm subido 18% ao ano, em média, desde 1986. As restrições governamentais, como tarifas altas e limitações a determinadas importações, como por exemplo queijo e carne bovina, inibem as cadeias internacionais de restaurantes. Conseguir a aprovação governamental para investimentos exige tempo e pode ser muito difícil.

As empresas coreanas, temendo a concorrência, fazem pressão sobre o governo para aumentar as barreiras ao capital estrangeiro. O governo coreano é, normalmente, sensível a tais reivindicações, sobretudo se os investimentos externos afetam, adversamente, os produtos internos.

Os diretores da Ásia S.A., para amenizar as dificuldades para o ingresso na Coréia do Sul, estão estudando a possibilidade de uma joint venture com uma fábrica de cerveja coreana, atualmente quase quebrada, e que exigirá um investimento pesado para voltar a operar. A vantagem desta operação é que o proprietário, Sr. Ling Nam-Ling, embora com a empresa em péssima situação, é bastante influente junto ao governo sul-coreano, bem como mantém um bom relacionamento com os distribuidores de cerveja do país. Com base no caso da Águia S.A., responda às perguntas abaixo.

a) Que aspectos dos ambientes econômico e político-legal devem ser considerados pela Águia S.A. na sua decisão de se instalar na Coréia do Sul e por quê?

b) Que outras alternativas a Águia S.A. poderia utilizar para ingressar na Coréia do Sul, além da joint venture que ela está pensando em fazer com a empresa do Sr. Ling Nam-Ling? Indique duas, analisando-as brevemente.

30. (EXAME 1999) DISCURSIVA

Nos últimos anos, gerentes e acadêmicos observaram que o processo de terceirização nas organizações havia-se consolidado pela necessidade de as empresas se concentrarem em seus próprios negócios, como uma estratégia para aumentar a sua competitividade. Neste sentido foram reanalisados os organogramas e os processos organizacionais com o intuito de flexibilizar a organização e concentrar o seu processo decisório em atividades e áreas que reforçassem a vocação do negócio.

Após algumas práticas gerenciais neste sentido, hoje os balanços do processo de terceirização das empresas nem sempre apresentam os resultados esperados. Cite três vantagens e três desvantagens dos processos de terceirização das organizações.

Conteúdo 05

ADMINISTRAÇÃO FINANCEIRA E ORÇAMENTÁRIA

1. (EXAME 2009)

Parte da revisão orçamentária de uma empresa consiste no acompanhamento do valor empregado em estoques. A tabela abaixo resume as diversas entradas e saídas de estoque de calças da Armando & Silva Confecções Ltda.

		Entradas em Estoque			Saídas do Estoque		Saldo Estoque	
Dia	Doc.	Quantidade	Preço Unitário	Total R$	Quantidade	Total R$	Quantidade	Total R$
01/out							0	R$ 0,00
10/out	NF 1	100	R$ 10,00	R$ 1.000,00				
15/out	RM 1				80			
18/out	NF 2	90	R$ 15,00 R$	1.350,00				
22/out	RM2				70			

Fonte: Departamento de compras

Notas Explicativas: NF = Nota Fiscal
RM = Requisição de Material

Sobre esse assunto, considere as afirmativas sobre a avaliação do valor do estoque, ao final do mês de outubro, a seguir:

I. Considerando-se o método do Custo Médio, o valor do estoque é de R$ 550,00.
II. Considerando-se o método "PEPS" (Primeiro a Entrar, Primeiro a Sair), o valor do estoque é de R$ 600,00.
III. Considerando-se o método "UEPS" (Último a Entrar, Primeiro a Sair), o valor do estoque é de R$ 500,00.

Em relação a essas afirmativas, é CORRETO afirmar que

(A) estão corretas somente as afirmativas I e II.
(B) estão corretas somente as afirmativas I e III.
(C) estão corretas somente as afirmativas II e III.
(D) nenhuma afirmativa está correta.
(E) todas as afirmativas estão corretas.

2. (EXAME 2009)

Num projeto para a construção de um parque temático, serão financiados 30% com recursos do BNDES, 20% com debêntures e 50% com capital dos sócios. O custo do financiamento junto ao BNDES é 10% a.a., a debênture tem um custo de 15% a.a., e o custo de capital dos acionistas é 20% a.a. Desprezando-se o efeito de imposto de renda, o retorno mínimo que o parque temático deverá ter, para ser interessante aos investidores, é de

(A) 20%.
(B) 16%.
(C) 15%.
(D) 13%.
(E) 10%.

3. (EXAME 2009)

A Gatos e Cães S.A. analisa o projeto de um novo tipo de ração para cachorros. O gerente financeiro responsável estimou o seguinte gráfico para o Valor Presente (VP) das saídas de caixa e o Valor Presente de entradas de caixa em função do custo de capital:

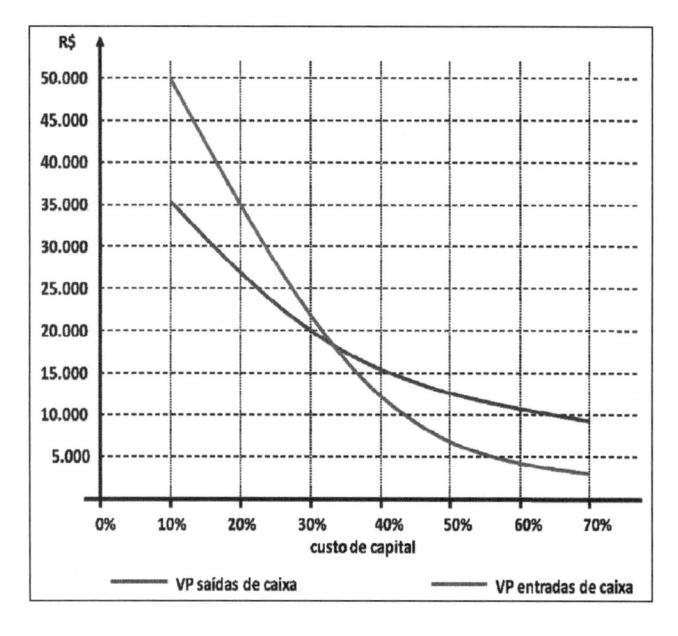

Com base nesse gráfico, qual é a decisão que o gerente financeiro deve tomar em relação ao projeto da nova ração?

(A) Abandonar o projeto, se o custo de capital for igual a 30%.
(B) Abandonar o projeto, se o custo de capital for menor que 10%.
(C) Investir no projeto, se o custo de capital for igual a 20%.
(D) Investir no projeto, se o custo de capital for maior ou igual a 40%.
(E) Investir no projeto, se o custo de capital for menor que 50%.

4. (EXAME 2006)

A Estelar Aérea S.A., uma das mais importantes empresas na vida empresarial recente do Brasil, viveu, durante o ano de 2006, um processo de insolvência, como se pode observar pelos seguintes grupos de contas em seu Balanço de 31 de dezembro de 2005:

	em R$ milhões
Ativo Circulante	1.310
Realizável a Longo Prazo	788
Ativo Permanente	238
Passivo Circulante	2.111
Exigível a Longo Prazo	8.146

O Patrimônio Líquido da Estelar Aérea S.A, em 31 de dezembro de 2005, em R$ milhões, era de

(A) 12.593
(B) 7.921
(C) 2.336
(D) − 2.336
(E) − 7.921

5. (EXAME 2006)

A CAR (Companhia Agropecuária Rondonópolis) está analisando a implantação de um projeto de investimento no nordeste brasileiro para a produção de frutas com destino ao mercado europeu. Metade do capital necessário ao investimento virá de uma linha de crédito a ser obtida junto ao BNB (Banco do Nordeste do Brasil), e a outra metade virá de capital próprio, a ser captado através do lançamento de ações da empresa no mercado de capitais brasileiro. O investimento será de R$ 120 milhões, com benefícios anuais líquidos de R$ 20 milhões, em perpetuidade. O custo de capital junto ao Banco deverá ser de 8% a.a. e o custo do capital próprio é de 12% a.a.. Neste projeto não se deve considerar o Imposto de Renda. A equipe que realizou a análise de viabilidade financeira do projeto encontrou diferentes valores, tais como:

I. valor presente líquido do projeto: R$ 80 milhões;
II. valor presente líquido do projeto: R$ 200 milhões;
III. custo médio ponderado de capital do projeto: 8% a.a.;
IV. custo médio ponderado de capital do projeto: 10% a.a.;
V. custo médio ponderado de capital do projeto: 12% a.a..

Para se definir a viabilidade financeira do projeto, devem ser utilizados, apenas,

(A) I e III.
(B) I e IV.
(C) I e V.
(D) II e III.
(E) II e IV.

6. (EXAME 2006)

Em razão da valorização do Real diante do Dólar, fomentada por *superavits* comerciais consecutivos, muitos produtores no Brasil estão preocupados com a impossibilidade de manutenção de suas exportações em 2006 e 2007, passando a rever os volumes a serem produzidos. O gráfico abaixo apresenta a evolução do câmbio real no Brasil *versus* o Dólar, considerando-se que neles a taxa é corrigida pelo IPCA, Índice de Preços ao Consumidor, e deduzido o CPI, Índice de Preço ao Consumidor americano.

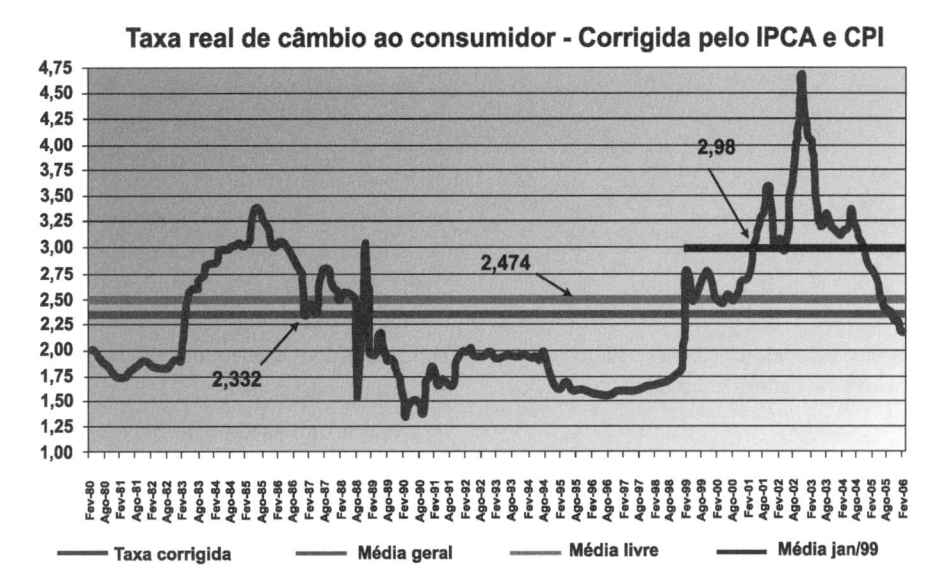

Fonte: INEPAD

Como se pode observar pelo gráfico, existiram diversos ciclos de câmbio no Brasil no período de 1980 a 2006, com cotações diferenciadas. O ciclo de maior estabilidade cambial foi o período de

(A) 1982 a 1986, no qual os brasileiros assistiram ao ajuste da economia e ao crescimento do preço do petróleo importado.
(B) 1986 a 1989, no qual foi implantado o Plano Cruzado, com busca de estabilidade inflacionária e cambial.
(C) 1990 a 1991, no qual foi implantado o Plano Collor, também com busca de estabilidade inflacionária e cambial.
(D) 1992 a 1994, no qual o Brasil viveu um período sem planos econômicos.
(E) 1994 em diante, em razão da implantação do Plano Real, com controle da taxa de câmbio até 1999.

7. (EXAME 2003)

A empresa Vidros Teresina Ltda. possui ativo circulante de R$50.000,00, ativo permanente líquido de R$250.000,00, dívidas de curto prazo de R$35.000,00 e dívidas a longo prazo de R$100.000,00. Seu Patrimônio Líquido é

(A) R$135.000,00
(B) R$165.000,00
(C) R$250.000,00
(D) R$300.000,00
(E) R$600.000,00

8. (EXAME 2003)

A mecânica Paranaguá está pretendendo aumentar os lotes de produção, de modo a reduzir os altos custos de preparação de máquinas utilizadas na manufatura de colheitadeiras. A redução total anual nos custos de preparação que poderia ser obtida foi estimada em R$300.000,00. Como resultado dos maiores lotes de produção, espera-se que o investimento médio em estoques aumente de R$2.000.000,00 para R$4.000.000,00. Considerando o custo de oportunidade de 20% ao ano, o resultado (positivo ou negativo) anual da proposta é

(A) –R$400.000,00
(B) –R$300.000,00
(C) –R$100.000,00
(D) +R$100.000,00
(E) +R$300.000,00

9. (EXAME 2003)

O projeto de expansão de uma vinícula em Bento Gonçalves, cujo perfil de Valor Presente Líquido (VPL) encontra-se representado na figura abaixo, tem investimento inicial de R$500.000,00.

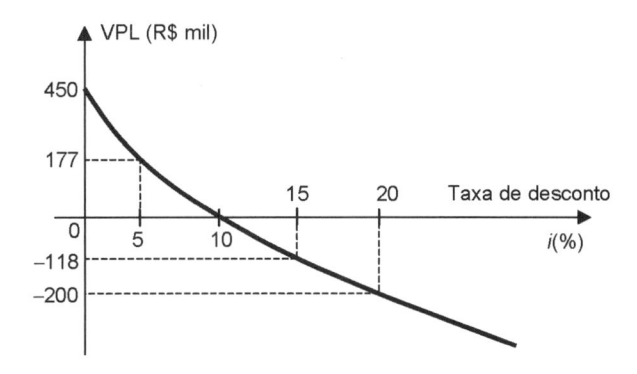

Os fluxos de caixa são de R$20.000,00 no primeiro ano, R$30.000,00 no segundo ano e R$90.000,00 por ano, do terceiro ao décimo segundo ano. Logo, a taxa interna de retorno do projeto é

(A) 0%
(B) 5%
(C) 10%
(D) 15%
(E) 20%

10. (EXAME 2003)

A Madeireira Porto Feliz S.A. pagou, recentemente, um dividendo de R$3,00 por ação. Os investidores exigem um retorno de 20% ao ano em investimentos semelhantes. Por ser uma empresa madura, em um setor fortemente regulamentado, espera-se que não haja crescimento de dividendos indefinidamente. Assim, o valor atual da ação da empresa é

(A) R$0,60
(B) R$3,00
(C) R$6,00
(D) R$15,00
(E) R$30,00

11. (EXAME 2003)

O Banco da Cidade de Florianópolis gere os investimentos de seus clientes fazendo uso de uma carteira constituída por 5 títulos, conforme a tabela abaixo.

TÍTULO	DESVIO-PADRÃO (Risco Total)	BETA (Risco Sistemático)
A	50%	0,30
B	35%	0,80
C	60%	0,70
D	40%	0,90
E	45%	0,60

O ativo com o maior retorno esperado é o Título

(A) A.
(B) B.
(C) C.
(D) D.
(E) E.

12. (EXAME 2003)

Após uma análise cuidadosa, a Metalúrgica Campo Regional S.A. determinou sua estrutura ótima de capital, apresentada no quadro abaixo.

ESTRUTURA DE CAPITAL		
FONTE	CUSTO (% a.a.)	PROPORÇÃO (%)
DEBÊNTURES	25	15
EMPRÉSTURES	20	20
AÇÕES PREFERENCIAIS	30	15
CAPITAL PRÓPRIO	35	50

O valor total da soma do exigível com o patrimônio líquido da empresa é de R$20.000.000,00. Foi levantado um novo empréstimo no valor de R$4.000.000,00, ao custo de 22% ao ano. Os recursos destinam-se a financiar integralmente um novo projeto de investimento em Roraima.

A taxa interna de retorno para que o projeto seja aceito, considerando que não há aumento de risco da empresa, deve ser, no mínimo, de

(A) 22,00% a.a.
(B) 26,40% a.a.
(C) 27,50% a.a.
(D) 28,46% a.a.
(E) 29,75% a.a.

13. (EXAME 2002)

O consultor Antonio está fazendo um estudo dos processos do Departamento Financeiro da empresa Agrestina S.A. com a finalidade de redução de seus custos. Dentre as diversas formas de levantamento de informações, o consultor escolheu o método de entrevistas com funcionários e gerentes porque tal método apresenta a vantagem de

(A) propiciar um julgamento mais próximo sobre o caráter e a capacidade de chefes e funcionários.
(B) obrigar o indivíduo a alterar seu processo de trabalho, ao constatar sua inadequação.
(C) possibilitar ao entrevistador o conhecimento mais profundo do fluxo de caixa da empresa.
(D) provocar maior sinceridade nas respostas do entrevistado.
(E) permitir que o entrevistado faça críticas e sugestões sobre seu processo de trabalho.

14. (EXAME 2002)

A Pedroso Ltda. está realizando um estudo de viabilidade econômica para Aloha Surf Ltda., uma pequena fábrica de pranchas de *surf*. Para tal, determinou o custo fixo anual de operação da fábrica em R$1.500.000,00 e um custo unitário variável de R$100,00. A Aloha pretende vender suas pranchas a um preço unitário de R$200,00. De quantas unidades deve ser o ponto de equilíbrio (produção em que a receita total é igual ao custo total) anual da fábrica?

(A) 100.000
(B) 75.000
(C) 50.000
(D) 20.000
(E) 15.000

15. (EXAME 2002)

A Flora Amazônica Ltda. tem lucros operacionais de R$400 000,00 e vendeu um ativo de capital, sem uso, por R$52 000,00. O valor contábil do ativo é de R$44 000,00.

Logo, o lucro tributável da empresa, em reais, será:

(A) 8.000,00
(B) 52.000,00
(C) 392.000,00
(D) 400.000,00
(E) 408.000,00

16. (EXAME 2002)

A Joãozinho Ltda. recebeu em pagamento um título de R$605,00 que vencerá em dois anos. No entanto, a empresa está precisando do dinheiro hoje para pagar uma despesa. Trabalhando sempre com juros compostos e com custo de oportunidade de 10% ao ano, por qual valor mínimo, em reais, deverá vender hoje esse título?

(A) 500,00
(B) 504,17
(C) 550,00
(D) 605,00
(E) 665,50

17. (EXAME 2002)

No início de 2002, o preço da ação da Indústria Gramado S.A. era de R$100,00. Seus dividendos, em 2001, foram de R$5,00. Os analistas esperam que os dividendos, no futuro, cresçam a uma taxa constante de 10% ao ano. A esse respeito, considere o modelo de avaliação de crescimento constante – Modelo de Gordon, apresentado a seguir.

$$P_0 = \frac{D_1}{k-g}, \quad k > g$$

onde:

P_0 – preço corrente da ação ordinária;
D_1 – dividendo por ação esperado ao final do primeiro ano;
k – taxa de retorno exigida sobre a ação ordinária;
g – taxa anual de crescimento dos dividendos.

Assim, um investidor médio que comprou ações ordinárias da Indústria Gramado S.A. a um preço de R$100,00 espera uma taxa de retorno anual de:

(A) 5,00%
(B) 5,50%
(C) 10,05%
(D) 15,00%
(E) 15,50%

18. (EXAME 2002)

A figura a seguir apresenta a Linha de Mercado de Títulos (LMT), que reflete, para cada nível de risco não diversificável (beta), o retorno exigido no mercado.

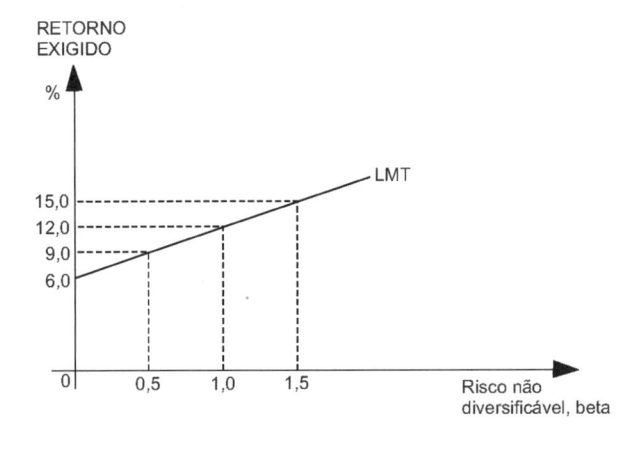

Considere que o prêmio pelo risco de mercado é o dobro do prêmio pelo risco de um ativo (x) e que o modelo de formação de preços de ativos de capital (CAPM) é dado pela equação

$$k_j = R_f + \beta_j(k_m - R_f),$$

onde

k_j – retorno exigido sobre o ativo **j**;
R_f – taxa de retorno livre de risco;
β_j – coeficiente beta do ativo **j**;
k_m – taxa de retorno de mercado.

Logo, o valor de beta (risco não diversificável) é

(A) 0,0
(B) 0,5
(C) 1,0
(D) 1,5
(E) 2,0

19. (EXAME 2002)

A Indústria Macapá Ltda., inaugurada em maio de 2002, está desenvolvendo um orçamento de caixa para julho, agosto e setembro de 2002. As vendas foram de R$100.000,00 em maio e de R$200.000,00 em junho. Estão previstas vendas de R$400.000,00, R$300.000,00 e R$200.000,00, respectivamente, para julho, agosto e setembro. Das vendas feitas pelo setor, 20% têm sido à vista, 50% têm gerado duplicatas com prazo de um mês, e as 30% restantes, de dois meses. A previsão de recebimentos em julho de 2002, em reais, é de

(A) 900.000,00
(B) 400.000,00
(C) 300.000,00
(D) 210.000,00
(E) 80.000,00

20. (EXAME 2002)

A Salinas Potiguar Ltda. deseja avaliar o risco, pela medida estatística da amplitude, de cada um dos cinco projetos que está analisando. Os administradores da empresa fizeram estimativas pessimistas, mais prováveis e otimistas dos retornos anuais, como apresentado a seguir.

ESTIMATIVAS	TAXAS ANUAIS DE RETORNO (%)				
	Projeto A	Projeto B	Projeto C	Projeto D	Projeto E
Pessimista	14	6	10	11	12
Mais Provável	16	16	16	16	16
Otimista	18	22	25	19	22

Com base nas informações anteriores, o projeto de maior risco é o

(A) A
(B) B
(C) C
(D) D
(E) E

21. (EXAME 2001)

A Agropecuária Petrolina S/A teve lucros por ação de R$ 6,00 no ano passado e pagou dividendo de R$ 3,00 por ação. Os lucros retidos totais aumentaram em 30 milhões de reais durante o ano, enquanto o valor patrimonial por ação no fim do ano foi de R$ 50,00. A Companhia não tem ações preferenciais e nenhuma nova ação foi emitida durante o ano. Se a dívida de fim de ano da Petrolina foi de 500 milhões de reais, o índice de endividamento (Dívida/Ativos) de fim de ano para com os ativos da empresa é:

(A) 0,0
(B) 0,5
(C) 0,6
(D) 1,0
(E) 2,0

22. (EXAME 2001)

A Salineira Pato Branco Ltda. obteve, no ano de 2000, lucro de R$ 60.000,00, depois do imposto de renda. As despesas de depreciação foram de R$ 20.000,00 e foi feito um pagamento de R$ 5.000,00 relativo à amortização de um título de dívida. Nesse ano, o fluxo de caixa operacional da empresa, em reais, foi

(A) 35.000,00
(B) 40.000,00
(C) 60.000,00
(D) 75.000,00
(E) 85.000,00

23. (EXAME 2001)

A Santa Maria Material Esportivo Ltda. selecionou cinco projetos objetivando atender às suas necessidades de aumento da capacidade de produção. Os dados resumidos, relativos a cada um desses projetos, estão na seguinte tabela:

PROJETO	RETORNO ESPERADO (%)	DESVIO-PADRÃO DO RETORNO (%)
V	20,0	6,0
X	10,0	4,0
W	20,0	7,0
Y	16,0	5,0
Z	30,0	11,0

Considerando o risco relativo (Risco/Retorno Esperado), o mais recomendável é o projeto

(A) V
(B) X
(C) W
(D) Y
(E) Z

24. (EXAME 2001)

O administrador financeiro da Eletrônica Manaus S.A. está estudando a linha de mercado de títulos da empresa, no gráfico abaixo. O beta da ação da empresa, β_a, é 1,5. A taxa de retorno livre de risco é de 8%, e o retorno sobre a carteira de ativos de mercado é de 11%.

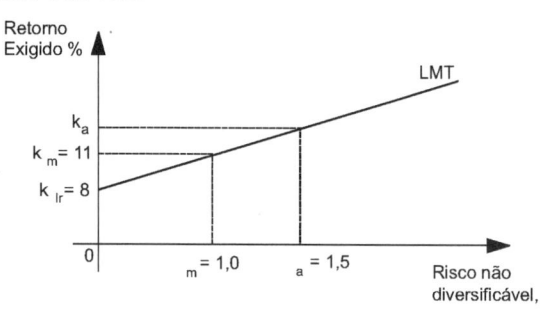

O prêmio pelo risco da ação da empresa é

(A) 1,5%
(B) 3,0%
(C) 4,5%
(D) 6,0%
(E) 14,0%

25. (EXAME 2001)

O diretor da Toalhas Joinville Ltda. deseja substituir uma empacotadora mecânica por outra eletrônica. Existem três empacotadoras candidatas. Apesar de o investimento inicial ser o mesmo para todas as máquinas, a magnitude e a época de ocorrência dos fluxos de caixa intermediários diferem. O quadro e os perfis de Valor Presente Líquido (VPL) sintetizam os resultados encontrados.

Quadro – Taxa Interna de Retorno

Empacotadora	TIR%
X	18
Y	23
Z	27

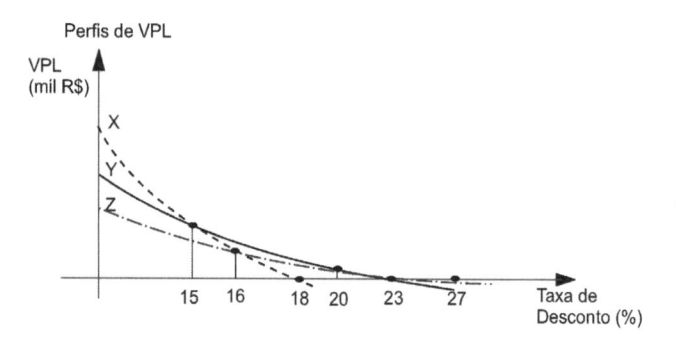

Sabendo que o custo de oportunidade é de 11% ao ano, deve(m) ser escolhida(s) a(s) Empacotadora(s)

(A) X
(B) Y
(C) Z
(D) X ou Y
(E) Y ou Z

26. (EXAME 2001)

Considere o quadro abaixo, com a estrutura financeira existente da Pousada Porto Seguro. O Valor do Capital Próprio da Pousada é de R$ 1.000.000,00.

FONTE	CUSTO (% a.a.)	PROPORÇÃO
Debêntures	14,0	10
Empréstimos	12,0	20
Ações Preferenciais	16,0	30
Capital Próprio	20,0	40

O custo médio ponderado de capital da empresa é

(A) 3,3 %
(B) 15,5 %
(C) 16,0 %
(D) 16,6 %
(E) 25,0 %

27. (EXAME 2000)

O gerente de vendas de uma Editora, cujos principais produtos são enciclopédias, está considerando remunerar os vendedores de sua equipe exclusivamente através de comissões. Remunerar vendedores mediante comissões é adequado a situações em que

(A) se faz desbravamento e as vendas levam pouco tempo para concretizar-se.
(B) se faz desbravamento e os vendedores meramente concretizam negócios.
(C) a situação financeira da empresa está difícil, e ela precisa reduzir custos fixos.
(D) a equipe envolvida na venda é extensa, e a definição de medidas para justificar comissões é complexa.
(E) o resultado de vendas não é controlável, e algumas vendas levam muito tempo para concretizar-se.

Para resolver as oito questões que seguem você pode utilizar as fórmulas abaixo.

Modelo de Formação de Preços de Ativos de Capital (CAPM)

$k_J = R_F + b_J (k_M - R_F)$

onde:

k_J = retorno exigido no ativo j
R_F = taxa de retorno livre de risco
b_J = coeficiente beta ou índice de risco não diversificado para o ativo j
k_M = retorno de mercado

Valor da Ação Ordinária

- Crescimento Constante: $P_0 = \dfrac{D_t}{k_S - g}$, $k_S > g$

- Crescimento zero: $P_0 = \dfrac{D_t}{k_S}$

onde:

D_t = dividendo esperado por ano no final do ano t
k_S = retorno exigido sobre ação ordinária
g = taxa de crescimento constante dos dividendos

Lote Econômico de Compra: $LEC = \sqrt{\dfrac{2.s.o}{c}}$

onde:

s = a demanda, em unidades por período
o = o custo de pedir, por pedido
c = o custo de manter estoque, por unidade por período

28. (EXAME 2000)

A Construtora Amapá esperava obter R$ 3,00 de lucro por ação no ano de 1999. Essa expectativa baseava-se na análise da tendência dos lucros históricos da empresa, e nas condições esperadas na economia e na indústria. O índice médio preço/lucro para empresas do mesmo setor é 5. Supondo que os investidores aceitem essas informações como adequadas, o valor das ações da empresa é, em reais, de:

(A) 0,60
(B) 1,67
(C) 3,00
(D) 5,00
(E) 15,00

29. (EXAME 2000)

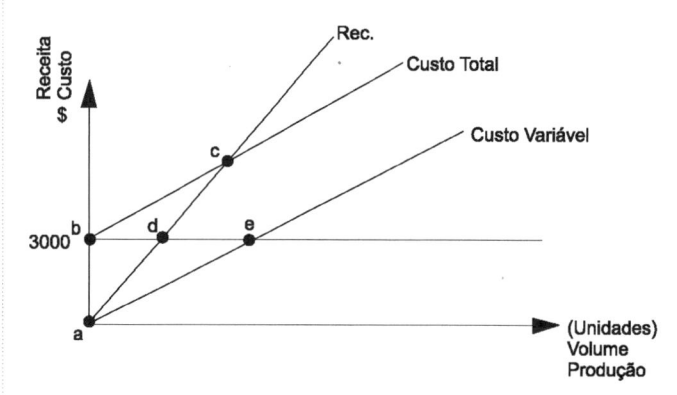

Suponha que a Guaíba Posters, um pequeno varejista de posters, tenha custos operacionais fixos de R$ 3.000,00, que seu preço de venda por unidade (poster) seja de R$ 15,00, e seus custos operacionais variáveis sejam de R$ 5,00 por unidade. Conforme o gráfico acima, de quantas unidades, aproximadamente, é o ponto de equilíbrio da empresa?

(A) zero
(B) 200
(C) 300
(D) 600
(E) 3000

30. (EXAME 2000)

A Empresa Sistemas de Computação, fabricante de programas para computador, deseja determinr o retorno exigido sobre um ativo – Ativo A – que tem um beta (índice de risco não diversificado para o ativo) de 2,0. Os analistas da empresa determinaram que a taxa de retorno livre de risco encontrada é de 8%, e o retorno sobre a carteira de ativos de mercado é 12%. Logo, o retorno exigido pelo Ativo A é:

(A) 2%
(B) 4%
(C) 8%
(D) 12%
(E) 16%

31. (EXAME 2000)

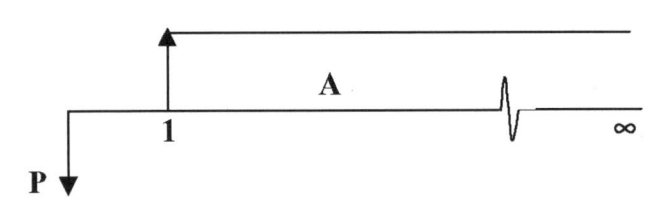

O Sr. João da Silva, Presidente do Grupo Internacional, decidiu criar uma fundação para custear os estudos de pós-graduação do aluno de Administração que conquistou a melhor nota no Provão 2000. Estima-se que custará R$ 10.000,00 por ano o curso de pósgraduação desse aluno. Considerando que a bolsa deverá ser oferecida todos os anos, sempre para o aluno com melhor resultado no Provão, e que os recursos sejam aplicados à taxa de 10% a.a., o valor da doação deverá ser, em reais, conforme o gráfico acima, de:

(A) 1 000,00
(B) 10 000,00
(C) 100 000,00
(D) 1 000 000,00
(E) 10 000 000,00

32. (EXAME 2000)

O Administrador Financeiro da Empresa de Vidros Transparentes determinou os vários custos de capital, de acordo com suas fontes e custos relativos, a saber:

FONTE DE CAPITAL	CUSTO	PARTICIPAÇÃO
Empréstimos a Longo Prazo	16%	40%
Ações Preferenciais Ações	20%	10%
Ordinárias	22%	50%

Em vista do Custo de Capital e supondo-se inalterado o nível de risco, a empresa deve aceitar todos os projetos que obtenham um retorno maior ou igual a:

(A) 16,0%
(B) 19,4%
(C) 20,0%
(D) 21,0%
(E) 22,0%

33. (EXAME 2000)

Suponha que a Eletrônica Estrela utilize 3.000 unidades de um item por ano. Seu custo de pedir é de R$ 60,00 por pedido e o custo de manter cada unidade em estoque é de R$ 1,00 por ano. Objetivando minimizar seu custo total de estoque, tal empresa deverá emitir pedidos num total de unidades correspondente a:

(A) 3 000
(B) 1 500
(C) 750
(D) 600
(E) 250

34. (EXAME 2000)

Para tomar uma decisão os dirigentes da Construtura Naval da Guanabara fizeram uma avaliação das alternativas X e Y, a qual indicou que as probabilidades de ocorrência de resultados pessimistas, mais prováveis e otimistas são, respectivamente, de 20%, 50% e 30%, conforme apresentado no quadro abaixo.

POSSÍVEIS RESULTADOS	ALTERNATIVAS	
	RETORNO ESPERADO	
	X	Y
Pessimista	6%	8%
Mais Provável	12%	12%
Otimista	14%	16%

A Empresa deseja comparar as alternativas somente na base de seus retornos esperados (média ponderada dos retornos por suas probabilidades de ocorrência). Os retornos esperados calculados são, respectivamente:

(A) E(X) = 11,4%, E(Y) = 12,0%
(B) E(X) = 11,4%, E(Y) = 12,4%
(C) E(X) = 12,0%, E(Y) = 12,0%
(D) E(X) = 12,0%, E(Y) = 12,4%
(E) E(X) = 12,4%, E(Y) = 11,4%

35. (EXAME 2000)

A Empresa Reflorestadora de Santa Catarina deseja determinar o custo das ações ordinárias. O preço vigente de mercado de cada ação ordinária da empresa é R$ 10,00. A Empresa espera pagar um dividendo de R$ 1,00 no início do próximo ano. A taxa anual de crescimento de dividendos é de 4%. O custo da ação ordinária da Companhia é:

(A) 1%
(B) 4%
(C) 10%
(D) 14%
(E) 15%

As estruturas patrimoniais abaixo referem-se às cinco próximas questões

Balanço Patrimonial da Cia. ALPHA

ATIVO	PASSIVO
Circulante 1.200	Circulante 1.200
	Exigível a Longo Prazo 600
Permanente 2.800	Patrimônio Líquido 2.200

Balanço Patrimonial da Cia. BETA

ATIVO	PASSIVO
Circulante 1.700	Circulante 900
	Exigível a Longo Prazo 700
Permanente 2.300	Patrimônio Líquido 2.400

As fórmulas a seguir servem para balizar as respostas das cinco questões que seguem.

ICP — (Imobilização do Capital Próprio) = Ativo Permanente Imobilizado/Patrimônio Líquido

MAF — (Multiplicador de Alavancagem Financeira) = Ativo Total/Patrimônio Líquido

QLG — (Quociente de Liquidez Geral) = (Ativo Circulante + Ativo Realizável a Longo Prazo) / (Passivo Circulante + Passivo Exigível a Longo Prazo)

RSA — Taxa de Retorno Sobre o Ativo) = Lucro Líquido/Ativo Total

EG — (Endividamento Geral) = Passivo Exigível/Ativo Total

36. (EXAME 1999)

Considerando as estratégias de financiamentos e investimentos em capital de giro, adotadas pelas companhias ALPHA e BETA, podemos afirmar que:

(A) a da Cia. ALPHA é mais agressiva, pois a Imobilização de seu Capital Próprio é menor do que 1.
(B) a da Cia. ALPHA é mais agressiva, pois seu grau de insolvência técnica é elevado.
(C) a da Cia. BETA é mais conservadora, pois seu multiplicador de alavancagem financeira é menor do que 3.
(D) ambas são igualmente agressivas.
(E) ambas são igualmente conservadoras.

37. (EXAME 1999)

Considere que você é um investidor e está ciente da relação existente entre as aplicações de risco e o retorno desejado destas. Uma vez que se trata de duas indústrias do mesmo ramo de atividade, qual das companhias apresenta maior potencial de retorno de investimento?

(A) ALPHA, porque seu capital circulante líquido é menor.
(B) ALPHA, porque seu exigível a longo prazo é menor.
(C) BETA, porque seu capital circulante líquido é maior.
(D) BETA, porque seu ativo permanente é menor.
(E) Ambas apresentam o mesmo potencial de lucratividade.

38. (EXAME 1999)

O Passivo Circulante da Cia. ALPHA inclui um empréstimo bancário de R$ 200,00 com 360 dias de prazo e juros de 12% ao ano (a Cia. BETA não apresenta empréstimo bancário em seu passivo circulante). Sobre as demais contas do passivo circulante das duas empresas não incidem juros explícitos, e sobre os financiamentos de longo prazo incidem juros de 20% ao ano.

É de 18% ao ano o atual custo de oportunidade arbitrado pelo mercado sobre o Patrimônio Líquido das empresas. Considerando os custos citados, podemos afirmar que o custo financeiro anual dos ativos da Cia. BETA é, em reais, superior ao da Cia. ALPHA em:

(A) 24,00
(B) 26,00
(C) 28,00
(D) 30,00
(E) 32,00

39. (EXAME 1999)

Considerando que a Cia. ALPHA obteve, no exercício financeiro de que trata a estrutura patrimonial apresentada, retorno de 9,09% sobre o patrimônio líquido, resultante do produto do MAF (Multiplicador de Alavancagem Financeira) pela Taxa de Retorno sobre o Ativo, esta Taxa (RSA) da Cia. ALPHA foi de:

(A) 5%
(B) 6%
(C) 7%
(D) 8%
(E) 9%

40. (EXAME 1999)

Com base nas respectivas estruturas patrimoniais, conclui-se que o percentual de endividamento geral da Cia. ALPHA excede o da Cia. BETA em:

(A) 1%
(B) 2%
(C) 3%
(D) 4%
(E) 5%

41. (EXAME 1999)

Considere o seguinte Diagrama de Fluxo de Caixa, relativo a uma operação de desconto de duplicatas realizada por uma empresa em um banco. Os títulos negociados foram resgatados na data de vencimento, sem atraso.

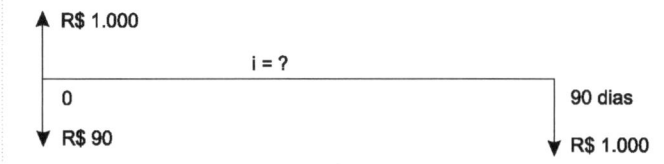

Nas condições em que foi realizado o desconto, a taxa efetiva de juros pagos pela empresa foi de:

(A) 9,00%
(B) 9,29%
(C) 9,49%
(D) 9,69%
(E) 9,89%

42. (EXAME 1999)

O processo de fabricação de um produto apresenta, em reais, os custos da tabela abaixo:

Custos Primários		Custos Indiretos (já rateados pelo produto)		
Mão-de-obra Direta	Material Direto	Mão-de-obra Indireta	Depreciação	Outros Custos Indiretos
100	500	20	10	50

Com base nos dados da tabela, o Custo de Transformação do produto, em reais, é:

(A) 110,00
(B) 130,00
(C) 180,00
(D) 510,00
(E) 580,00

Interprete o Balanço Patrimonial da Companhia ALPHA e os gráficos de estrutura patrimonial apresentados abaixo e responda às três questões que seguem.

BALANÇO PATRIMONIAL

ATIVO		PASSIVO	
Circulante		Circulante	
Disponibilidades	1.500	Fornecedores	9.380
Duplicatas a Receber	20.000	Salários e Encargos	2.400
(-) Provisão Devedores Duvidosos	(300)	Dividendos a Pagar	1.000
Estoques	8.800	Empréstimo Bancário	5.000
		Provisão para Imposto de Renda	2.820
Permanente		Patrimônio Líquido	
Imobilizado	20.000	Capital Social	11.000
(-) Depreciação Acumulada	(5.000)	Reserva Legal	600
		Reservas de Lucros	5.800
		Lucros (P) Acumulados	7.000
Total do Ativo	45.000	Total do Passivo	45.000

GRÁFICOS DE ESTRUTURA PATRIMONIAL

Estrutura I

Ativo	Passivo
Circulante 67%	Circulante 46%
Permanente 33%	Patrimônio Líquido 54%
100%	100%

Estrutura II

Ativo	Passivo
Circulante 33%	Circulante 49%
Permanente 67%	Patrimônio Líquido 51%
100%	100%

Estrutura III

Ativo	Passivo
Circulante 35%	Circulante 35%
Permanente 65%	Patrimônio Líquido 65%
100%	100%

Estrutura IV

Ativo	Passivo
Circulante 65%	Circulante 45%
Permanente 25%	Patrimônio Líquido 55%
90%	100%

Estrutura V

Ativo	Passivo
Circulante 35%	Circulante 55%
Permanente 65%	Patrimônio Líquido 45%
100%	100%

43. (EXAME 1998)

A estrutura patrimonial da Companhia ALPHA corresponde ao gráfico da Estrutura:

(A) I.
(B) II.
(C) III.
(D) IV.
(E) V.

44. (EXAME 1998)

Das empresas representadas graficamente, a que se encontra mais próxima da insolvência técnica é a da Estrutura:

(A) I.
(B) II.
(C) III.
(D) IV.
(E) V.

45. (EXAME 1998)

Considerando que todas as empresas representadas graficamente tiveram a mesma receita bruta de vendas, a que apresentou o maior giro do ativo permanente foi a da Estrutura:

(A) I.
(B) II.
(C) III.
(D) IV.
(E) V.

O gráfico cartesiano abaixo é a imagem geométrica da relação CUSTO x VOLUME x LUCRO das operações de uma empresa. Interprete-o a fim de responder às três questões seguintes.

Receitas e custos, em reais

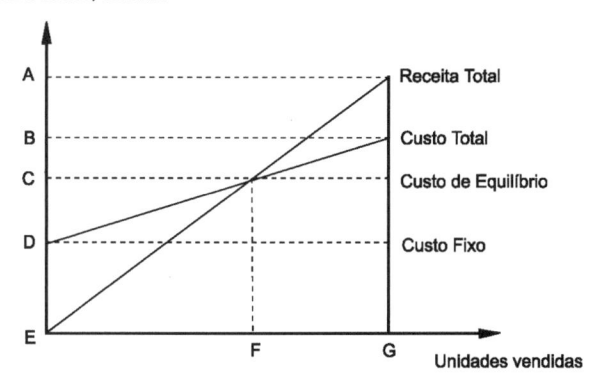

[Gráfico com eixos: ordenada mostrando pontos A, B, C, D, E (de cima para baixo); abscissa mostrando pontos F e G. Linhas: Receita Total, Custo Total, Custo de Equilíbrio, Custo Fixo. Eixo x: Unidades vendidas]

46. (EXAME 1998)

O Ponto de Equilíbrio entre a receita e os custos, em reais e em quantidades, está representado pelo(s) segmentos(s):

(A) DC do eixo das ordenadas.
(B) ED do eixo das ordenadas.
(C) CB e BA do eixo das ordenadas.
(D) ED e DC do eixo das ordenadas.
(E) ED e DC do eixo das ordenadas; e EF do eixo das abscissas.

47. (EXAME 1998)

O(s) segmento(s) do eixo das ordenadas que representa(m), no gráfico, o lucro para a quantidade vendida G, expresso em reais, é:

(A) BA.
(B) CB.
(C) DC.
(D) ED.
(E) ED,DC,CB,BA.

48. (EXAME 1998)

A Margem de Segurança com que uma empresa opera é função do montante de receita que ela pode perder até atingir o ponto de equilíbrio. Assim, na situação indicada pelo gráfico, a Margem de Segurança está representada, em valores de receita, pelo(s) segmento(s) do eixo das ordenadas:

(A) CB.
(B) DC.
(C) ED.
(D) CB e BA.
(E) ED e DC.

49. (EXAME 1997)

A empresa XXX produz um só produto e possui a seguinte estrutura de preço e custo.

Preço de venda por unidade: R$ 200,00
Custos variáveis por unidade: R$ 140,00
Custos fixos - totais: R$ 120.000,00

Qual deverá ser o volume de vendas, em unidades, que irá produzir um lucro antes dos juros e do imposto de renda (lucro operacional) de 20% das vendas?

(A) 2.000
(B) 4.000
(C) 6.000
(D) 8.000
(E) 10.000

50. (EXAME 1997)

Se a margem bruta sobre o custo de um determinado produto é de 25%, qual deverá ser a respectiva margem bruta sobre as vendas?

(A) 5 %
(B) 10 %
(C) 15 %
(D) 20 %
(E) 75%

51. (EXAME 1997)

Numa economia em deflação, quando se utiliza o Método UEPS (último a entrar, primeiro a sair) para avaliação de estoques, a tendência a ser verificada é a de:

(A) diminuir o lucro bruto.
(B) diminuir o imposto de renda a pagar.
(C) manter inalterado o lucro bruto.
(D) aumentar o custo das mercadorias vendidas.
(E) aumentar o imposto de renda a pagar.

52. (EXAME 1997)

Nas demonstrações de resultado das empresas que são regidas pelo regime de competência, existem itens que são deduzidos para fins de cálculo do imposto de renda, mas que não exigem qualquer desembolso. Assinale a opção que indica as despesas mais comuns que **NÃO** representam o referido desembolso.

(A) Indenizações e encargos trabalhistas.
(B) Amortizações e depreciação.
(C) Salários e benefícios.
(D) Imposto de renda e tributos.
(E) Juros e dividendos.

53. (EXAME 1997)

Considere os dados abaixo, referentes ao balanço patrimonial resumido de uma empresa no final de um determinado ano.

Ativo permanente líquido	R$ 350,00
Caixa	R$ 100,00
Contas a pagar	R$ 150,00
Contas a receber	R$ 300,00
Estoques	R$ 250,00
Exigível a longo prazo	R$ 300,00
Salários a pagar	R$ 50,00

O valor do Patrimônio Líquido dessa empresa, em reais, é:
(A) 200,00
(B) 350,00
(C) 500,00
(D) 1.000,00
(E) 2.050,00

54. (EXAME 1997)

Uma das áreas-chave da administração do capital de giro de uma empresa é a administração de caixa.

O ciclo de caixa, que representa o tempo em que o dinheiro da empresa está aplicado, mantém relações diretamente (D) e inversamente (I) proporcionais com as seguintes variáveis: idade média de estoque (IME), período médio de pagamento (PMP) e período médio de cobrança (PMC). Indique a opção que apresenta a correta relação entre as respectivas variáveis e o ciclo de caixa.

(A) IME (D), PMP (D) e PMC (I)
(B) IME (D), PMP (I) e PMC (D)
(C) IME (I), PMP (D) e PMC (I)
(D) IME (I), PMP (D) e PMC (D)
(E) IME (I), PMP (I) e PMC (D)

55. (EXAME 1997)

A análise do ponto de equilíbrio (análise custo-volume-lucro) permite tanto determinar o nível de operação que uma empresa precisa manter para cobrir todos os seus custos operacionais, quanto avaliar a lucratividade associada a vários níveis de venda. O referido ponto de equilíbrio operacional é definido quando o(a):

(A) custo fixo operacional = 0 (zero).
(B) lucro líquido = 0 (zero).
(C) lucro antes do imposto de renda = 0 (zero).
(D) lucro antes de juros e imposto de renda = 0 (zero).
(E) margem de contribuição = 0 (zero).

56. (EXAME 1997)

As decisões financeiras devem ser tomadas em função dos retornos e dos riscos esperados, e do respectivo impacto dos mesmos sobre o preço do ativo avaliado. O risco de um ativo individual, uma ação, por exemplo, pode ser devidamente avaliado através da variabilidade dos retornos esperados. Portanto, a comparação das distribuições probabilísticas dos retornos, relativas a cada ativo individual, possibilita a quem toma decisões perceber os diferentes graus de risco. Analise, abaixo, os dados estatísticos relativos aos retornos de 5 ativos.

Dados estatísticos referentes aos retornos	Ativo A	Ativo B	Ativo C	Ativo D	Ativo E
Valor esperado	15,0%	12,0%	5,0%	10,0%	4,0%
Desvio-padrão	6,0%	6,6%	2,5%	3,0%	2,6%
Coeficiente de variação	0,40	0,55	0,50	0,30	0,65

O ativo MENOS arriscado é o:
(A) A
(B) B
(C) C
(D) D
(E) E

57. (EXAME 1997)

A empresa YYY está preparando uma projeção trimestral (jan., fev. e mar./19X7) relativa às vendas a serem realizadas no referido período. Tal empresa sempre realizou e vai continuar realizando suas vendas da seguinte maneira: 40% à vista, 40% em 30 dias e 20% em 60 dias. As vendas projetadas pela empresa para o referido trimestre deverão ser as seguintes: R$ 40.000 em jan./19X7, R$ 60.000 em fev./19X7 e R$ 80.000 em mar./19X7. Se o saldo da conta, **contas a receber**, no balanço realizado no final de dez./19X6 foi de R$ 20.000,00, qual deverá ser o saldo final da citada conta, em reais, no balanço projetado para o final de mar./19X7?

(A) 40.000,00
(B) 50.000,00
(C) 60.000,00
(D) 70.000,00
(E) 80.000,00

58. (EXAME 1997)

A análise dos índices financeiros tem por finalidade promover uma avaliação relativa da situação econômico-financeira das empresas. Um dos grupos de índices diz respeito à liquidez da empresa e os respectivos índices de liquidez avaliam:

(A) a capacidade de a empresa satisfazer suas obrigações de curto prazo.
(B) a rapidez com que várias contas são convertidas em vendas ou caixa.
(C) a consistência de Patrimônio Líquido da empresa.
(D) o montante de dinheiro de terceiros que a empresa utiliza na tentativa de gerar lucro.
(E) os diversos tipos de retornos da empresa em relação às suas vendas, a seus ativos ou a seu Patrimônio Líquido.

59. (EXAME 2006) DISCURSIVA

Utilize o texto abaixo para responder à Questão Discursiva

A Companhia Industrial de Tratores está estudando transferir sua atividade de produção de São Paulo para uma unidade maior, buscando aumento de sua produtividade frente à concorrência, para viabilizar sua atividade operacional no Brasil. Atualmente possui duas plantas localizadas no Brasil e seu projeto é integrar a unidade de produção de São Paulo com a unidade de Goiás, ampliando a escala desta última, e vendendo a de São Paulo para empreendimento imobiliário. Estima-se que a paralisação da unidade de São Paulo vá custar R$ 100 milhões referentes ao programa de desligamento de funcionários, de seus prestadores de serviços e de seus fornecedores de peças. O prédio local e as instalações serão vendidos por esse valor, os quais estão contabilizados a R$ 50 milhões.

Este programa de desligamento envolverá investimentos também em programas de recolocação profissional com reintegração ao mercado de trabalho, apoio psicológico, apoio médico e replanejamento de atividades de prestadores de serviço. Imagine que essas ações aconteçam em 30 dias.

Recentemente, a empresa implantou um sistema integrado de gestão (ERP), disponibilizando informações para o setor financeiro, referentes a faturamento, custos, resultados, orçamento, originando vários relatórios gerenciais. Pela análise desses relatórios, a atual produção de tratores será ampliada em 500 unidades por ano, sem necessidade de investimento adicional em razão de ociosidade na instalação de Goiás. O preço unitário dos tratores será de R$ 200 mil, e seu custo total unitário, de R$ 120 mil. A alíquota de Imposto sobre a Renda da Companhia é de 30%. O custo de capital da Companhia é de 10% a.a.

Financeiramente, é recomendável a mudança das instalações de São Paulo para Goiás? Por quê?

60. (EXAME 2003) DISCURSIVA

FOME ZERO SÓ COM DESPERDÍCIO ZERO

A Diretoria da Companhia Exemplo está reunida para, atendendo a um apelo do Presidente da República, inserir-se no Programa Fome Zero. Há consenso entre os diretores de que a Responsabilidade Social é item importante para a imagem da Companhia. Após inúmeros debates, antecedidos por apresentações sobre a situação da Companhia, chegou-se à conclusão de que tal inserção somente seria possível reduzindo-se os desperdícios da Empresa: contribuições ao Programa Fome Zero somente com desperdício zero. A idéia da Diretoria era aproveitar o programa governamental como oportunidade para aumentar a produtividade da empresa, tendo por mote a redução do desperdício. Resolveu-se que, para identificar tais desperdícios, seria preciso indicar um *benchmark*, isto é, uma empresa do segmento considerada com gestão exemplar, para poder-se comparar. Com esse objetivo, definiu-se que a Cia. Modelo seria o *benchmark*, dado que os preços médios praticados pelas duas empresas, bem como os faturamentos, são similares.

Ao analisar os sistemas produtivos e de informação das empresas, o Diretor de Operações e Tecnologia identificou as seguintes diferenças significativas:

QUADRO 1. DIFERENÇAS OPERACIONAIS E TECNOLÓGICAS

ITEM	CIA. EXEMPLO	CIA. MODELO
Maquinaria	Da década de 50	Da década de 90
Freqüência Média de Manutenção	Quinzenal	Trimestral
Integração dos Processos de Manufatura	Baixa	Alta
Planejamento e Controle da Produção	Manual	Integrado ao ERP*
Controle de Contas a Receber	Manual	Integrado ao ERP*
Controle de Estoques	Manual	Integrado ao ERP*
Contabilidade	Informatizada	Integrada ao ERP*
Tesouraria	Informatizada	Integrada ao ERP*
Banco de Dados Organizacional	Múltiplas bases não integradas	Base única integrada ao ERP*

* ERP = sistema integrado de gestão

O Diretor Administrativo-Financeiro realizou um diagnóstico financeiro da Empresa cujo resultado encontra-se a seguir.

QUADRO 2. DEMONSTRAÇÕES DO RESULTADO DA CIA. EXEMPLO E DA CIA. MODELO

	CIA. EXEMPLO		CIA. MODELO	
	Valores (em R$ mil)	Análise Vertical (*)	Valores (em R$ mil)	Análise Vertical (*)
RECEITAS BRUTAS	172015	100%	141479	100%
(–) Impostos sobre vendas	14568	8%	11318	8%
(–) Deduções (devoluções)	16944	10%	3273	2%
RECEITAS LÍQUIDAS	140503	82%	126888	90%
(–) Custo do Produto Vendido	127851	74%	90385	64%
RESULTADO BRUTO	12652	8%	36503	26%
(–) Despesas de Vendas	23083	13%	20925	15%
(–) Despesas Administrativas	12208	7%	3260	2%
RES. ANTES DOS JUROS	–22639	–12%	12318	9%
(+) Receitas Financeiras		0%	2739	2%
(–) Despesas Financeiras	81978	48%	0	0%
RESULTADO OPERACIONAL	–104617	–60%	15057	11%
(+) Receita não Operacional		0%	1561	1%
(–) Despesa não Operacional	2436	1%	2422	2%
RESULTADO ANTES DO IR	–107053	–61%	14196	10%
(–) IR/Contribuição Social		0%	525	0%
(+) IR Diferido	1089	1%	0	0%
(–) Participações no resultado		0%	120	0%
RESULTADO LÍQUIDO	–105964	–60%	13551	10%

(*) os números da análise vertical estão arredondados

a) A partir da análise vertical comparativa, liste todos os itens de custos e despesas passíveis de serem incluídos no plano de racionalização, destacando o mais relevante.

b) Considerando-se que a Necessidade de Capital de Giro da Cia. Exemplo é de 35% do faturamento e a da Cia. Modelo é de 2% e que os prazos de compra e de venda e as condições de pagamento são similares, o que deve ser recomendado para que a Cia. Exemplo reduza sua Necessidade de Capital de Giro? Justifique.

61. (EXAME 2002) DISCURSIVA

PARA ONDE VÔO?

O setor de aviação civil brasileiro vem apresentando, nos últimos anos, sinais de descapitalização em razão de contínuos prejuízos. Os fatos ocorridos em 11 de setembro de 2001 vieram, segundo fontes das empresas, a deteriorar ainda mais as já combalidas condições em que se encontravam. Somou-se a isso a desvalorização do real frente à moeda norte-americana e a elevação do preço dos combustíveis, decorrente dessa desvalorização e do aumento das tensões bélicas no Oriente Médio. Nesse contexto, observou-se a primeira grande baixa do setor em 2002 – a paralisação das atividades da Transbrasil, uma das mais tradicionais companhias aéreas brasileiras. Fontes do governo e a imprensa vêm sugerindo a fusão das duas maiores companhias, Varig e Tam, como solução.

Os Quadros 1 e 2 apresentam o índice médio setorial de ocupação das aeronaves (em %).

Quadro 1. Mercado Doméstico

Companhias do:	1997	1998	1999	2000	2001
Brasil	58.7	59.3	53.8	58.8	56.9
Mundo	68.3	68.2	67.8	69.2	67.9

Quadro 2. Mercado Internacional

Companhias do:	1997	1998	1999	2000	2001
Brasil	66.0	64.6	61.3	71.2	67.1
Mundo	70.2	69.6	70.3	74.8	70.1

O Quadro 3 apresenta as Demonstrações de Resultados da Varig e da Tam, comparativamente aos da Delta Airlines, uma das maiores empresas norte-americanas do setor (valores em US$ milhões).

Quadro 3. Demonstração Sintética do Resultado (em US$ milhões)

	VARIG		TAM		DELTA	
	2000	2001	2000	2001	2000	2001
Receita Líquida dos Serviços Prestados	2,663	2,616	1,025	1,280	16,080	13,339
(Custos e Despesas Operacionais)	(2,544)	(2,720)	(879)	(1,232)	(14,443)	(14,941)
Resultado antes de Juros e IR	119	(104)	146	48	1,637	(1.602)
(Despesa Financeira Líquida)	(264)	(269)	(138)	(159)	(257)	(410)
Outras Receitas/ Despesas Operacionais	5	(1)	(2)	18	169	148
Resultado Operacional	**(140)**	**(374)**	**6**	**(93)**	**1,549**	**(1,864)**

O Quadro 4 apresenta a análise vertical das Demonstrações de Resultados das três companhias (em %)

Quadro 4. Análise Vertical da Demonstração Sintética do Resultado (em %)

	VARIG		TAM		DELTA	
	2000	2001	2000	2001	2000	2001
Receita Líquida dos Serviços Prestados	**100%**	**100%**	**100%**	**100%**	**100%**	**100%**
(Custos e Despesas Operacionais)	96%	104%	86%	96%	90%	112%
Resultado antes de Juros e IR	4%	4%	14%	4%	10%	12%
(Despesa Financeira Líquida)	10%	10%	13%	12%	2%	3%
Outras Receitas/ Despesas Operacionais	0%	0%	0%	1%	1%	1%
Resultado Operacional	−5%	−14%	1%	−7%	10%	−14%

Com base nos dados indicados e resultados apresentados pelas empresas, resolva os itens a seguir.

a) Analise os faturamentos de 2001 das empresas aéreas brasileiras, comparando-os com o da Delta, e apresente uma possível causa da situação encontrada.
b) Os custos e despesas operacionais das companhias aéreas brasileiras são elevados? Justifique.
c) Qual o impacto das elevadas taxas de juros, internas e externas, vigentes no Brasil sobre a competitividade das companhias aéreas brasileiras?
d) Em caso de fusão das empresas, poderá haver aumento do resultado líquido consolidado proveniente de sinergia operacional? Por quê?
e) Apresente duas dificuldades que poderão ocorrer na implantação de um sistema de reservas integrado, caso haja a fusão das companhias aéreas nacionais.

As questões abaixo visam a levantar sua opinião sobre a qualidade e a adequação da prova que você acabou de realizar e também sobre o seu desempenho na prova.

Assinale as alternativas correspondentes à sua opinião e à razão que explica o seu desempenho nos espaços próprios (parte inferior) do Cartão-Resposta. Agradecemos sua colaboração.

62. (EXAME 2000) DISCURSIVA

As cervejarias A e B estão estudando um processo de fusão para criação da GCN – Grande Cervejaria Nacional. Você foi contratado para, com base nos dados das demonstrações de resultado das duas cervejarias, que se encontram a seguir, explicar aos acionistas da cervejaria B suas possíveis vantagens nessa fusão.

CERVEJARIA A (valores em R$ mil)

DEMONSTRAÇÕES DO RESULTADO	JAN A DEZ 96	JAN A DEZ 97	JAN A DEZ 98	JAN A DEZ 99
RECEITAS BRUTAS	4.413.987	5.069.827	5.840.249	7.005.073
(-) Deduções	2.173.871	2.601.091	3.060.801	3.849.399
RECEITAS LÍQUIDAS	2.240.116	2.468.736	2.779.448	3.155.674
(-) Custos Vendas / Serviços	1.192.390	1.417.897	1.402.902	1.553.835
RESULTADO BRUTO	1.047.726	1.050.839	1.376.546	1.601.839
(-) Despesas de Vendas	292.322	380.272	463.668	695.622
(-) Despesas Administrativas	451.730	240.217	250.466	239.603
RESULTADO DA ATIVIDADE	303.674	430.350	662.412	666.614
(-) Outras Despesas Operac				1.453
(-) Depreciação / Amortização	29.249	38.440	272.496	330.782
(+) Outras Receitas Operac	19.697	56.869	175.954	117.660
RESULTADO OPERACIONAL I (EBIT)	294.122	448.779	565.870	452.039
(-) Despesas Financeiras	102.338	157.062	276.991	346.413
(+) Receitas Financeiras	188.557	162.734	224.940	213.043
(+/-) Resultado Equiv Patrimonial	5.082	20.354		-1.873
RESULTADO OPERACIONAL II	385.423	454.451	534.173	316.796
(+) Receita não Operacional	81.833	55.550	9.495	38.769
RESULTADO ANTES IR	467.256	510.001	543.668	355.565
(-) IR/Contribuição Social	162.399	119.478	53.659	34.374
(-) Participações	54.558	19.168	33.686	-7.907
RESULTADO LÍQUIDO	250.299	371.355	456.323	329.098

CERVEJARIA B (valores em R$ mil)

DEMONSTRAÇÕES DO RESULTADO	JAN A DEZ 96	JAN A DEZ 97	JAN A DEZ 98	JAN A DEZ 99
RECEITAS BRUTAS	2.268.639	2.293.100	2.236.562	2.190.715
(-) Deduções	633.099	702.972	803.961	808.841
RECEITAS LÍQUIDAS	1.635.540	1.590.128	1.432.601	1.381.874
(-) Custos Vendas / Serviços	926.167	946.106	929.598	786.118
RESULTADO BRUTO	709.373	644.022	503.003	595.756
(-) Despesas de Vendas	180.719	223.620	165.645	186.966
(-) Despesas Administrativas	332.750	295.126	155.122	202.809
RESULTADO DA ATIVIDADE	195.904	125.276	182.236	205.981
(-) Depreciação / Amortização			76.084	143.771
(+) Outras Receitas Operac	30.294	81.780	94.043	68.834
RESULTADO OPERACIONAL I (EBIT)	226.198	207.056	200.195	131.044
(-) Despesas Financeiras	70.385	53.643	148.036	153.696
(+) Receitas Financeiras	39.801	34.326	66.383	111.795
(+/-) Resultado Equiv Patrimonial	3	-526	-5.415	-3.086
RESULTADO OPERACIONAL II	195.617	187.213	113.127	86.057
(+) Receita não Operacional	10.684	9.007		
(-) Despesa não Operacional			1.009	4.523
RESULTADO ANTES IR	206.301	196.220	112.118	81.534
(-) IR/Contribuição Social	60.333	54.646	17.448	9.473
(-) Participações	13.230	55.423	56.095	45.509
RESULTADO LÍQUIDO	132.738	86.151	38.575	26.552

63. (EXAME 1998) DISCURSIVA

Os gráficos cartesianos abaixo retratam a evolução dos elementos patrimoniais da Cia BETA de 31-12 do ano I a 31-12 do ano II.

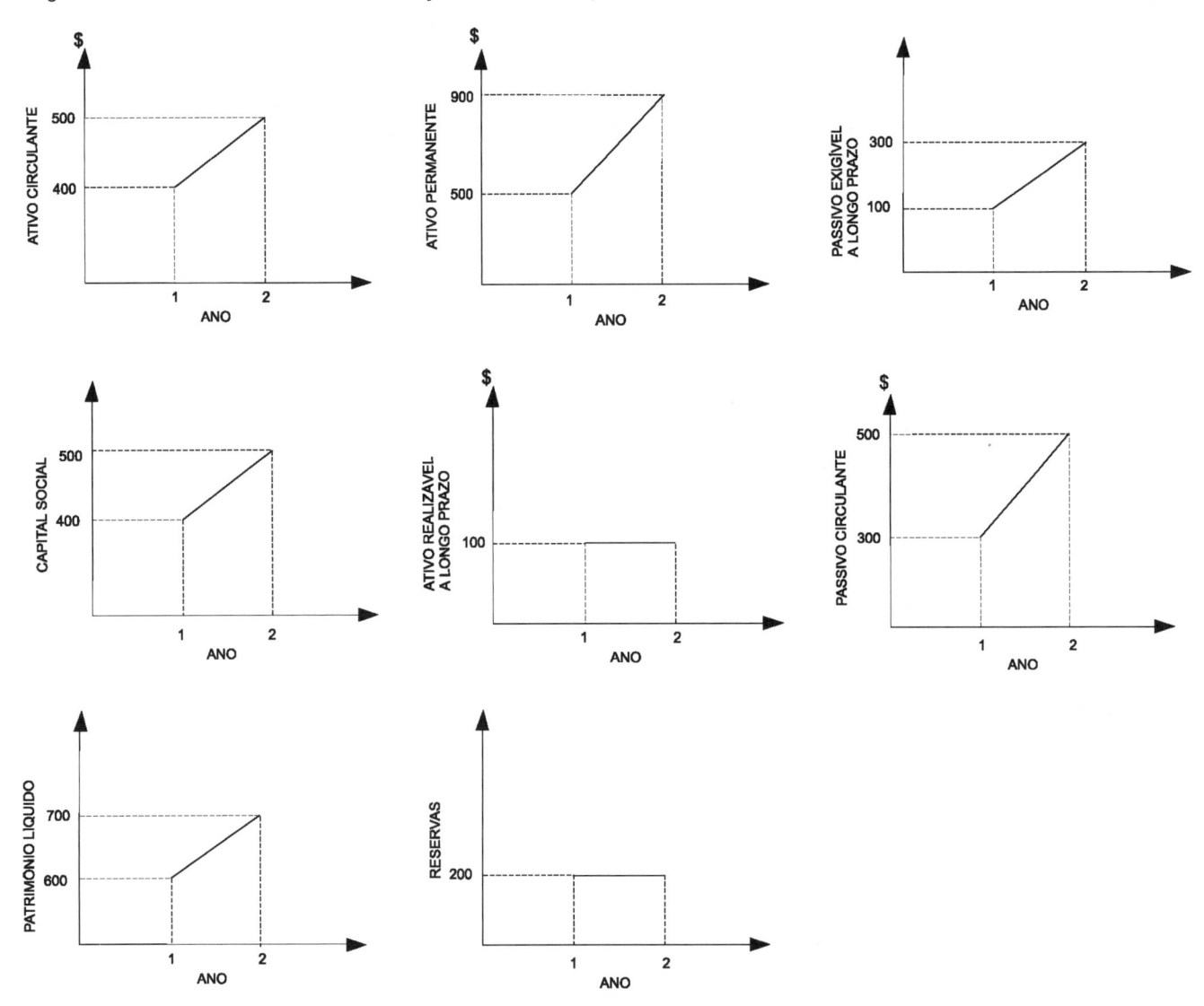

ATIVO CIRCULANTE: Ano 1 = 400; Ano 2 = 500
ATIVO PERMANENTE: Ano 1 = 500; Ano 2 = 900
PASSIVO EXIGÍVEL A LONGO PRAZO: Ano 1 = 100; Ano 2 = 300
CAPITAL SOCIAL: Ano 1 = 400; Ano 2 = 500
ATIVO REALIZÁVEL A LONGO PRAZO: Ano 1 = 100; Ano 2 = 100
PASSIVO CIRCULANTE: Ano 1 = 300; Ano 2 = 500
PATRIMÔNIO LÍQUIDO: Ano 1 = 600; Ano 2 = 700
RESERVAS: Ano 1 = 200; Ano 2 = 200

COM BASE NAS INFORMAÇÕES CONTIDAS NOS GRÁFICOS, responda às perguntas que se seguem.

a) Você concederia um empréstimo de curto prazo à Cia BETA? Justifique sua resposta.

b) Monte um quadro explicativo das origens e das aplicações dos recursos no período considerado.

c) Avalie a política de aplicações de recursos da Cia BETA, justificando sua resposta.

64. (EXAME 1997) DISCURSIVA

Ao final de 19X7, a empresa XYZ apurou os seguintes dados econômico-financeiros:

DEMONSTRATIVO DE RESULTADOS

XYZ - Valores em R$	19X7
Receita operacional	2.550
Custos e Despesas Operacionais	(1.810)
Despesas Financeiras	(55)
Imposto de Renda	(114)
LUCRO LÍQUIDO	571

FLUXO DE CAIXA

XYZ - Valores em R$	19X7
Fluxo de caixa operacional	840
(-) Dispêndio de capital	595
(-) Acréscimos ao capital de giro	268
FLUXO DE CAIXA TOTAL	(23)

Obs.: Fluxo de caixa operacional reflete a diferença entre todas as entradas e saídas de caixa provenientes das operações da empresa.

Por que ocorrem diferenças entre os valores de lucro líquido e os de fluxo de caixa?

Conteúdo 06

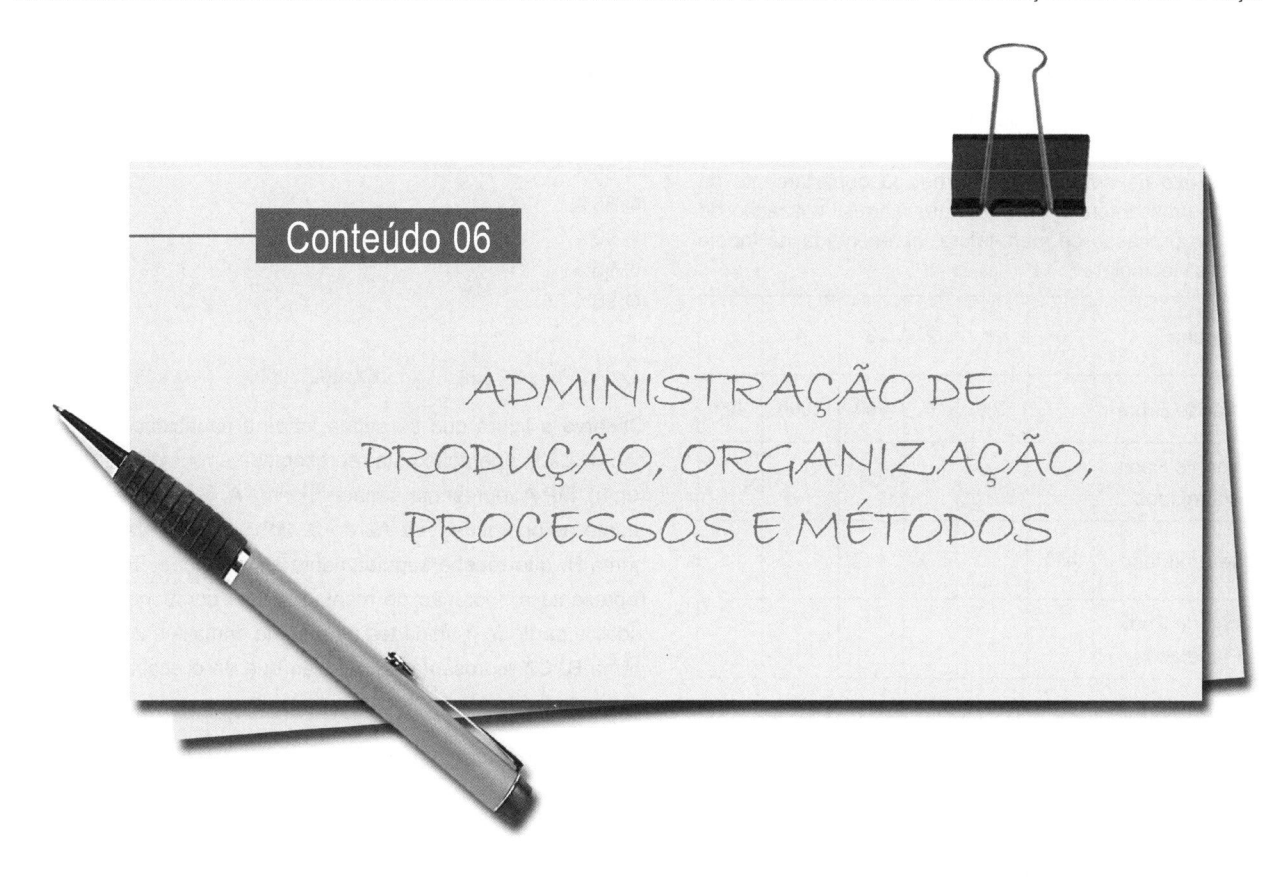

ADMINISTRAÇÃO DE PRODUÇÃO, ORGANIZAÇÃO, PROCESSOS E MÉTODOS

1. (EXAME 2009)

A Brás Eletrônicos Ltda. monta computadores pessoais. Uma das peças utilizadas na montagem é a placa de memória RAM. No gráfico abaixo são mostradas as quantidades dessas placas em estoque ao final de cada dia, nos últimos 30 dias, e o nível de ressuprimento. Ao final do dia, o administrador de compras verifica a necessidade de realizar um pedido de peças e, quando necessário, realiza-o imediatamente no sistema *on-line* do fornecedor.

Sabendo-se que o *lead time* é o tempo entre o pedido de suprimento e sua entrada no estoque da empresa (considere que não existe perda de tempo entre a entrega e a entrada em estoque), conclui-se que o *lead time* médio no período é de

(A) 1 dia.
(B) 2 dias.
(C) 3 dias.
(D) 9 dias.
(E) 10 dias.

2. (EXAME 2009)

Os parâmetros fundamentais do MRP (Material Resource Planning) são o tamanho de lote de pedido, o estoque de segurança e o prazo de entrega (lead time). O departamento de produção de uma empresa tem uma previsão de utilização de parafusos, no processo de manufatura, apresentada na tabela abaixo, ainda incompleta:

Semana	0	1	2	3	4	5
Necessidade Bruta		100	0	700	1000	400
Recebimento Pedidos Planejados		0	0			
Estoque Projetado	400					
Liberação de Pedidos Planejados						

Os parafusos são vendidos pelos fornecedores de material em lotes de 500 unidades, isto é, podemos apenas comprar múltiplos desse valor (500, 1000, 1500, etc.). O prazo de *lead time* é de duas semanas, o estoque de segurança é de 200 unidades, o estoque inicial é de 400 unidades, e não houve nenhum pedido feito nas duas últimas semanas.

Qual é o estoque médio projetado para as cinco semanas seguintes?

(A) 500.
(B) 400.
(C) 300.
(D) 200.
(E) 120.

3. (EXAME 2006)

A Cia. Alonso de Auto Peças Ltda. distribui peças para oficinas de reparo de automóveis localizadas em grande área metropolitana. Embora se trate de um mercado competitivo, a Cia. Alonso gostaria de oferecer níveis de estoque adequados às oficinas atendidas, ao mesmo tempo em que deseja maximizar seus lucros. Ela é sabedora de que, à medida que aumenta a percentagem média de atendimentos aos clientes (nível de serviço), maior é seu custo de estoques.

A fim de determinar a influência dos níveis de estoque no percentual de atendimento aos clientes, a Alonso fez um levantamento dos principais itens de seu estoque nos últimos seis meses. A seguinte tabela foi preparada:

Percentagem média de atendimento aos clientes	Nível médio mensal de estoque (R$)	Custos de estoques mensais (R$)	Receita média de vendas mensais (R$)
80%	27.500,00	550,00	900,00
85%	30.000,00	600,00	1.200,00
90%	35.000,00	700,00	1.400,00
95%	40.000,00	800,00	1.450,00
98%	50.000,00	1.000,00	1.600,00

A partir dos dados apresentados nessa tabela, pode-se concluir que o maior lucro ocorrerá quando o nível de serviço for equivalente a

(A) 80%.
(B) 85%.
(C) 90%.
(D) 95%.
(E) 98%.

4. (EXAME 2006)

Observe a figura que se segue, onde a capacidade de produção de cada operação está representada em unidades por hora (un/h). **MP A** representa a matéria-prima A, que recebe seguidamente as operações A1, A2 e A3. **MP B** representa a matéria-prima B, que recebe seguidamente as operações B1 e B2. **C1** representa a operação de montagem dos componentes produzidos a partir de 3 unidades da matéria-prima A e 2 da matéria-prima B. **C2** representa a operação que dá o acabamento final ao produto.

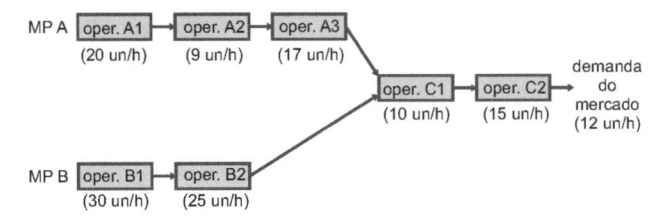

MP A → oper. A1 (20 un/h) → oper. A2 (9 un/h) → oper. A3 (17 un/h) → oper. C1 (10 un/h) → oper. C2 (15 un/h) → demanda do mercado (12 un/h)

MP B → oper. B1 (30 un/h) → oper. B2 (25 un/h) → oper. C1

Sabendo que a demanda do mercado é de 12 un/h, de quanto é a produção máxima de produtos acabados?

(A) 12 un/h
(B) 10 un/h
(C) 9 un/h
(D) 5 un/h
(E) 3 un/h

5. (EXAME 2006)

A figura abaixo representa os custos de diferentes formas de processos de produção (celular, automatizada e intermitente), e a receita de vendas de um determinado produto.

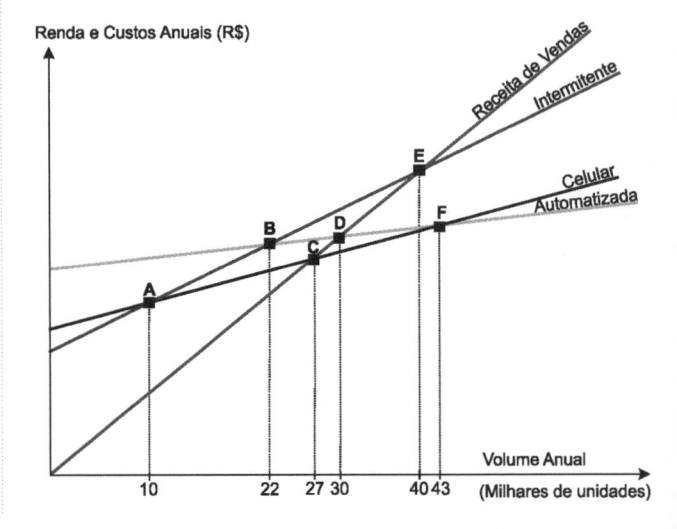

Considerando a figura, analise as afirmações a seguir.

Se for esperado um volume de produção abaixo de 10.000, a manufatura intermitente é a preferível; entre 10.000 e 43.000, a manufatura celular é a preferível; acima de 43.000, a manufatura automatizada é a preferível.

PORQUE

Os pontos de equilíbrio (quantidade/valor para os quais as receitas igualam os custos) são de 27.000, 30.000 e 40.000, respectivamente, para as manufaturas celular, automatizada e intermitente.

A respeito das informações acima, conclui-se que

(A) as duas afirmações são verdadeiras, e a segunda justifica a primeira.

(B) as duas afirmações são verdadeiras, e a segunda não justifica a primeira.

(C) a primeira afirmação é verdadeira, e a segunda é falsa.

(D) a primeira afirmação é falsa, e a segunda é verdadeira.

(E) as duas afirmações são falsas.

6. (EXAME 2003)

A Tintas Brasil Ltda. está estudando uma forma de nivelar sua produção durante o ano. O Departamento de *Marketing* fez uma pesquisa de mercado e descobriu que o setor de tintas é altamente sazonal (muitas famílias resolvem pintar suas residências no 4º trimestre, devido ao período de festas). O gráfico abaixo mostra as previsões de vendas para o próximo ano.

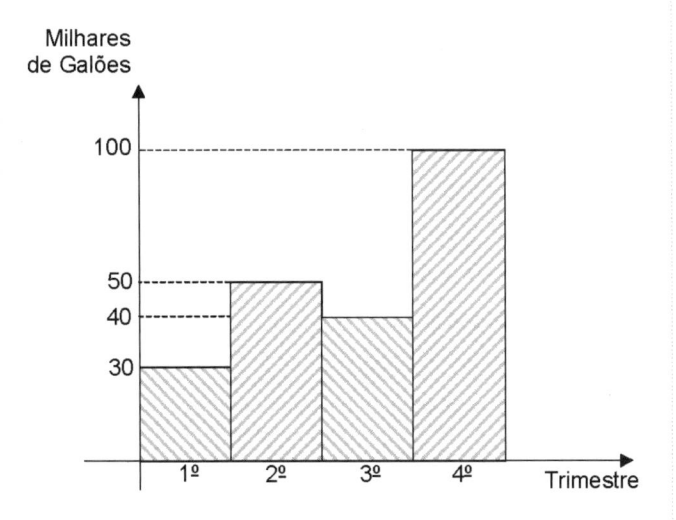

De quantos milhares de galões deve ser o nível de produção trimestral da empresa para nivelar sua produção?

(A) 100
(B) 75
(C) 55
(D) 50
(E) 40

7. (EXAME 2003)

A Telefones Brasileiros S.A. está estudando a instalação de uma nova fábrica no Brasil. Para esta decisão, foram levantados a receita e os custos totais em função da quantidade de aparelhos, para dois tipos de sistemas de produção. O gráfico, a seguir, representa esse levantamento.

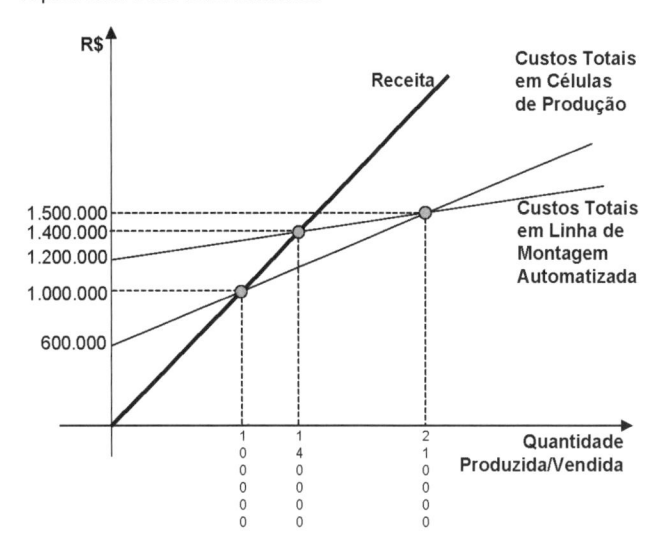

Tendo em vista que o Departamento de Vendas levantou um mercado de 350.000 unidades já no primeiro ano, que tipo de sistema de produção você recomenda e qual o seu ponto de equilíbrio?

(A) Células de Produção ; 100.000
(B) Células de Produção ; 210.000
(C) Células de Produção ; 350.000
(D) Linha Automatizada ; 140.000
(E) Linha Automatizada ; 210.000

8. (EXAME 2003)

A Ponto Quente Aparelhos Elétricos S.A. produz aquecedores e ventiladores. As árvores de estrutura de ambos os produtos estão representadas a seguir (os números entre parênteses referem-se à quantidade utilizada na produção).

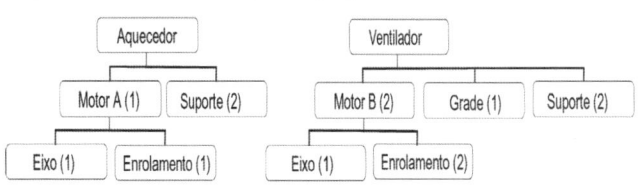

Considerando que os eixos utilizados em ambos os casos são os mesmos, quantos eixos devem ser comprados para a produção de 100 ventiladores e 50 aquecedores, se o estoque inicial é de 40 eixos e, ao final da produção, deseja-se ter um estoque de 50 eixos?

(A) 300
(B) 260
(C) 250
(D) 240
(E) 210

9. (EXAME 2003)

A Obras Públicas Ltda. está se preparando para a obtenção de uma licença de construção de uma ponte na Região Sudeste. As tarefas que serão executadas são: A,B,C,D,E,F,G,H,I,J,K,L,M. As precedências e os tempos (entre parênteses) para a execução de todas as tarefas são mostrados na figura a seguir.

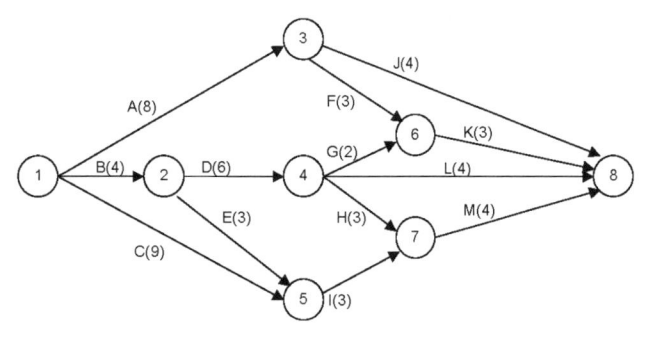

Como a obra tem interesse social, em quantos dias, no máximo, deve ser executada?

(A) 17
(B) 16
(C) 15
(D) 14
(E) 12

10. (EXAME 2003)

O Gerente de Produção da Fábrica de Ferramentas TT S.A. efetuou o levantamento do trabalho realizado por uma equipe encarregada do processo de ferramentas de corte, tendo elaborado a seguinte tabela:

Meses	Peças Produzidas	Trabalhadores	Dias Trabalhados
Janeiro	1.280	34	22
Fevereiro	1.040	40	18
Março	1.530	50	27
Abril	1.200	50	20
maio	1.100	25	22

Considerando-se as informações obtidas, constata-se que a melhor produtividade ocorreu em

(A) janeiro.
(B) fevereiro.
(C) março.
(D) abril.
(E) maio.

11. (EXAME 2003)

A empresa AGT Consultores Associados propôs a reorganização da estrutura da Construtora Prédio Feito S.A., de modo a privilegiar:

− o desenvolvimento de um forte e coeso trabalho de equipe;
− a eliminação de mão-de-obra ociosa;
− a eliminação de uma extensa cadeia hierárquica;
− a melhoria do processo comunicativo nos empreendimentos.

Para cada novo empreendimento passou, então, a adotar a seguinte estrutura:

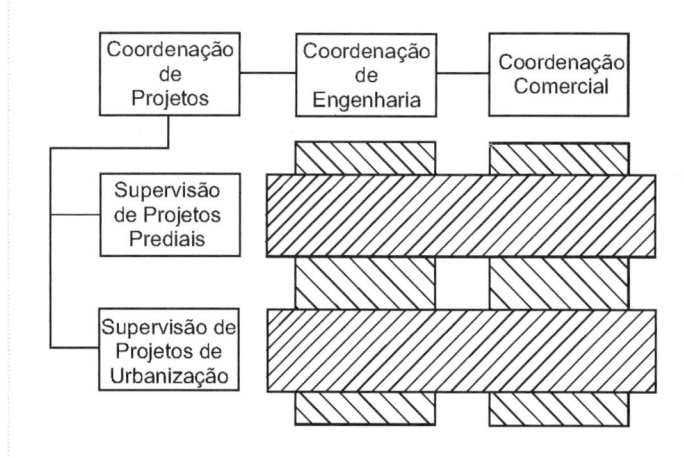

Conclui-se, assim, que a empresa de consultoria propôs uma estrutura

(A) linear.
(B) matricial.
(C) geográfica.
(D) especialista.
(E) qualitativa.

12. (EXAME 2003)

Ao realizar a análise organizacional da Fábrica de Motores Microteste S/C, com sede no ABC, verificou-se que alguns parâmetros necessitavam ser identificados em uma de suas fábricas no interior do Estado, a fim de subsidiar o processo de análise.

A esse respeito, considere os aspectos a seguir relacionados.

I. Fluxograma;
II. Estrutura organizacional;
III. Política de pesquisa & desenvolvimento;
IV. Formulários;
V. Planejamento estratégico;
VI. Estrutura motivacional;
VII. Clima organizacional;
VIII. *Layout* do local de trabalho;
IX. Política de *marketing;*
X. Organograma da fábrica.

Numa análise adequada de OSM (Organização, Sistemas e Métodos) da fábrica, devem, prioritariamente, ser contemplados os aspectos

(A) I, II, IV, VIII e X.
(B) I, III, V, VII e IX.
(C) II, IV, V, VII e X.
(D) II, IV, VI, VIII e X.
(E) III, V, VII, VIII e X.

13. (EXAME 2002)

Um consultor está estudando a confiabilidade do sistema de produção das Gráficas Pantanal, cujo parque gráfico é composto de duas impressoras e duas encadernadoras. As impressoras são máquinas novas e têm uma confiabilidade de 90%, enquanto as encadernadoras são mais antigas, com confiabilidade de 70%. O cálculo de confiabilidade de dois equipamentos em paralelo e em série é dado pelas equações abaixo.

$R_{paralelo} = R_1 + R_2 - (R_1 \times R_2)$ e $R_{série} = R_1 \times R_2$,

onde R_1 e R_2 são as confiabilidades dos equipamentos. Considere o esquema de impressão a seguir.

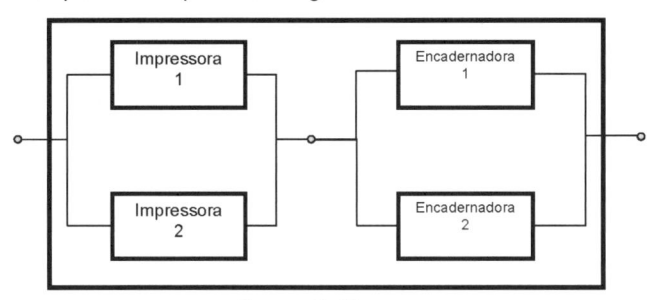

Parque Gráfico

A partir dos dados acima, a confiabilidade total do parque gráfico é de

(A) 39,7%
(B) 63,4%
(C) 81,9%
(D) 90,1%
(E) 140,5%

14. (EXAME 2002)

Dois consultores estão preparando para a Motores Nacionais um estudo de previsão de mercado de motores no país. Eles pesquisaram a série histórica em *sites* na Internet, tendo chegado à conclusão de que a série anual não apresentava tendência, e propuseram a utilização da técnica de média móvel simples para realizar a previsão do número de motores a serem produzidos.

Tal previsão fundamenta-se na equação e na série histórica apresentadas a seguir.

$$F_{t+1} = \frac{P_t + P_{t-1} + P_{t-2}}{3},$$

onde **F** é a produção prevista, **P** é a produção realizada e **t** representa o ano.

Ano	1998	1999	2000	2001
Produção de Motores (em unidades)	350	200	300	250

Assim, qual deve ser a produção da Motores Nacionais para o ano de 2002?

(A) 250
(B) 275
(C) 300
(D) 325
(E) 350

15. (EXAME 2002)

Na indústria de móveis, os processos de produção variam de totalmente manuais a totalmente automatizados. A Nossos Móveis Ltda. contratou administradores de produção para determinar que tipo de instalação a Empresa deverá utilizar. Para tal, eles traçaram as curvas de custos unitários apresentadas no gráfico a seguir.

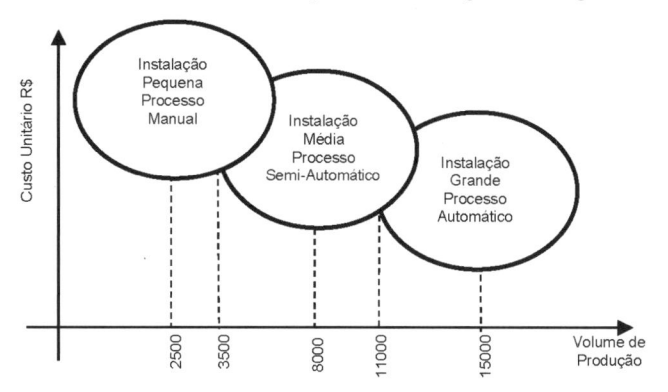

Para uma demanda máxima estimada de 9 000 unidades mensais, qual o tipo de instalação a ser utilizado e qual a produção ótima (menor custo unitário)?

	Instalação	Produção ótima
(A)	Grande	11.000 unidades
(B)	Grande	15.000 unidades
(C)	Média	8.000 unidades
(D)	Média	11.000 unidades
(E)	Pequena	2.500 unidades

16. (EXAME 2001)

Ao optar pela departamentalização por projeto, a qual combina as estruturas por função e por produto, a diretoria da Construtora Telha Larga Ltda. solicitou que você traduzisse esta opção em um novo organograma, sendo escolhido o organograma

(A) de linha.
(B) linha x "staff".
(C) escalar.
(D) matricial.
(E) BCG.

17. (EXAME 2001)

A seguir, é apresentada a árvore de produto de mesas redondas fabricadas pela Línea Móveis Ltda.

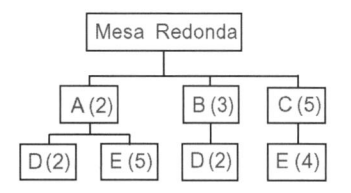

O número de itens D e E, respectivamente, necessários para atender a um pedido de 300 mesas é:

(A) 300 e 100.
(B) 3000 e 9000.
(C) 4100 e 3000.
(D) 4100 e 5100.
(E) 5100 e 4100.

18. (EXAME 2001)

A Alberto Conservas Ltda. tem de fazer, para os próximos três meses, um plano de produção de um dos seus produtos (ervilhas). O departamento de marketing da empresa assim estima a demanda do produto:

Mês	1	2	3	Total Período
Vendas Previstas (em unidades)	120.000	280.000	150.000	550.000

Considere que a empresa deseja manter um nível de produção estável, detém hoje 100.000 unidades de ervilhas em conserva em estoque e deseja, ao final do período, ter um estoque de 150.000 unidades. Qual deve ser o respectivo nível de estoque ao final de cada mês?

(A) 200.000 ; 300.000 e 200.000.
(B) 200.000 ; 200.000 e 200.000.
(C) 180.000 ; 100.000 e 150.000.
(D) 120.000 ; 280.000 e 150.000.
(E) 20.000 ; 280.000 e 300.000.

19. (EXAME 2001)

Sabe-se que a capacidade calculada de produção de uma célula é função da utilização real da capacidade instalada e da eficiência de seu uso. Uma célula de trabalho de uma empresa é formada por cinco máquinas, que são operadas oito horas por dia, durante seis dias na semana. Historicamente, a utilização de cada célula tem sido de 50% devido a manutenções periódicas necessárias, sendo que ela é operada com uma eficiência de 110%. Qual a capacidade calculada (semanal) de cada célula?

(A) 108 horas.
(B) 120 horas.
(C) 132 horas.
(D) 240 horas.
(E) 528 horas.

20. (EXAME 2000)

A Transportadora Pesada atua em todo o território nacional e, para facilitar a sua operação, é departamentalizada por função e por território.

O seu presidente, preocupado com a sazonalidade da demanda, optou por flexibilizar a estrutura e definir sistemas temporários de planejamento de Recursos Humanos, capazes de constante adaptação às mutações rápidas e substanciais.

Para tanto, ele optou pela forma de organização conhecida como

(A) adhocracia.
(B) burocracia.
(C) verticalização.
(D) estrutura por produto.
(E) estrutura por especialização.

21. (EXAME 2000)

Uma empresa de consultoria pretende reorganizar uma indústria de maneira a diminuir o tempo de fabricação de um dos seus produtos, ou seja, cadeira de espaldar alto. Como vai utilizar a técnica de PERT/CPM, fez um levantamento de todas as tarefas necessárias para a produção da cadeira. Este levantamento é apresentado na tabela e gráfico seguintes:

Atividade	Atividades antecessoras imediatas	Duração da tarefa - (Dias)
A - Compra e entrega de matéria-prima	-.-	2
B - Corte e preparação da madeira	A	1
C - Preparação da estrutura metálica da base	A	3
D - Acabamento da madeira	B	4
E - Pintura da base	C	4
F - Controle de qualidade da madeira	D	5
G - Controle de qualidade da base metálica	E	2
H - Montagem e embalagem	F e G	5

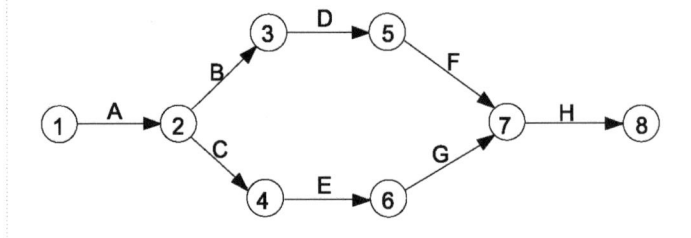

O caminho crítico e o tempo de duração da montagem, respectivamente, são:

(A) A - B - C - E - G - H ; 16 dias.
(B) A - B - C - E - G - H ; 17 dias.
(C) A - B - C - F - G - H ; 16 dias.
(D) A - B - D - F - H ; 17 dias.
(E) A - C - E - G - H ; 16 dias.

22. (EXAME 2000)

A Empresa Consultar foi chamada a opinar sobre a implantação de uma produção Just In Time (JIT) na Fábrica de Pregos e Parafusos Ltda. A justificativa central para a adoção do JIT relaciona-se ao fato de que a Fábrica poderá

(A) reduzir seus custos através de diminuição dos níveis de estoque.
(B) decidir suas compras em cima da hora.
(C) utilizar um sistema de produção on line.
(D) aumentar o uso de computadores no controle da distribuição com redução de custos.
(E) manter estoques elevados em uma determinada hora.

23. (EXAME 2000)

Uma fábrica fez o levantamento dos custos dos diversos tipos de arranjos físicos, em relação ao volume produzido. A figura abaixo representa esses vários tipos.

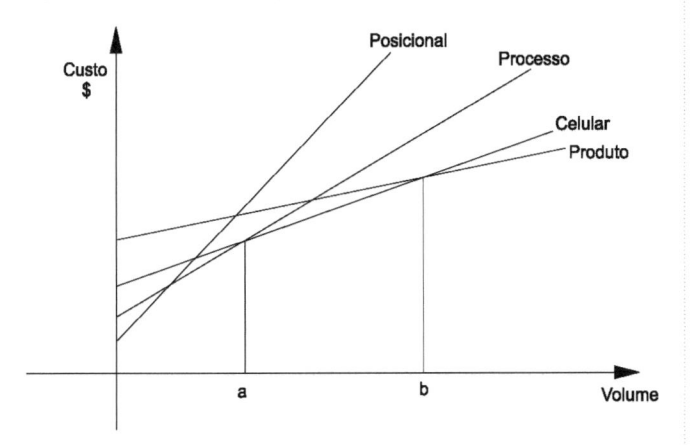

O pessoal do departamento de marketing sugeriu uma previsão de vendas entre os níveis "a'" e "b" assinalados no gráfico acima. Baseado no levantamento de custos, o Dr. Luiz Flávio, diretor de produção da fábrica, deve optar pelo(s) tipo(s) de arranjo físico:

(A) posicional.
(B) celular.
(C) por produto.
(D) por processo.
(E) por processo, celular e por produto, simultaneamente.

24. (EXAME 1999)

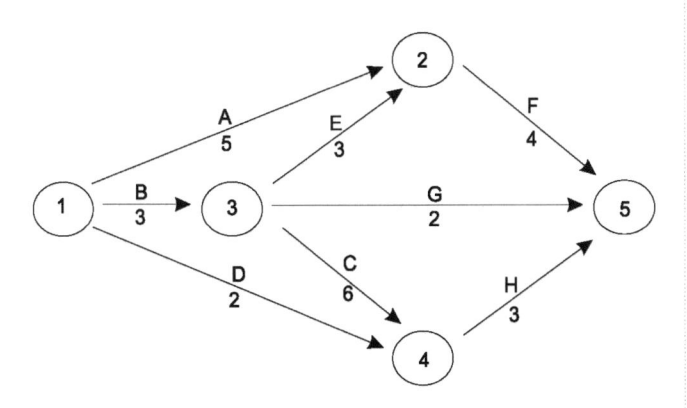

Num projeto de lançamento de um novo produto foi programado, com base na rede PERT acima, o tempo necessário para a sua execução.

Na qualidade de gestor do projeto, a qual seqüência de atividades você dispensaria maior atenção, objetivando não atrasar o lançamento do produto (caminho crítico)?

(A) AF
(B) BG
(C) DH
(D) BCH
(E) BEF

Os formatos organizacionais de empresas, abaixo, referem-se às duas questões a seguir

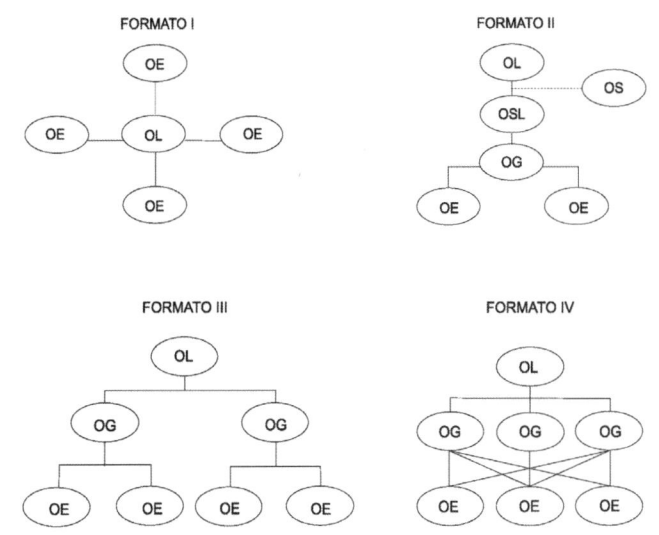

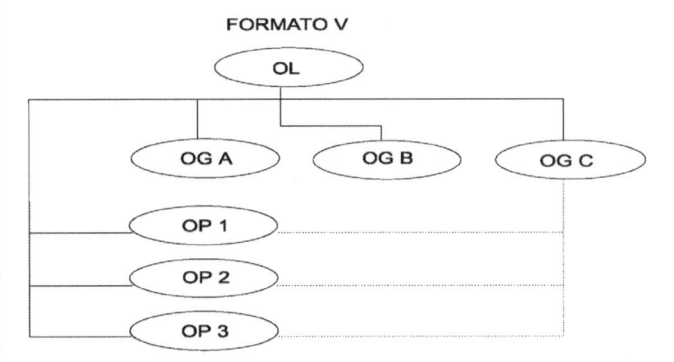

Legenda: OL = Órgão Líder; OSL = Órgão Sub-Líder; OG = Órgão Gerencial; OP = Órgão de Projeto; OE = Órgão de Execução; OS = Órgão de Staff.

25. (EXAME 1999)

O formato organizacional inerente à **estrutura linear** é o:

(A) I
(B) II
(C) III
(D) IV
(E) V

26. (EXAME 1999)

O formato organizacional inerente à **estrutura matricial** é o:

(A) I
(B) II
(C) III
(D) IV
(E) V

27. (EXAME 1998)

Uma empresa fabrica e vende um produto por R$ 100,00 a unidade. O Departamento de Marketing da empresa trabalha com a Equação da Demanda apresentada abaixo, onde Y_D e X_D representam, respectivamente, o preço e a quantidade da demanda.

$$Y_D = -2X_D + 10.100$$

Como um primeiro passo para a elaboração do Plano de Produção dessa empresa, indique a opção que responde à pergunta: "Quantas unidades produzir?"

(A) 5.000
(B) 5.050
(C) 5.100
(D) 5.150
(E) 5.200

28. (EXAME 1998)

Uma equipe de reengenharia, após a realização de um diagnóstico preliminar, identificou um processo problemático na área de produção de uma empresa: o excesso de controles operacionais, gerando custos relativamente elevados, considerados os demais custos de produção. Assinale a opção que **NÃO** deverá ser incluída no relatório, a ser encaminhado à Diretoria Executiva, com sugestões sobre um futuro programa de Reengenharia de Processos na área de produção da empresa.

(A) Identificar e mapear os processos relacionados com os controles operacionais na área de produção.
(B) Eliminar, na medida do possível, os processos que não adicionam valor para o cliente (análise de valor).
(C) Ordenar os processos problemáticos, identificados na área de produção, segundo o grau de disfunção apresentado.
(D) Relacionar os processos referentes a controles operacionais mais suscetíveis de serem redefinidos com sucesso.
(E) Tornar os controles operacionais mais presentes no processo produtivo da empresa.

Considere as informações abaixo para responder às duas questões que seguem

O diagrama abaixo ilustra esquematicamente o modus operandi do modelo de gestão de estoques denominado "Máximo-Mínimo", que é utilizado para dimensionamento do lote econômico. A lógica deste modelo é a seguinte: a empresa especifica, para cada item de material, peça ou componente, três parâmetros: (1) o menor estoque que deseja manter; (2) o ponto de nova encomenda; (3) a quantidade da nova encomenda (ou tamanho do lote).

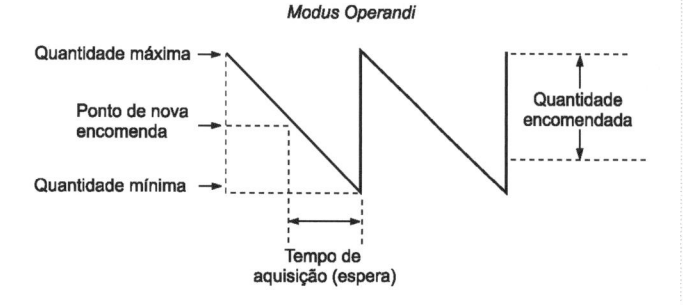

Modus Operandi

Para resolver as questões, considere que foram fixados os seguintes parâmetros em função da política de estoques de uma empresa que utiliza este modelo: (1) Estoque Mínimo: 100 (cem) unidades; (2) Ponto de nova encomenda: é função do tempo de espera, que, atualmente, é de 1 (um) mês, do consumo mensal e do estoque mínimo; (3) Quantidade de nova encomenda: equivalente a 2,5 (dois e meio) meses de consumo. Considere, ainda, que o consumo mensal é de 200 unidades.

29. (EXAME 1998)

Nas condições acima, no Ponto de nova encomenda, o nível de estoque, em unidades, será:

(A) 100
(B) 200
(C) 300
(D) 400
(E) 500

30. (EXAME 1998)

Se o fornecedor antecipar em 15 (quinze) dias a entrega do lote encomendado, quantas unidades haverá no Estoque nesse dia?

(A) 500
(B) 600
(C) 700
(D) 800
(E) 900

31. (EXAME 1998)

Para que os empregados de sua empresa colaborem e trabalhem juntos em diversos projetos, optou-se por uma estrutura matricial de desenho departamental. Isto significa que a organização:

(A) utilizou equipe-tarefa ou força-tarefa para a adaptação de certos segmentos da empresa a um produto/serviço complexo.
(B) dividiu suas unidades para que cada uma delas possa servir a um tipo especial de cliente, num processo de diferenciação.
(C) agrupou os seus processos segundo a seqüência do ciclo de produção, por meio de arranjo físico e disposição racional dos equipamentos.
(D) optou por uma estrutura mista na qual ela sacrifica o princípio da unidade de comando e passa a ter uma autoridade dual.
(E) integrou todos os departamentos funcionais, mesmo com numerosos grupos de assessoria, em torno de uma linha de produtos.

32. (EXAME 2003) DISCURSIVA

ANTECIPANDO-SE AOS FATOS: o presente é importante, mas é o futuro que importa

Era uma amizade de mais de quinze anos, que tinha começado ainda nos bancos da faculdade, durante o Curso de Administração. Maria Júlia e Daniela tinham habilidades e competências pessoais complementares. A primeira era organizada, objetiva e orientada para resultados. A segunda era criativa, inovadora e voltada para a singularidade. Ambas tinham forte espírito empreendedor.

A empresa de confecção que tinham implantado, ainda como estudantes, com a ajuda financeira de seus familiares, era um sucesso. Elas tinham construído uma empresa com fama de ser diferente, marca forte, bons canais de distribuição e a reputação de fabricar produtos quase individualizados. Seus produtos tendiam a fazer bom uso das cores e havia um esforço mercadológico de antecipar a moda, acrescido, recentemente, de uma certa sensibilidade ecológica.

Como é normal em quase todos os negócios de confecção, a sazonalidade nas vendas também existia e afetava as principais atividades da empresa, em especial, os recursos humanos e o próprio faturamento. As finanças, todavia, estavam bem controladas e podiam ser consideradas saudáveis. Entretanto, existiam evidências de que o modelo empresarial adotado tinha alcançado seu limite, já apresentando alguns sinais de estagnação. Tudo isso era agravado por um volume excessivo de cópias fraudulentas de seus produtos, por parte de concorrentes de menor tamanho. Estava ficando cada vez mais difícil o cliente perceber a diferença entre o produto original e as cópias oferecidas no mercado por um preço muito menor.

Na última reunião de planejamento com as gerências, uma série de idéias foi discutida, visando a levar a empresa a um novo patamar de atuação. Até mesmo um consultor participou da reunião. Eram visíveis a energia das proprietárias e o comprometimento do quadro gerencial com as mudanças. A visão era proativa e de antecipação aos fatos. A questão era o que fazer antes de a crise ocorrer. As propostas listadas a seguir são resultado das discussões, mas havia a necessidade de detalhá-las e para isso contamos com você.

c) **3ª proposta:** Implementar uma estratégia competitiva, no nível empresarial, que seja um misto entre a diferenciação (dominante nesta empresa, na atualidade) e o custo total mínimo. Esta estratégia seria uma personalização em massa (também denominada produção em massa customizada ou, ainda, *mass customization*). Talvez, assim, a empresa pudesse enfrentar a elevada concorrência desleal, sem perder totalmente a sua identidade. Na suposição de que a estratégia mencionada venha a ser adotada, identifique seu efeito na empresa, apresentando 3 (três) possíveis influências nos processos de fabricação.

33. (EXAME 1998) DISCURSIVA

Uma empresa decidiu desenvolver um Sistema de Informações Gerenciais (SIG) com vistas a melhorar o seu desempenho. Considere que o SIG é "o processo de transformação de dados em informações que são utilizadas na estrutura decisória da empresa, bem como proporcionam a sustentação administrativa para otimizar os resultados esperados".

(Oliveira, 1992, p.39).

Cite 5 (cinco) áreas/setores diferentes da empresa que, uma vez associadas(os) à concorrência, podem colaborar com o processo de aprimoramento do SIG que se quer implementar. Justifique.

Conteúdo 07

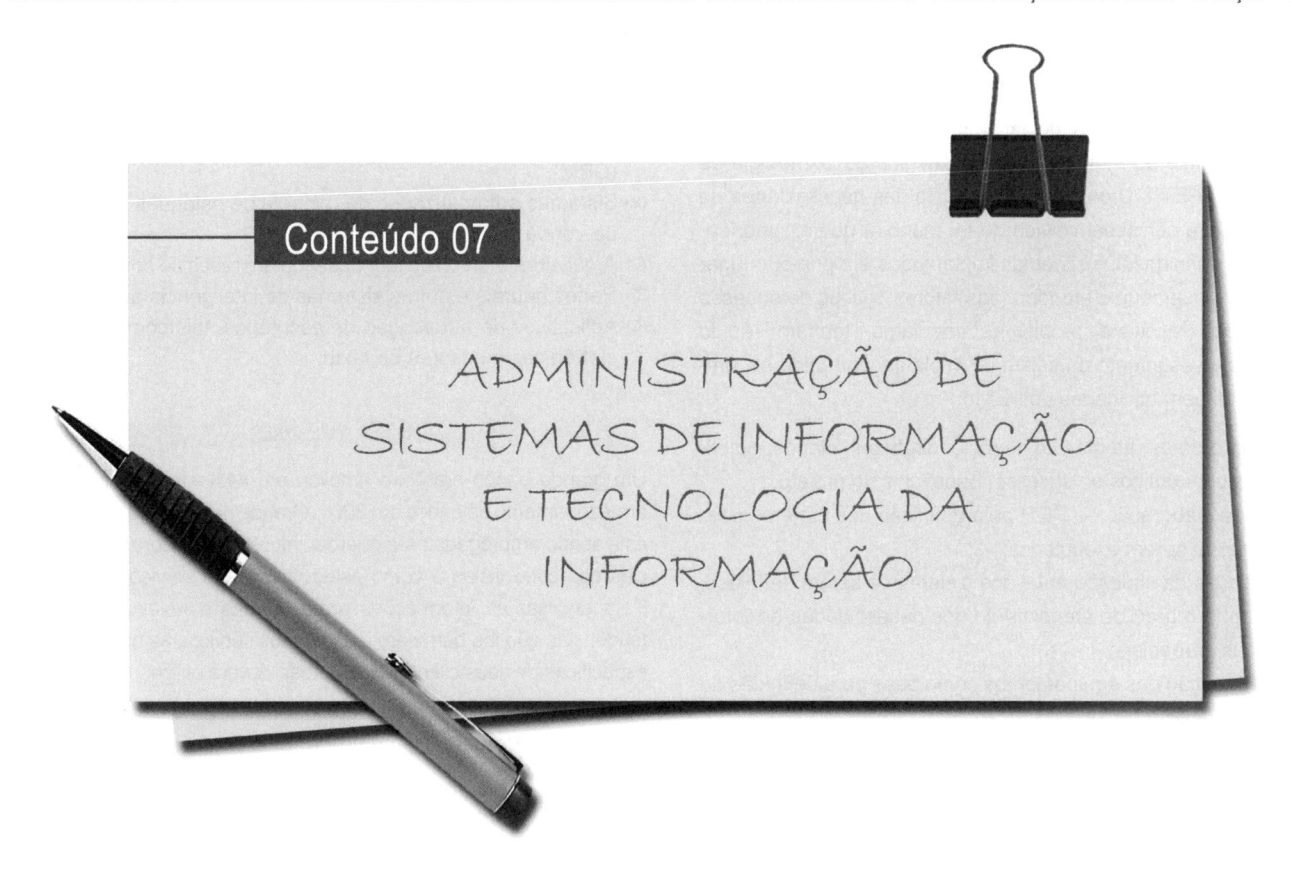

ADMINISTRAÇÃO DE SISTEMAS DE INFORMAÇÃO E TECNOLOGIA DA INFORMAÇÃO

1. (EXAME 2009)

Pesquisadores da área de tecnologia da informação advertem para o fato de que sistemas de informação computadorizados são mais vulneráveis a destruição, erros, mau uso e crime do que os sistemas manuais, em que a informação é geralmente guardada sob a forma de registros em papel. Analise as afirmativas a seguir, como formas possíveis de agregar segurança aos sistemas de informação computadorizados.

I. Guardar todos os seus bancos de dados e seus respectivos *backups* em uma só localidade.

II. Instalar sistemas de segurança de acesso, tais como *login* e senhas.

III. Instalar sistemas de proteção contra vírus e *hackers*.

IV. Desativar o sistema de criptografia de dados.

Estão CORRETAS somente as afirmativas

(A) I, II e III.
(B) II, III e IV.
(C) I, III e IV.
(D) III e IV.
(E) II e III.

2. (EXAME 2009)

Buscando obter maior conectividade e velocidade de transmissão de dados, a empresa Alfa – uma das maiores livrarias do país – implantou recentemente uma *intranet*.

A respeito dessa implantação, é CORRETO afirmar que a empresa

(A) criou uma rede de comunicação para realizar comércio eletrônico com seus clientes sem restrição de horário.

(B) criou uma rede de comunicação que permite a integração com sua cadeia de suprimentos, ao possibilitar a interconexão com fornecedores e clientes.

(C) gerou uma rede de comunicação que permite a troca de informações referentes a pedidos e dados financeiros com os seus fornecedores.

(D) implantou uma rede local privativa, com funcionalidades similares à da internet, que dará suporte à comunicação, ao gerenciamento e ao planejamento dos seus negócios.

(E) implantou um servidor para conexão com outros servidores de internet, que dá a ela a possibilidade de obter processamento distribuído.

3. (EXAME 2006)

A seleção de prioridades de implantação de sistemas é uma parte importante do Planejamento Estratégico de Tecnologia de Informação (PETI). Uma visão corporativa das necessidades de sistemas deve ser desenvolvida de tal maneira que as prioridades sejam definidas. Os sistemas implantados em primeiro lugar devem ser aqueles que atendam aos fatores críticos de sucesso do negócio, resolvam problemas imediatos, tenham rápido retorno de investimento ou sejam de implantação rápida ou simples. Constituem atividades do PETI:

I. definição de estratégias do negócio: diretrizes, planos, objetivos, fatores críticos de sucesso, benefícios do projeto;
II. nício da elaboração do PETI pela definição dos projetos operacionais a serem executados;
III. verificação da situação atual dos sistemas a serem definidos, avaliando o grau de atendimento das necessidades de informações gerenciais;
IV. especificação dos equipamentos como base para definição do planejamento;
V. determinação dos recursos de informática que serão utilizados: conectividades, compatibilidades de hardware, softwares e configuração dos equipamentos.

Estão corretas, apenas, as atividades

(A) I e III.
(B) I e V.
(C) II e III.
(D) II e IV.
(E) I, III e V.

4. (EXAME 2006)

O atual desafio do administrador da área de Tecnologia da Informação (TI) é projetar e gerenciar a tecnologia para ajudar a empresa a construir vantagem competitiva. Nesse sentido, pode-se afirmar que Gestão Estratégica de TI consiste em

(A) identificar oportunidades de diferenciação da empresa no mercado possibilitadas pela TI.
(B) focar na operação dos sistemas de maneira a permitir sua maior eficiência.
(C) atualizar a base computacional instalada na empresa de modo a permitir a execução dos processos administrativos.
(D) habilitar a empresa a alcançar seus objetivos pelo uso eficiente dos recursos disponíveis.
(E) responder às necessidades de informação pelos diversos usuários da empresa.

5. (EXAME 2003)

Dos 125 milhões de cartões de crédito com chip de determinada empresa, 1,5 milhão estão no Brasil. No entanto, a empresa espera conseguir um aumento de 100% desse número nos próximos anos. Um dos principais aspectos da tecnologia de cartões inteligentes (que contêm chip) é que a verificação de dados e da veracidade da informação é feita no terminal do ponto-de-venda, em vez de ser centralizada na empresa.

Revista Network, mar. 2003

Para a implementação do sistema de cartões inteligentes, é **indispensável** a tecnologia de

(A) Sistemas de gerenciamento de relacionamento com clientes (CRM).
(B) Sistemas automatizados de controle de estoques nos pontos-de-venda.
(C) Arquitetura cliente/servidor baseada em redes de computadores.
(D) Redes neurais e outros sistemas de inteligência artificial.
(E) Aplicativos de automação de escritórios, tais como: planilhas eletrônicas e editores de texto.

6. (EXAME 2003)

Um grande banco brasileiro ampliou em 44% sua capacidade de armazenamento de dados em 2001. Grande parte dessa capacidade está sendo empregada para guardar informações sobre as preferências dos correntistas e como estes utilizam os serviços do banco. Para analisar as informações armazenadas e revelar padrões e tendências que lhe permitam ajustar seus serviços às necessidades específicas de seus clientes, a empresa deverá utilizar

(A) Sistemas especialistas de apoio à decisão.
(B) Sistemas de gerenciamento de relacionamento com clientes (CRM).
(C) Sistemas de colaboração para grupos (groupware).
(D) Sistemas de mineração de dados (datamining).
(E) Sistemas de planejamento da produção (MRP II).

7. (EXAME 2003)

Cada vez mais, pequenas e médias empresas estão adotando os chamados Sistemas integrados de gestão (ERP) para gerenciar suas atividades. Como gestor de uma média empresa cujo principal cliente já utiliza um Sistema integrado de gestão, que benefício direto você deverá obter com a adoção dessa tecnologia?

(A) Padronização, integração e maior disponibilidade das informações relativas aos processos de negócio que conectam a empresa e seu cliente, ao longo da cadeia de suprimento.
(B) Redução da carga de trabalho em seus servidores, já que várias tarefas passariam a ser executadas nos clientes da rede que conecta as duas empresas.
(C) Melhoria dos níveis de segurança nas transferências de informações por correio eletrônico entre a empresa e seu principal cliente.
(D) Disponibilidade de todas as informações da empresa e de seu cliente, devido à obrigatoriedade de criar um banco de dados único para as duas organizações.
(E) Automatização dos processos de negócio da empresa, tais como são hoje, criando, assim, uma interface digital com os processos de seu principal cliente.

8. (EXAME 2003)

"É espantoso o crescimento das comunidades da Internet que se auto-organizam espontaneamente, sem dar muita bola para a propriedade privada dos bits que resultam de seu trabalho. O exemplo mais citado é o Linux, um software livre – gratuito e de código aberto – desenvolvido por milhares de programadores numa colaboração pela Internet que hoje ameaça o monopólio da Microsoft no mercado dos sistemas operacionais."

Exame, mar. 2003

Qual dos fatores abaixo pode ser um obstáculo para a adoção do Linux como plataforma de sistemas de informação numa empresa?

(A) O alto custo para conectar os computadores da empresa à Internet.
(B) A perda de confidencialidade das informações da empresa, devido ao fato de o Linux ser criado por milhares de programadores.
(C) A necessidade de criar uma Intranet para disponibilizar serviços no Linux.
(D) A obrigatoriedade de implementar uma arquitetura cliente/servidor específica para prover serviços no ambiente Linux.
(E) A possível incompatibilidade entre o Linux e o hardware (equipamentos) e software (programas) já instalados na empresa.

9. (EXAME 2002)

A Faculdade Golfinhos do Mar está desenvolvendo um sistema acadêmico computadorizado para controlar suas atividades educacionais. Para avaliar e propor o sistema operacional a ser utilizado, foi contratada a consultora Selma, que, para tomar a sua decisão, deverá considerar que a escolha do sistema operacional

(A) determina a confiabilidade do *software* a ser implantado.
(B) determina que somente uma linguagem de programação poderá ser utilizada.
(C) estabelece o único tipo de *hardware* a ser adquirido.
(D) influencia o custo total da implantação do *software*.
(E) faz com que só um tipo de navegador possa ser utilizado na Internet.

10. (EXAME 2002)

A MD Laboratórios Médicos está implantando um Sistema de Informações Gerenciais (SIG) para transformar dados obtidos em seus sistemas operacionais em informações. Pode ser caracterizado como parte integrante do sistema a ser implantado o Sistema de

(A) Armazenamento de Conhecimento.
(B) Emissão de Notas Fiscais.
(C) Baixa de Equipamentos Vendidos.
(D) Contabilização de Entradas de Peças no Estoque.
(E) Relatórios Comparativos do Número de Exames.

11. (EXAME 2002)

Uma das principais ameaças impostas às empresas no mundo atual é a de armazenamento do conhecimento. As empresas precisam ficar menos vulneráveis à perda de pessoas que detenham uma *expertise* em um certo assunto. Sendo você um gerente de Tecnologia de Informação da Arco-Íris Ltda, para se resguardar dessa ameaça, que tipo de sistemas você deverá implantar?

(A) Sistemas de Apoio à Decisão, de maneira que a decisão seja compartilhada por toda a equipe gerencial.
(B) Sistemas de Informação Gerencial, de maneira a deixar toda a sua equipe informada sobre todos os assuntos.
(C) Sistema de Recursos Humanos, de maneira a disponibilizar melhores ganhos e não permitir a perda de funcionários.
(D) Sistemas Especialistas, de maneira a disponibilizar o conhecimento para outros funcionários.
(E) Sistemas sExecutivos de Informação, de maneira a informar à alta gerência sobre todas as rotinas da empresa.

12. (EXAME 2002)

Uma série de empresas tem recorrido a Sistemas Integrados de Gestão (ERP) como maneira de sobreviver em um mundo cada vez mais competitivo. Se você tiver que defender a utilização de um ERP em sua empresa, que argumento, dentre os abaixo, você deverá empregar?

(A) Os procedimentos operacionais não serão alterados com a implantação do sistema.
(B) A empresa ganhará flexibilidade de operação.
(C) O controle gerencial tenderá a ser fortalecido.
(D) O gerenciamento de clientes será facilitado, pois a análise de crédito será mais ágil.
(E) Um sistema de fluxo de informação não precisará ser implantado.

13. (EXAME 2001)

Após uma série de processos movidos por um grupo de clientes, fornecedores e funcionários devido a problemas relativos à possível falta de ética da sua área de sistemas de informação, a diretoria da Cariocas Sistemas Ltda. pretende implementar um conjunto de medidas para resolver tais problemas. Para tal, ela deve embasar-se em quatro princípios que norteiam questões éticas na área de sistemas de informação. São eles: Privacidade, Acuidade, Propriedade e Acesso. Entre as providências a serem tomadas está:

(A) garantir que somente cada setor tenha acesso irrestrito aos dados referentes aos seus funcionários.
(B) preocupar-se menos com a exatidão das informações armazenadas em seus bancos de dados e mais com o sigilo dessas informações.
(C) fornecer sua base de dados a empresas que prestam serviços de mala direta para proporcionar maior veiculação da informação.
(D) instalar em todos os computadores da empresa um software com licença para uso doméstico, regularizando, assim, sua situação junto aos órgãos de direitos autorais.
(E) construir um controle de acesso que garanta que as informações de caráter pessoal de cada funcionário só serão acessadas pelo mesmo ou com sua permissão.

14. (EXAME 2001)

Em sua última reunião de diretoria, a Cia. Aérea Pênalti S.A. resolveu utilizar o modelo de computação "cliente/servidor" para o seu sistema de reservas de passagens. Considerando ser essa decisão inovadora no segmento de passagens aéreas, o que levou a Pênalti a adotar esta política foi a intenção de

(A) criar um banco de dados descentralizado entre vários computadores.
(B) criar um modelo de call center para atendimento mais rápido ao cliente.
(C) utilizar o servidor corporativo da empresa para atender a todo o processamento do cliente.
(D) dividir o esforço computacional entre os clientes e os servidores da sua rede corporativa.
(E) reunir os clientes e funcionários da empresa através de uma intranet.

15. (EXAME 2001)

A Modular Sistemas Ltda. desenvolveu um novo *site* na internet, hospedado em seus computadores, a fim de disponibilizar com segurança o acesso ao seu banco de dados. Para tal, introduziu um novo sistema de *firewall* em suas redes corporativas. O que levou o diretor da Modular a tomar esta decisão?

(A) Dar segurança aos dados da empresa contra a possibilidade de fogo em suas instalações.
(B) Fazer um esquema de *backup* de incêndio, isto é, guardar cópia dos dados e programas em local fora da sede da empresa.
(C) Prevenir o recebimento de vírus através do correio eletrônico.
(D) Tentar impedir que os computadores da empresa sejam invadidos por *hackers*.
(E) Criar uma vacina contra o vírus conhecido como *firewall* de maneira a impossibilitar o seu ataque aos computadores da empresa.

16. (EXAME 2001)

A Livraria Virtual Ltda. decidiu introduzir a venda de livros através de sua homepage. Para tal, ela precisa dispor de um sistema que possa determinar, com base em seu atual banco de dados, uma segmentação de clientes para a posteriori utilizar esta informação na personalização do acesso à homepage. Que tipo de Sistema poderá ajudar a empresa na segmentação de seus clientes?

(A) Call Center.
(B) Gerenciamento de Clientes - CRM.
(C) Mineração de Dados – Data Mining.
(D) Produção - MRP.
(E) Integrado de Gestão – ERP.

17. (EXAME 2000)

Para aumentar a produtividade de uma empresa, o consultor João Cardoso sugeriu a utilização de processamento paralelo em seus computadores. O processamento em paralelo permite que

(A) a saída de um programa executado pelo primeiro de uma série de computadores, colocados um após o outro, seja executada pelo computador que vem a seguir.
(B) diversos computadores, colocados um ao lado do outro, processem, ao mesmo tempo, diferentes partes da mesma tarefa.
(C) diversos microcomputadores, colocados em paralelo, funcionem como um supercomputador.
(D) mais de uma instrução de um determinado programa possa ser executada, ao mesmo tempo, por mais de um processador.
(E) uma instrução de um determinado programa seja executada, ao mesmo tempo, por mais de um processador para verificação de erros.

18. (EXAME 2000)

O desempenho organizacional da empresa Persinex Ltda. Depende cada vez mais de um Sistema de Informações Gerenciais (SIG) bem estruturado, com capacidade de processamento de informações e de dados a fim de garantir sua efetiva utilidade aos diversos processos administrativos. Para administração da empresa, o SIG é particularmente importante em virtude de

(A) sugerir um redesenho organizacional que possibilite a melhor avaliação do seu potencial de crescimento, visando a um aumento de mercado.
(B) ajudar a organização a atingir suas metas, fornecendo aos administradores uma visão das operações da empresa, de modo a melhorar o controle, a organização e o planejamento.
(C) incrementar as informações e dados favoráveis à rotatividade organizacional, possibilitando a diminuição do quadro funcional da área de informática da empresa.
(D) possibilitar a avaliação das informações e dos dados inerentes à horizontalização e verticalização estratégicas da empresa.
(E) determinar o fechamento dos dados e das informações específicas dos balanços patrimoniais da empresa a tempo de serem avaliados gerencialmente antes do processo de auditoria externa.

19. (EXAME 2000)

Em virtude de acelerada expansão, a empresa Céu Azul transformou- se em uma literal desordem em termos de controle. O Dr. Antonio, contratado como consultor de sistemas, sugeriu a implantação de um ERP (Enterprise Resource Planning), pois verificou que será necessário implantar um sistema

(A) de elementos recursivos potenciais.
(B) de fluxo de caixa on line.
(C) de controladoria.
(D) de planejamento gerencial.
(E) integrado de gestão.

20. (EXAME 2000)

A Empresa LCL Petróleo Ltda. deseja reduzir seus custos de manutenção de motores em seus diversos poços de exploração petrolífera espalhados pelo Brasil. Para tanto contratou os serviços do Dr. Manoel, consultor na implantação de sistemas especialistas. Uma característica deste tipo de sistema é

(A) não explicar seu raciocínio ou decisões sugeridas.
(B) manipular somente dados quantitativos.
(C) ser um sistema determinístico.
(D) representar uma base de conhecimento.
(E) poder lidar com problemas de amplo espectro.

21. (EXAME 1999)

Nenhum sistema, por si só, proporciona toda a informação de que a organização necessita. As organizações contam com muitos sistemas de informação que servem aos seus diferentes níveis e funções.

Entre os principais sistemas de informação, requeridos pelos diversos níveis organizacionais, encontram-se os seguintes:

I. Sistema de Suportes a Executivos (SSE) no nível estratégico;
II. Sistema de Informação para a Administração (SIA) no nível gerencial;
III. Sistema de Recrutamento e Seleção de Pessoal (SRS) no nível operacional;
IV. Sistema de Automação de Escritório (SAE) no nível do conhecimento ou operativo;
V. Sistema de Processamento de Operações (SPO) no nível operacional;
VI. Sistema de Compras a Distância (SCD) no nível comercial.

Estão corretos os sistemas:

(A) I, II e III apenas.
(B) I, III e IV apenas.
(C) I, IV e V apenas.
(D) II, III e VI apenas.
(E) II, V e VI apenas.

22. (EXAME 1999)

Na condição de Gerente de Materiais de uma empresa manufatureira você recebe uma proposta para a instalação de dois sistemas informatizados para controle de estoques. Um deles, bastante sofisticado, registra em tempo real todas as movimentações de estoque.

O outro, menos sofisticado, somente registra as movimentações de estoque periodicamente. Considerando as características de sua empresa, você optou pelo primeiro sistema, o mais sofisticado. Neste caso, na operação do sistema, a(o):

(A) entrada e a saída de materiais são registradas no final do exercício financeiro.

(B) entrada dos materiais é registrada numa conta específica intitulada Compras.

(C) custo dos materiais consumidos é levantado por ocasião do encerramento do exercício financeiro.

(D) estoque de materiais é atualizado a cada movimentação feita.

(E) valor do estoque de materiais é determinado através de levantamento físico.

23. (EXAME 1998)

O quadro abaixo ilustra o desenvolvimento da informática, na parte relativa às linguagens de programação e aos recursos (também chamados "mecanismos de tradução") disponibilizados para os usuários.

ÉPOCA	RECURSOS DISPONÍVEIS	GERAÇÃO TECNOLÓGICA
1990 →	Simuladores Avançados de Negócios	5ª.
1980	Linguagens de 4ª. Geração (Lotus, Excel, D.Base, Access ...)	4ª.
1960	Linguagens de 3ª. Geração (Basic, Cobol, Fortran, PL/1 ...)	3ª.
1955	Assembler	2ª.
1950	Código de Máquinas	1ª.

Com base na cronologia ilustrada acima, a partir de que geração tecnológica se deu, efetivamente, o desenvolvimento dos sistemas de informação baseados em computador (Computer Based Systems), particularmente os SIGs - Sistemas de Informação Gerencial - que são ferramentas utilizadas no processo decisório empresarial, no planejamento das ações e no controle das operações?

(A) 5ª.
(B) 4ª.
(C) 3ª.
(D) 2ª.
(E) 1ª.

24. (EXAME 1998)

Assinale a opção que apresenta uma linguagem de 4ª Geração cujos recursos estão adequados às necessidades de elaboração de planilhas da área financeira das empresas.

(A) Excel.
(B) Access.
(C) Page Maker.
(D) Corel Draw.
(E) Power Point.

25. (EXAME 1998)

A figura acima mostra os parâmetros (ambiente, entrada, processador, saída, retroação) que são condicionantes das propriedades, do valor e da descrição dimensional (arquitetura) de um sistema ou de um de seus componentes.

Qual desses é o parâmetro responsável pelo controle do comportamento do sistema em face de suas metas e objetivos?

(A) Saída.
(B) Entrada.
(C) Processador.
(D) Retroação.
(E) Ambiente.

26. (EXAME 2006) DISCURSIVA

Utilize o texto abaixo para responder à Questão Discursiva

A Companhia Industrial de Tratores está estudando transferir sua atividade de produção de São Paulo para uma unidade maior, buscando aumento de sua produtividade frente à concorrência, para viabilizar sua atividade operacional no Brasil. Atualmente possui duas plantas localizadas no Brasil e seu projeto é integrar a unidade de produção de São Paulo com a unidade de Goiás, ampliando a escala desta última, e vendendo a de São Paulo para empreendimento imobiliário. Estima-se que a paralisação da unidade de São Paulo vá custar R$ 100 milhões referentes ao programa de desligamento de funcionários, de seus prestadores de serviços e de seus fornecedores de peças. O prédio local e as instalações serão vendidos por esse valor, os quais estão contabilizados a R$ 50 milhões.

Este programa de desligamento envolverá investimentos também em programas de recolocação profissional com reintegração ao mercado de trabalho, apoio psicológico, apoio médico e replanejamento de atividades de prestadores de serviço. Imagine que essas ações aconteçam em 30 dias.

Recentemente, a empresa implantou um sistema integrado de gestão (ERP), disponibilizando informações para o setor financeiro, referentes a faturamento, custos, resultados, orçamento, originando vários relatórios gerenciais. Pela análise desses relatórios, a atual produção de tratores será ampliada em 500 unidades por ano, sem necessidade de investimento adicional em razão de ociosidade na instalação de Goiás. O preço unitário dos tratores será de R$ 200 mil, e seu custo total unitário, de R$ 120 mil. A alíquota de Imposto sobre a Renda da Companhia é de 30%. O custo de capital da Companhia é de 10% a.a.

Cite dois benefícios dos sistemas integrados de gestão (ERP), no suporte à tomada de decisões deste caso, explicando cada um deles.

27. (EXAME 2003) DISCURSIVA

FOME ZERO SÓ COM DESPERDÍCIO ZERO

A Diretoria da Companhia Exemplo está reunida para, atendendo a um apelo do Presidente da República, inserir-se no Programa Fome Zero. Há consenso entre os diretores de que a Responsabilidade Social é item importante para a imagem da Companhia. Após inúmeros debates, antecedidos por apresentações sobre a situação da Companhia, chegou-se à conclusão de que tal inserção somente seria possível reduzindo-se os desperdícios da Empresa: contribuições ao Programa Fome Zero somente com desperdício zero. A idéia da Diretoria era aproveitar o programa governamental como oportunidade para aumentar a produtividade da empresa, tendo por mote a redução do desperdício. Resolveu-se que, para identificar tais desperdícios, seria preciso indicar um *benchmark*, isto é, uma empresa do segmento considerada com gestão exemplar, para poder-se comparar. Com esse objetivo, definiu-se que a Cia. Modelo seria o *benchmark*, dado que os preços médios praticados pelas duas empresas, bem como os faturamentos, são similares.

Ao analisar os sistemas produtivos e de informação das empresas, o Diretor de Operações e Tecnologia identificou as seguintes diferenças significativas:

QUADRO 1. DIFERENÇAS OPERACIONAIS E TECNOLÓGICAS

ITEM	CIA. EXEMPLO	CIA. MODELO
Maquinaria	Da década de 50	Da década de 90
Freqüência Média de Manutenção	Quinzenal	Trimestral
Integração dos Processos de Manufatura	Baixa	Alta
Planejamento e Controle da Produção	Manual	Integrado ao ERP*
Controle de Contas a Receber	Manual	Integrado ao ERP*
Controle de Estoques	Manual	Integrado ao ERP*
Contabilidade	Informatizada	Integrada ao ERP*
Tesouraria	Informatizada	Integrada ao ERP*
Banco de Dados Organizacional	Múltiplas bases não integradas	Base única integrada ao ERP*

* ERP = sistema integrado de gestão

O Diretor Administrativo-Financeiro realizou um diagnóstico financeiro da Empresa cujo resultado encontra-se a seguir.

QUADRO 2. DEMONSTRAÇÕES DO RESULTADO DA CIA. EXEMPLO E DA CIA. MODELO

	CIA. EXEMPLO		CIA. MODELO	
	Valores (em R$ mil)	Análise Vertical (*)	Valores (em R$ mil)	Análise Vertical (*)
RECEITAS BRUTAS	172015	100%	141479	100%
(–) Impostos sobre vendas	14568	8%	11318	8%
(–) Deduções (devoluções)	16944	10%	3273	2%
RECEITAS LÍQUIDAS	140503	82%	126888	90%
(–) Custo do Produto Vendido	127851	74%	90385	64%
RESULTADO BRUTO	12652	8%	36503	26%
(–) Despesas de Vendas	23083	13%	20925	15%
(–) Despesas Administrativas	12208	7%	3260	2%
RES. ANTES DOS JUROS	–22639	–12%	12318	9%
(+) Receitas Financeiras		0%	2739	2%
(–) Despesas Financeiras	81978	48%	0	0%
RESULTADO OPERACIONAL	–104617	–60%	15057	11%
(+) Receita não Operacional		0%	1561	1%
(–) Despesa não Operacional	2436	1%	2422	2%
RESULTADO ANTES DO IR	–107053	–61%	14196	10%
(–) IR/Contribuição Social		0%	525	0%
(+) IR Diferido	1089	1%	0	0%
(–) Participações no resultado		0%	120	0%
RESULTADO LÍQUIDO	–105964	–60%	13551	10%

(*) os números da análise vertical estão arredondados

c) Indique 5 (cinco) pontos, relativos aos setores de produção e sistemas de informação, que deveriam estar contidos no Plano de Ação do Diretor de Operações e Tecnologia da Cia. Exemplo.

28. (EXAME 1999) DISCURSIVA

O Atacado Macrosul S.A. comercializa diversas linhas de produtos, dentre as quais destacam-se as de eletrodomésticos e móveis. Com relação a essas duas linhas, o Macrosul possui um cadastro de 8.000 clientes, espalhados por todo o território nacional, os quais são visitados duas vezes por mês por uma equipe de 100 vendedores.

Com a estabilização econômica, os clientes do Macrosul reduziram sensivelmente os seus níveis de estoques, passando, com isso, a exigir mais serviços dos fornecedores, especialmente no que se refere à disponibilidade de estoques e agilidade nas entregas dos pedidos.

As mercadorias comercializadas pelos vendedores do Macrosul são entregues aos clientes num prazo que varia de 15 a 30 dias, o que tem sido, ultimamente, considerado por eles um prazo muito longo. Em função da variedade de eletrodomésticos e móveis com os quais a empresa trabalha, tem sido difícil, também, atender aos clientes em suas demandas por disponibilidade de estoques e agilidade de entrega.

Para resolver o problema, o Macrosul está promovendo uma verdadeira revolução no seu sistema de vendas, cuja arma principal é a tecnologia da informação. A equipe de vendas será extinta e os vinte melhores vendedores, transformados em consultores de mercado. Estes não terão mais a obrigação de vender, mas sim de assessorar os clientes em todo o processo de compra e estocagem de eletrodomésticos e móveis. Estarão aptos, inclusive, a orientar os clientes quanto às quantidades ideais de compra para cada tipo de produto, nos diferentes períodos do ano.

Os consultores de mercado, além de uma visita periódica aos clientes, que agora não necessitará mais ser quinzenal, estarão conectados com eles durante as 24 horas do dia, via Internet. Os clientes estarão, também, conectados eletronicamente com o Macrosul. O novo sistema permitirá aos consultores de mercado e aos próprios clientes acessar diretamente os estoques de cada um dos quatro depósitos do Macrosul existentes no Brasil, a qualquer hora do dia. Podem, ainda, se assim o desejarem, emitir pedidos de compra via eletrônica, decidindo, inclusive, de qual depósito desejam receber a mercadoria. "Graças à tecnologia, nossos depósitos serão transformados em uma extensão dos depósitos de nossos clientes" – afirma o Diretor Geral do Macrosul. O Macrosul já está ligado "*on line*" com os seus principais fornecedores e, agora, com a ligação direta com os clientes, toda a cadeia de distribuição estará eletronicamente integrada, com implicações óbvias sobre a redução de custos, tanto para o Atacado quanto para seus clientes.

Este avanço da Tecnologia da Informação, com sua capacidade de gerar, manipular e avaliar dados, permitirá o processamento das informações em tempo real, encurtando as distâncias e o tempo necessário às transações.

Com base no caso apresentado:

a) indique e analise dois aspectos que farão com que os custos do Macrosul sejam reduzidos após a implantação do novo sistema.

b) explique como os impactos das novas tecnologias de informação têm-se refletido nos novos modelos de gestão.

Conteúdo 08

ADMINISTRAÇÃO DE SERVIÇOS

1. (EXAME 2006)

Na maioria dos serviços, o pessoal de atendimento ao cliente necessita de treinamento em habilidades interpessoais.

PORQUE

Na maioria dos serviços, a produção e a entrega acontecem simultaneamente entre o pessoal de atendimento e o cliente.

Analisando as afirmações acima, conclui-se que

(A) as duas afirmações são verdadeiras, e a segunda justifica a primeira.
(B) as duas afirmações são verdadeiras, e a segunda não justifica a primeira.
(C) a primeira afirmação é verdadeira, e a segunda é falsa.
(D) a primeira afirmação é falsa, e a segunda é verdadeira.
(E) as duas afirmações são falsas.

2. (EXAME 1998)

Os serviços possuem quatro características: intangibilidade, inseparabilidade, variabilidade e perecebilidade. Quando se diz que "um avião decolou do aeroporto com vinte e três lugares não ocupados", as características que se identificam neste caso são:

(A) intangibilidade e variabilidade.
(B) intangibilidade e perecebilidade.
(C) inseparabilidade e variabilidade.
(D) perecebilidade e inseparabilidade.
(E) variabilidade e perecebilidade.

3. (EXAME 1997)

Você, em função do tipo de produto/serviço, deve estabelecer uma estratégia de marketing para atingir seu público-alvo. É de seu conhecimento que os bens, de acordo com sua durabilidade e tangibilidade, podem ser classificados em três grupos: bens duráveis, bens não duráveis e serviços. Quanto às características dos elementos desses grupos, está correto afirmar que:

(A) a tangibilidade é uma das características dos serviços.
(B) os serviços têm como características serem inseparáveis, variáveis e não estocáveis.
(C) os bens duráveis têm a peculiaridade de ser consumidos rapidamente.
(D) os bens não duráveis são bens tangíveis que sobrevivem a muitos usos.
(E) os alimentos consumidos diariamente são bens não duráveis e intangíveis.

Conteúdo 09

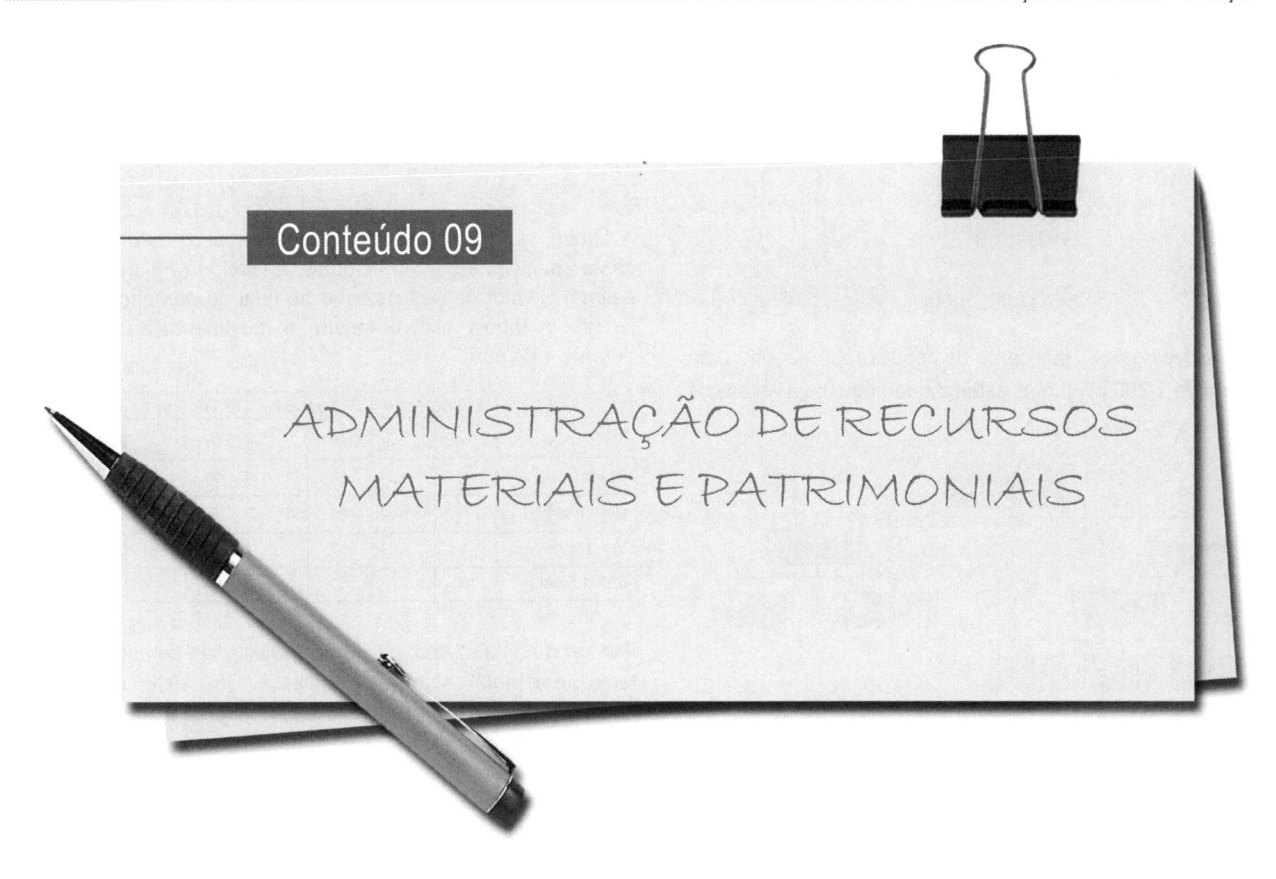

ADMINISTRAÇÃO DE RECURSOS MATERIAIS E PATRIMONIAIS

1. (EXAME 2009)

Uma empresa metal-mecânica produz um tipo especial de motor. A quantidade em estoque desse motor segue uma distribuição normal com média de 200 unidades e desvio-padrão de 20. O gráfico abaixo representa a distribuição normal padrão (média igual a 0 e desvio-padrão igual a 1), em que as percentagens representam as probabilidades entre os valores de desvio-padrão.

Qual é a probabilidade de, em um dado momento, o estoque da empresa apresentar mais de 220 unidades?

(A) 84,13%.
(B) 68,26%.
(C) 34,13%.
(D) 15,87%.
(E) 13,60%.

2. (EXAME 2006)

Analise a figura a seguir.

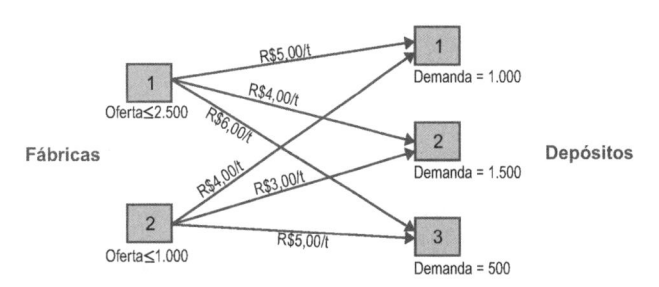

A Cia. de Produtos Vegetais – CPV possui duas fábricas que abastecem três depósitos. As fábricas têm um nível máximo de produção baseado nas suas dimensões e nas safras previstas. Os custos em R$/t estão anotados em cada rota (ligação entre as fábricas e depósitos). José de Almeida, estudante de Administração, foi contratado pelo Departamento de Logística com a finalidade de atender a demanda dos depósitos sem exceder a capacidade das fábricas, minimizando o custo total do transporte.

Em sua decisão ele considerou as seguintes situações:

I. 1.000 unidades devem ser transportadas da Fábrica 2 para o Depósito 1. A demanda restante deve ser suprida a partir da Fábrica 1;
II. 2.500 unidades devem ser transportadas da Fábrica 1 para os Depósitos 1 e 2. A demanda restante deve ser suprida a partir da Fábrica 2;
III. 1.000 unidades devem ser transportadas da Fábrica 2 para o Depósito 2. A demanda restante deve ser suprida a partir da Fábrica 1.

Apresenta(m) o(s) menor(es) custo(s) apenas a(s) situação(ões)

(A) I.
(B) II.
(C) III.
(D) I e III.
(E) II e III.

3. (EXAME 2006)

A Cia. Goiás Velho S.A., fabricante de conectores, recebeu uma encomenda de 1.200 conjuntos extensão-tomada, cuja árvore de estrutura é a seguinte:

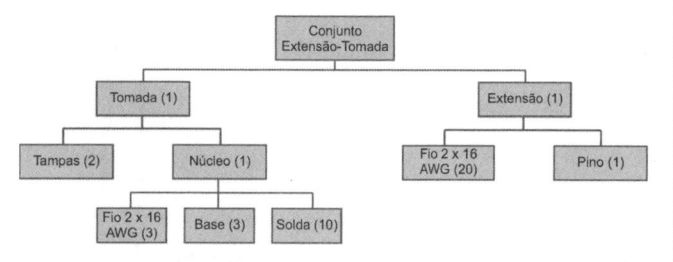

Os números entre parênteses referem-se às quantidades utilizadas na produção de cada conjunto. A Goiás Velho possui em estoque: extensão-tomada = 200; tomada = 100; extensão = 500; fio = 2.000. A nova política de estoques da empresa é a de não manter saldos em estoque, quer em conjuntos, quer em componentes.

A partir das informações apresentadas, pode-se concluir que a quantidade do componente fio (especificação 2 x 16 AWG) que precisa ser adquirido para atender a encomenda de 1.200 conjuntos extensão-tomada (utilizando todo o estoque existente) é

(A) 25.600
(B) 21.000
(C) 12.700
(D) 11.000
(E) 10.700

4. (EXAME 2003)

A Maçã Verde Produtos Agrícolas Ltda. está estudando os custos de distribuição de seus produtos. Existem três possibilidades para o transporte das maçãs produzidas desde a fazenda até o armazém de distribuição da empresa localizado na cidade de Natal. A tabela a seguir mostra os custos dos diferentes tipos de transporte, o número de dias para a entrega por tipo de transporte e o custo de manutenção do estoque em trânsito por dia (principalmente refrigeração).

Tipo de Transporte	Aéreo	Marítimo	Rodoviário
Custo do Frete por tonelada	R$ 100,00	R$ 20,00	R$ 50,00
Tempo de entrega	3 dias	40 dias	20 dias
Custo da Manutenção do Estoque em trânsito, por tonelada, por dia	R$ 10,00	R$ 2,50	R$ 3,00

Colocando-se em ordem crescente de custos totais os diversos tipos de transporte, tem-se:

(A) Rodoviário, Marítimo e Aéreo.
(B) Rodoviário, Aéreo e Marítimo.
(C) Aéreo, Marítimo e Rodoviário.
(D) Marítimo, Rodoviário e Aéreo.
(E) Marítimo, Aéreo e Rodoviário.

5. (EXAME 2003)

A Chuveiros Elétricos Ltda. revende chuveiros de diversos fabricantes nacionais e internacionais. A Diretoria Financeira deseja estimar o valor do seu estoque ao final do primeiro ano de atividade. A tabela abaixo mostra a movimentação do estoque durante este ano.

	1º Trimestre		2º Trimestre		3º Trimestre		4º Trimestre	
	Unidades	Custo Unitário	Unidades	Custo Unitário	Unidades	Custo Unitário	Unidades	Custo Unitário
Saldo Inicial (=)	0		50		50		100	
Compras (+)	200	R$10,00	160	R$12,00	200	R$14,00	100	R$14,00
Vendas (−)	150		160		150		150	
Saldo Final (=)	50		50		100		50	

Por ser o primeiro ano, existe a possibilidade de escolha do sistema de contabilização a ser utilizado. Dois sistemas estão em estudo: PEPS (o Primeiro a Entrar é o Primeiro a Sair do estoque) e UEPS (o Último a Entrar é o Primeiro a Sair). A diretoria deseja minimizar o saldo da conta de estoques ao final do ano. O tipo de sistema contábil que deve ser utilizado para se atingir esse objetivo e o saldo contábil da conta estoque, respectivamente, são

(A) PEPS ; R$700,00
(B) PEPS ; R$500,00
(C) UEPS ; R$700,00
(D) UEPS ; R$600,00
(E) UEPS ; R$500,00

6. (EXAME 2003)

A Pisos Luz Ltda. é o maior revendedor de pisos cerâmicos de alta qualidade da Região Sul. Neste momento, seus diretores estão determinando o estoque de segurança que devem manter para seu produto mais vendido, o PI4. Por ser vital para a empresa a satisfação do cliente, o Departamento de *Marketing* deseja ter um nível de atendimento à demanda de cliente de 84%. A demanda média mensal deste produto (PI4) obedece a uma distribuição normal com média de 10.000 m2 e desvio-padrão de 1.000 m2. O gráfico a seguir representa a distribuição de probabilidade da demanda mensal do produto PI4. Considere os percentuais inclusos na figura como a probabilidade de ocorrência de uma demanda entre os limites da classe.

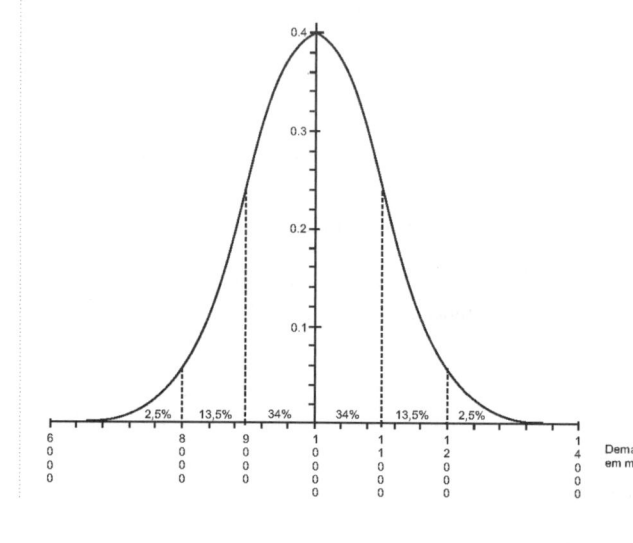

Sabendo que o pedido à empresa produtora dos pisos leva uma semana para chegar e que, em média, há quatro semanas no mês de trabalho, o estoque de segurança (quantidade acima da demanda média), para atender as exigências feitas pelo Departamento de *Marketing,* e o ponto de pedido (quantidade em estoque que aciona o pedido pelo Departamento de Compras), respectivamente, são

(A) 11.000 e 1.000
(B) 4.500 e 3.500
(C) 2.000 e 3.500
(D) 1.000 e 4.500
(E) 1.000 e 3.500

7. (EXAME 2002)

A NP Consultoria de Estoques deseja implementar o sistema de classificação ABC para diminuir o custo de estoque da empresa Parafusos Ltda. A empresa tem um estoque com dez tipos de parafusos. Os dados a seguir referem-se às vendas desses itens no ano passado.

Item	Vendas Anuais em 2001 (em unidades)	Custo por Unidade (em reais)	Custo Anual (em reais)
P1	20000	1,00	20000,00
P2	4000	2,00	8000,00
P3	3500	2,00	7000,00
P4	5000	3,00	15000,00
P5	6500	1,00	6500,00
P6	200	10,00	2000,00
P7	300	10,00	3000,00
P8	2000	1,00	2000,00
P9	5000	1,00	5000,00
P10	3000	2,00	6000,00

Separando-se os itens em grupos A, B e C (20%/30%/50%), com base no custo anual em valores monetários, serão classificados como pertencentes à classe B os itens

(A) P1, P4 e P5.
(B) P2, P3 e P5.
(C) P4, P7 e P8.
(D) P6, P7 e P10.
(E) P9, P6 e P1.

8. (EXAME 2002)

A JM Logística & Consultoria está fazendo o levantamento do custo de estoques de uma empresa para determinar as compras que devem ser feitas nos próximos 4 trimestres, de maneira a atender a demanda dos clientes por um determinado produto. Considere: inexistência de estoque inicial; atendimento de toda demanda dentro do trimestre; compras do trimestre não devem superar a demanda estimada do próprio trimestre; utilização do sistema PEPS de contabilização de estoques (o primeiro a entrar é o primeiro a sair).

Os preços unitários de compra são apresentados na tabela abaixo.

	Trimestre 1	Trimestre 2	Trimestre 3	Trimestre 4
Demanda Estimada do Produto (em unidades)	500	300	400	600
Preço Unitário de Compra (em reais)	5,00	6,00	7,00	8,00

Qual o estoque, em termos físicos e financeiros, ao final dos quatro trimestres?

(A) zero unidade e R$ 0,00
(B) 50 unidades e R$ 300,00
(C) 100 unidades e R$ 650,00
(D) 150 unidades e R$ 650,00
(E) 150 unidades e R$ 925,00

9. (EXAME 2002)

A JRQ Brinquedos Eletrônicos tem um consumo anual de 100.000 *chips*, sempre transportados pelo mesmo meio. O Dr. Quintana, gerente de produção da JRQ, está analisando as opções de compra semestral ou trimestral de *chips*, representadas nos gráficos a seguir.

Compras Trimestrais

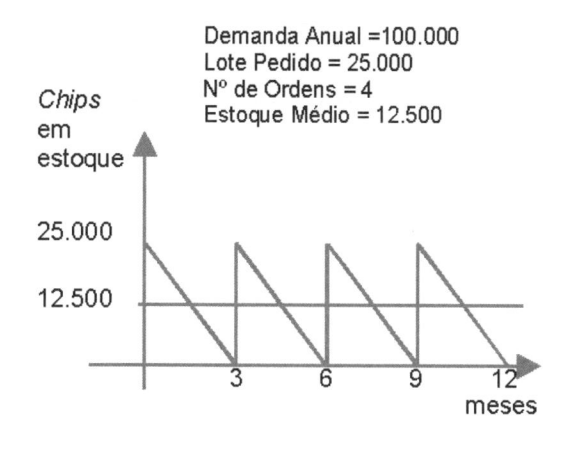

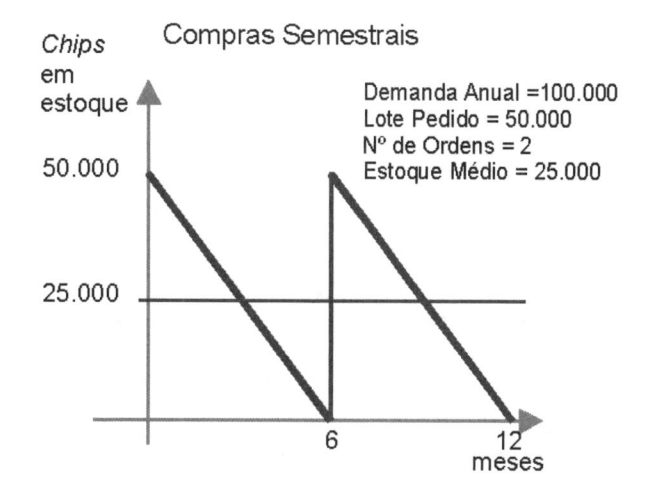

Demanda Anual = 100.000
Lote Pedido = 25.000
Nº de Ordens = 4
Estoque Médio = 12.500

Compras Semestrais

Demanda Anual = 100.000
Lote Pedido = 50.000
Nº de Ordens = 2
Estoque Médio = 25.000

O Dr.Quintana deve tomar a sua decisão considerando que a compra

(A) trimestral apresenta maior custo de manutenção de estoque.
(B) trimestral resulta em consumo anual menor.
(C) semestral apresenta menor investimento em estoques.
(D) semestral resulta em estoque zerado duas vezes ao ano, implicando menor risco de falta.
(E) semestral resulta em maior custo de transporte.

10. (EXAME 2001)

A Laticínios Brasileiros Ltda. tem um custo anual de mercadoria vendida de R$ 350.000,00, e o estoque médio anual é de R$ 100.000,00. Quantas vezes o estoque da empresa gira por ano?

(A) 0,286
(B) 0,350
(C) 0,714
(D) 2,500
(E) 3,500

11. (EXAME 2001)

Uma empresa utiliza o sistema de média móvel trimestral para previsão de compra de uma determinada matéria-prima. Observe as quantidades efetivamente consumidas nos últimos cinco meses.

Mês	Janeiro	Fevereiro	Março	Abril	Maio	Total Período
Consumo (em unidades)	100	200	150	100	110	660

De quantas unidades deverá ser o pedido para o próximo mês?

(A) 220.
(B) 150.
(C) 135.
(D) 132.
(E) 120.

12. (EXAME 2001)

O gráfico abaixo apresenta a demanda prevista de um determinado produto por mês, bem como dois possíveis sistemas de produção. A escolha alterará os níveis de estoques mensais da empresa.

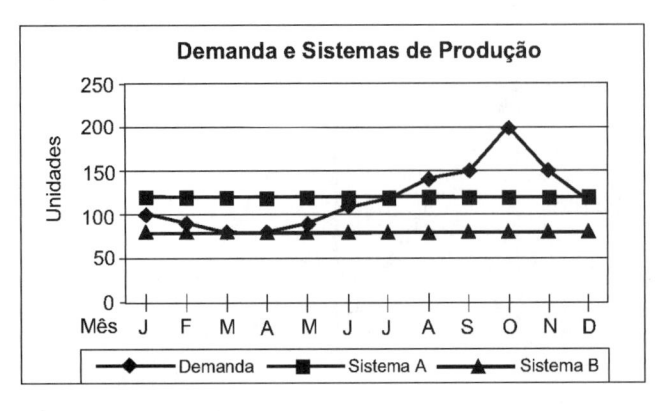

Observando o gráfico conclui-se que o sistema

(A) A implicará a formação de estoques ao longo do primeiro semestre.
(B) A implicará a formação de estoques ao longo do segundo semestre.
(C) B implicará a formação de estoques ao longo do primeiro semestre.
(D) B implicará a formação de estoques ao longo do segundo semestre.
(E) B não implicará subcontratação para o atendimento da demanda durante todo o período.

13. (EXAME 2001)

Analise a situação do estoque da Empresa de Transportes de Cargas Gersontrans Ltda. apresentada no quadro a seguir.

	Itens	Custo Unitário
Estoque em 1/1/2001	0	0,0
Entrada no Estoque em 20/1/2001	100	10,0
Entrada no Estoque em 25/1/2001	150	12,0
Saída do Estoque em 30/1/2001	150	

Quais os valores, em reais, do estoque dessa empresa respectivamente pelos processos PEPS ("Primeiro a Entrar Primeiro a Sair") e UEPS ("Último a Entrar Primeiro a Sair") ao final do mês de janeiro de 2001, considerando o estoque inicial nulo?

(A) 1800,00 e 3000,00
(B) 1800,00 e 1000,00
(C) 1200,00 e 1800,00
(D) 1200,00 e 1000,00
(E) 1000,00 e 1800,00

14. (EXAME 2000)

O quadro abaixo apresenta um controle de entradas e saídas do estoque de uma fábrica que deseja fazer uma avaliação do custo desses estoques.

Dia	Entradas no Estoque		Saídas do Estoque	
	Quantidade	Preço Unitário	Quantidade	Preço Unitário
1/3	10	150		
10/3	30	120		
30/3			20	

Utilizando os métodos de custo médio, PEPS (primeiro a entrar e primeiro a sair) e UEPS (último a entrar e primeiro a sair), o valor do estoque ao final da movimentação, em reais, será, respectivamente:

(A) 2.500,00; 2.600,00; 2.400,00
(B) 2.550,00; 2.400,00; 2.700,00
(C) 2.550,00; 2.500,00; 2.600,00
(D) 2.600,00; 2.700,00; 2.400,00
(E) 2.600,00; 2.700,00; 2.500,00

15. (EXAME 2000)

A empresa LCL Brinquedos deseja determinar, através da curva ABC, nas proporções 20/30/50, respectivamente, os itens de seu estoque sobre os quais deve existir um maior controle. Para tal, realizou uma pesquisa cujos dados resumidos são apresentados na tabela a seguir.

Item do Estoque	Preço Unitário (R$)	Consumo Anual (unid.)	Item do Estoque	Preço Unitário (R$)	Consumo Anual (unid.)
1	4	5.000	6	8	100
2	3	10.000	7	20	1.200
3	5	3.000	8	15	500
4	10	400	9	20	130
5	6	700	10	3	270

Utilizando o critério de ordenação do valor do consumo anual (preço unitário x consumo anual), os itens do estoque considerados classe A e a percentagem efetiva da classe A no valor total do estoque, respectivamente, são:

(A) 1 e 2; 45,91%.
(B) 1 e 7; 40,40%.
(C) 2 e 7; 49,58%.
(D) 1, 2 e 3; 59,68%.
(E) 1, 2 e 7; 67,95%.

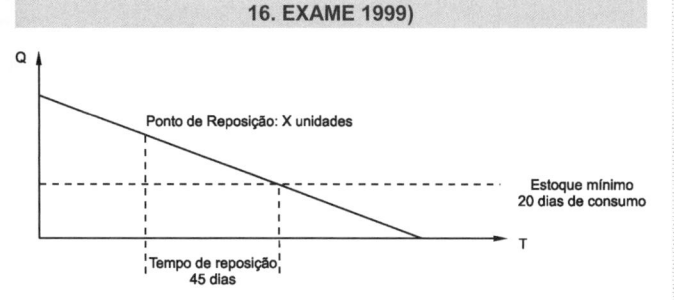

16. EXAME 1999)

Uma empresa utiliza a metodologia ilustrada no diagrama acima para determinar a quantidade a ser periodicamente adquirida (X) de um componente que utiliza em sua linha de produção. Sendo 1.200 unidades por mês o consumo desse componente, o Ponto de Reposição, em unidades, é:

(A) 2.000
(B) 2.200
(C) 2.400
(D) 2.600
(E) 2.800

Conteúdo 10 — LOGÍSTICA

1. (EXAME 2009)

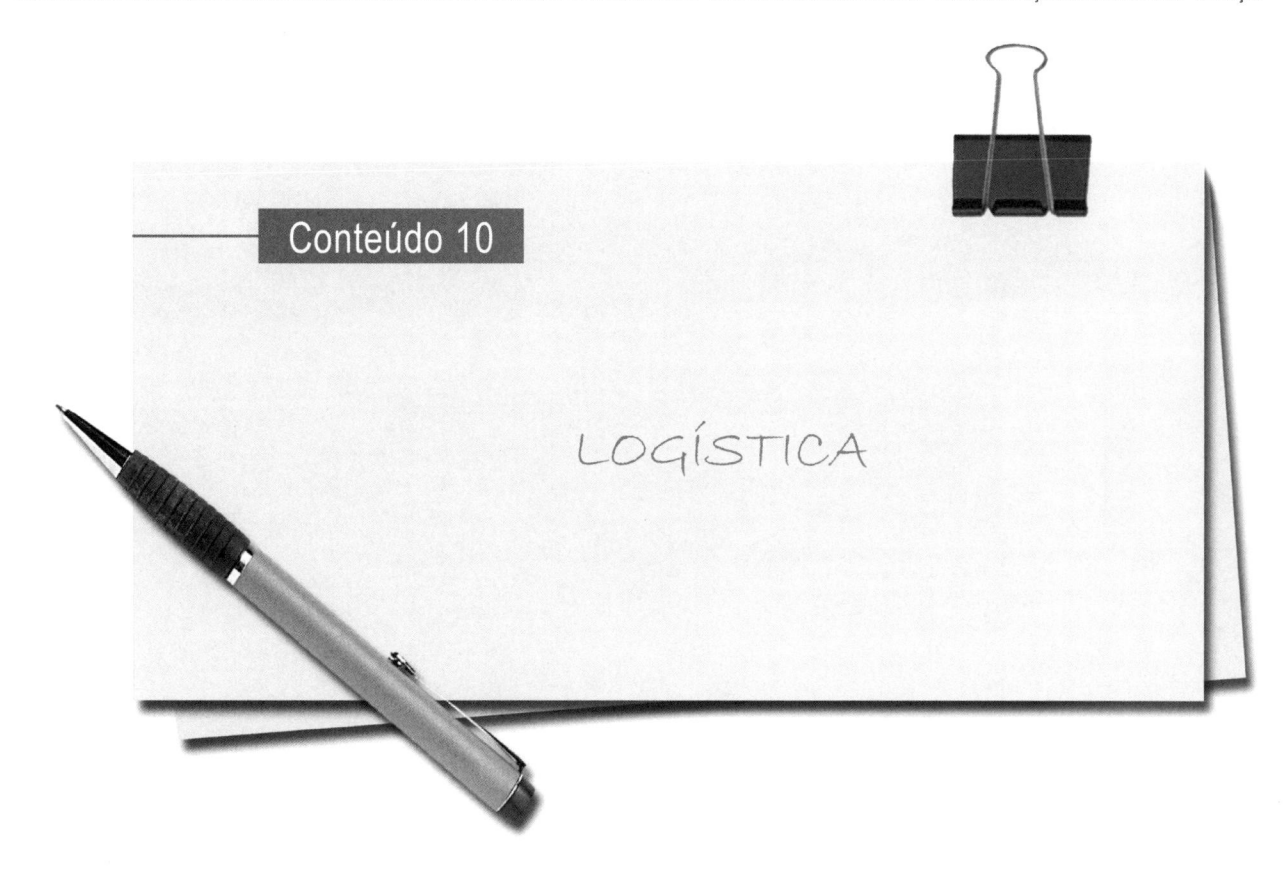

Você é consultor e estuda o mercado de esmagamento de soja no Brasil. Os produtos comercializados nesse mercado são farelo de soja e óleo vegetal. As plantações de soja estão espalhadas por todo o interior do país. A margem de lucro dos produtos é muito pequena, e a logística é um custo significativo da operação. O transporte é feito via modal rodoviário e o volume de soja colhida é muito superior ao volume somado de farelo e óleo.

Para ter um desempenho sustentável em longo prazo, é necessário que as empresas tenham:

I. grande volume de esmagamento;
II. proximidade de centros de plantação de soja;
III. frota de transporte próprio;
IV. localização perto de uma grande capital metropolitana.

Estão CORRETAS somente as afirmativas

(A) I e III.
(B) II e III.
(C) I e II.
(D) III e IV.
(E) I e IV.

2. (EXAME 2006) DISCURSIVA

Utilize o texto abaixo para responder à Questão Discursiva

A Companhia Industrial de Tratores está estudando transferir sua atividade de produção de São Paulo para uma unidade maior, buscando aumento de sua produtividade frente à concorrência, para viabilizar sua atividade operacional no Brasil. Atualmente possui duas plantas localizadas no Brasil e seu projeto é integrar a unidade de produção de São Paulo com a unidade de Goiás, ampliando a escala desta última, e vendendo a de São Paulo para empreendimento imobiliário. Estima-se que a paralisação da unidade de São Paulo vá custar R$ 100 milhões referentes ao programa de desligamento de funcionários, de seus prestadores de serviços e de seus fornecedores de peças. O prédio local e as instalações serão vendidos por esse valor, os quais estão contabilizados a R$ 50 milhões.

Este programa de desligamento envolverá investimentos também em programas de recolocação profissional com reintegração ao mercado de trabalho, apoio psicológico, apoio médico e replanejamento de atividades de prestadores de serviço. Imagine que essas ações aconteçam em 30 dias.

Recentemente, a empresa implantou um sistema integrado de gestão (ERP), disponibilizando informações para o setor financeiro, referentes a faturamento, custos, resultados, orçamento, originando vários relatórios gerenciais. Pela análise desses relatórios, a atual produção de tratores será ampliada em 500 unidades por ano, sem necessidade de investimento adicional em razão de ociosidade na instalação de Goiás. O preço unitário dos tratores será de R$ 200 mil, e seu custo total unitário, de R$ 120 mil. A alíquota de Imposto sobre a Renda da Companhia é de 30%. O custo de capital da Companhia é de 10% a.a.

A mudança das instalações da empresa ampliará o ciclo de operações logísticas da Companhia por causa do transporte de tratores de Goiás para São Paulo? Por quê?

Conteúdo 11

ÉTICA E RESPONSABILIDADE SOCIAL

1. (EXAME 2009)

Se a empresa A, localizada no país X, vende um produto nesse país por US$ 100,00 e exporta o mesmo produto para o Brasil, em condições comparáveis de comercialização (volume, estágio de comercialização, prazo de pagamento) por US$ 80,00, considera-se que há prática de *dumping* com margem de US$ 20,00.

MDIC/SECEX. http://www.mdic.gov.br/. Acesso em 03 out. de 2009.

Com base nessa situação, pode-se afirmar que a prática de *dumping*

I. permite que uma empresa entre em mercados estrangeiros, com vantagem em relação às empresas já estabelecidas naqueles mercados;
II. é considerada uma prática leal de comércio;
III. pode provocar o desmantelamento da indústria nacional de um país, se for implementada por uma empresa estrangeira.

É CORRETO afirmar que

(A) apenas os itens I e III estão corretos.
(B) apenas os itens I e II estão corretos.
(C) apenas os itens II e III estão corretos.
(D) nenhum item está correto.
(E) todos os itens estão corretos.

2. (EXAME 2009)

Ao longo do tempo, filósofos têm identificado várias formas de encarar o comportamento ético nas organizações. Entre elas, a visão utilitarista considera o comportamento ético como aquele que traz o maior bem para o maior número possível de pessoas.

Sob a lógica da visão utilitarista, considere os itens a seguir:

I. fechamento de uma fábrica em uma cidade, para que a matriz da corporação continue sendo lucrativa e operacional em outras cidades;
II. deslocamento dos habitantes de um vilarejo à beira-mar, para a construção de um condomínio de alto luxo, pequeno e reservado;
III. suspensão do bônus da alta administração, apesar de seu ótimo desempenho, para preservar a sobrevivência da empresa.

Está(ão) CORRETO(S) somente o(s) item(ns)

(A) I e III.
(B) II.
(C) III.
(D) I.
(E) II e III.

3. (EXAME 2009)

O Art. 175, relativo ao Título VII "Da ordem econômica e financeira", Capítulo I "Dos princípios gerais da atividade econômica", da Constituição Federal de 1988, especifica: "*Incumbe ao Poder Público, na forma da lei, diretamente ou sob regime de concessão ou permissão, sempre através de licitação, a prestação de serviços públicos.*"

Quais são as implicações desse princípio no papel do Estado na formulação e na execução de políticas públicas relativas aos serviços de infraestrutura (energia elétrica, telecomunicações, transportes, etc.)?

(A) Empresas privadas assumem todo o processo de formulação e de implementação de políticas públicas nos setores de infraestrutura.
(B) O Estado atua como formulador de políticas públicas na área de infraestrutura, podendo descentralizar a sua execução para empresas privadas.

(C) O Estado centraliza todo o processo de formulação e de execução de serviços públicos na área de infraestrutura.

(D) O Estado retira-se do processo de formulação e de implementação de políticas públicas na área de infraestrutura, deixando esse papel para a iniciativa privada.

(E) O processo de prestação de serviços públicos na área de infraestrutura se dá num regime de falta de competição.

4. (EXAME 2009)

Leia o trecho:

Os estudos sobre cultura organizacional são enfáticos ao postular que, em qualquer organização, esta estará impregnada de traços da cultura nacional, o que impõe aos gestores o desafio de gerenciar a organização levando em conta os valores organizacionais e nacionais.

PORQUE

É essencial que o gestor seja capaz de, no esforço de gerenciar a cultura, expurgar os valores nacionais que influenciam a cultura organizacional e impedem a construção de uma identidade própria à organização.

A respeito dessas duas afirmações, é CORRETO afirmar que

(A) as duas afirmações são verdadeiras, e a segunda não justifica a primeira.

(B) as duas afirmações são verdadeiras, e a segunda justifica a primeira.

(C) a primeira afirmação é verdadeira, e a segunda é falsa.

(D) a primeira afirmação é falsa, e a segunda é verdadeira.

(E) as duas afirmações são falsas.

5. (EXAME 2001)

Jane Madeira assumiu a diretoria de Recursos Humanos de uma oficina de automóveis e tentou identificar os princípios filosóficos subjacentes à ética de negócios da organização. Concluiu que, na empresa, quando se decidia o que é certo ou errado, optava-se por um utilitarismo. Portanto, nesta oficina, era considerado um comportamento ético o do gerente que decidiu que

(A) não há problema em usar peças de baixa qualidade, tendo em vista que é legítimo o desejo da empresa de maximizar o seu ganho.

(B) não é correto usar pára-lamas que não são autorizados pelo fabricante do automóvel, independente de estas peças enferrujarem mais rapidamente ou não.

(C) o uso de pára-lamas de baixa qualidade é eticamente errado porque a peça irá enferrujar rapidamente.

(D) os funcionários devem ser promovidos de acordo com suas virtudes, caráter, motivações, intenções genuínas, segundo regras justas e parciais.

(E) devem ser dadas oportunidades iguais a todos os funcionários, com base em princípios universais como honestidade e eqüidade.

6. (EXAME 1997)

Assinale a opção em que NÃO se consubstancia uma forma através da qual a ética nos negócios pode ajudar a tomada de decisão nas organizações.

(A) Planejar o processo de reflexão ética de modo que as pessoas possam usá-lo para suas próprias sugestões.

(B) Ligar noções éticas, tais como direitos e justiça, à administração de sistemas de poder para que as pessoas possam administrar esses sistemas de forma apropriada.

(C) Mostrar como analisar e avaliar os diferentes componentes do processo de tomada de decisão para que as pessoas tenham tantos recursos disponíveis quanto possível.

(D) Oferecer um manual para que os indivíduos possam notificar a administração sempre que observarem um trabalhador violando quaisquer dos aspectos previstos no "código de ética" organizacional.

(E) Oferecer métodos de desenvolver um clima organizacional no qual a reflexão ética possa ser praticada e melhorada.

7. (EXAME 2006) DISCURSIVA

Utilize o texto abaixo para responder à questão discursiva

A Companhia Industrial de Tratores está estudando transferir sua atividade de produção de São Paulo para uma unidade maior, buscando aumento de sua produtividade frente à concorrência, para viabilizar sua atividade operacional no Brasil. Atualmente possui duas plantas localizadas no Brasil e seu projeto é integrar a unidade de produção de São Paulo com a unidade de Goiás, ampliando a escala desta última, e vendendo a de São Paulo para empreendimento imobiliário. Estima-se que a paralisação da unidade de São Paulo vá custar R$ 100 milhões referentes ao programa de desligamento de funcionários, de seus prestadores de serviços e de seus fornecedores de peças. O prédio local e as instalações serão vendidos por esse valor, os quais estão contabilizados a R$ 50 milhões.

Este programa de desligamento envolverá investimentos também em programas de recolocação profissional com reintegração ao mercado de trabalho, apoio psicológico, apoio médico e replanejamento de atividades de prestadores de serviço. Imagine que essas ações aconteçam em 30 dias.

Recentemente, a empresa implantou um sistema integrado de gestão (ERP), disponibilizando informações para o setor financeiro, referentes a faturamento, custos, resultados, orçamento, originando vários relatórios gerenciais. Pela análise desses relatórios, a atual produção de tratores será ampliada em 500 unidades por ano, sem necessidade de investimento adicional em razão de ociosidade na instalação de Goiás. O preço unitário dos tratores será de R$ 200 mil, e seu custo total unitário, de R$ 120 mil. A alíquota de Imposto sobre a Renda da Companhia é de 30%. O custo de capital da Companhia é de 10% a.a.

Com base no texto, indique os três grupos com os quais a empresa tem responsabilidade social, neste caso, bem como as respectivas ações que serão realizadas no âmbito da responsabilidade social.

8. (EXAME 2003) DISCURSIVA

FOME ZERO SÓ COM DESPERDÍCIO ZERO

A Diretoria da Companhia Exemplo está reunida para, atendendo a um apelo do Presidente da República, inserir-se no Programa Fome Zero. Há consenso entre os diretores de que a Responsabilidade Social é item importante para a imagem da Companhia. Após inúmeros debates, antecedidos por apresentações sobre a situação da Companhia, chegou-se à conclusão de que tal inserção somente seria possível reduzindo-se os desperdícios da Empresa: contribuições ao Programa Fome Zero somente com desperdício zero. A idéia da Diretoria era aproveitar o programa governamental como oportunidade para aumentar a produtividade da empresa, tendo por mote a redução do desperdício. Resolveu-se que, para identificar tais desperdícios, seria preciso indicar um *benchmark*, isto é, uma empresa do segmento considerada com gestão exemplar, para poder-se comparar. Com esse objetivo, definiu-se que a Cia. Modelo seria o *benchmark*, dado que os preços médios praticados pelas duas empresas, bem como os faturamentos, são similares.

Ao analisar os sistemas produtivos e de informação das empresas, o Diretor de Operações e Tecnologia identificou as seguintes diferenças significativas:

QUADRO 1. DIFERENÇAS OPERACIONAIS E TECNOLÓGICAS

ITEM	CIA. EXEMPLO	CIA. MODELO
Maquinaria	Da década de 50	Da década de 90
Freqüência Média de Manutenção	Quinzenal	Trimestral
Integração dos Processos de Manufatura	Baixa	Alta
Planejamento e Controle da Produção	Manual	Integrado ao ERP*
Controle de Contas a Receber	Manual	Integrado ao ERP*
Controle de Estoques	Manual	Integrado ao ERP*
Contabilidade	Informatizada	Integrada ao ERP*
Tesouraria	Informatizada	Integrada ao ERP*
Banco de Dados Organizacional	Múltiplas bases não integradas	Base única integrada ao ERP*

* ERP = sistema integrado de gestão

O Diretor Administrativo-Financeiro realizou um diagnóstico financeiro da Empresa cujo resultado encontra-se a seguir.

QUADRO 2. DEMONSTRAÇÕES DO RESULTADO DA CIA. EXEMPLO E DA CIA. MODELO

	CIA. EXEMPLO		CIA. MODELO	
	Valores (em R$ mil)	Análise Vertical (*)	Valores (em R$ mil)	Análise Vertical (*)
RECEITAS BRUTAS	172015	100%	141479	100%
(–) Impostos sobre vendas	14568	8%	11318	8%
(–) Deduções (devoluções)	16944	10%	3273	2%
RECEITAS LÍQUIDAS	140503	82%	126888	90%
(–) Custo do Produto Vendido	127851	74%	90385	64%
RESULTADO BRUTO	12652	8%	36503	26%
(–) Despesas de Vendas	23083	13%	20925	15%
(–) Despesas Administrativas	12208	7%	3260	2%
RES. ANTES DOS JUROS	–22639	–12%	12318	9%
(+) Receitas Financeiras		0%	2739	2%
(–) Despesas Financeiras	81978	48%	0	0%
RESULTADO OPERACIONAL	–104617	–60%	15057	11%
(+) Receita não Operacional		0%	1561	1%
(–) Despesa não Operacional	2436	1%	2422	2%
RESULTADO ANTES DO IR	–107053	–61%	14196	10%
(–) IR/Contribuição Social		0%	525	0%
(+) IR Diferido	1089	1%	0	0%
(–) Participações no resultado		0%	120	0%
RESULTADO LÍQUIDO	–105964	–60%	13551	10%

(*) os números da análise vertical estão arredondados

d) É ético associar ações de racionalização operacional com ações de responsabilidade social como o Programa Fome Zero? Justifique sua resposta.

9. (EXAME 2003) DISCURSIVA

ANTECIPANDO-SE AOS FATOS: o presente é importante, mas é o futuro que importa

Era uma amizade de mais de quinze anos, que tinha começado ainda nos bancos da faculdade, durante o Curso de Administração. Maria Júlia e Daniela tinham habilidades e competências pessoais complementares. A primeira era organizada, objetiva e orientada para resultados. A segunda era criativa, inovadora e voltada para a singularidade. Ambas tinham forte espírito empreendedor.

A empresa de confecção que tinham implantado, ainda como estudantes, com a ajuda financeira de seus familiares, era um sucesso. Elas tinham construído uma empresa com fama de ser diferente, marca forte, bons canais de distribuição e a reputação de fabricar produtos quase individualizados. Seus produtos tendiam a fazer bom uso das cores e havia um esforço mercadológico de antecipar a moda, acrescido, recentemente, de uma certa sensibilidade ecológica.

Como é normal em quase todos os negócios de confecção, a sazonalidade nas vendas também existia e afetava as principais atividades da empresa, em especial, os recursos humanos e o próprio faturamento. As finanças, todavia, estavam bem controladas e podiam ser consideradas saudáveis. Entretanto, existiam evidências de que o modelo empresarial adotado tinha alcançado seu limite, já apresentando alguns sinais de estagnação. Tudo isso era agravado por um volume excessivo de cópias fraudulentas de seus produtos, por parte de concorrentes de menor tamanho. Estava ficando cada vez mais difícil o cliente perceber a diferença entre o produto original e as cópias oferecidas no mercado por um preço muito menor.

Na última reunião de planejamento com as gerências, uma série de idéias foi discutida, visando a levar a empresa a um novo patamar de atuação. Até mesmo um consultor participou da reunião. Eram visíveis a energia das proprietárias e o comprometimento do quadro gerencial com as mudanças. A visão era proativa e de antecipação aos fatos. A questão era o que fazer antes de a crise ocorrer. As propostas listadas a seguir são resultado das discussões, mas havia a necessidade de detalhá-las e para isso contamos com você.

e) **5ª proposta:** Utilizar insumo ecologicamente correto. Em reportagens recentes da televisão e dos jornais, foi noticiado o desenvolvimento de um novo tipo de algodão naturalmente colorido. Se ele fosse utilizado no processo de fabricação do tecido empregado pela empresa, implicaria redução substancial de produtos químicos na operação de tingimento empregada pelos fornecedores. Os ganhos mercadológicos, quanto à utilização do argumento ecológico, seriam significativos. Apresente 2 (duas) influências na cadeia de suprimentos decorrentes da modificação proposta.

10. (EXAME 2002) DISCURSIVA

O DESENVOLVIMENTO VEM COM NOVOS INVESTIMENTOS

Nos últimos anos, o nível de investimento direto com capital estrangeiro tem sido significativo no Brasil. Alguns estados brasileiros têm adotado políticas de desenvolvimento bastante agressivas e complexas para atraí-lo. Essas políticas são implementadas por meio de um conjunto de fatores que podem ser classificados, de uma maneira geral, como incentivos ao desenvolvimento estadual, o que acirra a competição entre os estados.

A estratégia corporativa da multinacional DREAMINVEST identificou que seu portfólio de negócios seria muito beneficiado se a empresa instalasse uma nova unidade fabril no Brasil. A empresa era conhecida por produzir uma pequena família de produtos categorizados como bens de consumo durável de alto valor unitário. A tecnologia de processo de produção era avançada e fazia uso, de maneira intensa, de robótica, sem que isso acarretasse impactos no meio ambiente. A questão ambiental, aliás, era uma grande preocupação da DREAMINVEST. Os produtos tinham *design* avançado, com funcionalidade sofisticada, e eram avaliados como de qualidade superior. A sua manufatura podia ser classificada como de classe mundial. Ademais, ela tinha a reputação de atender adequadamente os consumidores dos Estados Unidos e da Europa Ocidental, o que satisfazia as expectativas de uma considerável parcela de consumidores brasileiros, ávidos por consumir produtos que fazem sucesso nos países desenvolvidos. O padrão de qualidade da empresa deveria ser mantido no Brasil, onde não existem produtos similares nem substitutos. A empresa, todavia, ainda não opera em nenhum país da América Latina. Com vistas à implantação da nova unidade fabril, a DREAMINVEST contratou a filial brasileira de uma das maiores empresas de consultoria do mundo. Estudos preliminares resultaram na escolha de um estado que vinha implementando uma bem-sucedida política de atração de novos investimentos industriais. Algumas características foram também cuidadosamente analisadas pela consultoria contratada, dentre as quais destacam-se: aspectos mercadológicos típicos do consumidor brasileiro; custos logísticos referentes ao transporte; e a necessidade de poucos operários, porém muito bem qualificados. O relatório preliminar foi, então, encaminhado à sede da empresa multinacional para decisão superior.

A alta direção da DREAMINVEST, visando à tomada de decisão final, foi favorável ao detalhamento dos estudos e solicitou que fossem realizados contatos com as Secretarias do Governo Estadual responsáveis pelo assunto, o que foi feito de imediato. A coligação partidária que estava no poder apresentava visíveis dificuldades para ganhar a eleição daquele ano.

As reuniões técnicas se deram em uma atmosfera proativa muito profissional. Os consultores estavam convencidos de que os técnicos do Governo ofereceram as facilidades comuns à atração de novos investimentos, em linha com a política de desenvolvimento vigente.

Durante um jantar com integrantes da equipe de governo, um assessor político, de forma discreta, relatou algumas dificuldades enfrentadas pelo governo estadual atual para vencer as próximas eleições e sugeriu que uma eventual contribuição ao fundo de campanha do candidato oficial seria bastante apreciada. Tudo poderia ser feito em conformidade com a legislação eleitoral vigente.

A empresa, por sua vez, sugeriu que fossem erguidas algumas barreiras à entrada de novos concorrentes, em particular de um, detentor de forte posição no mercado asiático, e que era conhecido por sua capacidade de oferecer a mesma linha de produtos por preços inferiores aos praticados pela

DREAMINVEST. A DREAMINVEST está contratando gerentes para a filial brasileira, cuja direção será exercida por executivos vindos da matriz. Levando em consideração as informações constantes no texto, responda aos itens abaixo.

e) Identifique quatro aspectos éticos envolvidos na prática empresarial descrita, indicando se foram tratados de forma positiva ou negativa pela DREAMINVEST.

11. (EXAME 2000) DISCURSIVA

A Empresa Centro Norte de Papel e Celulose S/A sempre investiu muito na realização de melhorias em seus sistemas de preservação do meio ambiente, dispondo de uma robusta Estação de Tratamento de Efluentes, de um eficiente e premiado programa de reflorestamento, de potentes filtros com catalisadores e ação de despoluentes dos resíduos gasosos, além de uma política de conscientização e de distribuição gratuita de mudas de diversas plantas para a comunidade.

Entretanto, nos últimos 5 (cinco) anos, esta preocupação passou a ter menos relevância no plano de investimentos da empresa. Isto ocorreu em função da necessidade de aumentar a produção, dado o aumento da carteira de clientes, o que implicou a ampliação do parque de máquinas, o reforço no sistema de distribuição, e a criação de uma infra-estrutura de exportação mais qualificada.

Paulatinamente, a Empresa Centro Norte desenvolveu novas tecnologias na produção de papel, conquistando novos mercados, tornando-se ainda mais lucrativa e competitiva no segmento e satisfazendo aos acionistas. Contudo, sua política de preservação ambiental acabou definitivamente relegada, tendo sido os investimentos já realizados considerados mais que suficientes, além de, tacitamente, serem tratados como custos elevados e desnecessários neste momento de crescimento da empresa.

Uma falha no sistema de tratamento de efluentes permitiu o vazamento de resíduos químicos para um rio piscoso, o qual servia de suporte ao abastecimento de água potável das residências da região em que a empresa estava instalada. Tal fato causou a contaminação generalizada das águas, além da mortandade de peixes. A população, revoltada, exigia providências imediatas, tendo sido a empresa alvo das mais diversas críticas e ações.

Na qualidade de Administrador consciente, apresente quatro argumentos que demonstrem como o comportamento socialmente responsável se evidencia como um investimento e não um custo para a Empresa Centro-Norte, considerando a importância de investir na preservação do meio ambiente

Conteúdo 12

TEMAS COMBINADOS

1. (EXAME 2009) DISCURSIVA

A Guarani S.A. produz circuitos impressos (*chips*) para computadores. Atualmente cogita investir em um novo equipamento de manufatura de circuito impresso, integrado ao sistema ERP (*Enterprise Resource Planning*) da empresa, que permitirá gerar automaticamente pedidos de componentes para seus fornecedores com maior rapidez e agilidade. Esse investimento será desembolsado de uma única vez no momento da instalação e proporcionará:

- a diminuição do estoque de matérias-primas;
- o aumento da capacidade de produção;
- a melhoria da qualidade do produto final; e
- a redução em 30% da necessidade de mão de obra direta empregada ligada ao Sindicato dos Montadores de Componentes Eletrônicos.

O custo de capital da empresa é 20% a.a., e a taxa interna de retorno associado à aquisição do novo equipamento é de 30% a.a. O equipamento atual poderá ser vendido por um valor residual.

O gerente geral da Guarani S.A. está em dúvida se deve investir ou não nesse novo equipamento e se foram levados em conta na análise todos os fatores relevantes para o processo de tomada de decisão. Você foi contratado como consultor para auxiliá-lo nessa tomada de decisão. A sua tarefa consiste em verificar se a análise financeira foi realizada de forma adequada e em apontar as principais consequências da decisão em algumas áreas-chave da empresa.

1) Quais fatores (componentes de fluxo de caixa) devem ser incluídos na análise financeira para efetuar o cálculo da TIR do investimento? (Valor: 5 pontos)
2) Quais são os impactos dessa decisão nas áreas Financeira, Produção e RH da empresa? (Valor: 5 pontos)

2. (EXAME 2001) DISCURSIVA

A FARINHA VITAMINADA

A empresa ALIMENTOS BRASILEIROS S/A tem o objetivo de introduzir no mercado de uma região brasileira bastante pobre um alimento que possa combater a subnutrição e, ao mesmo tempo, ser rentável na carteira de produtos gerados pela empresa. Não existe indústria similar no país e o preço do produto importado é muito elevado.

A ALIMENTOS BRASILEIROS S/A produziu um certo número de fórmulas com base vegetal. Estas fórmulas contêm como principais ingredientes a farinha de milho ou de sorgo, aos quais podem-se agregar proteínas provenientes de grãos de algodão ou de soja, e vitaminas, em especial a vitamina A. Para consumir, basta adicionar água para se obter seja uma bebida, seja um mingau. Existem diversos sabores para melhor atender aos gostos dos consumidores.

A ALIMENTOS BRASILEIROS S/A teve um trabalho considerável em laboratório e em pesquisas durante doze meses. Quando a empresa sentiu-se segura em contar com uma fonte de aprovisionamento confiável e um produto aparentemente adaptado ao mercado dessa região, ela decidiu lançar o produto com o nome de VITARINHA, que na realidade é uma mistura das palavras "vitamina" e "farinha".

Começou-se a promoção da VITARINHA logo após a disponibilização do produto aos varejistas. A abordagem publicitária consistia em um cartaz que comparava crianças com aspecto doentio e sofrendo de desnutrição com as mesmas crianças meses após, sorridentes e em boa saúde, depois de terem sido alimentadas com um regime à base de VITARINHA. O contraste "antes e depois" era usado para demonstrar que a utilização da VITARINHA era uma questão de vida ou morte. Foi também produzido um filme de cinco minutos, dramatizando o efeito da desnutrição nas crianças. O enfoque da comunicação era coerente com as grandes linhas de publicidade da ALIMENTOS BRASILEIROS S/A, que buscava através de campanhas polêmicas chamar a atenção do público de qualquer forma.

Agora, para divulgar mais o produto e estimular as vendas, a empresa está cogitando uma atuação em uma ou mais frentes. Uma delas contemplaria o emprego de meios de comunicação clássicos, como rádio, jornal, televisão e publicidade nos pontos de venda. Uma segunda frente mobilizaria uma equipe de demonstradoras e um chefe de vendas, que seriam treinados para promover o produto durante a campanha. Essa equipe utilizaria um caminhão especialmente equipado com gerador de eletricidade, projetor de filmes, gravador e altofalantes, destinados a mostrar como o produto poderia ser preparado e utilizado. A terceira frente imaginada era recorrer a intermediários influentes na sociedade local - padres, médicos, organizações caritativas, professores - para que eles recomendassem a VITARINHA.

O Ministério da Saúde mais o conjunto dos médicos são ardentes defensores da VITARINHA e ofereceram sua ajuda. Um exemplo disso foi que a seção de Nutrição do Ministério da Saúde se comprometeu a treinar e disponibilizar formação para quem viesse a ser demonstrador(a) do produto.

Com o objetivo de tornar a VITARINHA bastante acessível às famílias de baixa renda, a política foi a de estabelecer o preço final mais baixo possível. Baseou-se em uma estimativa do volume potencial de vendas no plano regional, tendo em conta ainda os custos de matérias-primas, de produção, de comercialização e uma razoável taxa de retorno de investimento.

Como os preços deveriam ter uma estreita relação com os gêneros de primeira necessidade , a empresa decidiu que o nível de preços seria fixado pouco acima dos de produtos desse tipo. Nenhum estudo foi feito para analisar a elasticidade da demanda em relação ao preço.

A ALIMENTOS BRASILEIROS S/A utilizou somente a comparação com outros produtos alimentícios e o julgamento dos seus dirigentes para estimar a demanda ao valor fixado.

Ainda a fim de manter o preço final o mais baixo possível, eram necessárias embalagens mais baratas. Naquela região os consumidores compravam, geralmente, os produtos desse tipo a granel, embalados em sacos pardos menores. Decidiu-se, então, vender a VITARINHA em sacos de 12 kg e 35 kg, e incluir separadamente 500 sacos de papel, que constituirão a embalagem definitiva a ser utilizada pelos lojistas. Esses pequenos sacos têm em uma das faces quatro receitas utilizando VITARINHA.

No que diz respeito à estratégia de responsabilidade social, a empresa ALIMENTOS BRASILEIROS S/A se posiciona como uma empresa socialmente responsável, à medida em que ela:

- incorpora objetivos sociais em seus processos de planejamento; .
- experimenta diferentes abordagens para medir seu desempenho social; .
- investe recursos financeiros e humanos para resolver problemas sociais da comunidade;
- presta assistência a instituições da comunidade que tratam de educação e saúde;
- contribui para a melhoria da qualidade geral de vida na sociedade e na redução da degradação ambiental.

Quanto a política de Recursos Humanos da empresa, a necessidade por mão-de-obra qualificada envolve um desafio na tomada de decisão: a liderança gostaria de recrutar e selecionar empregados da comunidade, onde há uma oferta abundante de pessoal, reduzindo assim os níveis de desemprego e dinamizando a economia regional. Esta prioridade, entretanto, fica afetada pelo fato de que a maioria dos candidatos não possui capacidades para o trabalho, embora tenha aptidão.

a) Avalie os aspectos éticos do enfoque publicitário adotado pela empresa para iniciar a promoção da farinha.

b) Dentre os vários tipos de meios de comunicação que a empresa está cogitando para divulgação do produto, quais devem ser adotados para melhor atingir o público-alvo e por quê?

c) Qual a estrutura de distribuição a ser utilizada, considerando a necessidade de que seja rentável a produção de VITARINHA?

d) Analise a estratégia de responsabilidade social da empresa ALIMENTOS BRASILEIROS S/A com base :
- na abordagem clássica de responsabilidade social, apoiada por economistas como Milton Friedman, e
- do ponto de vista socioeconômico da responsabilidade social, apoiado por economistas como Paul Samuelson.

e) Se você fosse o Diretor de Recursos Humanos da empresa, o que faria para gerenciar a política de Recrutamento e Seleção?

3. (EXAME 2000) DISCURSIVA

"FUSÕES COMEÇAM A CRIAR AS REVENDAS GIGANTES

Concessionárias maiores mostram mais força na hora de negociar prazos e abatimentos com as montadoras

Não só entre as montadoras mundiais, as fusões e a formação de titânicos grupos automobilísticos estão em alta. O fenômeno tem acontecido também com as concessionárias brasileiras. Nos últimos dois anos, com a queda na procura por veículos novos, o pequeno revendedor não agüentou: fechou as portas ou ficou alquebrado.

As grandes concessionárias, menos afetadas pelo baque e ainda com dinheiro para investir, viram nisso a chance de expandir os negócios. Comprando pequenas e agonizantes revendas por preços baixos, expandiram a rede por diversos bairros.

Revendas mais fortes para negociar com montadoras

Com várias lojas num só grupo, os gastos com administração, oficina e estoques de peças são diluídos e é possível manter o ponto de vendas lucrativo. De quebra, os grupos mostram mais força na hora de negociar prazos e abatimentos com montadoras e financiadoras. Isso atrai a freguesia e aumenta as vendas. (...)

Nesse cenário surgem até redes que congregam lojas autorizadas de diferentes marcas, coisa que no passado não era bem vista pelas montadoras. Quatro meses antes de a General Motors anunciar que compraria 20% das ações da Fiat mundial, um concessionário carioca já se adiantava e mantinha revendas de carros das duas montadoras."

(Jornal O Globo, 26/03/00, Caderno de Economia)

Com base neste artigo, imagine-se responsável pela administração de um grupo de concessionárias, denominado GRUPO MOTORIZADO, que possui as características abaixo.

Descrição geral do GRUPO MOTORIZADO É o maior do setor de revendas de carros no seu Estado. Começou como concessionária General Motors em 1978, deixando a marca para trabalhar no ano seguinte com modelos Fiat em quatro lojas. No final de 1999, surgiu a oportunidade de voltar a trabalhar com a General Motors, e, para isto, foram compradas mais três concessionárias que estavam fechadas. Hoje tem sete lojas espalhadas em uma região geográfica cortada por inúmeras vias de acesso importantes para outras regiões do Estado, e com população em crescimento e de bom poder aquisitivo.

O GRUPO MOTORIZADO vendeu, em 1999, 20 mil carros e espera aumentar este total em 20 % no ano 2000. No último ano demonstrou também eficiência e baixo custo das operações e dos recursos, assim como disponibilidade e desempenho da assistência técnica ou serviços pós-venda. Tem sete gerentes gerais (um para cada loja) e três gerentes do Holding que se deslocam freqüentemente de uma loja para outra.

Seu trabalho consiste em cortar custos, melhorar a eficiência e alinhar as operações de cada loja com a estratégia global do GRUPO. Todas as negociações com as montadoras são feitas diretamente pelos gerentes gerais de cada loja, que tomam as decisões pensando apenas nas operações locais da sua filial, sem levar em conta a estratégia global do GRUPO. Quando estas decisões contrariam padrões de conduta do GRUPO, os gerentes do Holding têm poder de intervir. Por exemplo: um dos gerentes gerais de uma loja negociou uma promoção específica com a FIAT na qual todo carro vendido seria entregue com dois acessórios gratuitos, a serem escolhidos pelo cliente entre pintura metálica, vidro elétrico, vidro traseiro térmico, direção hidráulica, retrovisor elétrico e *break light*. As vendas desta filial, só no primeiro fim de semana da promoção, bateram recordes mensais. Mas as entregas de todo o GRUPO ao longo dos três meses seguintes às vendas foram caóticas. Como a maioria dos clientes escolheu direção hidráulica e vidro elétrico, a oficina central do GRUPO teve que arcar com as instalações, alterando todo o fluxo de produção.

Descrição geral da Concorrência – GRUPO GRANDE PRÊMIO Nesta mesma região geográfica, encontra-se o seu maior concorrente, o GRUPO GRANDE PRÊMIO que, em 1984, montou um loja concessionária Volkswagen, a qual logo se tornou a campeã de vendas da marca no Estado.

Diferente do GRUPO MOTORIZADO, este grupo planejou a expansão de sua rede nesta mesma região, mantendo a fidelidade à marca da representação, e se destacando pela qualidade de seus serviços e pelo atendimento personalizado aos clientes, independente do tamanho de suas concessionárias. Mesmo após a associação entre a Volkswagen e a FORD no Brasil, em 1989, com a criação da Autolatina, o grupo continuou a representar apenas a marca Volkswagen, embora o enxugamento (downsizing) da montadora tenha sido um fator de pressão para a diminuição de tamanho do grupo.

Em 1989 a Autolatina tinha 55.000 empregados e produzia em média 41.000 carros por mês. No final de 1994, a produção mensal média alcançava 50.000 automóveis. Mantida a proporção, a mão-de-obra deveria chegar a 67.000 empregados. No entanto, o quadro da Autolatina só tinha 47.000 pessoas. Essa proporção é um indicativo de inegável ganho de eficiência e foi facilitada principalmente pelo avanço da tecnologia e intensificada por meio da terceirização das atividades internas de apoio e atividades primárias, como fornecimento e montagem de peças e componentes.

a) Analise a situação atual do GRUPO MOTORIZADO, sua decisão de fusão e de diversificação na representação de marcas, (vantagens, desvantagens e riscos associados) segundo a matriz SWOT (ou PFOA), reproduzida na tabela abaixo, especificando as potencialidades ou pontos fortes (P), as fragilidades ou pontos fracos (F), as oportunidades (O) e as ameaças (A) de ou para o GRUPO MOTORIZADO.

O QUE É	OPERAÇÕES PRESENTES	OPERAÇÕES FUTURAS
BOM	PONTOS FORTES	OPORTUNIDADES
RUIM	PONTOS FRACOS	AMEAÇAS

b) Você acha que as políticas de Recursos Humanos do GRUPO MOTORIZADO devem ser centralizadas ou descentralizadas? Justifique, indicando vantagens e desvantagens.

c) Se você fosse administrador de uma montadora permitiria que uma concessionária representasse duas marcas? Quais as questões éticas envolvidas na sua decisão?

d) Você acha que o Governo deveria criar leis para proteger pequenas concessionárias de "revendas gigantes"? Porquê?

4. (EXAME 1999) DISCURSIVA

O departamento de marketing de uma empresa, estudando a viabilidade de lançamento de um novo produto, verificou, através de pesquisas de mercado, a possibilidade de uma demanda anual de 30.000 unidades desse produto, a um preço de R$ 12,00 a unidade, com um ciclo de vida de 5 anos.

O departamento de produção, verificando o projeto, observou que a manutenção da nova linha de produção custaria R$ 4.000,00 por ano e que um equipamento adicional no valor de R$ 300.000,00 seria necessário, tendo vida econômica também de 5 anos, valor residual de R$ 20.000,00 e um custo de manutenção de R$ 10.000,00 por ano. Os custos diretos envolvidos com a fabricação do produto ascenderiam a R$ 7,00 por unidade.

A área financeira, por sua vez, manifestou a necessidade de um investimento inicial de R$ 50.000,00 a título de capital de giro, e alertou que a empresa estaria operando com uma taxa mínima de atratividade de 10% ao ano. Considerando-se, exclusivamente, o enfoque financeiro, atenda ao que se pede.

a) Elabore o fluxo de caixa utilizando o diagrama a seguir:

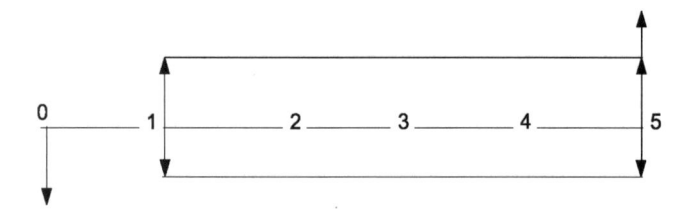

b) O novo produto deve ser lançado? Por quê?

c) Verifique, ainda, a sensibilidade do projeto para a hipótese de uma variação negativa do preço de venda do produto em 15% e positiva de custos diretos de 10%. Sugestão: use o método do valor presente líquido.

Capítulo IV
Questões de Componentes Específicos de Gestão de Recursos Humanos

1) Conteúdos e Habilidades objetos de perguntas nas questões de Componente Específico.

As questões de Componente Específico são criadas de acordo com o curso de graduação do estudante.

Essas questões, que representam ¾ (três quartos) da prova e são em número de 30, podem trazer, em Gestão de Recursos Humanos, dentre outros, os seguintes **Conteúdos**:

I. Planejamento e Estratégias de Recursos Humanos: cenários, ambiente de negócios, mudança organizacional, modelo de gestão de recursos humanos, indicadores de desempenho em recursos humanos, gestão por competências e gestão do conhecimento.

II. Práticas e Processos de Gestão de Recursos Humanos: recrutamento e seleção, cargos, salários e carreira, treinamento e desenvolvimento, avaliação de desempenho, remuneração e benefícios, qualidade de vida no trabalho, saúde e segurança no trabalho, relações trabalhistas, auditoria e sistemas de informação de recursos humanos.

III. Comportamento Organizacional: motivação, comunicação, liderança, negociação, conflito, poder, comprometimento, estrutura, tecnologia, cultura e clima organizacional, gerenciamento de equipes.

O objetivo aqui é avaliar junto ao estudante a compreensão dos conteúdos programáticos mínimos a serem vistos no curso de graduação, de forma avançada. Também é avaliado o nível de atualização com relação à realidade brasileira e mundial.

Avalia-se aqui também *competências* e *habilidades*. A ideia é verificar se o estudante desenvolveu as principais **Habilidades** para o profissional de Gestão de Recursos Humanos, que são as seguintes:

I. compreender a evolução e a necessidade de atualização do conhecimento e das tendências na área de recursos humanos;

II. avaliar o papel do comportamento humano na gestão organizacional;

III. utilizar práticas e gerenciar processos de recursos humanos;

IV. planejar, elaborar e implantar estratégias de gestão de recursos humanos alinhadas às estratégias empresariais;

V. desenvolver a capacidade de liderança, de negociação e de trabalho em equipe;

VI. gerenciar processos de mudança organizacional;

VII. aplicar tecnologias da informação na gestão de recursos humanos;

VIII. avaliar e monitorar a cultura organizacional, considerando o contexto da sociedade brasileira;

IX. utilizar e avaliar indicadores de desempenho na gestão de recursos humanos;

X. mediar as relações trabalhistas e sindicais;

XI. tomar decisões no ambiente de negócios fundamentadas nas premissas e princípios da gestão de recursos humanos.

Vejamos agora as questões de Componente Específico de Gestão de Recursos Humanos.

2) Questões de Componente Específico.

Questões

GESTÃO DE RECURSOS HUMANOS

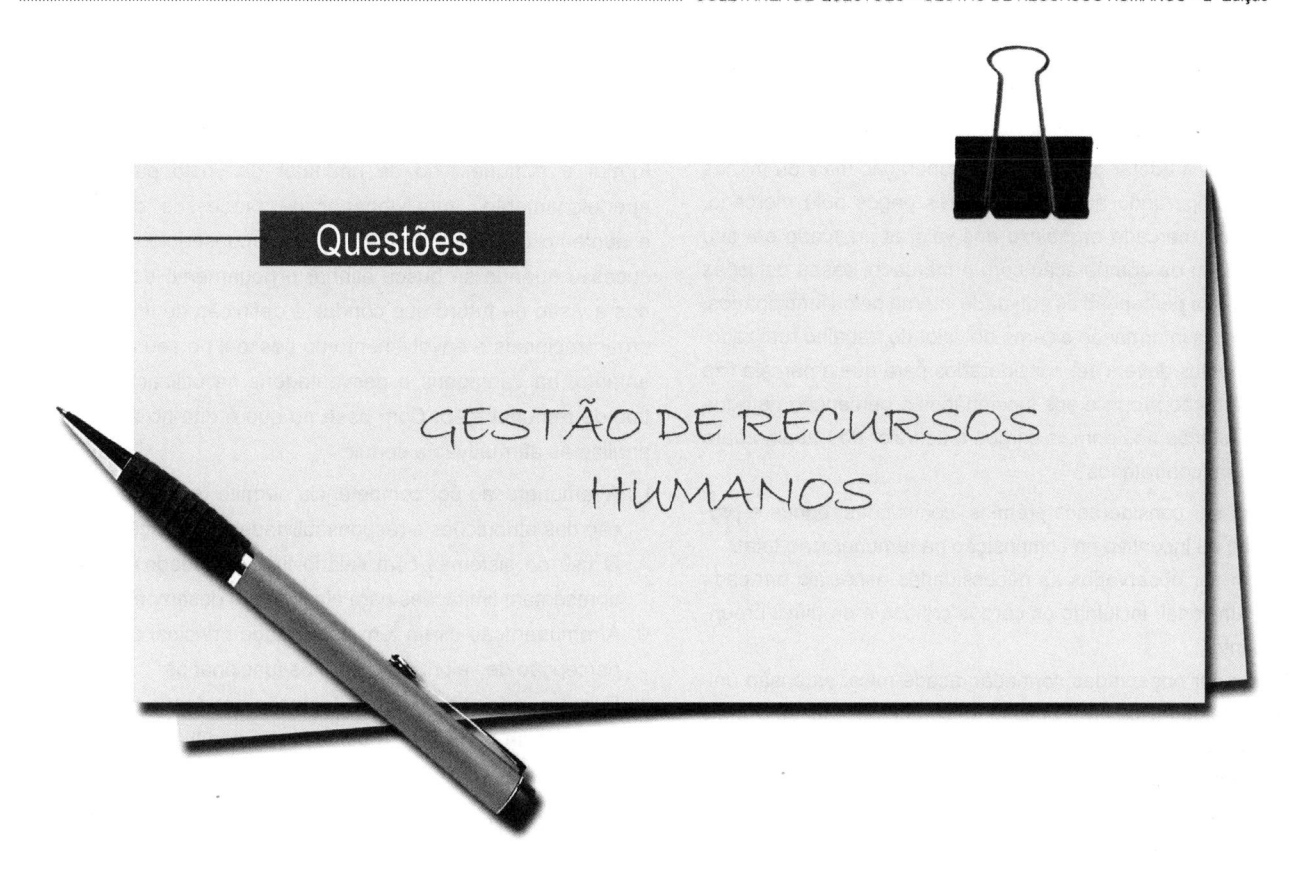

1. (EXAME 2009)

Considerando o desenvolvimento do processo de Recrutamento e Seleção por diversos atores – a área que solicita a contratação, a equipe de Recursos Humanos e consultorias especializadas –, de quem é a responsabilidade da decisão de contratação?

(A) A responsabilidade da decisão é da área de Recursos Humanos, pois ela tem condições de conhecer o perfil necessário para o cargo e a cultura organizacional.
(B) A responsabilidade da decisão é da área de Recursos Humanos, pois ela pode trazer os melhores candidatos, ajustando a política de recrutamento e seleção para atrair talentos.
(C) A responsabilidade da decisão é da área que solicita a contratação, pois o pessoal de Recursos Humanos pode não conseguir atender a todas as áreas com a rapidez necessária.
(D) A responsabilidade da decisão é da área que solicita a contratação, pois a chefia imediata conhece a função e pode adequar os requisitos do cargo à cultura organizacional.
(E) A responsabilidade da decisão é das consultorias especializadas, pois elas têm as condições necessárias para definir as técnicas adequadas de acordo com o perfil solicitado.

2. (EXAME 2009)

No Brasil, o estudo das funções e tarefas de funcionários para desenho e descrição de cargos vem passando por modificações importantes desde a década de 1990. Entre estas, destacam-se a ampliação do espaço ocupacional e a ênfase na entrega esperada. A explicação para essas mudanças considera que

(A) a flexibilidade e o foco em desenvolvimento contínuo são de responsabilidade das pessoas.
(B) as formas de organização do trabalho devem prever condições para o trabalho em equipe.
(C) o desenvolvimento horizontal se torna mais importante do que o crescimento vertical por cargos.
(D) os cargos devem incluir conhecimentos, habilidades e atitudes que conduzam ao aprendizado contínuo.
(E) os cargos precisam permitir ajustes para flexibilizar as funções de acordo com os resultados esperados.

3. (EXAME 2009)

A consultoria Valor e Reconhecimento sugeriu a uma indústria de artigos esportivos a adoção de um pacote de benefícios, com a finalidade de melhorar a qualidade de vida de seu pessoal. Entre os itens mais procurados, foram sugeridos os seguintes: consultório odontológico completo, reembolso de até 75% para cursos universitários e de pós-graduação, academia de ginástica na empresa e financiamento para compra de automóvel. Considerando o alto investimento envolvido, a empresa resolveu adotar um plano de benefícios flexíveis. O que essa prática contém de relevante para diminuir os custos do programa?

(A) A definição do valor a ser convertido em benefícios é feita com base em um percentual fixo aplicado ao salário a ser pago por trimestre.
(B) A definição do valor a ser pago é obtida pela aplicação de um percentual ao salário com a escolha dos itens pelos empregados mais bem avaliados.
(C) O valor definido para recebimento deve ser escolhido pelos empregados mais bem avaliados, dentro de limites estabelecidos para cada item.
(D) O valor definido para recebimento é calculado por meio de um percentual que varia conforme o nível hierárquico.
(E) O valor dos benefícios é calculado de forma correspondente aos ganhos obtidos com a remuneração variável.

4. (EXAME 2009)

O uso de pesquisas salariais para tomada de decisão auxilia as organizações a adotar políticas de remuneração mais ou menos agressivas, operando acima dos valores pagos pelo mercado, na média do mercado ou abaixo dos valores praticado em seu negócio. Além da comparação com o mercado, essas decisões influenciam na percepção de equidade interna pelos funcionários, equilibrando a informação externa ao valor do trabalho realizado. Quais aspectos devem ser considerados para que a parcela fixa da remuneração propicie aos funcionários a percepção de equidade em relação aos demais cargos e ao valor do trabalho para o qual foram contratados?

(A) Devem ser considerados prêmios, comis-sões, bônus e programas de incentivo na composição da remuneração total.

(B) Devem ser observadas as necessidades especiais em cada área funcional, incluindo os cargos críticos e de difícil preenchimento.

(C) Devem ser observadas: formação acadê-mica, extensão universitária, certificações obtidas e características adicionais dos funcionários.

(D) Devem ser realizadas revisões dos parâme-tros de classificação de nível do cargo dentro da empresa.

(E) Devem ser utilizados a remuneração variá-vel e os resultados da avaliação de desempenho com reconhecimento por mérito.

5. (EXAME 2009)

Há um ano a empresa Três Corações enfrentava problemas devido ao aumento da competitividade no setor de artigos esportivos, em crescimento no país. Para reverter a situação, sua Diretoria resolveu utilizar um sistema de remuneração variável atrelada à participação nos lucros. Para incentivar os funcionários da fábrica a melhorar o desempenho e atender a novos critérios de qualidade, acrescentou ao salário fixo e aos benefícios que já pagava metas com diversos indicadores. No entanto, os resultados não estão nos parâmetros desejados, a lucratividade não é positiva, e os funcionários não reconhecem vantagens na mudança. Para rever o sistema de remuneração variável, a Diretoria da empresa Três Corações deve considerar temporariamente as seguintes diretrizes:

I. definir um número de indicadores mais amplo para atender a todos os parâmetros recomendados;

II. equilibrar os pesos dos indicadores, diferenciando-os de acordo com os focos de maior interesse da empresa;

III. desligar o pagamento da remuneração por metas e resultados do indicador global de lucratividade;

IV. criar uma diferenciação entre os funcionários pagando percentuais maiores para os que atingirem as metas.

É CORRETO o que se afirma somente em

(A) I.
(B) IV.
(C) I e III.
(D) II e III.
(E) II e IV.

6. (EXAME 2009)

Um dos objetivos do sistema com enfoque estratégico é transformar a remuneração de um fator de custo para fator de aperfeiçoamento, impulsionador de processos de melhoria e aumento de competitividade. Isso é conseguido com maior sucesso quando se busca alinhar o pagamento dos funcionários à visão de futuro que conduz à definição de investimentos organizacionais e envolvimento do pessoal no seu alcance. No entanto, há vantagens e desvantagens na utilização de cada tipo de remuneração. Com base no que é dito no texto acima, analise as afirmativas a seguir:

I. A remuneração por competência permite reconhecer a variação das atribuições e responsabilidades nas funções.

II. O uso de sistemas com salário fixo e baseados em cargos apresentam limitações para alavancar o desempenho.

III. A remuneração direta tem a finalidade principal de ampliar a percepção de valorização para os funcionários.

IV. Existem vários tipos de remuneração por desempenho, entre os quais se pode citar a participação nos lucros e as comissões.

Estão CORRETAS somente as afirmativas

(A) I e III.
(B) I, II e IV.
(C) I e IV.
(D) II e III.
(E) I, III e IV.

7. (EXAME 2009)

Para diversos autores, as empresas necessitam se transformar em organizações de aprendizagem, locais onde a mudança seja uma oportunidade e onde as pessoas possam crescer à medida que trabalham. Essa mentalidade pressupõe diversas formas de aprendizagem e de compartilhamento do conhecimento, além das tradicionais. Para ampliar a perspectiva da atuação das áreas de Treinamento e Desenvolvimento nessa direção, novos conceitos foram incorporados. Com base na leitura do texto, avalie os conceitos a seguir:

I. O desenvolvimento de capital intelectual depende cada vez mais de ensino a distância, por permitir a aplicação do que foi aprendido.

II. Para diferenciar treinamento de desenvolvimento, é preciso capacitar o pessoal em competências pessoais.

III. Os programas de desenvolvimento focalizam mais facilmente indivíduos, talentos e planos de sucessão.

IV. A educação corporativa é um modelo que inclui a continuidade da aprendizagem de forma ampla na organização.

Estão CORRETAS somente as afirmativas

(A) II e III.
(B) I e IV.
(C) II e III.
(D) III e IV.
(E) I e II.

8. (EXAME 2009)

Você é responsável pelo planejamento de um programa de treinamento na organização Vivendo e Aprendendo e precisa apresentar uma proposta para a seguinte demanda: os técnicos da área de produção devem aprender como trabalhar em equipe para gerenciar o novo sistema de controle da produção. O melhor desenho para o programa envolve as seguintes técnicas e formas de avaliação:

I. rotação de cargos entre os funcionários e avaliação da aprendizagem;
II. aulas expositivas e avaliação do comportamento no cargo;
III. técnicas de simulação e avaliação do comportamento no cargo;
IV. dinâmica de grupo e avaliação da aprendizagem.

É CORRETO somente o que se afirma em

(A) III.
(B) I e IV.
(C) II.
(D) II e III.
(E) I e II.

9. (EXAME 2009)

A empresa Mundo Livre recentemente enfrentou problemas para sua entrada no mercado europeu, perdendo uma significativa negociação em razão de problemas éticos que foram identificados nas suas políticas de gestão de pessoal. Essas políticas demonstram alto nível de preconceito e discriminação por questões de gênero, saúde e etnia. A empresa resolveu, então, adotar a seguinte diretriz de gestão de pessoas, que assume o compromisso de incentivar a diversidade organizacional.

"A Mundo Livre considera prioridade o fortalecimento da diversidade cultural, étnica, etária, de gênero e relativa à saúde física e mental, inclusive para a ocupação de cargos em todos os níveis organizacionais."

Entre as providências que devem ser tomadas pela empresa para implementar efetivamente essa política, encontram-se os seguintes:

I. revisão de técnicas de seleção que propiciem o julgamento de características necessárias às funções;
II. melhoria dos programas de avaliação do potencial e do desempenho para privilegiar a discriminação pelo desempenho;
III. divulgação dos planos de ação afirmativa comunicando interna e externamente à empresa as medidas tomadas;
IV. controle de indicadores correspondentes ao número das minorias na organização e acompanhamento deles ao longo do tempo.

Estão CORRETAS somente as afirmativas

(A) I e III.
(B) II, III e IV.
(C) III e IV.
(D) I, II e IV.
(E) II e III.

10. (EXAME 2009)

O Sr. Werner Pereira é proprietário da Transportadora Asas, empresa de médio porte que possui caminhões para prestação de serviços de entrega e distribuição de mercadorias. A transportadora tem uma área de Recursos Humanos que se caracteriza pelo cumprimento regular da legislação e respeito aos direitos dos trabalhadores. Atualmente em processo de expansão, o Sr. Werner contratou uma consultoria que recomendou novos serviços de Recursos Humanos alinhados com a estratégia organizacional e fundamentados em uma visão de processos integrados de Gestão de Pessoas. Para concretizar a implementação da proposta, o Sr. Werner deve adotar os seguintes princípios:

I. reestruturar a área criando consultorias internas de Recursos Humanos e terceirizar as funções relacionadas ao Departamento de Pessoal;
II. definir políticas e programas de pessoas planejados em conjunto com os setores operacionais e a área de Recursos Humanos;
III. desenvolver as lideranças e transferir parte das responsabilidades de gerenciamento do pessoal para as chefias imediatas;
IV. definir a distribuição equilibrada do orçamento para subsidiar as diversas atividades de recursos humanos.

Estão CORRETAS somente as afirmativas

(A) I e III.
(B) II e IV.
(C) II e III.
(D) I e IV.
(E) I e II.

11. (EXAME 2009)

Na década passada, os empregados precisavam de informações precisas sobre seus papéis na organização. As avaliações de desempenho, nessa época, destinavam-se, principalmente, a informá-los sobre a qualidade da execução de seus trabalhos, num determinado período, e o quanto de aumento de salários teriam em decorrência disso. Era o mecanismo de *feedback* em ação. Esse esquema pode ter servido bem a seus propósitos, mas, hoje, há fatores adicionais que devem ser tratados. Com base no texto acima, que ação precisa ser adicionada a esses fatores?

(A) Definir, com base em critério indicado pelos gestores, as metas e as medidas de desempenho do próximo ano.
(B) Eliminar os aspectos legais de campanhas de promoção de segurança da CIPA para o desempenho dos empregados.
(C) Informar aos empregados quão bem estão trabalhando nos padrões e nas expectativas estabelecidas.
(D) Julgar exclusivamente aquelas situações de desempenho nas quais o passado passa a ser mais privilegiado.
(E) Preocupar-se com aqueles aspectos organizacionais *tayloristas* e não comportamentais adotados na produção.

12. (EXAME 2009)

Os métodos de avaliação de desempenho variam de uma organização para outra. Cada uma procura adotar um sistema que acredita ser mais adequado para avaliar o seu pessoal. Em algumas organizações, podem-se encontrar vários sistemas específicos, conforme o nível e as áreas de alocação de pessoal. Uma suposta empresa brasileira, que se diz moderna, utiliza a avaliação 360 graus para verificação de desempenho. Isso significa que, nela, a avaliação de desempenho é feita por

(A) gerente, que atua como elemento orientador; e por colega, pela realimentação realizada pelo gerente.
(B) gestor de linha ou supervisor imediato de trabalho, que conta com assessoria da área de Recursos Humanos.
(C) todos os sujeitos que interagem com o avaliado, entre eles o gestor, os pares e os colaboradores.
(D) trabalhador, que evita a subjetividade no processo e toma por base as variáveis de desempenho.
(E) um facilitador do grupo semiautônomo, que é responsável pela definição de metas e de objetivos.

13. (EXAME 2009)

A Comissão Interna de Prevenção de Acidentes (CIPA) tem como objetivo a prevenção de acidentes e doenças decorrentes do trabalho, de modo a tornar compatível, permanentemente, o trabalho com a preservação da vida e a promoção da saúde do trabalhador.

PORQUE

As empresas obrigadas a constituírem a CIPA, em conformidade com a Norma Regulamentadora (NR-5), devem eleger os representantes tanto dos empregadores como dos trabalhadores, em nome dos funcionários.

Com base na leitura das assertivas acima, é CORRETO afirmar que

(A) a primeira é falsa, e a segunda é verdadeira.
(B) a primeira é verdadeira, e a segunda é falsa.
(C) as duas são falsas.
(D) as duas são verdadeiras, e a segunda justifica a primeira.
(E) as duas são verdadeiras, e a segunda não justifica a primeira.

14. (EXAME 2009)

Certa vez, no setor de solda de uma fábrica, o trabalhador X discute com seu colega de trabalho Y, que, por sua vez, lhe dá um soco e afeta sua visão. X, enfurecido, pega uma ferramenta de corte e fere a perna de Y, ocasionando forte sangramento. O companheiro de trabalho Z corre e leva X e Y para o hospital. Na volta do hospital, Z bate o carro e perde a mão.

Nessa situação, na lógica da empresa:

I. o que ocorreu com Z é acidente de trajeto.
II. o ocorrido com os três é considerado acidente do trabalho.
III. no caso de X e Y, houve acidentes pessoais.

É CORRETO somente o que se afirma em

(A) I.
(B) II.
(C) III.
(D) I e II.
(E) II e III.

15. (EXAME 2009)

A ISO 9001:2000 é uma das normas mais conhecidas do mundo. Uma pesquisa mundial, efetuada pela própria ISO, mostrou que, no final de 2006, mais de 897 mil certificados de conformidade haviam sido emitidos para organizações de 170 países, representando um incremento de 16% em relação ao ano anterior.

A ISO 9001:2000 está estruturada em nove seções; cinco delas (seções de 4 a 8) contêm os requisitos do sistema de gestão da qualidade. No que se refere à seção 6 - Gestão de Recursos, o item 6.2 refere-se a Recursos Humanos.

Em referência a Recursos Humanos, assinale o item de verificação questionado numa auditoria.

(A) A organização identifica, provê e mantém meios necessários para alcançar a conformidade do produto, incluindo edifícios, espaço de trabalho e instalações associadas?
(B) A organização identifica, provê e mantém meios necessários para alcançar a conformidade do produto, incluindo equipamentos de processo?
(C) As características do produto são medidas e monitoradas, em estágios apropriados, para verificar se os requisitos do produto estão sendo atendidos?
(D) As competências necessárias para o pessoal que executa trabalhos que afetam a qualidade do produto foram determinadas?
(E) Quando a não conformidade é detectada após a entrega, são tomadas ações apropriadas?

16. (EXAME 2009)

Atente para a seguinte conversa entre diretores da empresa Voe Bem Ltda.: Um diretor diz:

– Os funcionários não têm dificuldades em acessar o sistema e buscar os benefícios que lhes são disponibilizados. A princípio, quem atuava nessa relação era o gerente de linha. Ele era o provedor que o nosso funcionário tinha antes do modelo informatizado. Então, veja a carga que tiramos do gerente de linha. Isso não é gerência de RH. O que seria isso? O gestor de linha deve estar preocupado com a produção, com desenvolvimento dos recursos humanos, com a satisfação do indivíduo no local de trabalho. Com esse modelo, demos instrumentos e ferramentas para o processo de gestão de pessoas conduzido pelo gerente. Criamos um ambiente melhor para a relação superior–subordinado. O gestor mudou o canal de contato, ele não fala tanto com o RH, mas fala muito mais com seu subordinado.

O outro diretor replica:

– Sim, com o projeto INFORH, a área de RH deixa de ser preponderantemente operacional e passa a assumir uma atuação mais consultiva. Isso, contudo, implicou a diminuição de seu quadro de funcionários. A racionalização de processos eliminou vagas de menor qualificação.

A evolução do número de funcionários da empresa Voe Bem Ltda. por analista de RH, desde o início do projeto INFORH de informatização, em 1996, é apresentada no gráfico abaixo:

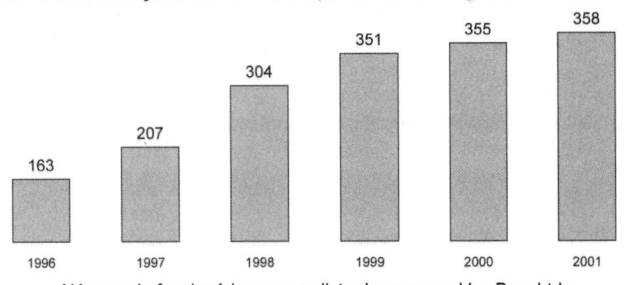

Ano	1996	1997	1998	1999	2000	2001
Nº	163	207	304	351	355	358

Número de funcionários por analista da empresa Voe Bem Ltda.

Com base nos dados do gráfico e a conversa entre os diretores, é CORRETO afirmar que a informatização

I. não transformou a atuação do gerente de linha.
II. melhorou o foco de atuação do gerente de linha.
III. trouxe benefícios, tanto para o gerente de linha quanto para o RH.

É CORRETO somente o que se afirma em

(A) I.
(B) II.
(C) III.
(D) I e II.
(E) II e III.

17. (EXAME 2009)

A aprendizagem como fenômeno organizacional representa um processo de mudança de entendimentos e de comportamentos que se dá no âmbito das experiências coletivas dos indivíduos. A necessidade de formular sistemas educacionais competitivos, que incorporem os recursos tecnológicos e os métodos de aprendizagem os quais promovam a transição de aprendizes passivos para ativos gestores de negócios, demanda uma forma de aprender mais dinâmica, ativa e participativa e, por sua vez, mais eficaz. Gerenciar o conhecimento consiste em procurar alinhar a educação dos colaboradores com os objetivos estratégicos do negócio.

Para atingir esse objetivo, as organizações vêm privilegiando a educação corporativa, por meio de universidades próprias, criadas com o intuito de

(A) aperfeiçoar seus funcionários continuamente.
(B) centralizar o conhecimento como fator competitivo.
(C) melhorar a descrição de cargo.
(D) mudar o foco do cliente.
(E) reter a informação.

18. (EXAME 2009)

Apesar de podermos reconhecer em cada organização um modelo particular de gestão de pessoas, um olhar mais cuidadoso perceberá padrões de adoção de práticas que são, na verdade, compartilhadas por comunidades de organizações.

Nesse sentido, empresas compartilham práticas em diferentes demandas que, a princípio, exigiriam práticas específicas porque

(A) a cultura predominante recebe forte influência do sistema patriarcal e aristocrático, que privilegia o trabalho coletivo.
(B) as demandas não diferem nessas empresas, pois os agentes têm os mesmos interesses, os mesmos recursos e as mesmas estratégias.
(C) as práticas correntes permitem a identificação e o mapeamento dos ativos de conhecimento e de informações ligados a qualquer organização, seja ela com ou sem fins lucrativos.
(D) as práticas iguais dão vida aos dados, tornando-os utilizáveis e úteis, transformando-os em informação essencial ao desenvolvimento pessoal e comunitário.
(E) elas estariam submetidas a pressões institucionais, as quais levariam à difusão de práticas e à tendência de copiar, quando há incerteza ambiental, usando fórmulas adotadas por empresas de prestígio.

19. (EXAME 2009)

O atual contexto social e econômico caracteriza-se por demandar de grande parte das empresas uma crescente atenção com seus ativos intangíveis.

O que são o *Economic Value Added (EVA)* e o *Balanced Scorecard (BSC)*, na mensuração dos resultados das práticas de Qualidade de Vida no Trabalho?

(A) Fatores de escores estratégicos do cargo.
(B) Indicadores de retorno de monitoramento.
(C) Métodos de Avaliação de Cargos e Funções.
(D) Métodos de Técnicas de Treinamento.
(E) Sistema de Gerenciamento das Competências.

20. (EXAME 2009)

A Metalúrgica Ferro e Aço está com dificuldades financeiras devido à forte concorrência no mercado. Sônia, sua gerente de recursos humanos, foi encarregada de negociar com o sindicato de classe a melhor saída para evitar demissões em massa. Para levar avante as negociações, de modo satisfatório tanto para a empresa quanto para os empregados, optou pela negociação denominada coletiva.

Nesse caso, a negociação escolhida conduz

(A) a uma decisão que especifica a responsabilidade de cada uma das partes para um período definido de dois ou três anos.
(B) a uma discussão de um bolo fixo e focaliza a obtenção da máxima participação ou da maior fatia desse bolo, apenas para uma das partes.
(C) a uma parte contar à outra o que ela deseja, baseando-se em uma situação incerta e sob pressão, o que pode conduzir a um acordo aceitável.
(D) a uma solução integradora quando os interesses em conflito são importantes demais para uma solução de meio termo, e o objetivo principal é aprender.
(E) a uma visão conjunta das partes, no sentido de trazer benefícios e vantagens a ambas e sem que haja necessariamente um ganhador e um perdedor.

21. (EXAME 2009)

Pela proposta motivacional de Maslow, a empresa que pretende prever o comportamento de seus funcionários e torná-los mais comprometidos e motivados em relação às metas organizacionais deve atender às suas necessidades. A respeito da hierarquia de necessidades de Maslow, considere as afirmativas a seguir:

I. As necessidades fisiológicas são também denominadas de necessidades biológicas ou básicas.
II. As necessidades de segurança relacionam-se a proteção contra perigos ou ameaças à sobrevivência.
III. As necessidades sociais são consideradas as mais elevadas e maximizam as aptidões e potenciais do ser humano.
IV. As necessidades de estima tratam da maneira como a pessoa se vê e se autoavalia em relação a si própria e ao grupo.
V. As necessidades de autorrealização são as necessidades de amizade, participação, filiação a grupos, amor e afeto.

Estão CORRETAS somente as afirmativas
(A) I, II e IV.
(B) II, IV e V.
(C) III, IV e V.
(D) I, II e III.
(E) II, III e V.

22. (EXAME 2009)

As empresas têm constantes problemas com os processos de comunicação organizacional, apesar dos inúmeros canais de comunicação disponíveis.

PORQUE

Entre o emissor e o receptor da mensagem há diversas barreiras organizacionais, tecnológicas e individuais.

Considerando-se essas assertivas, é CORRETO afirmar que
(A) a primeira é falsa, e a segunda é verdadeira.
(B) a primeira é verdadeira, e a segunda é falsa.
(C) as duas são falsas.
(D) as duas são verdadeiras, e a segunda justifica a primeira.
(E) as duas são verdadeiras, e a segunda não justifica a primeira.

23. (EXAME 2009)

Gabriel conseguiu seu primeiro emprego como auxiliar administrativo na Seguradora Grandes Amigos, mas não se sente entusiasmado com suas tarefas. Comumente se atrasa, falta e não cumpre suas obrigações. Assim mesmo, a gerente de Gabriel mantém os elogios e prêmios, em uma tentativa de mudar o seu comportamento, mas o que está conseguindo é o descontentamento de sua equipe.

A atitude dessa gerente está correta?

(A) Não, pois ela deveria incentivá-lo a estudar assuntos que de fato lhe interessem, mesmo não sendo relacionados ao trabalho atual.
(B) Não, pois o reforço dado ao comportamento errado aumenta a probabilidade de esse comportamento ocorrer em situações semelhantes.
(C) Sim, pois a atitude da gerente acabará por influenciar os outros funcionários a ter uma atitude mais compreensiva em relação a ele.
(D) Sim, pois ela conseguirá ao longo do tempo adquirir a confiança do funcionário e mudar seu comportamento.
(E) Sim, pois, se ela premiasse o comportamento indesejado, Gabriel acabaria por entender seus erros e mudaria o seu comportamento.

24. (EXAME 2009)

A família Souza, proprietária da tradicional fábrica de meias Pé Quente, resolveu afastar-se da administração da empresa e passá-la para as mãos de profissionais do mercado. Contratou a tecnóloga em recursos humanos Júlia para fazer tal transição. Júlia, considerando o cenário atual que exige mudanças, apoio dos funcionários, crescimento contínuo e comprometimento para atingir as novas metas, adotou uma liderança transformacional.

Conclui-se, com base nesse caso, que um líder transformacional

(A) ajusta seu comportamento de modo a complementar as contingências situacionais encontradas no ambiente de trabalho.
(B) amplia e eleva os interesses de seus liderados, quando gera a conscientização e a aceitação dos propósitos e da missão do grupo.
(C) consegue um desempenho de rotina de comum acordo entre o próprio líder e os liderados.
(D) observa os desvios de regras e de padrões predeterminados e toma as medidas corretivas.
(E) rejeita a imaginação e a inventividade para solucionar problemas organizacionais e grupais.

25. (EXAME 2009)

Carol, Sabrina e Alice são as proprietárias da fábrica de Sorvetes Pinguim. Quando Carol resolveu comunicar sua decisão em abrir novos pontos de vendas, suas sócias não aceitaram tal decisão. O clima organizacional da fábrica tornou-se desfavorável. Alice e Carol alegaram que se tratava de uma mudança radical nos planos anteriormente traçados pelas três e não estavam preparadas para assumir tanta responsabilidade. Essa situação caracteriza-se por quais comportamentos individuais?

(A) Colaboração irrestrita e motivação para as mudanças propostas.
(B) Depressão, desinteresse, apatia e insatisfação com a situação.
(C) Frustração pela perda de poder e proatividade para as mudanças.
(D) Inconformismo com as novas metas e empenho para atingi-las.
(E) Interesse pela possibilidade de ampliação das exigências de trabalho.

26. (EXAME 2009)

A Cia. Norueguesa Viking de Navegação nomeou Eric para trabalhar na filial brasileira. Sua função principal era tornar a cultura organizacional da filial brasileira idêntica à da matriz, mantendo o clima organizacional favorável.

Isso não foi uma tarefa fácil para Eric, considerando que

(A) a existência de várias subculturas em uma única cultura organizacional impede a manutenção de um bom clima organizacional.
(B) as culturas proporcionam continuidade e estabilidade aos membros da organização, facilitando a satisfação e a motivação para com o trabalho.
(C) as culturas são tão espontâneas e ocultas que não podem ser diagnosticadas ou intencionalmente alteradas.
(D) o clima organizacional se origina das maneiras informais de proceder, enraíza-se nas atitudes de seus membros e torna-se irreversível.
(E) para entender a cultura e o clima de uma organização é necessária uma experiência pessoal tão profunda que, em muitos casos, inviabiliza sua administração.

27. (EXAME 2009)

A Auto-Viação Orquídea, frente às diversas reivindicações trabalhistas de seus funcionários, indicou Pedro para representá-la junto ao sindicato de classe. Por sua inexperiência com as políticas de relações trabalhistas, e pelo pouco tempo na empresa, ele aceitou todas as reivindicações dos trabalhadores, de modo fácil e rápido, sem discussões. A atitude de Pedro caracteriza um tipo de política

(A) autocrática.
(B) culturalista.
(C) de reciprocidade.
(D) participativa.
(E) paternalista.

28. (EXAME 2009) DISCURSIVA

(Valor 10 pontos) Sônia Farias, com grande esforço pessoal e incentivo familiar, estudou em escolas públicas e graduou-se em tecnólogo em Gestão de Recursos Humanos. Foi contratada por uma empresa da área de petróleo e gás como Gerente de Recursos Humanos. Nessa área, encontrou um cenário tradicional, preconceituoso e pouco preocupado com a qualidade de vida dos funcionários. A primeira dificuldade encontrada foi ser aceita pelo grupo de diretores. Mesmo sendo muito competente, a cada passo esbarrava com atitudes preconceituosas por ser a única mulher a exercer um cargo na alta administração. Entretanto, era muito bem-aceita pelos funcionários da empresa.

Para mudar a cultura dessa organização e modernizar as práticas de gestão, estabeleceu linhas prioritárias de atuação: programas de treinamento e capacitação; avaliações justas do desempenho; levantamento de condições de trabalho objetivando a melhoria da qualidade de vida; e implantação de recompensas por desempenho individual.

A implantação de um plano de recompensas por desempenho deve estar atrelado a requisitos anteriores quanto ao desempenho de cada funcionário, em seu respectivo cargo. Apresente uma vantagem e uma desvantagem para tal plano de recompensas por desempenho individual.

29. (EXAME 2009) DISCURSIVA

A construção da empresa Brasil Top Ltda., hoje pautada em aprendizagem, requer que revisemos diversos conceitos relacionados às maneiras como avaliamos, coordenamos e regulamos as pessoas e seus relacionamentos.

Em especial, nessa empresa, percebe-se o progressivo abandono da descrição de cargo tradicional como base da estruturação dos subsistemas de RH. Se analisarmos suas descrições de cargo ao longo do tempo, notamos transformações substanciais.

No passado, a Brasil Top Ltda. restringia e delimitava as atividades que deveriam ser desempenhadas pelos indivíduos. Atualmente, vem se preocupando com as expectativas de entregas desses cargos, abrangendo não somente atividades básicas, mas, principalmente, expectativas quanto à contribuição proativa dos indivíduos ao desenvolvimento organizacional.

Isso acontece porque, nessa organização pautada em aprendizagem, os indivíduos são estimulados a agregar valor, transcendendo suas responsabilidades imediatas, o que é adequadamente avaliado para fins de gestão de pessoas.

Na Brasil Top Ltda., é comum as pessoas se relacionarem com base em problemas e desafios, que demandam a posse de conhecimentos específicos, e não exclusivamente em estruturas formais e tradicionais de poder e de hierarquia.

Assim, seu organograma tem relevância diminuída, na medida em que os indivíduos-chave para certas iniciativas de aprendizagem podem estar localizados em diversos níveis hierárquicos.

Nesse sentido, a antiga descrição de cargos perdeu relevância. A empresa Brasil Top Ltda. assumiu a importância do alinhamento e do desenvolvimento de competências à competitividade; reconheceu a necessidade de um sistema integrado e coerente de gestão de pessoas que reforça a interação e o intercâmbio de diversos tipos de conhecimentos, relacionados à tecnologia, à produção, ao gerenciamento, entre outros, promovendo a aprendizagem nos seus diversos níveis.

A- Com base na leitura do texto, indique o tipo de gestão introduzido pela Brasil Top Ltda. (Valor 5 pontos)

B- Explicite o conceito de ENTREGA. (Valor 5 pontos)

30. (EXAME 2009) DISCURSIVA

(Valor 10 pontos) A Metal Pesado, uma organização com um quadro de 412 funcionários e em projeto de expansão para os próximos três anos, está implementando um Plano de Carreira que busca oferecer oportunidades iguais para que seus funcionários tenham chance de crescimento na empresa. Além disso, a Metal Pesado prevê que, com o plano, terá melhores condições de realizar seus esforços de recrutamento interno durante a expansão contando com pessoal mais bem preparado para habilidades diversas. No ponto em que se encontra o projeto, já foi definido que a estrutura de carreira será paralela. Os próximos passos incluem criar instrumentos de apoio ao desenvolvimento dos indivíduos na carreira e de suporte à ação gerencial, e definir uma política de carreira que tenha critérios claros para escolha entre os diversos funcionários capacitados para ascensão.

Apresente instrumentos para o apoio ao desenvolvimento dos indivíduos na carreira, instrumentos de suporte à ação gerencial e critérios que podem compor a política de carreira.

Capítulo V
Questões de Componentes Específicos de Gestão Financeira

1) Conteúdos e Habilidades objetos de perguntas nas questões de Componente Específico.

As questões de Componente Específico são criadas de acordo com o curso de graduação do estudante.

Essas questões, que representam ¾ (três quartos) da prova e são em número de 30, podem trazer, em Gestão Financeira, dentre outros, os seguintes **Conteúdos**:

   a) Contabilidade Geral: Contas Patrimoniais, Contas de Resultado, Balanço Patrimonial e Demonstrativo de Resultado do Exercício.

   b) Análise de Demonstrativos Financeiros: análise horizontal e análise vertical; indicadores de liquidez; indicadores de rentabilidade; indicadores de estrutura de capital; indicadores de imobilização; e indicadores do ciclo financeiro; análise de alavancagem financeira e efeitos sobre o capital próprio.

   c) Matemática Financeira: juros simples; juros compostos; valor presente; valor futuro; série de pagamentos e sistemas de amortização.

   d) Análise de Viabilidade Econômico-Financeira: Valor Presente Líquido (VPL); Taxa Interna de Retorno (TIR); Período de Recuperação de Investimento (Payback).

   e) Gestão de Custos: Custeio por Absorção; Custeio Variável; Análise Custo-Volume-Lucro; Alavancagem Operacional.

   f) Análise de cenário econômico: indicadores econômicos (juros, inflação, câmbio, PIB, taxa de emprego/desemprego); políticas macroeconômicas (fiscal, monetária, cambial, comercial).

   g) Mercado Financeiro e de Capitais: estrutura e funcionamento do Sistema Financeiro Nacional; Instrumentos de Captação e Aplicação de Recursos Financeiros.

   h) Tesouraria: Gestão do Fluxo de Caixa – contas a receber, contas a pagar, excedentes de caixa, necessidades de financiamento no curto prazo; análise de concessão de crédito e risco de inadimplência.

   i) Controladoria: relação entre o Planejamento Estratégico e o Planejamento Financeiro; Planejamento, Execução e Controle Orçamentário.

   j) Relação Risco e Retorno: Retorno Médio Esperado; Amplitude; Desvio-Padrão; Coeficiente Beta; Modelo de Precificação de Ativos (CAPM).

O objetivo aqui é avaliar junto ao estudante a compreensão dos conteúdos programáticos mínimos a serem vistos no curso de graduação, de forma avançada. Também é avaliado o nível de atualização com relação à realidade brasileira e mundial.

Avalia-se aqui também *competências* e *habilidades*. A ideia é verificar se o estudante desenvolveu as principais **Habilidades** para o profissional de Gestão Financeira, que são as seguintes:

   a) analisar diferentes cenários econômicos, levando em consideração aspectos técnicos, legais, sociais e ambientais;

   b) utilizar os instrumentos matemáticos e estatísticos para tomada de decisões em finanças;

   c) interpretar demonstrações financeiras;

   d) identificar as diversas alternativas para captação de recursos;

   e) analisar e recomendar a composição das fontes de recursos mais adequada ao financiamento das atividades organizacionais;

   f) gerenciar o fluxo de caixa da organização;

   g) fornecer informações financeiras para a tomada de decisões;

   h) ser capaz de relacionar a aderência do planejamento financeiro, bem como a subsequente execução, ao planejamento estratégico da organização;

   i) elaborar estudos de viabilidade econômico-financeira para aplicação de capital;

   j) elaborar e controlar o planejamento financeiro e orçamentário;

   k) participar do planejamento organizacional e atuar em equipes multidisciplinares;

Vejamos agora as questões de Componente Específico de Gestão Financeira.

2) Questões de Componente Específico.

GESTÃO FINANCEIRA

Questões

Com base nas informações a seguir, responda às questões 1 e 2.

No balancete apurado em 31/12/2009 da Cia. BSB-CNF, as únicas contas com saldos diferentes de zero são apresentadas abaixo. O novo estagiário responsável por estruturar o Balanço Patrimonial e a Demonstração do Resultado do Exercício embaralhou as contas e excluiu informações relativas à natureza das contas (devedora ou credora) e os sinais dos respectivos saldos, conforme apresentado a seguir:

Duplicatas a pagar (em até 1 ano)	2.900,00
Custo das Mercadorias Vendidas	40.000,00
Empréstimos obtidos (vencimento após 1 ano)	3.600,00
Despesas comerciais	8.000,00
Reduções da receita	4.250,00
Capital social	12.000,00
Reserva de lucros (saldo inicial)	6.400,00
Duplicatas a receber (em até 1 ano)	16.800,00
Estoques (giro médio de 45 dias)	5.000,00
Imobilizado bruto	22.900,00
Despesas administrativas	13.000,00
Receita bruta de vendas	85.000,00
Depreciação acumulada	8.900,00
Disponibilidades	9.650,00
Salário a pagar	800,00

1. (EXAME 2009)

Com base nas informações acima, determine o valor do Ativo Circulante da Cia. BSB-CNF, em 31/12/2009.

(A) 45.450,00.
(B) 31.450,00.
(C) 26.450,00.
(D) 19.000,00.
(E) 14.000,00.

2. (EXAME 2009)

Com base nas informações acima, determine o valor do Lucro do Período da Cia. BSB-CNF, em 31/12/2009.

Note que, neste caso, Lucro do Período = Lucro antes do IR = Lucro Líquido.

(A) 80.750,00.
(B) 40.750,00.
(C) 40.150,00.
(D) 26.150,00.
(E) 19.750,00.

Com base nas demonstrações contábeis a seguir, analise as demonstrações contábeis da Cia. Pedra do Muro e responda às questões 3 a 5.

Demonstração do Resultado do Exercício	ano 1	ano 2
Receita bruta de vendas	100.000,00	120.000,00
Reduções da receita	(5.000,00)	(6.000,00)
Receita líquida	**95.000,00**	**114.000,00**
Custo das Mercadorias Vendidas	(60.000,00)	(70.000,00)
Lucro Bruto	**35.000,00**	**44.000,00**
Despesas comerciais	(9.500,00)	(12.000,00)
Despesas administrativas	(18.000,00)	(19.000,00)
Despesas Financeiras	(5.000,00)	(7.000,00)
Lucro Operacional	**2.500,00**	**6.000,00**
Outras Receitas e Despesas Operacionais	3.500,00	–
Lucro do Período	**6.000,00**	**6.000,00**

Balanço Patrimonial - Ativo	ano 1	ano 2	Balanço Patrimonial - Passivo + PL	ano 1	ano 2
Disponibilidades	8.000,00	10.000,00	Duplicatas a pagar	28.000,00	22.000,00
Duplicatas a receber	20.000,00	38.000,00	Empréstimos obtidos	25.000,00	30.000,00
Estoques	30.000,00	22.000,00	**passivo circulante**	**53.000,00**	**52.000,00**
ativo circulante	**58.000,00**	**70.000,00**	Empréstimos obtidos	-	10.000,00
Duplicatas a receber	-	5.000,00	**passivo não circulante**	**–**	**10.000,00**
Imobilizado bruto	15.000,00	15.000,00	Capital social	10.000,00	10.000,00
Depreciação acumulada	(6.000,00)	(10.000,00)	Reserva de lucros	4.000,00	8.000,00
ativo não circulante	**9.000,00**	**10.000,00**	**patrimônio líquido**	**14.000,00**	**18.000,00**
ativo total	**67.000,00**	**80.000,00**	**passivo + PL**	**67.000,00**	**80.000,00**

3. (EXAME 2009)

Com base nas demonstrações contábeis acima, apure os indicadores:

(A) Pela análise horizontal, o lucro do período aumentou 10%.
(B) Pela análise vertical, o lucro do período aumentou 50%.
(C) Pela análise horizontal, a receita bruta diminuiu 20%.
(D) Pela análise horizontal, a receita bruta aumentou 20%.
(E) Pela análise vertical, a receita bruta aumentou 20%.

4. (EXAME 2009)

Com base nas demonstrações contábeis acima, apure os indicadores relativos ao ano 2:

(A) A empresa é mais financiada por recursos próprios que por recursos de terceiros.
(B) A empresa não tem dívidas onerosas.
(C) A liquidez corrente é maior que a liquidez geral.
(D) A lucratividade operacional é de 33%, aproximadamente.
(E) O retorno do patrimônio líquido é de 5%, aproximadamente.

5. (EXAME 2009)

Analise as demonstrações contábeis da Cia. Pedra do Muro dos dois anos:

(A) No ano 2, a imobilização do patrimônio líquido diminuiu porque a empresa vendeu itens do imobilizado no ano 2.
(B) No ano 2, a liquidez corrente diminuiu, e isso provocou aumento no prazo médio de estocagem.
(C) No ano 2, há indícios de que a empresa reduziu o prazo na sua política de financiamento de clientes.
(D) No ano 2, a imobilização do patrimônio líquido aumentou porque a empresa vendeu itens do imobilizado no ano 2.
(E) No ano 2, a empresa trabalha com uma necessidade de capital de giro equivalente a aproximadamente 83 dias.

6. (EXAME 2009)

Leia as afirmativas sobre as consequências das políticas de financiamento.

I. Uma possível justificativa para um elevado grau de alavancagem financeira é o uso intensivo de recursos onerosos financiados por terceiros.

II. Quanto menor for o grau de alavancagem financeira, mais comprometido é o lucro operacional com as despesas financeiras; consequentemente, mais arriscada é a situação da empresa.

III. Uma possível justificativa para um elevado grau de alavancagem financeira é o uso de recursos onerosos financiados por terceiros com custos muito elevados.

É CORRETO somente o que se afirma em

(A) I.
(B) II.
(C) III.
(D) I e III.
(E) II e III.

7. (EXAME 2009)

Um capital, C, foi aplicado no regime de juros simples durante certo prazo, N1, à taxa de 2% ao mês. Após esse prazo, os rendimentos, R1, foram retirados, e o capital restante foi reaplicado por outro prazo, N2, ainda sob o regime de juros simples, na mesma taxa de juros anterior, proporcionando rendimento igual a R2.

Sabendo que o prazo N1 + N2 da operação inteira foi de um ano e que o rendimento R1 + R2 foi de R$ 360,00, qual é o valor do capital C?

(A) R$ 18.000,00.
(B) R$ 10.000,00.
(C) R$ 1.800,00.
(D) R$ 1.500,00.
(E) R$ 1.000,00.

8. (EXAME 2009)

Um investidor aplicou R$ 5.000,00 em ações da Petrobras. Qual é o saldo da aplicação após valorizações mensais sucessivas de 4% e 3%?

(A) R$ 9.100,00.
(B) R$ 5.600,00.
(C) R$ 5.356,00.
(D) R$ 5.350,00.
(E) R$ 5.007,00.

9. (EXAME 2009)

Em 1° de setembro de 2009, um investidor vendeu um título de dívida de valor de face igual a R$ 10.000,00 com vencimento em 4 anos, a um preço que fixava a rentabilidade (para o comprador do título) em 9% ao ano até o vencimento.

Que valor esse mesmo investidor pagou na compra desse mesmo título um ano antes (1º de setembro de 2008), sabendo-se que, na operação de compra e de venda do título (de 1° de setembro de 2008 a 1° de setembro de 2009), ele obteve uma remuneração de 15% ao ano? Considere o ano comercial e que:

$$10.000 \times (1,09)^4 = 14.115,81$$
$$\frac{10.000}{(1,09)^4} = 7.084,25$$

(A) R$ 7.977,66
(B) R$ 6.160,22
(C) R$ 5.245,44
(D) R$ 4.971,77
(E) R$ 4.561,25

10. (EXAME 2009)

Um apartamento no valor de R$ 120.000,00 foi financiado pelo Sistema Price de Amortização, em 120 prestações mensais postecipadas. Sabendo-se que a taxa de juros efetiva do financiamento é de 1% ao mês, qual é o valor amortizado por ocasião do pagamento da primeira prestação? Considere que:

$$\frac{(1+1\%)^{120} \times 1\%}{(1+1\%)^{120} - 1} = 0,014347$$

(A) R$119.478,40.
(B) R$1.721,64.
(C) R$ 1.200,00.
(D) R$ 833,33.
(E) R$521,64.

11. (EXAME 2009)

Qual é o valor presente líquido de um projeto caracterizado por um investimento inicial na data de hoje de R$ 18.000,00 por duas entradas de caixa anuais, postecipadas e sucessivas de valores R$ 10.000,00 e R$ 20.000,00 respectivamente, e por uma taxa mínima de atratividade igual a 15% ao ano? Considere que:

$(1,15)-1 = 0,869565$ e $(1,15)-2 = 0,756144$

(A) R$ 12.000,00.
(B) R$ 7.695,00.
(C) R$5.818,53.
(D) –R$5.818,53.
(E) –R$ 12.000,00.

12. (EXAME 2009)

No gráfico a seguir, apresenta-se o valor presente líquido (VPL), em reais, de um projeto de investimento em função da taxa mínima de atratividade (TMA), em unidade anual.

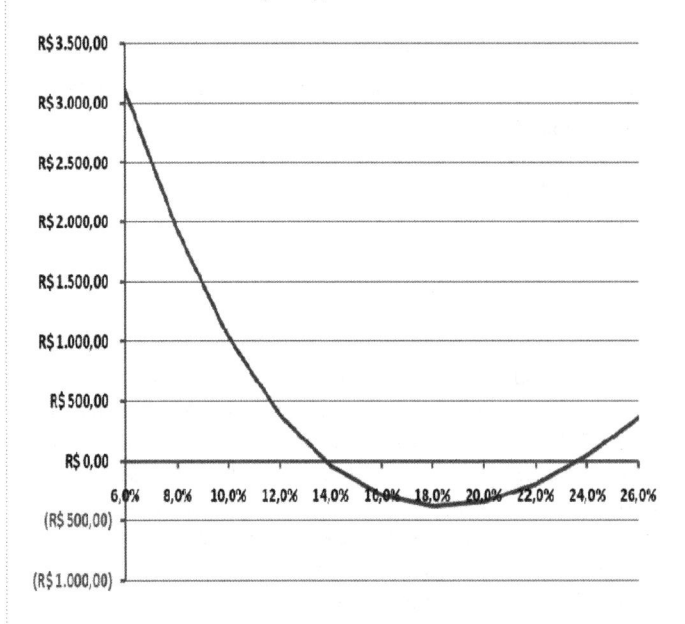

É CORRETO afirmar que o projeto em análise

(A) é atrativo para uma taxa mínima de atratividade igual a 26% ao ano.
(B) é atrativo para uma taxa mínima de atratividade igual a 18% ao ano.
(C) é mais atrativo para uma taxa mínima de atratividade de 10% ao ano do que para uma taxa mínima de atratividade de 8% ao ano.
(D) não é atrativo para uma taxa mínima de atratividade igual a 8% ao ano.
(E) possui apenas uma taxa interna de retorno positiva.

13. (EXAME 2009)

George está avaliando um projeto de investimento que consiste em desembolsar R$ 50.000,00 hoje, para receber duas prestações semestrais e sucessivas no valor de R$ 30.000,00.

Sabendo-se que a primeira prestação ocorre daqui a seis meses, qual das conclusões a seguir se atribui ao projeto em avaliação?

(A) A taxa interna de retorno do projeto é maior que 20% ao ano.
(B) A taxa interna de retorno do projeto é menor que 10% ao ano.
(C) O projeto será atrativo, se a taxa mínima de atratividade for superior à taxa interna de retorno.
(D) O projeto será viável, se a taxa mínima de atratividade for maior que 8% ao ano.
(E) O projeto terá valor presente positivo, se a taxa mínima de atratividade for menor que 10% ao ano.

14. (EXAME 2009)

Considere os seguintes dados:

I – Estoques:	Inicial	Final
Produtos em fabricação	R$ 520,00	R$ 193,00
Produtos acabados	R$ 237,00	R$ 332,00
II – Outras Informações:	Referente ao período	
Custo da produção de período	R$ 800,00	
Lucro bruto nas vendas	R$ 1.468,00	

O valor do custo das mercadorias vendidas no período foi de

(A) R$ 2.260,00.
(B) R$ 1.505,00.
(C) R$ 1.127,00.
(D) R$ 1.032,00.
(E) R$ 832,00.

15. (EXAME 2009)

Duas empresas de mesmo porte atuam no mesmo setor, seus produtos são concorrentes diretos e são vendidos ao mesmo preço. Entretanto, essas empresas têm estruturas de custos bastante diferentes. A empresa 1 tem custos fixos elevados, pois, desde a sua fundação, tomou a decisão estratégica de produzir internamente os componentes para seus produtos (verticalização). A empresa 2, mais jovem, optou por comprar de terceiros a maior parte de seus componentes.

Sobre esses dados, é CORRETO afirmar que

(A) a estratégia de negócios da empresa 2 é mais agressiva que a estratégia de negócios da empresa 1.
(B) em ambiente de estabilidade de vendas, é mais provável que a empresa 2 apure prejuízo e que a empresa 1 apure lucro.
(C) em ambiente de retração de vendas, a empresa menos alavancada apresenta desempenho pior.
(D) em um ambiente de vendas crescentes, a empresa mais alavancada apresenta desempenho melhor.
(E) o ponto de equilíbrio da empresa 2 é maior do que o ponto de equilíbrio da empresa

16. (EXAME 2009)

Dentro do intervalo relevante, o custo total por unidade de produto tende a afastar-se do custo variável unitário à medida que o volume de produção aumenta.

PORQUE

O aumento da produção provoca diluição dos custos fixos.

Considerando-se essas afirmativas é CORRETO afirmar que

(A) a primeira afirmativa é falsa, e a segunda é verdadeira.
(B) a primeira afirmativa é verdadeira, e a segunda é falsa.
(C) as duas afirmativas são falsas.
(D) as duas afirmativas são verdadeiras, e a segunda justifica a primeira.
(E) as duas afirmativas são verdadeiras, e a segunda não justifica a primeira.

17. (EXAME 2009)

> Há na economia vários tipos de taxas de juros: taxas de poupança, taxas de empréstimo, taxas de financiamento etc. (...) Na verdade, apesar das várias taxas existentes, o Banco Central controla diretamente apenas a taxa de juros do mercado de reservas bancárias. É nesse mercado específico, e pouco conhecido pela população, que ele pratica a política monetária e influencia as demais taxas da economia. Contudo, são as taxas de juros vigentes no sistema financeiro, em particular no sistema bancário, como taxas de aplicações financeiras, de empréstimo e de financiamento, que são relevantes para a população. É com base nessas taxas que pessoas e empresas tomam decisões de poupança e investimento.

BRASIL: Banco Central, 2009.

Acerca desse texto, é CORRETO afirmar que

(A) as taxas de juros vigentes no mercado determinam o comportamento do Banco Central.
(B) as taxas de poupança e de financiamentos não são relevantes para a população.
(C) o Banco Central controla a taxa de juros dos financiamentos para a população.
(D) o Banco Central controla as decisões da população.
(E) o Banco Central controla a taxa de juros do mercado de reservas bancárias.

18. (EXAME 2009)

Na tabela abaixo, são apresentados os valores médios da taxa de câmbio brasileira nos últimos anos.

Ano	2004	2005	2006	2007	2008
Taxa de câmbio (media anual) R$ I US$	2,93	2,43	2,18	1,95	1,75

Identifique as razões que contribuem para explicar a diminuição contínua da taxa de câmbio, no período de 2004 a 2008.

(A) Aumento dos Investimentos Diretos Estrangeiros, Taxa de Juros Elevada e Aumento do Superávit Comercial.
(B) Aumentos dos Encargos da Dívida Externa, Entrada de Capitais para Investimentos em Mercados de Capitais e Política Monetária Expansionista.

(C) Diminuição nos Investimentos Diretos Estrangeiros, Taxa de Câmbio Fixa e Aumento das Barreiras Comerciais.

(D) Política Fiscal Expansionista, Política Monetária Expansionista e Taxa de Juros Elevada.

(E) Política Fiscal Expansionista; Aumento das Barreiras Comerciais e Aumento do Superávit Comercial.

19. (EXAME 2009)

O órgão responsável pela suspensão de emissão, de distribuição ou de negociação de determinado valor mobiliário ou por decretar recesso de bolsa de valores é

(A) a Bolsa de Mercadorias e Futuros.
(B) a Bovespa.
(C) a Comissão Mobiliária de Valores.
(D) o Banco Central.
(E) o Conselho Administrativo de Defesa Econômica.

20. (EXAME 2009)

A securitização de exportações é uma importante forma de captação de recursos de empresas exportadoras. Sobre securitização de exportações, é CORRETO afirmar que

(A) representa a venda de um contrato futuro de exportação, no qual a margem de garantia e de segurança é depositada na conta do exportador, que é livre para usar esses recursos para financiar a produção futura.
(B) representa o lançamento de uma opção de compras sobre o valor das exportações futuras, com retorno igual ao valor da opção no momento do lançamento.
(C) se caracteriza pela concessão, por um banco ou por agente no exterior, de empréstimo sob a forma de adiantamento sobre os valores que vierem a ser devidos a um exportador nacional, em virtude de determinada exportação de mercadorias.
(D) um banco comercial compra as exportações correntes da empresa, estocando-as para vendas futuras, de forma a financiar os períodos subsequentes de produção.
(E) um banco de investimento compra as exportações correntes da empresa, estocando-as para vendas futuras, de forma a financiar os períodos subsequentes de produção.

21. (EXAME 2009)

Os instrumentos de captação de recursos são fundamentais para o financiamento dos investimentos das empresas. Sobre esses instrumentos, leia as seguintes informações:

I. Os Bancos Comerciais são responsáveis pela intermediação financeira e, portanto, por suprir necessidades de recurso de curto prazo para as empresas.

II. As Ofertas Públicas de Ações são registradas junto à Bolsa de Mercadoria e Futuros e responde pelas necessidades de recursos de curto prazo para as empresas.

III. As empresas utilizam-se de debêntures para captar recursos diretamente junto ao mercado de capitais.

É CORRETO o que se afirma em

(A) I, II e III.
(B) I e III, somente.
(C) I, somente.
(D) III, somente.
(E) II e III, somente.

22. (EXAME 2009)

A seguir, é apresentado um gráfico do Fluxo de Caixa (definido como Ativo Circulante menos Passivo Circulante) da empresa XVS, para os próximos quatro semestres.

Fluxo de Caixa (em R$mil)

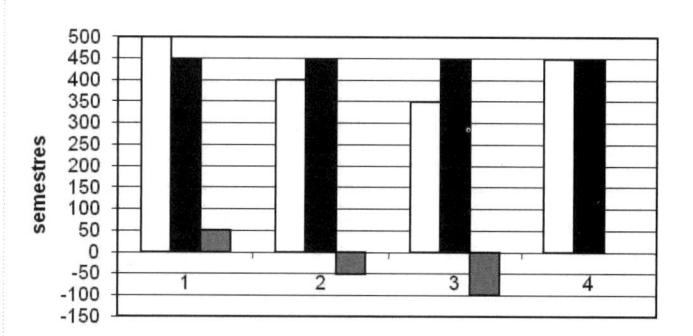

□ Ativo Circulante
■ Passivo Circulante
■ Fluxo de Caixa.

Acerca da gestão de fluxo de caixa dessa empresa, é CORRETO afirmar que

(A) como o Ativo Circulante é sempre positivo, a empresa deve manter uma política de gestão de fluxo de caixa conservadora, financiando R$ 500.000,00.
(B) como o Ativo Circulante varia durante o período considerado, a empresa deve financiar essa variação, adquirindo valores semestrais que deixassem o Ativo Circulante no ponto máximo do período, ou seja, R$ 500.000,00.
(C) como o valor do fluxo de caixa é positivo no primeiro semestre, a empresa não precisará financiá-lo.
(D) dado que o maior valor do Passivo Circulante é de R$ 450.000,00 uma estratégia arriscada de gestão de fluxo de caixa seria adquirir financiamento nesse valor durante os quatro semestres.
(E) dado que o menor valor de fluxo de faixa é negativo em R$ 100.000,00 uma estratégia conservadora para sua gestão seria adquirir financiamento nesse valor durante os quatro semestres.

23. (EXAME 2009)

A concessão de créditos por bancos comerciais aumenta quando o risco de inadimplência é menor.

PORQUE

Os bancos comerciais devem fazer provisões de recursos para se proteger do não pagamento dos tomadores de empréstimos.

Considerando-se essas assertivas, é CORRETO afirmar que

(A) a primeira é falsa, e a segunda é verdadeira.
(B) a primeira é verdadeira, e a segunda é falsa.
(C) as duas são falsas.
(D) as duas são verdadeiras, e a segunda justifica a primeira.
(E) as duas são verdadeiras, e a segunda não justifica a primeira.

24. (EXAME 2009)

A Cia. PIX tem realizado esforços bem-sucedidos para aumentar a participação de mercado de seu produto mais complexo, de baixo volume, que apresenta maior margem de lucro. Simultaneamente, houve perda de participação no produto mais simples, de maior volume, que apresenta menor margem de lucro. Entretanto, a empresa tem registrado declínio na sua lucratividade geral.

Sobre esse enunciado, é CORRETO afirmar que

(A) a alteração no *mix* de produção e de vendas reduziu os custos fixos.
(B) as ferramentas gerenciais em uso pela empresa estão fornecendo informações adequadas para tomada de decisão.
(C) a queda de lucratividade sinaliza que os critérios de rateio dos custos estão inadequados e precisam ser reavaliados.
(D) a redução da participação de mercado do produto de maior volume contribui para aumentar a l ucratividade.
(E) o produto de baixo volume não contribuiu para aumento dos custos.

25. (EXAME 2009)

O planejamento orçamentário é fundamental para os gestores em suas funções de planejamento e controle, auxiliando na alocação de recursos e na coordenação das atividades.

PORQUE

O planejamento orçamentário determina o modelo de gestão, conjunto de princípios orientadores que decorrem da visão, da missão e dos valores da empresa.

Considerando-se essas assertivas, é CORRETO afirmar que

(A) a primeira é falsa, e a segunda é verdadeira.
(B) a primeira é verdadeira, e a segunda é falsa.
(C) as duas são falsas.
(D) as duas são verdadeiras, e a segunda justifica a primeira.
(E) as duas são verdadeiras, e a segunda não justifica a primeira.

26. (EXAME 2009)

A tabela a seguir apresenta os retornos de cinco fundos de investimento, sem nenhuma ordem particular.

Fundo	Retorno
Alpha	-2%
Beta	1%
Gama	10%
Theta	-5%
Delta	12%

A amplitude desses retornos, definida como a diferença entre o maior e o maior retorno, é dada por

(A) 60%.
(B) 17%.
(C) 12%.
(D) 7%.
(E) -5%.

27. (EXAME 2009)

No gráfico a seguir, apresenta-se a correlação entre os retornos mensais do ativo BBGR4 (variável y) e os retornos mensais do mercado (variável x).

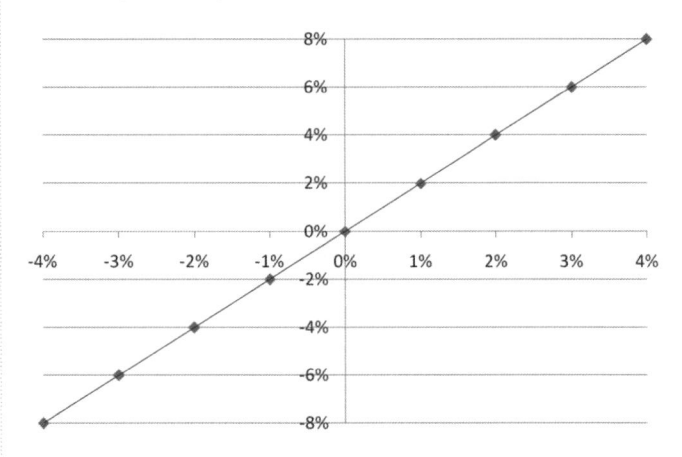

Sabendo-se que o retorno médio do mercado é de 3% ao mês e que o retorno de um ativo livre de risco é de 0,5% ao mês, é CORRETO afirmar que

(A) o ativo BBGR4 é pouco sensível às oscilações do mercado.
(B) o coeficiente beta do ativo BBGR4 é igual a 1,5.
(C) o mercado não está pagando prêmio por risco para a sensibilidade do ativo BBGR4 às oscilações do mercado.
(D) o prêmio de mercado é igual a 5% ao mês.
(E) o retorno esperado para o ativo BBGR4 é igual a 5,5% ao mês.

28. (EXAME 2009) DISCURSIVA

O conceito de Capital Circulante Líquido (Capital de Giro) é dado pela diferença entre Ativo Circulante e Passivo Circulante. Esse conceito é útil para o estabelecimento de estratégias de gestão de caixa de curto prazo.

A empresa Kubert apresenta os seguintes dados de Ativo e Passivo Circulantes para os próximos 4 meses (em R$ mil).

	1º mês	2º mês	3º mês	4º mês
Passivo Circulante	900	1200	1200	1900
Ativo Circulante	800	1000	1500	2000

Apresente uma estratégia agressiva e uma estratégia conservadora de gestão de fluxo de caixa de curto prazo para a empresa Kubert.

Estratégia Conservadora Agressiva – (valor: 5 pontos)
Estratégia Conservadora – (valor: 5 pontos)

29. (EXAME 2009) DISCURSIVA

Considere o projeto de investimento para implantação de uma fábrica de bicicletas:

1. Investimento inicial de R$300.000,00, divididos em R$250.000,00 em ativos permanentes e R$50.000,00 em capital de giro;
2. Receita anual projetada de R$100.000,00;
3. Custos operacionais e despesas anuais (excluindo as financeiras) de R$35.000,00;

4. Vida útil de 10 anos;
5. Depreciação linear dos ativos permanentes em 10 anos;
6. O capital de giro inicial será recuperado no final do 10º ano;
7. Impostos de 30% sobre o lucro bruto;
8. Não há previsão de crescimento de receita, nem de custos, nem de despesas.

O capital para o investimento inicial será totalmente aportado pelos sócios (capital próprio) a um custo de 12% ao ano. Utilize a tabela a seguir para cálculo do fluxo de caixa projetado anual. Não considere o efeito da inflação em sua análise.

	Valores (em R$)
(+) Receita	
(–) Custos operacionais e demais despesas	
(–) Depreciação	
(=) Lucro bruto	
(–) Impostos	
(=) Lucro líquido	
(+) Depreciação	
(=) Fluxo de caixa	

Pede-se:
a. Avalie a atratividade do projeto de investimento para os sócios, utilizando o método do valor presente líquido. (valor: 3 pontos)
b. Considere a probabilidade de 60% do cenário previsto anteriormente se manter; e 40% do custo do capital próprio aumentar para 19,5% ao ano. O que acontece com a atratividade do projeto de investimento em análise, tomando por base o método do valor presente líquido? (valor: 3 pontos)
c. Sabendo-se que grande parte dos custos operacionais está atrelada ao dólar, haverá atratividade do projeto em análise — para um custo de capital próprio igual a 12% ao ano — em um cenário de valorização cambial do real frente ao dólar, mantendo os demais parâmetros inalterados? Utilize um argumento que sustente sua resposta. (valor: 4 pontos)

$$\frac{(1+12\%)^{10}-1}{(1+12\%)^{10}\times 12\%}=5{,}6502$$

$$\frac{1}{(1+12\%)^{10}}=0{,}3220$$

$$\frac{(1+15\%)^{10}-1}{(1+15\%)^{10}\times 15\%}=5{,}0188$$

$$\frac{1}{(1+15\%)^{10}}=0{,}2472$$

30. (EXAME 2009) DISCURSIVA

A Cia. W está operando com prejuízo há alguns anos, como mostra o resultado abaixo, do ano que se encerrou. O presidente da empresa está analisando possíveis ações para obter 5% de margem operacional, seu principal objetivo financeiro, definido no planejamento estratégico e orçamentário para o ano de X2.

RELATÓRIO GERENCIAL	unidades	valor unitário	total
Receita de Vendas	30.000	10,00	300.000,00
(-) CPV			(199.200,00)
Custos variáveis	30.000	5,14	154.200,00
Custos fixos			45.000,00
Lucro Bruto			100.800,00
(-) Despesas Operacionais			(115.900,00)
Variáveis - comissões	8,0%		24.000,00
Variáveis-outras	30.000	0,43	12.900,00
Fixas			79.000,00
Resultado Operacional			(15.100,00)

Nesse relatório gerencial os custos e as despesas estão divididos em variáveis e fixos, as comissões são função do valor das vendas (8%), as outras despesas variáveis são função das unidades vendidas, e a margem operacional está negativa em 5%.

Do planejamento orçamentário duas propostas surgiram

a. reduzir o preço para $7,50, com a expectativa de aumentar as vendas e utilizar toda a capacidade disponível, que permite a produção e venda de 50.000 unidades;

b. aumentar o preço para $12,50, acompanhado de um aumento no percentual das comissões sobre vendas (de 8% para 12% da receita de vendas) e com um gasto adicional de propaganda de $56.000,00; neste caso a expectativa é aumentar as vendas em 50%, com base em análise de mercado realizada pelo gerente de vendas.

Entretanto, a presidência da empresa não está confiante em nenhuma das duas alternativas, pois a primeira aumentou o prejuízo e a segunda implica gastos adicionais elevados e acréscimo de quase 50% nas despesas fixas, o que aumenta a alavancagem operacional e o risco da empresa.

Por outro lado, surgiu uma proposta de compra de 15.000 unidades, de um distribuidor — exportador (Cia. E), que deseja negociar um preço especial, inferior ao praticado pela empresa hoje. Nessa proposta há a eliminação da despesa de comissão e um acréscimo nas despesas variáveis de expedição, o que acarretará um aumento nas despesas variáveis de $0,20. Além disso, a empresa terá uma despesa fixa adicional no valor de $3.150,00. O gerente de vendas estima que o mercado atual não será afetado pela realização dessa venda especial. O presidente e o gerente de vendas precisam se preparar para a negociação com o cliente. Inicialmente eles calcularam o preço a ser praticado para obter 5% de margem operacional sobre as vendas totais ($8,40), porém sondagens preliminares já sinalizaram que esse valor está acima do pretendido pela Cia. E.

a. Caso a Cia. W seja obrigada a abrir mão do seu objetivo, qual é o preço a ser aceito nas vendas para a Cia. E para o alcance do ponto de equilíbrio, considerando-se as vendas totais de 45.000 unidades? (valor: 4 pontos)

b. Haveria alguma vantagem em aceitar um preço inferior ao calculado em (a)? Por quê? Qual é o último preço abaixo do qual a venda das 15.000 unidades para a Cia. E não mais interessaria? Justifique sua resposta. (valor: 6 pontos)

Capítulo VI
Questões de Componentes Específicos de Marketing

1) Conteúdos e Habilidades objetos de perguntas nas questões de Componente Específico.

As questões de Componente Específico são criadas de acordo com o curso de graduação do estudante.

Essas questões, que representam ¾ (três quartos) da prova e são em número de 30, podem trazer, em Marketing, dentre outros, os seguintes **Conteúdos**:

I. Produto: conceito, ciclo de vida, diferenças entre bens físicos e serviços, classificação de produtos e serviços, diferenciação e posicionamento, composto de produtos (abrangência, extensão, profundidade e consistência), matriz BCG, marca e embalagem, desenvolvimento de novos produtos.

II. Preço: estratégias de fixação de preços (desnatamento e penetração), descontos, elasticidade da demanda, sazonalidade, sensibilidade a preços, economia de escala, formação de preços (custos, lucros e mercados).

III. Composto Promocional: Propaganda, promoção de vendas, merchandising, relações públicas, venda pessoal, construção e posicionamento da marca, eventos e patrocínios.

IV. Canais de Distribuição: atacado, varejo, comércio eletrônico, trademarketing, logística.

V. Pesquisa de Marketing: sistema de informação em marketing, pesquisa quantitativa (tipos de levantamento, análise estatística e técnicas de amostragem) e qualitativa (grupos de foco, entrevista em profundidade, observação).

VI. Comportamento do Consumidor: crenças, opiniões e atitudes, processo decisório (papéis de compra, estágios do processo de compra) e fatores de influência (interno e ambientais).

VII. Ética e Sustentabilidade: postura ética nos negócios, conceitos de responsabilidade e inclusão social, responsabilidade ambiental.

VIII. Legislação: Código de Defesa do Consumidor, Direito Comercial (contratos comerciais, normas de higiene e segurança, questões tributárias e fiscais na formação de preço).

O objetivo aqui é avaliar junto ao estudante a compreensão dos conteúdos programáticos mínimos a serem vistos no curso de graduação, de forma avançada. Também é avaliado o nível de atualização com relação à realidade brasileira e mundial.

Avalia-se aqui também *competências* e *habilidades*. A ideia é verificar se o estudante desenvolveu as principais **Habilidades** para o profissional de Marketing, que são as seguintes:

I – analisar:
a) macro ambiente (político, social, econômico, demográfico, tecnológico e ambiental);
b) micro ambiente (fornecedores, competidores, consumidores e canais);
b) comportamento do consumidor;
c) estratégias de comercialização de produtos, serviços e idéias;
d) políticas e tendências de inovação;
e) desenvolvimento de produtos e serviços;
f) políticas de relacionamento com cliente;
g) oportunidades e riscos de mercado.

II – planejar:
a) campanhas de abordagem, relacionamento e fidelização do cliente;
b) canais de distribuição;
c) criação de novos produtos e serviços;
d) estudos de segmentação de mercado;
e) adequação das ferramentas de marketing ao negócio da empresa;

f) posicionamento de mercado;

g) estratégias de vendas;

h) portfólio de produtos.

III – implementar:

a) ações de vendas;

b) ferramentas de gestão de marketing;

c) pesquisa de mercado;

d) segmentação de mercado;

e) estratégias de marketing;

f) campanhas de divulgação de produtos e serviços;

g) estratégias de adequação de preços (desconto, abatimento e negociação);

h) estratégias de posicionamento de marca;

i) campanhas de endomarketing.

IV – controlar:

a) desenvolvimento e implementação das estratégias de marketing;

b) resultado de campanhas promocionais e de vendas;

c) ciclo de vida de produtos e serviços;

d) desenvolvimento de métricas das ações do composto de marketing.

Vejamos agora as questões de Componente Específico de Marketing.

2) Questões de Componente Específico.

Questões

MARKETING

1. (EXAME 2009)

Entre as decisões a serem consideradas na determinação do composto de produto, estão:

I. composição de linhas de produto oferecidas.
II. o nível de qualidade do produto.
III. a embalagem e a marca.
IV. a localização do ponto de venda.

Estão CORRETAS somente as afirmativas

(A) I, II e III.
(B) I e III.
(C) II e IV.
(D) II e III.
(E) I, II e IV.

2. (EXAME 2009)

Um fabricante de telefones celulares sem câmera percebeu que seu produto entrou em fase de declínio.

Qual deve ser a estratégia de preços a ser implementada pela empresa?

(A) Descontos progressivos baseados na quantidade comprada.
(B) Preços altos que afastem a concorrência.
(C) Preços altos que compensem os custos de desenvolvimento.
(D) Preços baixos para vender o que resta nos estoques.
(E) Preços baixos que impeçam guerras de preços.

3. (EXAME 2009)

Em termos das decisões de compra de consumidores, como são classificados os sapatos de tamanho grande (acima de 45, para homens; e acima de 42, para mulheres)?

(A) Produtos de compra comparada.
(B) Produtos de conveniência.
(C) Produtos de especialidade.
(D) Produtos industriais.
(E) Produtos não procurados.

4. (EXAME 2009)

Leia as seguintes afirmativas:

Um fabricante de sapatos pode usar a mesma marca em duas ou mais linhas de produtos, com o objetivo de reduzir os custos de marketing

PORQUE

é comum o fabricante juntar numa mesma linha de produtos aqueles que possuem matéria-prima, uso ou tecnologia de fabricação similares.

A respeito dessas duas frases, é CORRETO afirmar que

(A) a primeira afirmativa é falsa, e a segunda verdadeira.
(B) a primeira afirmativa é verdadeira, e a segunda é falsa.
(C) as duas afirmativas são falsas.
(D) as duas afirmativas são verdadeiras, e a segunda justifica a primeira.
(E) as duas afirmativas são verdadeiras, e a segunda não justifica a primeira.

5. (EXAME 2009)

Todos os dias, mais de 200 milhões de embalagens do tipo longa-vida são distribuídas em mais de 165 países. O fabricante fornece suas embalagens para produtores de molhos de tomate, sucos, leite e vinhos. Em todos, há menção da marca do fabricante da embalagem juntamente com a marca do produto acondicionado em seu interior.

Quanto a essa relação entre fabricante da embalagem e fabricante do produto, é CORRETO afirmar que é realizada uma estratégia de

(A) extensão de marca.
(B) marca própria.
(C) marcas combinadas.
(D) multimarcas.
(E) nova marca.

6. (EXAME 2009)

O Banco XYZ possui a seguinte composição da carteira de clientes: 15% de pessoas jurídicas e 85% de pessoas físicas. Apesar do pequeno percentual, os clientes PJ são os mais rentáveis, seja pelo volume de dinheiro movimentado, seja pelo número de produtos comprados (financiamentos, seguros etc.).

Após realizar uma pesquisa, Edson, o gerente de marketing e vendas, observou que os clientes PJ mais antigos estão descontentes com o tratamento oferecido e pensando em migrar para o principal concorrente, que oferece vantagens de acordo com o tempo de relacionamento, além de um portfólio de produtos maior.

Visando à solução do problema, a estratégia de vendas deve

(A) concentrar-se em reforçar as características e os benefícios dos produtos existentes para os clientes atuais.
(B) contemplar a realização de esforços de prospecção de novos clientes, especialmente os clientes do banco concorrente.
(C) deve investir pesadamente no segmento pessoa física, que parece menos concorrido, e aumentar a base de clientes.
(D) desenvolver pacotes de produtos com características diferenciadas de acordo com o perfil (montante investido, interesses) do cliente.
(E) diminuir o preço dos produtos por dois meses para ambos os tipos de clientes.

7. (EXAME 2009)

Um segmento de mercado possui um grande número de consumidores. Se o objetivo da empresa para o produto a ser lançado é atingir o maior número possível de consumidores, a curto prazo, qual será a melhor estratégia de preço inicial?

(A) Liderança na qualidade do produto.
(B) Máximo crescimento de mercado.
(C) Máximo retorno em lucro.
(D) Preço de desnatamento.
(E) Preço de penetração.

8. (EXAME 2009)

Uma grande empresa de televisores de LCD utiliza a sua economia de escala para dominar o mercado
PORQUE
a economia de escala faz com que custos sejam mais baixos, o que permite que a empresa pratique preços mais baixos.

A respeito dessas duas frases, é CORRETO afirmar que

(A) a primeira afirmativa é falsa, e a segunda verdadeira.
(B) a primeira afirmativa é verdadeira, e a segunda é falsa.
(C) as duas afirmativas são falsas.
(D) as duas afirmativas são verdadeiras, e a segunda justifica a primeira.
(E) as duas afirmativas são verdadeiras, e a segunda não justifica a primeira.

9. (EXAME 2009)

Quando uma empresa está analisando a concorrência para ajustar os seus próprios preços, essa empresa deve

I. assumir que o concorrente não alterará seu preço.
II. pesquisar os preços praticados no segmento de atuação.
III. saber os benefícios que o seu mercado-alvo deseja.
IV. selecionar o método de apreçamento antes dessa análise.

É CORRETO somente o que se afirma em

(A) I.
(B) II.
(C) III.
(D) II e III.
(E) I e IV.

10. (EXAME 2009)

Kotler e Keller definem propaganda como qualquer forma paga de apresentação e de promoção não pessoais de ideias, mercadorias ou serviços por um anunciante identificado.

Portanto, a respeito da propaganda é CORRETO afirmar que ela

(A) envolve a demonstração de produtos e/ou a distribuição de amostras grátis, de forma a gerar experimentação.
(B) envolve a realização de eventos filantrópicos e de patrocínio esportivo para públicos de perfis diversos.
(C) considera o segmento a que se destina o produto, de forma a ajustar a linguagem e a mídia que serão usadas.
(D) é uma ferramenta específica capaz de criar incentivos à venda em curto prazo por meio de promoções diversas.
(E) se utiliza de meios pessoais, com a finalidade de aumentar o conhecimento acerca do produto e seus atributos.

11. (EXAME 2009)

A linha de margarinas da empresa Alfa lança este mês a promoção "Vida Saudável", com envio de torpedos com os códigos promocionais. O vencedor ganhará R$ 30 mil. Além disso, serão sorteados eletrodomésticos. É a primeira marca a realizar promoção utilizando mensagens SMS. Segundo a empresa, tal modalidade reúne praticidade, segurança e uma excelente relação custo-benefício. Para participar, basta enviar mensagem com o código impresso no fundo das embalagens. Se premiado, o consumidor deverá apresentar a embalagem do produto com o código informado.

Qual das alternativas a seguir é INCORRETA como potencial razão para a realização dessa promoção?

(A) A Alfa pretende estimular a compra de mais embalagens por consumidor, aumentando a recompra.
(B) A promoção pode gerar aumento do nível das vendas em curto prazo, atraindo novos consumidores.
(C) A entrada de um novo concorrente no mercado pode ter levado a empresa a criar a promoção.
(D) Essa promoção gera resultados de venda mais rápidos e fáceis de mensurar do que a propaganda.
(E) Trata-se de uma boa maneira de se reforçarem os atributos físicos e os benefícios do produto.

12. (EXAME 2009)

Rocha e Christensen definem *merchandising* como "o conjunto de atividades realizadas dentro da loja relativas à exposição e apresentação do produto com vistas a produzir a compra".

A respeito de *merchandising*, analise as afirmativas a seguir:

I. É uma das ferramentas do composto de produto.
II. Pode chamar a atenção do produto exposto.
III. Pode fomentar compras por impulso nos pontos de vendas.
IV. Pode permitir a comunicação de determinados atributos do produto.
V. São exemplos dele: *displays*, faixas de gôndola e cartazes.

Estão CORRETAS somente

(A) II, III, IV e V.
(B) I, II, IV e V.
(C) I, III e V.
(D) II, III e IV.
(E) I, e IV.

13. (EXAME 2009)

A interação direta e pessoal com clientes atuais ou potenciais, a qual permite a criação e o aprofundamento de um relacionamento com o cliente e tem resposta direta do entendimento e da avaliação do consumidor são características de qual ferramenta promocional?

(A) Merchandising.
(B) Promoção de vendas.
(C) Relações públicas.
(D) Segmentação.
(E) Venda pessoal.

14. (EXAME 2009)

No quadro a seguir, mostra-se como a multinacional XYZ posiciona suas marcas de sabão em pó no mercado.

Nuvem Suave	"99% puro" — Sabão suave e delicado para roupas do bebê.
Onda	Lavagem extraforte para a família: "A Onda entra e a sujeira sai."
Alegria	Trata diferentes temperaturas de água: "Alegria para todas as temperaturas."
Ganho	Fragrância: "Estourando de frescura."
Ousado	Inclui amaciante: "Limpa, amacia e controla estática."
Rápido	Poder concentrado, menos bolhas, evita entupimento da máquina-
Baby	Para roupas do bebê, com jojoba, amaciante natural da natureza.

Com base nesse quadro e nos seus conhecimentos sobre posicionamento, qual das alternativas abaixo está INCORRETA?

(A) A empresa procura diferenciar cada uma de suas marcas de sabão em pó, por meio dos posicionamentos desenvolvidos.
(B) A XYZ cria o posicionamento para cada uma das marcas, tendo em mente o segmento ao qual ela se destina.
(C) O posicionamento de uma marca deve levar em consideração como as marcas concorrentes se posicionam.
(D) O posicionamento de uma marca deve levar em consideração o que seus consumidores (potenciais e atuais) valorizam.
(E) O posicionamento de uma marca é igual à imagem produzida na mente do seu consumidor.

15. (EXAME 2009)

Qual das alternativas NÃO é exemplo de intermediário?

(A) Atacadistas do ramo alimentício que vendem apenas para varejistas.
(B) Distribuidores especializados em algumas linhas de produtos, como medicamentos.
(C) Lojas que trabalham com várias marcas e vendem para o consumidor final.
(D) Lojas de departamentos de produtos de luxo, em grandes centros urbanos.
(E) Produtores com integração vertical que atendem os consumidores.

16. (EXAME 2009)

No final de 1998, a Vendequalquercoisa.com vendeu US$ 250 milhões no quarto trimestre, mas ainda precisava ganhar um centavo para ter lucros. A razão é que a maioria das suas vendas é de livros e de CDs musicais, que não têm margens muito altas e ela continua a investir em uma campanha publicitária intensiva, que lhe dá extrema visibilidade. Ela também está investindo pesadamente no desenvolvimento de armazéns de livros e de centros de distribuição.

O motivo do investimento dessa empresa em logística é

I. diminuir os custos fixos e variáveis com publicidade e propaganda.
II. implementar as ações do plano de negócios anteriormente planejado.
III. levar aos clientes os produtos no prazo combinado ao menor custo.
IV. testar a utilização de novos softwares de tecnologia de informação.

Está(ão) correta(s) somente a(s) afirmativa(s)

(A) I.
(B) II.
(C) III.
(D) II e III.
(E) I e IV.

17. (EXAME 2009)

À medida que as empresas usam mais canais, a fim de aumentar suas vendas, elas correm o risco de gerar conflitos. O desafio não é eliminar o conflito, mas lidar com ele. A empresa K está em 206 mil pontos de venda, e a meta, para 2009, é conquistar mais 50 mil novos estabelecimentos. "Antes, estávamos preocupados COM desenvolvimento de produto, fabricação e venda. Agora, o foco está no consumidor e no ponto de venda", diz o diretor de trade marketing. Os distribuidores passaram a ter remuneração por desempenho. Além disso, o preço praticado não pode estar 10% abaixo ou acima do sugerido pela K.

Qual das razões de conflito a K está tentando evitar?

(A) Dependência do varejista.
(B) Diferenças em percepção.
(C) Incompatibilidade de objetivos.
(D) Papéis e direitos confusos.
(E) Poder de coerção do varejista.

18. (EXAME 2009)

O conhecimento a respeito da complexidade do ambiente de marketing é essencial para que a empresa seja bem-sucedida. É necessário que o profissional de marketing encontre maneiras de se manter atualizado frente às constantes e rápidas alterações nesse ambiente.

Qual componente do Sistema de Informações de Marketing oferece dados sobre eventos o qual promova alterações no ambiente de marketing?

(A) Sistema de Controle de Marketing.
(B) Sistema de Informações de Vendas.
(C) Sistema de Inteligência de Marketing.
(D) Sistema de Pesquisa de Marketing.
(E) Sistema de Registros Internos.

19. (EXAME 2009)

Uma empresa de automóveis deseja fazer uma pesquisa entre seus consumidores para saber a sua opinião sobre seus produtos. Como forma de coletar as informações, ela decide entrevistar os 50 primeiros consumidores que entrarem na revendedora.

A respeito dessa amostra, é CORRETO afirmar que é

(A) probabilística: cada pessoa da população tem a mesma chance de fazer parte da amostra.
(B) posicionada: os participantes compartilham de uma ou mais características em comum.
(C) de conveniência: os pesquisadores utilizam respondentes que fazem parte de seu círculo de conhecimento.
(D) probabilística: são associadas probabilidades de inclusão para cada uma das respostas coletadas.
(E) proporcional: são determinadas por proporções de participantes com determinadas características.

20. (EXAME 2009)

Uma empresa de alimentos deseja saber sua participação de mercado. Seu público-alvo são mães, com filhos até três anos, moradoras de grandes centros urbanos.

Com esse objetivo em mente, qual alternativa apresenta o método de coleta de dados mais adequado?

(A) Entrevistas em profundidade, acerca da imagem da marca.
(B) Grupos de foco, objetivando discutir o conceito da marca.
(C) Questionários em que se identifica a aceitação da propaganda.
(D) Questionários sobre a atitude em relação ao ponto de venda.
(E) Utilização de dados de scanner nos principais supermercados.

21. (EXAME 2009)

Uma empresa de higiene pessoal é conhecida pelas características únicas dos produtos que levam a sua marca. Seu público-alvo mais importante são as mulheres adultas. É necessário acompanhar esse segmento permanentemente, saber o que as mulheres pensam e como esses pensamentos influenciam suas decisões de consumo. O gerente de marketing deseja coletar informações sobre os sentimentos mais profundos das mulheres a respeito do que elas pensam sobre os conceitos de beleza, de juventude e de sensualidade.

Com esse objetivo em mente, qual é o método de coleta de dados mais adequado?

(A) Aplicação de questionários, via telefone.
(B) Entrevistas em profundidade, face a face.
(C) Experimentos de utilização de produtos.
(D) Observações de compras em diversos pontos de venda.
(E) Preenchimento de questionários impressos em revistas.

22. (EXAME 2009)

A avaliação contínua de atitudes de clientes de estabelecimentos de serviços contribui positivamente para o faturamento das empresas

PORQUE

sempre que os clientes avaliam positivamente um prestador de serviços, eles se tornam fiéis.

A respeito dessas duas frases, é CORRETO afirmar que

(A) a primeira afirmativa é falsa, e a segunda verdadeira.
(B) a primeira afirmativa é verdadeira, e a segunda é falsa.
(C) as duas afirmativas são falsas.
(D) as duas afirmativas são verdadeiras, e a segunda justifica a primeira.
(E) as duas afirmativas são verdadeiras, e a segunda não justifica a primeira.

23. (EXAME 2009)

A televisão de João quebrou e o técnico informou que o conserto custará mais da metade do preço de uma nova. João pesquisa no encarte da loja ABC e também em *sítio*s de busca na Internet. Apesar de gostar do modelo X, o preço é tão alto que João só poderia pagá-lo contraindo um empréstimo; o televisor Y é mais barato, mas tem resolução ruim; e o modelo Z tem boa resolução, mas som ruim.

Levando-se em consideração o modelo de decisão de compra, em qual estágio se encontra João?

(A) Avaliação de alternativas.
(B) Descarte do produto.
(C) Estrutura de comportamento.
(D) Formação de atitudes sobre marcas.
(E) Identificação de necessidades não atendidas.

24. (EXAME 2009)

A cor de esmalte usada pela protagonista da novela das oito é um sucesso de vendas.

No exemplo, podemos ver a influência de qual dos fatores listados abaixo?

(A) Conhecimento.
(B) Cultura.
(C) Estilo de vida.
(D) Família.
(E) Grupos de referência.

25. (EXAME 2009)

Enquanto faz as compras de supermercado, Felipe, pai de dois filhos, se pergunta: "Qual é mesmo o nome daquele biscoito de que as crianças tanto gostam?"

Nesse caso, o papel das crianças na decisão de compra é de

(A) compradores e influenciadores.
(B) compradores e usuários.
(C) influenciadores e usuários.
(D) iniciadores e compradores.
(E) iniciadores e decisores.

26. (EXAME 2009)

Um supermercado que serve a uma população de baixa renda cobra preços mais caros pelos gêneros de primeira necessidade do que os supermercados dos bairros na mesma rede. Grupos de consumidores reclamaram que essa prática explora os pobres. O lojista argumenta que os compradores dos bairros ricos compram mais supérfluos lucrativos, permitindo que as lojas baixem os preços dos gêneros de primeira necessidade. A gerência da loja também alega que há uma incidência maior de furtos e de vandalismo na loja do bairro pobre, resultando em quase nenhum lucro, mesmo com preços mais altos.

Tendo em mente o conceito de Responsabilidade Social, qual deve ser a ação dessa cadeia de supermercados?

(A) A loja deveria baixar seus preços na loja de baixa renda e aumentar os preços para a clientela mais rica.
(B) Aumentar a oferta de produtos supérfluos, que oferecem maior margem, para os consumidores pobres.
(C) Deveria fechar a loja localizada no bairro de baixa renda, uma vez que vem apresentando problemas.
(D) Deveria praticar política de preços mais baixos e chamativos em produtos de primeira necessidade.
(E) Oferecer possibilidade de compras a crédito, a juros altos, para cobrir a diferença de preço aos pobres.

27. (EXAME 2009)

Uma empresa de varejo de eletrodomésticos colocou uma propaganda em um grande jornal de circulação nacional, no qual anunciava uma geladeira duplex por R$ 500,00, podendo ser paga em 24 meses. Entretanto, quando o consumidor tentava se aproveitar da oferta, descobria que, para isso, teria que possuir um cartão de crédito da loja, que cobra juros abusivos.

Tal empresa fere qual direito básico do consumidor?

(A) A proteção da vida, da saúde e da segurança do consumidor contra possíveis riscos provocados por quaisquer práticas associadas ao fornecimento de produtos e de serviços considerados perigosos e/ou nocivos.
(B) A educação do consumidor e a divulgação sobre formas de consumir adequadamente produtos e serviços, assegurando a liberdade de escolha e a igualdade nas contratações.
(C) A proteção contra a publicidade enganosa e abusiva, métodos comerciais coercitivos, bem como contra práticas e cláusulas abusivas impostas no fornecimento de produtos e serviços.
(D) A modificação das cláusulas contratuais que estabeleçam prestações desproporcionais ou sua revisão em razão de fatos supervenientes que as tomem excessivamente onerosas.
(E) O acesso aos órgãos judiciários e administrativos na prevenção ou reparação de danos patrimoniais e morais, individuais ou coletivos, assegurada a proteção jurídica, administrativa e técnica aos necessitados.

O enunciado a seguir se refere às questões discursivas 28, 29 e 30:

A empresa americana de chocolates X está buscando um posicionamento mais emocional para seu bombom Smack — quase um ícone nos Estados Unidos, mas pouco conhecido no Brasil. Um ano após o início de sua produção local, aposta em uma grande ação de degustação, com distribuição de amostras e materiais promocionais.

Na primeira etapa, foram distribuídos saquinhos do chocolate em casas noturnas e bares. A meta é aumentar as vendas de Smack no país em 30% até o fim do ano, segundo o gerente de marca. A participação da empresa no mercado brasileiro ainda é mínima, se comparada com outras gigantes do setor. No mundo, a X é a terceira maior.

"Queremos nos aproximar mais do consumidor, gerar experimentação", diz o gerente. Com a produção local, o Smack, assim como as barras com a marca X, sofreu redução de preço de até 20%. A imagem da marca, no entanto, continua a ser de um produto importado e diferenciado, segundo pesquisas. "Estamos tornando o produto mais acessível, mas não popularizando", ressalta o gerente, que situa o público-alvo da marca em jovens adultos das classes A e B. Além de blitz de sampling, a empresa fez parcerias com uma marca de cartões de crédito e uma rede de cafeterias para ações de degustação.

Para entender melhor o mercado, a empresa X contratou uma pesquisa que chegou ao seguinte resultado:

- 40% das suas consumidoras entre 20 e 30 anos de idade sentem culpa após comer chocolate;
- 60% das mulheres executivas tendem a comer chocolate quando estressadas;
- as duas datas mais importantes para venda de chocolate são a Páscoa e o dia dos Namorados;
- o consumo de chocolate aumentou, quando a marca WW patrocinou um time de futebol.

Foram feitas adaptações no bombom Snnack para atender ao gosto brasileiro, como o lançamento de mais dois sabores, além do clássico chocolate ao leite: chocolate branco e crocante. Para o gerente, "a embalagem está mais condizente com a imagem do produto, que ganhará forte campanha publicitária no ano que vem".

28. (EXAME 2009) DISCURSIVA

Apresente duas possíveis extensões de linha para o Smack, dada a existência de fortes concorrentes em um mercado maduro como o de chocolates. (Valor 10 pontos)

29. (EXAME 2009) DISCURSIVA

Proponha duas ferramentas do composto promocional tendo em vista o público-alvo da marca e apresente um argumento que justifique o uso de cada uma delas. (Valor 10 pontos)

30. (EXAME 2009) DISCURSIVA

O gerente da marca Smack resolveu focar seus esforços para atingir o público masculino. Você concorda com essa estratégia? Justifique, apresentando como as decisões do consumidor de chocolate podem ser influenciadas por fatores pessoais. (Valor 10 pontos)

Capítulo VII
Questões de Componentes Específicos de Processos Gerenciais

1) Conteúdos e Habilidades objetos de perguntas nas questões de Componente Específico.

As questões de Componente Específico são criadas de acordo com o curso de graduação do estudante.

Essas questões, que representam ¾ (três quartos) da prova e são em número de 30, podem trazer, em Processos Gerenciais, dentre outros, os seguintes **Conteúdos**:

I. Organização Empresarial e Gestão Estratégica: Modelos de Gestão Empresarial. Funções Administrativas: planejar, organizar, dirigir e controlar. Estrutura organizacional e funções gerenciais. Gestão Estratégica: conceito e relevância. Planejamento Estratégico: conceito, contribuição da ferramenta e estrutura – missão, visão, objetivos, análise ambiental, formulação de estratégias, implementação e controle.

II. Empreendedorismo: Empreendedorismo, empreendedor e características do empreendedor. Identificação de oportunidades: diferenciação entre idéias e oportunidades, processos de identificação de oportunidades. Concorrência de mercado: oferta e demanda, concorrência direta e indireta, tamanho e potencial de mercado. Inovação e tecnologia: conceitos básicos e relevância no contexto empreendedor. Plano de Negócios: conceito, importância e estrutura.

III. Gestão de Pessoas: Seleção e Recrutamento. Treinamento e Desenvolvimento. Avaliação de desempenho. Remuneração: cargos, salários e benefícios. Administração de conflitos. Relacionamento interpessoal e comunicação empresarial. Liderança e trabalho em equipe. Cultura e mudança organizacional.

IV. Gestão Financeira: Juros e descontos por meio de capitalizações. Fluxo de caixa. Capital de giro. Valor Presente Líquido. Empréstimos e Sistemas de Amortizações. Método do Pay-Back. Taxa Interna de Retorno. Apuração de custos e formação de preços. Ponto de equilíbrio.

V. Produção, Operações e Logística: Gerenciamento da cadeia de suprimentos (Supply Chain Management). Sistemas de controle/avaliação de estoques. Logística integrada: abastecimento e distribuição. Previsão de demanda. Qualidade: princípios e ferramentas básicas. Curva ABC. Filosofia de Gestão Just-In-Time.

VI. Marketing: Importância do consumidor e segmentação do mercado. Satisfação do consumidor. Relacionamento com o cliente. Composto de Marketing: Preço, Praça, Produto e Promoção.

O objetivo aqui é avaliar junto ao estudante a compreensão dos conteúdos programáticos mínimos a serem vistos no curso de graduação, de forma avançada. Também é avaliado o nível de atualização com relação à realidade brasileira e mundial.

Avalia-se aqui também *competências* e *habilidades*. A ideia é verificar se o estudante desenvolveu as principais **Habilidades** para o profissional de Processos Gerenciais, que são as seguintes:

I – Elaborar, implementar, controlar e avaliar:

a) Estrutura organizacional e funções gerenciais;

b) Planejamento Estratégico;

c) Plano de Negócios;

d) Plano de Recursos Humanos;

e) Estratégias de Marketing.

II – Analisar:

a) Demonstrativos financeiros;

b) Cultura organizacional;

c) Composto de Marketing;

d) Modelos de Gestão Empresarial.

III – Identificar e interpretar:

a) Tendências de Mercado, Inovação e Tecnologia;

b) Oportunidades de negócio;

c) Tamanho e potencial de mercado;

d) Cadeia logística.

IV – Conhecer e aplicar:

a) Técnicas de recrutamento, seleção e avaliação de desempenho de pessoas;

b) Técnicas de análise do ambiente organizacional e competitivo;

c) Técnicas de segmentação de mercado;

d) Técnicas de análise econômico-financeira organizacionais;

e) Técnicas de mediação de conflitos, de comunicação empresarial, trabalho em equipe e liderança;

f) Técnicas de comercialização, compras e vendas;

g) Técnicas e ferramentas da qualidade.

Vejamos agora as questões de Componente Específico de Processos Gerenciais.

2) Questões de Componente Específico.

Questões

PROCESSOS GERENCIAIS

1. (EXAME 2009)

Os tecnólogos Eduardo e Mônica idealizaram um novo processo de aproveitamento da energia solar. Pesquisas de mercado e análises consistentes demonstraram que a ideia dos tecnólogos é inovadora. Constatou-se, entretanto, que ela não representa uma oportunidade.

PORQUE

Não há demanda para o produto, e as análises financeiras do plano de negócios demonstraram poucas chances de retorno, demonstrando que não há potencial para investimento a longo prazo.

A respeito dessas frases, é CORRETO afirmar que

(A) a primeira afirmação é falsa, e a segunda é verdadeira.
(B) a primeira afirmação é verdadeira, e a segunda é falsa.
(C) as duas afirmações são falsas.
(D) as duas afirmações são verdadeiras, e a segunda não justifica a primeira.
(E) as duas afirmações são verdadeiras, e a segunda é uma justificativa correta da primeira.

2. (EXAME 2009)

Você está trabalhando para uma empresa que fornece matérias-primas (commodities) e, portanto, está num ponto bem a montante (atrás) da sua rede de suprimentos. O gerente de planejamento, uma pessoa nitidamente estressada, não sabe mais o que fazer com a variação que a demanda sofre mensalmente. Seu sistema de planejamento é bastante reativo e não há uma preocupação de gerenciamento de redes de suprimento neste setor industrial.

Fornecedor → **Fabricante** → **Distribuidor** → **Varejista** → **Consumidor**

O que está acontecendo é o efeito "Forrester" ou efeito "Chicote", isto é, uma pequena variação na demanda do consumidor está provocando uma grande variação na demanda de um fornecedor, no início da cadeia de suprimentos. O que falta ao gerente?

(A) Conhecimento da demanda real do mercado.
(B) Conhecimento de métodos qualitativos para previsão de demanda.
(C) Conhecimento do uso de métodos estatísticos para previsão de demanda.
(D) Disponibilidade de recursos para atender à demanda.
(E) Recebimento de forma correta dos pedidos dos clientes.

3. (EXAME 2009)

Sr. Osvaldo vende pipoca na praça central da cidade. O mercado de venda de pipoca está prestes a sofrer uma grande mudança, pois uma empresa de pesquisa de produtos agrícolas desenvolveu uma nova semente híbrida de milho, capaz de reduzir o preço do milho de pipoca à metade.

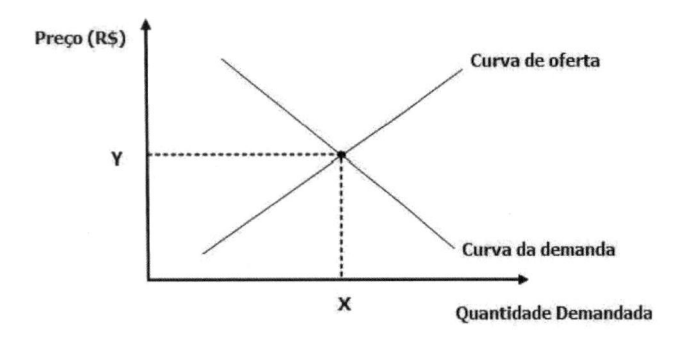

Considerando-se que o mercado de venda de pipoca seja um mercado de competição perfeita, conforme apresentado na figura, é CORRETO afirmar que

(A) o preço da pipoca e a quantidade demandada irão diminuir.
(B) o preço da pipoca e a quantidade demandada irão aumentar.
(C) o preço da pipoca e a quantidade demandada irão permanecer os mesmos.
(D) o preço da pipoca irá aumentar e a quantidade demandada irá diminuir.
(E) o preço da pipoca irá diminuir e a quantidade demandada irá aumentar.

4. (EXAME 2009)

Visão, Missão e Valores da empresa são etapas desenvolvidas no planejamento estratégico empresarial. A Visão empresarial deverá refletir um sonho criado e assumido oficialmente pela alta gestão, expressando a situação ideal futura a ser buscada pelos gestores. A Visão direciona o desenvolvimento de longo prazo do negócio.

PORQUE

Ter Visão representa, acima de tudo, ter convicções claras e fundamentais — como crenças e posturas éticas — as quais a empresa defende e adota como guias para a gestão do seu negócio.

Considerando-se essas frases, é CORRETO afirmar que

(A) a primeira é verdadeira, e a segunda é falsa.
(B) a primeira é falsa, e a segunda é verdadeira.
(C) as duas são verdadeiras, e a segunda é uma justificativa correta da primeira.
(D) as duas são verdadeiras, mas a segunda não é uma justificativa correta da primeira.
(E) as duas são falsas.

5. (EXAME 2009)

Leia os relatos a seguir:

I. Beto herdou um comércio de livros em um bairro periférico da cidade em que mora. A procura por seus produtos foi baixa durante vários anos, época em que Beto passou por dificuldades financeiras, tendo, em várias ocasiões, atrasado o pagamento do aluguel do imóvel. A história de Beto mudou quando foi construída uma estação de metrô próximo à sua loja. A partir daí, seu negócio prosperou e hoje é uma das lojas de livros que mais fatura na cidade.

II. Ao conversar com um dos professores de seu filho, Daniel identificou a oportunidade de abrir uma escola com uma proposta pedagógica diferenciada. Pai e professor iniciaram a empresa com poucos recursos e, apesar das dificuldades iniciais, o negócio cresceu e atualmente ambos são proprietários de uma rede de escolas.

III. Paulo trabalhou durante vários anos como soldador em uma empresa metalúrgica. Quando foi demitido, devido à dificuldade de se reposicionar como soldador, decidiu comprar um carrinho de cachorro-quente com ponto de trabalho próximo a uma Universidade. Ele acreditava que esse ramo lhe proporcionaria um bom ganho, uma vez que havia muitas pessoas trabalhando com esse tipo de carrinho nas redondezas da Universidade. Paulo é muito persistente, pois, apesar das dificuldades financeiras pelas quais tem passado, não pensa em desistir ou mudar de ramo.

IV. Em certa ocasião, Antônio conversava com uma senhora quando esta lhe disse que tinha um cãozinho, o qual estava com problemas dentários, e ela não encontrava um profissional para tratar do bichinho. Dessa conversa, nasceu a ideia de montar uma clínica dentária para animais de estimação. Antônio procurou um profissional competente nesse tipo de tratamento e propôs a ele sociedade. A empresa foi um sucesso até o momento em que seu sócio desviou uma grande quantidade de dinheiro da empresa, levando-a à falência. Atualmente, Antônio está tentando convencer um professor a abrir com ele uma empresa de desenvolvimento de material didático.

É CORRETO afirmar que possuem características de empreendedor

(A) Beto e Daniel.
(B) Beto e Paulo.
(C) Daniel e Antônio.
(D) Daniel e Paulo.
(E) Paulo e Antônio.

6. (EXAME 2009)

No gráfico a seguir, são apresentados os dados de faturamento anual de duas empresas concorrentes:

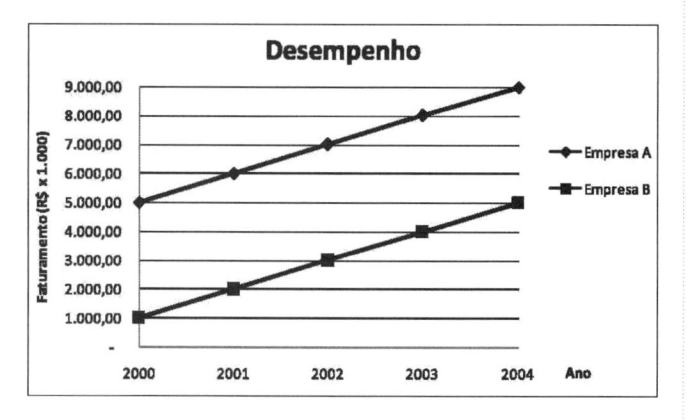

Desempenho

(Gráfico: Faturamento (R$ x 1.000) x Ano, mostrando Empresa A crescendo de 5.000 em 2000 para 9.000 em 2004, e Empresa B crescendo de 1.000 em 2000 para 5.000 em 2004)

Definindo-se taxa de crescimento em um determinado ano como o valor do faturamento daquele ano dividido pelo faturamento do ano imediatamente anterior e analisando-se o gráfico, é correto afirmar que

(A) a taxa de crescimento da empresa A foi superior à taxa de crescimento da empresa B, por todo o período apresentado.

(B) a taxa de crescimento da empresa B foi superior à taxa de crescimento da empresa A, por todo o período apresentado.

(C) durante todo o período apresentado, a taxa de crescimento das duas empresas foi igual.

(D) antes de 2002, a empresa A cresceu mais que a B; depois de 2002, a empresa B cresceu mais do que a empresa A.

(E) antes de 2002, a empresa B cresceu mais que a A; depois de 2002, a empresa A cresceu mais que a empresa B.

7. (EXAME 2009)

A empresa Viaje Bem produz malas sem grande sofisticação de design e acabamento, mas que mantém um patamar estável de vendas. Isso lhe garante permanência entre as maiores do mercado e a caracteriza como empresa que possui produtos, os quais se encontram no estágio de maturidade em relação ao ciclo de vida do produto. O gerente de marketing da empresa, descontente com essa situação, decide desenvolver algumas ações mercadológicas para alavancar as vendas da Viaje Bem.

Dado o estágio em que se encontra o produto, a empresa deve

I. construir consciência da marca;
II. desenvolver distribuição seletiva;
III. diversificar marcas e modelos;
IV. oferecer produto a preço igual ou inferior ao da concorrência.

Estão CORRETAS somente as afirmativas

(A) I e II.
(B) I e III.
(C) I e IV.
(D) II e III.
(E) III e IV.

8. (EXAME 2009)

O Sr. Carlos Alberto assumiu a gerência geral da empresa Ecomobile, do setor de fabricação de móveis, com 185 funcionários. Sua missão era aumentar as vendas em 30% no primeiro ano e a primeira medida que tomou foi reestruturar a linha de produção. Com isso, pretendia aumentar a produtividade da empresa, a qualidade dos produtos e ampliar os serviços de entrega e a distribuição de mercadorias. Após um ano, a produtividade subiu 50% e a qualidade estava muito melhor. No entanto, a empresa não aumentou suas vendas e estava com estoques altos, devido ao aumento da produtividade. Decidiu-se, então, pela demissão de Carlos Alberto por não ter cumprido o objetivo para o qual foi contratado.

O gerente geral falhou por não ter cumprido as seguintes funções administrativas:

(A) Direção e Controle.
(B) Organização e Controle.
(C) Organização e Direção.
(D) Planejamento e Controle.
(E) Planejamento e Organização.

9. (EXAME 2009)

O grupo hoteleiro Brisa e Água Fresca planeja construir, em uma grande cidade do país, um novo hotel especialmente voltado para as características e necessidades de executivos em viagem. Embora a concorrência seja grande, com muitos hotéis operando com resultados positivos na cidade, o grupo está disposto a ser a principal referência em hotelaria para esse público. Considerando a situação de oferta e de procura desse mercado de trabalho, são decisões de recrutamento e seleção adequadas para a contratação de gerentes dessa nova unidade:

I. altos investimentos em recrutamento com critérios de seleção mais flexíveis para atrair candidatos;
II. critérios de seleção mais rígidos e criteriosos para aproveitar a abundância de candidatos;
III. ênfase no recrutamento interno, aproveitando funcionários atuais e dinamizando os planos de carreira;
IV. investimento em benefícios sociais para atrair candidatos e planejar a retenção futura dos funcionários;
V. ofertas salariais estimulantes para atrair candidatos com treinamento para compensar a inadequação dos contratados.

Estão CORRETAS somente as afirmativas

(A) II e III.
(B) II e V.
(C) I e II.
(D) I e IV
(E) I, II e IV.

10. (EXAME 2009)

Capacidade analítica, proatividade e automotivação são atributos citados hoje pelas empresas para definir um talento. Todos esses requisitos ressaltam a ênfase atual em atitudes, múltiplas habilidades e desenvolvimento contínuo dos profissionais, dentro das organizações. Essa mentalidade tem influenciado as organizações a adotarem políticas de treinamento e de desenvolvimento. Que programa de gestão de pessoas atende a essas políticas?

(A) Contratação de profissionais com ampla experiência em segmentos diversos.
(B) Desenvolvimento de cursos *in company*, treinamento a distância e videoconferências.
(C) Ênfase em planos de carreira, com recrutamento interno e transferências interfuncionais.
(D) Programas de recolocação e expatriação como formas de ampliar a visão do negócio.
(E) Sistema de remuneração com estímulos financeiros como forma de valorização do desempenho.

11. (EXAME 2009)

Depois de um período de crescimento contínuo, a empresa de logística Frete Seguro mudou sua estratégia organizacional e direcionou todos os planos e esforços para as áreas de vendas e marketing, em razão da necessidade de fidelizar clientes. Essa medida gerou conflitos internos, provocados pelo descontentamento das áreas de finanças e de informática, o que ampliou uma percepção já presente na organização de que os ganhos de um grupo ocorrem à custa dos outros.

Entre as técnicas diretas de resolução de conflitos recomendadas, qual é a CORRETA para solucionar a situação dada?

(A) Considerar a importância do conflito e discutir com as áreas a distribuição dos investimentos, repensando as decisões tomadas.
(B) Deixar que as áreas envolvidas busquem a solução do conflito, acreditando que este se resolva com o tempo.
(C) Estruturar formas de confronto e entendimento entre as partes envolvidas, visando a mudanças de médio e longo prazos.
(D) Satisfazer as necessidades de investimento em vendas e marketing, impondo uma solução considerada crucial para a empresa.
(E) Tratar o problema, relativizando sua importância para a organização e harmonizando os ânimos.

12. (EXAME 2009)

Preparar o pessoal para dar *feedback* (retorno) com percepção realística dos fatos e fazer autoavaliação da própria equipe inibem o surgimento de problemas interpessoais.

PORQUE

O conhecimento dos limites pessoais e a busca de uma convivência produtiva aumentam a competitividade da equipe, tornando-a uma equipe de alta *performance*.

Considerando-se essas frases, é CORRETO afirmar que

(A) a primeira afirmativa é falsa, e a segunda é verdadeira.
(B) a primeira afirmativa é verdadeira, e a segunda é falsa.
(C) as duas afirmativas acima são verdadeiras, e a segunda justifica a primeira.
(D) as duas afirmativas são verdadeiras, e a segunda não justifica a primeira.
(E) as duas afirmativas são falsas.

13. (EXAME 2009)

O Sr. Moreira, proprietário do restaurante Sabores do Interior, preocupado em não perder seus clientes para a concorrência, realizou uma pesquisa de satisfação, a qual chegou ao seguinte resultado:

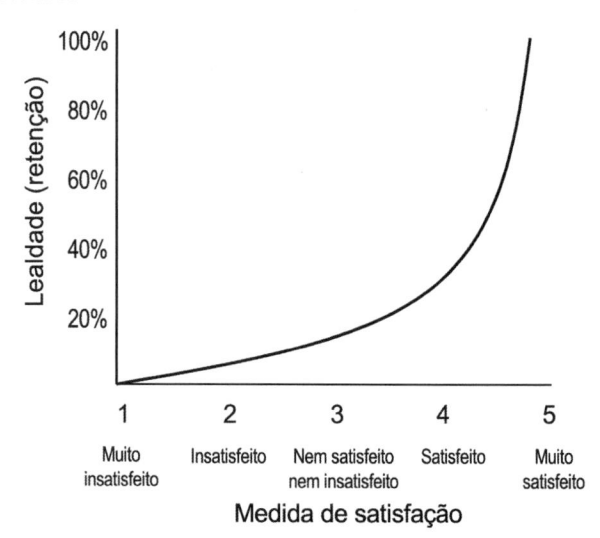

Com relação ao resultado da pesquisa apresentado no gráfico, é CORRETO afirmar que

(A) o gráfico aponta que a satisfação tem relação direta com a retenção de clientes, uma vez que aquela é proporcional a esta.
(B) o nível de retenção de clientes só se mostra expressivo quando os clientes estão bastante satisfeitos.
(C) o Sr. Moreira deve investir mais em comunicação e propaganda para melhorar a imagem do restaurante.
(D) o Sr. Moreira deveria se preocupar em melhorar a qualidade do serviço, pois os níveis de satisfação não são animadores.
(E) o Sr. Moreira não precisa se preocupar, pois os índices de satisfação dos clientes estão em um nível muito bom.

14. (EXAME 2009)

Marcelo passou no vestibular para o curso de Tecnólogo em Processos Gerenciais, com duração de dois anos. A fim de incentivá-lo, seu pai lhe deu R$ 10.000,00 para abertura de uma empresa própria, mas definiu que o filho só poderá resgatar esse dinheiro quando terminar o curso. Que valor Marcelo terá, daqui a 2 anos, sabendo-se que a aplicação que ele deseja fazer oferece uma taxa de juros líquidos anual de 10%?

(A) R$ 12.100,00.
(B) R$ 12.000,00.
(C) R$ 11.100,00.
(D) R$ 11.000,00.
(E) R$ 10.200,00.

15. (EXAME 2009)

Se você for analisar a saúde financeira de uma empresa, mas dispuser de pouco tempo, o que deve primordialmente observar?

(A) Atividades de financiamento.
(B) Atividades de investimento de longo prazo.
(C) Fluxo de caixa livre gerado por atividades operacionais.
(D) Lucro líquido (LL) da empresa.
(E) Lucro operacional da empresa.

16. (EXAME 2009)

João Alberto abriu recentemente um restaurante a quilo e vem sofrendo com problemas de capital de giro, pois a maior parte de seus clientes é mensalista e paga somente no fim do mês, quando recebe o salário. Para resolver seu problema de capital de giro, João Alberto deve

(A) comprar grandes estoques e pagar à vista, quando receber de seus clientes.
(B) contrair empréstimos com taxas maiores do que as taxas médias de juros de mercado.
(C) oferecer descontos acima da taxa de juros média para o pagamento à vista.
(D) reforçar as vendas para aumentar o poder de barganha com os fornecedores.
(E) renegociar as datas de pagamentos, para que elas aconteçam ao longo de todo o mês.

17. (EXAME 2009)

A Companhia Tropical possui três territórios de venda X, Y e Z. A administração da empresa está pensando em fechar o território X e, para ajudar na tomada dessa decisão, preparou-se um relatório. Leia-o:

Demonstração de Resultados (31 de dezembro de 2008)				
Territórios	X	Y	Z	Total
Vendas Líquidas	175.000	200.000	300.000	675.000
Custos Variáveis	105.000	80.000	120.000	305.000
Margem de Contribuição	70.000	120.000	180.000	370.000
Custos Fixos	100.000	50.000	75.000	225.000
Lucro (prejuízo) Líquido	(30.000)	70.000	105.000	145.000

Considerando-se que nenhum dos custos fixos pode ser eliminado com a parada de vendas para o Território X, que recomendação deve ser dada para a empresa?

(A) Continuar vendas para todos os territórios.
(B) Eliminar vendas no território X.
(C) Eliminar vendas no território Y.
(D) Suspender vendas no território Z.
(E) Suspender vendas nos territórios X e Z.

18. (EXAME 2009)

Suponha que você esteja gerenciando um negócio chamado "Dogão", especializado na venda de cachorro-quente. Você tem as seguintes informações disponíveis:

- Os seus gastos mensais com funcionários são R$ 1.200,00 já incluindo encargos.
- Os seus custos variáveis (pão, salsicha e molho) somam R$ 0,40/unidade vendida.
- O seu preço de venda é R$ 1,00 por unidade.
- Paga mensalmente R$ 600,00 de aluguel.

Qual é o ponto de equilíbrio de seu negócio?

(A) 1200 cachorros-quentes por mês.
(B) 1800 cachorros-quentes por mês.
(C) 2000 cachorros-quentes por mês.
(D) 2600 cachorros-quentes por mês.
(E) 3000 cachorros-quentes por mês.

19. (EXAME 2009)

Em organizações que operam em setores, nas quais a mudança tecnológica é muito rápida, recomenda-se a adoção de uma estrutura organizacional matricial, em que funcionários de áreas como engenharia, marketing, pesquisa e desenvolvimento, operações e finanças são reunidos para trabalhar em um mesmo projeto e/ou processo.

Do texto, conclui-se que cada funcionário

(A) é agrupado com base na localização geográfica.
(B) é agrupado em divisões de clientes.
(C) é agrupado em divisões de produtos.
(D) reporta-se apenas a um gestor.
(E) tem dois superiores.

20. (EXAME 2009)

Existem três tipos básicos de modelos de gestão de estoque para itens de demanda constante: Modelos de Revisão Contínua (ou Lote Fixo), Modelos de Reposição Periódica e Modelos Híbridos.

A principal diferença entre eles é que, nos modelos de Revisão Contínua, o gatilho para realizar as compras é um evento, enquanto nos de Reposição Periódica é o tempo, conforme exemplificado nos gráficos.

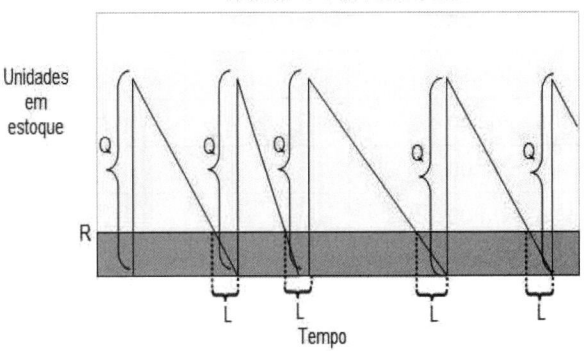

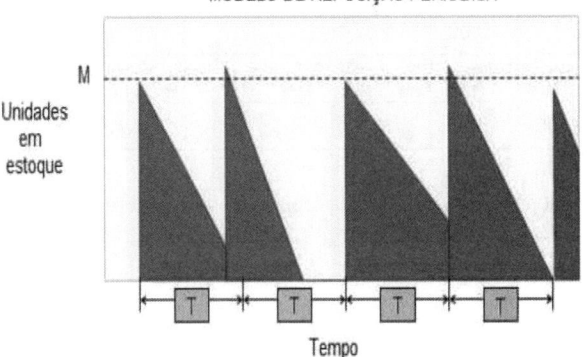

Qual dos modelos apresentados é considerado indicado para os itens A (elevado giro e/ou custo de compra) e com elevado custo de falta, visando à redução do custo total?

Modelo

(A) Híbrido.
(B) de Reposição Periódica de duas semanas.
(C) de Reposição Periódica e o Híbrido.
(D) de Reposição Periódica de uma semana.
(E) de Revisão Contínua.

21. (EXAME 2009)

Você está ocupando temporariamente a gerência de operações de uma empresa. Percebe, então, que o setor de vendas — responsável pela elaboração das previsões — não acompanha formalmente os erros de previsão, pois a gerência de vendas parece não ver muita utilidade nisso e resiste à sua solicitação de começar a acompanhar os erros. Você, para justificar a importância desse acompanhamento, argumenta que é importante saber não só quanto se espera ter de demanda, mas também qual é o erro esperado para essa previsão.

PORQUE

Do acompanhamento dos erros derivarão importantes decisões sobre os "colchões" de segurança que serão dimensionados para a rede de suprimento (na forma de estoques, tempos ou capacidade extra) de forma a fazer frente às incertezas decorrentes dos erros, mantendo níveis desejados de serviço aos clientes.

Considerando-se essas frases, é CORRETO afirmar que

(A) os dois argumentos são falsos.
(B) os dois argumentos são verdadeiros, e o segundo justifica o primeiro.
(C) os dois argumentos são verdadeiros, e o primeiro é causa do segundo.
(D) o primeiro argumento é falso, e o segundo é verdadeiro.
(E) o primeiro argumento é verdadeiro, e o segundo é falso.

22. (EXAME 2009)

O gerente de operações de uma empresa produtora de refeições congeladas recebeu numerosas reclamações de seus clientes acerca dos pratos congelados produzidos pela empresa. Pediu, então, a seu assistente que investigasse o assunto e elaborasse propostas de ação.

Seguindo as recomendações, o assistente coletou amostras de refeições nas duas linhas de produção da empresa e examinou cada uma. Os dados provenientes da inspeção, feita em aproximadamente 800 refeições congeladas, são mostrados na tabela.

Data	hora	linha	Defeito observado				
			Peso baixo	Item faltando	Alimentos misturados	Gosto estranho	Selagem inadequada
12/05	09:00	1		√√	√	√√√	
12/05	13:30	2			√√		√√
13/05	10:00	2				√	√√√
13/05	13:45	1	√√		√√		
13/05	15:30	2		√√	√√√		√
14/05	08:30	1		√√√		√√√	
14/05	11:00	2	√		√	√√	
14/05	14:00	1			√		√
15/05	10:30	1		√√√		√√√√√	
15/05	11:45	2			√	√√	
15/05	15:00	1	√		√		
16/05	08:45	2				√√	√√
16/05	10:30	1		√√√	√	√√√	
16/05	14:00	1					
16/05	15:45	1	√	√√√√√	√	√	√√

De acordo com os dados da tabela, o assistente recomenda ao gerente que

I. feche a linha de refeições de frango número 1;
II. investigue a possibilidade de violação da embalagem;
III. melhore o treinamento dos funcionários da linha número 1;
IV. retire do mercado toda a produção dos dias 12 a 16 de maio.

Estão CORRETAS somente as afirmativas

(A) I e II.
(B) I e III.
(C) II e III.
(D) I e IV.
(E) III e IV.

23. (EXAME 2009)

Na maioria das organizações, observa-se que cerca de 20% da quantidade de itens cadastrados corresponde a aproximadamente 80% do valor financeiro dos estoques, enquanto os 80% dos itens cadastrados restantes vão representar apenas 20% do valor do inventário total. Em síntese, um número relativamente pequeno de itens vai ser responsável por grande participação no custo ou no valor dos estoques.

Para gestores de varejo, é importante classificar, por meio da curva ABC, os itens que serão comercializados.

PORQUE

Os itens de categoria A devem receber uma forma de controle menos rígida dos estoques e os itens B e C devem receber um controle mais rígido.

Considerando-se essas frases, é CORRETO afirmar que

(A) a primeira é verdadeira, e a segunda é falsa.
(B) a primeira é falsa, e a segunda é verdadeira.
(C) as duas são verdadeiras, e a segunda justifica a primeira.
(D) as duas são verdadeiras, e a segunda não justifica a primeira.
(E) as duas são falsas.

24. (EXAME 2009)

Ao segmentar seus clientes, a empresa de perfumes e cosméticos Pura Sedução definiu como segmento-alvo mulheres maduras, casadas e com pouca disponibilidade de tempo para o cuidado da beleza. Entretanto, diferentemente do que se esperava, a empresa atraiu mulheres mais jovens, solteiras e com alguma disponibilidade para o cuidado pessoal com a aparência.

Qual critério de segmentação eficiente deixou de ser atendido?

(A) Acessibilidade: os segmentos podem ser alcançados e atendidos de maneira eficiente.
(B) Acionabilidade: podem ser desenvolvidos programas eficientes para atrair segmentos e atendê-los.
(C) Diferenciabilidade: os segmentos devem ser conceitualmente distintos e responder de maneira diferente a programas.
(D) Mensurabilidade: os segmentos podem ser mensurados quanto ao tamanho, poder de compra e perfil dos segmentos.
(E) Substanciabilidade: os segmentos de mercado devem ser grandes e lucrativos o suficiente para serem atendidos.

25. (EXAME 2009)

Marina foi convidada por um amigo a participar de um projeto, durante um fim de semana, com a promessa de uma boa remuneração e certo conforto, ficando hospedada em um hotel com boa infraestrutura e de frente para o mar. Relutou em aceitar o convite, pois estava muito atarefada. Entretanto, diante da insistência do amigo e da possibilidade de um fim de semana de trabalho, mas em um lugar agradável, resolveu aceitar. Ao chegar ao hotel, teve uma grande surpresa: faltava infraestrutura e o mar não estava à sua frente. Procurou o amigo e declarou sua insatisfação com a situação.

Diante da situação dada, é CORRETO afirmar que

I. a satisfação não depende da expectativa do consumidor porque é um sentimento passageiro e momentâneo.
II. quanto maior a expectativa em relação a um produto/serviço, melhor deve ser o seu desempenho, para que o cliente fique satisfeito.
III. quanto menor a lacuna entre a expectativa em relação a um produto/serviço e seu respectivo desempenho, maior será a satisfação do cliente.
IV. um cliente satisfeito é um cliente leal e sua lealdade gerará maiores lucros para a empresa em longo prazo.

Estão CORRETAS somente as afirmativas

(A) I e II.
(B) I e III.
(C) II e III
(D) II e IV.
(E) III e IV.

26. (EXAME 2009)

Leia o texto:

> A indústria de produtos de limpeza Lanex precisou reduzir seus investimentos nos últimos três anos e redimensionar a sua estrutura organizacional, além de promover diversos controles de custos. A empresa realizou um grande número de demissões e suspendeu benefícios e projetos diversos da área de desenvolvimento de pessoas.
>
> Após o período mais difícil, a Lanex está retomando o crescimento e, entre outras ações relativas à nova fase que está iniciando, a direção geral resolveu adotar um sistema de remuneração mais agressivo na área comercial para impulsionar os vendedores a assumirem sua parcela de responsabilidade no crescimento da empresa.
>
> Em seu mercado de atuação, a Lanex atende a hipermercados e a mercadinhos/mercearias. Possui uma posição consolidada no primeiro segmento, que responde pela maior parte de seu faturamento, enquanto, no segundo, a concorrência é crescente, com ameaça de perda de clientes.
>
> A direção geral solicitou de Cristina Moraes, gerente comercial, uma decisão sobre a política que ela deverá adotar para gerenciar força de venda da empresa.
>
> Qual sistema de remuneração deve ser proposto pela gerente comercial, a fim de alinhar a gestão da equipe à fase de crescimento da empresa?

(A) Remuneração variável por metas e resultados, com reconhecimento especial para a força de vendas que atende aos hipermercados.
(B) Remuneração variável por metas e resultados, com reconhecimento individual para os vendedores de forma geral entre as duas equipes.
(C) Remuneração variável por metas e resultados, com pagamento de comissões mais elevadas para vendedores de mercadinhos/mercearias.
(D) Programa de incentivo com prêmios para os melhores vendedores de hipermercados.
(E) Programa de incentivo com prêmios para os melhores vendedores das equipes de hiper-mercado e mercadinhos/mercearias.

27. (EXAME 2009)

Suponha que um determinado setor contenha empresas conforme a seguinte distribuição:

Posição competitiva da empresa	Participação de mercado
Líderes de mercado (têm maior participação de mercado)	40%
Desafiantes de mercado (não ocupam a liderança no mercado e lutam com afinco para aumentar a participação nele)	20%
Seguidoras de mercado (não possuem a liderança, mas querem manter a participação sem causar problemas)	30%
Ocupantes de nicho de mercado (atendem a segmentos pequenos que não são cobiçados por outras empresas)	10%

Em relação às estratégias competitivas a serem utilizadas por essas empresas, considere as seguintes afirmativas

I. os líderes de mercado devem procurar proteger a participação de mercado.
II. os desafiantes devem procurar expandir o mercado total.
III. os seguidores de mercado devem fazer ataques frontais aos líderes.
IV. os ocupantes de nicho devem desenvolver estratégias adaptadas por cliente e/ou por mercado.

Estão CORRETAS somente as afirmativas

(A) I e II.
(B) I e III.
(C) I e IV.
(D) II e III.
(E) II e IV.

28. (EXAME 2009) DISCURSIVA

Leia o texto:

A fábrica de caminhões Carga Pesada produz cerca de 30 diferentes modelos de caminhões leves, pesados e motores. Há três anos, a fábrica optou por organizar o trabalho em equipes, a fim de melhorar a qualidade, agilizar pedidos e aumentar a produtividade.

Os empregados são divididos em grupos de 20 a 30 pessoas e iniciam o dia de trabalho com uma reunião de equipe na fábrica. Cada equipe funciona como uma pequena fábrica, dentro da fábrica: cada membro controla seu trabalho e todos tomam decisões sem consultar a administração e são totalmente responsáveis por seus produtos — do início ao fim do processo.

A decisão da administração de adotar o modelo descrito se deve à constatação de que era preciso migrar, eficazmente, para um modelo participativo, abandonando um sistema em que as pessoas faziam — numa linha de montagem — tarefas estreitas e especializadas.

O programa adotado, alinhado com a visão de expansão definida pela empresa após análise de mercado, teve resultados bastante satisfatórios. Os empregados exibem um orgulho renovado por seu trabalho e maior compromisso. Não mais esperam pelo pessoal de manutenção, consertando eles próprios os equipamentos quando quebram. A administração está contente com a redução de 75% na taxa de perdas na produção, e com a capacidade de processar pedidos numa média de três contra as seis semanas do antigo sistema. Esses resultados são informados constantemente aos funcionários.

Identifique e explique as ações relacionadas às funções administrativas implementadas pela empresa: planejamento, organização, direção e controle na reestruturação. (VALOR: 10 PONTOS)

29. (EXAME 2009) DISCURSIVA

Na procura por um singelo alarme, [Peter Graber] descobriu que o mercado brasileiro de segurança encontrava-se em estágio primitivo. Peter enxergou a oportunidade e não deixou barato... Embora a década de 1980 seja conhecida entre economistas como a "Década Perdida" em relação à *performance* financeira de países em desenvolvimento, isso não foi verdade para o empreendimento de Peter. Foi um período em que a Graber Segurança reinou sozinha no mercado, apesar do ambiente econômico de retração internacional de mercados, em função de crises nos preços do petróleo e de duros ajustes do Brasil com o FMI. Só o fato de a Graber existir até hoje, sem entrar no mérito da excelente *performance* que viria a ter, é prova de que as condições exteriores ao negócio não podem ser usadas como desculpa para insucessos.

Como fazer uma empresa dar certo num país incerto: conceitos e lições dos 51 empreendedores mais bem-sucedidos do Brasil/Instituto Empreendedor Endevor, Rio de Janeiro: Elsevier, 2005.

Com base no texto

(A) explicite, no processo de nascimento da Graber, características que permitem afirmar que Peter é empreendedor. (VALOR: 5 PONTOS)
(B) explique como a Graber conseguiu prosperar em tempos de crise.

30. (EXAME 2009) DISCURSIVA

A Modinha Modas Ltda., fundada há 25 anos, atua no ramo de confecções (vendas para o comércio varejista) e tem seu proprietário, Sr. Carlos, no comando desde então. Conta hoje com 60 empregados, tendo a maioria mais de sete anos de "casa". Os quatro gerentes — administrativo-financeiro, vendas, pessoal e produção — também estão na Modinha há muitos anos, tendo acompanhado o proprietário no crescimento da empresa e acumulado um conhecimento valioso sobre a gestão dos processos relacionados a clientes, fornecedores e empregados. Ao longo dos anos, a gestão da empresa foi se tornando cada vez mais informal, uma vez que as pessoas se conhecem há algum tempo e suas práticas se repetem sem muito questionamento. Insatisfeito, em função da constatação de queda nos indicadores de produtividade e de lucratividade da empresa, e, diante da crescente competição no mercado, o proprietário decide traçar um plano para uma mudança na gestão da Modinha. A consultoria contratada para análise da gestão diagnosticou que os funcionários estão acomodados, trabalhando sem motivação e sempre esperando ordens de seus gerentes. Estes, por sua vez, tomam decisões de forma centralizada e pouco criativas, mantendo-se em uma zona de conforto. Para mudar essa realidade, o Sr. Carlos esboçou dois possíveis planos de ação: (VALOR: 10 PONTOS)

1) contratar um novo time de gerentes, com um perfil mais agressivo de gestão e, com o auxílio da consultoria externa, elaborar um plano emergencial para uma mudança radical e rápida da cultura da empresa;

2) conservar o time de gerentes e programar com eles uma desejável mudança de cultura, bem como ações e estabelecimento de prazo para atingi-las.

Indique as vantagens e desvantagens de cada um dos planos de ação, esboçados pelo Sr. Carlos.

Capítulo VIII
Questões de Componentes Específicos de Secretariado Executivo

1) Conteúdos e Habilidades objetos de perguntas nas questões de Componente Específico.

As questões de Componente Específico são criadas de acordo com o curso de graduação do estudante.

Essas questões, que representam ¾ (três quartos) da prova e são em número de 30, podem trazer, em Secretariado Executivo, dentre outros, os seguintes **Conteúdos**:

   a) técnicas secretariais: histórico, regulamentação, definição, postura, perfil e ética profissional; gerenciamento de rotinas; organização de eventos, cerimonial e protocolo; etiqueta profissional;

   b) gestão secretarial: comunicação empresarial; empregabilidade (gestão de carreira); gestão de documentos; chefia e liderança; elementos básicos de assessoria executiva e consultoria;

   c) administração e planejamento estratégico: conceito e funcionalidade do planejamento estratégico; aspectos estruturais das organizações;

   d) psicologia empresarial: o comportamento humano nas organizações;

   e) redação comercial e oficial em língua nacional: compreensão e produção de textos;

   f) língua estrangeira (inglês): interpretação e leitura instrumental.

O objetivo aqui é avaliar junto ao estudante a compreensão dos conteúdos programáticos mínimos a serem vistos no curso de graduação, de forma avançada. Também é avaliado o nível de atualização com relação à realidade brasileira e mundial.

Avalia-se aqui também *competências* e *habilidades*. A ideia é verificar se o estudante desenvolveu as principais **Habilidades** para o profissional de Secretariado Executivo, que são as seguintes:

   a) capacidade de articulação de acordo com os níveis de competências fixadas pelas organizações;

   b) visão generalista da organização e das peculiares relações hierárquicas e inter-setoriais;

   c) exercício de funções gerenciais, com sólido domínio sobre planejamento, organização, controle e direção;

   d) utilização do raciocínio lógico, crítico e analítico, operando com valores e estabelecendo relações formais e causais entre fenômenos e situações organizacionais;

   e) habilidade de lidar com modelos inovadores de gestão;

   f) domínio dos recursos de expressão e de comunicação compatíveis com o exercício profissional, inclusive nos processos de negociação e nas comunicações interpessoais ou inter-grupais;

   g) receptividade e liderança para o trabalho em equipe, na busca da sinergia;

   h) adoção de meios alternativos relacionados com a melhoria da qualidade e da produtividade dos serviços, identificando necessidades e equacionando soluções;

   i) gerenciamento de informações, assegurando uniformidade e referencial para diferentes usuários;

   j) gestão e assessoria administrativa com base em objetivos e metas departamentais e empresariais;

   k) capacidade de maximização e otimização dos recursos tecnológicos;

   l) eficaz utilização de técnicas secretariais, com renovadas tecnologias, imprimindo segurança, credibilidade e fidelidade no fluxo de informações;

   m) iniciativa, criatividade, determinação, vontade de aprender, abertura às mudanças, consciência das implicações e responsabilidades éticas do seu exercício profissional.

Vejamos agora as questões de Componente Específico de Secretariado Executivo.

2) Questões de Componente Específico.

Questões

SECRETARIADO EXECUTIVO

1. (EXAME 2009)

A apropriação do Secretariado Executivo, como diversas outras profissões, tem passado por uma série de modificações para se adequar às mudanças organizacionais. O quadro apresenta algumas dessas modificações de 1950 aos dias atuais:

DÉCADA	EVOLUÇÃO DO PERFIL
1950 e 1960	• Cursos de datilografia, atendimento telefônico e organização de agendas. • Cursos técnicos sobre taquigrafia, arquivos, Português Comercial.
1970	• Ênfase nas Técnicas Secretariais, maquilagem e etiqueta. • Criatividade e comunicação voltada para a recepção, o telefone, etc.
1980	• Treinamentos com o mesmo enfoque e técnicas dos programas gerenciais. • Treinamento conjunto de executivos e secretárias, formando uma equipe de dois.
1990	• Ênfase em produtividade, qualidade total, administração participativa, trabalho em equipe, marketing e endomarketing. A partir de 2000 • Gestão do conhecimento, alta tecnologia, capital intelectual, inteligência emocional, hiperqualificação, empreendedorismo.

A década que representa a evolução do perfil tecnicista para o perfil de assessoria gerencial do profissional é:

(A) 1950.
(B) 1970.
(C) 1980.
(D) 1990.
(E) A partir de 2000.

2. (EXAME 2009)

Leia o trecho:

Muitas empresas, ainda hoje, desconhecem ou ignoram a legislação que regulamenta a profissão de Secretário Executivo.

PORQUE

Só devem ser considerados Secretários Executivos os casos previstos no artigo 2°. da Lei 7.377, de 30 de setembro de 1985, modificada pela Lei 9.261, de 10 de janeiro de 1996:

> art. 2° Para os efeitos desta Lei é considerado:
>
> I – Secretário Executivo:
>
> *A) o profissional diplomado no Brasil por curso superior de Secretariado legalmente reconhecido, ou diplomado no exterior por curso de Secretariado, cujo diploma seja revalidado na forma da lei;*
>
> *B) O portador de qualquer diploma de nível superior que, na data de início da vigência desta Lei, houver comprovado, através de declarações de empregadores, o exercício efetivo, durante pelo menos trinta e seis meses, das atribuições mencionadas no artigo 4° desta Lei.*

A respeito dessas frases é CORRETO afirmar que

(A) as duas são verdadeiras, mas a segunda não se relaciona de forma correta com a primeira.
(B) as duas são verdadeiras, e a segunda é uma relação correta com a primeira.
(C) a primeira é verdadeira, e a segunda é falsa.
(D) a primeira é falsa, e a segunda é verdadeira.
(E) as duas são falsas.

3. (EXAME 2009)

Ana, secretária executiva de uma construtora, foi transferida de setor, devido ao fato de seu chefe ter sido promovido para um cargo no exterior. Durante 16 anos, Ana assessorou-o com zelo e muita dedicação. O seu novo chefe demonstrou algumas resistências em tê-la no seu quadro de colaboradores, devido a alguns conflitos ocorridos com o ex-chefe de Ana.

Transcorridos três meses com a nova chefia, o sofrimento psicológico de Ana estava estampado em seu semblante. As novas imposições, as faltas de diálogo e as repetições frequentes: "Você ficou igualzinha ao antigo chefe, não consegue se ajustar ao grupo e é muito prepotente" — sempre ocorriam em meio a gritos e agressões verbais.

Em relação a essa situação, o comportamento do novo chefe pode ser considerado assédio moral, devido

(A) aos ataques repetidos, acompanhados de desqualificações que vão minando a autoconfiança, provocam sentimentos de insegurança e de culpa.
(B) aos conflitos decorrentes dessa relação, que gera recriminações, falta de diálogo e indiferenças, levando à patologia do trabalho.
(C) ao mal-estar gerado no ambiente de trabalho e à indiferença ao modelo ergométrico, causando desmotivação.
(D) ao estresse e ao esgotamento físico, desenvolvendo a síndrome de burnout e outras doenças que levam ao afastamento do trabalho.
(E) à atitude grosseira praticada por uma pessoa tirânica, causando descontroles emocionais e doenças do trabalho entre as pessoas ao seu redor.

4. (EXAME 2009)

O quadro a seguir retrata as habilidades correspondentes às áreas de competência gerencial:

Área de competência	Descrição
1	Habilidades para entender o produto, o desenho, a concepção e o potencial.
2	Habilidade para realizar as atividades funcionais de uma organização e entender o seu funcionamento como um todo.
3	Habilidade para compreender o setor e as implicações de suas tendências e mudanças.
4	Habilidade para motivar e influenciar o comportamento dos subordinados.
5	Habilidade para criar uma rede de contato com pessoas influentes e tomadoras de decisão.
6	Habilidade de planejamento e organização de atividades.
7	Habilidades relacionadas ao reconhecimento de oportunidades.

As competências mencionadas por Hashimoto (2006) remetem a um perfil profissional de Secretário Executivo assessor, gestor e empreendedor. Assinale a alternativa que corresponde a essa relação na sequência em que aparecem no quadro:

(A) (1) conhecimento de produto; (2) liderança; (3) setor, (4) negócio; (5) rede de contato; (6) empreendedor; (7) administrativa.
(B) (1) negócio; (2) conhecimento de produto; (3) setor; (4) liderança; (5) rede de contato; (6) administrativa; (7) empreendedor.
(C) (1) empreendedor; (2) conhecimento de produto; (3) liderança; (4) negócio; (5) rede de contato; (6) setor; (7) administrativa.
(D) (1) conhecimento de produto; (2) negócio; (3) setor; (4) liderança; (5) rede de contato; (6) administrativa; (7) empreendedor.
(E) (1) setor; (2) empreendedor; (3) conhecimento de produto; (4) administrativa; (5) negócio; (6) rede de contato; (7) liderança.

5. (EXAME 2009)

O termo deontológico, usado como sinônimo de *ética profissional*, surgiu para definir o tipo de conhecimento que pretendia orientar os indivíduos a irem ao encontro do prazer, evitando desprazer e dor. É a tarefa de ensinar os indivíduos a administrarem suas emoções, usando-as com assertividade. É CORRETO considerar a ética profissional do Secretário Executivo como

(A) a ciência do trabalho dos deveres e do cumprimento das obrigações, com foco no individual.
(B) a necessidade de obedecer ordens e cumprir normas na empresa, com foco nas metas e objetivos empresariais.
(C) a promoção e a adaptação dos desejos sociais e institucionais, que levam a uma racionalidade instrumental.
(D) a significação do obrigatório, justo e bom para o bem comum, trazendo satisfação individual e coletivo por meio de valores.
(E) a ciência a serviço de atingir o indivíduo, por intermédio da abertura de consciência.

6. (EXAME 2009)

Na seção V do Código de Ética Profissional, "Qualidades para o desempenho da profissão de Secretária", afirma-se que "a Secretária deve manter-se em permanente estado de desenvolvimento profissional".

Com base nesse pressuposto, realizaram-se pesquisas com alunos do curso de Secretariado Executivo, para mapear o interesse em qualificação com relação às habilidades primordiais para o exercício da profissão.

Interesse de qualificação na área de Secretariado Executivo

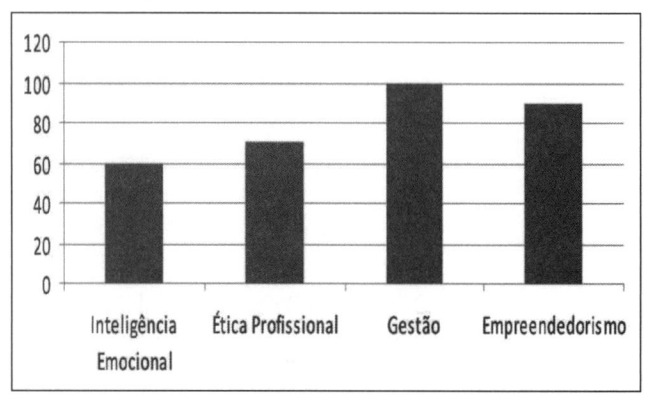

A partir do exposto, é CORRETO afirmar que

(A) gestão é a área que desperta maior interesse entre os entrevistados, em função do novo perfil profissional requerido.
(B) o campo da ética profissional é uma qualificação procurada por um número menor de participantes da entrevista.
(C) empreendedorismo e inteligência emocional são áreas que despertaram pouco interesse dos entrevistados.
(D) inteligência emocional, por sua importância no contexto empresarial, é uma das áreas mais procuradas pelos entrevistados.
(E) a demanda existente por cursos nas áreas de empreendedorismo e ética profissional é incipiente, de acordo com os entrevistados.

7. (EXAME 2009)

Leia o gráfico:

Tempo utilizado para a realização de tarefas rotineiras

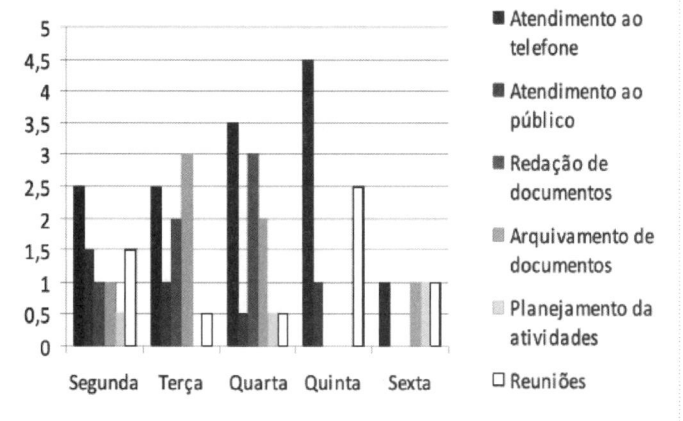

[Gráfico de barras mostrando atividades de Segunda a Sexta: Atendimento ao telefone, Atendimento ao público, Redação de documentos, Arquivamento de documentos, Planejamento da atividades, Reuniões]

O gráfico demonstra as atividades realizadas por um profissional de Secretariado Executivo e o tempo gasto para o desempenho das funções. Considerando-se o contexto de administração do tempo e de gestão de desempenho neste exemplo, é CORRETO afirmar que o profissional

(A) se empenha em planejar as atividades, valorizando a capacidade de fazer planos diários.
(B) gasta parte significativa de seu tempo atendendo o telefone, em detrimento das demais atividades.
(C) organiza seu tempo de modo a permitir criação de tempo livre para possíveis imprevistos.
(D) prima por hierarquizar a importância das tarefas após executá-las diariamente.
(E) busca equilíbrio entre o tempo gasto para desempenhar as funções que lhe são dirigidas.

8. (EXAME 2009)

Evento é um instrumento institucional e promocional, utilizado na comunicação dirigida, com a finalidade de criar conceito e de estabelecer a imagem de organizações, produtos, serviços, ideias e pessoas, por meio de um acontecimento previamente planejado. Há vários tipos de eventos que a empresa pode utilizar para atingir tais objetivos.

A alternativa que relaciona, de forma CORRETA, o nome do evento e sua descrição é

(A) Brunch: evento informal, que pode tratar de diversos assuntos, inclusive fusão de empresas, mudança de funcionários, etc. Seu horário ideal é após o expediente entre 19h e 21h, por apresentar um momento apropriado para estabelecer relacionamentos profissionais, podendo, ainda, ser cenário para reuniões de trabalho.
(B) Convenção: é uma espécie de reunião, visando concentrar públicos diferenciados, ou seja, de áreas e de segmentos diferentes, para tratar de uma variedade muito ampla de assuntos ou, até mesmo, para apresentação de produtos novos no mercado. Nesses eventos, os participantes são instigados para novos desafios e continuamente motivados para atingir os objetivos propostos.
(C) Coquetel: caracteriza-se pela reunião de empresários que objetivam mostrar novos equipamentos, produtos e serviços, objetivando sua apresentação e, opcionalmente, sua venda. Pode acontecer num bar, restaurante, ou na própria empresa, visando à otimização de relacionamentos.
(D) Feira: é uma forma de exibição pública, com o objetivo de venda direta ou indireta, constituída de vários estandes, montados em lugares especiais, onde se colocam produtos e serviços. Os participantes têm um mesmo nível de conhecimento para possibilitar debates num nível mais sintonizado entre eles.
(E) Visita técnica ou Open Day: oportunidade oferecida pelas empresas para mostrar, a um público segmentado, suas instalações, equipamentos e equipes. Faz parte do planejamento dessas visitas realizar uma recepção aos convidados, exibição de audiovisual, entrega de brindes, releases, etc., conforme o público que será recebido.

9. (EXAME 2009)

No ambiente dos negócios, há muitas situações que exigem do Secretário Executivo uma postura adequada, conforme as regras de etiqueta, cujo objetivo é evitar constrangimentos, conquistar a simpatia e de comprometimento de outras pessoas. Um momento vivenciado em praticamente todo tipo de empresa são as reuniões, para as quais é necessário atenção com as regras de etiqueta.

Assinale a alternativa em que se apresenta o conjunto de posturas adequadas na organização de uma reunião.

(A) Cortar o pensamento que está sendo verbalizado dentro de uma lógica que pode dispersar a atenção de quem está falando e prejudicar uma conclusão importante. No entanto, para não interromper a fala, é apropriado fazer um sorriso sintomático ou um gesto visível, quando se deseja fazer uma crítica ao interlocutor, pois ele entenderá a mensagem.
(B) As reuniões são necessárias, mesmo para assuntos rotineiros, que podem ser resolvidos por telefone, pois somente uma reunião formaliza as decisões empresariais para que sejam respeitadas.
(C) A reunião deve prever e cumprir um horário de início, sendo aceitável apenas prolongar seu encerramento, diante da impossibilidade de prever o nível das discussões, e da inabilidade do coordenador da reunião em controlar os debates.
(D) Quando o assunto for urgente e melindroso, normalmente envolvendo discussões sobre posturas e comportamentos, é indicado marcar a reunião de última hora para evitar ansiedade e para que os envolvidos tenham tempo para articular justificativas para posturas inapropriadas.
(E) Em uma reunião de trabalho, a irritação dos participantes é provocada pela forma de o interlocutor expor suas ideias com ironia ou agressividade. Por isso, o coordenador da reunião deve orientar os demais para evitar esse tipo de comportamento, cabendo também aos participantes, autoavaliar suas posturas.

10. (EXAME 2009)

Solange é Secretária do Diretor de Marketing da filial brasileira de uma empresa multinacional francesa, que ficou responsável pela organização de uma solenidade em comemoração ao Ano da França no Brasil. Solange e seu diretor estão elaborando a composição da mesa oficial do evento. Serão convidados para compor a mesa:

- Presidente da matriz na França;
- Presidente da filial brasileira;
- Prefeito de Palmas/TO, cidade-sede da filial brasileira da empresa;
- Diretor de Marketing;
- Diretor de Recursos Humanos;
- Presidente da Federação Nacional do Comércio.

Considere que cada quadro abaixo representa um lugar à mesa, destinado a uma autoridade. Identifique a alternativa que atende à correta ordem de precedência e disposição na mesa de honra.

COMPOSIÇÃO DA MESA

PLATEIA

(A) 1 Presidente da matriz — França
2 Presidente da filial brasileira
3 Diretor de Recursos Humanos
4 Diretor de Marketing
5 Presidente da Federação Nacional do Comércio
6 Prefeito da cidade de Palmas

(B) 1 Prefeito da cidade de Palmas
3 Presidente da Federação Nacional do Comércio
4 Presidente da filial brasileira 6 Presidente da matriz — França
5 Diretor de Recursos Humanos
2 Diretor de Marketing

(C) 6 Diretor de Marketing
5 Diretor de Recursos Humanos
4 Prefeito da cidade de Palmas
1 Presidente da matriz — França
2 Presidente da filial brasileira
3 Presidente da Federação do Comércio

(D) 6 Diretor de Recursos Humanos
4 Presidente da Federação Nacional do Comércio
2 Presidente da matriz — França
1 Prefeito da cidade de Palmas
3 Presidente da filial brasileira
5 Diretor de Marketing

(E) 1 Prefeito da cidade de Palmas
2 Presidente da filial brasileira
3 Presidente da Federação Nacional do Comércio
4 Presidente da matriz — França
5 Diretor de Recursos Humanos
6 Diretor de Marketing

11. (EXAME 2009)

Leia a seguinte tabela:

Tabela de Temporalidade

SIGLAS	AI Arquivo Intermediário AP Arquivo Permanente	AIG Até a implantação da gratificação AHA Até a Homologação da Aposentadoria		V Vigência S Sim N Não	
ASSUNTO/ TIPO DOCUMENTAL	**PRAZO DE ARQUIVAMENTO**			**ELIMINAÇÃO**	**OBSERVAÇÃO E FUNDAMENTAÇÃO LEGAL**
	SETOR	GERAL	DEAP AI	AP	

ASSUNTO/TIPO DOCUMENTAL	SETOR	GERAL	AI	AP	ELIMINAÇÃO	OBSERVAÇÃO E FUNDAMENTAÇÃO LEGAL
0 ADMINISTRAÇÃO GERAL						
0-0-1 Política governamental	V	04	-	S	N	
....						
0-1 Estrutura, Organização e Funcionamento						
0-1-1 Legislação, regulamentação.	V	04	-	N	S	
0-1-6 Comunicação Administrativa Expediente.	V	04	-	N	S	
0-1-6-1 Agradecimento. Felicitação. Despedida. Pêsames.	01	N	-	N	S	
0-1-6-2 Carta de apresentação, de recomendação, de representação.	01	N	-	N	S	
0-1-6-3 Aviso. Circular. Ofício Informação. Memorando.	02	N	-	N	S	Incluem-se expedientes e/ou processos indeferidos
0-1-6-4 Ordem de serviço.	V	04	-	N	S	V = Expira com a revogação do ato.

Paraná: Manual de Gestão de Documentos o Estado do Paraná
http://www.arquivopublico.pr.gov.briarquivos/File/pdf/gestao.pdf (Adaptado)

Sobre os documentos mencionados nessa tabela, é CORRETO afirmar que

(A) os documentos classificados no tipo documental sob número 0-1-1 devem ser mantidos no setor durante o tempo de vigência e, após esse prazo, transferidos para o arquivo geral por um período de quatro anos.

(B) os documentos classificados no tipo documental sob número 0-1-6 devem ser arquivados no setor pelo período de um ano e encaminhados para o Arquivo Geral, para permanecerem arquivados pelo período de quatro anos.

(C) os documentos classificados no tipo documental sob número 0-1-6-3 devem ser arquivados no setor durante o período de dois anos e, após esse prazo, encaminhados ao arquivo permanente.

(D) os documentos classificados no tipo documental sob número 0-1-6-4 devem ser arquivados no setor durante o seu prazo de vigência, sendo que tal vigência expira quando o ato for revogado.

(E) todos os documentos da Tabela de Temporalidade de Documentos (TT(D) devem ser mantidos no setor pelo seu período de vigência e encaminhados para o arquivo permanente.

12. (EXAME 2009)

A conjuntura contemporânea, marcada pela globalização, pelas novas tecnologias de comunicação, pela informação, bem como pela valorização estratégica da articulação de variáveis culturais exige que os estudos de comunicação organizacional assumam uma maior complexidade, tendo em vista a necessidade de se trabalhar com os diferentes vetores de produção e consumo presentes no mundo atual. Entre esses vetores, podem-se citar: o acirramento da concorrência; a segmentação de mercados, de públicos e da mídia; a introdução de novas tecnologias que permitem o gerenciamento em tempo real, a participação vital do consumidor na produção; e a necessária articulação com o ambiente cultural — tanto aquele que se refere à dimensão local, quanto o que se refere às dimensões regionais, nacionais ou mesmo transnacionais.

Diante dessa afirmação, compete ao profissional de Secretariado Executivo compreender que

I. em função da importância da gestão da informação integrada com os objetivos institucionais, as organizações passaram a praticar a comunicação de forma fragmentada, em departamentos estanques, como assessorias de imprensas, área de promoções, de marketing, de cerimonial e de informática;

II. o planejamento estratégico da comunicação integrada é uma ferramenta importante para direcionar com eficiência e eficácia as ações comunicativas das organizações;

III. a comunicação empresarial caminha para se transformar em um processo de inteligência empresarial, na qual os profissionais se tornam gestores de informações;

IV. a comunicação se torna um elemento importante de inteligência empresarial, usufruindo das novas tecnologias, dependendo de uma política comum para toda a empresa, e seu planejamento deve ser centralizado.

Estão corretas somente as afirmativas:

(A) I, II e III.
(B) II, III e IV.
(C) II e III.
(D) I e IV.
(E) III e IV.

13. (EXAME 2009)

O profissional de Secretariado Executivo é o elo entre os níveis decisórios e os demais públicos da empresa e, muitas vezes, coordena uma equipe de trabalho, com responsabilidade direta nos resultados. Nessa rede de relacionamentos heterogêneos e de diferentes graus de poder, a forma de atuação desse profissional na assessoria é extremamente importante.

Como o profissional de Secretariado Executivo pode atuar como assessor da gestão, mantendo suas características de agente facilitador do trabalho em equipe?

(A) Buscando oferecer os resultados concretos esperados pela empresa em todas as instâncias.

(B) Ajudando cada membro da equipe na condução das atividades, dando apoio, aconselhamento, orientação, motivação e *feedback*.

(C) Treinando as pessoas por meio de troca de ideias e de experiências, a fim de viabilizar a comunicação entre os setores.

(D) Recompensando a equipe pelos resultados alcançados, comemorando o alcance das metas.

(E) Avaliando constantemente o desempenho da equipe, verificando o progresso alcançado e indicando as correções necessárias.

14. (EXAME 2009)

Liderança é uma das competências gerenciais que o profissional de Secretariado Executivo deve possuir para trabalhar em equipe. Essa competência auxilia na gestão e na assessoria do executivo, nas atividades rotineiras do profissional, além de ser um fator primordial para o crescimento na profissão.

Para tanto, o profissional de Secretariado Executivo precisa saber que

I. as características adequadas ao líder em uma organização podem ser inúteis em outra, pois é essencial sua compatibilização com culturas organizacionais específicas;

II. os estilos de liderança são sempre eficazes. O contexto e as características dos seus seguidores determinarão os diversos estilos de liderança que deverão compor equipes;

III. líderes eficazes possuem inteligência, personalidade sociável, grandes habilidades verbais, autoritarismo, agressividade para negócios, compreensão e perseverança;

IV. requisitos de qualidade, envolvimento dos subordinados e conflito em torno de opções são fatores situacionais que afetam o próprio volume de participação do funcionário;

V. a eficácia da liderança depende da estrutura das tarefas, poder da posição, relações líder-membro, grupo de trabalho, características dos subordinados, cultura organizacional e cultura nacional.

Estão corretas somente as afirmativas

(A) II, III e IV.
(B) I, III e V.
(C) 1,1V e V.
(D) III, IV e V.
(E) I, II e III.

15. (EXAME 2009)

EXAME NACIONAL DE DESEMPENHO DOS ESTIJDANWS

As organizações, de uma maneira geral, demandam funcionários ativos e atuantes. O mais importante, nesse cenário de globalização e competição acirrada, não é apenas estar empregado, mas ser empregável.

Para o profissional de Secretariado Executivo ser empregável, é necessário

(A) possuir capacidade de desempenhar suas funções com competência, honestidade, tecnicidade e zelo.
(B) ampliar as habilidades conceituais, incrementar a macrovisão e a sua capacidade de gerar renda.
(C) ter comprometimento com os objetivos organizacionais e com a capacidade de tomar decisões.
(D) ter condição de se adaptar às contínuas mudanças no mundo do trabalho e estar apto a nele permanecer.
(E) ter capacidade de gerar o próprio trabalho, ter conhecimento técnico e até abrir um negócio próprio.

16. (EXAME 2009)

A definição do tipo de consultoria possibilita ao consultor definir com maior clareza o produto que será oferecido ao cliente, como relatórios, manuais de treinamentos, manuais de conteúdo e descrição de processos.

Qual é a importância para o consultor em estabelecer essa definição?

(A) Permitir ao cliente satisfazer suas necessidades e expectativas empresariais, de acordo com o consultor.
(B) Possibilitar ao consultor avaliar o grau de aceitação ou resistência durante o processo de trabalho.
(C) Auxiliar o consultor a justificar o tempo estimado para a execução das tarefas e o preço do projeto.
(D) Permitir ao cliente calcular o retorno financeiro, decorrente das melhorias implantadas.
(E) Fornecer ao consultor dados para elaborar seu currículo de experiências e de expectativas de trabalho.

17. (EXAME 2009)

O planejamento estratégico passou a ocupar lugar no mundo empresarial em meados dos anos 1960, em resposta à obsolescência dos modelos tradicionais de gestão. A partir da década de 1980, o modelo de gestão com foco no planejamento ganhou amplitude, profundidade e complexidade. O profissional de Secretariado Executivo passou a desenvolver formas de acompanhamento e de controle nos processos de gestão, além de enfrentar desafios e de aproveitar as oportunidades que encontra no ambiente de trabalho, desenvolvendo uma excelência de serviços com sua chefia imediata e clientes.

Qual modelo de gestão permite desenvolver esses aspectos estruturais no perfil do profissional de Secretariado Executivo?

(A) Abordagem burocrática.
(B) Abordagem de aprendizagem.
(C) Abordagem mecanicista.
(D) Abordagem estratégica.
(E) Abordagem estruturalista.

18. (EXAME 2009)

A estratégia é definida como as regras e as diretrizes para a tomada de decisão que orientam o processo de desenvolvimento de uma organização.

Portanto, as decisões estratégicas são aquelas que

I. permitem à empresa desenvolver-se e prosseguir seus objetivos da melhor forma, considerando suas relações com o ambiente em que se insere;
II. desenvolvem os valores da corporação, a capacitação gerencial e o planejamento de curto prazo;
III. propiciam respostas às flutuações de mercado, procurando manter uma sintonia entre os setores da organização, a fim de potencializar os lucros;
IV. são interdependentes e refletem as exigências operacionais, em termos de programação da produção, custos e tecnologia disponível;
V. capacitam as pessoas a pensar uma cultura estrategicamente, alcançando mudança de comportamento e organizacional.

É CORRETO somente o que se afirma em

(A) I e II.
(B) II e III.
(C) III e IV.
(D) I.
(E) V.

19. (EXAME 2009)

O comportamento humano busca, no trabalho conjunto, habilidades gerenciais que são consideradas essenciais: o controle emocional, a empatia, a sociabilidade, o saber ouvir, o dar e o receber feedback. Quando a empresa, na figura dos seus integrantes, tem internalizada uma atitude de isenção diante das diferenças, torna-se capaz de percorrer, de forma mais segura e competente, os caminhos intrincados das relações humanas e de aprender com elas.

Qual é o comportamento que impacta negativamente em atitudes que agregam valor no dia a dia das organizações?

(A) A interação humana: a busca pela autonomia e a necessidade de autorrealização exigem um entendimento de como isso será possível.
(B) O desempenho: a qualidade, a produtividade, a ética nos negócios passaram a exigir atenção, que se traduz em resultados.
(C) A diversidade: promoção da convivência e a compreensão das diferenças presentes nas organizações.
(D) A competitividade: incentivo à competitividade entre os membros como forma de controle da dimensão de poder.
(E) A temporariedade: necessidade de se preparar para mudar constantemente, porque a velocidade das mudanças é intensa.

20. (EXAME 2009)

Um bom clima organizacional não é uma estratégia simples, necessita de articulações especializadas, desencadeia importantes facilitadores da produtividade e qualidade de vida no trabalho.

O que podemos considerar como Qualidade de Vida no Trabalho?

(A) Oportunidade para desenvolver a capacidade humana, informação compartilhada e valorização do indivíduo.
(B) Condições facilitadoras que impliquem bem-estar do funcionário, tanto no âmbito pessoal quanto profissional.
(C) Estrutura da organização do trabalho, para estabelecer direitos e deveres dos trabalhadores.
(D) Integração social dos trabalhadores com ausência de preconceito, estereotipias e competitividade.
(E) Organização do trabalho, como meio de ganhar a vida com um salário justo e compensador.

21. (EXAME 2009)

Leia o texto:

Para: Ana Maria Otto Matos
Gerente de Benefícios

Assunto: Melhoria das condições do horário de almoço da empresa

O tempo de apenas 40 minutos de almoço é irreal e inadequado pela incapacidade do restaurante de fornecer mais de 80 refeições por vez para uma população de 600 funcionários.

O restaurante não tem capacidade para receber e servir os 600 funcionários no tempo que foi dedicado ao horário de almoço. Faz um ano, ou mais, que a situação se mantém, sem que se tomem providências, seja para aumentar o horário, seja para aumentar o restaurante. A fila, que rouba o tempo reservado ao horário de almoço, causa tanta irritação que a refeição acaba fazendo mal.

Diante dos dados, sugiro rever os procedimentos e o tempo dedicado ao horário do almoço.

Atenciosamente,

Pedro da Silva
Supervisor do Setor de Produção

Toda correspondência empresarial deve deixar clara a intenção do autor, pois *"a intenção indicará, sempre, o modo, a maneira como será conduzida a comunicação. Não é uma questão de estilo; é uma questão de tratamento. É a intenção que determinará as palavras que serão usadas para tratar o assunto e alcançar o resultado desejado."* (Machado Neto, 2003)

Na correspondência citada, a intenção do emissor é

(A) limitar-se a criticar os procedimentos de tempo de almoço e as instalações do restaurante da empresa.
(B) ater-se a descrever a situação dos funcionários da empresa, que se sentem prejudicados pelos procedimentos no horário do almoço.
(C) apresentar propostas de melhorias nas condições de almoço dos funcionários da empresa, a partir dos dados coletados nesse horário.
(D) estabelecer uma relação de entendimento com a Divisão de Benefícios, a fim de conquistar melhores condições de trabalho para os funcionários.
(E) sugerir a revisão dos horários e organização do restaurante, para melhorar as condições de almoço dos funcionários.

22. (EXAME 2009)

O Manual de Redação da Presidência da República (www.planalto.gov.br) estabelece as normas para a redação de documentos oficiais.

Para redigir um ofício, é correto afirmar que

(A) nas comunicações oficiais, está abolido o uso do tratamento Vossa Santidade. Aos Sacerdotes utiliza-se Vossa Excelência.
(B) fica dispensado o emprego do superlativo ilustríssimo para as autoridades que recebem o tratamento de Vossa Senhoria e para particulares, sendo suficiente o uso do pronome de tratamento Senhor.
(C) ao tratamento Vossa *Magnificência*, empregado por força da tradição, em comunicações dirigidas aos reitores de universidades e autoridades religiosas, corresponde-lhe o vocativo Magnífico Reitor, Magnífico Padre.
(D) o Manual estabelece o emprego de vários fechos diferentes para todas as modalidades de comunicação oficial, entre eles: Respeitosamente para autoridades superiores e *Atenciosamente* para autoridades de mesmo nível hierárquico ou inferiores.
(E) para padronizar todas as comunicações oficiais, incluindo as assinadas pelo Presidente da República, deve-se trazer o nome e o cargo da autoridade que as expede, abaixo do local de sua assinatura.

23. (EXAME 2009)

A Redação Oficial é a maneira pela qual o Poder Público redige atos normativos e comunicações. Ela se caracteriza pela impessoalidade, uso do padrão culto da linguagem, clareza, concisão, formalidade e uniformidade, como dispõe a Constituição no artigo 37: *"A administração pública direta, indireta ou fundacional, de qualquer dos Poderes da União, dos Estados, do Distrito Federal e dos Municípios obedecerá aos princípios de legalidade, impessoalidade, moralidade, publicidade e eficiência(..)"*.

BRASIL: Manual de Redação da Presidência da República, Parte 1, cap. 1, 2002.

Dessa forma, considera(m)-se como impessoalidade.

(A) as impressões individuais de quem comunica, de quem recebe a comunicação e o caráter pessoal do assunto tratado.
(B) a clareza, a concisão, a objetividade e a informalidade do texto de que nos valemos para elaborar os expedientes oficiais.
(C) a concisão, a clareza, a formalidade, a uniformidade, as impressões pessoais de quem comunica.
(D) a utilização de estilo literário ou jornalístico, clareza, concisão, formalidade e uniformidade.
(E) a ausência de impressões individuais de quem comunica e de quem recebe, ou seja, o caráter impessoal do próprio assunto.

24. (EXAME 2009)

O Manual de Redação da Presidência da República (www.planalto.gov.br) estabelece as normas para a redação de documentos oficiais.

Ao redigir um ofício, quais elementos compõem a estrutura desse tipo de documento?

(A) Título, Local e data, Destinatário, Vocativo, Texto, Fecho e Assinatura.
(B) Vocativo, Local e data, Destinatário, Texto, Fecho e Assinatura.
(C) Título, Local e data, Destinatário, Texto, Fecho e Assinatura.
(D) Título, Local e data, Destinatário, Vocativo, Texto e Assinatura.
(E) Local e data, Destinatário, Vocativo, Texto, Fecho e Assinatura.

25. (EXAME 2009)

When deciding on the relevance of information, it is important to judge the difference between facts and value opinions. In this sense, it's important to understand the passages from reports.

Summary of Previous Report made by Purchasing Department at Interbloch HQ in July 2009

> The purpose of this report is to assess the relative costs of copy facilities based on different methods of payment. The methods examined are:
>
> 1. Rental   2. Leasing   3. Buying
>
> 1.1. The rate of rental depends on copy volume. At 10,000 copies a month, the rate is 1.75p/per copy. A total of £175.
>
> 2.1. On a five years lease, the monthly charge is £44.13. The total price is £154.13.
>
> 3.1 The capital costs of buying, after tax, is £1125.60. Over five years, that is £18.76 a month. Add running costs of 1.1p per copy and this gives a monthly total of £128.76 for 10,000.

According to the report above is correct to state that

(A) the leasing method cost will depend on the copies amount per month.
(B) buying is the most expensive cost considering machine taxes.
(C) buying is the cheapest cost considering the monthly total and copy volume.
(D) rental is the best solution, the best method, and the cheapest.
(E) leasing method would be an option, but rental is cheaper.

26. (EXAME 2009)

Read the article about eBay.

Breaking into new markets
A business model for e-commerce?
eBay, the world's leading online auctioneer, has a business model that definitely suits the Internet. Thanks to many clever search features, it can match up sellers and buyers of even the most unfamiliar items. And because of its smart cost and revenue structure (it charges a modes commission on each transaction and does not store goods), eBay has been one of the most consistently profitable e-commerce businesses. In the first quarter, its net income more than doubled, to $104.2m, on revenues of $476m. This was partly due to eBay's acquisition of PayPal, a payments business, last year.
Taking out the effects of that deal, sales were up by 56% over the previous year. One of eBay's greatest strengths, however, is also one of the biggest risks it faces. Its business, like any marketplace, is a natural monopoly, and so once it is established, it is pretty hard for a newcomer to challenge it. This has already aroused the interest of America's Department of Justice. It took no action after an investigation a couple of years ago, but some think it will be tempted to take another look as eBay expands.

http://digitalenterprise.org/models/models.html

Now read these statements and decide whether they are True or False.

I. eBay is regarded as the top online auction company.
II. The company buys goods and holds them before reselling them. III. It makes a large profit on every deal.
IV. eBay has only just started to make a profit.
V. eBay has recently bought a payments business.
VI. The US Department of Justice has tried to stop eBay trading.

The only alternative that is CORRECT is

(A) I e V.
(B) II e III.
(C) II e IV.
(D) III e IV.
(E) IV e V.

27. (EXAME 2009)

A redação comercial é atribuição do Secretário Executivo. Cabe a ele, portanto, conhecer as diversas formas de garantir a coesão e a coerência entre os elementos de um texto.

Leia o texto:

De: Gerente Financeiro

Para: Coordenador de Viagens

Assunto: **viagens para exterior**

Nossa empresa apresenta um quadro de despesas acima do planejamento financeiro, _____ uma das despesas que ultrapassou os limites do planejamento foram os gastos com viagens ao exterior.

Solicitamos que os próximos pedidos de viagens sejam encaminhados para aprovação do setor financeiro com antecedência de 15 dias.

(Assina).

Para que esse texto forme uma estrutura coesa, a palavra que preenche CORRETAMENTE a lacuna é

(A) lamentavelmente.
(B) sendo que.
(C) ou seja.
(D) se bem que.
(E) sendo assim.

28. (EXAME 2006)

A profissão de Secretariado Executivo foi influenciada pelo desenvolvimento das teorias administrativas. Assim, para assumir seu novo papel, desempenhando as funções de administração, planejamento e controle, o profissional deve compreender estas fases: Era da Eficiência (1950-1969); Era da Qualidade (1970-1989); Era da Competitividade (1990 - ...), as quais se caracterizam, respectivamente, pela ênfase

(A) no controle; na satisfação do cliente; na excelência e intangibilidade.
(B) no controle; na excelência e intangibilidade; na satisfação do cliente.
(C) na excelência; na qualidade total; no controle.
(D) na satisfação do cliente; na excelência; no controle.
(E) na satisfação do cliente; no controle; na excelência e intangibilidade.

29. (EXAME 2006)

A Época, grande empresa do setor moveleiro de uma capital brasileira, contratou uma consultoria para analisar seu quadro de colaboradores quanto às funções desempenhadas, formação acadêmico-profissional e cargo de registro na empresa. O relatório final apontou sérias irregularidades com relação ao registro na carteira profissional de seus profissionais de Secretariado e, principalmente, dos de Secretariado Executivo. Muitos deles não tinham a formação exigida por lei e muitos, apesar de já trabalharem na empresa e na função há muitos anos, não eram registrados como Secretários ou Secretários Executivos. Das ações abaixo, qual deve ser sugerida no relatório da consultoria para que a empresa atenda à Lei 9.261 de 10 de janeiro de 1996?

(A) Considerar como Secretário Executivo o profissional diplomado no Brasil por curso superior de Secretariado, Administração ou Letras.
(B) Considerar como Secretário Executivo o profissional portador de certificado de conclusão de curso de Secretariado, em nível de 2º grau.
(C) Considerar como Secretário Executivo o portador de qualquer diploma de nível superior que, na data de início da vigência da Lei, houver comprovado, através de declarações de empregadores, o exercício efetivo, durante pelo menos trinta e seis meses, das atribuições do Secretário Executivo.
(D) Registrar como Secretário Executivo o profissional que, sendo portador de certificado de conclusão de curso de Secretariado em nível de 2º grau, tenha trabalhado na empresa durante pelo menos vinte e quatro meses, exercendo atividades próprias de secretaria.
(E) Registrar como Secretário Executivo todo profissional portador de qualquer diploma de nível superior, obtido no Brasil ou no exterior e revalidado na forma da lei, desde que comprove experiência na profissão.

30. (EXAME 2006)

Ricardo, profissional de Secretariado Executivo de uma grande empresa, foi acometido por LER/DORT (Lesão por Esforço Repetitivo). Tanto o médico da empresa como o seu chefe tinham conhecimento do estado avançado da doença. Mesmo assim, a empresa não emitiu a CAT (Comunicação de Acidente do Trabalho), nem lhe pagou os tratamentos requeridos de fisioterapia. Com receio de ser despedido, continuou trabalhando, sem mudança de função, sendo que esforços repetitivos lhe agravavam o já adiantado estágio crônico da doença. Quando ele se queixava das insuportáveis dores, para pressioná-lo a continuar trabalhando e produzindo, a sua chefia repetia: "Que doença profissional que nada... O que na verdade o Ricardo tem, pessoal, sabem o que é? Ele tem é.... Ele tem é....lerDEZA!"

(SALVADOR, Luiz. **Assédio Moral**.
Disponível em http://www.fenassec.com.br/artigos/art83.htm. - Adaptado)

A partir do caso apresentado, conclui-se que Ricardo está sendo vítima de

(A) uma chefia liberal e, portanto, comprometida com as metodologias de gestão mecanicistas, em que tais ações são consideradas educativas ou disciplinadoras.
(B) uma experiência subjetiva que acarreta prejuízos práticos e emocionais para ele, mas não para a organização.
(C) uma situação que deve levá-lo a pedir demissão e buscar ajuda judicial para resolução do problema.
(D) um tipo de dano moral, que pode ser conceituado como aquele que atinge os direitos personalíssimos do indivíduo, seus bens de foro íntimo, como a honra, a liberdade, a intimidade e a imagem.
(E) um chefe desinformado que desconhece a gravidade da doença de que Ricardo está sofrendo.

31. (EXAME 2006)

Considere as afirmações a seguir sobre ética e a profissão de Secretariado Executivo.

I. O termo ética deixou de se restringir a normas disciplinares de conduta e passou a ser tema de movimentos pela responsabilidade socioambiental das empresas.
II. A ética do profissional de Secretariado Executivo deve ir além da confidencialidade das informações que lhe são transmitidas.
III. A ética do profissional de Secretariado Executivo inclui não considerar a profissão como um fim para a realização profissional.
IV. A ética do profissional de Secretariado Executivo também se reflete em sua aceitação das resoluções aprovadas pela entidade de classe.

Estão corretas apenas as afirmações

(A) I e II.
(B) I e III.
(C) III e IV.
(D) I, II e IV.
(E) I, III e IV.

32. (EXAME 2006)

Arnaldo é profissional de Secretariado Executivo de uma multinacional com sede no Brasil. Por três anos Arnaldo trabalhou na empresa desenvolvendo suas atribuições com ética e eficiência e, com o tempo, começou a perceber algumas irregularidades no modelo de gestão da empresa por parte de seus representantes brasileiros e estrangeiros. As irregularidades constatadas por Arnaldo têm graves conseqüências contra a sociedade brasileira e seus principais clientes: riscos à saúde dos consumidores, danos ao meio ambiente e sonegação de impostos.

Diante dessa situação e baseado no Código de Ética Profissional, conclui-se que Arnaldo deverá

(A) conservar sua postura ética, mantendo absoluto sigilo sobre os assuntos e documentos que lhe foram confiados, e não tomar nenhuma atitude que venha a denegrir a imagem da empresa em que trabalha.
(B) denunciar a empresa às autoridades competentes, sob risco de perda do emprego, arcando com as demais conseqüências de sua ação.
(C) pedir demissão e, de posse das provas encontradas e coletadas na empresa, denunciar o caso.
(D) manter sigilo sobre o assunto e anonimamente denunciar a empresa às autoridades para que, dessa forma, seu emprego não seja ameaçado.
(E) divulgar o descoberto entre os seus colegas da empresa como forma de pressionar a Direção a mudar de atitude.

33. (EXAME 2006)

O gerenciamento de rotinas pressupõe a administração do tempo das atividades rotineiras do profissional de Secretariado Executivo, para a qual podem-se apontar as seguintes funções:

I. estabelecimento de objetivos, para análise e definição de metas, visando ao reconhecimento das vantagens e à eliminação dos pontos fracos para que o profissional possa concentrar esforços nos gargalos;
II. planejamento diário, semanal e mensal, a fim de distribuir e utilizar eficientemente o tempo, podendo, com isso, reduzir o tempo necessário ao desempenho das tarefas;
III. tomada de decisões, fixando prioridades para determinar quais problemas têm mais importância e delegando tarefas que possam ser executadas por outras pessoas;
IV. implementação das ações, o que consiste no autodesenvolvimento a partir do qual o profissional pode se concentrar nas tarefas essenciais, criando um estilo pessoal de trabalho;
V. controle do fluxo de trabalho e dos resultados, por meio da comparação entre o que é esperado e o que foi realizado, para garantir o desempenho planejado.

Correspondem às funções da administração do tempo

(A) I, II e IV, apenas.
(B) II, III, e IV, apenas.
(C) I, II, IV e V, apenas.
(D) I, III, IV e V, apenas.
(E) I, II, III, IV e V.

34. (EXAME 2006)

A década de 1990 anunciava para o próximo século a imprescindível automação dos escritórios. Em 1997, empresários do setor de Tecnologia de Informação previam para o ano 2000 a extinção do profissional de Secretariado como categoria profissional, sob a alegação de que os computadores permitiriam aos empresários sua própria organização de tarefas e compromissos. Muito embora o processo de automação dos escritórios seja uma realidade, a profissão de Secretariado Executivo vem-se fortalecendo com o passar dos anos, contrariando as previsões. Com base no exposto acima, conclui-se, em relação ao profissional de Secretariado Executivo, que

(A) esse profissional passou a incorporar conceitos e práticas antes restritos aos gerentes, como, por exemplo, fluência cultural, conhecimentos tecnológicos, capacidade de negociação, tino empresarial e liderança.

(B) essa profissão vem-se fortalecendo pelo avanço da tecnologia nas organizações, o que diminui o nível de complexidade das atividades realizadas.

(C) a automação dos escritórios ratificou a função desse profissional como mediador da informação, digitador e assessor.

(D) a informatização nas empresas fortalece o conhecimento desse profissional na área de informática, aumentando a sua importância nas organizações.

(E) suas tarefas foram incorporadas pelos empresários, ficando aqueles com a responsabilidade do atendimento telefônico, recepção, agendamento e digitação de documentos.

35. (EXAME 2006)

O Programa de Mestrado de Secretariado Executivo de uma universidade brasileira está promovendo o I Congresso Internacional de Secretariado Executivo. São parceiros, na organização do evento, universidades da Argentina, do Canadá e de Portugal. Essas universidades participarão com apresentação de trabalhos, e cada país trará um palestrante. Sobre essa situação, é correto afirmar que

(A) a comissão organizadora que fica responsável pelo evento deve ser composta por representantes de todos os países convidados e do país sede do evento.

(B) a apresentação de trabalhos científicos deve seguir a ordem de precedência adotada para a abertura do evento.

(C) o Hino Brasileiro é o primeiro a ser tocado ou cantado na abertura do evento, podendo-se tocar os hinos dos países convidados conforme ordem de precedência estabelecida.

(D) por ser um evento internacional, se faz obrigatório o convite ao Presidente da República para compor a mesa de honra, sendo que o mesmo pode não comparecer, enviando uma justificativa à comissão organizadora.

(E) deve ser hasteada uma bandeira de cada país que neste evento está sendo parceiro, sendo que a ordem das bandeiras será: a do Brasil ao centro e as dos demais países ordenadas por ordem alfabética ou por ordem de chegada dos "chefes de missão" ao evento.

36. (EXAME 2006)

"A organização de eventos é trabalhosa e de grande responsabilidade. Acontece ao vivo, e qualquer falha comprometerá o conceito/imagem da organização para a qual é realizado, e do seu organizador. Para ter objetivos plenamente atingidos, é fundamental que se faça um criterioso planejamento,".

(CESCA, Cleusa Gertrudes Gimenes. **Organização de eventos: manual para planejamento e execução.** São Paulo: Summus, 1997.)

A partir do texto acima, é correto afirmar que o profissional de Secretariado Executivo, entre outras providências, deverá:

I. adotar um checklist próprio que contemple o maior número possível de itens, mesmo os aparentemente desnecessários, incluindo objetivos geral e específicos, pois é o que garante determinar o que se pretende com o evento;

II. levar em consideração os objetivos, público e estratégias, sendo que estas últimas consistem naquilo que serve de atração para o público de interesse do evento, pois isso interfere diretamente na tipologia do mesmo;

III. despreocupar-se com o orçamento para o evento por tratar-se de ponto que não é da sua responsabilidade, pois recursos serão granjeados pela equipe da captação de fomento;

IV. fazer a implantação (descrição dos procedimentos desde a aprovação do projeto até o seu término), levando em consideração os fatores condicionados para a sua realização, mais o acompanhamento e o controle.

As providências corretas são apenas

(A) I e II.
(B) II e IV.
(C) I, II e III.
(D) I, II e IV.
(E) II, III e IV.

37. (EXAME 2006)

Analise as afirmações abaixo.

A etiqueta é o conjunto de normas de conduta e as mesmas são modificadas através dos séculos.

PORQUE

As normas de conduta são necessárias ao convívio harmonioso entre pessoas cujas relações e costumes mudam ao longo do tempo.

Analisando as afirmações acima, conclui-se que

(A) as duas afirmações são verdadeiras, e a segunda justifica a primeira.
(B) as duas afirmações são verdadeiras, e a segunda não justifica a primeira.
(C) a primeira afirmação é verdadeira, e a segunda é falsa.
(D) a primeira afirmação é falsa, e a segunda é verdadeira.
(E) as duas afirmações são falsas.

38. (EXAME 2006)

A comunicação empresarial nasceu no século XX nos Estados Unidos e tem sofrido inúmeras transformações ao longo do tempo. O que se procura atualmente é o desenvolvimento de ferramentas de comunicação para assessores e gestores, sempre levando em consideração a ética e a filosofia da instituição. Desta forma, como deve agir o profissional de Secretariado Executivo no que diz respeito ao uso da comunicação empresarial?

(A) Deve ser o elo da empresa com a sociedade, adequando suas estratégias de acordo com as necessidades da mídia, TV, Rádio e Televisão.
(B) Deve agir de forma cuidadosa, ou seja, traçando uma logística informacional para atingir os níveis hierárquicos da empresa e levando informações selecionadas para funcionários, membros da organização e público externo.
(C) Deve aguardar que a empresa onde trabalha adote a sua estratégia de comunicação empresarial para interagir com o modelo adotado.
(D) Deve valorizar mais as relações sociais que ganham novos ambientes alcançando o ideal de horizontalidade através da comunicação interativa, já que a tecnologia ainda não chegou para todos.
(E) Deve trabalhar e desenvolver a comunicação da empresa com o seu público, interno e externo, através da práxis da gestão da informação.

39. (EXAME 2006)

No Banco VIP, a profissional de Secretariado Executivo, Carmem, era responsável pela organização de reuniões semanais por videoconferência entre a diretoria e os gerentes de agências. Numa dessas reuniões, Antônio, Diretor Geral do Banco VIP, disse aos gerentes que, com a flutuação cambial, as ações do banco sofreram queda e, caso o dólar não fosse valorizado, o banco enfrentaria dificuldades financeiras. Carmem, vendo a atitude do executivo, o alertou sobre as possíveis conseqüências que sua fala poderia causar à empresa. A informação acabou vazando e, em dez dias, os clientes já tinham sacado dois milhões de dólares das aplicações.

Sobre a utilização de tecnologias de comunicação eletrônica como ferramenta administrativa, pode-se concluir, a partir do exemplo acima, que

(A) apesar de todo o aporte tecnológico e do desenvolvimento de novas técnicas, processos, hardwares e softwares, é o indivíduo que define a conquista de vantagens competitivas para a sua organização.
(B) o potencial de comunicação através do uso da mídia eletrônica prejudica a interação dos indivíduos na organização, embora colabore para a criação do conhecimento.
(C) a variedade de recursos tecnológicos deve ser utilizada por todo o quadro de colaboradores, mesmo com as conseqüências que possam vir a ocorrer.
(D) a utilização indiscriminada dos meios de comunicação eletrônica, pelo volume elevado de informações, favorece o processo de tomada de decisões.
(E) a expansão e a evolução dos meios eletrônicos beneficiam a comunicação dentro da empresa, em detrimento da confiabilidade do sigilo das informações.

40. (EXAME 2006)

Ao prestar serviços de consultoria interna a empresas, um profissional de Secretariado Executivo deve se ater às questões relativas

(A) ao planejamento de um novo fluxo de informações para a empresa.
(B) ao planejamento, organização e direção de serviços de secretaria.
(C) à análise SWOT (forças, fraquezas, oportunidades e ameaças) da secretaria em foco.
(D) à análise comportamental dos colaboradores da organização.
(E) à análise dos serviços típicos de escritório, tais como recepção, registros de compromissos, informações e atendimento telefônico.

41. (EXAME 2006)

No dia-a-dia secretarial, o profissional se depara com diversos tipos de conflitos que podem ou não afetar o desempenho da equipe. A figura abaixo demonstra a relação entre intensidade do conflito e desempenho.

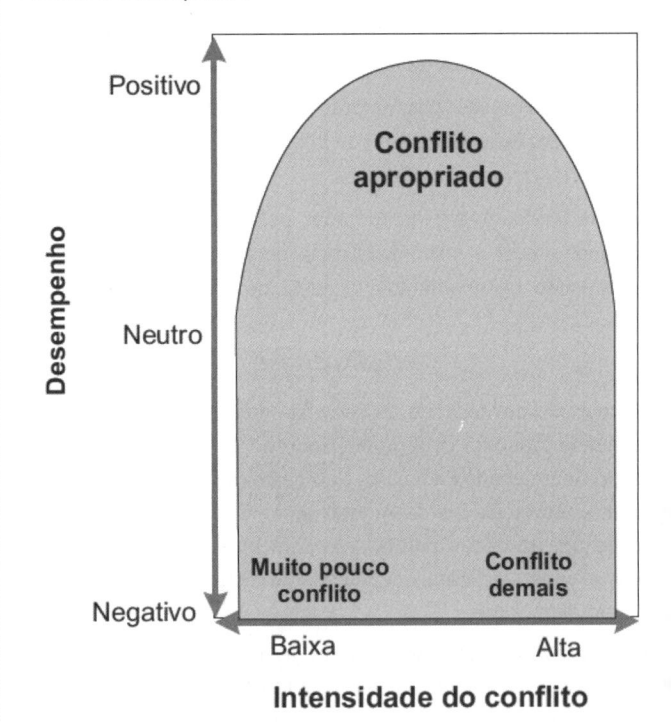

(DUBRIN, A. J. Fundamentos de Comportamento Organizacional. São Paulo: Pioneira, 2003, p. 178.)

Considerando a figura e o papel do profissional de Secretariado Executivo na administração de conflitos, é correto afirmar que

(A) profissionais que ocupam funções de liderança em equipes devem primar pelo bem-estar dos membros visando à neutralização dos conflitos para potencializar o desempenho do grupo.
(B) situações com nível adequado de conflito transmitem uma imagem neutra, diminuindo o desempenho das equipes.
(C) situações conflitantes podem aumentar o desempenho das equipes, muito embora demandem tempo e energia.

(D) quanto maior o desempenho das equipes, menor é a intensidade do conflito.

(E) a elevada intensidade do conflito nas organizações promove maiores níveis de desempenho, por meios como aumento da motivação, habilidades em resolver problemas, criatividade e mudanças construtivas.

42. (EXAME 2006)

O desenvolvimento dos meios de produção tem trazido novas formas de estruturação e gerenciamento do trabalho humano. Assim, os profissionais de Secretariado Executivo e demais líderes e colaboradores terão de reformular alguns dos conceitos a que estiveram submetidos, desaprendendo parte daquilo em que acreditavam. Com base na afirmação acima, é correto concluir que a liderança deve

(A) basear-se, cada vez mais no comando, controle e autoridade, visando a atingir as metas organizacionais e a satisfação dos funcionários.

(B) utilizar recompensa econômica e poder de coerção como formas de conseguir o comprometimento da equipe com os objetivos da organização.

(C) apoiar-se na delegação de tarefas e no incentivo ao trabalho individual, com base nas normas e procedimentos da empresa.

(D) respaldar-se no gerenciamento do conhecimento dos colaboradores para conseguir os objetivos da equipe e da organização.

(E) estimular a visão generalista e a capacidade para distinguir as ações do líder das dos subordinados, tendo cada um o seu papel.

43. (EXAME 2006)

"O conceito de que o emprego tradicional está prestes a ser extinto divide os especialistas. Alguns acreditam que o atual modelo vai continuar existindo por muito tempo. Outros defendem a tese de que estamos caminhando para um mundo sem emprego, mas com trabalho. É consenso, porém, que as relações trabalhistas estão passando por grandes mudanças e o profissional que quiser assegurar sua empregabilidade vai ter de assumir o controle de sua carreira. Em outras palavras, a carreira passou a ser encarada como um negócio: exige planejamento, estratégias, administração, marketing."

(Revista **Secretária Executiva**, set 2001.)

Diante do exposto, conclui-se que o profissional de Secretariado Executivo deve planejar sua carreira ou assegurar sua empregabilidade por meio de

(A) programa de desenvolvimento promovido pela empresa, uma vez que cabe à empresa a preocupação com a atualização da descrição dos cargos.

(B) auto-avaliação, estabelecimento de objetivos de carreira e implementação de um plano de ação.

(C) suporte de consultores especializados em aconselhamento de carreira e visão unilateral do mercado.

(D) estudo do mercado de trabalho em que atua, das suas redes de relacionamento e ações corporativistas dentro da profissão.

(E) dedicação total ao cumprimento das suas funções, com vistas a assegurar a sua permanência no atual emprego.

44. (EXAME 2006)

Com o objetivo de aplicar práticas de qualidade para construir vantagem competitiva, a Car Peças, uma empresa no ramo de auto-peças, adotou a implantação de um Centro de Formação Profissional, acreditando que o desenvolvimento de seus funcionários estava intrinsecamente ligado à melhoria de seus produtos e serviços. Ao final do primeiro ano de funcionamento, realizou uma pesquisa com 500 funcionários que passaram por algum tipo de treinamento, buscando mensurar a atitude quanto à aplicação da capacitação técnica.

Na pesquisa foi perguntado aos funcionários qual o grau de importância que creditavam à aplicação da capacitação técnica desenvolvida no programa e qual o grau de satisfação com o programa. O resultado da tabulação das respostas é apresentado na tabela a seguir.

Grau de satisfação	Grau de importância			
	Não importante	Indiferente	Importante	Total
Insatisfeito	43	29	168	240
Neutro	21	16	96	133
Satisfeito	22	14	91	127
Total	86	59	355	500

Como profissional de Secretariado Executivo do Centro de Formação Profissional, convidado a opinar na avaliação dos resultados, qual das medidas abaixo deve ser sugerida?

(A) Premiar o corpo docente do programa pelo alto desempenho demonstrado.

(B) Cancelar o programa do Centro de Formação Profissional, pois o número de funcionários insatisfeitos excede o de satisfeitos.

(C) Aperfeiçoar as propostas pedagógicas do programa atendendo às demandas dos funcionários da empresa no que se refere à aplicação da capacitação técnica.

(D) Conceber uma campanha maciça de conscientização dos funcionários para a importância da capacitação técnica.

(E) Manter a atual proposta de capacitação técnica do programa de formação, pois ela está adequada às demandas dos funcionários.

45. (EXAME 2006)

O planejamento estratégico tem obtido notoriedade entre os gestores e assessores das organizações por permitir que se estabeleça a direção a ser seguida pela empresa. No entanto, algumas precauções devem ser consideradas pelos gestores quando da elaboração do planejamento estratégico, tais como:

I. criar uma unidade organizacional responsável pelo planejamento estratégico na empresa;
II. criar expectativa positiva em relação ao planejamento estratégico, ainda que os resultados não sejam visíveis em um curto espaço de tempo;
III. adotar o planejamento implantado com sucesso em outra empresa do mesmo setor;
IV. considerar o planejamento estratégico como um processo que apresenta um produto final, representado principalmente pelos manuais de consolidação;
V. formalizar o planejamento estratégico, mesmo que este se caracterize como um processo flexível e sujeito a mudanças.

Está(ão) correta(s) apenas a(s) precaução(ões)

(A) I.
(B) II e V.
(C) I, IV e V.
(D) II, III e IV.
(E) II, III e V.

46. (EXAME 2006)

Pela natureza das atividades inerentes à profissão de Secretariado Executivo, as relações interpessoais têm um impacto substancial sobre o comportamento e o desempenho no trabalho. Dessa forma, relações interpessoais positivas são resultado de

(A) personalidade e inteligência cognitiva dos líderes e dos membros das equipes para maior eficácia na tomada de decisões.
(B) inteligência emocional, pois a maneira como os membros e líderes das equipes administram seu tempo afeta a qualidade das decisões.
(C) incentivos econômicos, pois influenciam os funcionários a atingirem altos níveis de satisfação, reduzindo conflitos e estresse no ambiente de trabalho.
(D) capacidade em lidar com os problemas humanos, uma vez que trabalhadores eficazes distanciam problemas da vida pessoal daqueles do contexto empresarial.
(E) comunicações eficazes entre membros e líderes das equipes, rompendo barreiras e resolvendo conflitos intra e intergrupos.

47. (EXAME 2006)

Por ser de pequeno porte, a Empresa Soares Marinho dependia do comprometimento dos seus funcionários para melhorar a sua produtividade. José Carlos, diretor da empresa, buscando entender os aspectos que poderiam estar envolvidos nesse comprometimento, solicitou que o profissional de Secretariado Executivo, Luciano, realizasse uma pesquisa com seus 43 funcionários. Os resultados da pesquisa estão representados no gráfico abaixo.

Grau de satisfação dos funcionários da Empresa Soares Marinho

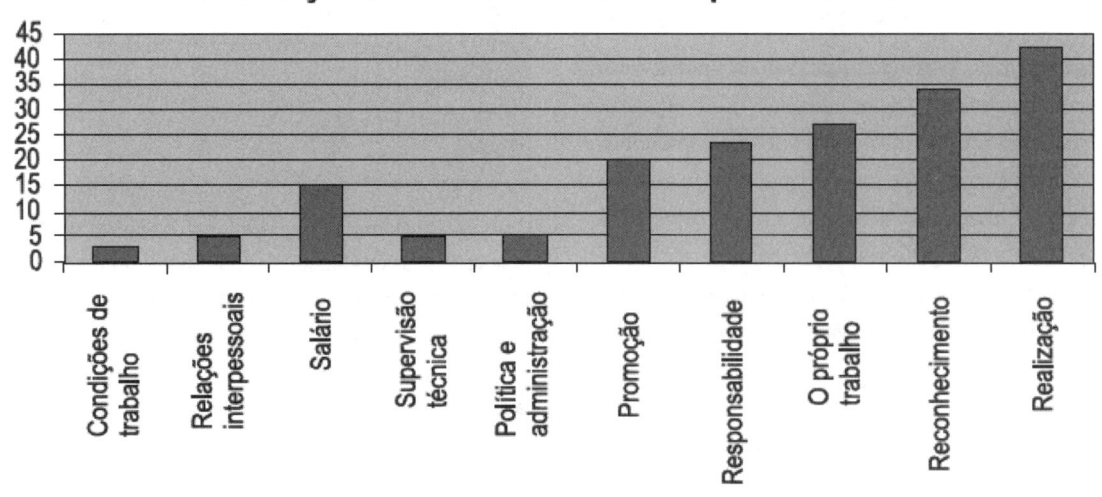

(Gráfico de barras com as categorias: Condições de trabalho, Relações interpessoais, Salário, Supervisão técnica, Política e administração, Promoção, Responsabilidade, O próprio trabalho, Reconhecimento, Realização)

Luciano, proativo, querendo contribuir com a empresa na busca de melhoria, apresentou corretamente sua análise dos resultados da pesquisa, afirmando que

(A) as relações interpessoais estão contribuindo para a realização profissional.
(B) as condições de segurança e saúde no trabalho não afetam a produtividade dos funcionários.
(C) a estrutura hierárquica tem facilitado a relação entre chefia e subordinados.
(D) a valorização do funcionário e do seu trabalho estão entre os aspectos mais significativos para esse grupo.
(E) uma política voltada ao reconhecimento pelo trabalho bem feito melhora as relações humanas no ambiente de trabalho.

48. (EXAME 2006)

Na redação de uma carta comercial, o profissional de Secretariado Executivo deve:

I. ser eficiente para atingir o objetivo proposto;

II. pensar e agir de acordo com o pensamento e as ações características da empresa;

III. acreditar que suas declarações serão entendidas como posições da empresa;

IV. usar de criatividade para conseguir fórmulas de comunicação ao mesmo tempo simples e eficientes;

V. evitar chavões que nada acrescentam à mensagem. Orientam para uma correta elaboração de uma carta comercial, expressando processos de negociação, comunicações interpessoais ou intergrupais e eficiência redacional, apenas os itens

(A) II, III e IV.
(B) III, IV e V.
(C) I, II, III e IV.
(D) I, III, IV e V.
(E) II, III, IV e V.

49. (EXAME 2006)

No dia-a-dia de Regina, profissional de Secretariado Executivo das Indústrias Metalforte, ela se depara com a preocupação com as relações comerciais na elaboração de carta de cobrança. Sabedora da importância das cartas de cobrança, reconhece que precisa dominar Técnicas de Redação em todos os pormenores para poder escrevê-las. Assim, julga que são aspectos importantes a serem considerados na comunicação de modo a expressar segurança e credibilidade na elaboração de uma carta de cobrança:

I. expedir, após data de vencimento da dívida, uma carta com avisos rotineiros, pedindo ao devedor que considere a carta sem efeito se o pagamento já tiver sido efetuado;

II. expedir uma segunda carta, formal, caso não haja pagamento nem explicações do devedor, externando sua intenção de fazer o possível para ser útil em caso de dificuldade certamente passageira;

III. expedir uma terceira carta caso o efeito desejado não tenha, ainda, se produzido, mencionando ação judicial com data certa;

IV. expedir nova carta, preferencialmente de próprio punho e assinada pelo chefe superior, dependendo dos antecedentes do devedor, informando que tem em mãos os documentos para ação judicial;

V. evitar contatos telefônicos, pois prejudicam a imagem da empresa, enquanto as cartas constituem documentos importantes para o histórico da empresa e para a ação judicial.

Estão corretos apenas os itens

(A) I, III e IV.
(B) II, III e V.
(C) I, II, III e IV.
(D) I, II, IV e V.
(E) II, III, IV e V.

50. (EXAME 2006)

Com relação à redação de documentos oficiais, é correto afirmar que

(A) o ofício é usado para comunicação entre órgãos privados.
(B) o ofício exige papel timbrado, não podendo ser usado para assuntos alheios.
(C) o requerimento é usado para solicitar a uma autoridade privada algo que tenha amparo legal.
(D) a procuração é um documento apenas de caráter público.
(E) a circular é um documento reproduzido em duas vias com finalidade de alteração de atos oficiais.

51. (EXAME 2006)

Ofício no 85/82

Belém, 4 de maio de 2006.

Ementa: Solicitação

Senhor Presidente:

Considerando a realização do Primeiro Encontro Acadêmico de Secretários Executivos, patrocinado pela Federação Nacional dos Secretários – FENASSEC – São Paulo, vimos solicitar de V.Sa. a cessão do auditório do Grêmio Esportivo Sabará para realização do referido encontro no período de oito a quinze de setembro do corrente ano. Dirigimos-lhe este pedido por sabermos do seu interesse em colaborar também com eventos acadêmicos e culturais.

Atenciosamente,

Hipólito Campos de Oliveira

PRESIDENTE SINDICATO SECRETÁRIOS DE BELÉM

Ilmo Sr.

ALCEBÍADES SÁ FONTES

D.D. Presidente do Grêmio Esportivo Sabará

R. Tucuns, 245

Nesta

Analisando o ofício acima, conclui-se que

(A) está inadequado, por conter vários assuntos.
(B) está inadequado em virtude da linguagem utilizada.
(C) está inadequado, pois o ofício não pode ultrapassar seis linhas de texto.
(D) está incorreto, por colocar o destinatário do ofício no final do documento.
(E) seu formato está correto, pois o ofício pode ter disposição em bloco inteiro, bloco simples ou semibloco.

52. (EXAME 2006)

On January 10th, John Smith celebrated his much deserved retirement after thirty-eight years of dedicated service with the company. John began his career in February 1969 as a trainee secretary and over the years he worked his way up to the position of Executive Secretary of the company´s CEO (Chief Executive Officer). Looking to the future, John will be moving to London where he plans to divide his time between his many grandchildren and his pastimes, which are golf and hill-walking. Here at the Adams in-house newsletter, we hope that he will keep in touch with the many friends that he has among the staff and we all wish him a very happy retirement. The purpose of this text is to

(A) communicate the promotion of an employee.

(B) announce the company retirement policy.

(C) inform staff of the departure of an employee.

(D) draw attention to new hiring procedures.

(E) advertise a position that has become vacant.

53. (EXAME 2006)

The graph bellow presents data on the sales of a company which is facing fierce competition on the market.

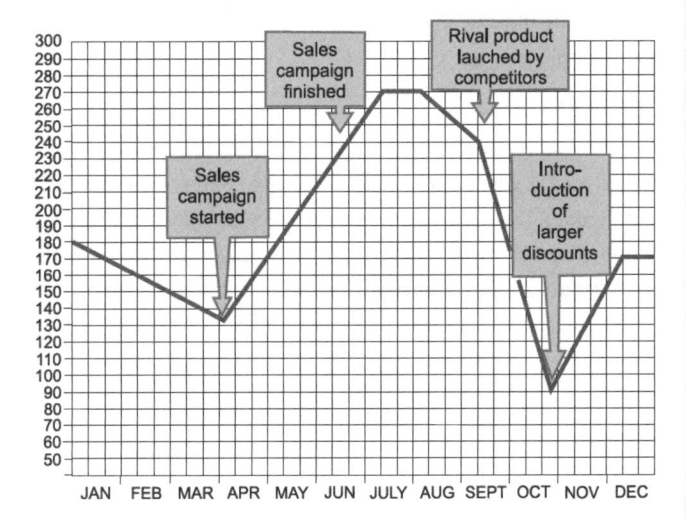

Based on the information shown on the graph, mark the correct answer below.

(A) Sales rose steeply in the beginning of April as a consequence of the sales campaign.

(B) Sales kept increasing gradually until the end of the year when the sales campaign finished.

(C) Sales declined after the introduction of larger discounts.

(D) Sales improved due to rival products launched by competitors.

(E) Rival products were launched by competitors due to the introduction of larger discounts.

54. (EXAME 2009) DISCURSIVA

Redija um ofício conforme as informações:

A Secretaria de Ensino Superior — SESU, através da Portaria n°. 2.349/09, solicita a todas as Universidades Brasileiras a implantação do Projeto de Gerenciamento Integrado com o propósito de unificação dos processos gerenciais das Universidades Públicas Federais. O prazo de implantação será de noventa dias, a contar da publicação da portaria. O curso de Secretariado Executivo da Universidade Federal de Pernambuco não pode cumprir o prazo estabelecido e solicita sua prorrogação.

55. (EXAME 2009) DISCURSIVA

Leia a carta:

> Campinas, Agosto/ 2009.
> Para
> ELETROLINKS
> MARIA
>
> REFERÊNCIA: SOLICITO ESTÁGIO NESSA EMPRESA PARA CUMPRIR NORMAS DA FACULDADE.
> Para me formar em Secretariado, preciso fazer um relatório, e gostaria de ver se posso fazer meu projeto final de estágio em sua empresa.
>
> Por favor, entre em contato comigo, o quanto antes se possível, pois preciso começar logo. O horário deve ser comercial, menos sábado.
>
> Obrigada
>
> João Alberto Silva
> joao_gatinho@hotmail.com
> 3° Semestre

Reelabore a carta, aplicando os conceitos de coesão e norma culta da língua.

56. (EXAME 2009) DISCURSIVA

You are an Executive Secretary at an International company. You are in charge of taking messages most of the time. You have finished your work, but your manager hasn't arrived from a meeting. Leave him a message, with the information of phone calls received from Valentina (office workmate), about car and from wife about buying milk and daughter school pick up.

57. (EXAME 2006) DISCURSIVA

Um jornal de circulação nacional, em homenagem ao Dia da Secretária, procurou a empresa em que você trabalha para produzir uma matéria. O jornalista responsável soube que a empresa se destaca na utilização da Gestão Eletrônica de Documentos - GED, e que esse projeto foi sugerido por você e desenvolvido com a sua participação como profissional de Secretariado Executivo.

Com base nas informações acima, redija um texto de cerca de 10 linhas, a ser publicado nesse jornal, explicando de que forma o domínio de uma ferramenta como a GED e a participação em um projeto desse tipo se tornam um diferencial na carreira de um profissional de Secretariado Executivo. **(valor: 10,0 pontos)**

58. (EXAME 2006) DISCURSIVA

Redija um memorando ao executivo para quem você trabalha solicitando autorização para participar de um encontro de profissionais de Secretariado Executivo de empresas do segmento de Eventos, a convite da Associação Comercial da cidade. Esse encontro acontecerá no dia 13 de novembro, no auditório da referida Associação Comercial, em horário que coincidirá com o seu período de trabalho. Portanto, você deverá justificar a importância da sua participação no evento. **(valor: 10,0 pontos)**

59. (EXAME 2006) DISCURSIVA

Avalie o comunicado abaixo e o reelabore, de acordo com a linguagem e o formato adequados.

PARA: DIRETORES, SUPERVISORES E CHEFES
DE: TELECOMUNICAÇÕES CORPORATIVAS

EM FUNÇÃO DA RE-ESTRUTURAÇÃO DA DIVISÃO DAS ÁREAS DE OPERAÇÃO DE TELECOMUNICAÇÕES, ADOTOU-SE NOVOS PROCEDIMENTOS E HORÁRIOS E FUNCIONAMENTO DOS SETORES MALOTE/FAX.

NO QUE DIZ RESPEITO AOS PROCEDIMENTOS AS **MENSAGENS DEIXAM DE SER ENTREGUES PELO PESSOAL DE FAX** PARA SEREM ENTREGUES PELO MALOTE NOS HORÁRIOS NORMAIS DE DISTRIBUIÇÃO DA CORRESPONDÊNCIA INTERNA, COMO JÁ OCORRE NAS UNIDADES JACEGUAI E PANAMÁ.

QUANTO AOS NOVOS HORÁRIOS, SÃO ELES:
MARGINAL- 7º. ANDAR DO EDIF. CIRANDA
- DAS 09:00HS ÀS 24:00HS-SEG/SEX
- DAS 08:00HS ÀS 14:00HS-SÁBADO
(EXCETO JULHO E DEZEMBRO)
EDIF. ROSIRES – 7º. ANDAR (LADO DA MARINAL)
- DAS 09:00HS ÀS 19:00HS – SEG/SEX
(EXCETO 2AS. À TARDE)
EDIF. S. FRANCISCO – 1º. ANDAR BLOCO A:
- DAS 09:00HS ÀS 19:00HS – SEG/SEX
ALVORADA – TÉRREO:
**SÓ FUNCIONARÁ SEG., DAS 14:00HS ÀS 18:00HS.
NESTE CASO, SOLICITAMOS OS FUNCIONÁRIOS DO ALVORADA QUE CADA UM FAÇA UMA ANÁLISE
DOS PROBLEMAS DECORRENTES DA SUSPENSÃO DE NOSSOS SERVIÇOS NOS OUTROS DIAS DA SEMANA (POR CORTE DE ENERGIA) E CASO TENHAM REAL NCESSIDADE DE UTILIZAÇÃO DE MALOTE/FAX, ENTRAR EM CONTATO COM O SIGNATÁRIO DESTA NO RAML 210.**

ESSA NOVA ESTRUTURA ENTRA, EM OPERAÇÃO A PARTIR DE 10/12/2005.
ATENCIOSAMENTE,
(valor: 10,0 pontos)

60. (EXAME 2006) DISCURSIVA

Mr. John Smith, your direct supervisor at the Home-Sweet-Hotel, asks you, his Executive Secretary, to answer the letter below.

He suggests that you refer to the appropriate sections from the guests' information booklet, which is in every room on the hotel bedside table.

He emphasizes that the Home-Sweet-Hotel's policy should be explained clearly but tactfully. "We want our customers back and don't want to annoy Mr. Foster any further", he adds. **(valor: 10,0 pontos)**

Telephone 0181 2345 1256

31 Fox Lane
London
W10 21P

6 January 2005

Home-Sweet-Hotel
Wellington Road
York
Yorkshire
Y10 12A

Dear Sirs

I have no complaints about the general standard of service, which I experienced at your hotel during my week's holiday there last month, and the food was excellent.

However, two things did annoy me.

Firstly, the heating in my room was set uncomfortably high for me. I tried to turn it down but was unable to do so. I think some adjustment ought to be possible.

Secondly, on my last day, when I went to reception at 10 am to pay my bill, I was asked to vacate my room as soon as possible. My train did not leave until 2 pm and I had to carry my suitcases about with me until then.

I was not pleased at all!

Yours faithfully

Michael Foster

Relevant information on the booklet:

Home-Sweet-Hotel
Heating
The booklet informs the customer that in case any heating adjustment is needed, the customer needs to ask Reception for assistance, as the heating in each room is directly controlled by the computer at the Reception.

Vacating rooms
Rooms may be serviced by lunch time in readiness for the next occupant. The hotel appreciates if the room is vacated by 9.30 am on the day of departure. A luggage room will be provided to leave any suitcases until it is convenient for customer to collect them.

Capítulo IX
Questões de Componentes Específicos de Relações Internacionais

1) Conteúdos e Habilidades objetos de perguntas nas questões de Componente Específico.

As questões de Componente Específico são criadas de acordo com o curso de graduação do estudante.

Essas questões, que representam ¾ (três quartos) da prova e são em número de 30, podem trazer, em Relações Internacionais, dentre outros, os seguintes **Conteúdos**:

   a) Formação Teórica: teorias clássicas e contemporâneas das Relações Internacionais; Economia Política Internacional.

   b) Formação Geral: Regimes Internacionais; Organizações Internacionais; Análise de Política Externa; Política Externa Brasileira; Integração Regional; Segurança Internacional; Comércio e Finanças Internacionais; Cooperação Internacional; Direitos Humanos; Meio Ambiente.

   c) Formação Histórica: História das Relações Internacionais; História das Relações Internacionais do Brasil.

O objetivo aqui é avaliar junto ao estudante a compreensão dos conteúdos programáticos mínimos a serem vistos no curso de graduação, de forma avançada. Também é avaliado o nível de atualização com relação à realidade brasileira e mundial.

Avalia-se aqui também *competências* e *habilidades*. A ideia é verificar se o estudante desenvolveu as principais **Habilidades** para o profissional de Relações Internacionais, que são as seguintes:

   a) domínio da norma culta da língua portuguesa nas modalidades oral e escrita;

   b) uso adequado dos conhecimentos específicos da área de Relações Internacionais para a compreensão de diferentes contextos interculturais;

   c) conhecimento das diversas abordagens teóricas da área de Relações Internacionais;

   d) utilização de conhecimentos específicos da área de Relações Internacionais para a identificação de problemas, elaboração e avaliação de cenários para a tomada de decisões; e

   e) gestão de processos na área internacional.

Vejamos agora as questões de Componente Específico de Relações Internacionais.

2) Questões de Componente Específico.

Questões

RELAÇÕES INTERNACIONAIS

1. (EXAME 2009)

Segundo a perspectiva liberal, também denominada idealista por alguns autores, as instituições internacionais permitem a cooperação e a manutenção da paz no sistema internacional.

PORQUE

Expressam a racionalidade dos indivíduos, atribuída de forma universal.

Considerando-se essas assertivas, é CORRETO afirmar que

(A) as duas são verdadeiras, e a segunda justifica a primeira.
(B) as duas são verdadeiras, mas a segunda não justifica da primeira.
(C) a primeira é verdadeira, e a segunda é falsa.
(D) a primeira é falsa, e a segunda é verdadeira.
(E) as duas são falsas.

2. (EXAME 2009)

Um dos seis princípios do realismo político, segundo Hans Morgenthau, é: *"O realismo considera que o interesse definido como poder é uma categoria objetiva universalmente válida, embora não possua um significado definitivo. Poder é o controle do homem sobre o homem."*

Considerando esse princípio, pode-se afirmar que o realismo clássico pode constituir a base conceitual e teórica da política externa dos Estados modernos.

RELAÇÕES INTERNACIONAIS

PORQUE

Apresenta uma relação entre poder e interesse que se adéqua à centralização do poder político domesticamente e à disputa por prestígio e poder no sistema internacional.

Considerando-se essas proposições, é CORRETO afirmar que

(A) as duas são verdadeiras, e a segunda explica a primeira.
(B) as duas são verdadeiras, mas a segunda não é uma explicação correta da primeira.
(C) a primeira é verdadeira, e a segunda é falsa.
(D) a primeira é falsa, e a segunda é verdadeira.
(E) as duas são falsas.

3. (EXAME 2009)

As teorias neo-realistas, tendo se tornado uma corrente influente a partir dos anos 80, são assim denominadas porque

(A) constituem teorias que propõem uma compreensão inteiramente nova das relações de poder no sistema internacional.
(B) permitem a articulação de novos conceitos sociológicos para a análise do sistema internacional.
(C) podem ser interpretadas como uma resposta às críticas do movimento behaviorista (ou tentativa de tornar a disciplina de relações internacionais uma ciência social) ao realismo clássico.
(D) redefiniram a discussão sobre o papel do conceito de identidade nacional para o debate sobre política internacional.
(E) renovaram a compreensão do debate entre realistas e idealistas.

4. (EXAME 2009)

O debate entre neo-institucionalistas e neo-realistas teve grande impacto sobre a disciplina de relações internacionais nos anos 80 do século passado e ainda é relevante hoje para a compreensão dos embates dessa área de estudos. Segundo os autores neo-institucionalistas, a cooperação entre Estados falha quando estes não cumprem as regras ou quando desertam para otimizar seus interesses individuais. Os neo-realistas argumentam, contudo, que

(A) a cooperação não é possível entre Estados que buscam maximizar seus ganhos.

(B) a cooperação só é possível quando existem mecanismos robustos de monitoramento.
(C) a cooperação só pode ocorrer entre países com regimes políticos domésticos similares.
(D) além do problema da deserção, deve-se considerar como obstáculo à cooperação o fato de os atores calcularem ganhos relativos e não apenas ganhos absolutos.
(E) o maior obstáculo a cooperação entre Estados é a ausência de uma cultura comum.

5. (EXAME 2009)

Para as teorias construtivistas das relações internacionais, o conceito de anarquia do sistema internacional

(A) é a garantia de que a Europa não será dominada por uma potência hegemônica.
(B) é culturalmente construído e pode assumir significados distintos, que vão de lutas de vida e morte entre Estados à convivência pacífica e harmoniosa.
(C) é o que explica a cooperação entre Estados, porque os incentiva a trocar informações para escapar ao dilema de segurança.
(D) é um constrangimento estrutural, que sempre leva os Estados à guerra, mesmo que seus governantes tenham intenções pacíficas.
(E) não é relevante para o estudo das relações internacionais.

6. (EXAME 2009)

Segundo teóricos que se associam à teoria crítica em relações internacionais, o compro-metimento normativo do estudioso não pode ser ignorado, já que ele é inserido em um contexto histórico e social. O estudo da ordem internacional por especialistas tem implicações e consequências para a reali-dade política internacional, pois

(A) a reprodução da ordem é produzida por especialistas trabalhando para o Estado.
(B) é necessário incorporar os conceitos do interacionismo simbólico para realizar um trabalho de teoria crítica.
(C) não é possível produzir teoria crítica sem o envolvimento explícito em movimentos sociais transformadores.
(D) pode-se dizer que todo estudo de relações internacionais inserido nas academias dos países centrais contribui para a reprodução da ordem.
(E) um estudo que desconheça a relação entre interesses econômicos e posições políticas e ideológicas se afasta da proposta de uma teria crítica de relações internacionais e favorece a reprodução da ordem.

7. (EXAME 2009)

A partir de uma perspectiva que considera a relação constitutiva entre poder e conhecimento, as teorias feministas de relações internacionais

(A) apontam como uma perspectiva específica de gênero integrar a construção do conhecimento, em particular o conceito de aceitação, com base numa concepção das relações sociais comparáveis às relações privadas.
(B) buscam desconstruir os principais conceitos da disciplina de relações internacionais, apontando para a homogeneidade das ciências sociais.
(C) apresentam uma proposta de nova síntese entre a perspectiva realista e liberal.
(D) apontam como uma perspectiva específica de gênero estar presente na construção do conhecimento, em particular do conceito de poder, com base numa concepção das relações controle, sociais como dominação e e nos aspectos associados à masculinidade.
(E) salientam a masculinidade dos conceitos desenvolvidos no contexto da disciplina de relações internacionais e demonstram o domínio de autores que desconhecem as implicações da distinção entre o público e o privado nessa área de estudos.

8. (EXAME 2009)

A crise financeira internacional que eclodiu nos Estados Unidos, em 15 de setembro de 2008, com a falência do banco Lehman Brothers, com 158 anos de existência, foi resultado de uma série de decisões de política econômica tomadas desde o início desta década, que quase levaram ao colapso total o sistema financeiro internacional. Qual foi a causa dessa crise?

(A) A falta de regulamentação do sistema financeiro e a ampla circulação dos chamados "papéis tóxicos", que abalaram o mercado imobiliário norte-americano.
(B) A política de equilíbrio orçamentário adotada pelo governo Bush, que resultou na severa restrição do crédito nos Estados Unidos.
(C) O câmbio sobrevalorizado da China.
(D) O excesso de poupança interna nos Estados Unidos, que demonstrava a desconfiança da população com a saúde financeira do país.
(E) O pacote de ajuste estrutural aplicado pelo FMI aos Estados Unidos, que levou a demandas por reformas nas instituições de Bretton Woods.

9. (EXAME 2009)

A concepção liberal sobre crescimento econômico foi submetida a severa crítica após a Segunda Guerra Mundial. Os críticos ressaltavam que a economia internacional forma uma estrutura e que a autonomia dos países que a integram é apenas relativa, consequência da trajetória percorrida por cada um ao longo da história. Diante disso, considere as afirmações abaixo, que dizem respeito às principais teorias heterodoxas:

I. Deterioração dos termos de troca, categoria elaborada pelo economista argentino Raúl Prebisch, constituiu a base da formulação crítica da CEPAL (Comissão Econômica para a América Latina e Caribe) à teoria clássica do comércio internacional.

II. As teorias críticas à ortodoxia liberal retomavam o conceito de vantagens comparativas, defendendo que cada país deve se especializar nos setores para os quais possuem vocação natural, como gêneros agrícolas.

III. O passado colonial de exportação de produtos primários em contrapartida à importação de manufaturas explica a posição periférica da América Latina na economia internacional.

É CORRETO somente o que se afirma em

(A) I e II.
(B) I e III.
(C) II e III.
(D) II.
(E) I.

10. (EXAME 2009)

Durante uma reunião hipotética do Conselho de Segurança da ONU, discute-se a possibilidade de determinar a aplicação de sanções a um país A que invadiu o território de seu vizinho B. Sabemos que A pode contar com o apoio de dois membros permanentes do Conselho. Discute-se sobre a natureza da operação militar realizada por A, e, dentre os membros do Conselho, há discordância sobre se esta pode ser definida como uma agressão ou se é um caso de movimento defensivo. Qual dos cenários abaixo é impossível?

(A) O Conselho de Segurança não chega a nenhuma resolução, pois está dividido entre dois grupos compostos por membros permanentes, dentre outros.
(B) O Conselho chega a uma resolução condenando a ação de A e a mobilização de tropas de B ocorrida anteriormente e aprova um mecanismo de negociação segundo os parâmetros do capítulo 6 da Carta da ONU.
(C) O Conselho aprova uma resolução determinando que deva ocorrer uma resolução pacífica para a disputa.
(D) O Conselho aprova uma resolução definindo A como agressor e sua ação como uma ameaça à paz e à segurança internacional e determina a implementação de sanções.
(E) O Conselho transfere a decisão sobre a disputa para a Assembleia Geral.

11. (EXAME 2009)

Um indivíduo, sob custódia policial, é torturado em um país da América do Sul. O resultado de suas tentativas de utilizar o sistema jurídico doméstico para defender seus direitos é negativo. De que forma o regime internacional de direitos humanos pode ter um papel nesse contexto?

(A) Como cidadão do país, a tortura é uma questão para ser resolvida pelas instâncias que organizam a relação entre Estado e sociedade dentro do território soberano do Estado. Não há relação com regimes internacionais.
(B) Como cidadão sul-americano, o indivíduo está protegido apenas pelo sistema interamericano de direitos humanos.
(C) Como ser humano, normas estabelecidas no contexto do sistema internacional limitam a ação do Estado. A tortura é regulamentada por uma convenção da ONU contra a tortura. Essa é a base para movimentos sociais, coalizões de Estados e organizações não governamentais buscarem enfrentar o problema.
(D) Essa é uma questão a ser negociada no âmbito do sistema ONU. Cada caso de desrespeito aos direitos humanos gera novas normas a serem negociadas.
(E) Se o indivíduo for um estrangeiro, ele estará protegido pelo regime internacional de direitos humanos desenvolvido para proteger os que não são cidadãos.

12. (EXAME 2009)

Na análise da produção de política externa, o modelo desenhado por Robert Putnam, conhecido como jogo de dois níveis, representa uma contribuição inovadora para a análise de política externa porque

(A) se contrapõe ao modelo burocrático que foca na disputa intra-aparato estatal.
(B) enfatiza pela primeira vez o papel da divisão de poderes em um Estado democrático liberal na definição da política externa para setores específicos.
(C) inaugura a "abertura da caixa — preta" no estudo de política externa.
(D) incorpora a relação entre a esfera política doméstica e a esfera política internacional ao debate sobre política externa.
(E) permite a incorporação de modelos oriundos da microeconomia ao estudo de relações internacionais.

13. (EXAME 2009)

A aprovação da Resolução 41/11 da Assembleia Geral da ONU constituiu importante vitória da diplomacia brasileira, ao criar a Zona de Paz e Cooperação do Atlântico Sul (ZPCAS), em 1986. Esse fato

(A) aproximou o Brasil do regime de apartheid da África do Sul.
(B) constituiu um obstáculo ao pleito da Argentina de exercer a soberania sobre as ilhas Malvinas.
(C) impediu a nuclearização do Atlântico Sul por potências extrarregionais.
(D) possibilitou o definitivo controle do Brasil sobre as 200 milhas marítimas.
(E) protegeu os interesses dos Estados Unidos na região.

14. (EXAME 2009)

Discurso do Presidente José Sarney na fronteira entre o Brasil e a Argentina, em 29 de novembro de 1985, por ocasião da inauguração da Ponte "Presidente Tancredo Neves".

> A integração entre o Brasil e a Argentina nasce da vontade política comum e já se traduz em iniciativas conjuntas concretas, com os projetos de represas no rio Uruguai, as interligações elétricas, os estudos sobre a viabilidade de fornecimento de gás e a associação em projetos industriais. O potencial de expansão do comércio bilateral exige mecanismos novos, capazes de reforçar as duas economias, como defesa contra uma conjuntura internacional adversa. Ao mesmo tempo em que dinamizamos as áreas tradicionais, decidimos dar, em nossa cooperação, atenção prioritária à biotecnologia, à informática, às tecnologias de ponta essenciais para evitar sermos marginalizados da revolução científica da nossa época. Num desses setores, o da tecnologia do átomo, demonstramos nossa capacidade de, sem desconfianças, preconceitos ou rivalidades, colocar a energia nuclear ao serviço exclusivamente pacifico do desenvolvimento dos nossos povos, através de projetos conjuntos.

A Declaração de Iguaçu constituiu o primeiro passo na direção da integração entre Argentina e Brasil, inaugurando uma etapa nova nas relações entre os dois países. Sob o governo de Fernando Collor e Carlos Menem, o processo incorporou Paraguai e Uruguai, culminando na assinatura do Tratado de Assunção, que criou o Mercosul. Qual das afirmações abaixo sintetiza a política externa brasileira para esse bloco?

(A) Apesar de todos os esforços do Mercosul para a criação da Alca, a integração hemisférica não foi alcançada.
(B) O Mercosul tem servido exclusivamente aos interesses políticos, sem envolver a liberalização do comércio entre os países membros do bloco.
(C) Para a diplomacia brasileira, o aspecto negativo do Mercosul é que ele proíbe novos acordos comerciais com países de fora da região.

(D) Para a política externa brasileira, o Mercosul é o pilar da integração da América do Sul, e a aliança estratégica com a Argentina constitui o elemento mais importante do bloco.
(E) Para a política externa brasileira, o Mercosul é um espaço secundário na América do Sul, pois a prioridade é o mercado mexicano.

15. (EXAME 2009)

Com relação aos modelos teóricos para a integração regional na América Latina, é correto afirmar que

(A) a integração regional apenas entrou nas preocupações teóricas da América Latina por influência do Fundo Monetário Internacional, que a defendeu como maneira de promover o desenvolvimento da região
(B) a integração regional nunca foi uma preocupação dos acadêmicos latino-americanos, que estavam mais preocupados com o equilíbrio de poder entre as grandes potências.
(C) as teorias sobre integração latino-americanas são muito recentes e datam da década de 1980; começaram por influência das novas correntes acadêmicas, como o construtivismo.
(D) essa não era uma preocupação para a região até a segunda metade do século)(X, quando o exemplo das teorias funcionalistas e neofuncionalistas, desenvolvidas para explicar o processo de integração da Europa, incentivou tais reflexões nas Américas.
(E) existe uma tradição teórica latino-americana de pensar a integração da região como algo necessário para maior autonomia política e desenvolvimento econômico, que remonta à época das independências e encontra expressão moderna no estruturalismo da CEPAL.

16. (EXAME 2009)

Iniciada em 1957 com a assinatura do Tratado de Roma, e depois de percorrer acidentado percurso em que não faltaram momentos de grande pessimismo, a integração europeia reúne hoje 27 Estados e constitui o modelo mais bem-sucedido de regionalismo. Sobre ela é correto afirmar que

(A) a adesão da Rússia foi a última grande conquista da União Europeia.
(B) a Política Agrícola Comum da União Europeia prejudica a zona rural e favorece os interesses industriais da Alemanha e da França.
(C) a recusa de Portugal em integrar a União Europeia lhe tem causado sérios prejuízos econômicos.
(D) a União Europeia deu uma demonstração de pragmatismo político ao admitir países com sistemas autoritários de poder, como Grécia e Bulgária.
(E) uma vez alcançada a unificação monetária, um dos grandes desafios que se apresenta à União Europeia é a Política Externa e de Segurança Comum (PESC).

17. (EXAME 2009)

O regime de não proliferação nuclear é composto por um conjunto de tratados e arranjos que visam evitar a proliferação de armas nucleares. O Tratado de Não Proliferação Nuclear de 1968 é o pilar desse conjunto normativo e institucional. Quais são suas principais características?

(A) A ênfase no desarmamento e um sistema de monitoramento robusto.
(B) A preocupação com a não proliferação de tecnologia nuclear de uma forma geral e o tratamento diferenciado de tecnologia para uso médico.
(C) O tratamento da soberania de todos os Estados de forma equânime e a ênfase no controle de armamentos.
(D) O tratamento discriminatório dos países e a associação entre não proliferação no presente e desarmamento no futuro.
(E) Ser um claro enraizamento na cultura internacional do século XX, que inclui a ideia de igualdade entre os Estados soberanos.

18. (EXAME 2009)

Entre 1992 e 1995, uma Guerra Civil mudou a história da Europa balcânica, criando um novo país independente — a Bósnia. Qual foi a realidade sistêmica que gerou condições favoráveis a essa transformação histórica?

(A) A expansão e o aprofundamento do processo de integração regional.
(B) A redistribuição de poder entre as potências tradicionais e os países emergentes, como China, Índia e Brasil.
(C) As transformações econômicas da passa-gem para uma economia da informação.
(D) O fim da Guerra Fria criou condições para a emergência de forças nacionalistas e/ou separatistas em diversas partes do mundo. Um conjunto de mecanismos que garantiam a ordem ou congelavam conflitos se desestruturou.
(E) O fim da Guerra Fria produziu novos conflitos na medida em que os Estados Unidos se voltaram para seus problemas internos e abandonaram seu papel hegemônico.

19. (EXAME 2009)

Após a realização de sete rodadas de negociação dedicadas fundamentalmente à abertura dos mercados, a Rodada Uruguai do GATT (1986-1994) foi a mais ambiciosa desde a assinatura do acordo, em 1947, porque

(A) ampliou a agenda de negociações com a inclusão de temas como agricultura, propriedade intelectual e serviços.
(B) criou a política agrícola comum da União Europeia.
(C) facultou aos países em desenvolvimento o acesso às tecnologias sensíveis, como a energia nuclear.
(D) reforçou a importância do protecionismo como principal estratégia do comércio internacional.
(E) revogou todos os acordos de propriedade intelectual, criando o *software* livre.

20. (EXAME 2009)

A conferência de Bretton Woods ocorreu em 1944 e nela foi criado o quadro institucional internacional que regulou a economia global, após a Segunda Guerra Mundial. Entre as principais decisões desse encontro diplomático está a criação

(A) da Organização das Nações Unidas, que estabelece os padrões internacionais para o desenvolvimento econômico.
(B) da Organização Mundial do Comércio, que define as regras para o comércio internacional.
(C) do Banco de Pagamentos Internacionais, que funciona como o regulador dos bancos centrais de todo o mundo.
(D) do Banco Mundial e do Fundo Monetário Internacional, que atuam, respectivamente, como fonte de financiamento a projetos de desenvolvimento e de empréstimos para países que passam por crises financeiras.
(E) o restabelecimento do padrão-ouro, criando condições para o crescimento do comércio internacional.

21. (EXAME 2009)

A Paz de Vestfália, celebrada em 1648, paci-ficou a Europa depois de 30 anos de guerras religiosas, cristalizando o Estado territorial como o ator fundamental do "sistema euro-peu de Estados", e introduzindo a prática da diplomacia multilateral. São características desse sistema

I. a não intervenção nos assuntos internos de outros Estados, inclusive questões de natureza religiosa;

II. o equilíbrio de poder, que passou a ser o principal instrumento teórico-politico nas mãos dos estadistas para garantir a segurança do Estado;

III. a instituição de mecanismos diplomáticos que inviabilizam o surgimento de potências hegemônicas.

É CORRETO somente o que se afirma em

(A) I.
(B) II.
(C) I e II.
(D) II e III.
(E) III.

22. (EXAME 2009)

A vitória da Prússia na guerra de 1870-1871 e a consequente criação do Império Alemão inauguraram nova fase na política interna-cional, na qual o Império Alemão assumiu a condição de Estado protagonista e o chan-celer Otto von Bismarck desempenhou o papel de principal articulador político.

I. Ao se constituir, o Império Alemão rompeu o equilíbrio de poder na Europa, por se tornar o Estado economica e militarmente mais forte no continente.

II. A formação do Império Alemão não se constituiu como um obstáculo à hegemonia britânica nos mares, pois a concepção estratégica alemã era exclusivamente terrestre.

III. Ao convocar o Congresso de Berlim em 1884-1885, para organizar a Partilha da África, Bismarck demonstrou que a conquista de colônias não era o principal objetivo de sua política.

É CORRETO o que se afirma em

(A) I somente.
(B) II e III somente.
(C) I e III somente.
(D) I e II somente.
(E) I, II e III.

23. (EXAME 2009)

Artigo I: As Altas Partes contratantes declaram solenemente, em nome dos respectivos povos, que condenam o recurso à guerra para a solução das controvérsias internacionais e a ela renunciam como instrumento de política nacional nas suas mútuas relações.

Artigo II: As Altas Partes contratantes reconhecem que o ajuste ou a solução de todas as controvérsias ou conflitos de qualquer natureza ou origem, que se suscitem entre elas, nunca deverá ser procurado senão por meios pacíficos.

Tratado de Renúncia à Guerra (Pacto de Paris ou Briand-Kellogg), 27 de agosto de 1928.

O Pacto Briand-Kellogg é considerado a expressão máxima da fase idealista que reinou no sistema internacional após a Primeira Guerra Mundial. Entre os documentos abaixo, assinale aquele que abriu essa fase do sistema

(A) A criação do Comintern (Terceira Internacional).
(B) A Declaração assinada por Arthur James Balfour.
(C) A ratificação do Tratado de Versalhes.
(D) O Pacto de Locarno.
(E) Os 14 Pontos de Wilson: Mensagem ao Congresso.

24. (EXAME 2009)

Não são as nações do Terceiro Mundo aquelas que controlam o aparato de produção e trocas comerciais do mundo e praticamente não têm voz nem voto. Esse domínio de forças sobre o que não temos nenhum controle é o que todos rejeitamos. Se formamos o Grupo dos 77 é para poder tratar em pé de maior igualdade com o bloco que existia e que detinha o poder. Nossa unidade é feita fundamentalmente de oposição, e é uma unidade de nacionalismos.

Julius Nyerere, presidente da Tanzânia, discurso pronunciado em reunião do G-77, 12/02/1979.

As palavras de Nyerere exprimiam a visão que os líderes do Movimento dos Não Alinhados tinham sobre o lugar que o Terceiro Mundo ocupava na estrutura do sistema internacional. A esse respeito assinale a afirmativa correta:

(A) Devido à sua posição na Guerra Fria, o Brasil se opôs à criação do G-77.
(B) O Movimento dos Países Não Alinhados continua a ser um movimento muito influente, a despeito do fim da Guerra Fria.
(C) O Movimento dos Países Não Alinhados tem origem na Conferência Afro-Asiática de Bandung, ocasião em que a bipolaridade da Guerra Fria perde a rigidez.
(D) Os Estados Unidos e a URSS acolheram com entusiasmo o Movimento dos Não Alinhados e o G-77, como forma de dividir a responsabilidade de administração do sistema internacional.
(E) Os países da América Latina tiveram papel destacado na Conferência de Bandung.

25. (EXAME 2009)

Entre as décadas de 1820 e 1870, a política externa brasileira promoveu diversas intervenções militares nos países da bacia do Rio da Prata. Leia as afirmações abaixo com relação a esses acontecimentos diplomáticos:

I. O objetivo dessas guerras era anexar os antigos territórios do Vice-Reinado do Prata ao Império do Brasil

II. Entre as principais causas dessas intervenções estavam os receios brasileiros de que os antigos territórios do Vice-Reinado do Prata se reunissem num só Estado, que poderia ameaçar a segurança do Brasil por meio do fechamento dos rios platinos à navegação.

III. A relação entre Brasil e Argentina oscilou muito ao longo desse período. Os dois países foram inimigos na guerra pelo controle da Cisplatina (Uruguai) e aliados contra o Paraguai.

É CORRETO somente o que se afirma em

(A) II e III.
(B) I.
(C) I e III.
(D) III.
(E) II.

26. (EXAME 2009)

Os países da América Latina foram tratados em geral com evidente injustiça. É possível que, renunciando à igualdade de tratamento, que todos Estados soberanos têm tido até hoje nos congressos e conferências, alguns se resignem a assinar convenções, em que sejam declarados, e se confessem nações de terceira, quarta ou quinta ordem. O Brasil não pode ser desse número(...) O Presidente resolveu que não assinemos nem a projetada convenção para o estabelecimento de um novo tribunal de arbitramento em Haia, nem a convenção para o tribunal de apelação de presas, colocado o Brasil como foi também na classificação feita para este segundo acordo, em posição inferior à que lhe competia pela importância da sua marinha mercante(...) Agora que não mais podemos ocultar a nossa divergência, cumpre-nos tomar aí francamente a defesa do nosso direito e do das demais nações americanas. Estamos certos de que V. Excia. o há de fazer com firmeza e moderação e brilho, atraindo para nosso país as simpatias dos povos fracos e o respeito dos fortes.

Telegrama do Chanceler brasileiro Barão do Rio Branco
com instruções a Rui Barbosa, 1907.

Ao representar o Brasil como Delegado na Segunda Conferência da Paz de Haia (1907), o jurista Rui Barbosa o fez com raro brilho, tornando-se conhecido como "Águia de Haia". A fama obtida por Rui Barbosa deveu-se ao fato de

I. ter comandado a rejeição à proposta de Washington de criação de um Tribunal Mundial de Justiça, em que oito potências teriam assento permanente e as demais teriam assentos rotativos, defendendo o princípio da igualdade jurídica das nações;
II. ter conseguido aliar-se com os diplomatas norte-americanos e, assim, impedido que o tribunal mundial de justiça fosse formado exclusivamente por países europeus.
III. haver afirmado uma questão de princípio constituinte da ordem internacional que transcendia os interesses do Brasil indo ao encontro dos interesses de todos os países da América Latina.

É CORRETO somente o que se afirma em

(A) I.
(B) III.
(C) I e II.
(D) II e III.
(E) I e III.

27. (EXAME 2009)

Estou certo de que a política exterior brasileira não sofreu, ao passar a ser chamada de independente, nenhuma solução de continuidade, pois jamais a Chancelaria brasileira se inspirou em outro objetivo que não fosse a defesa da soberania e da independência do Brasil. O qualificativo apenas indica o alargamento voluntário de uma área de iniciativa própria e, consequentemente, de responsabilidades.

San Tiago Dantas, Rio de Janeiro, agosto de 1962.

A Política Externa Independente formulada por San Tiago Dantas e inaugurada pelo Chanceler Afonso Arinos de Melo Franco, em janeiro de 1961, quando da posse do Presidente Jânio Quadros, consistiu em novo modo de o Brasil se conduzir nas relações internacionais, cujos objetivos centrais eram a preservação da paz mundial e a promoção do desenvolvimento econômico, nos marcos da ordem democrática e das instituições livres. Qual das decisões políticas abaixo exprime o sentido dessa orientação política?

(A) A extensão das relações diplomáticas ao mundo comunista e o reconhecimento político formal da República Democrática Alemã.
(B) A participação na Conferência Afro-Asiática de Bandung, na Indonésia, e a denúncia de que a bipolaridade representava uma ameaça à paz mundial.
(C) A política anticolonialista na África e o rompimento de relações com Portugal em apoio à independência de Angola.
(D) A recusa brasileira, ancorada no princípio da não intervenção, de apoiar a ação armada dos Estados Unidos em Cuba, para esmagar a revolução liderada por Fidel Castro.
(E) O estabelecimento de relações diplomáticas com a República Popular da China.

28. (EXAME 2009) DISCURSIVA

A operação de paz no Haiti é uma experiência pioneira nas Américas, vinculada a uma prática que tem se expandido desde o final da Guerra Fria. As operações analisadas pela ONU desde 1985 são marcadas pela diversifidade de suas dimensões, pelo regionalismo e pela possibilidade de imposição da paz. Analise o processo de transformação da prática de operações de paz a partir dos anos 80. Apresente três elementos de continuidade e descontinuidade e a inserção da Minustah nesse contexto histórico. (Valor: 10 pontos)

29. (EXAME 2009) DISCURSIVA

A política externa brasileira do governo Lula rejeitou a proposta de criação da Área de Livre Comércio das Américas (Alca) e, por outro lado, tem liderado a formação da União das Nações Sul-Americanas (Unasul). Qual é a concepção de integração regional que tem orientado essa escolha? (Valor: 10 pontos)

30. (EXAME 2009) DISCURSIVA

A projeção internacional do Brasil se explica entre outros fatores pela sua capacidade de formar coalizões em torno de temas sensíveis ao conjunto dos países em desenvolvimento. Em torno de qual desses temas sensíveis o Brasil liderou a formação do G-20 durante na Rodada Doha da OMC, em Cancún em 2003? Apresente os principais atores envolvidos na disputa e suas posições. (Valor: 10 pontos)

Capítulo X
Questões de Componentes Específicos de Ciências Contábeis

1) Conteúdos e Habilidades objetos de perguntas nas questões de Componente Específico.

As questões de Componente Específico são criadas de acordo com o curso de graduação do estudante.

Essas questões, que representam ¾ (três quartos) da prova e são em número de 30, podem trazer, em Ciências Contábeis, dentre outros, os seguintes **Conteúdos**:

   a) teoria contábil;
   b) ética geral e profissional;
   c) escrituração contábil e elaboração de demonstrações contábeis;
   d) contabilidade societária;
   e) análise e interpretação de demonstrações contábeis;
   f) contabilidade e análise de custos;
   g) contabilidade gerencial;
   h) controladoria;
   i) orçamento e administração financeira;
   j) contabilidade e orçamento governamental;
   k) auditoria externa e interna;
   l) perícia;
   m) legislação societária, comercial, trabalhista e tributária;
   n) estatística descritiva e inferência;
   o) sistemas e tecnologias de informações.

O objetivo aqui é avaliar junto ao estudante a compreensão dos conteúdos programáticos mínimos a serem vistos no curso de graduação, de forma avançada. Também é avaliado o nível de atualização com relação à realidade brasileira e mundial.

Avalia-se aqui também *competências* e *habilidades*. A ideia é verificar se o estudante desenvolveu as principais **Habilidades** para o profissional de Ciências Contábeis, que são as seguintes:

   a) utilizar adequadamente a terminologia e a linguagem da Ciência Contábil;
   b) apresentar soluções às demandas organizacionais com o uso do conhecimento contábil;
   c) exercer a atividade contábil com visão sistêmica e interdisciplinar;
   d) elaborar pareceres e relatórios que contribuam para o desempenho eficaz de seus usuários, quaisquer que sejam os modelos organizacionais;
   e) aplicar adequadamente a normatização inerente ao ambiente da contabilidade, em especial quanto à observância de compliance;
   f) exercer suas responsabilidades com domínio das funções contábeis;
   g) avaliar a gestão e o patrimônio das entidades, gerando informações para usuários internos e externos de qualquer segmento da sociedade;
   h) analisar a necessidade de informações dos usuários, subsidiar o desenvolvimento dos sistemas e acompanhar a satisfação dos usuários;
   i) exercer com ética e proficiência as atribuições e prerrogativas que lhe são prescritas por meio da legislação específica, revelando domínio adequado aos diferentes modelos organizacionais.

Vejamos agora as questões de Componente Específico de Ciências Contábeis.

2) Questões de Componente Específico.

Conteúdo 01

TEORIA CONTÁBIL

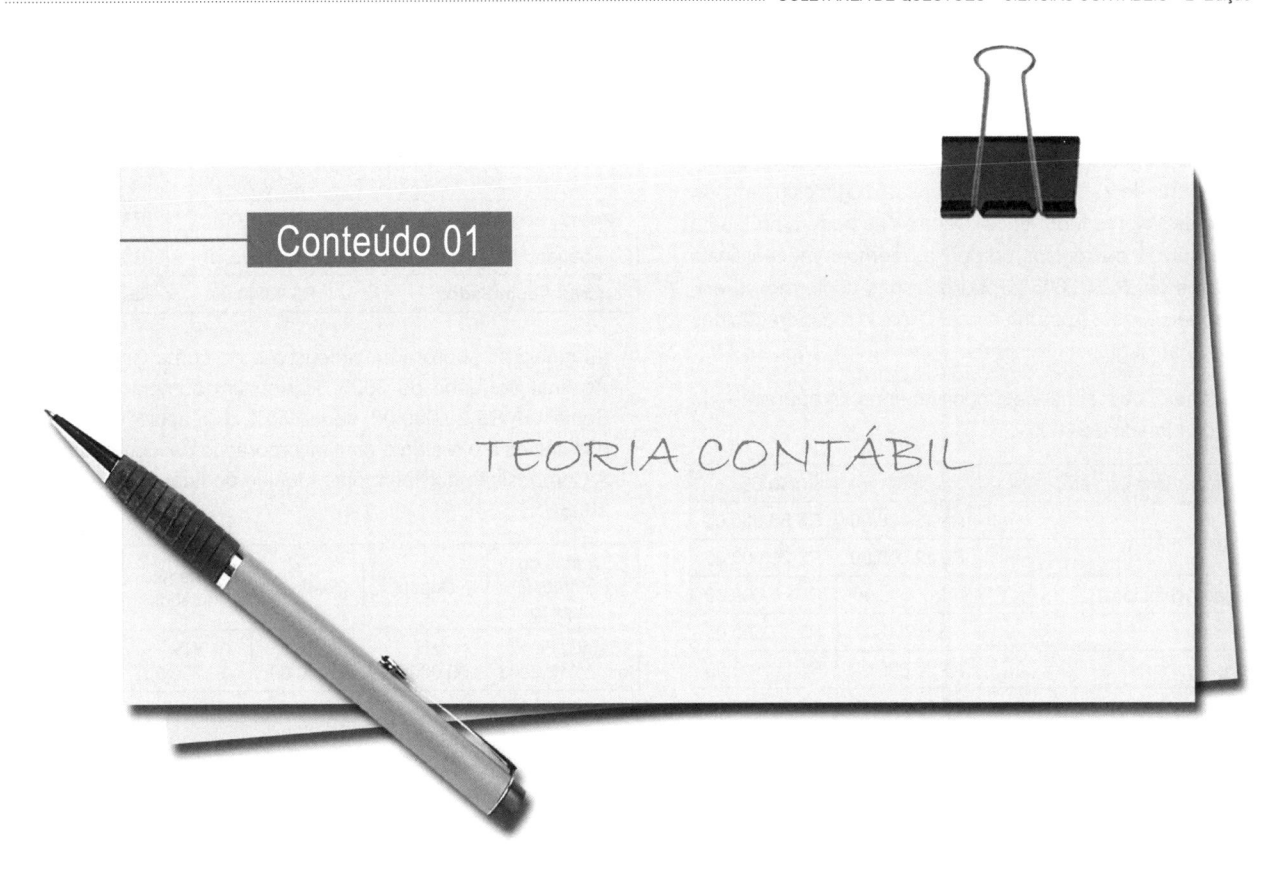

1. (EXAME 2003)

A empresa Mala Direta S.A. optou por adquirir um grande volume de material de expediente para estoque em dezembro de 2001, apesar de saber que seu consumo só iria ocorrer durante o exercício de 2002. Tal aquisição foi motivada pelo longo prazo de pagamento da primeira parcela mensal concedido pelo fornecedor, janeiro de 2003, sendo a última parcela em janeiro de 2004. O contador, em obediência ao Princípio da Competência, deve registrar a despesa

(A) em 2001.
(B) em 2002.
(C) em 2003.
(D) em 2004.
(E) parte em 2003 e parte em 2004.

2. (EXAME 2002)

A Indústria Química Barra Leve S/A fabrica, dentre outros, um produto químico de alto teor de poluição ambiental, capaz de matar plantas e animais que mantiverem contato com seus dejetos. Durante anos, despejou, *in natura*, no rio Tegu, os dejetos de sua produção. Recentemente, o município onde está instalada a Indústria aprovou uma Lei Ambiental que pretende multar com valores elevados quem poluir rios e canais locais. Visando a evitar uma multa pesada, a Barra Leve precisou, em caráter emergencial, instalar um tanque de saturação para receber a descarga dos dejetos. Dentre as Teorias da Administração, esse comportamento da Barra Leve é característico da teoria

(A) clássica.
(B) sistêmica.
(C) ambiental.
(D) contingencial.
(E) de relações humanas.

3. (EXAME 2002)

A premissa básica do princípio do custo histórico como base de valor é a de que os ativos são incorporados pelo preço pago para adquiri-los ou fabricá-los mais todos os gastos necessários para colocá-los em condições de gerar benefícios para a empresa. Essa premissa tem grande validade no processo de registro dos ativos, visto que, no momento da transação, o preço acordado entre o comprador e o vendedor é a melhor expressão do valor econômico. Por outro lado, o princípio do custo histórico tem sido considerado como conservador, especialmente, porque

(A) falha como elemento preditivo de tendências futuras para os usuários.
(B) tem como pressuposto o fato de que todo o processo de escrituração deve ser amparado por documentação suporte devidamente habilitada.
(C) tem como ponto de partida para o registro dos ativos a transferência de propriedade não levando em conta a posse.
(D) dificulta o processo de registro de alguns itens, especialmente dos que se referem aos demais gastos necessários para gerar benefícios para a empresa.
(E) provoca um lucro tributário mais elevado para o ativo por considerá-lo pelo valor histórico.

4. (EXAME 2006) DISCURSIVA

Na teoria contábil um dos aspectos intensamente discutido é o momento de reconhecimento das receitas. Para isto existem vários critérios que podem ser aplicados a uma ou a outra empresa, dependendo do tipo produto/serviço que vende. A importância deste assunto é ressaltada, pois o correto reconhecimento das receitas influencia diretamente no retorno do investimento do acionista. Pede-se:

a) Indicar, no mínimo, três formas de reconhecimento das receitas.
b) Justificar dois dos métodos apontados.

5. (EXAME 2006) DISCURSIVA

A diretoria da Cia. Altamira tem como meta abrir o capital da empresa em 2006, para isso resolve ajustar suas demonstrações contábeis a partir de 2004, de acordo com as exigências da CVM – Comissão de Valores Mobiliários. Ocorre que por um problema em seus arquivos eletrônicos perdeu as demonstrações finais dos exercícios de 2004/2005 já padronizadas conforme as exigências daquele órgão. Após intenso esforço de recuperação dos dados obteve as seguintes listagens:

I. Saldos finais dos itens patrimoniais após a apuração do Resultado Líquido de 2005:

Saldo do Razão das Contas de Ativo	2004	2005
Bens de Uso	R$ 46.000,00	R$ 50.000,00
Clientes	R$ 12.000,00	R$ 20.500,00
Depreciação Acumulada	(R$ 5.000,00)	(R$ 10.000,00)
Disponibilidades	R$ 5.000,00	R$ 13.500,00
Estoques	R$ 20.000,00	R$ 24.600,00
Imóveis	R$ 14.000,00	R$ 22.000,00
Participações Societárias	R$ 4.000,00	R$ 5.500,00
Provisões para Créditos de Liquidação Duvidosa	(R$ 300,00)	(R$ 600,00)
Total dos Saldos das Contas de Ativo	R$ 95.700,00	R$ 125.500,00

Saldo do Razão das Contas de Passivo e Patrimônio Líquido	2004	2005
Capital Social	R$ 50.000,00	R$ 70.000,00
Contas a Pagar	R$ 3.450,00	R$ 1.600,00
Dividendos a Pagar	R$ 3.500,00	
Empréstimos de Longo Prazo	R$ 9.000,00	R$ 10.700,00
Fornecedores	R$ 5.050,00	R$ 6.000,00
IPI e ICMS a Pagar	R$ 2.000,00	R$ 2.500,00
Lucros/Prejuízos Acumulados	R$ 16.200,00	R$ 26.200,00
Provisão para Pagamento do Imposto de Renda e Contribuições	R$ 3.000,00	R$ 5.000,00
Reserva Legal	R$ 3.500,00	R$ 3.500,00
Total dos Saldos das Contas do Passivo e de Patrimônio Líquido	R$ 95.700,00	R$ 125.500,00

II. Listagem das contas de resultados de apuração do Resultado Líquido do exercício:

Demonstração do Resultado	2004	2005
Receitas de Vendas	R$ 340.300,00	R$ 400.000,00
Impostos Diretos sobre Vendas	(R$ 12.000,00)	(R$ 15.000,00)
CMV - Custo da Mercadorias Vendidas	(R$ 200.400,00)	(R$ 220.000,00)
Despesas com Créditos de Liquidação Duvidosas	(R$ 300,00)	(R$ 600,00)
Despesas de Depreciação	(R$ 3.000,00)	(R$ 5.000,00)
Despesas Administrativas	(R$ 63.600,00)	(R$ 79.900,00)
Despesas de Vendas	(R$ 49.000,00)	(R$ 56.000,00)
Resultado de Equivalência Patrimonial	R$ 1.000,00	R$ 1.500,00
Imposto de Renda e Contribuições	(R$ 3.000,00)	(R$ 5.000,00)
Resultado Líquido do Exercício	**R$ 10.000,00**	**R$ 20.000,00**

III. Dados sobre as distribuições dos Resultados Líquidos recuperados:

Distribuição do Resultado	2004	2005
Resultado Líquido do Exercício	R$ 10.000,00	R$ 20.000,00
Reserva Legal	(R$ 500,00)	(R$ 1.000,00)
Dividendos	(R$ 3.500,00)	(R$ 9.000,00)
Lucros Acumulados	**R$ 6.000,00**	**R$ 10.000,00**

IV. Informações sobre a movimentação da conta Capital Social: Ao final de junho de 2005 ocorreu um aumento do Capital Social em R$ 20.000,00, sendo 50% com aporte de recursos dos sócios e o restante com incorporação de lucros retidos.

V. A Composição do Patrimônio Líquido ao final do Exercício de 2003:

Contas do Patrimônio Líquido	Capital	Reservas	Lucros Acumulados	Total
Saldos Finais em 31.12.2003	R$ 50.000,00	R$ 3.000,00	R$ 10.200,00	R$ 63.200,00

Com base nos dados recuperados, pede-se:

Elaborar as seguintes Demonstrações Contábeis:

a) Balanço Patrimonial (2004/2005).
b) Demonstração do Resultado de Exercício (2004/2005).
c) Demonstração das Mutações do Patrimônio Líquido (2004/2005).
d) Demonstração das Origens e Aplicações de Recursos (2005).
e) Fluxo de Caixa (Modelo Indireto) (2005).

6. (EXAME 2006) DISCURSIVA

A Cia. Malta é uma indústria eletrônica que produz dois produtos: gravadores de "CD" e gravadores de "DVD". A empresa possui na área de produção departamentos de serviços e departamentos produtivos. Os departamentos da área fabril são considerados como centros de resultado, logo, seus gerentes são responsáveis por gerar lucro nos departamentos sob sua responsabilidade e, para tanto, utilizam o conceito de preço de transferência para transferir o produto de uma área para outra. O preço de transferência é calculado tomando como base o custo do departamento, acrescido de uma margem de 10%.

Até o ano de 2005, a Cia. tinha uma participação de mercado de 60% e era lucrativa. Recentemente, as análises econômico-financeiras mostraram que a Malta vem perdendo participação no mercado em razão da falta de competitividade de seus preços.

Um novo presidente foi contratado e, ao marcar a primeira reunião com todos os executivos da empresa, solicita aos departamentos de finanças/custos, a preparação de um relatório constando, de forma detalhada, definições, conceitos e exemplos da composição dos custos da empresa.

Em atendimento à solicitação do presidente, pede-se:

a) Conceituar e exemplificar os itens a seguir listados:
- Custos primários dos produtos da empresa
- Custos de conversão dos produtos
- Custos comuns exemplificando na estrutura de custos e quais os itens componentes
- Custos diretos e indiretos
- Custos periódicos, variáveis e fixos

b) Especificar a aplicabilidade, os pontos positivos e negativos e a forma de cálculo do preço d e transferência.

Conteúdo 02

ÉTICA GERAL E PROFISSIONAL

1. (EXAME - 2009)

Para o exercício da profissão contábil, é necessário observar o código de ética, cujo objetivo é fixar a forma pela qual se devem conduzir os contabilistas.

Uma situação demonstrativa de um comportamento ético do contador é

(A) assinar os balanços de uma empresa, elaborados por profissional não habilitado, sem orientar, sem supervisionar e sem fiscalizar sua preparação.
(B) emitir parecer favorável de auditoria a uma empresa, sem a realização de testes suficientes para fundamentar a sua opinião.
(C) propor honorários aviltantes para clientes de outros escritórios, a fim de aumentar a receita que recebe.
(D) publicar, no *sítio* do seu escritório de contabilidade, artigo técnico, sem citar a fonte consultada.
(E) renunciar às suas funções, ao perceber a ocorrência de desconfiança, por parte de seu cliente, sem prejudicá-lo.

2. (EXAME 2003)

O contador Antônio, um dos sócios de um escritório de contabilidade, foi contratado por um cliente de grande porte para fazer um trabalho de natureza contábil especializada. Considerando a importância do cliente e não se sentindo muito à vontade para realizar a maior parte dos serviços, aceitou o contrato, repassando a execução da parte especializada para o contador Cândido, de reconhecida competência naquela especialidade.

Posteriormente, ocorrendo problema relevante no trabalho realizado, o cliente cobrou do contador Antônio a reparação do erro cometido. Este negou sua responsabilidade, alegando que os trabalhos foram feitos por outro profissional e exibindo, para comprovar suas alegações, os documentos originais elaborados e assinados pelo contador Cândido.

À Luz do Código de Ética Geral e Profissional em Contabilidade, a atitude adotada pelo contador Antônio é

(A) errada, uma vez que parte do trabalho foi realizada por ele.
(B) errada, pois ele não poderia repassar os serviços para outro profissional fazer.
(C) errada, pois, mesmo repassando a maior parte do trabalho, a responsabilidade técnica continua sendo dele.
(D) correta, pois existe documento probatório de que o trabalho foi realizado por outro profissional.
(E) correta, uma vez que a maior parte do trabalho foi realizada por outro profissional.

3. (EXAME 2003)

A Audicontas S/C Ltda. vem efetuando trabalhos de auditoria para a Empresa Vendebem S.A. há dois anos. O relacionamento entre as empresas é muito bom e, recentemente, a Vendebem convidou o Sr. Paulo da Silva, responsável pela equipe de auditoria que executa os trabalhos na Vendebem, para assumir a Contabilidade desta empresa. Da parte da Audicontas, não houve restrições quanto à contratação. Diante desse fato, o Sr. Paulo pode aceitar o novo cargo?

(A) Sim e pode continuar chefiando a equipe da Audicontas.
(B) Sim, mas deve solicitar outra função na equipe de auditoria.
(C) Sim, mas deve afastar-se imediatamente da empresa de auditoria.
(D) Não, pois já conhece a estrutura interna da Vendebem, o que fere a ética profissional.
(E) Não, evitando, com isso, problemas de relacionamento entre os proprietários de ambas as empresas.

4. (EXAME 2003)

A empresa NorteFerro S.A. realiza, costumeiramente, operações de empréstimo no Banco Atlântico S.A. Numa dessas operações, o seu gerente financeiro combinou com o gerente do Banco elevar a taxa de juros do empréstimo em 1% e dividir entre os dois a vantagem obtida na operação.

Ao efetuar o registro, o contador da NorteFerro percebeu que a taxa de juros era mais elevada que a das últimas operações. Ao questionar o gerente financeiro, este respondeu que o assunto era de alçada superior. Com medo de ser demitido, visto que o gerente financeiro era seu chefe, o contador fez o registro normalmente e não comentou o assunto com ninguém. Neste caso, o desrespeito à ética foi praticado

(A) pelo gerente do Banco, pois a ele cabe cumprir os Regulamentos do Banco Central e as normas emitidas pelo Banco onde trabalha.
(B) pelo gerente financeiro da NorteFerro e pelo gerente do Banco Atlântico, pois ambos foram beneficiários de vantagem ilícita.
(C) pelo gerente financeiro da NorteFerro e pelo gerente do Banco, já que o contador apenas cumpriu ordens superiores.
(D) pelos três envolvidos: o gerente financeiro, o gerente do Banco e o contador, porque todos obtiveram vantagem ilícita.
(E) pelos três envolvidos: o gerente financeiro e o gerente do Banco, porque obtiveram vantagem ilícita, e o contador, por sua omissão.

5. (EXAME 2002)

Entre as exigências que as transformações ocorridas nas últimas décadas têm trazido às empresas das diferentes áreas e setores encontra-se o aumento da sua importância social. Assim, a responsabilidade social da empresa atualmente atinge:

I. os funcionários de diversos níveis hierárquicos, cabendo à empresa contribuir para o seu crescimento como profissionais e como cidadãos;
II. a comunidade na qual está inserida, cabendo à empresa contribuir para a preservação do meio ambiente e da riqueza cultural;
III. os consumidores, em geral, cabendo à empresa aprimorar continuamente a qualidade dos produtos ou serviços que oferece;
IV. a sociedade, como um todo, cabendo à empresa contribuir para o desenvolvimento não só da localidade onde se situa, mas também da região e do país.

Estão corretos os itens:

(A) I e III, apenas.
(B) II e IV, apenas.
(C) I, II e III, apenas.
(D) I, III e IV, apenas.
(E) I, II, III e IV.

6. (EXAME 2002)

Alice é tesoureira de uma empresa e, por problemas pessoais, apoderou-se de um cheque que acabara de receber de um cliente, depositando-o na sua conta particular. Apagou qualquer vestígio da entrada do cheque na tesouraria e procurou Geraldo, o Contador da empresa, contando o que fez e pedindo-lhe para não divulgar a informação até que ela reponha o dinheiro. Compadecido da amiga, mas não desejando praticar um ato anti-ético, o Contador deverá

(A) debitar o valor correspondente ao cheque na rubrica Débito de Caixa e Crédito de Duplicatas a Receber em nome da tesouraria.
(B) levar o caso ao conhecimento da direção da empresa, tendo em vista a gravidade da situação, que ultrapassa o nível de competência do contador.
(C) agir conforme a prática contábil adequada à situação, registrando no diário o lançamento de Débito de Adiantamento a Funcionários e Crédito de Duplicatas a Receber.
(D) procurar o setor jurídico da empresa para que legalmente seja encontrada uma solução relativa à atitude da tesoureira.
(E) lançar provisoriamente o valor como Débito de Valores a Classificar e Crédito de Cheques em Trânsito, dando à colega o tempo necessário para repor o dinheiro.

7. (EXAME 2002)

Um Contador iniciante, após meses na empresa Aurora, foi alocado para trabalhar na área fiscal e tributária. Em fevereiro de 2000, recebeu a tarefa de contabilizar as Receitas de Vendas do mês de dezembro de 1999. Ao concluir o trabalho e apresentá-lo ao Gerente Financeiro, este verificou que as Receitas do exercício de 1999 estavam em valor inferior às metas de faturamento fixadas pela Matriz no exterior. Então, o Gerente determinou que o Contador localizasse as Notas Fiscais de venda de janeiro de 2000 e antecipasse sua contabilização para dezembro de 1999, para que as metas estabelecidas pela Matriz pudessem ser atendidas. Durante uma fiscalização do CRC de sua jurisdição, o fato foi descoberto.

O Contador cometeu ato anti-ético passível de ser autuado pelo CRC?

(A) Não, pois cumpriu uma ordem superior e não deverá ser autuado.
(B) Não, pois as vendas eram verdadeiras e foram simplesmente antecipadas em sua contabilização, não caracterizando nenhum ilícito que acarrete autuação.
(C) Não, pois esse procedimento é admissível sob a ótica empresarial e, portanto, não deve ser autuado.
(D) Sim, pois contribuiu para a elaboração das demonstrações contábeis em desacordo com os princípios fundamentais de contabilidade e, portanto, deverá ser autuado.
(E) Sim, mas só deverá ser autuado se o Gerente não assumir a culpa pelo fato ocorrido.

8. (EXAME 2002)

Eduardo Alencar é um Contador bem conceituado, com cerca de vinte clientes corporativos e a todos procura atender com profissionalismo. Recebeu uma proposta do presidente de um pequeno grupo de três empresas ao qual presta serviços que geram honorários de R$ 3.000,00 mensais, extremamente relevantes para o faturamento do escritório. Foi-lhe solicitado que fizesse um balanço patrimonial e uma demonstração de resultado de uma empresa que não conhece, para que a mesma possa obter um vultoso empréstimo em banco oficial. Para tanto, precisaria alterar alguns dados relevantes da situação da empresa, com o objetivo de melhorar sua situação financeira e patrimonial. Por este trabalho ganharia uma remuneração de R$ 2.000,00. Entretanto, caso recusasse, perderia essa remuneração extra e os três clientes regulares.

Se o contador aceitasse o trabalho, de acordo com o Código de Ética Profissional do Contabilista, estaria

(A) exercendo atividade ou ligando seu nome a empreendimentos com finalidades ilícitas.

(B) concorrendo para a realização de ato contrário à legislação ou destinado a fraudá-la.

(C) praticando, para proveito pessoal, ato definido como crime ou contravenção.

(D) revelando negociação confidenciada pelo cliente ou empregador para acordo ou transação da qual, comprovadamente, tenha tido conhecimento.

(E) solicitando ou recebendo do cliente ou empregador qualquer vantagem ilícita.

Conteúdo 03

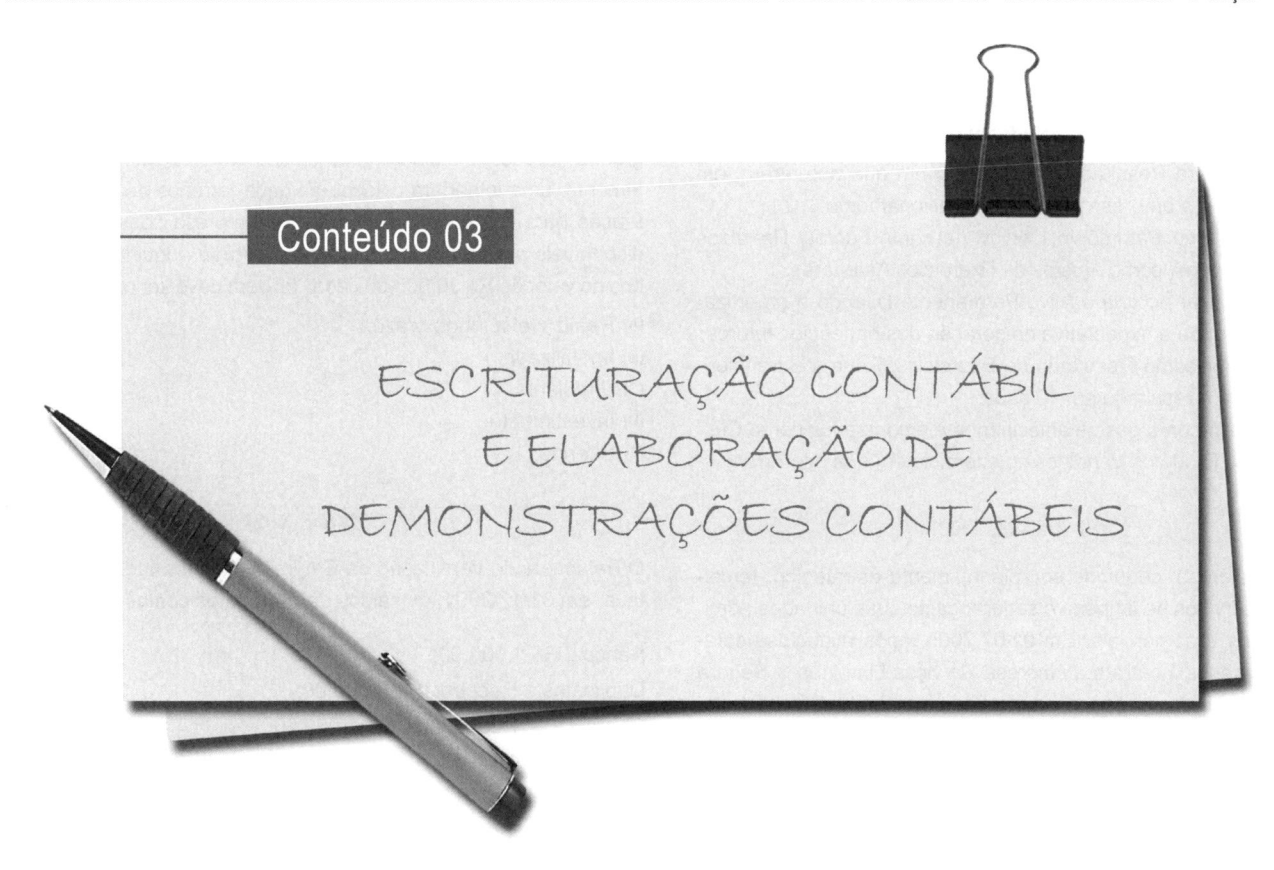

ESCRITURAÇÃO CONTÁBIL E ELABORAÇÃO DE DEMONSTRAÇÕES CONTÁBEIS

1. (EXAME 2006)

A Empresa Comercial Aurora Ltda. negociou, em 31.12.2005, uma operação de Desconto de Duplicatas no valor total de R$ 1.500.000,00 distribuídos conforme o fluxo de vencimento das duplicatas a seguir:

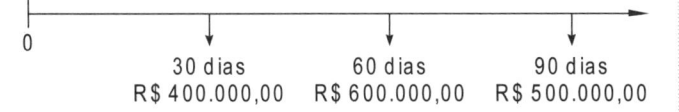

```
|---------|---------|---------|---------→
0      30 dias   60 dias   90 dias
    R$ 400.000,00  R$ 600.000,00  R$ 500.000,00
```

Nessa operação, a instituição financeira cobrou e recebeu juros antecipados no valor de R$ 155.000,00, calculados à taxa de 5% ao mês (juros simples), e taxas de serviços de R$ 500,00. Se a empresa encerra o seu exercício contábil ao final de dezembro, qual foi o efeito do registro dessa operação nas Demonstrações Contábeis da empresa?

(A) Diminuição no Resultado do Exercício no valor de R$ 155.500,00.
(B) Diminuição no Ativo no valor de R$ 155.500,00.
(C) Diminuição no Ativo Circulante no valor de R$ 500,00.
(D) Aumento de Despesas Financeiras no valor de R$ 155.000,00.
(E) Aumento do Passivo Circulante no valor de R$ 500,00.

2. (EXAME 2006)

A Cia. Manufatura Guaracy adquiriu um equipamento, em outubro de 2005, colocando-o em funcionamento em 01.12.2005. Do custo de aquisição desse bem, no valor de R$ 63.000,00, foi paga uma parcela de R$ 30.000,00 e o restante financiado com incidência de juros de 12% ao ano. Além desse valor, no mês de novembro, a empresa incorreu nos seguintes desembolsos:

Itens Pagos	Valor
Transporte do Equipamento	R$ 2.500,00
Instalação e Adequação Física do Equipamento	R$ 3.000,00
Testes de Funcionamento do Equipamento	R$ 3.000,00
Juros sobre Empréstimos	R$ 330,00

Qual é o valor a ser contabilizado no Ativo Permanente da empresa, em 30.11.2005, em relação a esse equipamento?

(A) R$ 63.000,00
(B) R$ 65.500,00
(C) R$ 69.500,00
(D) R$ 71.500,00
(E) R$ 71.830,00

3. (EXAME 2006)

A empresa Itaici Indústria e Comércio Ltda. vem acumulando prejuízos constantes nos últimos 4 anos. Após várias

reuniões, a direção identificou algumas razões que justificavam esses resultados, tais como:

- As decisões de preços são tomadas erroneamente em • função de falha no fluxo de informações.
- Produção de itens gerando alto grau de rejeitos no processo.
- A Diretoria toma decisões baseadas em informações não atualizadas.
- Itens de Despesas com valores altamente crescentes e sem controle.

Em vista dos fatos, a direção da empresa decidiu investir em uma reorganização nas áreas de vendas, produção e financeira. Para isso, contratou profissionais que propuseram, além de uma completa modificação no fluxo de informações da empresa, alterações no processo produtivo.

Que tipo de tratamento contábil devem receber os gastos incorridos com esta assessoria e os advindos das alterações propostas pelos consultores no fluxo de informações?

(A) Lançar para Resultado no momento em que ocorrerem, em virtude de a empresa já estar em funcionamento.
(B) Registrar no Patrimônio Líquido na conta Lucros/ Prejuízos Acumulados, como Ajustes de Exercícios Anteriores.
(C) Contabilizar no grupo Ativo Permanente Diferido e amortizá-los segundo a expectativa de geração dos benefícios futuros.
(D) Apropriar como Resultado de Exercícios Futuros e transferi-los para o resultado em 10 anos.
(E) Registrar como gastos antecipados e amortizá-los como Custos dos Produtos Vendidos no exercício em que ocorrerem.

4. (EXAME 2006)

A Cia. Alterosa, seguindo seu planejamento estratégico, terceiriza os serviços de limpeza e segurança de suas unidades administrativas e comerciais. Em 01.07.2005, após minuciosa cotação de preços, contrata a empresa Serviços Limpinha & Segura Ltda., por 3 anos, pagando, na ocasião da assinatura do contrato, o valor de R$ 1.200.000,00 correspondente ao montante total dos serviços contratados.

Na empresa prestadora de serviços, no momento da assinatura e recebimento total do contrato, qual o procedimento contábil para o registro dessa operação?

(A) Reconhecer como Receita Operacional do período o valor total recebido.
(B) Registrar como conta de Passivo o valor contratado.
(C) Lançar o valor do contrato em conta do Ativo Diferido.
(D) Registrar o total contratado como Resultado de Exercícios Futuros.
(E) Contabilizar o valor total contratado como Receita Não Operacional.

5. (EXAME 2002)

A Aluminordeste S/A precisou obter um empréstimo, às pressas, junto ao Banco onde operava, para quitar uma duplicata que havia vencido 5 dias antes e não fora relacionada pelo Setor de Contas a Pagar, porque havia sido extraviada, o que não foi percebido pelo pessoal da área, nem pelo da tesouraria. Para evitar problemas desse tipo, o Diretor Financeiro da empresa resolveu adotar, como controle preventivo, a elaboração de

(A) Balanço Patrimonial projetado.
(B) Demonstração de resultado projetada.
(C) Orçamento de vendas.
(D) Relatório de recebimentos e pagamentos.
(E) Previsão do fluxo de caixa.

6. (EXAME 2002)

A Companhia imobiliária Vale dos Milagres é uma empresa de grande sucesso, instalada numa cidade em crescimento. Recentemente, uma loteadora colocou à venda terrenos de ótima localização para fins residenciais. Como a empresa possui recursos disponíveis por tempo indeterminado, decidiu adquirir dois terrenos no valor de R$ 30.000,00 cada. Tal bem deve ser registrado no

(A) Realizável a longo prazo.
(B) Imobilizado.
(C) Circulante.
(D) Investimento.
(E) Diferido.

7. (EXAME 2002)

O Balancete de verificação da Empresa Pioneira Ltda. apresentava, em 31/12/2001, os saldos das seguintes contas:

Bancos, R$ 1.000,00;
Duplicatas a Receber, R$ 2.000,00;
Depreciação Acumulada, R$ 1.000,00;
Capital Social, R$ 10.000,00;
Salários a Pagar, R$ 1.000,00;
Caixa, R$ 1.500,00;
Mercadorias, R$ 4.000,00;
Fornecedores, R$ 470,00;
Prejuízos Acumulados, R$ 2.000,00;
Provisão para Devedores Duvidosos, R$ 30,00;
Empréstimos a Pagar, R$ 3.000,00;
Máquinas e equipamentos, R$ 5.000,00.

Os valores do Ativo Total, Capital de Terceiros e Patrimônio Líquido, em reais, serão, respectivamente,

(A) 13.500,00; 10.000,00 e 3.500,00.
(B) 12.500,00; 10.000,00 e 2.500,00.
(C) 12.470,00; 11.000,00 e 1.470,00.
(D) 12.470,00; 4.470,00 e 8.000,00.
(E) 9.000,00; 1.000,00 e 8.000,00.

Conteúdo 04

CONTABILIDADE SOCIETÁRIA

1. (EXAME - 2009)

A constituição das provisões para férias, décimo terceiro salário e dividendos propostos é uma conduta profissional que atende a qual princípio contábil?

(A) Competência.
(B) Consistência.
(C) Continuidade.
(D) Entidade.
(E) Prudência.

2. (EXAME - 2009)

Em função da crise econômica internacional, a empresa Patativa passou por dificuldades econômico-financeiras, o que provocou um processo de descontinuidade e, consequentemente, está sendo obrigada a vender ativos para pagar dívidas com empregados, fornecedores e credores.

Sendo assim, os ativos devem ser avaliados pelo

(A) custo corrente.
(B) custo histórico.
(C) fluxo de caixa descontado.
(D) preço corrente de venda.
(E) valor de liquidação.

3. (EXAME - 2009)

No processo de seleção de um novo estagiário da área de contabilidade, o *controller* da indústria WB solicitou aos candidatos que indicassem a situação em que deveria ser reconhecida uma obrigação exigível da empresa.

A situação a ser indicada pelo candidato é a

(A) constituição de reservas de contingências, em face de reduções nos resultados de períodos subsequentes.
(B) contratação de uma operação de *leasing* financeiro, para equipar o seu parque industrial.
(C) deterioração do estoque de matéria-prima decorrente do mau acondicionamento.
(D) entrega dos produtos para os seus clientes e respectivo reconhecimento das receitas de vendas.
(E) integralização de capital social pelos sócios em dinheiro e em imóveis.

4. (EXAME - 2009)

A empresa XYZ adquire mercadorias para revenda, com promessa de pagamento em 3 parcelas iguais, sendo a primeira parcela com vencimento para 30 dias.

Qual o efeito do registro contábil dessa operação na data da aquisição?

(A) Altera o resultado do exercício.
(B) Gera uma receita futura.

(C) Mantém o ativo inalterado.
(D) Mantém o passivo inalterado.
(E) Mantém o patrimônio líquido inalterado.

5. (EXAME - 2009)

A Cia. Incertos e Associados, empresa de consultoria jurídica, iniciou suas atividades em 30/11/X8, com um capital social de R$ 100.000,00, totalmente integralizado, parte em dinheiro, R$ 60.000,00, e parte em móveis e utensílios, R$ 40.000,00. Até o final do exercício de X8, ocorreram os seguintes fatos contábeis:

Aquisição, a prazo, de material de consumo.	R$ 6.000,00
Pagamento antecipado de aluguel em 31/12/X8.	R$ 9.000,00
Compra financiada de equipamentos.	R$ 120.000,00
Aquisição, a vista, de ações da Cia. ABC.	R$ 24.000,00
Recebimento de adiantamento de clientes por serviços contratados, a serem prestados em 45 dias.	R$ 36.000,00
Reconhecimento da despesa com salários.	R$ 48.000,00
Aplicação financeira em 31/12/X8.	R$ 10.000,00

Com base nessas informações, o valor total do Ativo da Cia. Incertos e Associados, em 31/12/X8, é

(A) R$ 271.000,00.
(B) R$ 262.000,00.
(C) R$ 253.000,00.
(D) R$ 251.000,00.
(E) R$ 217.000,00.

6. (EXAME - 2009)

A empresa Floresta S.A. possui 5% do capital social da empresa Araucária, cujo investimento é avaliado pelo método de custo, e 100% do capital social da empresa Ipê. Observe as informações das empresas investidas, a seguir:

	Araucária	Ipê
Patrimônio Líquido Inicial	100.000,00	60.000,00
Lucro Líquido do Período	9.000,00	5.000,00
Dividendos Distribuídos no Período	4.000,00	2.000,00

No período não ocorreram outras alterações no Patrimônio Líquido das empresas investidas.

Em relação à variação nos saldos dos investimentos na investidora Floresta S.A., o que é CORRETO afirmar?

(A) Houve um aumento de R$ 250,00 e R$ 3.000,00, respectivamente, nos saldos dos investimentos em Araucária e Ipê.
(B) Houve um aumento de R$ 250,00 no saldo do investimento em Araucária.
(C) Houve um aumento de R$ 3.000,00 no saldo do investimento em Ipê.
(D) Houve um aumento de R$ 450,00 e R$ 5.000,00, respectivamente, nos saldos dos investimentos em Araucária e Ipê.
(E) Houve uma redução de R$ 200,00 no saldo do investimento em Araucária.

7. (EXAME - 2009)

Leia as Demonstrações Contábeis da Cia. Inter:

Cia. Inter
Balanço Patrimonial – Exercício Findo em 31/12/X2 – Em R$

ATIVO	X1	X2	PASSIVO	X1	X2
Circulante			**Circulante**		
Disponível	6.850	7.000	Fornecedores	4.780	10.290
Clientes	4.800	3.710	Dividendos a Pagar	1.300	520
Estoques	7.460	5.800	IR/CSSL a Pagar	430	510
Total do Circulante	19.110	16.510	**Total do Circulante**	6.510	11.320
Não Circulante			**Não Circulante**		
Investimentos	10.200	15.000	Exigível a Longo Prazo		
Imobilizado	17.200	21.500	Empréstimos	8.000	9.300
Máquinas	20.000	25.300	**Total do Não Circulante**	8.000	9.300
Deprec. Acumulada	(2.800)	(3.800)	**Patrimônio Líquido**		
Intangível		10.000	Capital Social	30.000	40.000
Total do Não Circulante	27.400	46.500	Reservas de Lucros	2.000	2.390
			Total do PL	32.000	42.390
Total do Ativo	46.510	63.010	**Total do Passivo + PL**	46.510	63.010

Cia. Inter
Demonstração do Resultado do Exercício de X2 – Em R$

Receita Bruta de Vendas	21.000
Impostos sobre Vendas	(3.000)
Receita Líquida de Vendas	18.000
CMV	(15.900)
Lucro Bruto	**2.100**
Salários	(1.200)
Depreciação	(1.000)
Despesas Financeiras	(800)
Receita de Equivalência Patrimonial	2.200
Lucro antes do IR/CSSL	**1.300**
Provisão p/ IR/CSSL	(390)
Lucro Líquido do Exercício	**910**

Considerando-se que as despesas financeiras não foram pagas e que houve aumento de capital social de R$ 10.000,00, é CORRETO afirmar que a Cia. Inter

(A) distribuiu dividendos de R$ 520,00.
(B) obteve empréstimos bancários de R$ 9.300,00.
(C) realizou novos investimentos de R$ 4.800,00.
(D) recebeu de clientes R$ 21.000,00.
(E) teve sua folga financeira de curto prazo aumentada.

8. (EXAME - 2009)

Em 31/12/X8, os balanços individuais das companhias Controladora e Controlada apresentavam os seguintes valores:

Contas	Controladora R$	Controlada R$
Disponível	5.000	3.000
Estoques	25.000	10.000
Contas a Receber	20.000	12.000
Investimentos	16.000	5.000
Imobilizado	34.000	20.000
Ativo Total	100.000	50.000
Contas a Pagar	40.000	30.000
Patrimônio Líquido	60.000	20.000
Passivo + PL	100.000	50.000

Com base nessas informações, em relação aos valores apresentados no Balanço Patrimonial Consolidado da Cia. Controladora S.A., verificou-se que

I. Disponível = R$ 8.000.
II. Investimentos = R$ 5.000.
III. Contas a Receber = R$ 32.000.
IV. Participações de não Controladores = R$ 4.000.
V. Contas a Pagar = R$ 70.000.

Estão CORRETAS somente os itens:

(A) I, II, III e IV.
(B) I, II, III e V.
(C) I, II e IV.
(D) I, III e V.
(E) I, IV e V.

9. (EXAME 2006)

A observância dos Princípios Fundamentais de Contabilidade emanadas pelo CFC – Conselho Federal de Contabilidade é obrigatória no exercício da profissão e constitui condição de legitimidade das Normas Brasileiras de Contabilidade.

A Norma Contábil que determina a inclusão das receitas e despesas na apuração do resultado do período a que pertencerem, de forma simultânea quando se correlacionarem, independentemente de ter havido recebimento no caso de receita, ou pagamento, no caso de despesa, está contida no Princípio Fundamental de Contabilidade da

(A) Competência.
(B) Continuidade.
(C) Oportunidade.
(D) Tempestividade.
(E) Uniformidade.

10. (EXAME 2006)

Saldos finais das contas patrimoniais da Cia. Colibri em 31.12.2005:

Caixa	R$ 1.000,00
Capital Social	R$ 1.000,00
Contas a Pagar até 90 dias	R$ 1.000,00
Contas a Receber até 360 dias	R$ 2.000,00
Depreciação Acumulada	R$ 500,00
Financiamentos a Longo Prazo	R$ 1.200,00
Imobilizado	R$ 2.000,00
Lucro Acumulado	R$ 700,00
Provisão para Crédito de Liquidação Duvidosa	R$ 300,00
Salários a Pagar	R$ 300,00

Os valores totais do Ativo e do Patrimônio Líquido são, respectivamente,

(A) R$ 2.800,00 e R$ 3.600,00
(B) R$ 4.200,00 e R$ 1.700,00
(C) R$ 4.200,00 e R$ 2.800,00
(D) R$ 4.300,00 e R$ 1.200,00
(E) R$ 5.000,00 e R$ 1.000,00

11. (EXAME 2006)

A renovação anual dos contratos de seguros do ativo operacional da Empresa Organizadinha ocorre sistematicamente no primeiro dia do mês de junho e o pagamento do contrato é sempre efetuado à vista em uma única parcela. Foram pagos R$ 2.400,00 em cada um dos exercícios de 2004 e 2005. Com base nessas informações, os saldos finais das contas Despesas Pagas Antecipadamente e Despesas de Seguros, nessa ordem, em 31.12.2005, são:

(A) R$ 1.000,00 e R$ 2.400,00
(B) R$ 1.000,00 e R$ 1.200,00
(C) R$ 1.000,00 e R$ 1.000,00
(D) R$ 1.200,00 e R$ 1.200,00
(E) R$ 1.200,00 e R$ 2.400,00

12. (EXAME 2006)

A Lei no 6.404/76, ao dispor sobre as características e natureza das Sociedades por Ações, estabelece a classificação das contas segundo os elementos do patrimônio, agrupando-as de modo a facilitar a evidenciação e a análise financeira das companhias. Assim, se uma empresa adquire o controle acionário de outra, esse evento é registrado no Ativo

(A) Permanente Imobilizado.
(B) Circulante.
(C) Permanente Diferido.
(D) Realizável a Longo Prazo.
(E) Permanente Investimento.

13. (EXAME 2006)

A Cia. Alfa, principal empresa do grupo GRECCO, possui aplicações em participações societárias em diversas empresas, desde janeiro de 2002. Em 31.12.2005, ocasião da elaboração de suas demonstrações contábeis, identifica suas participações acionárias diretas e indiretas, formadas por ações ordinárias e preferenciais, todas com valor nominal de R$ 1,00, conforme o quadro a seguir:

Quadro de Participações Acionárias (quantidade de ações)				
Investidas	Investidores			Total de ações
	Cia. Alfa	Cia. Beta	Outros	
Cia. Beta	30.000.000	—	10.000.000	40.000.000
Cia. Celta	100.000	200.000	19.700.000	20.000.000
Cia. Delta	25.000.000	5.000.000	20.000.000	50.000.000

O Departamento de Controle informa que:

- os acionistas externos possuem apenas o controle do capital ordinário da Cia. Celta; nas demais empresas, esse tipo de capital está sob o controle direto ou indireto da Cia. Alfa.
- Os valores corretamente ajustados para a elaboração da avaliação dos investimentos são os apresentados no quadro a seguir:

Investidas	Patrimônio Líquido Base para a Avaliação da Participação Societária	Valor Contábil dos Investimentos da Cia. Alfa	Valor Contábil das Participações da Cia. Beta
Cia. Beta	R$ 58.500.000,00	R$ 42.075.000,00	
Cia. Celta	R$ 25.000.000,00	R$ 100.000,00	R$ 200.000,00
Cia. Delta	R$ 51.000.000,00	R$ 25.500.000,00	R$ 5.060.000,00

No início de dezembro de 2005, a Cia. Delta realizou uma venda a prazo de produtos para a Cia. Beta no valor de R$ 500.000,00, dos quais R$ 300.000,00 já foram repassados a terceiros. O lucro total obtido nessa operação pela Cia. Delta foi de 20%. Com base nos dados fornecidos é correto afirmar:

(A) O resultado do cálculo da equivalência patrimonial referente à participação da Cia. Beta na Cia. Delta é zero.
(B) Todas as participações societárias das empresas do grupo devem ser avaliadas por equivalência patrimonial.
(C) Todos os dividendos recebidos pela Cia. Alfa referentes às suas participações societárias devem ser registrados como Receitas Operacionais.
(D) A empresa Beta deve reconhecer como Resultado Não Operacional o valor da equivalência patrimonial calculado sobre a Cia. Delta.
(E) A empresa Alfa deve reconhecer uma Despesa Operacional com relação à avaliação de sua participação societária na Cia. Beta.

14. (EXAME 2006)

O Grupo empresarial Sideral é formado por três empresas das quais a Cia. Lua é a controladora, participando com 70% da Cia. Marte e 50% da Cia. Terra. Em 31.12.2005 o Balanço Patrimonial e a Demonstração do Resultado, já ajustados, de cada uma dessas empresas, eram os apresentados a seguir:

Balanços Patrimoniais (ajustados para efeito de consolidação)			
Ativo	Cia. Lua	Cia. Marte	Cia. Terra
Disponibilidades	5.000,00	4.000,00	1.000,00
Clientes	25.000,00	70.000,00	20.000,00
(-) PDD (Provisão para Devedores Duvidosos)	(1.200,00)	(1.500,00)	(4.000,00)
Estoques	38.200,00	34.000,00	10.000,00
Dividendos a Receber	26.000,00	0	0
Participações Societárias	164.000,00	0	3.000,00
Imobilizado Líquido	184.000,00	168.500,00	90.000,00
Total Ativo	441.000,00	275.000,00	120.000,00
Passivo + Patrimônio Líquido	Cia. Lua	Cia. Marte	Cia. Terra
Contas a Pagar	14.000,00	12.000,00	6.000,00
Fornecedores	51.000,00	38.000,00	34.000,00
Dividendos a Pagar	40.000,00	24.000,00	2.000,00
Impostos e Contribuições	21.000,00	21.000,00	2.000,00
Capital Social	110.000,00	100.000,00	50.000,00
Reservas	20.000,00	5.000,00	1.000,00
Lucros/Prejuízos Acumulados	185.000,00	75.000,00	25.000,00
Total do Passivo + PL	441.000,00	275.000,00	120.000,00

Demonstração de Resultado do Exercício findo em 31.12.2005			
Contas	Cia. Lua	Cia. Marte	Cia. Terra
Vendas	400.000,00	300.000,00	100.000,00
(-) CMV - Custos das Mercadorias Vendidas	(200.000,00)	(150.000,00)	(70.000,00)
Resultado Bruto	200.000,00	150.000,00	30.000,00
(-) Despesas Operacionais	(64.000,00)	(45.000,00)	(20.000,00)
Resultado Equivalência Patrimonial	95.000,00	0	0
Resultado do Exercício	231.000,00	105.000,00	10.000,00
(-) Impostos e Contribuições provisionados	(21.000,00)	(21.000,00)	(2.000,00)
Resultado Líquido	210.000,00	84.000,00	8.000,00

Além dos dados fornecidos anteriormente, as informações contábeis evidenciaram vendas de mercadorias a prazo, feitas pela Cia. Marte para a controladora. Essa operação correspondeu a 50% do total das receitas de vendas da investida e, ao final do período, esses estoques da controladora foram integralmente repassados a terceiros.

Com base nesses dados, é correto afirmar que o valor

(A) consolidado do Ativo Total é R$ 239.000,00 e o das obrigações é R$ 92.000,00.
(B) consolidado do resultado do grupo é R$ 302.000,00 e do Ativo Total é R$ 836.000,00.
(C) total das receitas auferidas pelo grupo é de R$ 800.000,00.
(D) da participação dos minoritários é R$ 92.000,00 e o do Permanente consolidado é R$ 445.500,00.
(E) consolidado do Passivo Total é R$ 315.000,00 e o do Patrimônio Líquido é R$ 110.000,00.

15. (EXAME 2006)

A Indústria Laguna S.A. planeja fabricar e vender 100.000 unidades de um único produto durante o exercício fiscal de 2005, com um custo variável de R$ 4,00 por unidade e um custo fixo de R$ 2,00 por unidade. Se nesse mesmo período a empresa não alcançar o planejado e fabricar e vender somente 80.000 unidades, incorrendo em um custo total de R$ 515.000,00, qual será a variação de custo de manufatura nesse período?

(A) R$ 85.000,00 favorável.
(B) R$ 85.000,00 desfavorável.
(C) R$ 80.000,00 desfavorável.
(D) R$ 5.000,00 favorável.
(E) R$ 5.000,00 desfavorável.

16. (EXAME 2006)

Ao analisar os registros contábeis da Cia. Pintassilgo, o contador orienta a diretoria a tomar uma importante decisão que melhora sensivelmente a Taxa de Retorno sobre Investimentos, calculada sobre o Ativo Operacional da empresa. Qual das orientações abaixo contribuiu para essa melhora?

(A) Diminuir o elevado valor do saldo do Passivo Circulante pagando dívida de significativo montante a os fornecedores.
(B) A obtenção de um financiamento em u m Banco de Desenvolvimento, com juros subsidiados e carência de 4 anos.
(C) A aquisição de estoques em quantidade um pouco acima do normal para que a empresa venha a obter ganho com a inflação.
(D) Providenciar a demissão de 5 funcionários, que percebiam salários médios, nos Departamentos Administrativo e Comercial, com o objetivo de reduzir despesas.
(E) A reclassificação como Bens Não de Uso de um terreno de elevado valor, registrado no Ativo Imobilizado, já que o mesmo não está sendo utilizado pela empresa em suas operações e não há perspectiva dessa utilização nos próximos 10 anos.

17. (EXAME 2006)

A Irmãos Anhangá é uma empresa de manufatura que produziu e comercializou, no exercício social de 2005, um único produto. A fábrica entrou em operação nesse ano, não havendo, portanto, qualquer tipo de estoque no início do exercício fiscal de 2005. Durante este período a contabilidade reporta dados da produção e das despesas incorridas:

- 200 unidades produzidas e acabadas
- Custo variável de fabricação: R$ 30,00 por unidade
- Custos fixos de fabricação: R$ 600,00
- Despesas operacionais de administração e vendas: R$ 400,00
- 120 unidades vendidas
- Preço líquido de venda por unidade: R$ 40,00

Com base nas informações, é correto afirmar que os resultados finais apurados pelo método de custeio por absorção e pelo método de custeio variável são, respectivamente,

(A) R$ 200,00 e R$ 200,00
(B) R$ 440,00 e R$ 200,00
(C) R$ 440,00 e R$ 600,00
(D) R$ 600,00 e R$ 800,00
(E) R$ 840,00 e R$ 600,00

18. (EXAME 2006)

A Indústria Laboriosa fabrica apenas um produto, gastando 12 minutos de hora/máquina para produzir cada unidade. Em um determinado mês sua estrutura de custos e despesas é a seguinte:

Dados	Valor
Custos Fixos Mensais	R$ 1.920.000,00
Custos Variáveis	R$ 1.260.000,00
Despesas Fixas Mensais	R$ 1.200.000,00
Despesas Variáveis de Vendas	R$ 0,20 para cada R$ 1,00 das Vendas
Horas Máquinas Totais/Mês Aplicadas	2.000 Horas

Nessas condições, para a empresa vender toda a sua produção e obter um resultado, antes do Imposto de Renda e Contribuições, no valor de R$ 1.400.000,00, qual a margem de contribuição unitária?

(A) R$ 140,00
(B) R$ 318,50
(C) R$ 452,00
(D) R$ 578,00
(E) R$ 722,50

19. (EXAME 2006)

A Empresa Percapita Ltda. apresenta um Patrimônio Líquido de R$ 50.000,00. Considerando que o Capital Circulante Líquido foi de R$ 120.000,00, o Ativo Circulante foi de R$ 200.000,00 e o Ativo Total foi de R$ 300.000,00, qual o Índice de Participação do Capital de Terceiros, em relação ao Capital Próprio?

(A) 500%
(B) 160%
(C) 75%
(D) 60%
(E) 47%

20. (EXAME 2006)

A empresa Giro Alto Ltda. pretende aumentar suas vendas a prazo para manter suas vendas totais de 2005, iguais às de 2004. Em 2004, o valor total das vendas foi de R$ 1.800.000,00, considerando um ano comercial de 360 dias e que a empresa operou com um prazo médio de recebimento de vendas de 30 dias.

Para alcançar esse objetivo, a empresa terá que ampliar para 32 dias o prazo médio de recebimento de vendas. Desse modo, o valor das Duplicatas a Receber, em 30 de dezembro de 2.005, deve ser

(A) R$ 56.250,00
(B) R$ 60.000,00
(C) R$ 116.250,00
(D) R$150.000,00
(E) R$160.000,00

21. (EXAME 2003)

A Empresa Comercial Vale do Sossego S.A. possui três controladas e duas coligadas. Independentemente do critério pelo qual serão avaliadas no Balanço Patrimonial, desde que as mesmas se caracterizem como investimento relevante para asociedade investidora, deverão

(A) ser incluídas no Balanço Consolidado.
(B) ser registradas no Livro "Participações Acionárias".
(C) ser registradas como Reserva de Capital na Demonstração de Mutações do Patrimônio Líquido.
(D) constar em Nota Explicativa.
(E) constar da Demonstração de Fluxo de Caixa, uma das cinco demonstrações obrigatórias.

22. (EXAME 2003)

Observe, a seguir, os patrimônios, em reais, de duas empresas, uma controladora e a outra, controlada.

CONTAS	CONTROLADORA	CONTROLADA
Disponível	80.000,00	20.000,00
Clientes	50.000,00	10.000,00
Estoques	100.000,00	20.000,00
Investimentos em controlada	150.000,00	0,00
Imobilizado	220.000,00	150.000,00
Fornecedores	150.000,00	50.000,00
Capital Social	400.000,00	150.000,00
Reservas de lucros	45.000,00	5.000,00

Considerando que ambas formam o grupo DORADA e não realizam operações entre si, o valor do Ativo Total apurado pela técnica de consolidação, em reais, é

(A) 150.000,00
(B) 450.000,00
(C) 600.000,00
(D) 650.000,00
(E) 800.000,00

23. (EXAME 2003)

O desgaste de um pomar em plena operação de extração de seus frutos será demonstrado no Balanço Patrimonial na conta de

(A) Depreciação acumulada.
(B) Exaustão acumulada.
(C) Amortização acumulada.
(D) Provisão para perdas prováveis.
(E) Reserva para contingência.

24. (EXAME 2003)

A Companhia Alfa S.A., em 31/12/2002, apresentou os seguintes saldos finais:

Contas	Valores em R$
Investimentos em outras empresas	5.000,00
Provisão para Devedores Duvidosos	10.000,00
Custo das Vendas	20.000,00
Capital Social	200.000,00
Impostos a Recolher	15.000,00
Depreciação Acumulada	75.000,00
Reservas de Lucros	35.000,00
Fornecedores	20.000,00
Clientes	60.000,00
Mercadorias	75.000,00
Reserva de Capital	21.000,00
Vendas	81.000,00
Máquinas e Equipamentos	430.000,00
Dividendos a Pagar	40.000,00
Financiamentos a Pagar (Longo Prazo)	200.000,00
Despesas Administrativas	20.000,00
Bancos conta Movimento	71.000,00
Móveis e Utensílios	4.000,00
Despesas Antecipadas	12.000,00

O valor final do Capital próprio dessa empresa, em reais, é

(A) 256.000,00
(B) 275.000,00
(C) 285.000,00
(D) 297.000,00
(E) 572.000,00

25. (EXAME 2003)

Dentre as situações abaixo, que interferem no patrimônio das empresas, a que se classifica como reserva de capital é

(A) alienação de bens do ativo imobilizado.
(B) alienação de partes beneficiárias.
(C) integralização de subscrição de capital.
(D) recebimento de ações bonificadas.
(E) recebimento de comissões sobre vendas.

26. (EXAME 2003)

A empresa Celulose Papéis S.A. mantém um depósito de produtos químicos altamente tóxicos. No final do exercício fiscal de 2002, por problemas de manutenção e conservação desse depósito, houve o vazamento de grande parte dos produtos armazenados, o que imediatamente poluiu o rio que representava a principal fonte de abastecimento de água para a região. Diante do fato, o contador efetuou a contabilização de uma provisão, tendo em vista que o IBAMA já notificou a empresa e o advogado desta, especialista em Direito Ambiental, reconheceu como provável a multa no valor de R$ 2.000.000,00. Com esta atitude, o contador atendeu ao Princípio Fundamental de Contabilidade conhecido como

(A) Continuidade.
(B) Entidade.
(C) Prudência.
(D) Atualização monetária.
(E) Registro pelo Valor Original.

27. (EXAME 2003)

Controle interno é o plano da organização e todos os métodos e medidas coordenadas, adotados dentro da empresa para salvaguardar seus ativos, verificando a adequação e confiabilidade de seus dados contábeis, para promover a eficiência operacional e fomentar o respeito e a obediência às políticas administrativas fixadas pela gestão.

Constituem controles internos:

I. Balanço patrimonial;
II. Identificação física do imobilizado;
III. Sistema de autorização de pagamentos;
IV. Segregação de funções;
V. Limites de alçadas progressivas;
VI. Folha de pagamento.

Estão corretos, apenas,

(A) I, III e VI.
(B) I, IV e V.
(C) II, III e VI.
(D) I, II, IV e V.
(E) II, III, IV e V.

28. (EXAME 2003)

Das demonstrações contábeis da empresa Monte Azul Ltda. foram extraídos os seguintes índices: RsA (Retorno sobre o Ativo) = 300/1.000 = 30%; CD (Custo da Dívida) = 80/400 = 20%; RsPL (Retorno sobre o Patrimônio Líquido) = 220/600 = 36,66%; GAF (Grau de Alavancagem Financeira) = 36,66/30 = 1,22 Em relação à alavancagem financeira, podemos afirmar que

(A) houve um retorno de R$ 1,22 para cada R$ 1,00 de capital de terceiros.
(B) para cada R$ 100,00 investidos, a empresa gerou 20% de lucro.
(C) a empresa paga de juros 30%, para cada R$ 100,00 tomados de empréstimo.
(D) o negócio rendeu 20% de retorno sobre o Ativo.
(E) os acionistas ganharam 6,66%, para cada R$ 100,00 investidos.

29. (EXAME 2003)

Uma variação patrimonial que representa uma mutação da despesa é

(A) aquisição de bens.
(B) cancelamento de dívida fundada.
(C) inscrição da dívida ativa.
(D) inscrição de Restos a Pagar.
(E) pagamento de Restos a Pagar.

30. (EXAME 2002)

O Sr. José dos Santos adquiriu um carro de passeio para a sua esposa no valor de R$35.000,00. O pagamento foi efetuado à vista com cheque da sua empresa. Questionado pelo seu Contador, ele argumentou que a empresa era sua e, portanto, poderia perfeitamente pagar as suas contas pessoais com o dinheiro da empresa. O princípio contábil ferido pelo Sr. José foi o da

(A) prudência.
(B) continuidade.
(C) competência.
(D) oportunidade.
(E) entidade.

31. (EXAME 2002)

Em 1º de outubro de 2001, o consultório dentário do Dr. Alvarenga fez um contrato de assinatura de jornal por um período de um ano, no valor total de R$ 564,00 a serem pagos em seis parcelas iguais vencíveis no último dia de cada mês. A conseqüência dessa operação, por ocasião do encerramento do exercício pelo regime de competência, em 31/12/2001, em termos de resultado, será

(A) Obrigação de R$ 564,00.
(B) Despesa de R$ 141,00.
(C) Despesa de R$ 564,00.
(D) Despesa antecipada de R$ 564,00.
(E) Receita antecipada de R$ 282,00.

32. (EXAME 2002)

A empresa Santa Clara Ltda possuía, em 31/12/2001, a seguinte situação patrimonial:

ATIVO	(em reais)
Circulante	
Disponível	45.000,00
Créditos	200.000,00
Estoques	400.000,00
Realizável a Longo Prazo	
Créditos	82.000,00
Investimentos	15.000,00
Permanente	
Investimentos	40.000,00
Imobilizado	180.000,00
Diferido	12.000,00
Total do Ativo	974.000,00
PASSIVO	
Circulante	
Fornecedores	250.000,00
Encargos Fiscais e Trabalhistas	50.000,00
Exigível a Longo Prazo	60.000,00
PATRIMÔNIO LÍQUIDO	
Capital Social	500.000,00
Reservas de Lucros	
Reserva para investimentos	50.000,00
Lucros Acumulados	64.000,00
Total do Passivo e PL	974.000,00

Considere a ocorrência dos seguintes fatos:

– compra de dois computadores e uma impressora no valor de R$ 8.000,00 (pagamento com cheque);
– recebimento de duplicatas no valor de R$ 39.740,00;
– pagamento de fornecedores, com cheque, no valor de R$ 26.430,00.

O reflexo dessas operações sobre o patrimônio da Santa Clara gerou, em relação ao Capital Circulante Líquido, a seguinte situação:

(A) aumento em R$ 8.000,00.
(B) aumento em R$ 34.430,00.
(C) redução em R$ 5.310,00.
(D) redução em R$ 8.000,00.
(E) redução em R$ 34.430,00.

33. (EXAME 2002)

A Contadora Cristina foi convidada pela Cia. JD para uma reunião a fim de discutir a situação financeira da empresa, apresentando o fluxo de caixa abaixo, que foi elaborado pelo método indireto.

	(em reais)	
Lucro líquido do Exercício	**5.000,00**	
(+) Depreciação do exercício	1.200,00	
(–) Lucro na alienação de bens do Ativo Permanente	(4.000,00)	
(–) Resultado da equivalência patrimonial	(500,00)	
(=) Geração bruta de caixa	**1.700,00**	
Variação nas contas do Ativo Circulante Duplicatas a Receber	(800,00)	
Estoques	(2.900,00)	
Despesas pagas antecipadamente	200,00	
Fornecedores	1.200,00	
Outras obrigações	250,00	(2.050,00)
(=) Geração Operacional de caixa		**(350,00)**
(–) Aquisição de itens do permanente	(8.100,00)	
(+) Alienação de bens do permanente	7.000,00	
(+) Integralização de capital	3.200,00	2.100,00
(=) Geração líquida de caixa		**1.750,00**
(+) Saldo inicial de caixa		250,00
(=) Saldo final de caixa		**2.000,00**

Analisando os dados da empresa, constatou-se que o volume de vendas teve um crescimento de 5% e o lucro líquido representa 6% das vendas. Face à análise da situação financeira da empresa, constatou-se que a geração operacional de caixa foi negativa em decorrência de

(A) integralização de capital inferior à aplicação no Ativo Permanente.
(B) aumento significativo nas Compras a Prazo.
(C) lucro elevado na alienação de bens do Ativo Permanente.
(D) investimentos em excesso nos Estoques.
(E) investimentos em excesso no Ativo Permanente.

34. (EXAME - 2009) DISCURSIVA

O contador da empresa Última Chance, revendedora de materiais de escritório, está com diversas dúvidas quanto à estruturação das suas duas principais demonstrações contábeis: Balanço Patrimonial e Demonstração de Resultados do Exercício. Para esclarecer as dúvidas, resolveu contratar uma empresa de consultoria e de assessoria contábil, e disponibilizou o Balancete de 31/12/X8, antes da apuração do resultado do exercício e distribuição do lucro, conforme tabela a seguir. (Valor: 10 pontos)

CONTAS	DÉBITO	CONTAS	CRÉDITO
Ações em Tesouraria	110	Capital Subscrito	900
Aplicações Financeiras (curto prazo)	630	Debêntures (longo prazo)	1.330
Benfeitorias em Imóveis de Terceiros	90	Demais Contas a Pagar	90
Caixa e Bancos	200	Depreciação Acumulada	110
Capital a Integralizar	230	Dividendos a Pagar	54
Custo das Mercadorias Vendidas	7.000	Duplicatas Descontadas	100
Despesas Administrativas e Gerais	500	Empréstimos e Financiamentos (curto prazo)	1.500
Despesas com Vendas	1.700	Empréstimos e Financiamentos (longo prazo)	1.850
Despesas Pagas Antecipadamente (curto prazo)	450	Fornecedores	2.500
Duplicatas a Receber	800	Impostos, Taxas e Contribuições a Recolher	500
Empréstimos a Sociedades Controladas	270	Provisão para Contingências	80
Estoques	3.300	Receita Bruta de Vendas	13.500
Impostos a Recuperar	350	Reserva de Incentivos Fiscais	180
Impostos sobre Vendas	3.100	Reserva Legal	26
Instalações	550	Reserva para Contingências	300
Marcas e Patentes	900	Reservas de Capital	120
Outras Receitas/Despesas Operacionais	560	Salários e Encargos a Pagar	130
Participações em Controladas	1.250		
Participações em Controladas em Conjunto	250		
Provisão para Imposto de Renda e Contribuição Socia	50		
Resultado Financeiro	510		
Terrenos	180		
Veículos	290		
TOTAL	23.270	TOTAL	23.270

As principais dúvidas apontadas pelo contador da empresa Última Chance quanto:

a) ao Valor do Ativo Circulante.

b) ao Valor do Ativo Intangível.

c) ao Valor dos Investimentos – Não Circulante.

d) ao Resultado do Período.

e) ao Valor do Patrimônio Líquido, após distribuição do lucro.

Qual valor deveria ser informado em cada item pela empresa de consultoria e assessoria? Para responder à letra f, considere que parte do lucro será destinada à Reserva Legal e o restante, distribuída na forma de dividendos a serem pagos no próximo exercício.

35. (EXAME 2006) DISCURSIVA

O *Controler* José Avalista Maior recebeu de uma das empresas do Grupo, via fax, o Balanço Patrimonial dos anos 2004 e 2005, abaixo evidenciado. Por problemas na transmissão do fax, alguns dados da Demonstração não saíram.

Balanço Patrimonial

Ativo	2004	2005	Passivo + PL	2004	2005
Circulante	70.000,00		**Circulante**		
Disponibilidade	25.000,00		Contas a Pagar		
Clientes	40.000,00	60.000,00	Fornecedores	25.000,00	38.000,00
(-) Provisão para Devedores Dividosos	(1.200,00)		Dividendos a Pagar	1.000,00	3.000,00
Estoques	1.200,00	4.300,00	Notas Promissórias a Pagar	8.000,00	20.000,00
Títulos a Receber	5.000,00				
Realizável a Longo Prazo	15.000,00		**Exigível a Longo Prazo**	16.000,00	25.000,00
Títulos a Receber	15.000,00		Financiamentos	16.000,00	25.000,00
Permanente			**Patrimônio Líquido**		
Participações Societárias	6.000,00	6.000,00	Capital Social	36.000,00	37.500,00
Imóveis		12.000,00	Lucros/Prejuízos Acumulados		
Equipamentos	15.000,00	15.000,00			
Veículos	20.000,00	20.000,00			
(-) Depreciação Acumulada	(2.500,00)				
Total Geral			**Total Geral**		

Dados Complementares:

I. A análise horizontal de 2005 apresentou uma evolução de 40% das disponibilidades.

II. O contador não efetuou a reclassificação de 50% dos Títulos a Receber de Longo Prazo. Não ocorreram transações: de vendas (Curto ou Longo Prazo) e recebimentos (Curto ou Longo Prazo).

III. Foram Adquiridos em 2005 imóveis no valor de R$ 5.000,00.

IV. A depreciação anual de Equipamentos é de 10% e a de Veículos é de 20%.

V. A média de perdas de Clientes permaneceu constante e equivalente à dos anos anteriores.

VI. O Índice de Liquidez Corrente foi de:

2004	2005
2,00	1,10

VII. O Índice de Liquidez Geral foi de:

2005
0,94

Para que o *Controler* possa complementar os dados no Balanço e avaliar o desempenho das empresas, solicita-se:

a) Elaborar corretamente os balanços, ajustando os dados
b) Apurar os valores das Contas a Pagar e do Passivo Circulante do Exercício 2004.
c) Apurar os valores dos Lucros Acumulados e d o Passivo Circulante do Exercício 2005.

36. (EXAME 2003) DISCURSIVAS

A Companhia Novidade, da qual você é o contador, apresentou-lhe as seguintes informações, em milhares de reais:

Capital circulante líquido	3.080
Capital total à disposição da empresa	12.000
Capital próprio	7.000
Passivo exigível a longo prazo	1.280
Índice de liquidez geral (ILG)	1,6

a) Elabore o balanço patrimonial da companhia.

b) Calcule os indicadores abaixo, explicando o que cada um representa e a situação da empresa em relação a eles.
- Capital circulante próprio;
- Liquidez corrente;
- Participação do capital de terceiros;
- Composição do passivo.

37. (EXAME 2002) DISCURSIVA

A Cia Redentor S/A fabrica e comercializa produtos de segurança para automóveis. Anualmente, durante a fase de Planejamento Estratégico, a Diretoria se reúne para uma análise horizontal e vertical do Balanço patrimonial e da demonstração de resultados do exercício dos dois últimos períodos, a fim de traçar as estratégias para o próximo ano. Em janeiro de 2002, a diretoria se reuniu para tal finalidade, tendo distribuído entre diretores e gerentes os seguintes demonstrativos:

BALANÇO PATRIMONIAL

ATIVO	2000	AV %	2001	AV %	AH %
Caixa	60.000	1,79	75.000	1,62	25,00
Bancos	120.000	3,58	155.000	3,34	29,17
Duplicatas a Receber	260.000	7,76	470.000	10,15	80,77
Estoques	380.000	11,34	650.000	14,03	71,05
Ativo Circulante	820.000	24,47	1.350.000	29,14	64,63
Contas a Receber	72.000	2,15	102.000	2,20	41,67
Bancos C/ Vinculada	57.500	1,72	68.319	1,47	18,82
Realizável LP	129.500	3,87	170.319	3,67	31,52
Investimentos	700.000	20,90	900.000	19,43	28,57
Imobilizado Líquido	1.400.000	41,80	1.800.000	38,86	28,57
Diferido Líquido	300.000	8,96	412.156	8,90	37,38
Ativo Permanente	2.400.000	71,66	3.112.156	67,19	29,67
TOTAL ATIVO	3.349.500	100,00	4.632.475	100,00	38,30

PASSIVO	2000	AV %	2001	AV %	AH %
Fornecedores	370.000	11,05	535.000 1	1,55	44,59
Impostos a Pagar	75.000	2,24	167.500	3,61	23,33
Salários a Pagar	99.500	2,97	222.600	4,81	123,72
Dividendos a Pagar	85.000	2,54	125.500	2,71	47,65
Passivo Circulante	629.500	18,80	1.050.600	22,68	66,89
Empréstimos a Pagar	87.000	2,60	120.000	2,59	37,93
Empréstimos Externos	123.000	3,67	175.000	3,78	42,28
Exigível LP	210.000	6,27	295.000	6,37	40,48
Capital Social	1.200.000	35,83	2.200.000	47,49	83,33
Reserva de Capital	800.000	23,88	300.000	6,48	(62,50)
Reserva Legal	70.000	2,09	95.125	2,05	35,89
Reserva Estatutária	85.000	2,54	135.250	2,92	59,12
Reserva de Contingência	105.000	3,13	95.000	2,05	(9,52)
Lucros Acumulados	250.000	7,46	461.500	9,96	84,60
Patrimônio Líquido	2.510.000	74,93	3.286.875	70,95	30,95
TOTAL PASSIVO	3.349.500	100,00	4.632.475	100,00	38,30

DEMONSTRAÇÃO DO RESULTADO DO EXERCÍCIO

CONTAS	2000	AV %	2001	AV %	AH %
Receita Bruta (RB)	11.200.000	110,56 1	6.500.000	110,22	47,32
Impostos sobre RB	(1.070.000)	(10,56)	(1.530.000)	(10,22)	42,99
Receita Líquida	10.130.000	100,00	14.970.000	100,00	47,78
CMV	(6.080.000)	(60,02)	(8.750.000)	(58,45)	43,91
Lucro Bruto	4.050.000	39,98	6.220.000	41,55	53,58
Despesas Operacionais	3.732.000	36,84	5.528.000	36,93	48,12
Despesa com Vendas	(850.000)	(8,39)	(1.400.000)	(9,35)	64,70
Despesas Administrativas	(2.100.000)	(20,73)	(3.000.000)	(20,04)	42,86
Despesas Financeiras	(470.000)	(4,64)	(680.000)	(4,54)	44,68
Despesa Depreciação	(220.000)	(2,17)	(320.000)	(2,14)	45,45
Despesa Amortização	(85.000)	(0,84)	(120.000)	(0,80)	41,17
Variação Cambial	(45.000)	(0,44)	(65.000)	(0,43)	44,44
Resultado MEP	38.000	0,37	57.000	0,38	50,00
Lucro Operacional	318.000	3,14	692.000	4,62	117,61
Resultado não operacional	(18.000)	(0,18)	(22.000)	(0,15)	22,22
LAIR	300.000	2,96	670.000	4,47	123,33
Provisão para IR e CSL	(75.000)	(0,74)	(167.500)	(1,12)	123,33
Lucro Líquido	225.000	2,22	502.500	3,35	123,33

Após muita discussão, os diretores e gerentes presentes à reunião chegaram às seguintes conclusões:

- o endividamento da empresa é baixo;
- o volume de estoques é baixo para o nível atual de vendas;
- a liquidez corrente da empresa é excelente;
- a política de expansão dos investimentos no Permanente deu resultado, pois as vendas cresceram 47% e o lucro, 123%;
- os custos estão controlados, mas houve uma expansão acima do normal nas Despesas Operacionais;
- há uma preocupação, em particular, com a depreciação, visto que algumas máquinas estão tendo deterioração elevada, precisando ser vendidas por valor abaixo do valor contábil.

Em vista do quadro traçado pelos dirigentes da Cia. Redentor e após acalorados debates, determinaram as seguintes metas para o exercício de 2002:

- obter um empréstimo externo de US$ 500.000,00 (dólar a R$ 2,50 e taxa de 10% ao ano) para expandir mais o parque fabril, com aquisição de máquinas novas e muito mais produtivas;
- aumentar em 50% o volume de estoques para atender à demanda crescente pelos produtos da empresa;
- aumentar as vendas da empresa em 50%, elevando o prazo de recebimento para 30 dias;
- reduzir as despesas administrativas e de vendas em 10%.

Com base nessas informações e considerando que você foi chamado pelo presidente da empresa para analisar o resultado da reunião dos dirigentes da Cia. Redentor,

a) faça uma análise crítica de cada uma das 6 conclusões dos dirigentes da Cia. Redentor, apontando as certas e as erradas e justificando, em ambos os casos, a sua opinião;
b) faça uma análise crítica das metas fixadas para o exercício de 2002, identificando as viáveis e as inviáveis e justificando, em ambos os casos, a sua opinião;
c) analise a situação (tendência) da empresa antes de terem sido traçadas as metas e a que passará a ter, caso as metas sejam seguidas e alcançadas.

Conteúdo 05

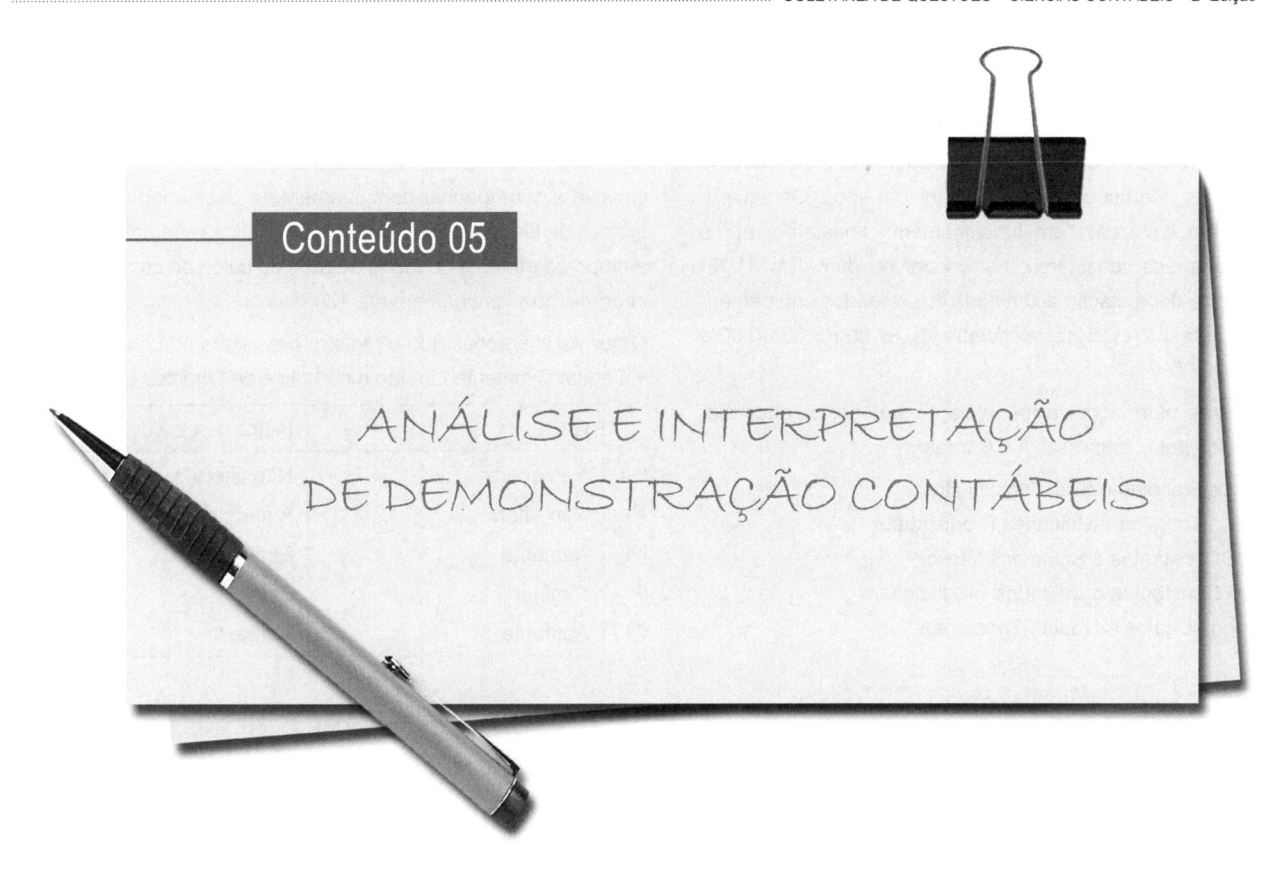

ANÁLISE E INTERPRETAÇÃO DE DEMONSTRAÇÃO CONTÁBEIS

1. (EXAME - 2009)

Analise as informações a seguir, referentes ao Balanço Patrimonial da Cia. MMS, relativo ao exercício financeiro de X8.

ATIVO	R$	PASSIVO + PL	R$
Caixa	400	Empréstimo (Curto Prazo)	600
Clientes	1.000	Fornecedores	500
Aplicações Financeiras (Curto Prazo)	1.700	Títulos a Pagar (Curto Prazo)	800
ICMS a Recuperar	200	Provisão para Férias e 13º Salário	1.100
Marcas e Patentes	200	Financiamentos (Longo Prazo)	4.500
Obras de Arte	1.500	Capital Social	4.000
Veículos	8.000	Reservas de Lucros	1.800
Clientes (Longo Prazo)	1.100	Reserva de Capital	800
TOTAL DO ATIVO	14.100	TOTAL	14.100

Com base nessas informações, quais são, respectivamente, o índice de liquidez corrente e o índice de composição do endividamento?

(A) 1,5 e 40%
(B) 1,1 e 114%
(C) 1,1 e 40%
(D) 1,1 e 33%
(E) 1,0 e 33%

2. (EXAME - 2009)

As empresas A e B adquiriram, na mesma data, 01/07/X7, equipamentos idênticos e nas mesmas condições, por R$ 60.000,00 cada um, com vida útil estimada em 5 (cinco) anos. Os equipamentos foram colocados em funcionamento imediatamente e nenhuma empresa considerou o seu valor residual. Em 31/12/X7, o saldo de depreciação acumulada dos referidos equipamentos, nas empresas A e B, respectivamente, foi de R$ 6.000,00 e de R$10.000,00.

Com base nas informações disponíveis, os métodos de depreciação adotados pelas empresas A e B foram:

(A) Horas de Trabalho e Soma dos Dígitos.
(B) Horas de Trabalho e Unidades Produzidas.
(C) Quotas Constantes e Soma dos Dígitos.
(D) Quotas Constantes e Unidades Produzidas.
(E) Soma dos Dígitos e Quotas Constantes.

3. (EXAME - 2009)

Os indicadores de rentabilidade e de prazos médios da empresa ABC S.A., referentes aos exercícios de X1 e X2, foram os seguintes:

INDICADORES		X1	X2
Rentabilidade	Giro do Ativo	0,6	0,6
	Margem Líquida	15,2%	19,1%
	Rentabilidade do Ativo	9,1%	11,5%
	Rentabilidade do PL	18,4%	21,7%
	Prazo Médio de Renovação de Estoques	74	85
	Prazo Médio de Recebimento de Vendas	60	54
	Prazo Médio de Pagamento de Compras	18	19
	Ciclo Operacional	134	139
Prazos Médios	Ciclo Financeiro	116	120

Com base nessas informações, é CORRETO afirmar que

(A) a capacidade de pagamento melhorou, devido ao aumento do ciclo financeiro.
(B) a empresa ganhou R$ 15,20 para cada R$ 100,00 investidos no ativo em X1.
(C) a empresa passou a conceder, em média, um prazo maior em suas vendas a prazo.
(D) a remuneração do capital próprio reduziu durante o período sob análise.
(E) a rentabilidade do ativo aumentou em X2, devido ao aumento da margem líquida.

4. (EXAME 2006)

A diretoria financeira da Cia. Itamaracá estabelece como política: manter o Capital Circulante Líquido da empresa sempre positivo e acompanhar continuamente o desempenho dos seus Índices de Liquidez. Para colocar em prática essa determinação, a empresa efetua a quitação de 50% do saldo da conta de fornecedores, que venceria em até 120 dias.

Quais as alterações que o registro desse evento produz no CCL – Capital Circulante Líquido e no Índice de Liquidez Corrente?

	C.C.L	Índice de Liquidez Corrente
(A)	Não altera	Não altera
(B)	Não Altera	Aumenta
(C)	Aumenta	Diminui
(D)	Diminui	Diminui
(E)	Aumenta	Aumenta

5. (EXAME 2003)

Observando nos jornais a publicação das Demonstrações Contábeis do exercício de 2002 de sua empresa, um sócio verifica que o valor dos bens imóveis da fábrica apresentados no grupo do Imobilizado está superior ao custo histórico. O ajuste desse custo dos imóveis a seu provável valor de realização foi fundamentado no valor

(A) de reposição do bem.
(B) de custo, corrigido monetariamente pelo IGP.
(C) de custo, corrigido monetariamente com base na variação do dólar.
(D) de mercado, obtido por cotação de preços realizado pelo Departamento de Compras.
(E) da avaliação, baseado em laudo elaborado por três peritos.

6. (EXAME 2003)

Nas demonstrações contábeis das empresas, a forma de evidenciar os critérios adotados na capitalização dos juros dos financiamentos a longo prazo, com base nas Normas Brasileiras de Contabilidade, é a divulgação

(A) no Balanço Patrimonial.
(B) no Relatório da Administração.
(C) na Demonstração de Lucros ou Prejuízos Acumulados.
(D) na Carta de Recomendações.
(E) em Nota Explicativa.

7. (EXAME 2003)

O registro contábil da remissão de dívidas

(A) refere-se à avaliação dos componentes patrimoniais.
(B) caracteriza a realização da receita.
(C) constitui uma variação qualitativa do patrimônio.
(D) corresponde à entrada de itens para o ativo.
(E) reflete os efeitos da perda do poder aquisitivo da moeda.

8. (EXAME 2003)

A diretoria da empresa Computadores Delta Ltda., preocupada com as dificuldades financeiras que estão enfrentando nos últimos anos, solicitou ao contador que elaborasse uma análise de tendências envolvendo os índices de liquidez, comportamento das receitas e despesas, e retorno líquido sobre os ativos para que pudesse visualizar melhor a situação da empresa. Para efetuar tal análise, o contador terá de recorrer

(A) ao Balanço Patrimonial e à Demonstração de Origens e Aplicações de Recursos.
(B) ao Balanço Patrimonial e à Demonstração de Fluxo de Caixa.
(C) à Demonstração do Resultado do Exercício e ao Balanço Patrimonial.
(D) às Demonstrações do Resultado do Exercício e de Origens e Aplicações de Recursos.
(E) às Demonstrações de Origens e Aplicações de Recursos e das Mutações do Patrimônio Líquido.

9. (EXAME 2003)

Num determinado exercício social, a empresa Candelabro Italiano Louças e Vidros Ltda. apresentou os seguintes dados e informações, referentes a esse mesmo exercício social:

Índice de liquidez corrente (ILC)	1,2500
Índice de liquidez seca (ILS)	1,0000
Realizável a longo prazo	R$ 1.900.000,00
Mercadorias	R$ 414.000,00
Passivo exigível a longo prazo	R$ 2.125.000,00

Analisando os dados e informações disponibilizadas pela empresa, conclui-se que seu índice de liquidez geral, no mesmo exercício, é

(A) 0,8941
(B) 0,9701
(C) 1,0308
(D) 1,0500
(E) 1,1184

10. (EXAME 2003)

A Cia. Comercial Eufrates S.A., ao final de um determinado período, apresentou as seguintes informações, em reais:

Dividendos a distribuir	250.000,00
Duplicatas a Pagar	1.755.000,00
Duplicatas a Receber	3.795.800,00
Duplicatas Descontadas	1.200.000,00
Empréstimos a Diretores da companhia	500.000,00
Provisão p/Créditos de Difícil Liquidação	205.500,00

Considerando exclusivamente as informações parciais apresentadas pela Comercial Eufrates, as determinações da legislação societária, dos princípios fundamentais de contabilidade e a boa técnica contábil, bem como os procedimentos usuais da análise de balanço, suas técnicas e padronização das demonstrações, o índice de liquidez corrente da Comercial Eufrates é igual a

(A) 1,1130
(B) 1,1202
(C) 1,2502
(D) 1,2762
(E) 1,4415

11. (EXAME 2002)

A Empresa Real Transportes Ltda. possuía no Ativo Imobilizado um ônibus cujo valor contábil líquido era de R$ 83.000,00. O referido veículo sofreu um acidente com perda total e não havia seguro contra acidente. A empresa havia comprado esse veículo através de financiamento e ainda devia ao banco R$ 37.000,00, relativos a essa aquisição.

O efeito contábil desse acontecimento no Balanço Patrimonial da empresa é redução no

(A) Ativo e no Patrimônio Líquido de R$ 37.000,00.
(B) Ativo e no Patrimônio Líquido de R$ 83.000,00.
(C) Ativo e no Passivo de R$ 46.000,00.
(D) Passivo e no Ativo de R$ 37.000,00.
(E) Passivo e no Patrimônio Líquido de R$ 83.000,00.

Conteúdo 06

CONTABILIDADE E ANÁLISE DE CUSTO

1. (EXAME 2002)

Para a apuração do resultado da Companhia Verde Mar Ltda., em 31/12/2001, o Contador levantou os seguintes dados que estavam registrados na contabilidade:

Compras de mercadorias no período R$ 1.200,00

Mercadorias em 31/12/2000 R$ 360,00

Receita de Vendas em 31/12/2001 R$ 2.600,00

Considerando-se que o estoque existente em 31/12/2001 é de R$480,00, pode-se afirmar que

(A) o lucro bruto do período foi de R$1.520,00.
(B) o lucro bruto do período foi de R$1.080,00.
(C) o prejuízo no período foi de R$1.080,00.
(D) o custo das mercadorias vendidas foi de R$ 1.400,00.
(E) o custo das mercadorias vendidas foi de R$1.200,00.

2. (EXAME 2002)

A Centro-Oeste Metalúrgica, em fase de planejamento para o próximo exercício, prevê dois cenários diferentes.

1º CENÁRIO: Mantida a atual política de crédito, as vendas montarão a R$ 1.600.000,00 mensais, sendo 25% à vista; os custos e despesas variáveis mensais representarão 50% das vendas; os custos e despesas relativos à concessão de crédito representarão 5% das vendas a prazo e a provisão para devedores duvidosos (PDD) ficará situada em 2,5% das vendas a prazo.

2º CENÁRIO: Reduzindo as exigências da atual política de crédito, as vendas montarão a R$ 2.000.000,00 mensais, sendo mantido o mesmo valor das vendas à vista; os custos e despesas variáveis deverão manter-se em 50% das vendas; os custos e despesas relativos à concessão de crédito deverão manter-se em 5% das vendas a prazo e a provisão para devedores duvidosos (PDD) deverá elevar-se para 5% sobre as vendas a prazo.

Admitindo-se que os custos e despesas fixos não sofrerão alteração em ambos os cenários, o lucro marginal resultante da adoção do 2º cenário em relação ao 1º, em reais, será de

(A) 130.000,00.
(B) 150.000,00.
(C) 180.000,00.
(D) 640.000,00.
(E) 710.000,00.

Conteúdo 07

CONTABILIDADE GERENCIAL

1. (EXAME - 2009)

Uma empresa produziu, no mesmo período, 100 unidades do produto A, 200 unidades do produto B e 300 unidades do produto C. Os custos indiretos totais foram de R$ 1.700,00. Os custos diretos unitários de matéria-prima representaram, respectivamente, R$ 1,50, R$ 1,00 e R$ 0,50, e os custos diretos unitários de mão de obra R$ 1,00, R$ 0,50 e R$ 0,50. O critério de rateio dos custos indiretos foi proporcional ao custo direto total de cada produto.

Considerando-se essas informações, o custo unitário dos produtos A, B e C pelo custeio por absorção são, respectivamente,

(A) R$ 11,00; R$ 4,05; R$ 2,13.
(B) R$ 7,50; R$ 4,50; R$ 3,00.
(C) R$ 6,50; R$ 4,00; R$ 2,50.
(D) R$ 5,00; R$ 3,00; R$ 2,00.
(E) R$ 2,50; R$ 1,50; R$ 1,00.

2. (EXAME - 2009)

A Gráfica Universitária pretende comercializar a Revista Educação no mercado brasileiro. Os gestores da empresa estimam gastos variáveis de R$ 1,50 por revista processada e gastos fixos na ordem de R$ 100.000,00 por mês. Por outro lado, os gestores comerciais esperam obter R$ 1,00 por revista comercializada, além de R$ 130.000,00 mensais relativos à receita de publicidade.

Permanecendo as demais condições constantes, para se alcançar um lucro de R$ 10.000,00 por mês, será necessário comercializar

(A) 220.000 assinaturas.
(B) 80.000 assinaturas.
(C) 60.000 assinaturas.
(D) 40.000 assinaturas.
(E) 20.000 assinaturas.

3. (EXAME - 2009)

Os produtos CALÇA e CAMISA, fabricados pela Cia. Veste Bem, são vendidos por R$ 100,00 e R$ 70,00, respectivamente. Os dados de seu processo de produção, envolvendo o material direto e o tempo unitário que os produtos demandam para ser confeccionados nos três departamentos produtivos estão descritos na tabela:

ITENS	MATERIAL	TEMPO POR UNIDADE (horas)		
		CORTE	COSTURA	ACABAMENTO
CALÇA	R$ 64,00	0,10	0,30	0,10
CAMISA	R$ 40,00	0,20	0,20	0,10

Sabendo-se que o mercado está disposto a comprar, mensalmente, 500 unidades do produto CALÇA e 1.000 unidades do produto CAMISA, e que a capacidade produtiva de cada departamento é de 320 horas/mês, identifique o *mix* de produção que proporciona o maior resultado econômico possível:

(A) 500 calças e 1.000 camisas.
(B) 500 calças e 850 camisas.
(C) 500 calças e 0 (zero) camisa.
(D) 400 calças e 1.000 camisas.
(E) 0 (zero) calça e 1.000 camisas.

4. (EXAME - 2009)

Uma empresa comercial vende o produto Omega pelo preço unitário de R$10,00. Nos últimos 5 anos, uma parcela de suas vendas efetuadas a prazo não foi recebida dos clientes, conforme exposto na tabela a seguir:

Valores (R$)	Ano 01	Ano 02	Ano 03	Ano 04	Ano 05
Vendas	240	260	300	240	320
Parcela não recebida	12	14	16	10	16

Analisando-se os dados, com o objetivo de acrescentar o custo de inadimplência ao preço do produto, o gerente de vendas pode chegar a qual conclusão?

(A) Em 50% dos anos, o percentual de não recebimento foi menor do que 4,17%.
(B) No mínimo, 7% das vendas não são recebidas pela empresa.
(C) O percentual de recebimentos, em média, equivale a 95% das vendas.
(D) O preço unitário do produto deve ser ajustado, em média, para R$ 10,25.
(E) Para cada R$ 100,00 vendidos, a empresa deixou de receber R$ 6,00 no último ano.

5. (EXAME 2006)

A Empresa CustaKaro Ltda. apresentou, em determinado momento, os dados abaixo:

	Produto Alpha	Produto Beta
Margem de Contribuição (considerando somente os custos variáveis)	R$ 380,00	R$ 420,00
Matéria-Prima	R$ 240,00	R$ 360,00
Preço de Venda (líquido dos impostos)	R$ 860,00	R$ 900,00

De acordo com esses dados, qual o percentual de participação da matéria-prima em relação ao custo variável total dos produtos Alpha e Beta, nessa ordem?

(A) 25% e 50 %
(B) 44% e 46 %
(C) 50% e 25 %
(D) 50% e 75 %
(E) 75% e 50 %

6. (EXAME 2006)

A Cia. Eficiência fabrica equipamentos de irrigação agrícola modular. Em um determinado mês, produz e vende 450 unidades ao preço unitário de R$ 3.500,00. A estrutura de custos e despesas da empresa é a seguinte:

1. Custos e Despesas Variáveis	R$ 2.500,00 por mês
2. Custos e Despesas Fixas	R$ 360.000,00 por mês

Com base nos dados apresentados e considerando o conceito de alavancagem operacional é correto afirmar:

(A) A empresa opera com uma margem de segurança de 20%.
(B) A empresa nestas condições obtém um lucro de R$ 60.000,00.
(C) O ponto de equilíbrio da empresa se dá após a venda de 38 0 unidades.
(D) A empresa apura, no período, um prejuízo de R$ 100.000,00.
(E) O resultado da empresa é nulo.

7. (EXAME 2003)

A Indústria Belmonte Ltda. produz bilhas para rolamentos de tratores. Com o passar do tempo, foi incorporando novas tecnologias e ampliando o parque fabril. Contudo, a apuração do custo dos produtos continuou sendo realizada, praticamente, nos mesmos moldes iniciais. Percebendo que a empresa precisava fazer profunda reformulação no processo de apuração de custos, o atual presidente contratou um contador para realizar a tarefa. A primeira providência do contador foi organizar a fábrica em quatro departamentos de serviços (Administração Geral, Manutenção, Transporte e Controle de Qualidade) e cinco, de produção (Tratores, Automóveis, Motocicletas, Bicicletas e Peças), o que caracteriza uma estrutura organizacional de departamentalização

(A) por objetivo e por produto.
(B) por tempo e por objetivo.
(C) por localização e por clientela.
(D) funcional e por produto.
(E) estrutural e conjuntural.

8. (EXAME 2003)

Uma fábrica que consiga alcançar a plena capacidade produtiva está otimizando seu resultado. Essa situação tem relação direta com o conceito econômico de

(A) Paradoxo de Paretto.
(B) necessidades ilimitadas.
(C) eficiência máxima.
(D) economia de escala.
(E) controle sistêmico.

9. (EXAME 2003)

Analisando os relatórios da indústria de ventiladores Bom Ar Ltda., o diretor administrativo solicita explicações sobre o custo marginal de R$ 180.000,00, decorrente da elevação do nível de produção em mais 2.000 unidades. Assim, deve-se explicar ao diretor que custo marginal é

(A) o quanto foi gasto pela empresa na fabricação de cada um dos 2.000 produtos.
(B) o que a empresa incorre para produzir uma unidade adicional, no caso, o acréscimo por unidade em cada um dos 2.000 ventiladores.
(C) o resultado entre a receita total da empresa e a receita referente aos 2.000 ventiladores.
(D) a diferença entre a receita total e os custos e despesas fixas para fabricar os 2.000 ventiladores.
(E) a diferença entre o preço de venda unitário e as despesas unitárias de venda.

10. (EXAME 2003)

A Comercial Alvorada Ltda. só adquire mercadorias, para revender, de outras empresas comerciais. Ao final de um determinado mês de operações comerciais, a Alvorada apresentou as seguintes informações:

Mercadorias- estoque inicial	R$ 125.680,00
Mercadorias- Estoque final	R$ 85.000,00
Alíquota de ICMS	19%
ICMS sobre vendas	R$ 515.394,00
ICMS pago no período	R$ 244.150,00
Fretes sobre compras (sem ICMS)	R$ 80.000,00

Sabendo-se que, por uma questão estritamente operacional, a Alvorada paga o ICMS devido rigorosamente dentro do próprio mês da apuração e que o valor do frete sobre compras não está incluso no montante das mercadorias, o custo das mercadorias vendidas, no mês da informação, é, em reais, de

(A) 1.277.036,00
(B) 1.383.280,00
(C) 1.427.600,00
(D) 1.466.920,00
(E) 1.468.280,00

11. (EXAME 2003)

Determinada empresa da Capital, que comercializa móveis, resolve ampliar seu mercado, oferecendo seus produtos na cidade vizinha, situada a 100 quilômetros de distância, pelo mesmo preço praticado no local de sua sede. Considerando que a empresa vendedora é que irá assumir a responsabilidade pelo pagamento do frete, o gasto com esse frete será classificado como

(A) Obrigação a pagar.
(B) Custo das Mercadorias Vendidas.
(C) Despesa com Vendas.
(D) Despesa do exercício seguinte.
(E) Despesa como Dedução das Vendas.

12. (EXAME 2003)

A Indústria Megaton S.A. está produzindo 90.000 unidades de seu único produto, com um custo variável unitário de R$ 84,00 e custo fixo unitário de R$ 28,00, apurados pelo método de custeio por absorção. Para atender à demanda de 125.000 unidades, feita pelo mercado consumidor, ela passou a produzir 140.000 unidades do seu produto, mantendo inalterável a sua estrutura atual de custos. Considerando tais informações, o valor do estoque da Megaton, ao final do novo período produtivo, será, em reais, de

(A) 1.080.000,00
(B) 1.260.000,00
(C) 1.530.000,00
(D) 1.562.400,00
(E) 1.680.000,00

13. (EXAME 2003)

A Indústria Cimentatudo S.A. tem capacidade instalada para produzir 500.000 kg de seu produto. Nesse nível de produção, seu custo total monta a R$ 2.000.000,00 por mês, sendo o custo fixo total, no mesmo período, de R$ 500.000,00. Sabendo-se que o preço unitário de venda é de R$ 8,00 por kg, e que a empresa adota, para fins gerenciais, o custeio direto, seu ponto de equilíbrio operacional, em unidades, é de

(A) 500.000
(B) 250.000
(C) 200.000
(D) 100.000
(E) 62.500

14. (EXAME 2003)

A Indústria Bela Vista Ltda. fabrica os produtos **A** e **B**, utilizando a mesma matéria-prima. O custo fixo total mensal da empresa é de R$ 60.000,00 e os custos variáveis estão assim distribuídos:

Produtos	Matéria-prima	Mão-de-Obra Direta(MOD)	Custos Indiretos Variáveis
A	3 kg p/un.	2 horas p/un.	R$ 14,00 p/un.
B	2 kg p/un.	3 horas p/un.	R$ 20,00 p/un.

O custo da matéria-prima é de R$ 7,00 por kg e o custo da MOD é de R$ 9,00 por hora. Os preços de venda são: R$ 80,00 para o produto **A** e R$ 85,00 para o produto **B**.

Sabendo que o mercado consome no máximo 120.000 unidades de cada produto e que a disponibilidade de matéria-prima para o mês é de 300.000 kg, que quantidade de cada produto deve ser fabricada de forma a maximizar o resultado?

	PRODUTO **A**	PRODUTO **B**
(A)	20.000	120.000
(B)	30.000	105.000
(C)	40.000	90.000
(D)	80.000	30.000
(E)	100.000	0 (zero)

15. (EXAME 2002)

O Contador de custos da empresa Sul *Marketing* S/A recebeu de seu chefe a incumbência de analisar preços e volumes do principal produto da empresa, com a finalidade de ampliar a participação de mercado, em vista da entrada de novos concorrentes. Depois de estudar o assunto, verificou que, se vendesse o produto a R$ 20,00 a unidade, poderia vender 50.000 unidades; se vendesse a R$ 18,00 a unidade, poderia vender 55.000 unidades, e se vendesse a R$ 16,00 a unidade, poderia vender 60.000 unidades. Esse fato é explicado

(A) pela lei dos rendimentos decrescentes.
(B) pela lei da oferta e da procura.
(C) pelo sofisma de composição.
(D) pelo sistema de elasticidade unitária.
(E) pelo monopsônio.

16. (EXAME 2002)

A loja de móveis Bom Sono surgiu em meados de 1990 e teve grande sucesso devido à capacidade gerencial do proprietário, que decidiu contratar um Contador para atuar na empresa. O profissional constatou, ao analisar o sistema contábil e de controle interno, que o controle de estoques era efetuado pelo critério PEPS (Primeiro a Entrar, Primeiro a Sair). Considerando as condições atuais do mercado, com tendência de leve aumento nos preços, achou melhor mudar o critério de controle dos estoques para a Média Ponderada Móvel. Qual o efeito dessa alteração em relação ao valor dos estoques e ao lucro, respectivamente?

	Valor dos estoques	Lucro
(A)	aumenta	aumenta
(B)	aumenta	diminui
(C)	diminui	aumenta
(D)	diminui	diminui
(E)	não se altera	não se altera

17. (EXAME 2002)

A Companhia Diadema S.A. fabrica biscoitos e doces, vendidos nas regiões norte e nordeste. Alguns dados extraídos das demonstrações financeiras da empresa são:

Exercício	2001
Unidades Produzidas	4.000
Unidades Vendidas	2.000
Preço unitário de venda	R$ 10,00
Custos e Despesas:	
Matéria prima consumida	R$ 2,00/u
Mão-de-obra direta	R$ 3,00/u
Custo indireto variável	R$ 1,00/u
Custo indireto fixo	R$ 12.000/ano
Despesas fixas	R$ 2.000/ano

Os resultados apurados pelo Custeio Variável e pelo Custeio por Absorção, em reais, são:

	Custeio variável	Custeio por absorção
(A)	prejuízo de 6.000,00	ausência de lucro e prejuízo
(B)	prejuízo de 6.000,00	prejuízo de 8.000,00
(C)	prejuízo de 8.000,00	lucro de 2.000,00
(D)	lucro de 1.000,00	lucro de 3.000,00
(E)	lucro de 6.000,00	lucro de 4.000,00

18. (EXAME - 2009) DISCURSIVA

A empresa Florisbela produz cintos e bolsas. Os seguintes dados foram levantados em determinado período:

ITENS	Cintos	Bolsas	Total
Preço de venda líquido por unidade	R$ 15,00	R$ 25,00	
Material direto por unidade	R$ 12,00	R$ 14,00	
Comissão sobre vendas por unidade	R$ 1,00	R$ 3,00	
Custos fixos identificados/mês	R$ 50.000,00	R$ 20.000,00	R$ 70.000,00
Custos fixos comuns/mês			R$ 100.000,00
Despesas administrativas/mês			R$ 44.000,00
Volume mensal de produção e vendas	30.000 unid.	20.000 unid.	50.000 unid.

Preocupados com o desempenho da empresa, seus gestores estão considerando a possibilidade de eliminar, de seu mix, o produto cinto. Para subsidiar a decisão dos gestores, foram solicitadas a você, na qualidade de Contador de Custos da empresa, algumas informações contábeis. Para atender à solicitação, responda:

a) Qual é o valor da Margem Bruta total de cada produto, sob a ótica do Custeio por Absorção, considerando-se que os custos fixos comuns são rateados aos produtos proporcionalmente à quantidade total produzida? (Valor: 3 pontos)

b) Qual é o valor da Margem Direta Total (2ª Margem de Contribuição) de cada modelo, sob a ótica do Custeio Direto? (Valor: 3 pontos)

c) Qual é o impacto da eliminação do produto Cinto no resultado da empresa, tendo em vista que seus custos fixos identificados serão economizados? (Valor: 4 pontos)

19. (EXAME 2003) DISCURSIVAS

A Indústria Irmãos S.A. utiliza a análise de indicadores de gestão do lucro com o objetivo de corrigir os rumos da empresa. Para tanto, o contador da empresa sempre faz uma análise dos dados relativos ao último exercício social findo. Em 2002, o resultado da empresa, em reais, foi o seguinte:

BALANÇO PATRIMONIAL			DRE EM 31.12.2002	
ATIVO	2001	2002	CONTAS	VALORES
Ativo Circulante	4.000.000,00	4.500.000,00	Receita Líquida	16.000.000,00
Ativo Permanente	4.000.000,00	5.000.000,00	CPV	(9.000.000,00)
TOTAL DO ATIVO	8.000.000,00	9.500.000,00	Lucro Bruto	7.000.000,00
PASSIVO	2001	2002	Despesas de vendas	(3.000.000,00)
Passivo Exigível	3.000.000,00	3.500.000,00	Despesas Administrativas	(2.400.000,00)
Patrimônio Líquido	5.000.000,00	6.000.000,00	Despesas Financeiras	(600.000,00)
			Lucro Operacional	1.000.000,00
			Provisão para IR e CSLL	(250.000,00)
			Lucro Líquido	750.000,00

INFORMAÇÕES ADICIONAIS:

Os custos variáveis montam a R$ 6.500.000,00, sendo os demais fixos. As despesas variáveis correspondem a 50% das despesas de vendas, sendo as demais fixas. A margem de contribuição praticada é de 50%. Com base em todos os dados acima,

a) calcule o ponto de equilíbrio operacional, em reais, a margem de segurança e o grau de alavancagem operacional;

b) analise o risco operacional da empresa, considerando os indicadores encontrados.

20. (EXAME 2002) DISCURSIVA

A Companhia Santa Helena S/A é uma empresa líder no setor de produtos de cerâmica. No exercício encerrado em 31 de dezembro de 2001, apresentou os seguintes valores em sua demonstração de resultados:

Companhia Santa Helena S/A Exercício encerrado em 31 de dezembro de 2001	
	(em reais)
Vendas	16.268.000,00
(–) CPV	12.640.000,00
Resultado Bruto	3.628.000,00
(–)Desp. Vendas e Admin	2.120.000,00
Resultado Operacional	1.508.000,00

Os custos fixos de fabricação da empresa correspondem a R$5.308.800,00 e as despesas fixas de vendas e administração representam R$ 1.229.600,00.

A empresa havia produzido e vendido 83.000 unidades durante o ano, abaixo de sua capacidade total, que é de 100.000 unidades.

Em meados do segundo semestre, recebeu uma proposta para vender 15.000 unidades ao preço de R$123,00 cada, para uma empresa do exterior. Todavia, o Gerente de Contabilidade da Companhia Santa Helena não apoiou o fechamento do negócio por entender que o preço do pedido não era suficiente para cobrir os custos de produção.

Sabendo-se que o custo variável unitário é de R$88,33, e a despesa variável unitária é de R$10,73,

a) analise os motivos que levaram o Gerente a não concordar com a proposta;
b) explique a abordagem mais adequada para subsidiar questões dessa natureza.

Conteúdo 08

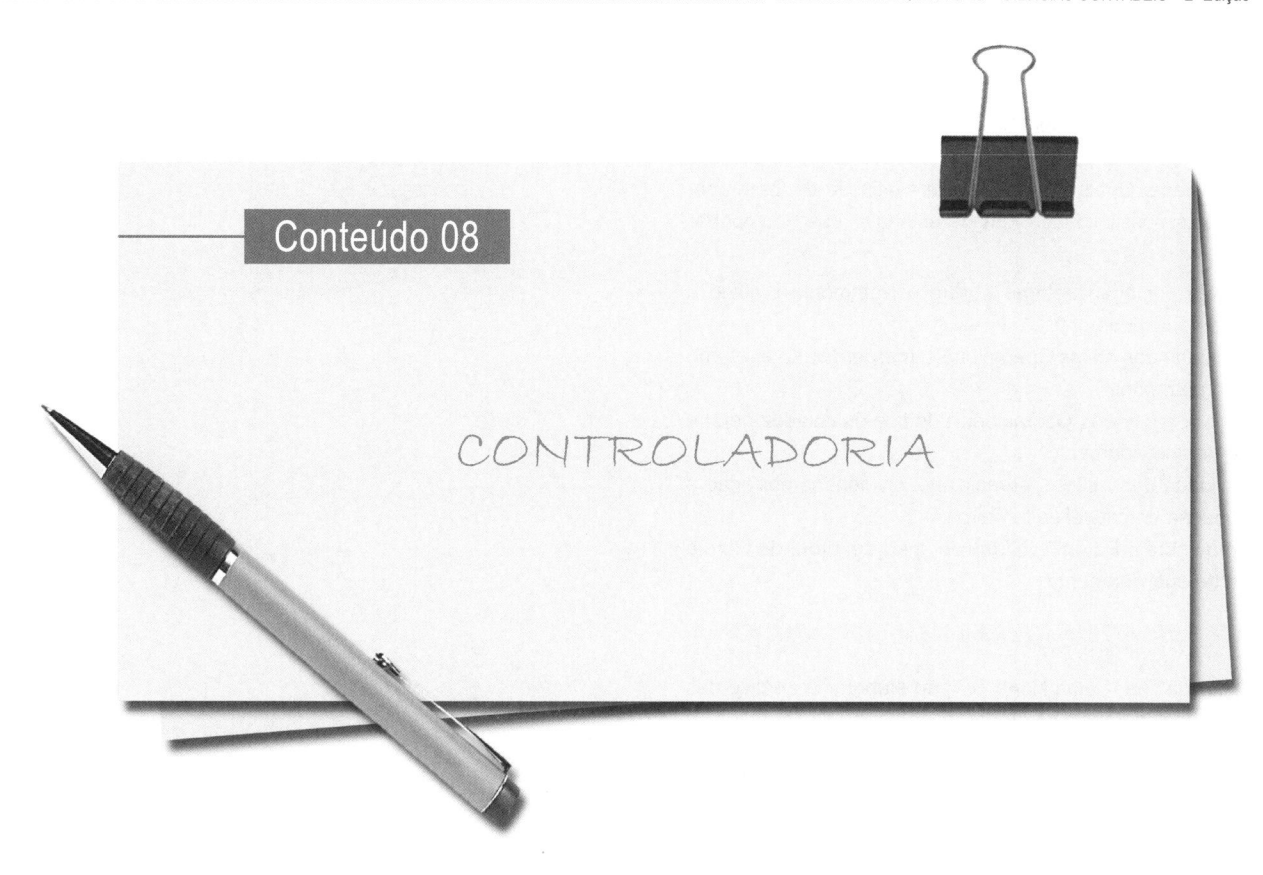

CONTROLADORIA

1. (EXAME - 2009)

No processo de destinação dos lucros auferidos por uma empresa, vários procedimentos são adotados para a constituição de reservas e para a distribuição de dividendos. Por meio da análise da Demonstração das Mutações do Patrimônio Líquido da Cia. Marte, verificou-se que

I. a Cia. Marte distribuiu dividendos de 45% do lucro líquido do exercício, conforme determina o seu estatuto.

II. os saldos de reservas de lucros, exceto para contingências, de incentivos fiscais e de lucros a realizar excedem o valor do capital social.

III. a reserva legal foi constituída de 2,5% do lucro líquido e o saldo final de tal reserva correspondia a 20% do capital social.

IV. o fato que originou a constituição da reserva para contingências em exercício anterior não se efetivou e a empresa não reverteu a reserva, mesmo com a expectativa de que o fato não mais ocorrerá.

Estão CORRETAS somente as afirmativas:

(A) I e III.
(B) II e III.
(C) II e IV.
(D) I, II e III.
(E) II, III e IV.

2. (EXAME - 2009)

A Indústria de Sorvetes Polo Norte avalia o desempenho de seus três negócios (Pecuária, Lacticínio e Sorveteria), considerados centros de resultados. Para esse fim, utiliza o Preço de Transferência nas transações internas. Para a determinação do Preço de Transferência, a empresa considera o quanto pagaria no mercado para adquirir prontos seus produtos intermediários.

Considerando-se os dados a seguir, o *controller* pretende identificar se todos os negócios da empresa são lucrativos.

Dados	Pecuária	Lacticínio	Sorveteria
Produto	Leite	Creme	Sorvete
Custos Variáveis/unid			
Matéria-Prima	-	Leite	Creme
Outros	R$ 1,00	R$ 0,20	R$ 0,50
Custos Fixos/mês	R$ 500,00	R$ 500,00	R$ 1.000,00
Preço Mercado	R$ 2,00	R$ 2,50	R$ 5,00
Quantidade	1.000 u	1.000 u	1.000 u

Outras Informações:

- O produto da pecuária (Leite) não tem matéria-prima.
- Os produtos da Pecuária e do Lacticínio são, respectivamente, matérias-primas do Lacticínio e da Sorveteria.
- O produto da Sorveteria é vendido no mercado.

Após analisar os dados, o *controller* conclui que

(A) a Pecuária e a Sorveteria são negócios lucrativos.
(B) a Pecuária e o Lacticínio são negócios lucrativos.
(C) a Pecuária, a Sorveteria e o Lacticínio são lucrativos.
(D) a Sorveteria é lucrativa e a Pecuária não é lucrativa.
(E) o Lacticínio e a Sorveteria são negócios lucrativos.

3. (EXAME 2006)

A diretoria da Cia. Aroeira quer que seus gerentes se concentrem em melhorar a rentabilidade de cada uma das divisões sob sua responsabilidade. Quais as medidas de avaliação de desempenho que mais possibilidades têm de estimular esse comportamento?

(A) Dividendo por ação, retorno sobre o Patrimônio Líquido e índice de endividamento.
(B) Rotatividade dos Ativos Operacionais, margem bruta e retorno sobre o patrimônio.
(C) Retorno sobre Ativos Operacionais, índice de liquidez geral e índice de endividamento.
(D) Rotatividade dos Ativos Operacionais, dividendos por ação e participação do capital de terceiros.
(E) Retorno sobre o Patrimônio Líquido, margem bruta de lucro e índice de endividamento.

4. (EXAME 2002)

O *controller* da Cia. Calha Norte S/A, ao elaborar a análise das demonstrações contábeis da empresa, percebeu que o índice de composição do endividamento (CE = Passivo Circulante/Capital de Terceiros) alcançava um resultado igual a 0,90. Em vista disso, concluiu que

(A) a empresa está comprometendo quase a totalidade de seu capital próprio com obrigações para com terceiros.
(B) a empresa não terá como pagar seus compromissos de curto prazo.
(C) o endividamento da empresa está concentrado no curto prazo.
(D) o risco de insolvência da empresa é altíssimo.
(E) a cada R$ 100,00 de Ativo Circulante correspondem R$ 90,00 de Passivo Circulante.

5. (EXAME 2002)

A Companhia ABC S.A. fabrica 3 produtos diferentes, mas todos utilizam a mesma matéria-prima. Alguns dados dos produtos são apresentados a seguir.
(em reais)

Produtos	C.Variáveis	C.Fixo	C.Total	P.Venda	Mat.Prima
B	400/u	150/u	550/u	800/u	4 kg/u
J	495/u	120/u	615/u	1.000/u	5 kg/u
S	300/u	100/u	400/u	700/u	4 kg/u

Em determinado mês, a empresa está com falta de matéria-prima, restando no estoque apenas 180 kg. Sabendo-se que a demanda normal para esses produtos é de 20 unidades mensais e que a comissão paga sobre vendas é de 10% do preço, para obter o maior lucro possível, a quantidade de unidades de cada produto a ser fabricada nessa semana será

(A) B=20 ; J=20 e S=20.
(B) B=20 ; J=8 e S=20.
(C) B=15 ; J=10 e S=10.
(D) B=10 ; J=20 e S=20.
(E) B=0 ; J=20 e S=20.

Conteúdo 09

ORÇAMENTO E ADMINISTRAÇÃO FINANCEIRA

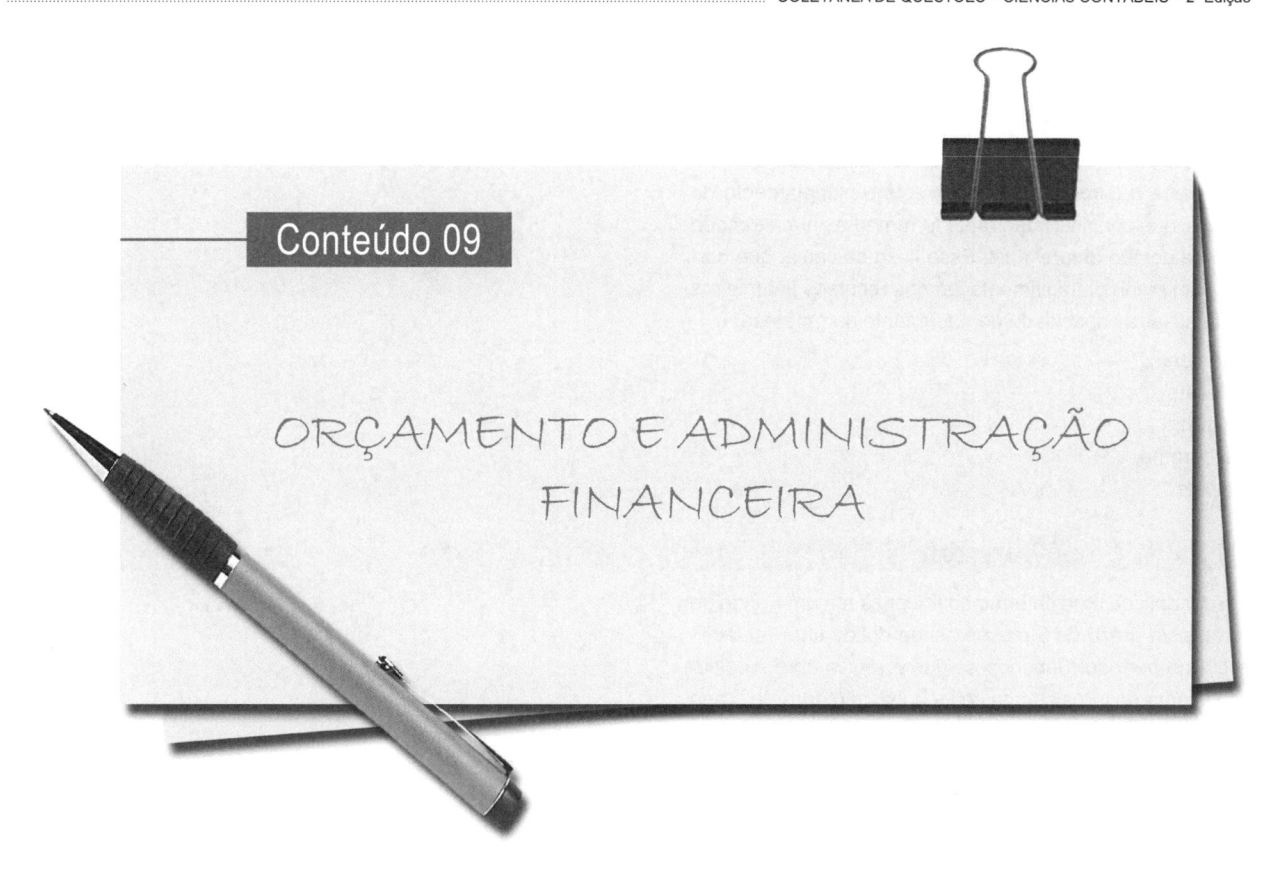

1. (EXAME - 2009)

Leia as afirmativas: Diretores Financeiros são responsáveis por decisões acerca de como investir os recursos de uma empresa para expandir seus negócios e sobre como obter tais recursos. Investidores são instituições financeiras ou indivíduos que financiam os investimentos feitos pelas empresas e governos. Assim, decisões de investimento tomadas por Diretores Financeiros e Investidores são, normalmente, semelhantes.

PORQUE

As decisões de investimento dos Diretores Financeiros focalizam os ativos financeiros (ações e títulos de dívidas), enquanto as decisões de investimento dos Investidores focalizam ativos reais (edificações, máquinas, computadores etc.).

Com base na leitura dessas frases, é CORRETO afirmar que

(A) a primeira afirmação é falsa, e a segunda é verdadeira.
(B) a primeira afirmação é verdadeira, e a segunda é falsa.
(C) as duas afirmações são falsas.
(D) as duas afirmações são verdadeiras, e a segunda é uma justificativa correta da primeira.
(E) as duas afirmações são verdadeiras, mas a segunda não é uma justificativa correta da primeira.

2. (EXAME 2006)

O diretor financeiro da InvestNew Ltda., em reunião de executivos da empresa para definir a estratégia de atuação para o próximo triênio, apresenta, para discussão e análise, a viabilidade de implantação de um novo projeto já no próximo ano. Após as justificativas da necessidade técnica do referido projeto, a discussão concentra-se em relação ao retorno que o projeto geraria. O diretor financeiro informa, então, os seguintes valores:

Valor no início do mês	Juros incorridos	Receita líquida de impostos recebida ao final do mês	Valor do investimento no fim do mês
R$ 20.000,00	R$ 2.500,00	R$ 1.000,00	R$ 21.500,00

Com base nesses dados, qual é a taxa de retorno do projeto no mês?

(A) 4,65%
(B) 5,00%
(C) 7,50%
(D) 10,00%
(E) 12,50%

3. (EXAME 2003)

Na ótica da Administração Geral, o primeiro resultado prático do planejamento é o plano. Entre as atividades atribuídas ao contador que exerce o cargo de controller, está o planejamento do fluxo de caixa, que constitui importante ferramenta para a tomada de decisão na gestão empresarial. Esse fluxo de caixa, que corresponde a um plano da movimentação dos recursos financeiros e permite analisar a capacidade de pagamento da empresa, é

(A) o regulamento.
(B) o orçamento.
(C) o fluxograma.
(D) o organograma.
(E) o balancete.

4. (EXAME 2003)

Um investidor aplicou uma determinada quantia em um Fundo de Renda Fixa, pelo prazo de 6 meses, tendo obtido uma rentabilidade de 8% no período. Sabendo-se que o rendimento é calculado pelo sistema de juros compostos e a inflação durante o ano em que foi realizada a operação alcançou 8,16%, o investidor auferiu, em seu investimento,

(A) perda real de 0,16%.
(B) perda real de 0,99%.
(C) ganho real de 1,03%.
(D) ganho real de 2,38%.
(E) ganho real de 3,85%.

5. (EXAME 2002)

A Cia. Alfa está estudando as seguintes alternativas de investimento:

(em reais)

Alternativas	Investimento	Fluxos de caixa		
	inicial	Ano 1	Ano 2	Ano 3
I	500.000,00	100.000,00	200.000,00	300.000,00
II	500.000,00	150.000,00	250.000,00	250.000,00

Como as alternativas são mutuamente exclusivas e há interesse da empresa pelo retorno no menor prazo possível, considerando-se o período de *payback* efetivo, a empresa deverá escolher a alternativa

(A) I porque o *payback* é de 2,67 anos.
(B) I porque o *payback* é de 2,15 anos.
(C) II porque o *payback* é de 2,40 anos.
(D) II porque o *payback* é de 2,22 anos.
(E) I ou II, indiferentemente, já que o *payback* de ambas é igual.

Conteúdo 10

CONTABILIDADE E ORÇAMENTO GOVERNAMENTAL

1. (EXAME - 2009)

Leia o Balanço Financeiro da Prefeitura de Três Sonos referente ao exercício financeiro de X1:

RECEITAS			DESPESAS		
Títulos	R$ (mil)	R$ (mil)	Títulos	R$ (mil)	R$ (mil)
Orçamentárias		1620	Orçamentárias		1450
Extraorçamentárias			Extraorçamentárias		
Restos a Pagar	292		Entidades Vinculadas	100	
Serviços da Dívida a Pagar	190		Restos a Pagar	300	
Débitos de Tesouraria	60		Débitos de Tesouraria	60	
Restituições	118	660	Restituições	36	496
Saldo do Exercício Anterior		260	Saldo para o Exercício Seguinte		594
Caixa/Bancos	260		Caixa/Bancos	594	
TOTAL		2540	TOTAL		2540

Em relação à demonstração, considere:

I. O resultado financeiro foi superavitário em R$ 594,00.
II. As receitas extraorçamentárias causaram um aumento efetivo no caixa/bancos de R$ 178,00.
III. O saldo da conta Restos a Pagar teve uma redução de R$ 8,00 no período.
IV. O saldo final da conta Restituições era R$ 36,00.

Estão CORRETAS somente as afirmativas

(A) I e II.
(B) II e III.
(C) III e IV.
(D) I, II e III.
(E) II, III e IV.

2. (EXAME 2006)

Por ocasião da aprovação da LOA – Lei de Orçamento Anual, a previsão das Receitas e a fixação das Despesas de uma determinada entidade governamental foram as seguintes:

Receitas Correntes		Despesas Correntes	
Receita da Dívida Ativa	R$ 300.000,00	Aquisição de Material de Consumo	R$ 300.000,00
Outras Receitas Correntes	R$ 400.000,00	Outras Despesas Correntes	R$ 400.000,00
Receitas de Capital		**Despesas de Capital**	
Alienação de Bens Móveis	R$ 200.000,00	Aquisição de Bens Móveis	R$ 200.000,00
Transferências de Capital	R$ 200.000,00	Empréstimos Concedidos	R$ 200.000,00
Operações de Crédito	R$ 400.000,00	Amortização da Dívida	R$ 400.000,00

Ao final do período orçamentário aprovado, os saldos contábeis indicavam um total executado de Receitas e Despesas conforme os valores a seguir:

Receitas Correntes		Despesas Correntes	
Receita da Dívida Ativa	R$ 260.000,00	Aquisição de Material de Consumo	R$ 260.000,00
Outras Receitas Correntes	R$ 340.000,00	Outras Despesas Correntes	R$ 330.000,00
Receitas de Capital		**Despesas de Capital**	
Alienação de Bens Móveis	R$ 200.000,00	Aquisição de Bens Móveis	R$ 204.000,00
Transferências de Capital	R$ 190.000,00	Empréstimos Concedidos	R$ 205.000,00
Operações de Crédito	R$ 340.000,00	Amortização da Dívida	R$ 402.000,00

Com base nessas informações, qual foi o resultado orçamentário?

(A) Superávit corrente de R$ 99.000,00
(B) Superávit de capital de R$ 89.000,00
(C) Déficit orçamentário de R$ 71.000,00
(D) Déficit corrente de R$ 81.000,00
(E) Déficit corrente de R$ 10.000,00

3. (EXAME 2003)

A Prefeitura da cidade de Unidos apresentou, durante o exercício de 2002, a movimentação a seguir.

Receitas arrecadadas, em reais

Tributos.. 60.000,00
Transferências Correntes....................................... 110.000,00
Depósitos de terceiros.. 30.000,00
Amortização de empréstimos................................. 80.000,00

Despesas Executadas, em reais

Pessoal.. 100.000,00
Material permanente... 90.000,00
Serviços de terceiro.. 40.000,00
Consignações.. 20.000,00

Com base nas informações acima, o valor do Resultado do orçamento corrente, em reais, é

(A) *deficit* de 10.000,00
(B) *deficit* de 30.000,00
(C) *superavit* de 10.000,00
(D) *superavit* de 20.000,00
(E) *superavit* de 30.000,00

4. (EXAME 2002)

Apurando os resultados do exercício findo em 2000, o Contador da Prefeitura do Município Serra Linda verificou que, naquele ano, obteve-se um *superavit* financeiro de R$ 120.000,00 e um resultado positivo nas demonstrações das variações patrimoniais de R$ 65.000,00. Com base nesses dados, pode-se afirmar que o município

(A) aumentou sua situação líquida em R$ 65.000,00 e sua situação financeira em R$185.000,00.
(B) aumentou suas disponibilidades em R$ 120.000,00 e sua situação líquida em R$ 65.000,00.
(C) precisa lançar o excedente financeiro como "Restos a Pagar", e o resultado econômico deverá ser devolvido para o Estado na rubrica "Verbas não utilizadas no exercício".
(D) deverá ter suas contas aprovadas pelo Tribunal de Contas, em virtude do *superavit* financeiro.
(E) atendeu às exigências da Lei de Responsabilidade Fiscal, por manter a folha de pagamento dentro dos limites fixados por essa lei, e, por isso, teve resultado financeiro favorável.

5. (EXAME 2002)

Um município enviou à Câmara de Vereadores da Cidade a Proposta de Orçamento Anual referente ao exercício de 2002, abordando, entre outras coisas, o seguinte: "... tendo em vista as metas determinadas na Lei de Diretrizes Orçamentárias e considerando que tanto a receita quanto a despesa orçadas montam a R$ 25.000.000,00 ...."

Com base nessa sentença, que faz parte da mensagem enviada pelo Poder Executivo ao Poder Legislativo, pode-se concluir que a mensagem está

(A) correta, pois não há conflito com as metas determinadas pela legislação específica.
(B) correta, pois faz referência à Lei de Diretrizes Orçamentárias, que é o instrumento mais importante do Plano Plurianual.
(C) correta, pois os valores da Receita e Despesa orçadas precisam ser iguais.
(D) errada, pois deveria destinar-se ao Tribunal de Contas e não ao Poder Legislativo.
(E) errada, pois o correto seria Receita Orçada e Despesa Fixada.

Conteúdo 11

AUDITORIA EXTERNA E INTERNA

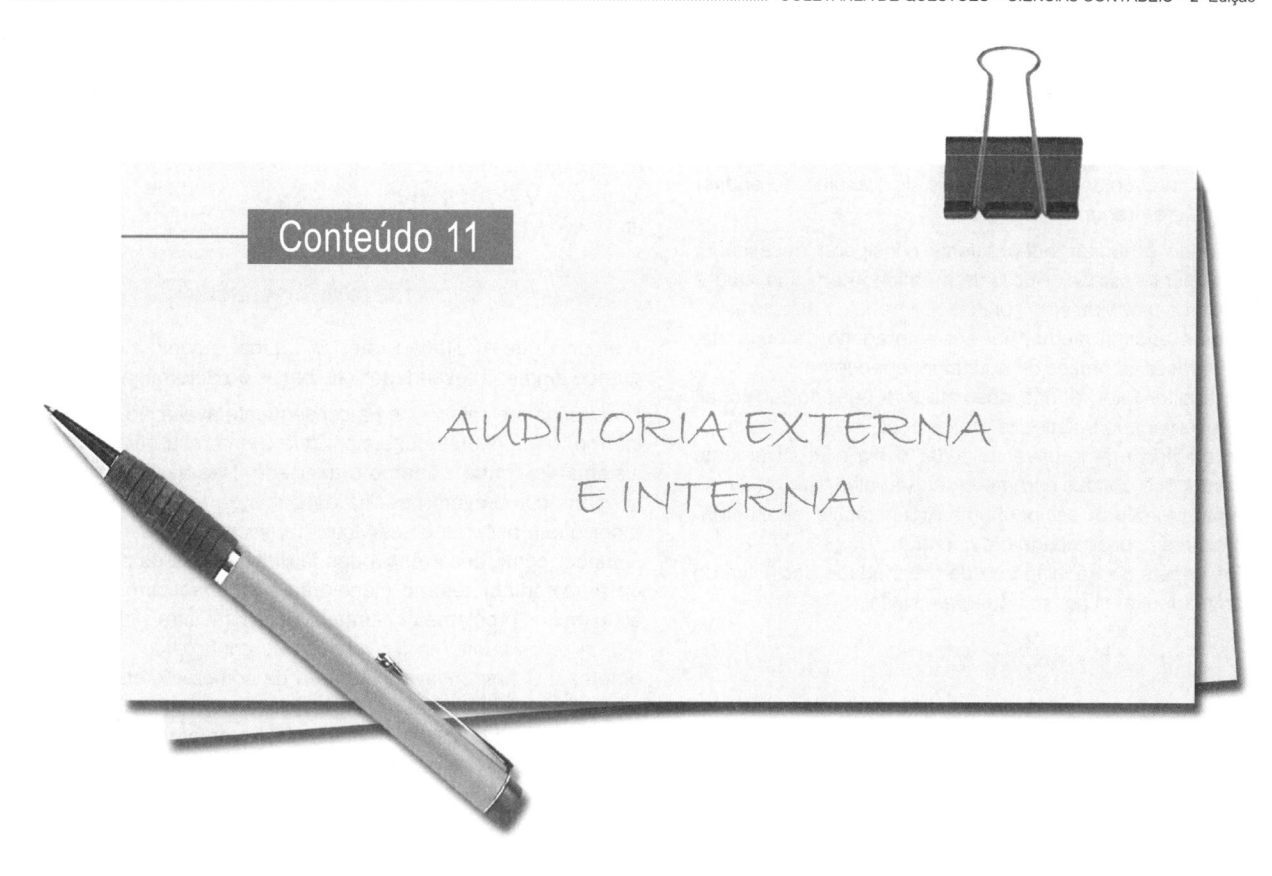

1. (EXAME - 2009)

Nos trabalhos realizados por um auditor independente, identificaram-se vários procedimentos adotados pela Cia. Calada. No decorrer dos trabalhos, os seguintes fatos foram encontrados:

I. A Provisão para crédito de liquidação duvidosa foi constituída, tendo como base o índice de inadimplência apresentado nos últimos cinco anos.

II. O Registro das receitas foi realizado pelo regime de caixa.

III. As Taxas de depreciação foram calculadas pelo método da soma dos dígitos, diferentemente do último exercício em que foi adotado o método das quotas constantes, sem evidenciar em notas explicativas.

IV. Os Estoques estavam avaliados acima do valor de mercado, sem a provisão correspondente.

V. As Despesas pagas antecipadamente foram registradas como ativo circulante.

Diante dos fatos encontrados na Cia. Calada, sob o ponto de vista da condução do trabalho de auditoria, a conduta CORRETA do auditor independente responsável será

(A) considerar como não relevantes todos os fatos encontrados.
(B) oferecer serviço de consultoria para corrigir os fatos encontrados.
(C) solicitar da empresa correções para os fatos I, II e V.
(D) solicitar da empresa correções para os fatos II, III e IV.
(E) solicitar da empresa correções para todos os fatos encontrados.

2. (EXAME 2006)

Um auditor externo, em procedimento para confirmação dos passivos tributários e trabalhistas, solicita à empresa auditada que envie carta aos escritórios de advocacia contratados para confirmar a existência de processos, classificando-os de acordo com o risco e a probabilidade de êxito em "possíveis, prováveis e remotos". Qual a denominação desse procedimento?

(A) Constituição.
(B) Certificação.
(C) Constatação.
(D) Conciliação.
(E) Circularização.

3. (EXAME 2003)

Na auditoria realizada nas demonstrações contábeis da empresa Pará, referentes ao exercício social de 2001, você foi indicado como o auditor independente, responsável pela área de estoques, que representam 30% do ativo total. Ao acompanhar os testes de inventário em dezembro de 2001, você verificou que os estoques estavam superavaliados em 40%. Solicitou, então, aos administradores da entidade que ajustassem o valor dos estoques ao montante correto, o que não foi feito. Em vista do exposto, o auditor deve

(A) rescindir o contrato de auditoria.
(B) sugerir que a entidade inclua o fato no relatório da administração a ser publicado.
(C) emitir um parecer com ressalva.
(D) emitir um parecer adverso.
(E) emitir um parecer com abstenção de opinião.

4. (EXAME 2003)

Em relação à cooperação com o auditor independente, segundo as Normas Profissionais do Auditor Interno – NBC P 3, o auditor interno deve apresentar os seus papéis de trabalho ao auditor independente e entregar-lhe cópias?

(A) Sim, quando o auditor independente considerar necessário, se previamente estabelecido com a entidade em que atua e no âmbito do planejamento conjunto do trabalho a realizar.
(B) Sim, pois o auditor interno, por ser empregado da empresa, deve obedecer às ordens do auditor independente.
(C) Não, o auditor interno, não obstante sua posição funcional, deve preservar sua autonomia profissional.
(D) Não, o auditor interno deve respeitar o sigilo relativamente às informações obtidas durante o seu trabalho, não as divulgando para terceiros, sob nenhuma circunstância, sem autorização expressa da entidade em que atua.
(E) Não, os papéis de trabalho são de propriedade exclusiva do auditor, responsável por sua guarda e sigilo.

5. (EXAME 2002)

A empresa Serra Verde vende sucos de frutas engarrafados e é auditada anualmente por auditores independentes. Na última visita, os auditores observaram que o Contador da empresa estava apresentando no Balanço Patrimonial, os estoques do suco de uva por valor inferior ao custo de aquisição. O Contador comprovou que o suco de uva não é mais aceito no mercado e que seu valor de realização é efetivamente inferior ao valor do custo de aquisição. Assim, baseado na aplicação das Normas Brasileiras de Contabilidade, o lançamento estava correto. A norma na qual o Contador baseou sua resposta é

(A) Avaliação Patrimonial.
(B) Escrituração Contábil.
(C) Documentação Contábil.
(D) Características da Informação Contábil.
(E) Divulgação das Demonstrações Contábeis.

6. (EXAME 2002)

Os auditores independentes que estavam examinando as demonstrações contábeis da Empresa Ragum S/A, relativas ao exercício de 2000, tomaram conhecimento através da imprensa que, em fevereiro de 2001, o maior cliente da Ragum falira. Analisando o Relatório de Contas a Receber, os auditores não constataram a existência de débitos relativos ao cliente que havia falido. Desta forma, emitiram parecer

(A) sem ressalvas e sem menção do fato.
(B) sem ressalvas e com menção do fato.
(C) com ressalvas e sem menção do fato.
(D) com ressalvas e com menção do fato.
(E) adverso e com menção do fato.

7. (EXAME 2002)

O trabalho de auditoria segue um encadeamento lógico que é considerado como ponto de partida para que se obtenham evidências com qualidade e dentro de um tempo adequado para as entidades, envolvendo as seguintes etapas:

I. planejamento dos trabalhos;
II. elaboração do relatório;
III. avaliação do controle interno;
IV. emissão do parecer;
V. elaboração do programa de trabalho;
VI. elaboração das folhas-mestre e analíticas.

A seqüência correta dessas etapas é:

(A) I – V – III – VI – IV – II.
(B) I – V – VI – III – II – IV.
(C) III – VI – I – V – IV – II.
(D) III – I – V – VI – II – IV.
(E) V – I – VI – II – III – IV.

8. (EXAME 2003) DISCURSIVAS

A empresa de Auditoria Prates S/C. Ltda. é contratada por uma grande empresa revendedora de peças de determinada região.

Nas visitas preliminares e na conseqüente avaliação do controle interno, os auditores constatam que a empresa não possui um sistema de controle interno organizado. Nas avaliações que se seguem, comprovam que, na ausência do tesoureiro, é o contador quem assume os serviços. Tal iniciativa é justificada pelo contador como decorrência das facilidades que os profissionais da área contábil têm no manejo da área financeira. "Com isso, evito muitos problemas", afirma o contador. Outra situação constatada pelos auditores diz respeito ao controle de estoques da empresa. O responsável pela área de compras efetua todos os procedimentos necessários à aquisição de mercadorias, tendo ainda como atribuição o recebimento, a conferência e a devolução, caso apresentem problemas. O controle é periódico, sendo as contagens físicas efetuadas de seis em seis meses. Quem efetua as contagens são os funcionários do almoxarifado, pois, segundo o responsável, eles têm melhor conhecimento da organização e localização dos produtos, o que facilita o processo, além de reduzir o custo e o tempo de execução do trabalho.

Faça uma análise do sistema de controle interno da empresa, avaliando os procedimentos que estão sendo utilizados pelas áreas de Tesouraria e Estoques

9. (EXAME 2002) DISCURSIVA

Após verificar que eram de boa qualidade os controles internos na área de Caixa e Bancos da Companhia Beta, o auditor iniciou o exame das conciliações bancárias, selecionando as principais pendências, e detectou os seguintes pagamentos e recebimentos contabilizados em datas divergentes daquelas em que ocorreram os fatos geradores:

1) recebimentos de contas a receber no valor de R$ 200.000,00, ocorridos em janeiro de 2001, mas contabilizados no mês de dezembro de 2000;
2) pagamentos a fornecedores de mercadorias no valor de R$ 150.000,00, ocorridos em janeiro de 2001, mas contabilizados no mês de dezembro de 2000.

a) Baseado no princípio contábil da competência, que procedimento deve ser adotado pelo auditor, a partir desse fato?
b) Descreva os quatro principais procedimentos de auditoria na área de Caixa e Bancos.

Conteúdo 12

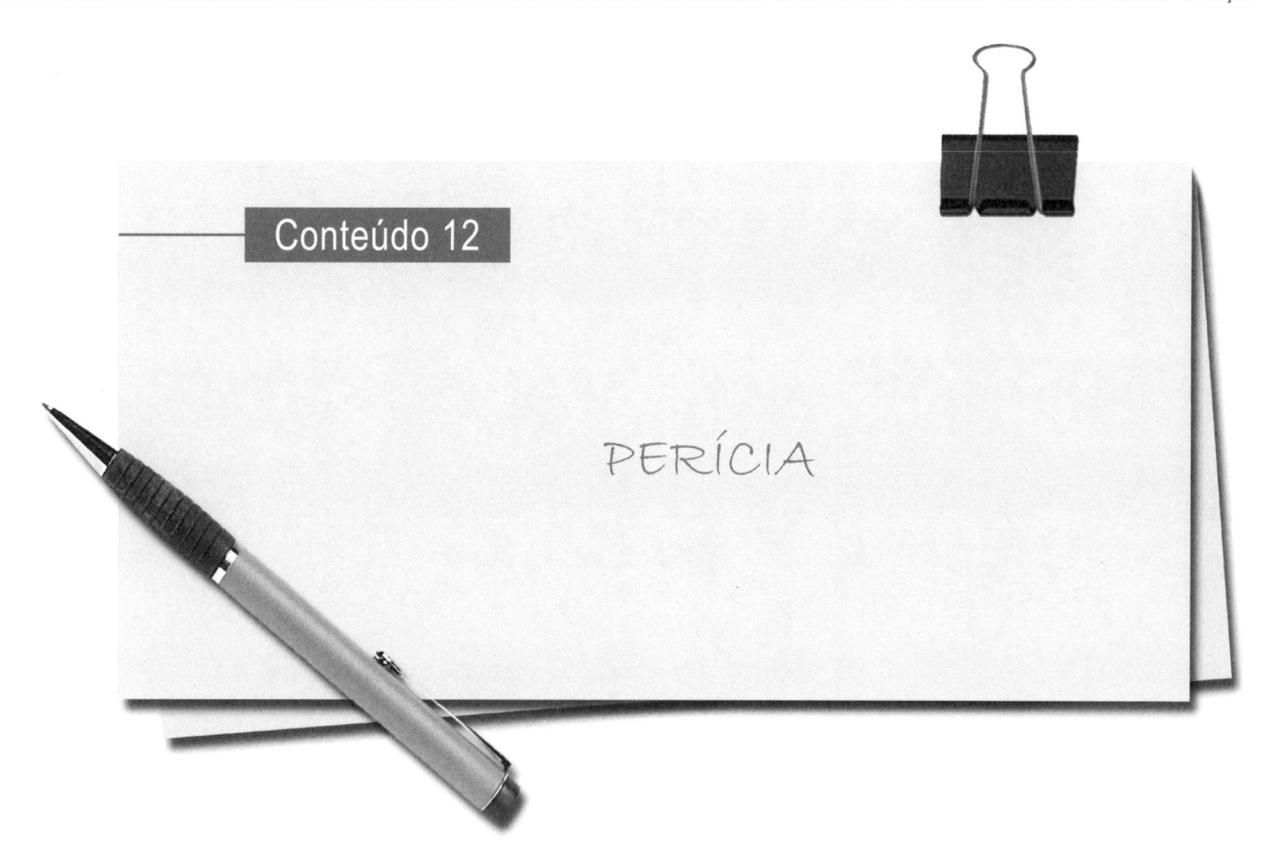

PERÍCIA

1. (EXAME - 2009)

Leia o trecho:

> A perícia contábil constitui o conjunto de procedimentos técnicos e científicos destinados a levar à instância decisória elementos de prova necessários a subsidiar a justa solução do litígio, mediante laudo pericial contábil, e/ou parecer pericial contábil.
>
> (NBC T 13).

Em relação a esse assunto, é CORRETO afirmar que

(A) a perícia contábil judicial pode ser realizada por um técnico de contabilidade devidamente registrado em Conselho Regional de Contabilidade.

(B) o contador deve solicitar verbalmente, ao Juízo, prorrogação para concluir seus trabalhos, quando da impossibilidade de cumprimento do prazo.

(C) o parecer pericial contábil serve para subsidiar, na esfera extrajudicial, o Juízo e as partes, bem como para analisar de forma técnica o laudo pericial.

(D) o parecer pericial contábil serve para subsidiar, na esfera judicial, o árbitro e as partes nas suas tomadas de decisão.

(E) os livros e os documentos a serem compulsados constituem um dos fatores a serem considerados no planejamento da perícia.

Conteúdo 13

LEGISLAÇÃO SOCIETÁRIA, COMERCIAL, TRABALHISTA E TRIBUTÁRIA

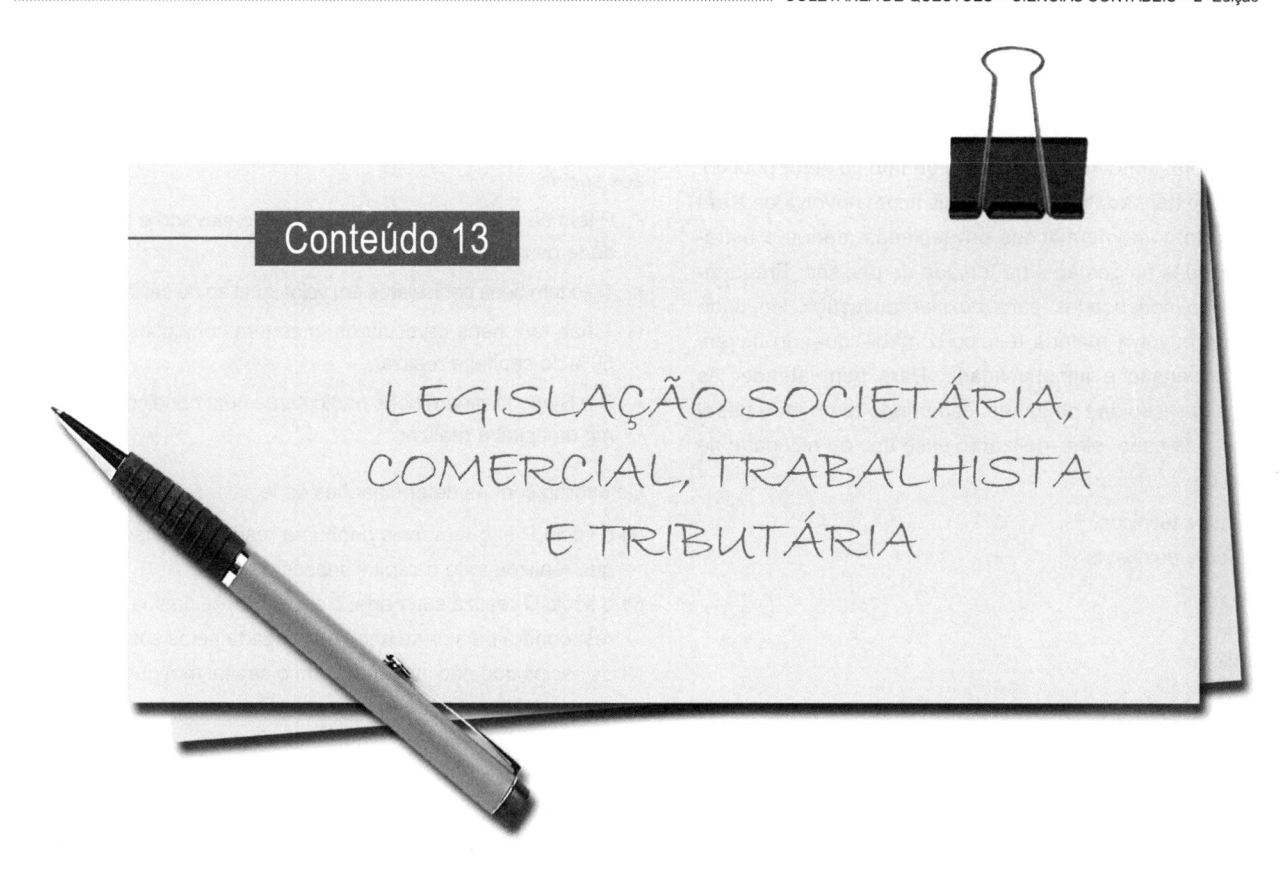

1. (EXAME - 2009)

Um empregado foi registrado em 16 de janeiro de X6 e demitido em 30 de setembro do mesmo ano, com dispensa de aviso prévio pelo empregador.

Considerando-se que a empresa antecipa 50% do 13º salário para todos os seus empregados, no dia 30 de junho de cada ano, a rescisão contratual do empregado foi composta por quais parcelas?

(A) Aviso prévio igual a 30 dias trabalhados, 9/12 de férias, 4/12 de 13º salário, 40% de multa do FGTS.
(B) Aviso prévio proporcional aos meses trabalhados, férias e 13º no valor do último salário, 40% de multa do FGTS.
(C) Saldo de Salário, Aviso Prévio Indenizado, 9/12 de férias indenizadas + 1/3 sobre férias, 3/12 de 13º salário, 40% de multa do FGTS.
(D) Saldo de Salário, Aviso Prévio Indenizado, 10/12 de férias + 1/3 sobre férias, 4/12 de 13º salário, 40% de multa do FGTS.
(E) Saldo de Salário, Férias de igual valor do último salário, metade do 13º salário, 40% de multa do FGTS.

2. (EXAME - 2009)

Leia as afirmativas:

O prejuízo fiscal compensável é aquele apurado na demonstração do lucro real de determinado período e controlado na Parte B do Livro de Apuração do Lucro Real (LALUR).

PORQUE

Existem dois tipos de prejuízos distintos: o contábil, apurado pela contabilidade na Demonstração de Resultado do Exercício (DRE), e o fiscal, apurado na demonstração do lucro real, por meio do LALUR. Em relação ao prejuízo contábil, sua absorção segue as determinações da legislação societária, enquanto as regras de compensação de prejuízos fiscais são determinadas pela legislação do Imposto de Renda.

Com base na leitura dessas frases, é CORRETO afirmar que

(A) a primeira afirmação é falsa, e a segunda é verdadeira.
(B) a primeira afirmação é verdadeira, e a segunda é falsa.
(C) as duas afirmações são falsas.
(D) as duas afirmações são verdadeiras, e a segunda é uma justificativa correta da primeira.
(E) as duas afirmações são verdadeiras, mas a segunda não é uma justificativa correta da primeira.

3. (EXAME 2006)

O Departamento responsável pelo controle de tributos da Cia. Amazônia, ao final do exercício de 2005, elabora um relatório contendo os dados constantes na tabela abaixo:

Contas	Valores
Capital Social	R$ 100.000,00
Reserva de Reavaliação	R$ 50.000,00
Reserva Especial Artigo 460 RIR	R$ 10.000,00
Lucros Acumulados até 2004	R$ 22.000,00
Lucro Líquido do Ano de 2005 (ajustado para cálculo do limite)	R$ 13.000,00
TJLP no Ano	5%

Com base nas informações, considerando que não será efetuado nenhum ajuste no Lucro Real, qual é o valor máximo permitido pela Legislação do Imposto de Renda, a ser pago ou creditado a título de Juros Sobre o Capital Próprio, dedutíveis na base do Lucro Real da empresa?

(A) R$ 11.000,00
(B) R$ 9.100,00
(C) R$ 7.250,00
(D) R$ 6.750,00
(E) R$ 6.500,00

4. (EXAME 2003)

Por força da profissão, os contadores têm um campo de atuação bem amplo, tanto no setor privado quanto no setor público. A par dessa extensão, tais profissionais ficam envolvidos e em contato direto com informações privilegiadas, dados e estratégias utilizadas na gestão e na tomada de decisão. Freqüentemente, são convocados para auxiliar a Justiça, emitindo opinião que envolva matéria técnico-contábil, quando devem atuar com isenção e imparcialidade. Para bem atender as convocações recebidas de juízes, cumprindo também o papel social que lhes cabe, eles realizarão esse tipo de atividade na qualidade de

(A) assistentes técnicos.
(B) contadores de custos.
(C) auditores.
(D) peritos.
(E) controllers.

5. (EXAME 2003)

A legislação vigente destaca a necessidade de as empresas possuirem escrituração adequada de modo a permitir a verificação das Contas, quando necessário. Que conseqüências tem para uma empresa a falta dessa escrituração?

(A) As modificações efetuadas recentemente no Código Civil não prevêem penalidades para essa situação.
(B) No campo do Direito Penal, o empresário não sofrerá punições, todavia, no do Civil, haverá restrições e não poderá solicitar falência.
(C) No campo do Direito Penal, o empresário não sofrerá punições, todavia, no do Civil, haverá restrições e não poderá solicitar concordata.
(D) No campo do Direito Civil, não há penalidades e, no do Direito Penal, caso a empresa venha a entrar em processo de falência, esta será considerada fraudulenta.
(E) No campo do Direito Civil, o empresário não poderá pedir concordata ou falência da empresa e, no do Penal, a falência, caso ocorra, será considerada fraudulenta.

6. (EXAME 2003)

Uma sociedade de responsabilidade limitada, formada por cinco sócios, no encerramento de um exercício em que ocorreram fortes perdas operacionais, apresentava a seguinte composição do seu capital social, em reais:

Histórico	Sócio P	Sócio Q	Sócio R	Sócio S	Sócio T
Capital subscrito	500.000,00	300.000,00	100.000,00	60.000,00	40.000,00
Capital a realizar	0	100.000,00	80.000,00	50.000,00	40.000,00

Face aos prejuízos apurados e à grande retração dos negócios no seu ramo de atividade, a sociedade não resistiu, ocorrendo a sua insolvência. Na ocasião, foi levantada a seguinte situação dos sócios:

- P tem bens particulares de valor muito elevado e forte capacidade de pagamento;
- Q só tem bens particulares em valor igual ao do capital a realizar;
- T não tem bens particulares, mas tem condições para pagar 50% do capital a realizar;
- R e S não têm nem bens particulares nem condições de assumir o capital a realizar.

De acordo com as determinações da legislação vigente,

(A) o sócio P não tem mais nenhuma responsabilidade, uma vez que realizou todo o capital subscrito.
(B) o sócio Q realiza sua parte, o sócio T, 50% da sua, e o sócio P responderá pela parte não integralizada pelos sócios R, S e T.
(C) os sócios que não integralizaram o capital têm que assumir tal responsabilidade, tenham ou não bens particulares ou capacidade de pagamento para tal.
(D) como os sócios Q e T têm condições para isso, terão de responder sozinhos pela integralização do capital até o limite de seus bens particulares ou da sua capacidade de pagamento.
(E) como o sócio T só tem capacidade de pagar 50% do capital a realizar e os sócios R e S não têm bens particulares nem capacidade de pagamento, os credores ficarão com o prejuízo.

7. (EXAME 2003)

A empresa Três Corações opera com componentes importados. Em novembro de 2002, o imposto de importação era de 10% sobre os componentes de origem estrangeira. A empresa, nesse mês, fez um pedido de importação de US$ 150.000,00 (cento e cinqüenta mil dólares), combinando que a entrega seria realizada entre 5 e 10 de fevereiro de 2003. Contudo, em janeiro de 2003, o Congresso Nacional aprovou Lei emanada do Executivo que elevava a alíquota desse imposto para 15 %. Considere que, nesse período, a cotação do dólar foi a seguinte:

- novembro de 2002   R$ 3,00
- dezembro de 2002   R$ 3,10
- janeiro de 2003   R$ 3,15
- fevereiro de 2003   R$ 3,20

Sabendo que o fornecedor entregou os componentes no prazo combinado, de acordo com o Direito Tributário Nacional, a empresa deverá pagar, como imposto de importação, em janeiro de 2003, o montante, em reais, de

(A) 72.000,00
(B) 69.750,00
(C) 48.000,00
(D) 46.500,00
(E) 45.000,00

8. (EXAME 2003)

A empresa Só Máquinas Agrícolas S.A. importou recentemente 25 colheitadeiras da Holanda. Essa transação deverá ser tributada pelo Imposto de Produtos Industrializados (IPI)?

(A) Não, pois o que ocorreu foi a comercialização e não a industrialização de produtos, não havendo, assim, fato gerador de IPI.
(B) Não, pois os produtos já foram tributados no momento da saída da indústria da Holanda, não cabendo a incidência de outro tributo sobre produtos industrializados.
(C) Não, pois o que ocorreu foi a circulação e não a industrialização de produtos, cabendo apenas o ICMS.
(D) Não, pois ao ingressar no mercado brasileiro os produtos não sofreram qualquer modificação, não havendo, assim, fato gerador para a tributação do IPI.
(E) Sim, os produtos devem ser tributados face ao desembaraço aduaneiro, pois se trata de produto industrial de procedência estrangeira.

9. (EXAME 2003)

Francisca é empregada de uma empresa e reclama o direito de gozo de férias relativas ao seu primeiro ano de trabalho. Nesse período, esteve afastada por licença-maternidade e entende que não perdeu o direito às férias. O encarregado de Recursos Humanos, entretanto, explica que, em decorrência do afastamento, ela não cumpriu o período aquisitivo de férias. Nesse caso,

(A) o afastamento deve ser considerado, todavia a empregada tem direito a férias proporcionais ao período em que esteve na empresa.
(B) o afastamento não terá nenhuma implicação e nem prejudicará o direito da empregada ao gozo das férias integrais.
(C) o encarregado de Recursos Humanos está correto, visto que a licença-maternidade deve ser descontada do período aquisitivo de férias.
(D) o encarregado de Recursos Humanos deve desconsiderar o período de licença, iniciando nova contagem de período aquisitivo no momento do retorno da empregada.
(E) a empregada não tem realmente direito às férias, pois se ausentou do serviço por mais de 32 dias no ano.

10. (EXAME 2002)

O Sr. Cordeiro tem um escritório de contabilidade, onde atende a vários pequenos empresários, não só executando os serviços profissionais específicos de sua área, mas também orientando-os em outros aspectos a seu alcance. Em 3 de janeiro, foi procurado por um cliente cuja empresa tivera, em dezembro, um faturamento de R$ 10.000,00, quando a incidência do ISS seria de 5%. Todavia, foi informado da existência de uma nova Portaria sobre ISS que alterava a alíquota para 7%. Essa portaria fora publicada em 16 de dezembro de 2001 e de seu texto não constava referência à data da vigência.

O cliente desejava saber, então, quanto recolher ao ISS, tendo o Sr. Cordeiro informado que deverá ser o valor de

(A) R$ 700,00, pois a portaria entrou em vigor na data da publicação.
(B) R$ 700,00, pois a portaria entrou em vigor no primeiro dia do ano seguinte ao da publicação.
(C) R$ 500,00, pois a portaria só entrará em vigor 30 dias após a data da publicação.
(D) R$ 500,00, pois a portaria só entrará em vigor 45 dias após a data de publicação.
(E) R$ 500,00, desconsiderando a portaria, pois trata-se de um ato normativo que não tem validade legal.

11. (EXAME 2002)

Avelino Ferreira e Oscar Ortiz constituem a Ferreira Ortiz Ltda., sociedade por cotas de responsabilidade limitada, com capital subscrito de R$ 100.000,00, com a finalidade de explorar a venda de produtos de informática. Na constituição, Avelino entra com R$ 50.000,00 em dinheiro, mas Oscar, não tendo essa quantia, subscreve somente R$ 25.000,00. Passam-se alguns meses e a empresa não consegue realizar negócios suficientes para se manter. O capital inicial logo se esvai e, num determinado dia, um credor entra com um processo de falência contra a sociedade. Com a condenação da Ferreira Ortiz Ltda. no processo, o Juiz verifica que Oscar não possui qualquer bem alienável. De acordo com o Direito Comercial, o Juiz deve determinar que

(A) Oscar pague sua parte da dívida trabalhando para o credor.
(B) Oscar seja considerado insolvente até pagar sua parte da dívida ao credor.
(C) Avelino pague, além da sua, a parte da dívida de Oscar, já que é seu fiador natural.
(D) Avelino, que possui bens, pague sua parte na dívida e que Oscar seja liberado do pagamento.
(E) Avelino e Oscar não precisarão pagar a dívida, já que se trata de uma sociedade de responsabilidade limitada.

12. (EXAME 2002)

Segundo o § 2º do artigo 177 da Lei 6.404/76, "A companhia observará em registros auxiliares, sem modificação da escrituração mercantil e das demonstrações reguladas nesta lei, as disposições da lei tributária, ou de legislação especial sobre a atividade que constitui seu objeto, que prescrevam métodos ou critérios contábeis diferentes ou determinem a elaboração de outras demonstrações financeiras". No caso de divergência entre essa Lei e a Legislação Tributária, o Contador deve escriturar o fato contábil

(A) no livro Diário e nos livros exigidos pela legislação tributária.
(B) no livro Razão e nos livros exigidos pela legislação tributária.
(C) nos livros Diário e Razão, apenas.
(D) nos livros sociais exigidos pela Lei 6.404/76, apenas.
(E) nos livros exigidos pela legislação tributária, apenas.

13. (EXAME 2002)

A empresa Delta foi vendida, em dezembro de 1999, ao Sr. João Pereira que ampliou a empresa e passou a chamá-la de Ômega. Em 2001, o Contador da empresa recebeu uma cobrança de ICMS relativa ao mês de outubro de 1999, por conta de omissão de receitas de vendas na época em que ainda era comandada pelo dono anterior.

Nesse caso, segundo o Código Tributário Nacional, o ICMS

(A) deverá ser pago pelo novo proprietário, responsável e sucessor da extinta empresa Delta.
(B) é de responsabilidade da empresa Ômega, em virtude de a Delta não existir mais.

(C) é de responsabilidade do primeiro dono, passando subsidiariamente para a Ômega, caso não seja encontrado.
(D) é de responsabilidade, simultaneamente, das empresas Delta e Ômega, por serem estas solidárias.
(E) não mais poderá ser cobrado, pelo fato da inexistência da empresa Delta e de seu dono não ser localizado.

14. (EXAME 2002)

A empresa Mundo Novo Ltda., sofrendo fiscalização da Receita Federal, recebeu uma multa por não ter realizado adequadamente o pagamento do Imposto de Renda referente ao ano de 1999. Inconformado com a decisão do fiscal, e tendo sido comunicado pelo Contador da empresa que a multa é improcedente, o diretor da Mundo Novo não recorreu administrativamente, ingressando imediatamente na justiça com um mandado de segurança contra a medida. Poucos dias depois, o juiz concedeu uma liminar autorizando a empresa a não pagar a multa.

No Direito Tributário, essa decisão do Juiz caracteriza

(A) suspensão do crédito tributário.
(B) exclusão do crédito tributário.
(C) extinção do crédito tributário.
(D) lançamento de elisão fiscal.
(E) compensação fiscal.

15. (EXAME 2002)

O Contador da Empresa Gama, quando estava encerrando as demonstrações contábeis do exercício de 2001, recebeu do Departamento de Pessoal uma relação contendo os valores que deveria provisionar sobre férias dos empregados. Notou, então, que alguns funcionários não constavam na lista. Consultando o Departamento de Pessoal, recebeu a informação de que esses funcionários haviam tido um número excessivo de faltas e que, por isso, não tinham direito a férias. A resposta do Departamento de Pessoal está correta?

(A) Sim, pois as faltas injustificadas ao trabalho afetam a gradação alusiva ao período de férias.
(B) Sim, pois as faltas injustificadas ao trabalho devem ser descontadas no período das férias.
(C) Sim, pois, se as faltas injustificadas ao trabalho não tiverem sido descontadas no salário, refletirão na perda das férias.
(D) Não, pois as faltas injustificadas ao trabalho são irrelevantes para efeito de férias.
(E) Não, pois as faltas injustificadas ao trabalho devem ser apenas descontadas no salário do empregado, não repercutindo nas férias.

16. (EXAME 2002)

A Indústria Motomecânica Igarassu S/A, produtora de máquinas e implementos agrícolas, depois de três anos de pesquisa conseguiu inventar uma nova ceifadeira que consegue colher 30% a mais de soja do que as máquinas convencionais. Satisfeito com a nova invenção, o Presidente da empresa determina que o registro seja imediatamente feito no INPI. Esse tipo de registro é de

(A) direito autoral.
(B) propriedade intelectual.
(C) fundo de comércio.
(D) marca ou nome comercial.
(E) patente.

Conteúdo 14

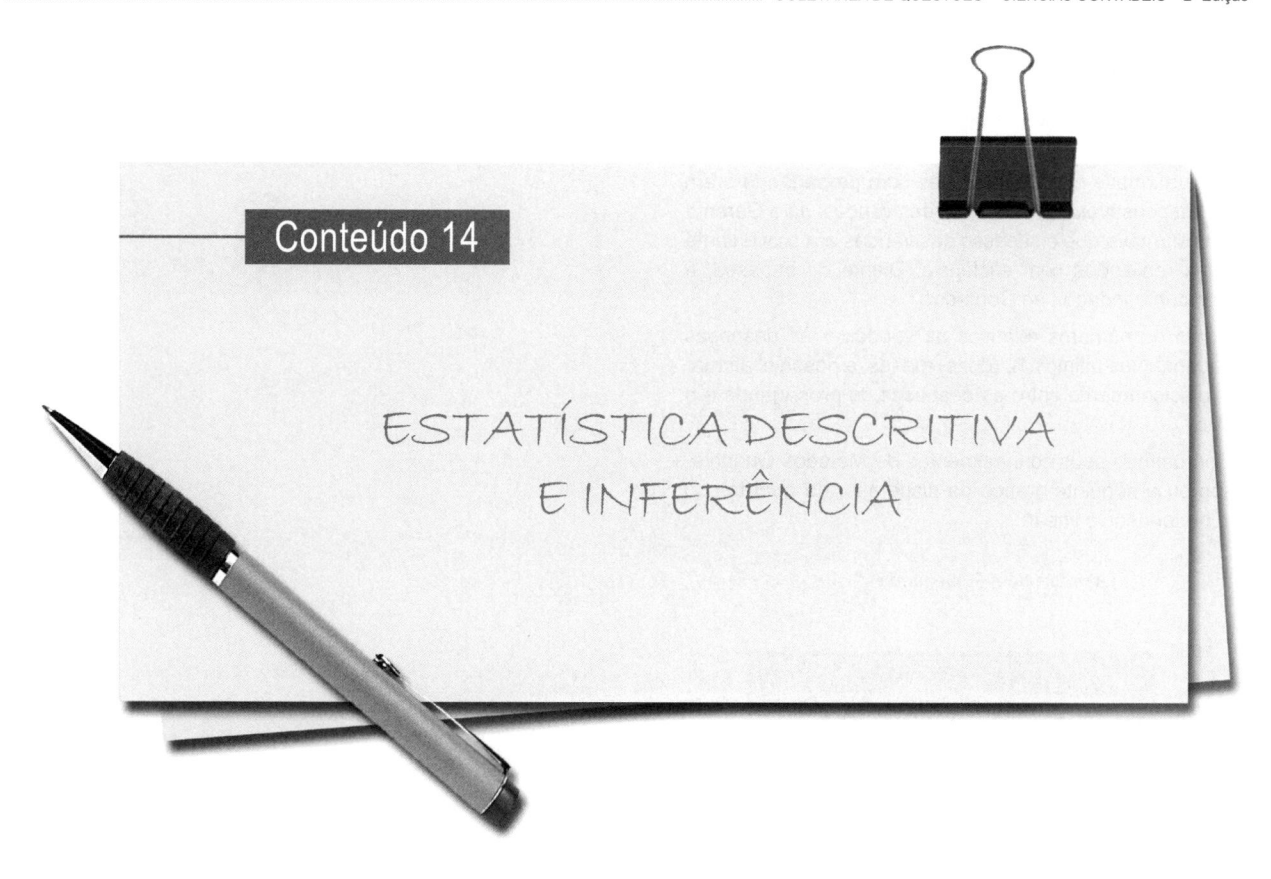

ESTATÍSTICA DESCRITIVA E INFERÊNCIA

1. (EXAME 2006)

Uma empresa contratou assessores especializados para examinar o desempenho do seu lucro operacional para o próximo ano em função do cenário econômico. A diretoria, orientada por esses especialistas, estabeleceu diversos cenários possíveis e suas respectivas probabilidades de ocorrência. Dentro de cada um desses cenários, as áreas de contabilidade e controladoria, com os dados históricos disponíveis e sua tendência, fazem a previsão do lucro operacional anual. O resultado do trabalho é a seguinte distribuição de probabilidade:

Eventos	Lucro Operacional Previsto	Probabilidade do Evento
Economia em Crescimento Acelerado	R$ 110 milhões	0,10
Economia em Crescimento Moderado	R$ 80 milhões	0,15
Economia em Crescimento Estável	R$ 50 milhões	0,40
Economia em Recessão Moderada	R$ 40 milhões	0,25
Economia em Recessão Profunda	R$ 20 milhões	0,10

Nessas condições, qual será o lucro operacional esperado para o próximo ano?

(A) R$ 80 milhões.
(B) R$ 60 milhões.
(C) R$ 55 milhões.
(D) R$ 50 milhões.
(E) R$ 45 milhões.

2. (EXAME 2002)

Em uma reunião de Diretoria na Empresa Praia Dourada, na qual se discutiam custos e despesas *versus* faturamento, o Gerente de *Marketing* afirmava que as despesas com propaganda eram as grandes responsáveis pelo sucesso das vendas. Já o Gerente de Contatos afirmava que o sucesso das vendas era proveniente dos contatos realizados com eficiência. Diante do impasse, o Diretor-Presidente indagou ao Contador:

"– Analisando os números relativos às vendas e às despesas com propaganda nos últimos 12 (doze) meses, é possível afirmar se existe relacionamento entre as despesas de propaganda e o faturamento?"

O Contador, usando seus conhecimentos de Métodos Quantitativos, elaborou o seguinte gráfico de dispersão, no qual traçou uma linha de tendência linear:

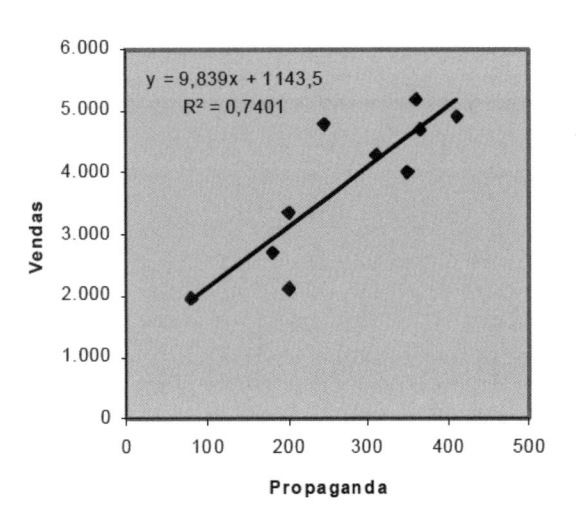

Faturamento x Propaganda

$y = 9,839x + 1143,5$
$R^2 = 0,7401$

Que conclusão o Contador deve extrair da análise do gráfico para responder ao Diretor-Presidente?

(A) Não existe relacionamento entre o faturamento e as despesas de propaganda.
(B) Os dados estão correlacionados e o nível de correlação pode ser considerado razoável.
(C) Os valores de faturamento são explicados pelos gastos com propaganda, de acordo com R^2.
(D) O faturamento decresce em R$ 9,839,00 a cada R$1,00 gasto com propaganda.
(E) A alta dispersão dos dados impede qualquer previsão.

Conteúdo 15

SISTEMAS E TECNOLOGIAS DE INFORMAÇÕES

1. (EXAME - 2009)

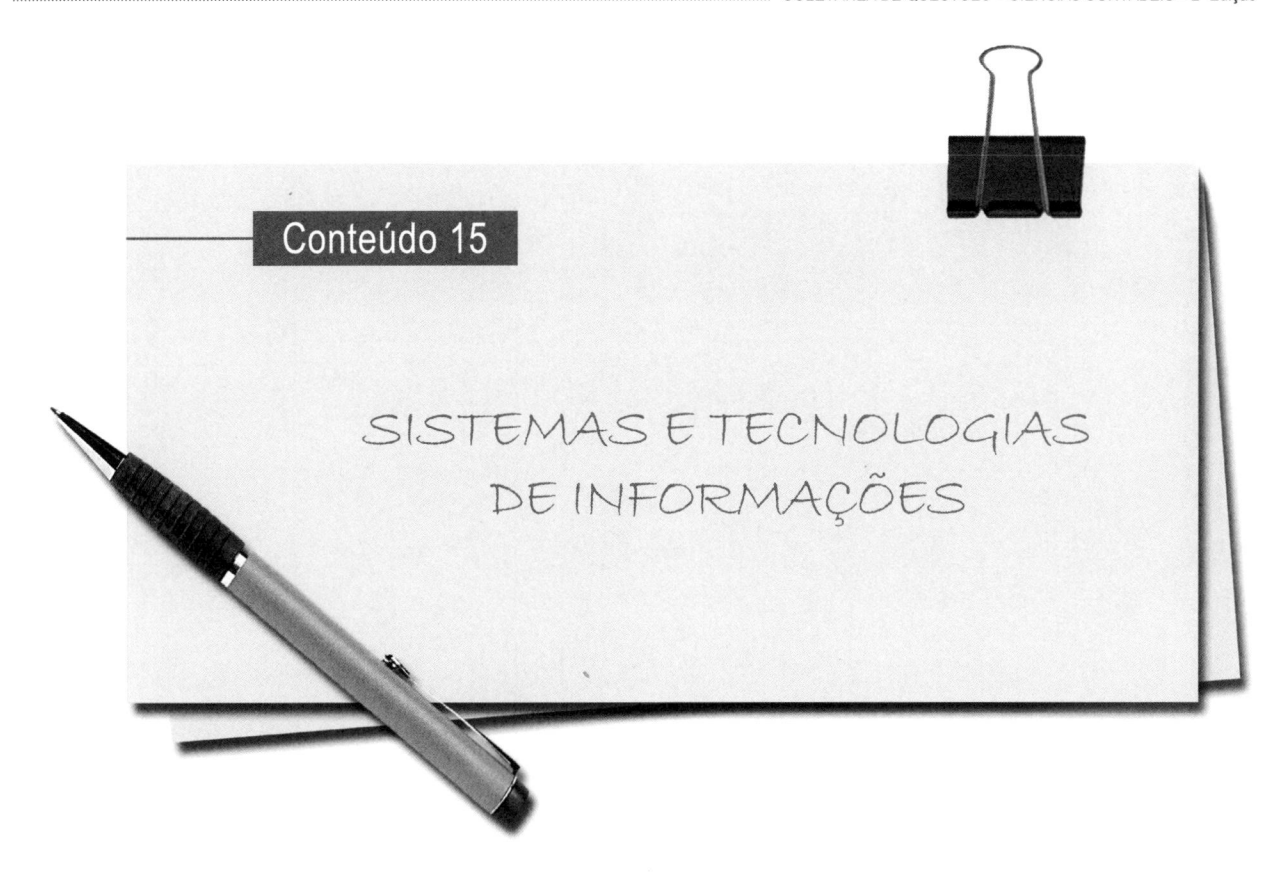

Em relação aos Sistemas de Informações, analise as afirmativas que se seguem:

I. As entradas, os mecanismos de processamento e as saídas são elementos de um Sistema de Informações.

II. O Plano de Contas de uma empresa é usado no processamento dos dados do Sistema de Informação Contábil.

III. O Balanço Patrimonial é um dado a ser processado no Sistema de Informação Contábil.

IV. A Folha de Pagamento dos funcionários de uma empresa é um exemplo de informação (*output*) do Sistema de Informação Contábil.

Estão CORRETAS apenas as afirmativas:

(A) I e II.
(B) I e IV.
(C) II e III.
(D) II e IV.
(E) III e IV.

2. (EXAME 2006)

A diretoria da Cia. Itacolomy, empresa do comércio varejista, com filiais em todo o Brasil, preocupada com a guarda e segurança de seus arquivos de dados, das informações que envolvem o Processamento Eletrônico e da perfeita reconstituição de relatórios e demonstrações contábeis, reúne-se com a área responsável para estabelecer as normas e os procedimentos de segurança que deverão ser adotados em relação ao assunto. Qual é o procedimento que a empresa deve adotar para assegurar a recuperação de seus dados?

(A) Cuidar par a que existam cópias de segurança e centros de contingências de processamento de dados.
(B) Determinar que os procedimentos sistêmicos e os controles do sistema sejam de conhecimento restrito do departamento de informática da empresa.
(C) Criar um setor de armazenamento, de modo que todos os arquivos de dados estejam na sede da empresa.
(D) Permitir que os funcionários tenham acesso ilimitado aos sistemas e dados da empresa.
(E) Exigir que todos os documentos sejam guardados durante a existência da empresa.

Capítulo XI
Questões de Componentes Específicos de Ciências Econômicas

1) Conteúdos e Habilidades objetos de perguntas nas questões de Componente Específico.

As questões de Componente Específico são criadas de acordo com o curso de graduação do estudante.

Essas questões, que representam ¾ (três quartos) da prova e são em número de 30, podem trazer, em Ciências Econômicas, dentre outros, os seguintes **Conteúdos**:

1) Estatística
2) Matemática
3) Contabilidade Empresarial
4) Economia Brasileira Contemporânea
5) Formação Econômica do Brasil
6) História do Pensamento Econômico
7) História Econômica Geral
8) Microeconomia
9) Macroeconomia
10) Contabilidade Social
11) Economia Internacional
12) Economia Política
13) Economia do Setor Público
14) Economia Monetária
15) Desenvolvimento Socioeconômico
16) Econometria

O objetivo aqui é avaliar junto ao estudante a compreensão dos conteúdos programáticos mínimos a serem vistos no curso de graduação, de forma avançada. Também é avaliado o nível de atualização com relação à realidade brasileira e mundial.

Avalia-se aqui também *competências* e *habilidades*. A ideia é verificar se o estudante desenvolveu as principais **Habilidades** para o profissional de Ciências Econômicas, que são as seguintes:

a) base cultural ampla, que possibilite o entendimento das questões econômicas no seu contexto histórico-social;

b) capacidade de tomada de decisões e de resolução de problemas inerentes a uma realidade diversificada e em constante transformação;

c) capacidade analítica, visão crítica e competência para adquirir novos conhecimentos;

d) domínio das habilidades relativas à comunicação e expressão escrita.

Vejamos agora as questões de Componente Específico de Ciências Econômicas.

2) Questões de Componente Específico.

Conteúdo 01

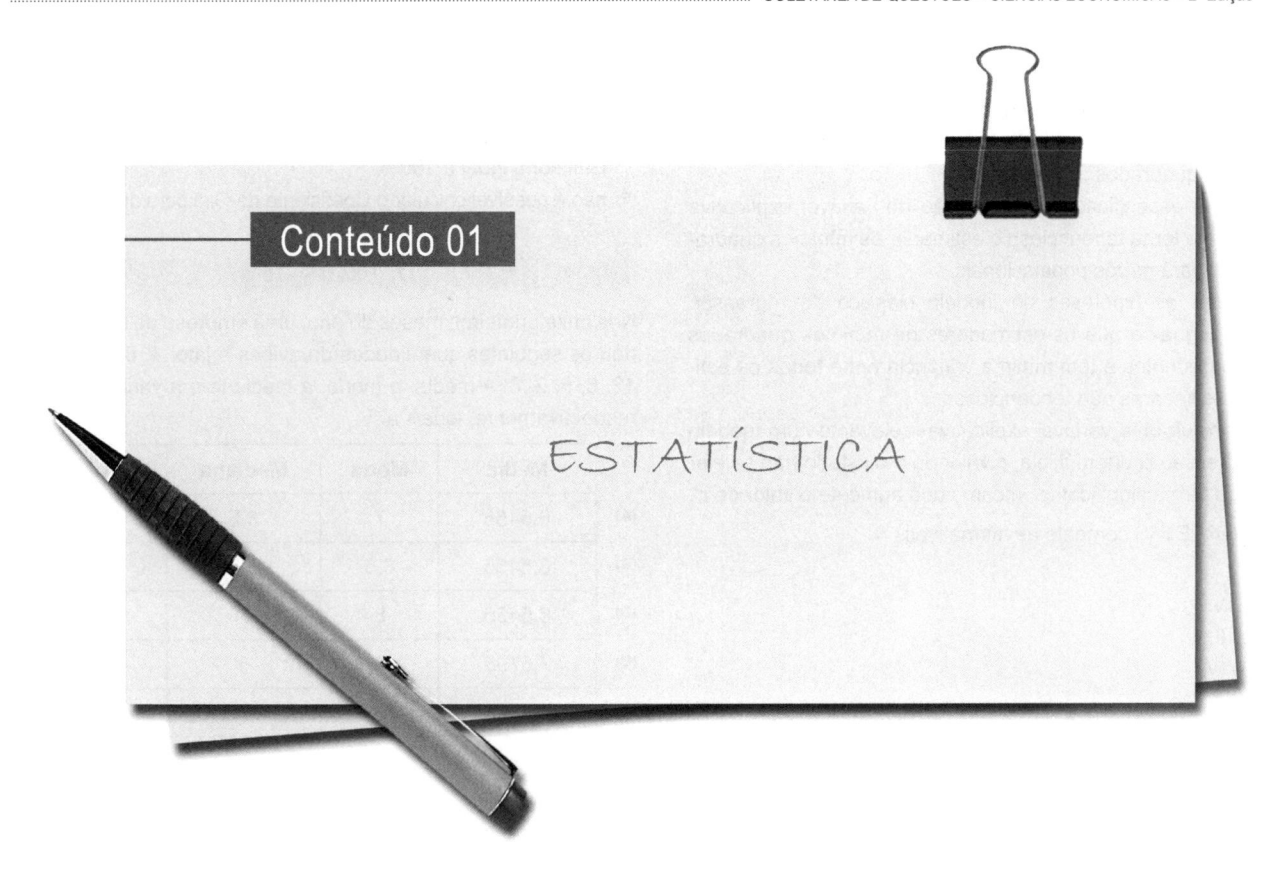

ESTATÍSTICA

1. (EXAME - 2009)

Os 81 aprovados em um vestibular, todos com notas distintas, foram distribuídos em duas turmas, de acordo com a nota obtida no concurso: os 41 primeiros foram colocados na turma A, e os 40 seguintes, na turma B. As médias das duas turmas no concurso foram calculadas. Depois, no entanto, decidiu-se passar o último colocado da turma A para a turma B.

Com esse procedimento, é CORRETO afirmar que

(A) a média da turma A melhorou, mas a da turma B piorou.
(B) a média da turma A piorou, mas a da turma B melhorou.
(C) as médias das turmas podem melhorar ou piorar, dependendo das notas dos candidatos.
(D) as médias de ambas as turmas melhoraram.
(E) as médias de ambas as turmas pioraram.

2. (EXAME - 2009)

Carlos está iniciando a apresentação de seu novo projeto para sua equipe e dispõe de 10 CDs novos, sendo que apenas um deles contém o arquivo preparado no dia anterior. Como Carlos se esqueceu de assinalar o CD que contém o arquivo, ele precisa escolher aleatoriamente o CD para iniciar a apresentação. Carlos deixou cair o primeiro CD escolhido, inutilizando-o para leitura.

Qual é a probabilidade de que o arquivo esteja contido no segundo CD escolhido aleatoriamente por Carlos?

(A) 1/9
(B) 1/10
(C) 1/11
(D) 1/20
(E) 2/11

3. (EXAME - 2009)

Considere o modelo de regressão linear múltipla, com variável dependente y e variáveis explicativas $x_1, x_2, ..., x_k$, que pode ser expresso como

$$y_t = \beta_1 + \beta_2 X_{2t} + \beta_3 X_{3t} + \ldots + \beta_k X_{kt} + \varepsilon_t$$

no qual ε_t significa o fator de erro e $t = 1, 2, ...,$ no índice relativo às observações amostrais.

É CORRETO afirmar que o modelo clássico de regressão linear ou modelo de Gauss de regressão linear supõe que

(A) a relação linear entre pelo menos duas variáveis explicativas seja exata.
(B) a variância dos erros varie na amostra: $E(\varepsilon^2_t) \neq E(\varepsilon^2_z)$; para $t \neq z$.
(C) o valor esperado do fator de erro seja diferente de zero: $E(\varepsilon_t) \neq 0$.
(D) os erros não sejam correlacionados: $E(\varepsilon_t \varepsilon_z) = 0$ para $t \neq z$.
(E) os valores das variáveis explicativas, $X_2, X_3,..., X_k$ variem de amostra para amostra.

4. (EXAME - 2009)

Considere o modelo de regressão linear múltipla, com variável dependente y e variáveis explicativas $x_1, x_2, ..., x_k$, que pode ser expresso como

$$y_t = \beta_1 + \beta_2 X_{2t} + \beta_3 X_{3t} + \ldots + \beta_k X_{kt} + \varepsilon_t$$

em que ε_t significa o fator de erro e $t = 1, 2, ...,$ no índice relativo às observações amostrais.

Nesse modelo,

I. o alto grau de multicolinearidade torna imprecisas as estimativas dos parâmetros populacionais baseadas no método de mínimos quadrados.

II. o erro de especificação por inclusão de variável explicativa irrelevante torna tendencioso o estimador de mínimos quadrados dos parâmetros populacionais.

III. satisfeitas as hipóteses do modelo clássico de regressão linear, segue-se que os estimadores de mínimos quadrados são consistentes e têm mínima variância entre todos os estimadores lineares não tendenciosos.

IV. ao se incluir uma variável explicativa irrelevante num modelo de regressão linear múltipla, o valor de r^2 ajustado não se elevará de forma significativa, mesmo que aumente o valor de r^2.

Estão CORRETAS somente as afirmativas

(A) I e III.
(B) I, II e IV.
(C) I, II e III.
(D) I, III e IV.
(E) II e III.

5. (EXAME - 2006)

No Brasil, o Banco Central procura alcançar uma meta de inflação com um valor central, por exemplo, de 4% a.a. em torno da qual se define uma faixa tolerável de −2% a.a.

Se tal intervalo ocorrer de fato e as probabilidades puderem ser aproximadas pela distribuição uniforme entre + 2% e + 6%,

(A) a probabilidade de que a inflação venha a se situar entre 2 e 2.5% a.a. será de 10%.
(B) a mediana da distribuição será 3.5% a.a.
(C) a distribuição será bimodal.
(D) a amplitude total da distribuição será de 2% a.a.
(E) o quartil inferior da distribuição irá de 2 a 3% a.a.

6. (EXAME - 2006)

Numa economia há apenas duas pessoas, uma delas aufere 10% da renda, e a outra, os 90% restantes.

Neste caso, a Curva de Lorenz desta economia será representada por OAB no gráfico abaixo.

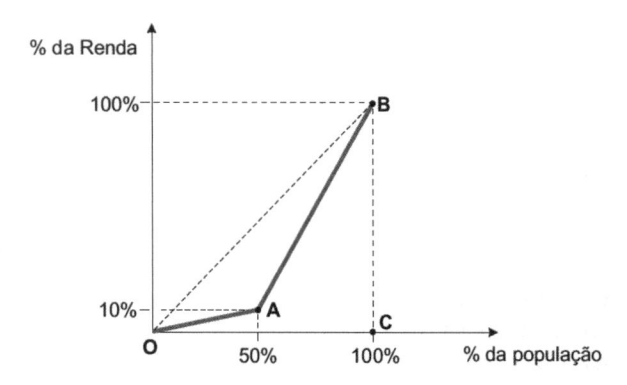

Considerando o gráfico e as informações acima, é correto afirmar que:

(A) o Coeficiente de Gini é igual a 40%.
(B) a concentração de renda vai reduzir a demanda a 50%.
(C) se a renda fosse distribuída equalitariamente, a Curva de Lorenz seria OCB.
(D) se a renda fosse distribuída equalitariamente, o Coeficiente de Gini seria igual a 100%.
(E) não é possível calcular o Coeficiente de Gini para duas pessoas.

7. (EXAME - 2003)

Nos onze primeiros meses do ano, uma empresa de aviação vendeu as seguintes quantidades de aviões a jato: 4, 8, 7, 10, 3, 5, 12, 5, 8, 2, 8. A média, a moda, a mediana e a variância foram, respectivamente, iguais a

	Média	Moda	Mediana	Variância
(A)	6,5455	7	6,5	3,0451
(B)	6,5455	6,5	6,5	9,2727
(C)	6,5455	8	7	9,2727
(D)	7,6798	8	5	9,2727
(E)	7,6798	8	7	3,0451

8. (EXAME - 2002)

A partir das informações de uma pesquisa com 800 indivíduos, um pesquisador estima, por mínimos quadrados ordinários, os parâmetros do modelo

$$C_i = \beta_0 + \beta_1 y_i + u_i; \ i = 1, \ldots, 800,$$

onde C é o consumo do indivíduo, y, a renda, e u, um termo aleatório. O Teste de White apontou a presença de heterocedasticidade nos resíduos estimados desse modelo. Com base nesse resultado, o que ocorrerá com relação ao viés das estimativas dos parâmetros β_0 e β_1, e seus respectivos desvios-padrão D.P. (β_0) e D.P. (β_1)?

	β_0	D.P.(β_0)	β_1	D.P.(β_1)
(A)	Viesado	Viesado	Não viesado	Viesado
(B)	Viesado	Não viesado	Viesado	Não viesado
(C)	Viesado	Não viesado	Não viesado	Não viesado
(D)	Não viesado	Viesado	Viesado	Viesado
(E)	Não viesado	Viesado	Não viesado	Viesado

9. (EXAME - 2002)

Uma pesquisa foi feita oferecendo a um grupo de consumidores a oportunidade de comprar 4 ou 5 unidades de um produto, aos preços de R$3,00 ou R$4,00. O resultado das escolhas, em termos de freqüências relativas, é mostrado na tabela abaixo.

		Preço	
		R$3,00	R$4,00
Quantidade Demandada	4	0,4	0,3
	5	0,2	0,1

Portanto, 40% dos consumidores demandariam 4 unidades ao preço de R$3,00, 30% demandariam 4 unidades ao preço de R$ 4,00, e assim por diante. Assumindo que essas freqüências relativas são boas representações das probabilidades conjuntas das variáveis Preço e Quantidade, se tivéssemos certeza de que o preço disponível em um período fosse R$3,00, a probabilidade condicional de um consumidor demandar 5 unidades a esse preço seria

(A) 1/5
(B) 1/3
(C) 2/5
(D) 2/3
(E) 3/4

10. (EXAME - 2001)

Estudantes de três universidades diferentes, X, Y e Z, fazem um exame onde os resultados são medidos pelos conceitos A, B e C. A tabela abaixo mostra as distribuições de freqüências relativas das combinações de universidades e conceitos.

Universidades	Conceitos		
	A	B	C
X	0.20	0.10	0.00
Y	0.25	0.10	0.05
Z	0.15	0.10	0.05

Tal tabela mostra, por exemplo, que 20% do total dos alunos que fizeram o exame eram da universidade X e tiveram conceito A; 5% eram da universidade Y e tiveram conceito C, e assim por diante. Sabendo-se que um estudante qualquer teve conceito A, a probabilidade de que ele tenha estudado na universidade X é

(A) 1/3
(B) 1/4
(C) 1/5
(D) 2/3
(E) 2/5

11. (EXAME - 2001)

Para fazermos inferência sobre a média de rendimentos da população brasileira, é possível basear-nos em uma amostra aleatória fornecida pelos resultados de uma pesquisa, tomando a média aritmética dos valores observados nesta amostra. Se estivermos interessados em diminuir o tamanho de um intervalo de confiança para esta estimativa da média, sem tornar esta estimativa viesada, uma saída possível seria

(A) descartar da amostra as observações relativas aos trabalhadores que estão no primeiro quartil da distribuição de rendimentos.
(B) descartar da amostra as observações relativas aos trabalhadores que estão no último quartil da distribuição de rendimentos.
(C) descartar da amostra as observações relativas aos trabalhadores que estão no primeiro e último quartis da distribuição de rendimentos.
(D) aumentar o tamanho da amostra.
(E) aumentar o nível de confiabilidade desejado para o intervalo (por exemplo, de 90% para 95%).

As duas questões seguintes dizem respeito a um modelo do tipo $Y_t = \beta_0 + \beta_1 X_t + \beta_2 W_t + \varepsilon_t$, cujos parâmetros β_0, β_1 e β_2 são estimados a partir de uma amostra de observações das variáveis Y, X e W em um período de tempo, sendo ε o termo aleatório do modelo. Os resultados da estimação por mínimos quadrados ordinários são vistos na tabela abaixo:

Variável	Coeficiente Estimado	Estatística t
Constante	1.224990	7.183862
X	−1.069545	−3.612227
W	0.843535	5.791028
R–quadrado	0.9416	
R–quadrado ajustado	0.9362	
Estatística Durbin–Wastson	0.3879	

12. (EXAME - 2001)

Pelas informações apresentadas na tabela acima podemos concluir que nesta estimação

(A) existe um sério problema de colinearidade.
(B) a distribuição dos resíduos estimados é a distribuição normal.
(C) a soma dos resíduos estimados é diferente de zero e, portanto, podemos dizer que o modelo está mal especificado.
(D) os resíduos estimados são heterocedásticos.
(E) os resíduos estimados são correlacionados.

13. (EXAME - 2001)

Imagine agora que o mesmo modelo fosse estimado sem a variável W, sendo que os dados na amostra indicam que a correlação entre W e X é diferente de zero. As conseqüências, em termos dos itens especificados nas colunas da tabela abaixo, são:

	viés nas estimativas dos coeficientes	viés nas estimativas das variâncias dos coeficientes	viés nas projeções feitas pelo modelo
(A)	sim	não	não
(B)	sim	sim	sim
(C)	não	sim	não
(D)	não	não	sim
(E)	não	não	não

14. (EXAME – 2000)

A preferência de consumo da população de mil indivíduos é indicada abaixo.

	Homem	Mulher	Total por Produto
Produto A	200	270	470
Produto B	300	100	400
Produto C	60	70	130
Total por Sexo	560	440	1.000

Assim, a probabilidade de escolher-se uma consumidora do produto **B** e a probabilidade de uma mulher selecionada aleatoriamente ser consumidora do produto **B** são, respectivamente:

(A) 0,10 e 0,227
(B) 0,10 e 0,504
(C) 0,10 e 0,614
(D) 0,27 e 0,102
(E) 0,30 e 0,227

15. (EXAME – 2000)

O consumo agregado é dado pela equação **C = 1,5 +0,8Y**, onde a renda disponível, **Y**, é uma variável aleatória com valor esperado de 100 e variância de 10. O valor esperado e a variância do consumo, **C**, seriam, respectivamente:

(A) 95,4 e 9,5
(B) 85,1 e 6,4
(C) 81,5 e 8,0
(D) 81,5 e 7,9
(E) 81,5 e 6,4

16. (EXAME – 2000)

A renda dos alunos de uma universidade tem distribuição lognormal, cujas média e variância do log das rendas são, respectivamente, 7 e 1. Assim, a probabilidade de um aluno escolhido aleatoriamente ter o log da sua renda maior do que 8, e a probabilidade de, numa amostra aleatória de 100 alunos, ter-se a média do log da renda maior do que 8 são, aproximadamente:

(A) 0,050 e 0,010
(B) 0,160 e 0,000
(C) 0,160 e 0,052
(D) 0,340 e 0,120
(E) 0,500 e 0,050

17. (EXAME – 2000)

A **Curva de Engel** de um dado produto indica, com pequenas flutuações, a mesma taxa de variação percentual de gastos para dada variação percentual da renda, qualquer que seja o nível da renda. Neste caso, para estimar a elasticidade-renda dos gastos diretamente por **Mínimos Quadrados Ordinários**, a especificação do modelo deveria ser:

(A) log-log.
(B) log-linear (exponencial).
(C) linear-log (semi-log).
(D) linear nos níveis das variáveis.
(E) função polinomial de grau 3.

18. (EXAME – 2000)

Uma função de produção **Cobb-Douglas** ajustada por **Mínimos Quadrados Ordinários** a uma série de 20 anos produziu:

$$\text{Log } Q = 0,9 + 0,461 \text{LogK} + 0,461 \text{LogL}; \quad R^2 = 0,83$$
$$(4,19) \quad (1,44) \quad\quad (1,44)$$

$$\Sigma = \begin{bmatrix} 1 & 0,95 \\ 0,95 & 1 \end{bmatrix}$$

onde os números entre parênteses indicam as correspondentes **estatísticas-t** de Student, e Σ é matriz de correlação entre K e L. Além disso, a hipótese de serem ambas as elasticidades dos fatores de produção simultaneamente nulas é fortemente rejeitada (**F** calculado de 41,5). Esses resultados sugerem que as elasticidades dos fatores de produção são:

(A) individualmente precisas e o modelo serve para previsão.
(B) individualmente precisas, mas o modelo não serve para previsão.
(C) individualmente imprecisas, mas o modelo ainda pode ser usado para previsão.
(D) individualmente imprecisas e o modelo não serve para previsão.
(E) imprecisas na sua soma e o modelo não serve para previsão.

19. (EXAME – 2000)

As coordenadas dos pontos no gráfico abaixo mostram a relação entre a despesa mensal com alimentação e a renda mensal de 40 indivíduos.

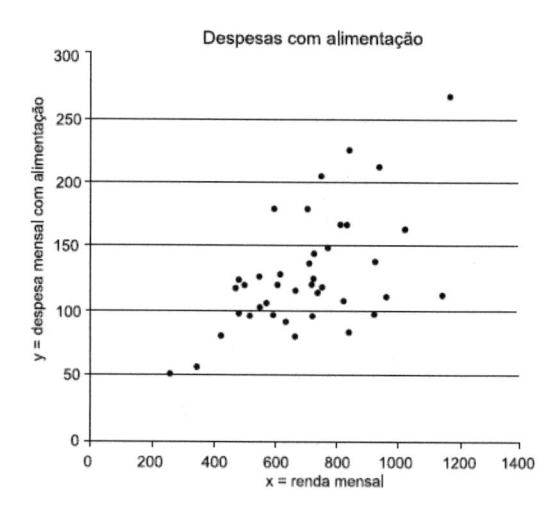

No ajustamento de um modelo linear, tendo a renda como variável explicativa da despesa com alimentação, a técnica de estimação recomendada é a de Mínimos Quadrados

(A) Indiretos.
(B) Ordinários.
(C) Ponderados.
(D) Generalizados para autocorrelação residual.
(E) de Dois Estágios.

20. (EXAME - 2002) DISCURSIVA

Uma rede de postos de gasolina afirma que, em seus estabelecimentos, não se vende gasolina adulterada. Sabe-se que, de acordo com os padrões de qualidade, a gasolina não pode conter mais de 240ml de álcool por litro. O órgão de fiscalização colheu 25 medições do produto nos postos dessa rede, obtendo a partir delas uma média de 240,75ml álcool/litro. Admitindo que a quantidade de álcool presente na gasolina tem uma distribuição normal com desvio-padrão de 2,5ml/litro, responda às perguntas a seguir.

a) Que procedimento estatístico verificaria se a afirmação da rede de postos é verdadeira? Descreva-o. **(valor: 5,0 pontos)**
b) Utilizando esse procedimento, analise, com nível de significância de 5% (valor crítico de 1,65), se a gasolina é ou não adulterada. **(valor: 5,0 pontos)**

Conteúdo 02

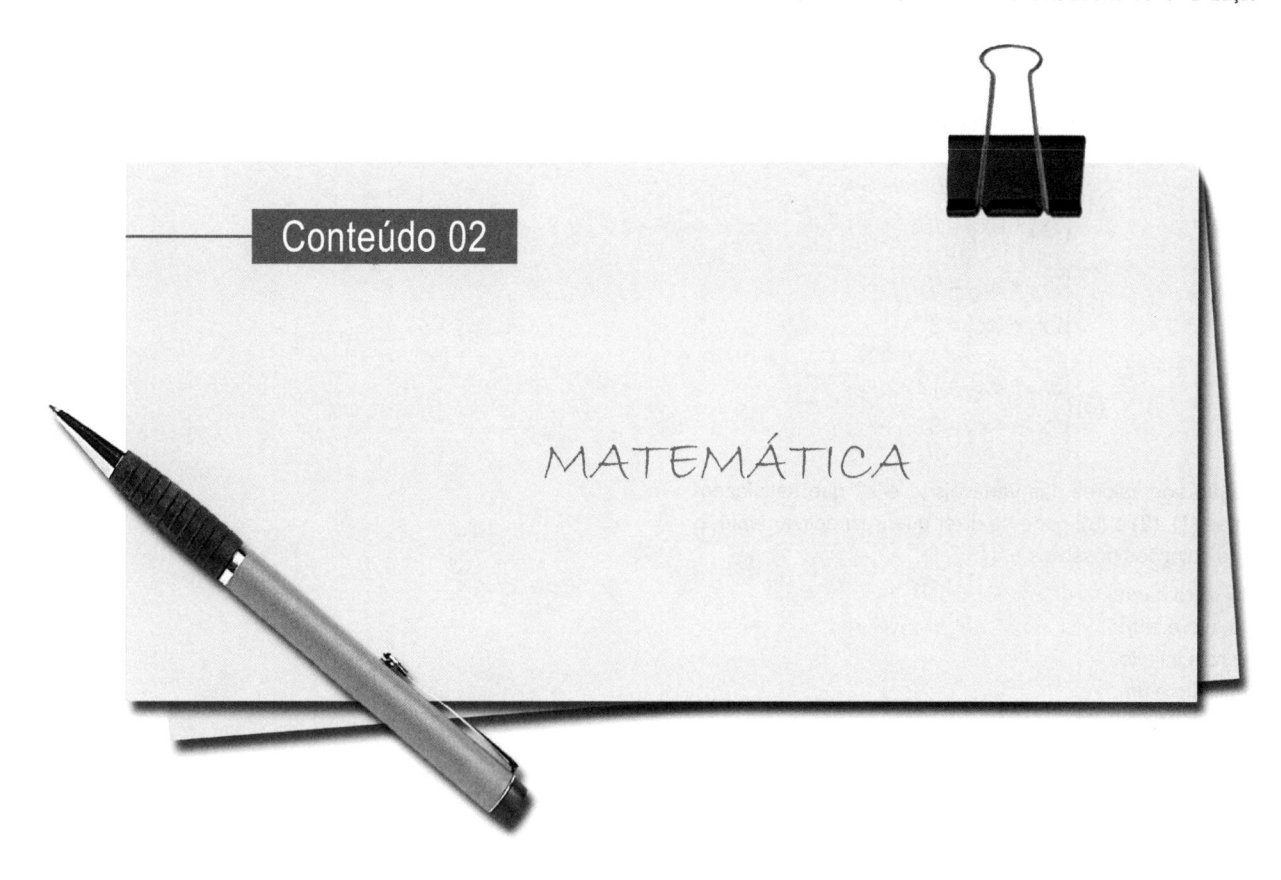

MATEMÁTICA

1. (EXAME - 2009)

A função logarítmica $f(x) = \ln x$, para $x > 0$, pode descrever uma série de fenômenos em economia, como, por exemplo, a relação entre insumo e produto em uma tecnologia que empregue o insumo em quantias maiores que um.

Quanto às propriedades apresentadas por essa função, é CORRETO afirmar que

(A) a derivada de f é uma função crescente.

(B) a função f nunca atinge um ponto de máximo no intervalo [1,100].

(C) a inversa de f é uma função côncava.

(D) o valor $f(100)$ é a área por baixo da curva $1/x$ no intervalo [1,100].

(E) vale a igualdade $\int \ln x dx = e^x$, onde e = 2,71828...

2. (EXAME - 2006)

A função utilidade de um consumidor é dada por $u(x_1, x_2) = x_1^{0,5} x_2^{0,5}$

Os preços e a renda são p_1, p_2 em, respectivamente. Logo,

(A) a curva de demanda por x_1 é dada por $x_1 = \frac{m}{2p_1}$

(B) a função utilidade não é homogênea.

(C) a elasticidade próprio preço da demanda, por qualquer dos bens, é – 0.5.

(D) a elasticidade renda da demanda por qualquer dos bens é 0.5.

(E) no ponto que maximiza a utilidade teremos $p_1 = p_2$.

3. (EXAME - 2006)

Um economista deseja verificar se as variações do consumo (C) são determinadas pelas variações da renda (R), segundo a fórmula $\Delta C_t = \alpha + \beta \cdot \Delta R_t + \epsilon_t$. Para tal, coloca as variações do consumo no vetor y, e as variações da renda na segunda coluna da matriz X, abaixo, e implementa mínimos quadrados ordinários para estimar os coeficientes $\begin{pmatrix} \alpha \\ \beta \end{pmatrix} = (X'X)^{-1} X'y$, onde o apóstrofo denota transposição.

Se $X = \begin{pmatrix} 1 & 3 \\ 1 & 5 \\ 1 & 6 \end{pmatrix}$, $y = \begin{pmatrix} 2 \\ 4 \\ 5 \end{pmatrix}$, então a seguinte proposição está correta:

(A) o produto matricial $X'X = \begin{pmatrix} 3 & 1 & 0 \\ 1 & 5 & 1 \\ 0 & 1 & 6 \end{pmatrix}$.

(B) o produto matricial.

(C) o determinante de X X' é igual a 14.

(D) X X' não é inversível.

(E) dadas as dimensões de ' X e y, y X' não é um produto matricial possível.

4. (EXAME - 2001)

Considere três sistemas distintos de equações lineares.

$$(1)\begin{cases} x_1 + 3x_2 = 6 \\ 3x_1 + 9x_2 = 18 \end{cases}$$

$$(2)\begin{cases} 2x_1 + 3x_2 = 5 \\ 2x_1 + 3x_2 = 8 \end{cases}$$

$$(3)\begin{cases} 3x_1 + 4x_2 = 12 \\ x_1 + 4x_2 = 8 \end{cases}$$

Com relação aos valores das variáveis x_1 e x_2, que satisfazem os sistemas (1), (2) e (3), pode-se dizer que, respectivamente, o número de soluções possíveis é

(A) infinito, zero e um.
(B) infinito, um e zero.
(C) um, zero e infinito.
(D) zero, infinito e um.
(E) zero, um e infinito.

Conteúdo 03

CONTABILIDADE EMPRESARIAL

1. (EXAME - 2009)

O balanço patrimonial de uma empresa é um documento composto de duas listas: a do Ativo e a do Passivo. Considere o balanço patrimonial (em R$ milhões) da empresa Zupra, em 31 de dezembro de 2008:

ATIVO		PASSIVO	
Ativo Circulante:	600	**Passivo Circulante:**	350
Disponibilidades	100	Obrigações a Curto Prazo 350	
Valores a Receber	300		
Estoques	200	**Passivo Não Circulante:**	250
		Obrigações a Longo Prazo 250	
Ativo Não Circulante:	700		
Investimentos	500	**Patrimônio Líquido:**	700
Imobilizado	150	Capital Social 400	
Intangível	50	Reservas 300	
Total do Ativo	1300	Total do Passivo	1300

O capital próprio da entidade é calculado pela fórmula

(A) Ativo (1300) - Passivo Circulante (350) — Passivo Não Circulante (250) = 700.
(B) Ativo Circulante (600) — Passivo Circulante (350) = 250.
(C) Ativo Circulante (600) + Ativo Não Circulante (700) — Patrimônio Líquido (700) = 600.
(D) Investimentos (500) + Disponibilidades (100) = 600.
(E) Patrimônio Líquido (700) + Passivo Não Circulante (250) = 950.

2. (EXAME - 2006)

O balanço patrimonial de uma empresa é um documento composto de duas listas: a do Ativo e a do Passivo. Qual a afirmação correta sobre elas?

(A) O Ativo contém os haveres da empresa, e o Passivo, os direitos da empresa.
(B) O Ativo é maior do que o Passivo se a empresa der lucro.
(C) O Ativo é igual ao Passivo quando a empresa está equilibrada.
(D) O Passivo descreve os gastos financeiros da empresa.
(E) No Passivo aparece a origem dos recursos da empresa, e no Ativo, as aplicações destes recursos.

3. (EXAME - 2003)

O economista precisa saber identificar o custo irrecuperável ou afundado (sunk cost), já que, após ter sido incorrido, o custo deve ser ignorado

(A) no cálculo do lucro contábil.
(B) no cálculo do lucro econômico.
(C) na apuração do custo econômico.
(D) na apuração do custo contábil.
(E) nas tomadas de decisão econômica.

4. (EXAME - 2003)

Em contabilidade nacional, para se obter a Renda Nacional, basta subtrair a depreciação do

(A) Produto Interno Líquido a custo de fatores.
(B) Produto Interno Bruto a preços de mercado.
(C) Produto Nacional Líquido a preços de mercado.
(D) Produto Nacional Bruto a custo de fatores.
(E) Produto Nacional Bruto a preços de mercado.

5. (EXAME - 2003)

Uma empresa sediada no País adquire máquinas e equipamentos produzidos no exterior no valor de US$20.000.000,00. Para tal, obteve um empréstimo vinculado à operação, com maturidade de 3 anos, junto a um banco comercial com sede nas Ilhas Jersey. No balanço de pagamentos, o lançamento contábil correto é

(A) creditar o valor da transação na conta de exportação de bens e debitar na conta de reservas internacionais.
(B) creditar o valor da transação na balança comercial, rubrica de importações, e debitar na conta de variação de reservas internacionais.
(C) debitar o valor da transação em investimento externo direto e creditar o mesmo na conta de variação de reservas internacionais.
(D) debitar o valor da transação na balança de serviços, rubrica de pagamento de juros, e creditar na conta de capital, rubrica investimento direto.
(E) debitar o valor da transação na balança comercial, rubrica importações, e creditar na conta de capital, rubrica empréstimos de longo prazo.

Conteúdo 04

ECONOMIA BRASILEIRA CONTEMPORÂNEA

1. (EXAME - 2009)

Os efeitos da Crise Mundial de 1929 foram transmitidos à economia brasileira pelo comércio internacional.

No que se refere aos primeiros anos da década de 1930, é CORRETO afirmar que

(A) a despeito da crise internacional, o governo brasileiro foi capaz de obter empréstimos estrangeiros, podendo, assim, manter a mesma política de defesa do setor cafeeiro praticada antes dos anos 1930.
(B) a produção industrial brasileira não se recuperou rapidamente dos efeitos adversos da Crise de 29, tendo apresentado baixas taxas de crescimento nos anos 1934-36.
(C) a queda nos preços das exportações brasileiras provocou aumento proporcionalmente maior nas quantidades exportadas e consequente aumento das receitas de exportação.
(D) as desvalorizações cambiais do período reduziram a demanda por importações e beneficiaram a produção doméstica.
(E) o desempenho do comércio internacional introduziu fortes pressões inflacionárias na economia brasileira.

2. (EXAME - 2009)

O desempenho da economia brasileira nos anos 1970 foi, em grande parte, condicionado pelo II Plano Nacional de Desenvolvimento (II PND), o mais importante e concentrado esforço desde o Plano de Metas do Presidente Juscelino Kubitschek, para promover modificações estruturais na economia brasileira.

PORQUE

O II Plano Nacional de Desenvolvimento contribuiu para aumentar a capacidade geradora de energia elétrica no país, buscando viabilizar a expansão da produção de bens com elevado conteúdo energético, como o alumínio, e permitiu a substituição de importações no setor de bens de consumo de luxo.

A partir da leitura dessas afirmativas, é CORRETO afirmar que

(A) a primeira é falsa, e a segunda é verdadeira.
(B) a primeira é verdadeira, e a segunda é falsa.
(C) as duas são falsas.
(D) as duas são verdadeiras, e a segunda justifica a primeira.
(E) as duas são verdadeiras, e a segunda não justifica a primeira.

3. (EXAME - 2009)

A política econômica implementada de julho de 1994 a janeiro de 1999, sob a égide do Plano Real, trouxe importantes consequências para a economia brasileira nesse período.

A esse respeito, considere as afirmativas:

I. A política adotada foi exitosa na estabilização de preços, apoiando-se, principalmente, na abertura comercial e financeira, na valorização cambial e em elevadas taxas de juros.
II. A política adotada impediu o crescimento da dívida mobiliária federal por meio da privatização acelerada das empresas estatais.
III. A política adotada tornou a balança comercial deficitária no período 1995-98.
IV. A política adotada trouxe como consequência altas taxas de crescimento da economia brasileira.

Estão CORRETAS somente as afirmativas

(A) I e III.
(B) I e IV.
(C) II e III.
(D) II e IV.
(E) III e IV.

4. (EXAME - 2006)

Entre 1968 e 1973 a economia brasileira apresentou elevadas taxas de crescimento com baixa inflação, sendo tal período apontado como "milagre econômico". Contribuíram para esse "milagre econômico":

I. a realização de reformas tributária, financeira e salarial, no período 1964-1967;
II. a existência de capacidade ociosa na indústria, no início do período;
III. a conjuntura econômica mundial favorável, em termos comerciais e de financiamento.

Está(ão) correto(s) o(s) item(ns):

(A) I, apenas.
(B) III, apenas.
(C) I e II, apenas.
(D) II e III, apenas.
(E) I, II e III.

5. (EXAME - 2006)

A década de 1980 foi dominada pela inflação e pelo desequilíbrio externo, para os quais concorreu (concorreram)

(A) o elevado nível da atividade econômica em todo o período.
(B) o serviço da dívida externa e a inflação, herdados da década anterior.
(C) o saldo positivo da balança comercial.
(D) os projetos de investimento do período, visando a completar a estrutura industrial brasileira.
(E) os juros reduzidos no mercado internacional.

6. (EXAME - 2002)

O Programa de Ação Econômica do Governo (Paeg), elaborado sob a coordenação de Roberto Campos, foi divulgado no final de 1964 e incluía como objetivos principais *"a retomada do crescimento econômico, a contenção progressiva da inflação, a redução dos desníveis setoriais e regionais de renda, a expansão da oferta de empregos e o equilíbrio do balanço de pagamentos"*.

Com relação ao Paeg, é correto afirmar que

(A) aboliu a correção monetária e reduziu a carga tributária da economia.
(B) recomendou a privatização dos bancos estatais, atendendo, assim, aos desejos dos grupos econômicos identificados com o novo regime.
(C) constituiu tentativa de estabilização heterodoxa, tendo como um dos pilares o congelamento das tarifas públicas.
(D) identificou como principais causas para a a inflação o *déficit* público e o aumento dos salários acima da produtividade.
(E) fracassou como política de estabilização, haja vista a disparada da inflação em 1965.

7. (EXAME - 2002)

"Como as importações eram pagas pela coletividade em seu conjunto, os empresários exportadores estavam na realidade logrando socializar as perdas que os mecanismos econômicos tendiam a concentrar em seus lucros."

FURTADO, Celso. *Formação Econômica do Brasil*. SP: Companhia Editora Nacional, 1970, p. 165

A **socialização de perdas** a que se refere Furtado tinha como principal elemento:

(A) maior taxação dos bens de consumo não duráveis a fim de financiar os esquemas de retenção de safra.
(B) elevação das receitas, em mil-réis, dos exportadores de café, decorrente da desvalorização cambial.
(C) queda da arrecadação dos impostos de importação do tipo *ad valorem*.
(D) barateamento do preço dos bens de capital através de subsídios governamentais.
(E) política monetária pró-cíclica, em detrimento das camadas urbanas emergentes.

8. (EXAME - 2001)

Que afirmativa abaixo **NÃO** se enquadra como caracterização do ambiente da industrialização brasileira na década de 50?

(A) As exportações brasileiras demonstravam tendência de fraco desempenho a longo prazo, verificável através de baixas elasticidades-renda de importações desses bens pelos países industrialmente desenvolvidos.
(B) A política de manutenção de preços elevados no mercado internacional do café estimulou a produção do produto por outros países, com reflexos perenes sobre as exportações brasileiras deste produto.
(C) As dificuldades no balanço de pagamentos no pós-guerra foram responsáveis pela introdução de controles de câmbio, que se desenvolveram progressivamente no sentido de beneficiar o investimento industrial e proteger a capacidade industrial já instalada.
(D) Os mercados financeiros internacionais apresentavam grande liquidez associada aos superávits comerciais dos países exportadores de petróleo, com facilidade de acesso a empréstimos a taxas de juros reduzidos.
(E) O desenvolvimento industrial se fez com mecanismos de financiamento inflacionários, o que comprometeu o desempenho da economia no período subseqüente.

9. (EXAME - 2001)

O período que vai de 1979 a 1986 é marcado pelo agravamento da inflação como sinal de desequilíbrio da economia brasileira. Dentre as explicações para a intensificação deste problema, inclui-se

(A) a inexistência de mecanismos que defendessem os valores reais dos contratos.
(B) a relutância do governo em adotar o controle de preços como instrumento de combate à inflação.
(C) a adoção de políticas econômicas ortodoxas propostas pelo FMI.
(D) a adoção do regime de taxas de câmbio nominais fixas.
(E) a ocorrência de choques internos e externos repassados aos preços pelo sistema de indexação.

10. (EXAME – 2000)

O Plano Real promoveu a estabilização dos preços domésticos com base na "âncora cambial", mecanismo que se caracteriza por

(A) eliminar definitivamente o processo inflacionário.
(B) tornar a taxa de inflação doméstica semelhante à taxa de inflação externa.
(C) congelar os preços internos em moeda estrangeira, por exemplo, em dólar.
(D) indexar a taxa de câmbio à taxa de inflação.
(E) isolar a economia de choques externos.

11. (EXAME – 2000)

A partir da década de 70, do século passado, a produção de café no Brasil passou por profundas transformações. **NÃO** contribuiu para a explicação destas transformações

(A) a queda da produtividade do solo, verificada na região do Vale do Paraíba, estimulando o deslocamento da produção para o interior de São Paulo.
(B) a substituição progressiva do trabalho escravo pelo trabalho assalariado, criando as condições básicas para o desenvolvimento de indústrias de bens-salários.
(C) a construção de estradas de ferro constituindo um fator importante para a expansão da fronteira agrícola no interior de São Paulo.
(D) o fluxo migratório de trabalhadores assalariados às fazendas de café do Vale do Paraíba do Rio de Janeiro, aumentando significativamente a produtividade.
(E) o impacto da utilização do trabalho assalariado sobre a redução dos custos médios relativamente às fazendas que utilizavam trabalho escravo.

12. (EXAME – 2000)

No período compreendido entre as duas crises do Petróleo (1974 e 1979), o crescimento do PIB no Brasil foi superior ao dos países desenvolvidos, conforme tabela abaixo.

Evolução do PIB para Países Selecionados. (1973-1979)			
	(1973 = 100)		
Países Selecionados	Produto Interno Bruto		
	1973	1976	1979
Brasil	100	126	150
EUA	100	102	115
Japão	100	108	124
Alemanha Ocidental	100	100	110
Itália	100	100	110

Que ação do Governo explica o comportamento da economia brasileira no período considerado?

(A) Implementação do I PND, baseada nas orientações do FMI, priorizando os ajustes macroeconômicos.
(B) Implantação do II PND, baseada em linhas de crédito externo para financiar a substituição de importações de bens de produção.
(C) Adoção do programa oficial de financiamento às exportações de produtos primários, gerando as reservas necessárias às importações de bens de capital.
(D) Adoção de política de incentivo aos investimentos diretos estrangeiros na economia brasileira, voltados para os setores de bens de consumo não duráveis.
(E) Utilização sistemática das reservas internacionais acumuladas anteriormente para financiar importações de bens de consumo duráveis.

13. (EXAME – 2000)

Uma das principais características do Segundo Governo Vargas (1951-1954) expressa-se na seguinte afirmativa:

"Essa intervenção do Estado no domínio econômico, sempre que possível plástica e não rígida, impõe-se como um dever ao governo todas as vezes que é necessário suprir as deficiências da iniciativa privada ..."

VARGAS, Getúlio. **Mensagem ao Congresso Nacional**. 1952

De fato, o Governo Vargas utilizou vários instrumentos e órgãos para executar esta estratégia de política econômica.

NÃO se inclui entre as medidas adotadas neste período a:

(A) aproximação com a CEPAL em função das concepções comuns sobre o desenvolvimento econômico.
(B) adoção de programas de investimento em infra-estrutura básica nos setores de siderurgia e energia, com destaque para a área de petróleo.
(C) utilização de instrumentos de planejamento econômico, tendo como exemplo o Plano Nacional de Eletrificação.
(D) criação de órgãos para estudar e executar políticas econômicas, destacando-se o BNDE e a Assessoria Econômica da Presidência.
(E) formulação do Plano SALTE, que contemplava o desenvolvimento dos setores de saúde, alimentação, transporte e energia.

14. (EXAME - 2006) - DISCURSIVA

"A inflação beirava os 40% mensais, mas em vista do modo como foi construída, a URV era uma meia moeda, porém estável, e por isto superava as outras em circulação ou em uso para indexar contratos."

(FRANCO, G., **Crônicas da Convergência**, Topbooks 2006, Rio de Janeiro, página 38)

Gustavo Franco escreveu o texto acima a respeito do Plano Real.

a) Em que sentido a URV era uma meia moeda? (valor: 2,0 pontos)
b) A introdução da URV como indexador bastaria para eliminar a inflação? Por quê? (valor: 4,0 pontos)
c) O Plano Real foi chamado de política heterodoxa em comparação às propostas ditas ortodoxas. Qual a diferença entre uma política e a outra? (valor: 4,0 pontos)

15. (EXAME - 2002) DISCURSIVA

Comentando o Plano de Metas, Luiz Orenstein e Antonio Carlos Sochaczewski, em seu artigo "Democracia com desenvolvimento: 1956-1961" (In: ABREU, Marcelo Paiva de (org.). *A Ordem do progresso: cem anos de política econômica republicana, 1889-1989.*), afirmam

"O Governo Kubitschek caracterizou-se pelo integral comprometimento do setor público com uma explícita política de desenvolvimento. Os diagnósticos e projeções da economia brasileira, empreendidas de forma sistemática desde o final da Segunda Guerra Mundial, desembocaram na formulação do Plano de Metas que constituiu o mais completo e coerente conjunto de investimentos até então planejados na economia brasileira."

a) Mencione três resultados obtidos em decorrência da implementação do Plano e explique seu impacto subseqüente na estrutura da economia brasileira. **(valor: 6,0 pontos)**
b) Analise o desempenho da economia brasileira nesse período no tocante ao crescimento e à evolução da inflação.
(valor: 4,0 pontos)

16. (EXAME - 2001) DISCURSIVA

Após um período de prosperidade sem precedentes, as economias capitalistas entraram em crise no começo da década de 70, notadamente após o primeiro choque do petróleo, em 1973.

a) Quais as conseqüências dessa crise para a economia brasileira em termos de sua taxa de crescimento, do nível de preços e da situação do balanço de pagamentos?
(valor: 6,0 pontos)
b) Qual foi a resposta do governo para enfrentar essa crise?
(valor: 4,0 pontos)

17. (EXAME – 2000) DISCURSIVA

A crise de 1929 gerou um longo período de depressão em nível mundial ao longo dos anos 30. Face à retração mundial da demanda de café decorrente dessa crise, o governo brasileiro adotou uma política cambial de desvalorização da moeda a fim de reduzir o impacto negativo sobre as exportações. Embora esta política fosse destinada a garantir os interesses dos cafeicultores, ela acabou por favorecer um importante surto de industrialização capaz de mudar o pólo dinâmico da economia da agricultura para a indústria.

Explique de que forma a política cambial adotada contribuiu para o desenvolvimento do setor industrial. **(valor: 10,0 pontos)**

Conteúdo 05

FORMAÇÃO ECONÔMICA DO BRASIL

1. (EXAME - 2006)

"No seu conjunto, e vista no plano mundial e internacional, a colonização dos trópicos toma o aspecto de uma vasta empresa comercial, [...], destinada a explorar os recursos naturais de um território virgem em proveito do comércio europeu. [...] Se vamos à essência de nossa formação, veremos que na realidade nos constituímos para fornecer açúcar, tabaco, alguns outros gêneros; mais tarde, ouro e diamantes; depois, algodão e, em seguida, café para o comércio europeu."

(PRADO JR., Caio. **História Econômica do Brasil**. São Paulo: Brasiliense, 1961, 6a edição)

A esse respeito, considere as proposições abaixo.

I. O pacto colonial reservou aos mercadores metropolitanos o privilégio das transações coloniais.

II. *Plantation* e trabalho escravo são características marcantes da colonização.

III. A colônia constituiu um sistema autônomo com relação às economias européias.

É(São) compatível(eis) com o modelo de explicação de Caio Prado Júnior a(s) proposição(ões)

(A) II, apenas.
(B) I e II, apenas.
(C) I e III, apenas.
(D) II e III, apenas.
(E) I, II e III.

2. (EXAME - 2003)

A extensa literatura que trata das origens da industrialização no Brasil – refletida nas contribuições de, dentre outros, Dean, Furtado, Fishlow, Suzigan e Versiani – permite afirmar que

(A) a especulação na Bolsa associada ao fenômeno do Encilhamento não teve qualquer impacto positivo sobre o crescimento industrial.
(B) o "choque adverso" representado pela 1ª Guerra Mundial contribuiu para a expansão da capacidade produtiva da indústria.
(C) o crescimento da produção manufatureira tendeu a coincidir com períodos de retração das exportações brasileiras.
(D) o processo de diversificação do parque industrial brasileiro sofreu com os controles cambiais adotados na Primeira República.
(E) os interesses do café e da indústria nem sempre eram antagônicos, sendo freqüente a presença de cafeicultores donos de fábricas.

3. (EXAME - 2003)

Nos séculos XVI e XVII, as regiões amazônica e da capitania de São Vicente (São Paulo) constituíram uma periferia em relação ao litoral, onde se desenvolvia o setor açucareiro. Embora muito diferentes, do ponto de vista climático e geográfico, as duas primeiras regiões partilhavam alguns traços comuns, dentre os quais destaca-se

(A) o predomínio da agricultura do tipo plantation.
(B) o predomínio do recurso à escravidão africana.

(C) o convívio amistoso entre a população branca e ameríndia.
(D) a relativa autonomia política quanto à Coroa portuguesa.
(E) a fraca presença da Igreja Católica.

4. (EXAME - 2003)

"Terras e escravos são os bens que possuo. Durante o século XIX até 1888, essas palavras abriram inúmeros testamentos que arrolavam e distribuíam o que os fazendeiros de Vassouras haviam herdado (...) A vinculação de terras e escravos, os pilares da sociedade agrícola, não era apenas fortuita. A mão-de-obra escrava não era indispensável somente no trabalho da terra; o número de escravos havia sido um pré-requisito na obtenção de sesmaria da coroa portuguesa."

STEIN, S. Vassouras: um município brasileiro do café, 1850-1900. Rio de Janeiro: Nova Fronteira, 1985, p. 83.

A escravidão foi instituição-chave da economia e da sociedade brasileira, tendo atingido seu ápice no século XIX, durante o Império. Sobre a **escravidão** no Brasil, é correto afirmar que

(A) manteve uma localização exclusivamente rural, nas plantations.
(B) apresentou elevada mortalidade e predomínio de mulheres.
(C) chegou a ser empregada na indústria manufatureira.
(D) esteve ausente dos setores voltados para o mercado interno.
(E) foi inviabilizada economicamente a partir do fim do tráfico atlântico, em 1850.

5. (EXAME - 2002)

O período do chamado "ciclo do ouro", no séc. XVIII, apresentou importantes conseqüências na formação do Brasil Colônia, entre as quais pode ser citada:

(A) maior integração entre as diversas regiões da colônia.
(B) ruína da economia açucareira.
(C) reversão dos fluxos migratórios portugueses para o Brasil.
(D) intensificação da busca das chamadas "drogas do sertão".
(E) queda da arrecadação de impostos.

6. (EXAME - 2002)

Com relação à crise monetário-financeira ocorrida no Brasil, em 1889/91, conhecida como Encilhamento, é correto afirmar que

(A) provocou forte apreciação do mil-réis e elevação das importações.
(B) promoveu forte elevação da taxa de juros de curto prazo.
(C) decorreu de expansão creditícia em apoio à incipiente política de substituição de importações.
(D) foi provocada pelo monopólio de emissão de moeda exercido pelo Banco do Brasil.
(E) foi um dos determinantes do *Funding Loan* de 1898, que impôs severas medidas de saneamento fiscal e monetário.

7. (EXAME - 2001)

A produção de tecidos de algodão por processos manuais e equipamentos pré-industriais já se havia instalado no Brasil no século XVIII. No entanto, apenas após a década de 40 do século seguinte é possível identificar o início da instalação de unidades desta indústria. Qual dos fatores abaixo encorajou tal instalação?

(A) A redução de preços industriais na Europa, ligados à melhoria técnica da produção.
(B) A valorização do mil-réis.
(C) A imposição de tarifas sobre as importações.
(D) O tratado comercial de 1810 com a Grã-Bretanha.
(E) O declínio da produção indiana de tecidos.

8. (EXAME - 2001)

Considere o trecho abaixo, relativo à política de proteção do café nos anos da grande depressão que se seguiu à crise de 1929.

"Ao garantir preços mínimos de compra, [...], estava-se na realidade mantendo o nível de emprego na economia exportadora e, indiretamente, nos setores produtores ligados ao mercado interno".

FURTADO, C. Formação Econômica do Brasil. SP: Companhia Editora Nacional, 1975, p. 190

Este trecho faz parte da proposição clássica de Celso Furtado, de que

(A) os preços mínimos eram garantidos através de uma melhor colocação dos produtos no mercado internacional.
(B) o preço do café foi fixado para os consumidores do mercado interno.
(C) a política de proteção do café era de inspiração keynesiana.
(D) a política do café desempenhou, involuntariamente, um papel anticíclico.
(E) a economia brasileira não foi atingida pela grande depressão.

9. (EXAME – 2000)

Segundo Celso Furtado (**Formação Econômica do Brasil**.1959) o Acordo de Taubaté, em 1906, estabeleceu as bases para o desenvolvimento do setor cafeeiro no Brasil, porque:

(A) criou condições para controlar a oferta vis-à-vis à demanda externa de café, elevando os preços no mercado internacional.
(B) criou um plano de valorização para aumentar o fluxo de mão-de-obra imigrante, a fim de viabilizar a expansão da produção.
(C) abriu uma linha de financiamento para a aquisição de terras e investimento em melhorias das propriedades agrícolas.
(D) possibilitou a valorização da libra esterlina em relação ao mil réis, favorecendo o aumento da receita das exportações em mil réis.
(E) incentivou o aumento da oferta de café no mercado externo, com mecanismos de controle da demanda interna.

10. (EXAME – 2000)

"O número de engenhos, 60 em 1570, conheceu intensa expansão, passando para 346 (em 1629) e para 528 (por volta de 1710) (...) Ao iniciar-se o século XVIII, a economia açucareira do Brasil achava-se em crise (...) "

STEIN, S.J. e STEIN, B.H. **A Herança Colonial da América Latina**. 1977

Atuou como causa da crise na produção de açúcar no Brasil

(A) a expansão da produção de açúcar nas Antilhas, que provocou a queda nos preços do produto na Europa.

(B) o crescimento da atividade de mineração, que promoveu a transferência de recursos produtivos para Minas Gerais.

(C) o esgotamento da produtividade dos antigos engenhos, que exigiu o deslocamento do cultivo para o interior, aumentando os custos de transporte.

(D) o aumento do preço da mão-de-obra escrava, em função da repressão ao tráfico negreiro comandado pela Inglaterra.

(E) o boicote ao açúcar das colônias portuguesas realizado pela Holanda, que controlava a distribuição do produto na Europa.

11. (EXAME - 2003) DISCURSIVA

Nos Governos de Getúlio Vargas (1930-45 e 1951-54) e de Juscelino Kubitschek (1956-60), o papel do Estado na economia brasileira sofreu uma grande transformação, com a formação do setor produtivo estatal e com importantes conseqüências para a estrutura industrial e empresarial do País. Tendo isso em conta, apresente

a) duas características da transformação do papel do Estado na economia brasileira, ao longo desse período, enfatizando a evolução do setor produtivo estatal; **(valor: 5,0 pontos)**

b) as duas principais conseqüências dessa transformação para a estrutura industrial e empresarial do País, durante o mesmo período. **(valor: 5,0 pontos)**

Conteúdo 06

HISTÓRIA DO PENSAMENTO ECONÔMICO

1. (EXAME - 2009)

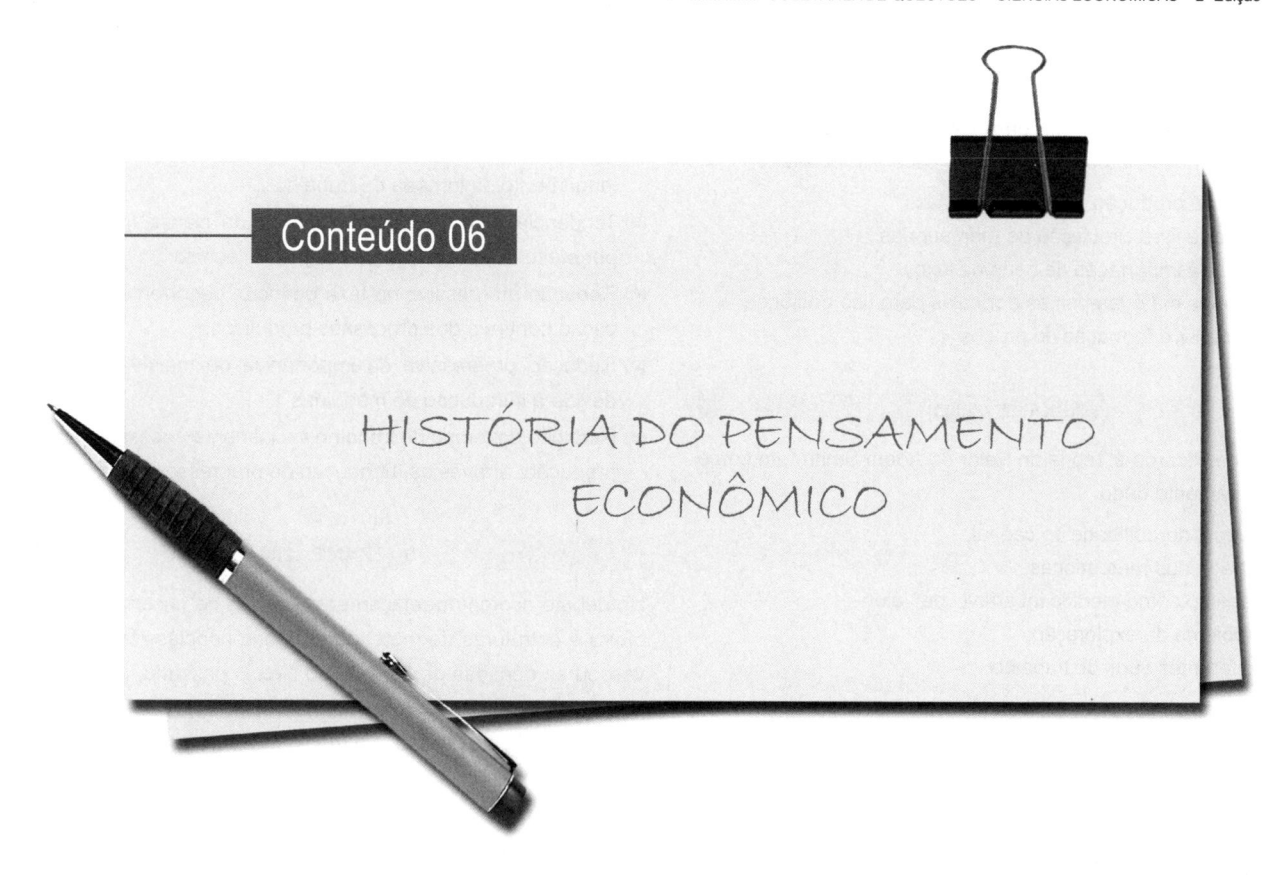

A escola de pensamento clássica teve contribuições de economistas notáveis como Adam Smith, Thomas Robert Malthus, Jean-Baptiste Say, David Ricardo e John Stuart Mill, entre outros.

A esse respeito, considere as afirmativas:

I. Para Adam Smith, os agentes econômicos, em busca de seus próprios interesses, acabam promovendo o bem-estar de toda a comunidade, como se uma mão invisível orientasse todas as decisões da economia.

II. David Ricardo afirma que a distribuição do rendimento da terra é determinada pela produtividade das terras mais ricas.

III. De acordo com a lei de Say, a procura cria sua própria oferta.

IV. Para Malthus, a população cresce segundo progressão geométrica enquanto os meios de subsistência crescem segundo progressão aritmética.

Estão CORRETAS somente as afirmativas

(A) I e II.
(B) II e III.
(C) I e IV.
(D) II e IV.
(E) III e IV.

2. (EXAME - 2009)

A economia política marxista representa, hoje, um corpo teórico complexo, por vezes controverso.

Apesar disso, é CORRETO afirmar que, sob o ponto de vista de Marx,

(A) a tendência à queda da taxa de lucro resulta do fato de o aumento dos custos de produção ser superior ao incremento da produtividade.

(B) o aumento do salário real causa a queda da taxa de lucro a longo prazo, supondo-se constantes a jornada e a intensidade do trabalho, mas não a tecnologia de produção.

(C) o salário real médio da classe trabalhadora tende a se reduzir no longo prazo pela lei da miséria crescente do proletariado.

(D) os preços de mercado, determinados pelo jogo entre oferta e demanda, gravitam em torno dos preços de produção.

(E) os preços de produção são proporcionais à quantidade de trabalho, socialmente necessário e incorporado nas mercadorias.

3. (EXAME - 2006)

As obras de Marshall e de Walras deram origem às duas vertentes da microeconomia no século XX: as análises de equilíbrio parcial e de equilíbrio geral, respectivamente. A esse respeito, considere as afirmativas abaixo.

I. Walras investigou um problema de teoria pura, a determinação simultânea de um conjunto de preços de equilíbrio, levando em conta as interdependências em todo o sistema econômico.

II. Marshall desenvolveu simplificações capazes de resolver a determinação de preços de um mercado isolado como a noção de preços normais em oposição a preços de mercado e a cláusula ceteris paribus.

III. As concepções de período de mercado, curto prazo e longo prazo tiveram origem na análise de equilíbrio geral.

É(São) correta(s) apenas a(s) afirmativa(s)

(A) I.
(B) II.
(C) III.
(D) I e II.
(E) II e III.

4. (EXAME - 2003)

Uma proposição mercantilista para tornar mais rica uma nação, porém condenável do ponto de vista da escola fisiocrata, é

(A) estimular a produção de bens agrícolas.
(B) promover a livre circulação de mercadorias.
(C) favorecer a importação de bens de luxo.
(D) reservar as matérias-primas agrícolas para uso nacional.
(E) permitir a livre formação de preços.

5. (EXAME - 2003)

A crítica de Ricardo à Teoria do Valor de Adam Smith tem como foco o tratamento dado

(A) à desigual durabilidade do capital.
(B) à utilidade das mercadorias.
(C) ao trabalho como medida invariável de valor.
(D) ao problema da exploração.
(E) aos diferentes tipos de trabalho.

6. (EXAME - 2003)

Nas abordagens de Marshall e Walras ao sistema de equilíbrio de mercado e determinação de preços, está(ão) presente(s):

(A) definição simultânea de preços e quantidades de todo o sistema econômico.
(B) utilidade marginal da moeda constante.
(C) análise isolada da determinação de preços de cada bem.
(D) indivíduos racionais e maximizadores de utilidade.
(E) trocas realizadas apenas aos preços de equilíbrio.

7. (EXAME - 2002)

Ao formular o princípio da demanda efetiva, Keynes se posiciona em sintonia com uma linha de argumentação na teoria econômica que tem como antecessores:

(A) James Mill e Jean Baptiste Say.
(B) Adam Smith e David Ricardo.
(C) Thomas Malthus e John Hobson.
(D) John Stuart Mill e Alfred Marshall.
(E) Carl Menger e Arthur Pigou.

8. (EXAME - 2002)

Segundo a teoria da acumulação do capital de Marx, não basta que o capital se apodere do processo de trabalho, e apenas alongue sua duração. O capital tem de ...

"revolucionar as condições técnicas e sociais do processo de trabalho, portanto o próprio modo de produção, a fim de aumentar a força produtiva do trabalho,[e] mediante o aumento da força produtiva do trabalho reduzir o valor da força de trabalho e, assim, encurtar parte da jornada de trabalho necessária para a reprodução deste valor."

MARX, Karl. O Capital. SP: Abril Cultural. 1984, p. 251

Na passagem acima, Marx identifica uma das características centrais do modo de produção capitalista. Indique-a.

(A) Elevação constante da mais-valia absoluta decorrente do prolongamento da jornada de trabalho.
(B) Tendência à pauperização absoluta da classe trabalhadora por efeito da introdução de progresso técnico.
(C) Redução progressiva na taxa de lucro, decorrente da modificação contínua dos processos produtivos.
(D) Redução progressiva da importância da mais-valia relativa devido à introdução de máquinas.
(E) Redução do tempo de trabalho socialmente necessário para a produção, através da introdução de progresso técnico.

9. (EXAME - 2002)

No debate acerca da relação entre curvas de custos, curvas de oferta e estruturas de mercado na teoria neoclássica, que atravessou as décadas de 20 e 30 do século passado, Jacob Viner propôs o chamado "Teorema do Envelope" para explicar o formato em U da curva de custo médio de longo prazo da firma, de maneira que o modelo de concorrência perfeita fosse preservado como empiricamente relevante. A proposição de Viner, que se tornou a explicação padrão nos livros-texto, atribui o ramo ascendente da referida curva a

(A) queda na produtividade do trabalho.
(B) elevação nos custos financeiros associados ao processo produtivo.
(C) elevação na relação capital/produto na proximidade do pleno emprego.
(D) ineficiências de natureza gerencial.
(E) ineficiências na introdução de progresso técnico.

10. (EXAME - 2001)

"Com a acumulação do capital produzida por ela mesma, a população trabalhadora produz [...], em volume crescente, os meios de sua própria redundância relativa. Esta é uma lei populacional peculiar ao modo de produção capitalista".

MARX, K. O Capital. vol. 1. SP: Abril Cultural, 1984, p. 200

Na passagem acima há uma proposição central no modelo de Marx sobre a interação entre a acumulação de capital e o funcionamento do mercado de trabalho. Tal proposição pode ser resumida pela afirmativa de que o crescimento da riqueza produzida pelo trabalho implica

(A) o incremento do desemprego.
(B) a queda na produtividade do trabalho.
(C) a queda na taxa de mais-valia.
(D) a elevação nos salários.
(E) a redução na população economicamente ativa.

11. (EXAME - 2001)

Ao analisar a ética calvinista (da frugalidade, predestinação e dedicação ao trabalho), em seu ensaio A Ética Protestante e o Espírito do Capitalismo, Max Weber postula a relação de

(A) interação positiva entre essa ética e o crescimento da riqueza característico do capitalismo moderno.
(B) interação positiva entre essa ética e a ideologia do consumo de massa característica do capitalismo moderno.
(C) causalidade inversa entre essa ética e o crescimento da riqueza característico do capitalismo moderno.
(D) causalidade direta entre essa ética e a concentração de riqueza característica do capitalismo moderno.
(E) causalidade direta entre essa ética e os movimentos de protesto pela classe trabalhadora característicos do capitalismo moderno.

12. (EXAME - 2001)

A cada um dos três princípios abaixo relacionados é possível associar o fundamento de uma "escola" de pensamento econômico.

Princípio	"Escola"
I – da constituição do lucro como excedente (resíduo)	X– Clássica
II – da determinação da renda pelas decisões de gasto dos agentes econômicos	W – Mercantilista
	Y – Neoclássica
III – da substituição na margem	Z – Keynesiana

A associação correta entre princípios e "escolas" é:

(A) I – X , II – W , III – Z
(B) I – X , II – Z , III – Y
(C) I – W , II – X , III – Y
(D) I – Y , II – X , III – W
(E) I – Z , II – Y , III – X

13. (EXAME – 2000)

O Modelo de Equilíbrio Geral com Produção criado por Walras no seu livro **Elementos de Economia Política Pura** (1874) depende da presença de um "leiloeiro" com a função de operacionalizar a busca de um vetor de preços capaz de compatibilizar os planos de cada um dos agentes em relação às operações:

(A) financeiras realizadas, maximizar utilidades e lucros e igualar a demanda à oferta em todos os mercados.
(B) de compra e venda de ativos financeiros, maximizar lucros e juros e igualar a demanda à oferta nos mercados de bens de capital.
(C) de compra e venda desejadas, maximizar utilidades e lucros e igualar a demanda à oferta em todos os mercados.
(D) de compra e venda desejadas, maximizar lucros e dividendos e igualar a demanda à oferta no mercado de capital.
(E) de compra e venda realizadas, maximizar utilidades e lucros e igualar a demanda à oferta no mercado de capital.

14. (EXAME - 2003) DISCURSIVA

O período de 1875 a 1914 foi marcado por grandes transformações nos aspectos geopolíticos, tecnológicos, industriais e dos padrões de consumo na economia mundial, especialmente na Europa Ocidental e nos Estados Unidos. Escolha dois desses aspectos (indicandoos claramente) e descreva duas das principais transformações ocorridas. **(valor: 5,0 pontos para cada item escolhido)**

15. (EXAME - 2003) DISCURSIVA

No desenvolvimento da história do pensamento econômico, dois importantes princípios causais vêm competindo pela explicação de como funcionam as economias de mercado: a **Lei de Say** e o **Princípio da Demanda Efetiva**. Analise esses dois princípios, ressaltando

a) o significado de cada um deles; **(valor: 4,0 pontos)**
b) as principais implicações de cada um, do ponto de vista das recomendações quanto à política fiscal. **(valor: 6,0 pontos)**

16. (EXAME - 2003) DISCURSIVA

Em sua coluna, na edição do dia 1/4/2003, no Jornal **Valor Econômico**, o Professor Delfim Neto propôs, tendo em mente a atual conjuntura brasileira, uma questão recorrente na história do pensamento econômico no que concerne ao comércio internacional: *Podem as vantagens comparativas ser criadas, ou apenas descobertas?*

Essa questão remete a duas tradições de pensamento econômico divergentes quanto à resposta. Uma delas, que remonta a David Ricardo, ignora a possibilidade de criação de vantagens comparativas, e a outra, associada a Alexander Hamilton e Friedrich List, afirma essa possibilidade. Apresente o argumento defendido por cada uma dessas tradições e indique sua importância para o debate acerca dos processos de abertura e integração comercial e das políticas de crescimento no Brasil, hoje. **(valor: 10,0 pontos)**

17. (EXAME - 2001) DISCURSIVA

Milton Friedman, prêmio Nobel de Economia, defende que a fixação do salário mínimo, embora tenha uma clara dimensão normativa, pode ser discutida no campo da economia positiva.

a) Em que consiste a distinção entre economia positiva e economia normativa? **(valor: 4,0 pontos)**
b) Identifique as dimensões positiva e normativa de uma política de fixação do salário mínimo. **(valor: 6,0 pontos)**

18. (EXAME - 2001) DISCURSIVA

"*Não há talvez uma única ação na vida de um homem em que ele não esteja sob a influência, imediata ou remota, de algum impulso que não seja o simples desejo de riqueza. Sobre esses atos a economia política nada tem a dizer. Mas há também certos departamentos dos afazeres humanos nos quais a obtenção de riqueza é o fim principal e reconhecido. A economia política leva em conta unicamente estes últimos.*"

MILL, J.S. Da Definição de Economia Política e do Método de Investigação Próprio a Ela. SP: Abril Cultural, 1973, p. 291

Essa passagem clássica da obra de J. Stuart Mill introduz na economia o importante conceito de homem econômico. Com base na citação, responda às perguntas a seguir.

a) Em que consiste o homem econômico? **(valor: 5,0 pontos)**

b) Qual é a sua funcionalidade para a construção de teorias econômicas? **(valor: 5,0 pontos)**

Conteúdo 07

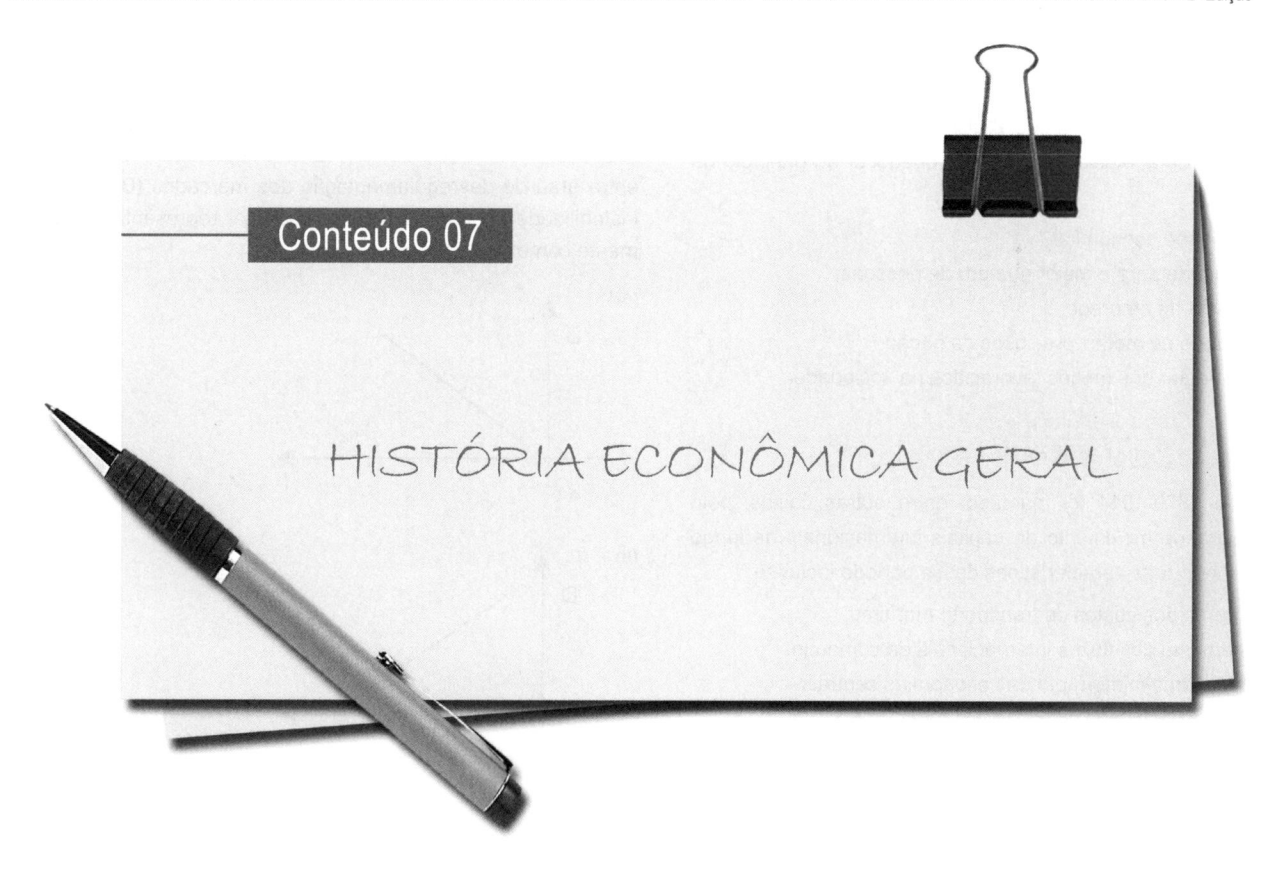

HISTÓRIA ECONÔMICA GERAL

1. (EXAME - 2006)

"...a certa altura da década de 1780, [...], foram retirados os grilhões do poder produtivo das sociedades humanas."

(HOBSBAWN, E.J. **A era das revoluções**, 1789-1848.
Rio de Janeiro: Paz e Terra, 1977.)

Hobsbawn se refere ao processo de transformação socioeconômica de grande profundidade que eclode na Inglaterra, consagrado como revolução industrial. Como primeiro caso de industrialização, e em contraste com outros casos nacionais que se seguiram, há características que lhe são específicas, entre as quais podem ser apontadas:

I. mudanças tecnológicas de base científica, envolvendo relação entre indústria e universidade;

II. atividade bancária comercial, com ausência de bancos de investimento;

III. organização empresarial familiar, ao invés de corporativa.

É(São) típica(s) do caso inglês a(s) característica(s)

(A) I, apenas.
(B) II, apenas.
(C) I e III, apenas.
(D) II e III, apenas.
(E) I, II e III.

2. (EXAME - 2003)

A chamada "Segunda Revolução Industrial", ocorrida ao final do século XIX, teve como uma de suas principais características

(A) o aumento da importância relativa do setor primário nas economias centrais.
(B) o encarecimento do preço do aço relativamente ao ferro.
(C) a consolidação do petróleo como principal combustível fóssil na economia.
(D) a difusão do uso da energia elétrica nas fábricas e nas cidades.
(E) a retração dos fluxos migratórios internacionais.

3. (EXAME - 2003)

Após o fim das guerras napoleônicas, a volta do comércio internacional de mercadorias à normalidade suscitou um debate no parlamento inglês acerca da conveniência de se proteger a agricultura do país em relação à importação de cereais. A posição de Ricardo em relação à proteção (e sua fundamentação), manifestada em seu ensaio de 1815, foi

(A) favorável, devido à necessidade de resguardar a capacidade produtiva da agricultura para o caso de nova guerra.
(B) favorável, para que a agricultura inglesa se capacitasse, chegando aos níveis de produtividade de outros países.
(C) favorável, porque quanto maior fosse a produção agrícola, mais baixos seriam seus custos e o preço do cereal.
(D) contrária, porque só beneficiaria os capitalistas da agricultura.
(E) contrária, porque teria o efeito de antecipar o declínio das taxas de lucro do sistema econômico.

4. (EXAME - 2003)

No século XVIII, a filosofia social utilitarista propôs que as políticas públicas e a legislação deveriam obedecer ao princípio da maximização

(A) da igualdade econômica.
(B) da felicidade para o maior número de pessoas.
(C) do volume de emprego.
(D) do estoque de metais preciosos da nação.
(E) do bem-estar dos menos favorecidos na sociedade.

5. (EXAME - 2002)

O período 1870-1914 foi marcado, entre outras coisas, pelo primeiro grande movimento de capitais internacionais de longo prazo. Entre outras características desse período inclui-se

(A) o aumento dos custos de transporte marítimo.
(B) o incremento dos fluxos internacionais de comércio.
(C) o crescimento ininterrupto das economias centrais.
(D) a redução dos fluxos migratórios a partir da Europa.
(E) a queda nos investimentos ingleses na América do Sul.

6. (EXAME - 2002)

A expressão "Revolução Industrial" originou-se do título de livro homônimo, de autoria do historiador inglês T. S. Ashton, e serve para designar um conjunto de mudanças – sobretudo econômicas – operadas na Europa ocidental a partir de meados do séc. XVIII. A Revolução Industrial inglesa, inaugurando a era industrial, ocorreu em meio a um dos fenômenos abaixo. Qual?

(A) Maior número de empregados no setor manufatureiro do que na agricultura.
(B) Elevação abrupta da produtividade industrial.
(C) Aumento da produtividade agrícola.
(D) Declínio da população economicamente ativa.
(E) Melhoria da distribuição de renda.

7. (EXAME - 2002)

"O problema (...) é portanto o seguinte: dada certa técnica de produção e dado o sistema de preferência dos agentes econômicos, determinar a quantidade de bens produzidos e trocados e não apenas os preços aos quais estas trocas têm lugar, na configuração (...) em que se realizam simultaneamente as posições de equilíbrio para as quais tendem respectivamente os vários agentes econômicos."

NAPOLEONI, C. *O Pensamento Econômico do Século XX*.
RJ: Paz e Terra, 1979, p. 14

A que autor e teoria correponde o problema acima enunciado por Napoleoni?

(A) Irving Fisher, e sua teoria das taxas de juros.
(B) Adam Smith, e sua teoria do preço natural.
(C) Leon Walras, e sua teoria do equilíbrio geral.
(D) Piero Sraffa, e sua teoria dos preços de produção.
(E) Stanley Jevons, e sua teoria da utilidade marginal.

8. (EXAME - 2002)

Na obra *A Grande Transformação*, cuja principal tese vem sendo rediscutida nos dias de hoje, Karl Polanyi postula uma relação entre grau de desregulamentação dos mercados **(D)** e grau de instabilidade econômica (I), que pode ser representada graficamente como:

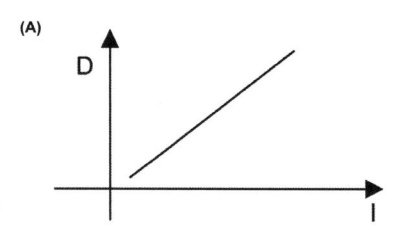

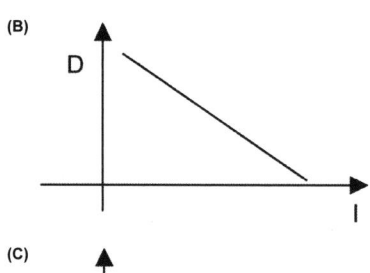

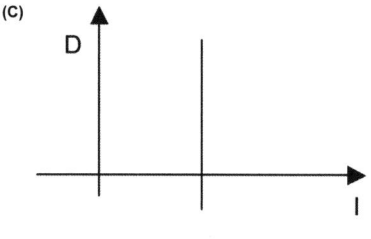

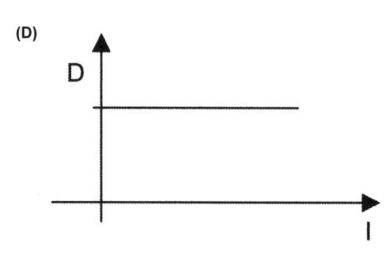

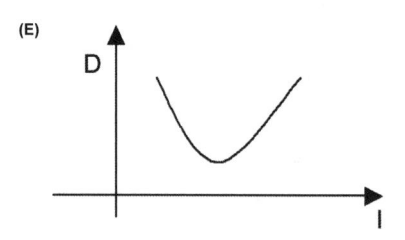

(A) [gráfico: reta crescente partindo da origem, eixo D vertical, I horizontal]

(B) [gráfico: reta decrescente, eixo D vertical, I horizontal]

(C) [gráfico: reta vertical, eixo D vertical, I horizontal]

(D) [gráfico: reta horizontal, eixo D vertical, I horizontal]

(E) [gráfico: curva em formato de U, eixo D vertical, I horizontal]

9. (EXAME - 2001)

Considerando as experiências nacionais de industrialização inglesa, francesa, alemã e russa do século XIX, percebemos que desempenharam papéis semelhantes:

(A) os mercados externos, na composição da demanda industrial.
(B) os governos, na participação dos empreendimentos industriais.
(C) as instituições financeiras, no financiamento da formação do capital fixo.
(D) as ferrovias, no estabelecimento de setores produtores de bens de produção.
(E) as transformações agrárias, na constituição de mercados consumidores.

10. (EXAME - 2001)

Entre o final do século XIX e o começo do século XX emerge um novo tipo de empresa nos Estados Unidos da América, caracterizado por produção em grande escala e diversificação de atividades. É também característica dessas empresas:

(A) a produção de produtos homogêneos.
(B) a dependência em relação a intermediários no marketing de seus produtos.
(C) a realização de atividade de Pesquisa e Desenvolvimento.
(D) a disputa de mercados baseada exclusivamente em preços.
(E) o financiamento baseado nas fortunas familiares de seus proprietários.

11. (EXAME - 2001)

Dentre as conseqüências econômicas da primeira guerra mundial figura

(A) a perda de mercados internacionais pelas nações mais diretamente envolvidas nos conflitos.
(B) a cooperação entre as nações no esforço de reconstrução dos laços internacionais financeiros e comerciais.
(C) a elaboração de uma solução estável e economicamente adequada ao problema dos Bálcãs.
(D) o problema crônico e generalizado de falta de capacidade produtiva de matérias-primas, alimentos e produtos industriais nos dez anos que se seguiram.
(E) o estabelecimento de um organismo internacional com funções de emprestador de última instância.

12. (EXAME - 2001)

Ao longo da história do império colonial português, há eventos que revelam fortalecimento do mercantilismo e da exploração portuguesa dos negócios mercantis, e outros que revelam enfraquecimento da burguesia portuguesa e favorecimento de interesses de outras nações nesses negócios. Considere os eventos históricos listados abaixo.

I. Fundação de companhias de comércio portuguesas nos séculos XVII e XVIII
II. Tratado de Methuen
III. Ministério do Marquês de Pombal

É(São) fator(es) de enfraquecimento do mercantilismo ou da exploração colonial portuguesa apenas:

(A) I.
(B) II.
(C) III.
(D) I e II.
(E) II e III.

13. (EXAME – 2000)

A respeito dos ciclos econômicos afirma-se que:

I. segundo a teoria dos ciclos econômicos reais, as flutuações no nível do produto nacional podem ser explicadas por modificações da taxa de juros;
II. a teoria dos ciclos econômicos de Kalecki supõe que as decisões de investimento são função crescente dos lucros e função decrescente do estoque de capital;
III. para os novo-keynesianos, a explicação para os ciclos econômicos reside na existência de diversos tipos de imperfeições nos mercados, tais como custos de menu, salários de eficiência e falhas de coordenação.

Está(ão) correta(s) a(s) afirmativa(s):

(A) I apenas.
(B) II apenas.
(C) III apenas.
(D) I e II apenas.
(E) I, II e III.

14. (EXAME – 2000)

Entre os acontecimentos abaixo, qual deles foi decisivo para o desenvolvimento do comércio europeu no século XVI?

(A) O fortalecimento da monarquia absolutista na França.
(B) A Revolução Puritana (de Cromwell) que ocorreu na Inglaterra.
(C) A unificação das tarifas aduaneiras na Alemanha.
(D) As expedições comerciais à África financiadas pelas cidades mediterrâneas.
(E) As expedições ultramarinas realizadas pelos países da Península Ibérica.

15. (EXAME – 2000)

Durante o período de 1850 a 1870, a economia mundial cresceu de forma acelerada sob a liderança da Inglaterra, destacando-se os seguintes fatos: investimentos e comércio internacionais em expansão; estradas de ferro e linhas de telégrafo multiplicando-se; setores de bens de capital e da química passando a ocupar uma posição central na industrialização. Dois países, neste período, destacaram-se assumindo a liderança do processo de industrialização. Foram eles:

(A) Bélgica e Inglaterra.
(B) EUA e Inglaterra.
(C) França e Alemanha.
(D) Alemanha e EUA.
(E) Itália e Alemanha.

16. (EXAME – 2000)

A emergência da Ciência Econômica como área de saber específica se deu no contexto maior do Iluminismo, uma revolução intelectual da qual a teoria econômica é herdeira. Os fundamentos do Iluminismo que influenciaram diretamente o **nascimento** da Ciência Econômica foram

(A) o reencantamento do mundo, a aposta na razão e o princípio da incerteza.
(B) a secularização da cultura, a aposta na razão e a crença absoluta no progresso humano.
(C) a fragmentação da política, o princípio da incerteza e a racionalização da cultura.
(D) a revolução francesa, a racionalização da cultura e o questionamento da idéia de progresso.
(E) a dialética hegeliana, o princípio da incerteza e o questionamento da idéia de progresso.

17. (EXAME - 2002) DISCURSIVA

A revogação, entre os anos de 1846 e 1848, das leis restritivas da importação de cereais e dos Atos de Navegação foi muito mais do que um marco na história da Inglaterra. Iniciou um período de prosperidade nas relações econômicas internacionais e definiu um dos pilares da hegemonia mundial britânica, até a primeira guerra mundial.

Do ponto de vista da Economia do Desenvolvimento, a afirmativa acima pode ser justificada a partir de vários ângulos que se complementam. Explique-a através do seu impacto

a) na composição da cesta de consumo dos trabalhadores ingleses; **(valor: 3,0 pontos)**
b) na indústria inglesa; **(valor: 3,0 pontos)**
c) nas oportunidades econômicas criadas para os países com fortes relações comerciais com a Inglaterra. **(valor: 4,0 pontos)**

18. (EXAME - 2001) DISCURSIVA

O período posterior à Segunda Guerra Mundial, que alguns autores denominaram "Era de Ouro do Capitalismo", foi de grande prosperidade econômica para as principais nações capitalistas. Há vários fatores que contribuíram para essa prosperidade. Indique três desses fatores, explicando a importância de cada um deles. **(valor: 10,0 pontos)**

19. (EXAME – 2000) DISCURSIVA

Dentre as práticas econômicas que caracterizam o Mercantilismo, adotadas pelas principais potências européias no século XVI, destacam-se:

I. a acumulação de metais preciosos (Metalismo);
II. a obtenção de uma balança comercial favorável;
III. o protecionismo tarifário;
IV. o incentivo à manufatura;
V. a conquista de novos territórios (Colonialismo).

Com base nessas práticas econômicas, descreva as principais políticas mercantilistas de Portugal e da Inglaterra, e o seu impacto sobre as respectivas economias. **(valor: 10,0 pontos)**

20. (EXAME – 2000) DISCURSIVA

Até meados dos anos 1930, a chamada "Lei de Say" dominou as interpretações do funcionamento do sistema econômico. Essa "Lei" teve Keynes entre seus contestadores.

a) Explique o significado da Lei de Say. **(valor: 4,0 pontos)**
b) Explique os principais elementos da crítica de Keynes. **(valor: 6,0 pontos)**

Conteúdo 08

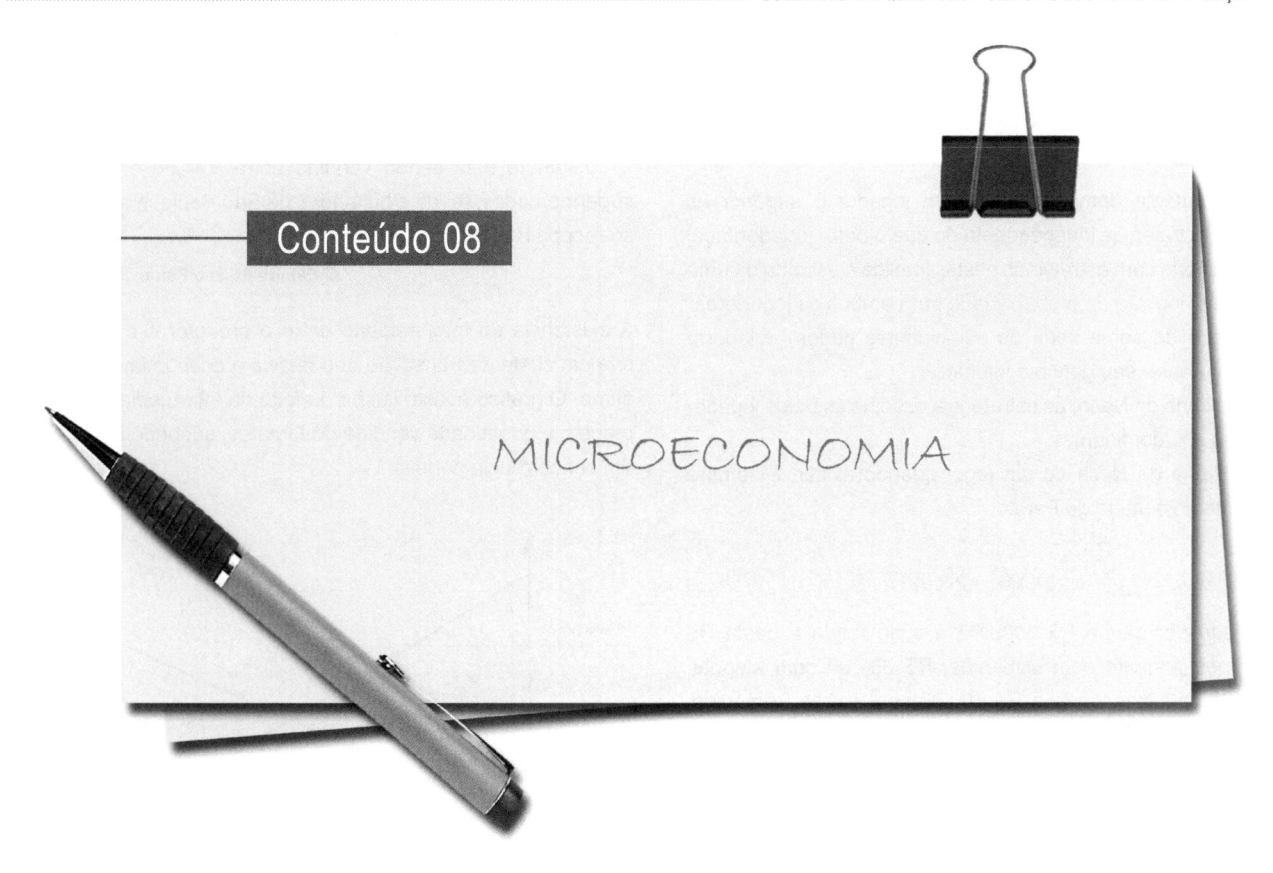

MICROECONOMIA

1. (EXAME - 2009)

Dois indivíduos planejaram almoçar juntos para realizar uma negociação, sem saber ao certo se iriam se encontrar no restaurante A ou B. Caso eles se encontrem no restaurante A, poderão aproveitar o bom ambiente proporcionado pelo restaurante e fechar um bom negócio. Por outro lado, o restaurante B não proporciona um bom ambiente e compromete, de certo modo, a negociação. O problema é que eles não estão conseguindo se comunicar para acertar o local do encontro e, caso esse encontro não ocorra, não poderão fechar o negócio.

A situação é descrita e ilustrada neste jogo:

		Jogador 2	
		A	B
Jogador 1	A	100,100	0,0
	B	0,0	30,30

Com respeito ao(s) equilíbrio(s) desse jogo, verifica(m)-se

(A) ao todo, três Equilíbrios de Nash, sendo um deles em estratégias mistas, em que cada jogador escolhe com maior probabilidade o restaurante A.
(B) ao todo, três Equilíbrios de Nash, sendo um deles em estratégias mistas, em que cada jogador escolhe tanto A quanto B com a mesma probabilidade.
(C) ao todo, três Equilíbrios de Nash, sendo um deles em estratégias mistas, nas quais cada jogador escolhe com maior probabilidade o restaurante B.
(D) apenas Equilíbrios de Nash em estratégias puras, dados por (A, A) e (B, B).
(E) apenas um Equilíbrio de Nash em estratégias puras e dado por (A, A).

2. (EXAME - 2006)

A função de produção Cobb-Douglas $Q = A K^a L^b$, onde Q = produto, K = fator capital e L = fator trabalho, apresenta retornos crescentes de escala se e somente se

(A) $a + b < 1$
(B) $(a + b) > 1$
(C) $a < b$
(D) $a = b = 0,5$
(E) $A > 1$

3. (EXAME - 2006)

Considere os dois gráficos abaixo que contêm curvas de indiferença.

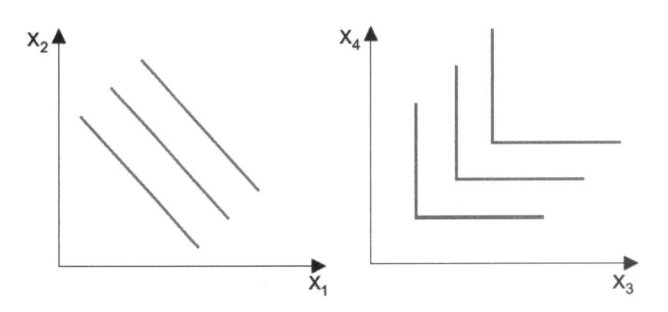

É correto afirmar que

(A) os bens x_1 e x_2 são complementares.
(B) os bens x_1 e x_2 são bens inferiores.
(C) os bens x_1 e x_3 são substitutos perfeitos.
(D) os bens x_3 e x_4 são bens inferiores.
(E) os bens x_3 e x_4 são complementares perfeitos.

4. (EXAME - 2006)

No caso de um jogo com dois participantes, pode-se afirmar corretamente que

(A) uma estratégia dominante para um jogador é superior às demais estratégias independente do que o outro jogador faça.
(B) um equilíbrio com estratégias mistas implica a escolha de uma única distribuição de probabilidade para ambos os jogadores.
(C) nos jogos de soma zero, os participantes podem colaborar para aumentar seu ganho conjunto.
(D) no Equilíbrio de Nash, as estratégias escolhidas pelos jogadores não são dominantes.
(E) o Equilíbrio de Nash de um jogo, quando existir, é sempre eficiente no sentido de Pareto.

5. (EXAME - 2006)

Um consumidor ganha R$ 1000,00/mês de renda e gasta R$ 200,00 mensalmente com alimentos, R$ 300,00 com aluguel, R$ 100,00 com transporte e R$ 100,00 com saúde (remédios, seguro e médicos). Se o preço dos alimentos cai 10%, o aluguel cai 15%, o preço do transporte aumenta 5%, os serviços de saúde encarecem 10%, e os demais preços não se alteram, então a renda real desse consumidor

(A) aumenta, no máximo, 5%.
(B) aumenta, no mínimo, 5%.
(C) não se altera, havendo compensação entre os preços.
(D) diminui, aproximadamente, 5%.
(E) diminui, no mínimo, 5%.

6. (EXAME - 2003)

Com o objetivo de determinar a evolução do produto médio de seus trabalhadores, um empresário fez um experimento, acrescentando um trabalhador, por dia, ao processo produtivo. O resultado do experimento é apresentado no gráfico abaixo.

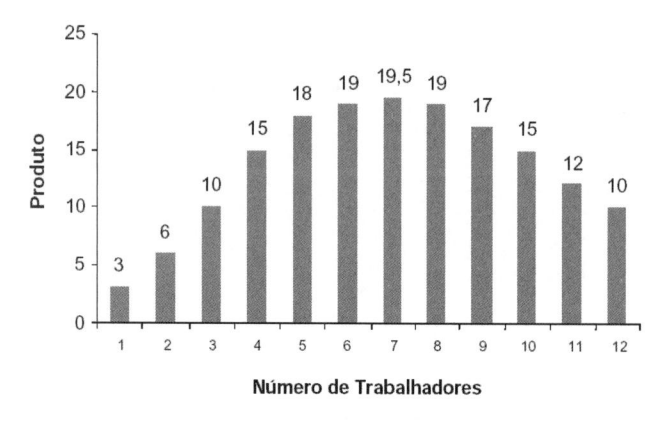

Analisando-se o gráfico, constata-se que o produto marginal entre o segundo e o sexto trabalhador é sempre

(A) crescente.
(B) decrescente.
(C) maior que o produto médio.
(D) igual ao produto médio.
(E) menor que o produto médio.

7. (EXAME - 2003)

"Produtor recebe um quarto do valor no mercado"

"... o tomate está sendo vendido entre R$4,50 e R$5,00 nos supermercados, feiras e quitandas de São Paulo, mas o produtor só recebe R$1,25."

O Estado de São Paulo, SP, 9 abr. 2003.

A existência do intermediário entre o produtor e o consumidor cria um custo de transação que desvia a economia do equilíbrio ótimo. O gráfico abaixo ilustra o efeito da intermediação sobre o preço e a quantidade vendida de tomates, supondo um mercado em concorrência perfeita.

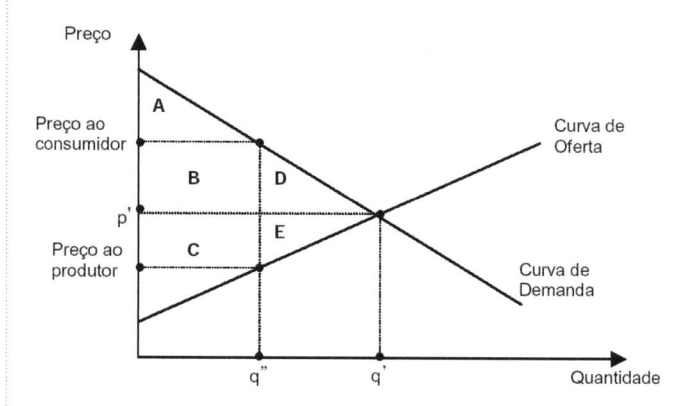

A perda social gerada pela intermediação é igual à soma das áreas

(A) B+C.
(B) B+D.
(C) B+E.
(D) C+E.
(E) D+E.

8. (EXAME - 2003)

Duas empresas decidem, simultaneamente, se aumentarão ou não o preço de seus produtos. O quadro abaixo apresenta os efeitos sobre o lucro, dependendo das decisões tomadas. O primeiro valor refere-se à variação do lucro da Firma 1 e o segundo, da Firma 2.

		Firma 2	
		Aumenta	Não aumenta
Firma 1	Aumenta	10,10	– 10,12
	Não aumenta	8,2	0,0

Existe Equilíbrio de Nash nas estratégias puras desse jogo? Em caso positivo, qual é ele?

(A) Não existe.
(B) Sim, (aumenta, aumenta).
(C) Sim, (aumenta, não aumenta).
(D) Sim, (não aumenta, aumenta).
(E) Sim, (não aumenta, não aumenta).

9. (EXAME - 2003)

"A Unilever vai disputar o mercado brasileiro de farinha láctea hoje dominado pela Nestlé, dona de 71% das vendas."

Gazeta Mercantil. SP, 2 abr. 2003.

Suponha que as duas empresas tenham a mesma estrutura de custos e decidam concorrer por este **produto homogêneo** via preço, ao estilo do Modelo de Duopólio de Bertrand. Nesse caso, pode-se afirmar que a soma dos lucros de longo prazo das duas empresas será

(A) igual a zero.
(B) igual ao lucro de um monopólio.
(C) igual à soma dos lucros de um duopólio ao estilo Cournot.
(D) igual à soma dos lucros de um duopólio ao estilo Stackelberg.
(E) maior que o lucro de um monopólio.

10. (EXAME - 2003)

A função de produção de uma empresa é dada por $q = 2 \cdot x^3 - x^2$, onde $x \geq 1$ é o número de horas trabalhadas e q é o número de unidades de produto. O valor da produtividade marginal do trabalho quando x = 4 horas trabalhadas é

(A) menor que 10.
(B) maior que 10 e menor que 50.
(C) maior que 50 e menor que 100.
(D) maior que 100 e menor que 150.
(E) maior que 150.

11. (EXAME - 2002)

No equilíbrio de longo prazo, não havendo barreiras à entrada ou saída de firmas no mercado, o lucro econômico será

(A) zero.
(B) positivo.
(C) negativo.
(D) crescente.
(E) decrescente.

12. (EXAME - 2002)

Ainda que seja um dos modelos mais utilizados na teoria econômica, o mercado perfeitamente competitivo não é encontrado no mundo real. Não obstante, Hal R. Varian, em seu livro *Microeconomia: Princípios Básicos*, ressalta que

"A economia avança com base no desenvolvimento de modelos de fenômenos sociais. Por modelo entendemos uma representação simplificada da realidade (...) o que permite ao economista concentrar-se nas características essenciais da realidade econômica que procura compreender."

Assim, na construção do mercado de competição perfeita estão presentes os seguintes elementos:

I. firmas que maximizam lucros;
II. grande número de firmas;
III. produtos iguais;
IV. elevados custos irrecuperáveis.

Estão corretos apenas:

(A) I e IV.
(B) II e III.
(C) I, II e III.
(D) I, III e IV.
(E) II, III e IV.

13. (EXAME - 2002)

Suponha três bens normais X, Y e Z. Os bens X e Y são substitutos, enquanto Y e Z são complementares. Considerando tudo mais constante, um aumento do preço de X provocará redução na quantidade demandada de

(A) X e também redução na de Y.
(B) X e também redução na de Z.
(C) X e aumento na de Z.
(D) Y e aumento na de X.
(E) Y e aumento na de Z.

14. (EXAME - 2002)

Considere uma consumidora racional, ou seja, cujas relações de preferências sejam completas e transitivas. Há quatro cestas de bens: A, B, C e D, todas com o mesmo preço. Ao ser confrontada com as cestas A e B, a consumidora escolheu a cesta A. Ao ser confrontada com as cestas C e D, escolheu a cesta D. Ao ser confrontada com as cestas B e C, escolheu a cesta B. Com base nessas informações, pode-se concluir que a consumidora considera a cesta

(A) A preferível à C.
(B) A preferível à D.
(C) B indiferente à D.
(D) D indiferente à A.
(E) D preferível à B.

15. (EXAME - 2002)

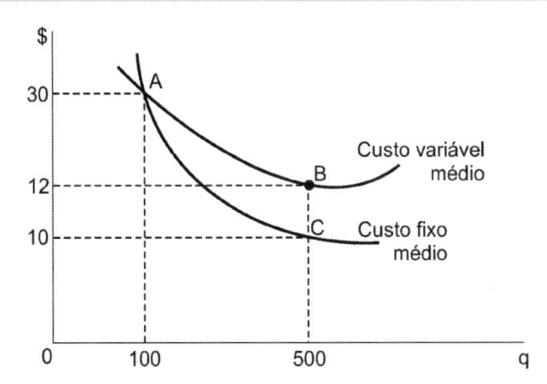

O gráfico acima apresenta as curvas de custo variável médio e de custo fixo médio de uma firma. Considerando as informações apresentadas, a quantidade de produto que proporciona o menor custo total médio é

(A) menor que 100.
(B) igual a 100.
(C) maior que 100, porém menor que 500.
(D) igual a 500.
(E) maior que 500.

16. (EXAME - 2002)

O filme "Uma Mente Brilhante," ganhador do Oscar de melhor filme de 2001, é baseado na vida de John Nash, laureado com o prêmio Nobel em Economia por sua contribuição no campo da teoria dos jogos. O equilíbrio que leva seu nome — Equilíbrio de Nash — é definido como aquele onde

(A) as estratégias são escolhidas de forma determinista.
(B) as estratégias de cada jogador são as melhores respostas às estratégias de seus adversários.
(C) os jogadores cooperam com o intuito de obterem o melhor resultado.
(D) os jogadores escolhem suas estratégias dominantes.
(E) os jogadores escolhem suas estratégias independentes das ações de cada um.

17. (EXAME - 2002)

Suponha que, dada a combinação de insumos atualmente empregada por uma firma maximizadora de lucros, a taxa marginal de substituição técnica de trabalho por capital ($-\Delta K/\Delta L$) seja 3. Considerando que os preços correntes do capital e do trabalho são R$7,00 e R$15,00, respectivamente, a firma está empregando

(A) muito capital e pouco trabalho.
(B) muito capital e muito trabalho.
(C) pouco capital e pouco trabalho.
(D) pouco capital e muito trabalho.
(E) quantidades adequadas de capital e trabalho.

18. (EXAME - 2002)

Considere a equação kaleckiana de renda

$I + C_k + C_w = Y = W + L$,

onde I é o investimento, C_k, o consumo dos capitalistas, C_w, o consumo dos trabalhadores, Y, a renda nacional, W, a massa de salários e L, o total dos lucros, e suponha que $C_w = W$.

A expressão de Kalecki "os capitalistas ganham o que gastam, e os trabalhadores gastam o que ganham" significa que, de acordo com a equação acima, os lucros

(A) determinam somente o consumo capitalista.
(B) determinam o investimento e o consumo capitalista.
(C) são determinados somente pelo investimento.
(D) são determinados somente pelo consumo capitalista.
(E) são determinados pelo investimento e pelo consumo capitalista.

19. (EXAME - 2002)

As receitas necessárias para os empresários ofertarem certa quantidade de emprego e as receitas por eles esperadas ao fazê-lo, ambas desenhadas no gráfico abaixo, podem ser representadas pelas funções $Z = \phi(N)$ e $D = f(N)$, respectivamente, onde N é o número de empregos oferecidos.

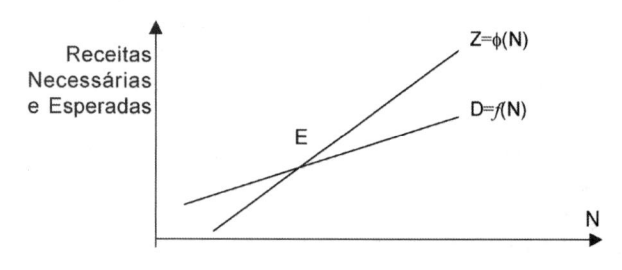

O ponto E, nesse gráfico, batizado por Keynes como ponto de demanda efetiva, é aquele no qual, igualadas as vendas esperadas e realizadas, as expectativas dos empresários seriam

(A) satisfeitas, havendo uma elevação não planejada de estoques.
(B) satisfeitas, havendo uma redução não planejada de estoques.
(C) satisfeitas, não havendo variação não planejada de estoques.
(D) frustradas, havendo uma redução não planejada de estoques.
(E) frustradas, não havendo variação não planejada de estoques.

20. (EXAME - 2002)

Considere uma função de lucro $\pi(.)$ dada pela expressão
$\pi(q) = R(q) - C(q)$,

onde q é a quantidade que a firma escolhe produzir, R(.) é a função de receita total, e C(.), a função de custo total. As expressões R'(.) e R"(.) representam, respectivamente, a primeira e a segunda derivadas da função receita, e as expressões C'(.) e C"(.), a primeira e a segunda derivadas da função custo. A firma maximiza o lucro ao escolher produzir a quantidade (q) se

(A) R'(q) > C'(q) e R"(q) = C"(q).
(B) R'(q) > C'(q) e R"(q) < C"(q).
(C) R'(q) = C'(q) e R"(q) = C"(q).
(D) R'(q) = C'(q) e R"(q) < C"(q).
(E) R'(q) < C'(q) e R"(q) = C"(q).

21. (EXAME - 2001)

Uma consumidora gasta toda a sua renda em dois bens: produto X e produto Y. Ela compra X por R$ 0,50 a unidade e Y por R$ 1,50 a unidade e adquire uma quantidade de X que lhe proporciona uma utilidade marginal de 20 e uma quantidade de Y que lhe proporciona uma utilidade marginal de 40. Para que a consumidora alcance uma combinação de X e Y que maximiza sua utilidade, ela deve

(A) reduzir o consumo de X e aumentar o de Y.
(B) aumentar o consumo de X e reduzir o de Y.
(C) aumentar o consumo de X, mas manter inalterado o consumo de Y.
(D) aumentar o consumo de Y, mas manter inalterado o consumo de X.
(E) continuar consumindo a mesma quantidade de X e Y.

22. (EXAME - 2001)

Suponha que um produto Y é produzido combinando-se dois fatores de produção . capital e trabalho . de acordo com a função de produção Cobb-Douglas, homogênea de grau 1, apresentada abaixo.

$$Y = K^\alpha L^{1-\alpha}$$

Nesse sentido, é correto afirmar que:

I. o aumento das quantidades de capital e trabalho em 10% resulta em um aumento do produto de 10%;

II. o aumento da quantidade de capital, mantendo-se constante o número de trabalhadores, resulta em aumentos do produto cada vez menores;

III. a produtividade marginal do trabalho é função da relação capital trabalho.

Está(ão) correta(s) a(s) afirmativa(s):

(A) I, apenas.
(B) I e II, apenas.
(C) I e III, apenas.
(D) II e III, apenas.
(E) I, II e III.

23. (EXAME - 2001)

O conceito de custo de oportunidade é relevante para a análise econômica porque

(A) os custos irrecuperáveis devem ser considerados pelas firmas em sua decisão de quanto produzir.
(B) os bens e os fatores de produção não são gratuitos.
(C) os recursos de produção são escassos.
(D) no curto prazo, alguns fatores de produção são fixos.
(E) em seu segmento relevante a curva de custo marginal é crescente.

24. (EXAME - 2001)

Com o intuito de maximizar seus lucros, uma firma deve escolher o nível de produto, onde

(A) o custo médio é mínimo.
(B) o custo variável médio é mínimo.
(C) o custo variável médio é igual ao preço.
(D) o custo marginal é igual à receita marginal.
(E) o custo marginal é mínimo.

25. (EXAME - 2001)

Os gráficos abaixo apresentam uma situação de equilíbrio de uma firma e da indústria de um bem comercializado em um mercado em concorrência perfeita.

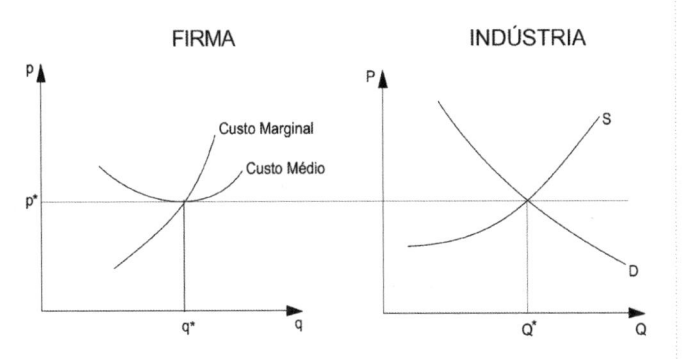

Ao se estabelecer um imposto específico por unidade de produto, comparando-se com o equilíbrio antes do imposto (q*), a quantidade produzida **pela firma,** no curto e no longo prazo, respectivamente, será:

	Curto Prazo	Longo Prazo
(A)	maior	maior
(B)	maior	igual
(C)	menor	igual
(D)	menor	menor
(E)	menor	maior

26. (EXAME - 2001)

Considere duas firmas que produzem um bem homogêneo e concorrem de acordo com o Modelo de Cournot. O equilíbrio de mercado resultante caracteriza-se por

(A) lucro econômico zero.
(B) lucro econômico igual ao de um monopolista.
(C) oferta total de produto maior do que ocorreria em monopólio.
(D) oferta total de produto maior do que sucederia em concorrência perfeita.
(E) preço do produto igual ao que vigoraria em concorrência perfeita.

27. (EXAME - 2001)

Na ausência de falhas de mercado, o equilíbrio competitivo determina a quantidade de produto socialmente ótima porque

(A) o custo marginal incorrido pelas firmas é igual ao benefício marginal dos consumidores.
(B) o preço de equilíbrio é igual ao custo médio incorrido pelas firmas.
(C) o preço de equilíbrio é igual ao benefício marginal dos consumidores.
(D) as firmas igualam o custo marginal ao preço de equilíbrio.
(E) não há lucro econômico.

28. (EXAME - 2001)

Considere o gráfico abaixo, onde x representa a quantidade produzida de um bem qualquer, C é o seu custo de produção, e CT é a curva que representa o custo total em função da quantidade produzida.

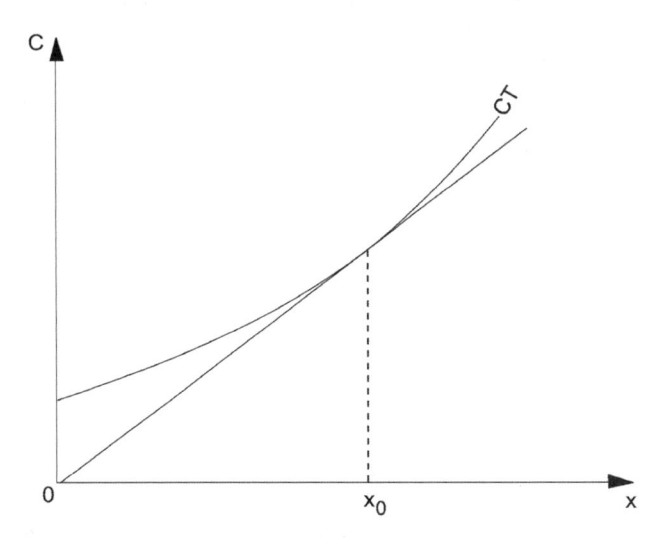

Com relação à função custo mostrada nesse gráfico, conclui-se que o custo fixo e o custo marginal ao nível de produção x0 são, respectivamente,

(A) zero, e menor que o custo médio.
(B) zero, e maior que o custo médio.
(C) zero, e igual ao custo médio.
(D) positivo, e igual ao custo médio.
(E) positivo, e menor que o custo médio.

29. (EXAME - 2001)

A quantidade de um bem (Q), que pode ser produzida com diferentes combinações dos insumos capital (K) e trabalho (L), é expressa pela função de produção

$Q = 4K^{1/4}L^{3/4}$

sendo que o montante de capital é assumido como dependente da taxa de juros (r), através da relação $K = \frac{1}{r}$. Qual é a variação marginal da quantidade produzida após uma elevação da taxa de juros?

(A) $\frac{K}{r}$

(B) $L^{(1/2)} r^2$

(C) $-L^{(3/4)}(1/r)^{(5/4)}$

(D) $-r^{(1/4)}$

(E) $K^{(1/2)} r^2$

30. (EXAME – 2000)

O consumidor **A** está disposto a ceder quatro unidades do bem **X** em troca de uma unidade do bem **Y** adicional às que já possui, enquanto o consumidor **B** aceita ceder somente duas unidades do bem **X** para obter mais uma unidade do bem **Y**. O que acontecerá se o consumidor A ceder uma unidade do bem **X** ao consumidor **B**, em troca de uma unidade do bem **Y**?

(A) Ambos ganharão.
(B) Ambos perderão.
(C) Consumidor **A** ganhará, mas consumidor **B** perderá.
(D) Consumidor **A** perderá, mas consumidor **B** ganhará.
(E) Nenhum deles perderá ou ganhará.

31. (EXAME – 2000)

Observe o gráfico abaixo.

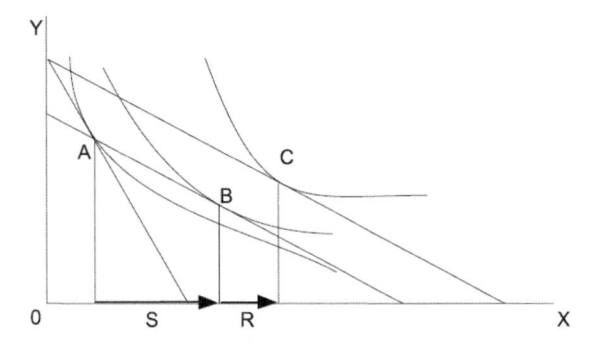

Suponha que um consumidor estava em equilíbrio no ponto **A** desse gráfico e, como conseqü.ncia de uma redução no preço do bem **X**, moveu-se para outro equilíbrio no ponto **C**. Os efeitos substituição e renda estão assinalados pelas setas **S** e **R**, respectivamente. Pode-se, então, afirmar que, para este consumidor, o bem **X** é um bem:

(A) normal.
(B) inferior.
(C) de Giffen.
(D) substituto perfeito de Y.
(E) complementar perfeito de Y.

32. (EXAME – 2000)

Observe o seguinte gráfico:

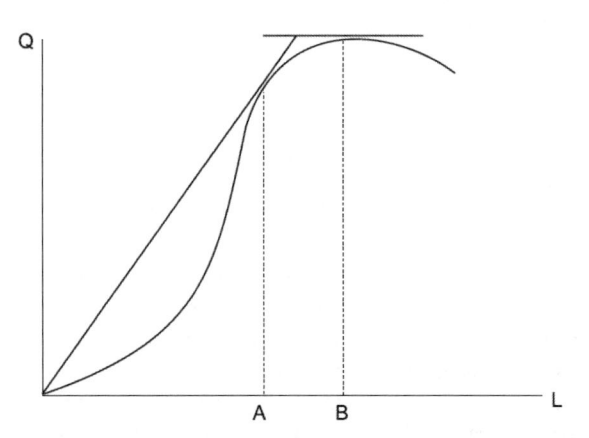

Suponha a função de produção acima, onde a quantidade produzida (**Q**) depende apenas da quantidade de trabalho utilizada (**L**), o único fator variável. Para as quantidades utilizadas de trabalho **A** e **B**, as produtividades média e marginal do trabalho são:

(A) as máximas.
(B) a máxima e zero, respectivamente.
(C) a mínima e a máxima, respectivamente.
(D) zero e a máxima, respectivamente.
(E) iguais a zero.

33. (EXAME – 2000)

O custo de oportunidade da educação universitária paga pelo próprio estudante é(são):

(A) a taxa de matrícula.
(B) a bolsa de estudo.
(C) a renda que ele ganharia caso estivesse trabalhando.
(D) as despesas com livros e material didático.
(E) os juros pagos pelo empréstimo realizado para financiar os estudos.

34. (EXAME – 2000)

O tamanho do markup praticado por um monopolista depende:

(A) do custo fixo.
(B) do custo variável.
(C) do custo variável médio.
(D) da elasticidade-preço da demanda.
(E) da elasticidade da renda.

35. (EXAME – 2000)

Em Organização Industrial, a possibilidade de uma firma manter seu preço acima do nível competitivo, obtendo lucros superiores aos normais, sem que isto atraia novas empresas – ampliando a oferta e conseqüentemente reduzindo os lucros – está ligada à existência de barreiras à entrada no mercado em que ela opera.

A fonte que **NÃO** caracteriza uma barreira à entrada é:

(A) necessidade de elevados investimentos iniciais.
(B) existência de plena mobilidade de fatores de produção.
(C) preferência dos consumidores por marcas já estabelecidas.
(D) economia de escala de produção e distribuição.
(E) posse da patente do método de produção.

36. (EXAME – 2000)

O gráfico abaixo representa um mercado operando em concorrência perfeita, com o preço e a quantidade de equilíbrio dados, respectivamente, por P_0 e Q_0.

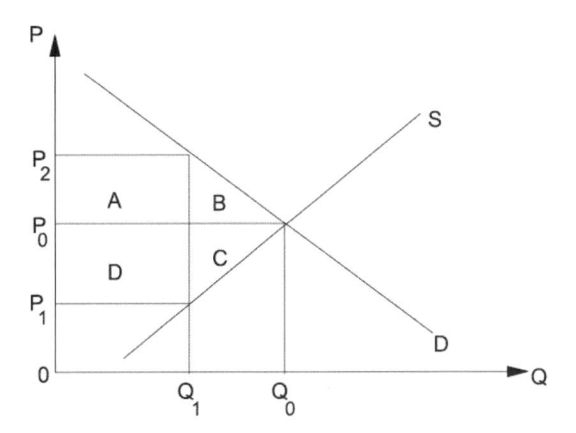

O nível de bem-estar agregado (eficiência alocativa) pode ser mensurado, no equilíbrio parcial, pela soma dos excedentes do produtor e do consumidor. Se o governo estabelecer que o preço máximo a ser cobrado é P_1, a perda de eficiência alocativa decorrente será igual à soma das áreas:

(A) A + B + C
(B) A + B
(C) B + C
(D) B + D
(E) D + C

37. (EXAME – 2000)

No Duopólio de Stackelberg, a firma líder escolhe o nível de produto que maximiza:

(A) seus lucros, considerando a função de reação da outra firma.
(B) seus lucros, considerando como dada a produção da outra firma.
(C) seus lucros, considerando como dado o preço estabelecido pela outra firma.
(D) seus lucros, independente da produção da outra firma.
(E) os lucros do conjunto das firmas.

38. (EXAME – 2000)

Considere duas firmas, **A** e **B**, que produzem água mineral – um bem homogêneo - com a mesma estrutura de custos, competindo de acordo com o Modelo de Cournot. Partindo de uma situação de equilíbrio, suponha que elas decidam fundir-se. O resultado dessa fusão, quanto à quantidade ofertada de água mineral e ao preço que será cobrado, é:

	Quantidade	Preço
(A)	igual	menor
(B)	maior	menor
(C)	maior	maior
(D)	menor	menor
(E)	menor	maior

39. (EXAME – 2000)

Em um duopólio, as firmas decidem se a qualidade do produto ofertado deve ser alta ou baixa. A tabela abaixo mostra o lucro de cada firma decorrente da sua escolha e da escolha da firma concorrente, onde, em cada célula, tem-se primeiro o lucro da firma **A**, e depois, o da firma **B**. Considere que as decisões são tomadas seqüencialmente, de tal modo que, primeiro, a firma **B** escolhe a qualidade do produto, e depois, a firma **A**.

Firma A \ Firma B	Baixa	Alta
Baixa	10, 11	9, 15
Alta	11, 9	7, 8

A(s) situação(ões) de equilíbrio é(são):

(A) a firma **B** escolhe alta e a **A**, alta.
(B) a firma **B** escolhe alta e a **A**, baixa.
(C) a firma **B** escolhe baixa e a **A**, alta.
(D) a firma **B** escolhe baixa e a **A**, alta; a firma **B** escolhe alta e a **A**, baixa.
(E) a firma **B** escolhe baixa e a **A**, baixa; a firma **B** escolhe alta e a **A**, alta.

40. (EXAME – 2000)

As curvas de demanda do produto de uma certa firma e do seu custo total de produção são dadas por $P = 20 - Q$ e $C = Q^2 + 8Q + 2$, onde P e Q são, respectivamente, o preço e a quantidade do produto. As quantidades que maximizam as vendas, qualquer que seja o lucro, e com o lucro de pelo menos 8 unidades monetárias, são, respectivamente:

(A) 10 e 1.
(B) 10 e 5.
(C) 10 e 8.
(D) 12 e 5.
(E) 15 e 8.

41. (EXAME - 2002) DISCURSIVA

No artigo "Briga de Grandões" (*Carta Capital*, nº 184, 10/04/2002), o jornalista Guilherme Kujawski aborda a crise entre os sócios da BCP, empresa que opera a telefonia móvel em São Paulo e outros estados. Em determinada passagem destaca:

"Desde o começo, o Grupo Safra defende a rápida rentabilidade do negócio, enquanto a BellSouth opta pela ampliação e dominação do mercado, ainda que isso sacrifique, de cara, a lucratividade."

Dessa citação entende-se que existe uma possível oposição no curto prazo entre a estratégia de maximização de lucros e a de ampliação da participação no mercado. Com base nessa idéia,

a) mencione e explique uma razão pela qual pode haver tal incompatibilidade a curto prazo; **(valor: 2,0 pontos)**
b) indique duas razões que podem levar à opção de maximização de vendas no curto prazo; **(valor: 3,0 pontos)**
c) descreva um motivo pelo qual, no longo prazo, as metas podem ser compatíveis. **(valor: 5,0 pontos)**

42. (EXAME - 2001) DISCURSIVA

Uma firma, operando em um mercado onde a competição não é perfeita, percebe que a quantidade vendida de seu produto é uma função decrescente do preço cobrado, expressa pela função de demanda x = f (p), onde x é a quantidade do produto, e p é o preço cobrado. Um dos assuntos que mais interessa aos economistas é determinar de que maneira alterações no preço cobrado induzem alterações na quantidade demandada.

a) Escreva, em símbolos matemáticos, esta razão entre variações de quantidade e variações de preço. Qual é o significado gráfico desta razão ? **(valor: 2,0 pontos)**
b) Qual é o grande problema deste tipo de medida de variação ? **(valor: 4,0 pontos)**
c) Escreva, em símbolos matemáticos, a medida da sensibilidade da variação da quantidade em função da variação do preço normalmente adotada pelos economistas, que evita o problema apontado no item anterior. Indique o nome dessa medida, e explique seu significado. **(valor: 4,0 pontos)**

43. (EXAME – 2000) DISCURSIVA

Considere a relação entre o custo total de produção de um bem (y), e a quantidade produzida deste bem (Q), expressa através de uma função f(.). Explicite as propriedades desta função, em termos dos valores que ela assume, assim como os de suas derivadas, compatíveis com as afirmações abaixo.

a) O custo de produção de zero unidades é zero ou positivo. **(valor: 2,0 pontos)**
b) O custo de produção aumenta quando a quantidade produzida aumenta. **(valor: 3,0 pontos)**
c) O custo de produção aumenta a taxas decrescentes para um determinado intervalo da quantidade produzida (de Q = 0 até Q = Q'), depois do qual o custo de produção aumenta a taxas crescentes, sempre em relação à quantidade produzida. **(valor: 5,0 pontos)**

44. (EXAME – 2000) DISCURSIVA

Considere o problema de maximização de uma função $f(x_1, x_2)$ sujeita a uma restrição linear do tipo $w_1 x_1 + w_2 x_2 = Z$, dando origem ao lagrangeano $L = f(x_1, x_2) + \lambda (Z - w_1 x_1 - w_2 x_2)$ e resolva os itens abaixo.

a) Qual o nome da variável λ neste contexto? **(valor: 1,0 ponto)**
b) Explique a importância de λ para estabelecer a relação entre Z e o valor da função $f(x_1, x_2)$ no ponto de máximo restrito. **(valor: 3,0 pontos)**
c) Qual é a expressão do valor de λ no ponto de máximo restrito da função $f(x_1, x_2)$, expresso em termos das derivadas de $f(x_1, x_2)$ e dos parâmetros w_1 e w_2? **(valor: 3,0 pontos)**
d) Dê uma interpretação para o resultado do item (c) acima em termos da teoria microeconômica do consumidor. **(valor: 3,0 pontos)**

MACROECONOMIA

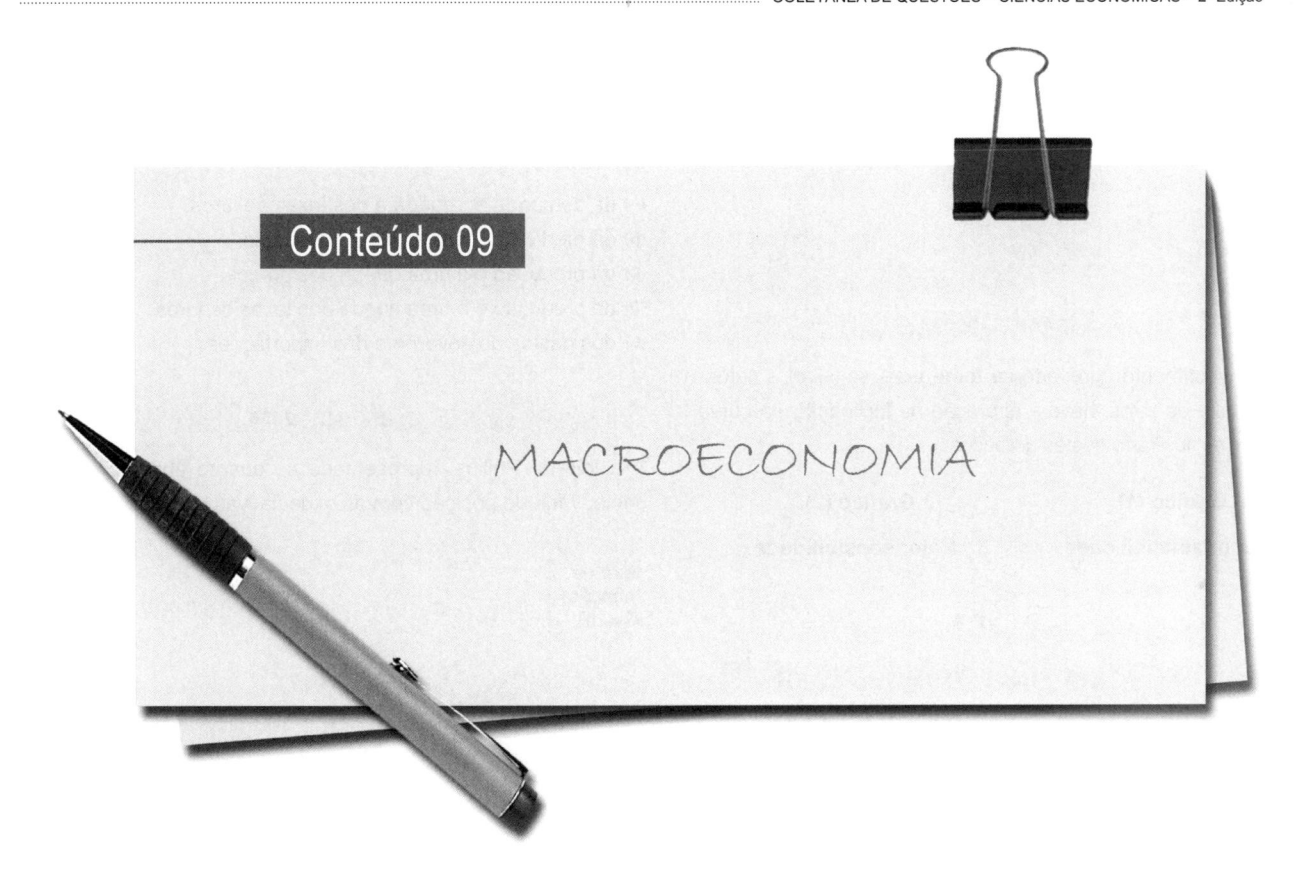

1. (EXAME - 2009)

O elemento que expressa a diferença entre Produto Interno Bruto (PIB) e Produto Nacional Bruto (PNB) é denominado

(A) depreciação do capital fixo.
(B) importações de bens e serviços.
(C) impostos indiretos.
(D) renda líquida enviada ao exterior.
(E) variação de estoques.

2. (EXAME - 2009)

Dados três eventos aleatórios A = {o preço da gasolina subir}, B = {o real desvalorizar} e C = {a taxa Selic subir}, a interpretação da igualdade entre tais elementos é:

(A) $A \cup B \cup C = A \cap B \cap C$ estabelece que a ocorrência de qualquer um desses eventos implica a ocorrência dos demais.
(B) $A \cup B \cup C = A \cup B$ estabelece que o preço da gasolina não sobe quando a taxa Selic sobe.
(C) $A \cap B \cap C = A$ estabelece que o preço da gasolina não sobe quando o real desvaloriza e a taxa Selic sobe.
(D) $A \cup B \cup C = A$ estabelece que o preço da gasolina nunca sobe quando ocorre uma desvalorização do real ou uma alta da taxa Selic.
(E) $A \cap B \cap C = \emptyset$ estabelece que uma subida no preço da gasolina e uma desvalorização do real não podem ocorrer conjuntamente.

3. (EXAME - 2009)

Considere as afirmativas:

I. Segundo a função consumo keynesiana, os gastos em consumo dependem diretamente do comportamento da renda corrente.

II. De acordo com o princípio da equivalência ricardiana, um aumento do déficit orçamentário corrente do governo promove uma elevação no nível de atividade econômica.

III. Para a teoria da renda permanente (Friedman), os consumidores maximizam sua utilidade, ao manter um padrão estável de consumo e, portanto, não ajustam seus gastos em consumo, quando ocorrem alterações consideradas transitórias na renda.

É CORRETO somente o que se afirma em

(A) I.
(B) I e II.
(C) I e III.
(D) II e III.
(E) I, II e III.

4. (EXAME - 2009)

Caso o investimento agregado se torne mais sensível a flutuações na taxa de juros, haverá alteração na inclinação da curva IS, conforme ilustrado nestes gráficos:

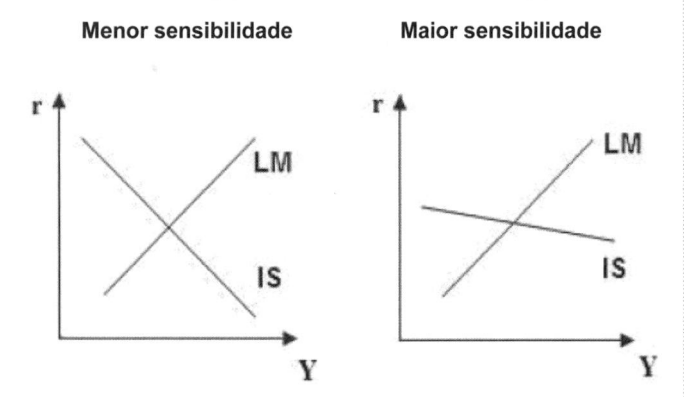

Gráfico (1): Menor sensibilidade

Gráfico (2): Maior sensibilidade

Com o auxílio do modelo IS/LM, quais as consequências de tal alteração quanto à eficácia das políticas fiscal e monetária para afetar o produto?

(A) A eficácia das políticas fica inalterada, pois elas independem do investimento agregado.
(B) A política fiscal e a política monetária tornam-se mais eficazes.
(C) A política fiscal e a política monetária tornam-se menos eficazes.
(D) A política fiscal torna-se mais eficaz, e a política monetária torna-se menos eficaz.
(E) A política monetária torna-se mais eficaz, e a política fiscal torna-se menos eficaz.

5. (EXAME - 2009)

A elasticidade-preço da demanda captura a resposta da demanda de um determinado bem ou serviço às variações em seu preço.

A elasticidade tende a ser maior

(A) para carnes em geral do que para carne de frango.
(B) para colégios privados do ensino médio do que para escolas privadas de língua estrangeira.
(C) para gasolina no curto prazo do que para gasolina no longo prazo.
(D) para ingressos para partidas de futebol do que para ingressos para partidas de basquete, no Brasil.
(E) para os produtos do setor de bebidas do que para os produtos de higiene pessoal.

6. (EXAME - 2006)

Uma política monetária expansionista no modelo IS/LM levará a um aumento

(A) da demanda agregada e das taxas de juros.
(B) da oferta agregada e das exportações.
(C) da produção e a uma queda dos preços.
(D) da produção e a uma queda das taxas de juros.
(E) dos gastos do governo e das importações.

7. (EXAME - 2006)

A Curva de Philips, representada no quadro abaixo pela linha cheia, varia de posição com as expectativas de inflação.

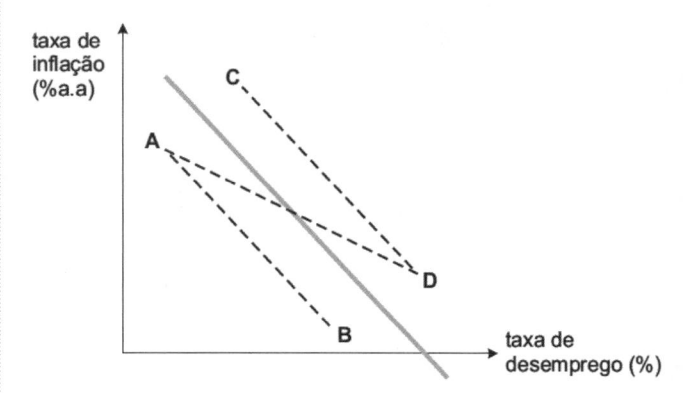

Em particular, no caso de maior expectativa de inflação, a Curva de Philips passaria a ser

(A) AB.
(B) AD.
(C) C D.
(D) vertical.
(E) horizontal.

8. (EXAME - 2006)

A figura abaixo mostra uma representação gráfica do modelo IS/LM, onde y é o produto e r, a taxa de juros.

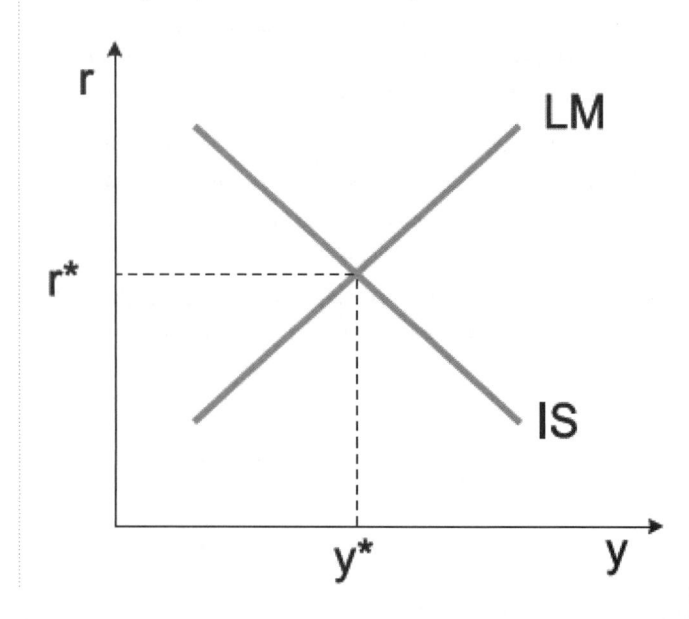

O efeito *crowding-out*, de deslocamento total dos gastos privados pelos gastos públicos,

(A) leva ao deslocamento da curva LM.
(B) leva ao deslocamento da curva IS.
(C) leva ao deslocamento das duas curvas.
(D) evita o deslocamento da curva IS.
(E) aumenta a produção e os juros.

9. (EXAME - 2006)

Seja a função de produção da economia dada por $Y_t = Ak_t$, onde Y é o produto, A é a tecnologia (constante) e K é uma medida ampla do estoque de capital (inclui capital físico e humano). Nesta economia, a taxa de poupança é igual a 20% ao ano, a população é constante, e o nível de tecnologia é $A = 0,4$. A esse respeito, qual afirmativa é verdadeira?

(A) As taxas de crescimento do capital e do produto são iguais a 8% a.a.
(B) As taxas de crescimento do capital e do produto são iguais a 6% e 8% a.a., respectivamente.
(C) A produtividade é crescente.
(D) O modelo prevê a convergência da renda *per capita* entre países com parâmetros idênticos e diferentes níveis iniciais de renda *per capita*.
(E) Um aumento da taxa de poupança elevaria, temporariamente, a taxa de crescimento do produto.

10. (EXAME - 2003)

Uma situação econômica é dita eficiente de Pareto quando

(A) não é possível aumentar a utilidade marginal da renda sem aumentar o preço.
(B) não é possível melhorar o bem-estar de um agente econômico sem piorar o de outro.
(C) o excedente do consumidor é igual ao excedente do produtor.
(D) o nível de bem-estar é o mesmo para todos os indivíduos.
(E) os rendimentos são distribuídos igualitariamente.

11. (EXAME - 2003)

Uma das principais medidas de análise econômica é a elasticidade, e dois dos conceitos de elasticidade mais conhecidos são os de elasticidade-preço da demanda, $\varepsilon = \frac{\Delta Q/Q}{\Delta P/P}$, e de elasticidade-renda da demanda, $\eta = \frac{\Delta Q/Q}{\Delta Y/Y}$, onde Q é a quantidade demandada, P é o preço e Y é a renda do consumidor.

Suponha um bem cuja elasticidade-preço da demanda seja positiva ($\varepsilon > 0$). A esse respeito, analise as assertivas abaixo.

I. O efeito substituição é positivo.
II. A elasticidade-renda da demanda é negativa ($\eta < 0$).
III. O efeito renda é maior do que o efeito substituição.

Está(ão) correta(s) a(s) assertiva(s)

(A) II, apenas.
(B) I e II, apenas.
(C) I e III, apenas.
(D) II e III, apenas.
(E) I, II e III.

12. (EXAME - 2003)

O Programa Fome Zero suscitou intensa discussão sobre a melhor maneira de distribuir os alimentos: via vale-alimentação, que só pode ser gasto com alimentos, ou via dinheiro (cartão de saque ou cheque), que pode ser gasto com qualquer produto. Considere uma família com renda mensal de R$100,00. O gráfico a seguir ilustra o efeito de um vale-alimentação no valor de R$100,00 sobre a restrição orçamentária dessa família. Para simplificar, assume-se que há apenas dois bens: alimentos e não-alimentos.

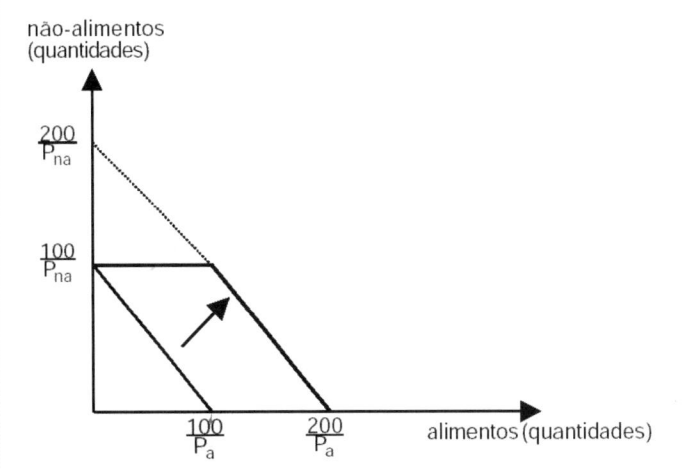

Ao se combinarem as diferentes possibilidades de curvas de indiferença com a restrição orçamentária, conclui-se que, do ponto de vista da família, o pagamento em dinheiro é

(A) estritamente pior do que o vale-alimentação.
(B) estritamente melhor do que o vale-alimentação.
(C) pelo menos tão bom quanto o vale-alimentação.
(D) indiferente ao vale-alimentação.
(E) no máximo tão bom quanto o vale-alimentação.

13. (EXAME - 2003)

Considere o modelo IS/LM para uma economia fechada. Ocorrendo uma elevação exógena no nível de investimentos, os efeitos sobre as curvas IS e LM, a taxa real de juros e a renda real, respectivamente, serão:

	Curva IS	Curva LM	Taxa Real de Juros	Renda Real
(A)	desloca-se para a direita	permanece inalterada	aumenta	aumenta
(B)	desloca-se para a direita	permanece inalterada	diminui	diminui
(C)	desloca-se para a esquerda	permanece inalterada	aumenta	diminui
(D)	permanece inalterada	desloca-se para a direita	diminui	aumenta
(E)	permanece inalterada	desloca-se para a direita	aumenta	aumenta

14. (EXAME - 2003)

Considere que o gráfico abaixo representa uma economia que opera sob *baixa mobilidade de capitais e no regime de taxa de câmbio fixa*.

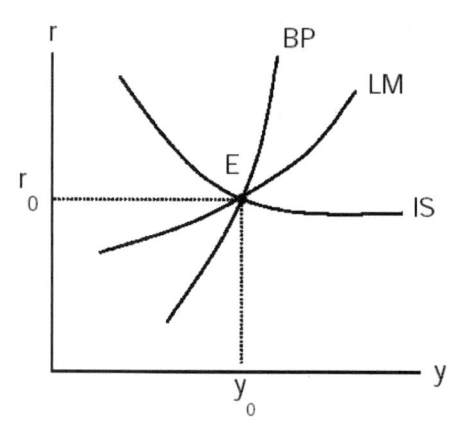

[Gráfico IS-LM-BP com equilíbrio no ponto E, coordenadas r_0 e y_0]

Partindo de uma situação de equilíbrio interno e externo (ponto E na interseção das curvas), uma política monetária contracionista terá, após a economia encontrar uma nova situação de equilíbrio interno e externo, os seguintes efeitos sobre a taxa real de juros e o nível de renda real:

	Taxa Real de Juros	Nível de Renda Real
(A)	aumenta	diminui
(B)	aumenta	aumenta
(C)	permanece inalterada	permanece inalterada
(D)	diminui	diminui
(E)	diminui	permanece inalterada

15. (EXAME - 2003)

Observe a equação abaixo, formulada por Michal Kalecki.

$$\Delta Y_t = \frac{1}{(1-\alpha)(1-q)} \Delta I_{t-1}, \text{ sendo } 0 < \alpha < 1 \text{ e } 0 < q < 1$$

Nessa equação, a variação na renda nacional no período t (ΔY_t) é função da variação no investimento privado em um período anterior (ΔI_{t-1}), sendo q o coeficiente que indica a parte do incremento nos lucros que se destina ao consumo capitalista e á, o coeficiente que indica a parcela do incremento de renda destinada a salários e ordenados. Supondo-se que todo o incremento de renda dos trabalhadores será destinado ao consumo, é possível afirmar que a variação no investimento privado gera efeitos sobre o consumo

(A) dos trabalhadores e implica uma variação na renda nacional.
(B) dos capitalistas e implica uma variação na renda nacional.
(C) dos capitalistas e não implica nenhuma variação na renda nacional.
(D) dos capitalistas e dos trabalhadores e implica uma variação da renda nacional.
(E) dos capitalistas e dos trabalhadores, mas não tem efeito sobre a renda nacional.

16. (EXAME - 2003)

Avalie as afirmativas abaixo, a respeito da teoria macroeconômica novo-clássica.

I. Admite-se que vigora a Curva de Oferta de Lucas, na qual os desvios do produto de sua taxa natural são decorrentes da diferença entre o nível de preços efetivo e o nível de preços esperado.
II. Os pressupostos de preços e salários em contínuo ajustamento ao equilíbrio, expectativas adaptativas e Curva de Oferta de Lucas garantem que a Economia sempre opere a taxa natural de produto.
III. Se vigoram expectativas racionais e os agentes econômicos utilizam de forma eficiente todas as informações disponíveis, a política monetária, mesmo aleatória, será ineficaz em alterar o nível de produto.

Está(ão) correta(s), apenas, a(s) afirmativa(s)

(A) I.
(B) II.
(C) III.
(D) I e II.
(E) II e III.

17. (EXAME - 2003)

As taxas de inflação nos três primeiros meses de 2003, em um determinado país, foram as seguintes:

janeiro = 5,20%
fevereiro = 4,50%
março = –0,80%

Desta forma, a taxa de inflação acumulada no primeiro trimestre do ano, nesse país, foi de

(A) –0,80%
(B) 8,90%
(C) 9,05%
(D) 10,19%
(E) 15,36%

18. (EXAME - 2002)

"O Conselho Administrativo de Defesa Econômica (Cade), do Ministério da Justiça, fechou acordo ontem com a Nestlé suspendendo temporariamente a compra da Garoto. A multinacional assumiu o compromisso de que cumprirá algumas determinações até que a operação seja totalmente analisada pela entidade, ..."

Jornal Valor Econômico, 28/3/2002

O principal objetivo do Conselho Administrativo de Defesa Econômica (Cade) é promover um ambiente competitivo na economia. A busca por tal objetivo é justificada pelo Primeiro Teorema Fundamental da Teoria do Bem-Estar Social para o qual

(A) o poder de monopólio reduz a eficiência na utilização dos recursos.
(B) o excedente do consumidor vale mais do que o excedente do produtor.
(C) o excedente do produtor é menor no mercado competitivo.
(D) todo equilíbrio de mercado competitivo é Pareto ótimo.
(E) todo equilíbrio Pareto ótimo pode ser atingido por um equilíbrio de mercado.

19. (EXAME - 2002)

No modelo clássico, conhecida a função macroeconômica de produção de curto prazo e em situação de perfeita flexibilidade dos salários reais, o que acontecerá com o nível geral de preços e com a renda de equilíbrio, respectivamente, se houver uma elevação no nível de demanda agregada?

	Nível geral de preços	Renda de equilíbrio
(A)	não é afetado	eleva
(B)	reduz	eleva
(C)	reduz	reduz
(D)	eleva	eleva
(E)	eleva	não é afetada

20. (EXAME - 2002)

No modelo IS/LM para uma economia fechada, quais são as consequências, sobre a taxa de juros e a renda, respectivamente, da compra de títulos pelo Banco Central, tudo o mais permanecendo constante?

	Taxa de juros	Renda
(A)	redução	contração
(B)	redução	expansão
(C)	elevação	contração
(D)	elevação	expansão
(E)	elevação	sem alteração

21. (EXAME - 2002)

Considere a seguinte expressão do multiplicador bancário:

$$m = \frac{1}{1 - d(1-r)}$$

onde m é o multiplicador bancário, d, a razão depósitos à vista nos bancos comerciais/meios de pagamento, e r, a razão reservas/depósitos à vista nos bancos comerciais.

A partir dessa expressão, é possível afirmar, em relação ao multiplicador bancário, que:

I. será reduzido, caso o público passe a reter consigo, na forma de papel moeda, uma parcela maior de seus meios de pagamento;

II. será elevado, caso os bancos comerciais aumentem seus depósitos voluntários junto ao Banco Central;

III. será elevado, caso o Banco Central reduza o valor do depósito compulsório.

Está(ão) correta(s) apenas a(s) afirmação(ões)

(A) I.
(B) II.
(C) III.
(D) I e II.
(E) I e III.

22. (EXAME - 2002)

Partindo de uma situação de equilíbrio interno e externo (ponto E no gráfico abaixo), considere uma economia que opere sob mobilidade imperfeita de capitais e em regime de câmbio flexível.

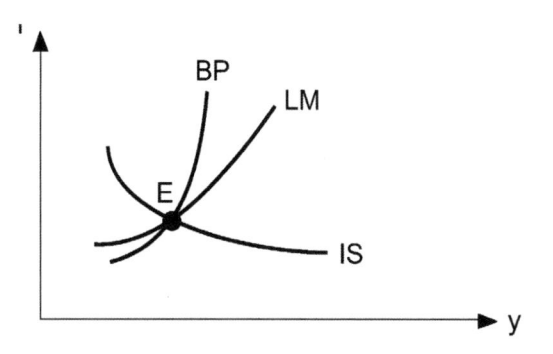

Neste caso, até a economia encontrar uma nova situação de equilíbrio interno e externo, uma política fiscal expansionista terá como conseqüência:

	Deslocamento da Curva IS	Deslocamento da Curva LM	Deslocamento da Curva BP	Nível de Renda Real
(A)	para a direita	para a esquerda	aumenta	aumenta
(B)	para a direita	nenhum	para a direita	aumenta
(C)	para a direita	nenhum	nenhum	diminui
(D)	para a esquerda	para a direita	diminui	diminui
(E)	nenhum	para a direita	para a direita	aumenta

23. (EXAME - 2002)

"É cada vez mais provável a decretação de programas federais de contenção do uso da energia em 2001, o que vai atrapalhar o processo de reativação da economia."

Gazeta Mercantil, 13/03/2001

Como ressaltado no trecho acima, já se previa, no primeiro trimestre do ano passado, o surgimento da crise energética que afetou a economia brasileira. Naquele momento, ainda não se podiam antecipar, com exatidão, os custos econômicos do racionamento energético. No entanto, tendo como base o modelo da Curva de Philips, era possível prever, se não a intensidade, pelo menos a direção dos efeitos.

Suponha que para a nossa economia vigore uma Curva de Phillips. Atingida por um racionamento de energia elétrica, seguido por um choque tarifário, espera-se que, tudo o mais constante, observemos a seguinte seqüência de eventos econômicos:

	Deslocamento da Curva de Phillips	Taxa de Inflação
(A)	para a direita	elevação
(B)	para a direita	redução
(C)	nenhum	elevação
(D)	para a esquerda	redução
(E)	para a esquerda	elevação

24. (EXAME - 2002)

Suponha uma economia na qual as firmas operam em concorrência imperfeita e são capazes de fixar preços. Segundo os novos-keynesianos, se, para cada empresa, os custos associados a mudanças de preços (*custos de menu*) são superiores aos benefícios que elas obtêm individualmente com alterações de preços, é possível afirmar que, em resposta a uma elevação do nível de demanda,

(A) os *custos de menu* são ignorados pelas firmas, não afetando os níveis de produção e emprego.
(B) os preços aumentam bem como os níveis de produção e emprego.
(C) os preços aumentam, mas os níveis de produção e emprego não variam.
(D) os preços não variam, mas os níveis de produção e emprego aumentam.
(E) os preços não variam, nem os níveis de produção e emprego.

25. (EXAME - 2002)

Um modelo macroeconômico simples consiste de três equações:

Equação de Consumo: $C = \alpha_0 + \alpha_1 Y + \alpha_2 T$

Equação de Investimento: $I = \beta_0 + \beta_1 Y + \beta_2 K$

Identidade da Renda: $Y = C + I + G$

Nessas equações, C é o consumo, Y, a renda, T, os impostos, I, o investimento, K, o estoque de capital e G, os gastos do governo. Esse modelo poderia ser escrito em forma matricial como:

$$\underbrace{\begin{bmatrix} 1 & 0 & -\alpha_1 \\ 0 & 1 & -\beta_1 \\ -1 & -1 & 1 \end{bmatrix}}_{A} \underbrace{\begin{bmatrix} C \\ I \\ Y \end{bmatrix}}_{x} = \underbrace{\begin{bmatrix} \alpha_0 + \alpha_2 T \\ \beta_0 + \beta_2 K \\ G \end{bmatrix}}_{k}$$

Uma condição necessária para que esse modelo possua uma solução única é que a matriz A

(A) seja simétrica.
(B) seja diagonal.
(C) seja não inversível.
(D) seja idempotente.
(E) tenha determinante diferente de zero.

26. (EXAME - 2002)

A solução do modelo de crescimento de Harrod-Domar descreve a trajetória do produto de uma economia através da equação diferencial

$$\frac{dY}{dt} - \left(\frac{s}{v}\right)Y = 0$$

onde Y é o produto, t, o tempo, s, a propensão marginal a poupar, e v, a relação incremental capital-produto. Sendo Y_0 o valor inicial do produto, a solução dessa equação é

(A) $Y_t = sY_0 + tv$
(B) $Y_t = Y_0 + vte^s$
(C) $Y_t = Y_0 e^{(s/v)t}$
(D) $Y_t = tY_0 + s^v$
(E) $Y_t = tY_0 + e^{(s/v)}$

27. (EXAME - 2001)

A revolução keynesiana fundou a macroeconomia moderna e deu origem a todo um conjunto de modelos de crescimento e flutuação cíclica em cuja raiz está a interação entre dois mecanismos: **o multiplicador** e **o acelerador**. Tais mecanismos, respectivamente, descrevem

(A) o efeito induzido pelo crescimento do preço dos ativos financeiros sobre a propensão a poupar e o efeito do investimento autônomo sobre o preço dos ativos financeiros.
(B) o efeito induzido pela expansão da demanda agregada sobre a propensão a investir e o efeito do investimento autônomo sobre a expansão da demanda agregada.
(C) o efeito do investimento autônomo sobre a expansão da demanda agregada, e o efeito induzido pela expansão da demanda agregada sobre a propensão a investir.
(D) o efeito do investimento autônomo sobre o preço dos ativos financeiros e o efeito induzido pelo crescimento do preço dos ativos financeiros sobre a propensão a poupar.
(E) o efeito do investimento autônomo sobre o crescimento dos lucros e o efeito induzido pelo crescimento dos lucros sobre a propensão marginal a consumir.

28. (EXAME - 2001)

Em uma economia são conhecidos os valores, para determinado ano, dos agregados macroeconômicos abaixo listados.

Consumo do setor privado: C
Investimento do setor privado: I
Poupança do setor privado: S
Gasto total do setor público: G
Exportações de bens e serviços não fatores: X
Importações de bens e serviços não fatores: M
Renda líquida enviada ao exterior: RL

O Produto Interno Bruto dessa economia a preços de mercado nesse ano é dado pela soma algébrica

(A) $C + S + X - M + RL$.
(B) $C + S + G + X - M$.
(C) $C + I + S + X - M$.
(D) $C + I + G + X - M$.
(E) $C + G + X + M + RL$.

29. (EXAME - 2001)

Observe o seguinte gráfico:

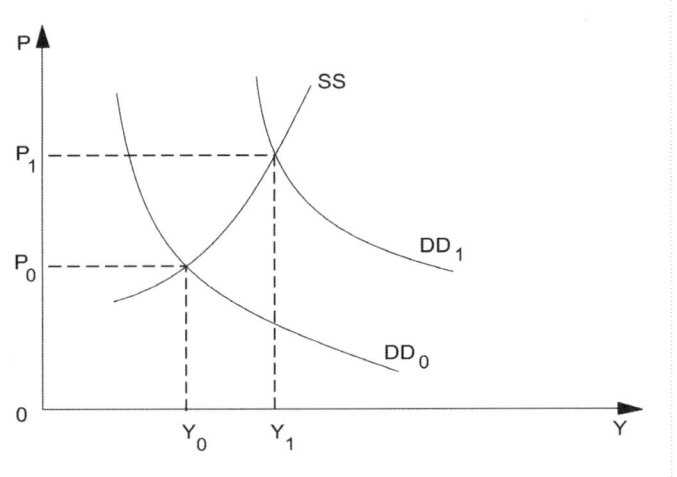

Supondo que ele representa uma economia operando no curto prazo com curva de oferta agregada (SS) positivamente inclinada, o deslocamento da curva de demanda agregada de DD_0 para DD_1 é compatível com

(A) uma política fiscal contracionista.
(B) uma política monetária contracionista.
(C) uma política monetária expansionista.
(D) um choque negativo de oferta.
(E) um choque positivo de oferta.

30. (EXAME - 2001)

Considere o modelo IS.LM para uma economia fechada e observe o gráfico abaixo, onde **r** é a taxa real de juros e **y**, o produto real.

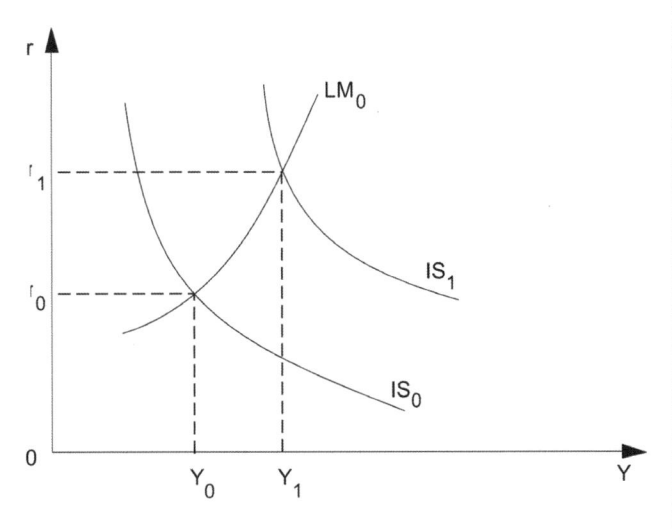

O deslocamento da curva IS de IS0 para IS1 é compatível com uma

(A) venda de títulos públicos por parte do Banco Central.
(B) redução das alíquotas do imposto de renda das pessoas físicas.
(C) redução "autônoma" do investimento privado.
(D) elevação dos impostos sobre a aquisição de bens de consumo.
(E) expansão inesperada da base monetária.

Nas duas questões seguintes considere o modelo IS-LM-BP para uma economia que opera com baixa mobilidade de capitais, representado no gráfico abaixo, onde **r** é a taxa real de juros e **y**, a renda real. Suponha que, na situação inicial, a economia está em equilíbrio interno e externo (ponto A no gráfico).

31. (EXAME - 2001)

No regime de taxa fixa de câmbio, uma política fiscal expansionista, até a economia encontrar uma nova situação de equilíbrio interno e externo, tem como conseqüência:

	Deslocamento da curva IS	Deslocamento da curva LM	Taxa real de juros	Nível de renda real
(A)	para a direita	nenhum	aumenta	aumenta
(B)	para a direita	para a esquerda	aumenta	aumenta
(C)	para a direita	para a direita	aumenta	diminui
(D)	para a esquerda	para a esquerda	diminui	diminui
(E)	nenhum	para a direita	diminui	aumenta

32. (EXAME - 2001)

No regime de taxa flexível de câmbio, uma elevação das alíquotas do imposto de renda sobre as pessoas físicas, após a economia encontrar uma nova situação de equilíbrio interno e externo, tem os seguintes efeitos sobre o Balanço de Pagamentos:

	Saldo da conta corrente	Saldo da conta de capital
(A)	aumenta	diminui
(B)	aumenta	aumenta
(C)	diminui	aumenta
(D)	não muda	aumenta
(E)	não muda	diminui

33. (EXAME - 2001)

Considerando a versão da equação de trocas dada por $M \cdot v = P \cdot y$, onde M é a quantidade de moeda, v, a velocidade renda (ou de circulação) da moeda, P, o nível geral de preços e y, a renda real, se vigorar a Teoria Quantitativa da Moeda, pode-se afirmar que, tudo o mais permanecendo constante no longo prazo,

I. uma redução da oferta monetária provocará redução da renda real;
II. uma elevação da renda real causará redução do nível geral de preços;
III. uma elevação da oferta de moeda implicará elevação do nível geral de preços.

Está(ão) correta(s) apenas a(s) afirmativa(s):

(A) I.
(B) II.
(C) III.
(D) I e II.
(E) II e III.

34. (EXAME - 2001)

Suponha uma economia que, sob o regime de taxa flexível de câmbio e baixa mobilidade de capitais, se encontra em situação inicial de equilíbrio interno e externo representada pelos pontos A e B nos gráficos abaixo, onde estão desenhadas as curvas IS, LM e BP, no sistema de eixos superior, e de demanda e oferta agregadas, no inferior.

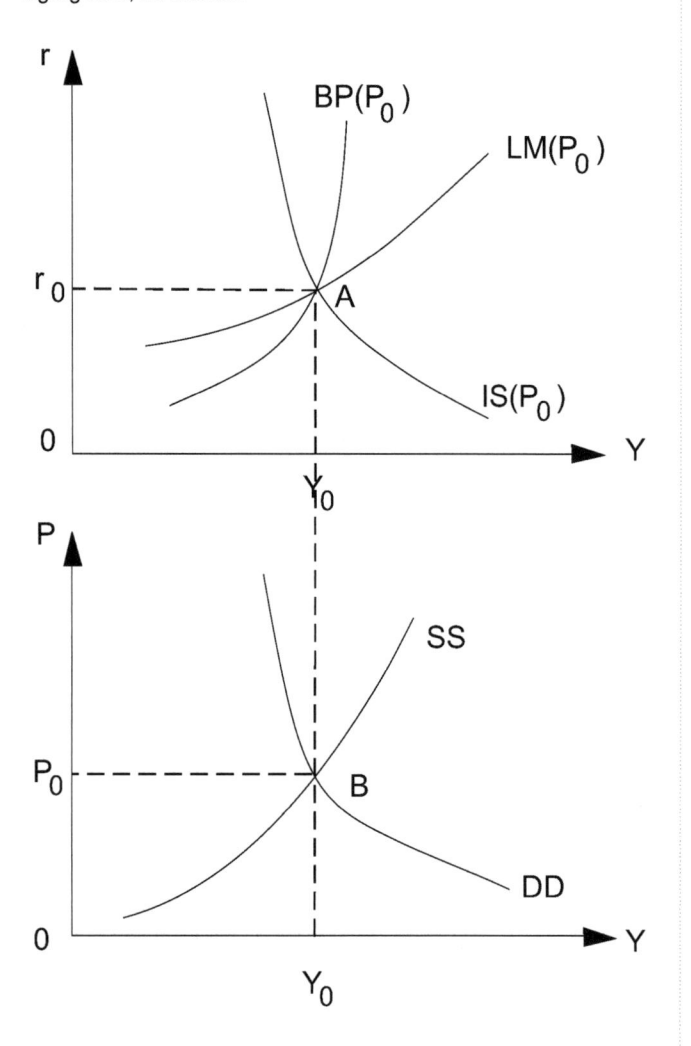

Se o governo pratica uma política fiscal expansionista, os resultados esperados, após a economia encontrar uma nova situação de equilíbrio interno e externo, são:

	Nível de preços	Renda real	Taxa real de juros
(A)	aumento	aumento	aumento
(B)	aumento	aumento	queda
(C)	aumento	queda	queda
(D)	queda	queda	queda
(E)	queda	aumento	aumento

35. (EXAME - 2001)

Suponha que, em uma economia que opera com preços e salários nominais plenamente flexíveis, vigora a Função de Oferta Agregada de Lucas, dada por

$$y = y_N + \alpha \cdot (P - P^e) + \beta, \text{ com } \alpha > 0,$$

onde os desvios do produto efetivo y em relação ao seu valor natural y_N são decorrentes da diferença entre os níveis de preços esperados (P^e) e efetivo (P) e dos choques aleatórios de oferta (β). O nível de preços efetivo é determinado pela oferta monetária e por choques aleatórios de demanda. Se os agentes econômicos formam expectativas racionais sobre a inflação – utilizam todas as informações disponíveis e nunca cometem erros sistemáticos de avaliação – e conhecem a regra de variação do estoque monetário, pode-se afirmar que, na ausência de choques aleatórios de oferta ou de demanda,

(A) a política monetária é eficaz para alterar o nível de produto natural.
(B) a política monetária é eficaz para alterar o nível de produto efetivo.
(C) o nível do produto efetivo é maior que o do produto natural.
(D) o nível do produto efetivo é menor que o do produto natural.
(E) o nível do produto efetivo é igual ao do produto natural.

36. (EXAME - 2001)

O gráfico apresenta a curva de custo marginal de um monopólio, bem como as curvas de demanda e de receita marginal do mercado para seu produto.

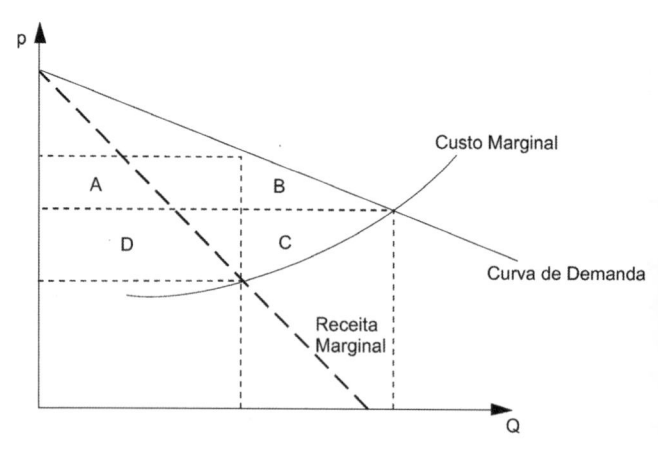

Comparando esse gráfico com o equilíbrio socialmente ótimo, ocorre, devido ao monopólio, que

(A) a perda da sociedade, como um todo, é equivalente à área B.
(B) a sociedade, como um todo, perde um montante representado pela soma das áreas A, B, C e D.
(C) o produtor se apropria de um montante do excedente do consumidor representado pela soma das áreas A e B.
(D) o produtor perde um excedente representado pela área C, mas ganha um montante representado pela área A.
(E) os consumidores perdem um montante representado pela área A.

37. (EXAME - 2001)

Considere um duopólio onde as firmas decidem fazer um conluio para reduzir a oferta do produto e, com isso, aumentar os preços e, em última instância, seus lucros. A tabela a seguir apresenta o lucro de cada firma considerando duas possibilidades: (1) respeitar o acordo e produzir apenas o combinado e (2) não respeitar o acordo e produzir mais, ganhando mercado sobre a concorrente. Note-se que o primeiro valor do par apresentado em cada célula refere-se ao lucro da firma A, e o segundo, ao da firma B.

		Firma B	
	Respeita	Respeita	Desrespeita
Firma A	Desrespeita	100, 100	20, 110
		110, 20	40, 40

O(s) equilíbrio(s) de Nash deste jogo, considerando apenas as estratégias puras e que as decisões são tomadas simultaneamente, é (são):

(A) (respeita, respeita).
(B) (respeita, respeita) e (desrespeita, desrespeita).
(C) (respeita, desrespeita) e (desrespeita, respeita).
(D) (desrespeita, desrespeita).
(E) (desrespeita, respeita) e (respeita, desrespeita).

38. (EXAME - 2001)

O gráfico abaixo apresenta uma análise de equilíbrio parcial que permite identificar os custos e os benefícios relativos à imposição de uma tarifa *ad valorem* (t) sobre as importações de um bem X. Considere que se trata de um país pequeno no comércio mundial, não há custos de transportes ou transação, a taxa de câmbio é 1, e o preço internacional do produto é P*. Com base nesse gráfico, é correto afirmar que a perda da sociedade, como um todo, decorrente da imposição da tarifa, é representada pela

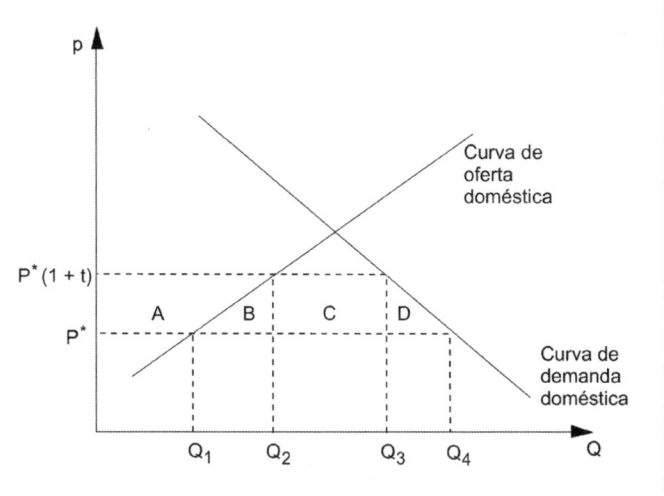

(A) área C.
(B) área D.
(C) soma das áreas B e D.
(D) soma das áreas B, C e D.
(E) soma das áreas A, B, C e D.

39. (EXAME – 2000)

Considere o modelo IS-LM-BP com taxa de câmbio fixa, onde **r** é a taxa real de juros e **Y** é o produto real.

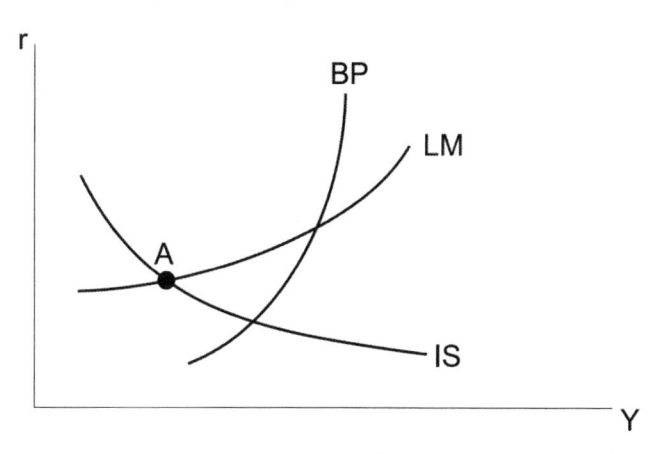

No ponto **A** (interseção das curvas IS e LM), a economia encontra-se em equilíbrio doméstico

(A) mas ocorre deficit no balanço de pagamentos, ocasionando perda de reservas internacionais.
(B) mas ocorre superavit no balanço de pagamentos, ocasionando elevação das reservas internacionais.
(C) e externo, não havendo variação no nível das reservas internacionais.
(D) e externo, mas ocorre deficit na conta corrente do balanço de pagamentos, ocasionando redução das reservas internacionais.
(E) e externo, mas ocorre superavit no balanço de pagamentos, ocasionando elevação de reservas internacionais.

40. (EXAME – 2000)

Segundo o modelo IS-LM para uma economia fechada, quais as conseqü.ncias de um aumento dos gastos públicos, coeteris paribus, sobre o deslocamento da curva IS, a taxa real de juros e a renda real?

	Deslocamento da curva IS para a	Taxa real de juros	Renda real
(A)	direita	elevação	elevação
(B)	direita	redução	redução
(C)	esquerda	redução	redução
(D)	esquerda	redução	elevação
(E)	esquerda	elevação	redução

41. (EXAME – 2000)

Uma firma, ao produzir determinado bem, gera externalidade negativa (poluição, por exemplo). Para induzi-la a produzir a quantidade socialmente ótima, o governo deve impor uma tarifa sobre a produção do bem no montante

(A) do custo marginal da firma.
(B) do custo marginal social.
(C) do custo médio social.
(D) da soma dos custos marginais social e da firma.
(E) da diferença entre os custos marginais social e da firma.

42. (EXAME – 2000)

No **Modelo Baumol-Tobin**, o custo individual em reter moeda é dado pela equação **C = bT +r R/2**, onde **T** (= Y/R) representa idas ao banco, **R** é o valor do saque a cada ida ao banco, **Y** é a renda individual, e **r** é a taxa de juros, sendo **b** uma constante que representa o custo de cada ida ao banco. O valor de **R** que minimiza o custo em reter moeda é:

(A) 2rY
(B) $(2bY/r)^{1/2}$
(C) $(2bY/r)^{-1/2}$
(D) $(2bY/r)^2$
(E) $(2bY/r)^{-2}$

43. (EXAME – 2000)

A chamada "síntese neoclássica" tem na sua base o modelo IS/LM. Este modelo origina-se da conhecida reinterpretação do pensamento de Keynes por J. Hicks no seu texto **Mr. Keynes and the Classics: a suggested interpretation**, publicado originalmente em 1937. Os elementos centrais na Teoria Geral de Keynes que **NÃO** aparecem no Modelo de Hicks são a:

(A) análise centrada no método do equilíbrio parcial e o papel da incerteza na determinação do volume de investimentos.
(B) análise centrada no método do equilíbrio geral e os rendimentos crescentes de escala.
(C) relação direta entre a taxa de juros e a eficiência marginal do capital e a relação inversa entre taxa de juros e taxa de lucro.
(D) hipótese de neutralidade da moeda no curto período e a precificação via mark-up.
(E) hipótese de rendimentos crescentes de escala e a determinação da taxa de juros pela produtividade marginal do capital.

44. (EXAME – 2000)

Suponha que, em um banco de investimentos, um economista, exercendo a função de administrador de fundos, faça a carteira de aplicações dos seus clientes com base nas hipóteses de que:

I. os agentes conhecem um modelo quantitativo que (salvo perturbações estocásticas) permite prever o comportamento dos preços dos ativos e da economia;
II. os agentes dispõem do mesmo conjunto de informações;
III. os mercados tendem ao equilíbrio.

Do ponto de vista do pensamento macroeconômico, esse economista estará trabalhando com expectativas e contextos, respectivamente,

(A) racionais e não ergódicos.
(B) racionais e ergódicos.
(C) condicionadas e ergódicos.
(D) adaptativas e não ergódicos.
(E) adaptativas e ergódicos.

45. (EXAME – 2009) DISCURSIVA

A preparação para os Jogos Olímpicos de 2016 terá impactos econômicos importantes, em virtude dos investimentos públicos e privados que serão realizados. De fato, pode-se argumentar que os efeitos econômicos serão bem maiores que os valores que serão inicialmente gastos. A partir do modelo keynesiano simples para uma economia fechada e com governo, o que ocorre com o produto de equilíbrio, quando os gastos públicos se elevam em R$ 1,00? (VALOR: 10 PONTOS)

46. (EXAME - 2003) DISCURSIVA

Sobre o produto de uma empresa poluidora incide um imposto de t reais sobre cada unidade produzida. A função de lucro da firma é dada por $\pi(x) = x \cdot p(x) - c(x) - t \cdot x$, onde p(x) é o preço, c(x) é o custo e x é o número de unidades produzidas.

a) Explique por que se pode afirmar que, fixado um valor de imposto t, o nível de produto satisfaz a equação $\frac{d}{dx}(x.p(x)) - \frac{d}{dx}(c(x)) = t \cdot$ **(valor: 5,0 pontos)**

b) Para desestimular a empresa poluidora, o governo elevou o imposto sobre a quantidade produzida. Verifique a eficácia da medida, analisando o impacto que um aumento do imposto tem sobre o lucro da firma, considerando que $\frac{d\pi}{dt} = \left[\frac{d}{dx}(x.p(x)) - \frac{d}{dx}(c(x)) - t\right] \cdot \frac{dx}{dt} - x$ **(valor: 5,0 pontos)**

47. (EXAME - 2002) DISCURSIVA

A variável macroeconômica x assume valores no intervalo [0,1]. Determinada autoridade recebe a incumbência de manter, através da política econômica, durante certo período de tempo, o valor dessa variável o mais próximo possível de $x = x_0 \in (0, 1)$.

Na ausência de mecanismos de incentivo, existe a possibilidade de que a autoridade não se empenhe na obtenção dessa meta. Pensando nesse problema, um economista propõe criar, através de uma função contínua

$f(x)$, um critério para recompensar a autoridade por seu desempenho. Quanto maior for o valor de $f(x)$, maior o benefício da autoridade.

a) f é compatível com o objetivo do economista se $f'(x) > 0$, para $x \in [0, x_0)$ e $f'(x) < 0$, para $x \in (x_0, 1]$? Justifique sua resposta. **(valor: 6,0 pontos)**

b) As condições $f'(x_0) = 0$ e $f''(x_0) < 0$ bastam para f ser compatível com o objetivo proposto? Justifique sua resposta. **(valor: 4,0 pontos)**

48. (EXAME - 2001) DISCURSIVA

Para enfrentar a crise cambial de fins de 1998 e início de 1999, o Banco Central do Brasil, entre outras medidas, elevou drasticamente a alíquota do recolhimento compulsório incidente sobre os depósitos à vista nos bancos comerciais, e o país passou a adotar o regime de taxa flexível (flutuante) de câmbio.

Ultrapassada a fase mais aguda da crise, o Banco Central, em diferentes momentos de 1999 e 2000, reduziu paulatinamente a alíquota do recolhimento compulsório.

a) Tendo em mente o modelo IS-LM-BP, com baixa mobilidade de capital (BP quase vertical, como no gráfico abaixo), e partindo do equilíbrio representado pelo ponto A, explique o deslocamento de cada curva em resposta à redução da alíquota do recolhimento compulsório, até encontrar uma nova situação de equilíbrio interno e externo. Relacione tal ajustamento com os resultados macroeconômicos do Brasil no ano de 2000, referentes às variações do PIB e da taxa de juros. **(valor: 6,0 pontos)**

b) No gráfico abaixo está representada a situação de equilíbrio interno e externo (ponto A) anterior à redução da alíquota do recolhimento compulsório. Reproduza-o no Caderno de Respostas e complete-o com todos os deslocamentos de curvas que ocorrem devido à redução da alíquota do compulsório, até a economia encontrar uma nova situação de equilíbrio interno e externo, identificando-a pela letra B. **(valor: 4,0 pontos)**

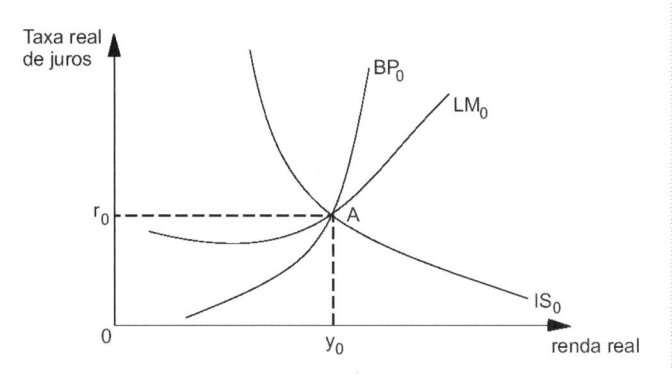

49. (EXAME - 2001) DISCURSIVA

Uma das mais conhecidas estruturas de mercado é a do monopólio.

a) Explique duas situações que podem acarretar a formação de um monopólio. **(valor: 3,0 pontos)**

O gráfico abaixo representa uma firma em uma estrutura de mercado de monopólio.

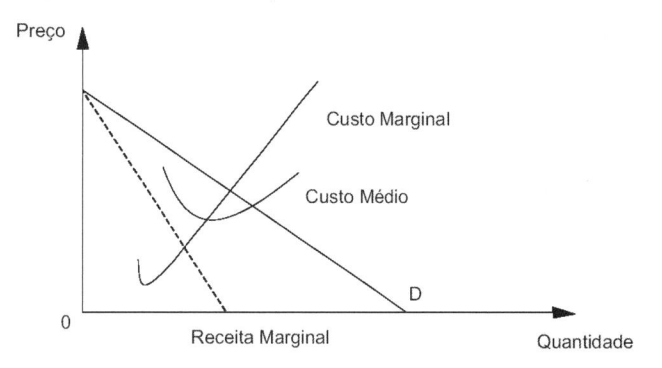

b) Reproduza no Caderno de Respostas o gráfico apresentado, indicando, em relação ao curto prazo, preço e quantidade de equilíbrio e o total de sobrelucro do monopolista. **(valor: 3,0 pontos)**

c) Suponha que o governo introduza um imposto específico de t reais por unidade de produto. Explique e mostre graficamente quais serão as novas condições de equilíbrio. **(valor: 4,0 pontos)**

50. (EXAME – 2000)

O mercado do bem X é de concorrência perfeita. Suponha que, inesperadamente, ocorra uma elevação exógena e permanente da demanda por X (um deslocamento para a direita da sua curva de demanda).

a) Descreva o ajustamento desse mercado até um novo equilíbrio de longo prazo, comparando as situações inicial e final e explicitando, também, as conseqü.ncias de curto prazo no que se refere a preços, quantidades de equilíbrio, lucros auferidos e número de empresas. **(valor: 7,5 pontos)**

b) No gráfico abaixo estão representadas as situações iniciais – antes do deslocamento da demanda – das firmas e do mercado. Reproduza-o no Caderno de Respostas e **complete-o,** desenhando as curvas necessárias à identificação da nova situação de **equilíbrio do mercado no longo prazo. (valor: 2,5 pontos)**

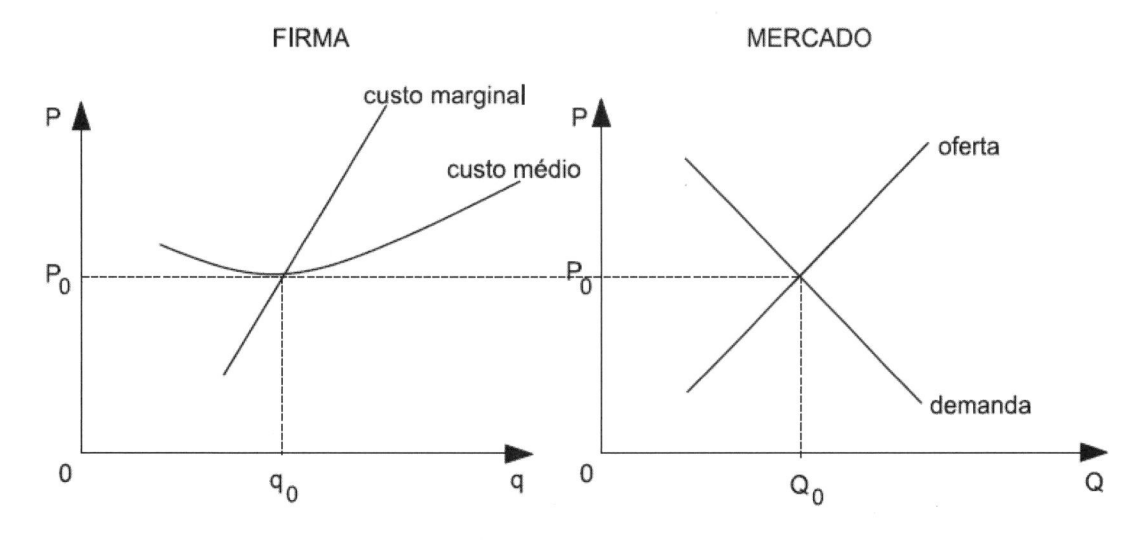

51. (EXAME – 2000)

Tendo como "pano de fundo" o modelo IS-LM-BP com baixo grau de mobilidade de capital (curva BP quase vertical), suponha que o governo eleve significativamente os seus gastos.

a) Descreva o ajustamento da economia, desde os efeitos imediatos da elevação dos gastos até uma nova situação de equilíbrio interno e externo nos regimes de taxa fixa e de taxa flexível de câmbio, explicando as razões do deslocamento de cada curva. **(valor: 6,0 pontos)**

b) Nos gráficos abaixo estão representadas as situações iniciais de equilíbrio – antes do aumento dos gastos públicos. Reproduza os no Caderno de Respostas e complete-os, desenhando as novas curvas e identificando as novas situações de equilíbrio nos dois casos. **(valor: 4,0 pontos)**

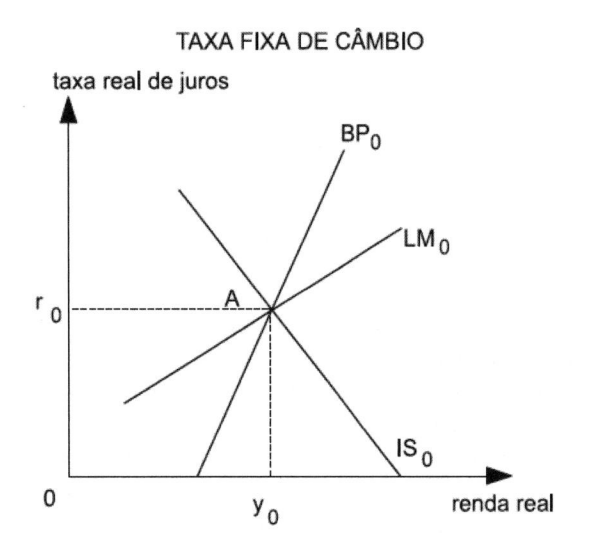

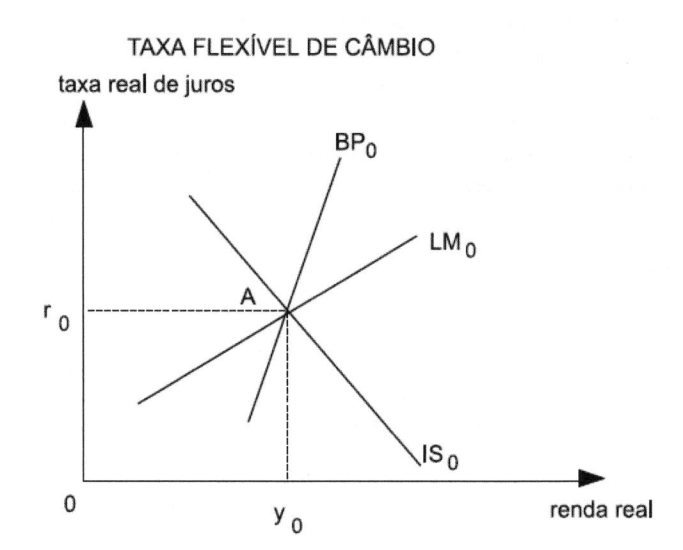

TAXA FIXA DE CÂMBIO

Eixo vertical: taxa real de juros
Eixo horizontal: renda real
Curvas: BP_0, LM_0, IS_0
Equilíbrio em A, com r_0 e y_0.

TAXA FLEXÍVEL DE CÂMBIO

Eixo vertical: taxa real de juros
Eixo horizontal: renda real
Curvas: BP_0, LM_0, IS_0
Equilíbrio em A, com r_0 e y_0.

Conteúdo 10

CONTABILIDADE SOCIAL

1. (EXAME - 2009)

Entre meados da década de 1930 e a crise da dívida externa, em princípios da década de 1980, prevaleceu na América Latina, em particular no Brasil, o chamado modelo de desenvolvimento por substituição de importações.

São características desse modelo:

I. perda do papel estratégico das exportações no processo de crescimento econômico;
II. alto grau de participação do setor público na economia, inclusive como promotor do processo de desenvolvimento socioeconômico;
III. redução do elevado grau de concentração de renda herdado do modelo de crescimento primário exportador;
IV. inflação crônica resultante do desequilíbrio permanente das finanças públicas.

Estão CORRETAS somente as afirmativas

(A) I e III.
(B) I e IV.
(C) II e III.
(D) II e IV.
(E) III e IV.

2. (EXAME - 2009)

Desde meados da década de 1980, por influência do Fundo Monetário Internacional, tornou-se popular, no Brasil, o conceito de Necessidades de Financiamento do Setor Público (NFSP) e, com ele, os conceitos derivados de superávit/déficit primário, superávit/déficit operacional e superávit/déficit nominal.

Assumindo-se que, em razão da crise econômica, a taxa de variação do PIB do Brasil, em 2009, seja nula e que a inflação fique próxima da meta, pode-se dizer que, em 2009, a relação dívida/PIB necessariamente permanecerá a mesma, caso

(A) o aumento da carga tributária seja igual aos juros nominais da dívida pública.
(B) o déficit nominal seja zero.
(C) o déficit operacional seja igual aos juros nominais da dívida pública.
(D) o superávit primário seja igual ao déficit operacional.
(E) o superávit primário seja igual aos juros reais da dívida pública.

3. (EXAME - 2009)

Com respeito ao monopólio, considere as afirmativas:

I. Existe um incentivo para o monopolista realizar discriminação de preços.
II. Se o monopolista puder cobrar preços diferentes em dois mercados distintos, ele cobrará um preço mais baixo no mercado com demanda menos elástica.
III. O nível de produção que maximiza o lucro de um monopólio é inferior ao nível de produção que maximiza a soma dos excedentes do consumidor e do produtor.
IV. No caso extremo de discriminação de preços, as perdas decorrentes do peso morto do monopólio seriam eliminadas.

Estão CORRETAS somente as afirmativas

(A) I, II e IV.
(B) II e IV.
(C) II, III e IV.
(D) I, III e IV.
(E) II e III.

4. (EXAME - 2006)

Um país apresenta o balanço comercial superavitário em US$ 35 bilhões, mas seu *superavit* em conta corrente é de apenas US$ 10 bilhões. Se o *deficit* de serviços for de US$ 30 bilhões, qual será o valor das transferências unilaterais?

(A) Mais US$ 5 bilhões.
(B) Mais US$10 bilhões.
(C) Menos US$ 15 bilhões.
(D) Menos US$ 20 bilhões.
(E) Menos US$ 25 bilhões.

5. (EXAME - 2003)

Ao longo do ano passado, o Brasil reduziu significativamente o *deficit* em transações correntes do seu Balanço de Pagamentos que, segundo dados do Banco Central, caiu de cerca de US$23,2 bilhões, em 2001, para aproximadamente US$7,7 bilhões, em 2002. Dentre os fatores que podem justificar esse resultado, encontra-se

(A) um aumento no *superavit* da balança comercial.
(B) um aumento no fluxo do investimento externo direto.
(C) a saída de capitais de curto prazo.
(D) a obtenção de um empréstimo junto ao Fundo Monetário Internacional.
(E) a suspensão temporária do pagamento de amortizações.

6. (EXAME - 2003)

Durante o primeiro mandato do Presidente Fernando Henrique Cardoso, a política econômica desenvolveu-se em várias frentes, entre as quais

(A) uma política agressiva de estímulo às exportações, apoiada por taxa de câmbio real desvalorizada.
(B) a imposição de controles de capital, a fim de reduzir a vulnerabilidade do balanço de pagamento.
(C) a obtenção de superavits operacionais, em atendimento à Lei de Responsabilidade Fiscal.
(D) o apoio à substituição de importações.
(E) o uso da âncora cambial como instrumento de controle da inflação.

7. (EXAME - 2002)

O balanço de pagamentos do Brasil, em 2001, apresentou saldo positivo, enquanto o *deficit* em transações correntes foi bastante elevado, podendo-se afirmar, então, que

(A) o *deficit* na conta de capitais foi inferior, em valor absoluto, ao *deficit* em conta corrente.
(B) o Brasil obteve um *superavit* na balança de serviços, em 2001.
(C) o País registrou *deficit* na balança comercial.
(D) o saldo da conta de capitais foi positivo e superou, em valor absoluto, o saldo das transações correntes.
(E) o saldo das transferências unilaterais do Brasil foi zero.

8. (EXAME - 2002)

Os vários planos de estabilização, lançados ao longo das décadas de 80 e 90, no Brasil, incluíram diversas medidas de combate à inflação, dentre as quais se destacam:

I. no Plano Cruzado: o tabelamento de preços;
II. no Plano Collor: o bloqueio dos depósitos bancários;
III. no Plano Real: o congelamento das tarifas públicas.

Dentre as medidas acima, é(são) correta(s), apenas

(A) a I.
(B) a II.
(C) a III.
(D) a I e a II.
(E) a I e a III.

9. (EXAME - 2001)

Ocorre uma elevação dos meios de pagamento (M_1) quando

(A) o público reduz seus depósitos à vista.
(B) o Banco Central eleva a taxa de redesconto.
(C) o Banco Central vende títulos no mercado aberto.
(D) o Banco Central contrai a base monetária.
(E) os bancos comerciais reduzem suas reservas voluntárias.

10. (EXAME – 2000)

Após a Segunda Grande Guerra, muitos países em desenvolvimento, sobretudo os da América Latina, adotaram um modelo de desenvolvimento que ficou conhecido como industrialização por substituição de importações. Esse modelo se caracterizava por

(A) incorporar uma estratégia de orientação do desenvolvimento para fora, ou seja, em direção ao mercado internacional.
(B) praticar elevado grau de subsídios à exportação de produtos manufaturados com o objetivo de estimular a produção interna destes bens.
(C) conceder elevados incentivos à exportação de insumos e produtos intermediários, como forma de estimular a produção doméstica de bens finais.
(D) utilizar barreiras comerciais para dificultar a importação de bens manufaturados e, conseqüentemente, estimular a produção interna destes bens.
(E) incentivar as importações de bens de consumo final de alto conteúdo tecnológico, no lugar das importações de produtos de baixo conteúdo tecnológico, com o intuito de modernizar a indústria doméstica.

11. (EXAME – 2009) DISCURSIVA

Em março de 2009, o governo federal anunciou um aumento para as alíquotas do IPI e do PIS e Cofins sobre a indústria de tabaco produtora de "cigarros com marca registrada", como compensação para a prorrogação da redução do IPI para veículos e de uma série de medidas para outros setores.

Analise os efeitos dessa medida sobre preços e quantidades nos mercados de "cigarros com marca registrada" e de "cigarros falsificados", utilizando gráficos de demanda e oferta para ambos os mercados, como suporte para sua resposta. (VALOR: 10 PONTOS)

12. (EXAME - 2003) DISCURSIVA

O governo voltou a intervir no cálculo das tarifas públicas. Ontem, o Ministério de Minas e Energia anunciou a retirada do impacto da variação do dólar nos preços e impôs, por meio de um decreto, um percentual de aumento menor para os consumidores residenciais.

(...)

E foi por um decreto do governo que a Agência Nacional de Energia Elétrica (Aneel) concedeu ontem aumento menor para o consumidor de baixa tensão, como as residências, o comércio e pequenas indústrias. Os maiores índices são para os grandes consumidores, que recebem energia em alta tensão. É o início do fim do subsídio cruzado no setor."

O Estado de São Paulo, SP, 9 abr. 2003.

Como sugere a reportagem, nos últimos anos, o segmento de distribuição de energia elétrica vinha praticando políticas distintas de reajuste de preços para os consumidores de baixa e alta tensão. Enquanto o primeiro grupo tinha as tarifas reajustadas pelo máximo autorizado pela agência reguladora, o segundo tinha índices menores de correção. Tomando este quadro como referência, indique

a) as características da estrutura de mercado, tais como grau de concentração e elasticidade da demanda, que permitem a discriminação de preços por parte das distribuidoras de energia elétrica; **(valor: 5,0 pontos)**

b) o tipo (grau) dessa discriminação de preços e suas conseqüências sobre o excedente do consumidor e do produtor. **(valor: 5,0 pontos)**

13. (EXAME - 2002) DISCURSIVA

Além de possuir uma grande dívida externa, o Brasil tem registrado, nos últimos anos, elevados *deficits* na conta de transações correntes do balanço de pagamentos.

Por essas razões, elevações das taxas internacionais de juros são sempre recebidas com grande preocupação pelos economistas e analistas econômicos.

Descreva as duas razões dessa preocupação, identificando as repercussões de eventuais elevações das taxas internacionais de juros sobre a conta corrente e sobre a conta de capital do balanço de pagamentos brasileiro. **(valor: 10,0 pontos)**

Conteúdo 11

ECONOMIA INTERNACIONAL

1. (EXAME - 2009)

A Revolução Industrial Inglesa, no século XVIII, constitui um dos marcos decisivos do nascimento do mundo contemporâneo. Pode ser considerada, em boa medida, a expressão inicial de uma nova forma de sociedade, a do capitalismo industrial.

Em relação a esse evento, considere as afirmativas:

I. A Revolução Industrial na Inglaterra foi precedida por mais de um século de desenvolvimento econômico razoavelmente contínuo, o que foi um dos fatores importantes para a proeminência do país na industrialização.
II. A indústria do algodão beneficiou-se, logo no início das inovações tecnológicas surgidas no final do século XVII, e ao longo da primeira metade do século XVIII, no campo da mecânica e da termodinâmica, base da máquina a vapor.
III. Os primórdios da Revolução Industrial não foram tecnicamente muito desenvolvidos, o que minimizou os requisitos básicos de qualificação, de capital, de volume de negócios ou de organização e de planejamento governamentais.
IV. Até cerca de 1840, o ferro e o carvão aumentaram sua participação na economia inglesa, mas sem um aspecto revolucionário. Era o algodão que ainda dominava a cena industrial, pois bens de consumo têm mercado de massa, mesmo em economias pré-capitalistas. Os bens de capital, por sua vez, têm mercado de massa somente em economias industrializadas.

Estão CORRETAS somente as afirmativas

(A) I e II.
(B) II e III.
(C) III e IV.
(D) I, III e IV.
(E) II, III e IV.

2. (EXAME - 2009)

Um dos mais famosos modelos explicativos do comércio internacional foi desenvolvido por Eli Filip Heckscher (1879-1952) e seu aluno, Bertil Ohlin (1899-1979), conhecido como modelo Heckscher-Ohlin. O teorema de Heckscher-Ohlin, inicialmente construído para dois países que produzem os mesmos bens e utilizam dois fatores de produção (capital e trabalho), baseia-se em hipóteses fundamentais diversas.

Dentre as hipóteses enumeradas, assinale aquela INCOMPATÍVEL com os resultados desse teorema.

(A) A tecnologia à disposição dos dois países é idêntica.
(B) Prevalece a concorrência perfeita, tanto no mercado doméstico quanto no mercado internacional.
(C) Prevalece a livre mobilidade dos fatores no país e internacionalmente.
(D) Prevalecem rendimentos marginais decrescentes.
(E) Todos os consumidores de cada país têm preferências idênticas.

3. (EXAME - 2009)

Em razão da diversidade de teorias do valor e da distribuição, das hipóteses relativas ao regime de concorrência e de perspectiva (se micro ou macroeconômica), existem diferentes modelos explicativos do comércio internacional.

Considerando-se essas informações, é CORRETO afirmar que

(A) a "Nova Economia Internacional", desenvolvida por Paul Krugman e Maurice Obstfeld, entre outros, supõe economias crescentes de escala, concorrência monopolista e livre mobilidade dos fatores trabalho e capital entre os países.
(B) de acordo com o modelo de Heckscher-Ohlin, o livre comércio conduz à equalização da remuneração relativa dos fatores nos países que estabelecem relações de livre comércio entre si.
(C) de uma perspectiva macroeconômica, a desvalorização da moeda nacional só melhora o saldo da balança de comércio exterior se, tudo o mais constante, a soma das elasticidades preço da demanda por bens e serviços exportados e por bens e serviços importados for menor do que 1.
(D) o chamado paradoxo de Leontief se explica a partir da teoria neoclássica do comércio internacional, pela diferença entre as tecnologias utilizadas pelos países que estabelecem relações comerciais entre si.
(E) segundo a teoria ricardiana, os ganhos do comércio internacional decorrem do aumento do bem-estar que esse é capaz de proporcionar.

4. (EXAME - 2006)

O Banco Central dos EUA implementou, até meados de 2004, uma política monetária bastante expansiva. Tal política dos EUA levou

(A) à recuperação da produção na economia americana.
(B) à valorização cambial do dólar em relação a outras moedas.
(C) à diminuição do superavit comercial brasileiro.
(D) à contração da demanda agregada americana e mundial, a curto prazo.
(E) à redução dos preços dos bens comercializados internacionalmente.

5. (EXAME - 2006)

Suponha que a tabela abaixo representa a produção diária de vinho e de tecidos de um trabalhador, na Inglaterra e em Portugal, no século XVIII.

	INGLATERRA	PORTUGAL
Vinho	2 barris	1 barril
Tecidos	4 peças	1 peça

Com base na tabela, é possível afirmar que

(A) a Inglaterra tem vantagem comparativa em ambos os bens.
(B) em condições de livre comércio entre os dois países, a competição de produtos ingleses inviabilizará a produção em Portugal.
(C) seria imperativo que Portugal procurasse proteger sua produção de tecidos, que é a mais ameaçada pelos ingleses.
(D) uma vez estabelecido o livre comércio, a Inglaterra irá especializar-se na produção de tecidos, e Portugal, na de vinhos.
(E) desde que cada país se especialize na produção de um bem, qualquer escolha é igualmente vantajosa para ambos.

6. (EXAME - 2003)

Uma das questões mais polêmicas na política externa do governo brasileiro é a eventual adesão do País à ALCA – Área de Livre Comércio das Américas. Alguns analistas favoráveis à formação deste bloco argumentam que a ampliação do comércio permitirá ao Brasil explorar mais adequadamente suas vantagens comparativas.

Nesta concepção, o estabelecimento do **livre** comércio entre dois países

(A) gera a diversificação da pauta de exportações, especialmente se é baixa a mobilidade dos fatores de produção.
(B) é preferível à autarquia, mesmo que existam vantagens absolutas de custo na produção de todos os bens.
(C) provoca perdas para o país que se especializa na produção de bens superiores.
(D) diminui necessariamente o bem-estar dos países envolvidos.
(E) não é compatível com a situação em que um país produz todos os bens mais eficientemente.

7. (EXAME - 2003)

Na década de 90, o Brasil e a Argentina adotaram estratégias de combate à inflação que tinham como um ingrediente-chave a estabilização da taxa de câmbio. No entanto, o sucesso na redução da inflação não bastou para evitar que, ao final da década, ocorresse a ruptura dos regimes cambiais dos dois países. Sobre as diferentes políticas cambiais, é correto afirmar que

(A) com a taxa de câmbio fixa, e na ausência de políticas de esterilização no mercado aberto, os movimentos de reservas internacionais não alteram a base monetária.
(B) a livre flutuação implica comprometimento das reservas internacionais oficiais com as transações internacionais do setor privado.
(C) no regime de bandas cambiais, as reservas internacionais oficiais podem vir a ser utilizadas nos pagamentos internacionais do setor privado.
(D) num regime de "caixa de conversão" com taxa de câmbio fixa, o volume de meios de pagamento no país é regulado exclusivamente pelo crédito interno líquido.
(E) regimes de câmbio livremente flexível são mais propensos a ataques especulativos contra as reservas oficiais.

8. (EXAME - 2003)

Em condições ideais de livre comércio, ausência de custos de transação e perfeita substitubilidade entre bens domésticos e bens produzidos no estrangeiro, a teoria da paridade do poder de compra sugere que as alterações de longo prazo da taxa de câmbio refletem

(A) os diferenciais de inflação interna e externa.
(B) os diferenciais de juros domésticos e internacionais.
(C) os comportamentos especulativos no mercado de divisas.
(D) as posições de investidores nos mercados futuros.
(E) as mudanças nos termos de troca no comércio internacional.

9. (EXAME - 2003)

O impacto da Grande Depressão da década de 30 provocou um conjunto de mudanças de política econômica com o objetivo de superar a crise, entre as quais podem ser apontadas as seguintes medidas:

I. na América Latina, o abandono do sistema do padrão-ouro, de modo a evitar a contração monetária doméstica;
II. na Europa, a adoção generalizada do regime de taxa de câmbio flutuante, com vistas a reativar a demanda agregada;
III. nos Estados Unidos, o aumento de impostos, com o objetivo de atender os pedidos de seguro-desemprego.

Está(ão) correta(s) apenas a(s) medida(s)

(A) I.
(B) II.
(C) III.
(D) I e II.
(E) II e III.

10. (EXAME - 2002)

"O governo do presidente George W. Bush anunciou ontem novas barreiras à importação de aço para ajudar a siderurgia dos Estados Unidos a superar uma crise que já levou, nos últimos anos, 34 empresas à concordata."

Jornal Gazeta Mercantil, 06/03/2002

O governo norte-americano justificou a imposição de salvaguardas às importações de aço com um argumento similar ao utilizado pelos defensores da proteção às indústrias nascentes, embora as siderúrgicas dos Estados Unidos estejam entre as mais velhas do mundo.

Os fatores abaixo são apontados como argumentos a favor da proteção à indústria nascente.

I. Não-existência de um mercado de capitais doméstico desenvolvido para prover um volume de financiamento suficiente para investimentos.
II. Baixo nível inicial de produção conjugado com a existência de economias à escala.
III. Baixo nível tecnológico das empresas novas em comparação com as já estabelecidas.
IV. Elevado salário dos trabalhadores domésticos em relação aos rendimentos dos trabalhadores estrangeiros.

São corretos apenas os fatores:

(A) I e IV.
(B) II e III.
(C) I, II e III.
(D) I, III e IV.
(E) II, III e IV.

11. (EXAME - 2002)

Entre 1950 e 1973, a economia internacional experimentou um período de *boom*, caracterizado por

(A) crescimento sustentado da produtividade do trabalho nos países centrais.
(B) crescimento das exportações globais em ritmo inferior ao crescimento do PIB mundial.
(C) elevação continuada dos termos de troca das exportações dos países em desenvolvimento.
(D) redução dos fluxos de investimento externo direto para os países em desenvolvimento.
(E) níveis nunca antes alcançados de migração em direção aos EUA.

12. (EXAME - 2001)

A globalização financeira recente e as crises ocorridas na Ásia (1997) e na Rússia (1998) deram origem a um intenso debate sobre como administrá-las. Neste debate, destacaram-se as intervenções dos economistas Joseph Stiglitz, então vice-presidente e economista-chefe do Banco Mundial, e Paul Krugman, então professor de economia do MIT, que concordaram em recomendar

(A) a introdução de um regime de câmbio fixo e sua combinação com uma política fiscal expansionista, a fim de alimentar a recuperação dos países mais diretamente afetados pelas crises.
(B) a introdução de uma regulamentação financeira internacional menos rigorosa e a eliminação de todo e qualquer controle sobre movimentos de capital.
(C) a introdução de uma regulamentação financeira internacional mais rigorosa e a extinção do FMI e do Banco Mundial.
(D) a introdução de uma regulamentação financeira internacional mais rigorosa e a adoção de controles emergenciais sobre movimentos internacionais de capital pelos países mais diretamente afetados pelas crises.
(E) a eliminação da regulamentação financeira internacional atualmente existente, e sua substituição por controles nacionais mais rigorosos sobre movimentação internacional de capitais.

13. (EXAME - 2001)

No dia 27/03/01 o jornal O Globo publicou uma matéria com o seguinte título:

"Embaixador diz que Alca acabará com o Mercosul".

Apesar de apresentarem similaridades, os dois projetos de integração (Mercado Comum do Sul – Mercosul e Área de Livre Comércio das Américas . Alca) possuem diferenças significativas, entre as quais o fato de que a Alca

(A) pretende construir uma área de livre comércio, enquanto o Mercosul é um acordo de preferências tarifárias.
(B) pretende remover as barreiras comerciais entre seus membros, enquanto o Mercosul envolve, adicionalmente, a adoção de um sistema comum de tarifas de importação.
(C) prevê a imposição de uma tarifa comum para as importações originárias de países extrabloco, enquanto o Mercosul prevê, adicionalmente, a unificação das políticas fiscal, monetária e socioeconômica de todos os países membros.
(D) prevê a formação de uma união aduaneira, enquanto o Mercosul pretende construir um mercado comum entre seus membros.
(E) é um acordo de preferências tarifárias, enquanto o Mercosul prevê a eliminação de todas as barreiras comerciais entre seus membros.

14. (EXAME – 2000)

Criado em 1944, no âmbito do acordo de Bretton Woods, o Banco Mundial tem tido, como uma de suas principais características, a função de

(A) auxiliar os países membros a superar problemas de balanço de pagamentos.
(B) desenvolver programas de ajuste macroeconômico para países em desenvolvimento.
(C) regular os fluxos comerciais entre países desenvolvidos e em desenvolvimento.
(D) ofertar linhas de crédito comercial para os países membros.
(E) ofertar capitais de longo prazo, em especial no financiamento de projetos de desenvolvimento econômico.

15. (EXAME – 2000)

No contexto da teoria clássica do comércio internacional, considere um mundo de dois países (A e B), dois produtos (X e Y) e apenas um fator de produção (trabalho). As produtividades marginais do trabalho – constantes na produção de ambos os bens e em ambos os países – são apresentadas na tabela abaixo.

Produtos	Países	
	A	B
X	1	3
Y	5	6

Considerando esse contexto, indique o tipo de vantagem que cada país apresenta.

	PAÍS A	PAÍS B
(A)	Vantagem Comparativa em X	Vantagem Comparativa em Y
(B)	Vantagem Comparativa em X	Vantagem Absoluta em Y
(C)	Vantagem Comparativa em Y	Vantagem Absoluta em X
(D)	Vantagem Absoluta em X	Vantagem Comparativa em Y
(E)	Vantagem Absoluta em Y	Vantagem Comparativa em X

16. (EXAME – 2000)

A expansão da economia norte-americana e a reconstrução, modernização e crescimento das economias da Europa Ocidental explicam, em grande parte, o crescimento da economia mundial no pós-guerra (1945-1970). Em relação aos países da Europa Ocidental, o crescimento econômico foi comandado pela:

(A) difusão do modelo de produção em massa de bens de consumo duráveis, já consolidado nos EUA.
(B) difusão do modelo de produção em massa de bens de consumo não duráveis.
(C) redução dos gastos públicos com os sistemas de seguridade social, consolidados desde o século XIX.
(D) redução progressiva do investimento público na economia.
(E) consolidação do sistema financeiro internacional baseado no padrão-ouro/libra esterlina criado no início do século.

17. (EXAME – 2000)

O período compreendido entre 1914 e 1945 foi palco de acontecimentos econômicos e políticos que provocaram impactos de dimensões globais, tais como a Revolução Socialista na URSS, o crash da Bolsa de Nova York e a ascensão dos regimes nazi-fascistas na Europa Ocidental.

Que conjunto de fatos econômicos foi observado durante o subperíodo de 1929 a 1932?

(A) Expansão das taxas de desemprego nos EUA e na Europa Ocidental e crescimento das exportações de matériasprimas dos países latino-americanos.
(B) Redução das exportações de manufaturados dos EUA e crescimento do desemprego na URSS e nos países da Europa Ocidental.
(C) Crescimento da produção industrial na URSS e aumento das taxas de desemprego nos países da Europa Ocidental e nos EUA.
(D) Crescimento do emprego na Alemanha nacional-socialista e expansão da produção industrial na URSS.
(E) Crescimento do emprego na Alemanha nacional-socialista e aumento do desemprego nos demais países da Europa Ocidental.

18. (EXAME - 2002) DISCURSIVA

Em sua mensagem ao Congresso dos Estados Unidos da América, em 4 de dezembro de 1928, o então presidente desse país, Calvin Coolidge, disse: "*Nenhum congresso dos Estados Unidos já reunido, ao examinar o Estado da União, encontrou uma perspectiva mais agradável do que a de hoje (....) O país pode encarar o presente com satisfação e prever o futuro com otimismo.*"

a) Mostrou-se essa previsão correta? Descreva como foi o desempenho da economia dos EUA e dos principais países capitalistas no início da década de 30, dando especial ênfase à evolução dos níveis de atividade, emprego e preços. **(valor: 6,0 pontos)**
b) Cite e explique as duas principais características da evolução do comércio internacional naquele período. **(valor: 2,0 pontos)**
c) Mencione e explique as principais mudanças em termos do papel do Estado e de políticas públicas associadas a esse período. **(valor: 2,0 pontos)**

Conteúdo 12

ECONOMIA POLÍTICA

1. (EXAME - 2009)

Tomando-se como referência o modelo dos novos clássicos e dos novos keynesianos, é CORRETO afirmar que

(A) a hipótese de expectativas racionais é o principal motivo de disputa entre os novos keynesianos e os novos clássicos.
(B) a redução preanunciada na taxa de crescimento do estoque monetário é instrumento eficaz de combate à inflação, segundo os novos clássicos, mas reduz a atividade econômica.
(C) o modelo dos novos clássicos propõe que um choque monetário positivo e não antecipado gere a expansão da renda real, inflação e queda do salário real.
(D) os ciclos econômicos são provocados por choques tecnológicos, segundo a concepção dos novos keynesianos.
(E) os novos keynesianos acreditam que a rigidez de preços e salários é uma das principais causas da neutralidade da moeda no curto prazo.

2. (EXAME - 2009)

Segundo o modelo de crescimento de Solow, é CORRETO afirmar que

(A) a economia se caracteriza por retornos crescentes de escala, em virtude dos *spillovers* de tecnologia.
(B) a economia, na ausência de progresso tecnológico, converge para uma taxa de crescimento estável, em que é zero o crescimento da renda *per capita*.
(C) a taxa de crescimento do produto em estado estacionário será igual à taxa de crescimento do progresso técnico menos a taxa de crescimento da população.
(D) as economias com maiores taxas de poupança terão maiores taxas de crescimento econômico, em estado estacionário.
(E) o progresso tecnológico depende da taxa de crescimento populacional.

3. (EXAME - 2006)

A ciência econômica nasce com os fisiocratas e Adam Smith, através da concepção de sistema econômico. Com base na proposição de como funciona o sistema, seria possível avaliar o efeito das políticas econômicas, como aquelas defendidas pelos mercantilistas. Como seria julgada a política econômica mercantilista, pelos fisiocratas e por Smith?

(A) Adequada, por possibilitar moldar os condicionantes do sucesso econômico de uma nação.
(B) Adequada, por respeitar as leis naturais do funcionamento da economia.
(C) Inadequada, por aumentar o excedente econômico e causar problemas de demanda efetiva.
(D) Inadequada, por interferir na ordem do mercado e, assim, na reprodução e no crescimento das nações.
(E) Inócua, não afetando o desenvolvimento das nações.

4. (EXAME - 2003)

Segundo a Teoria da Preferência pela Liquidez de Keynes, o motivo especulativo é uma das principais razões para a demanda de moeda. De acordo com o motivo especulativo, a demanda por moeda

(A) não está relacionada à taxa de juros.
(B) não está relacionada ao grau de incerteza.
(C) está inversamente relacionada à taxa de juros.
(D) está inversamente relacionada ao grau de incerteza.
(E) só está relacionada ao volume de transações de uma economia.

5. (EXAME - 2003)

Em seu artigo "A Natureza da Firma", publicado em 1937, Ronald Coase fez proposições fundamentais para o pensamento neoinstitucionalista, uma das quais é a de que

(A) a utilização do mercado envolve custos significativos.
(B) a firma existe devido às economias da divisão do trabalho.
(C) a melhor forma de alocação de recursos é o mercado.
(D) os mercados proporcionam perfeita informação.
(E) quanto maior a firma, mais eficiente é sua gestão.

6. (EXAME - 2003)

"Não é da benevolência do açougueiro, do cervejeiro ou do padeiro que esperamos nosso jantar, mas da consideração que eles têm pelo seu próprio interesse".

SMITH, Adam. **A Riqueza das Nações**, capítulo 2.
Edição brasileira. São Paulo: Abril Cultural, 1983.

Na famosa passagem acima, Adam Smith entende que, nas sociedades modernas ("civilizadas"),

(A) não é suficiente contar com o altruísmo dos indivíduos, devido à complexidade da divisão do trabalho.
(B) o mercado não proporciona uma mesa farta como nas sociedades agrícolas.
(C) os produtores são incapazes de atos benevolentes.
(D) os produtores têm grande interesse pelos consumidores, devido a seus sentimentos altruístas.
(E) seria melhor que cada indivíduo cuidasse da provisão de seus alimentos.

7. (EXAME - 2001)

Na teoria do valor elaborada por David Ricardo, as conclusões do autor relativas às conexões entre valor e distribuição podem ser assim resumidas:

(A) a quantidade de trabalho incorporado **não é** o único determinante do valor das mercadorias, e o valor do produto social **muda** ao variar a sua distribuição entre salários e lucros.
(B) a quantidade de trabalho incorporado **é** o único determinante do valor das mercadorias, e o valor do produto social **não muda** ao variar a sua distribuição entre salários e lucros.
(C) a quantidade de trabalho incorporado **é** o único determinante do valor das mercadorias, mas o valor do produto social **muda** ao variar a sua produtividade.
(D) a quantidade de trabalho comandado **é** o único determinante do valor das mercadorias, e o valor do produto social **muda** ao variar a sua distribuição entre salários e lucros.
(E) a quantidade de trabalho comandado **é** o único determinante do valor das mercadorias, e o valor do produto social **não muda** ao variar a fertilidade média da terra cultivada.

Conteúdo 13

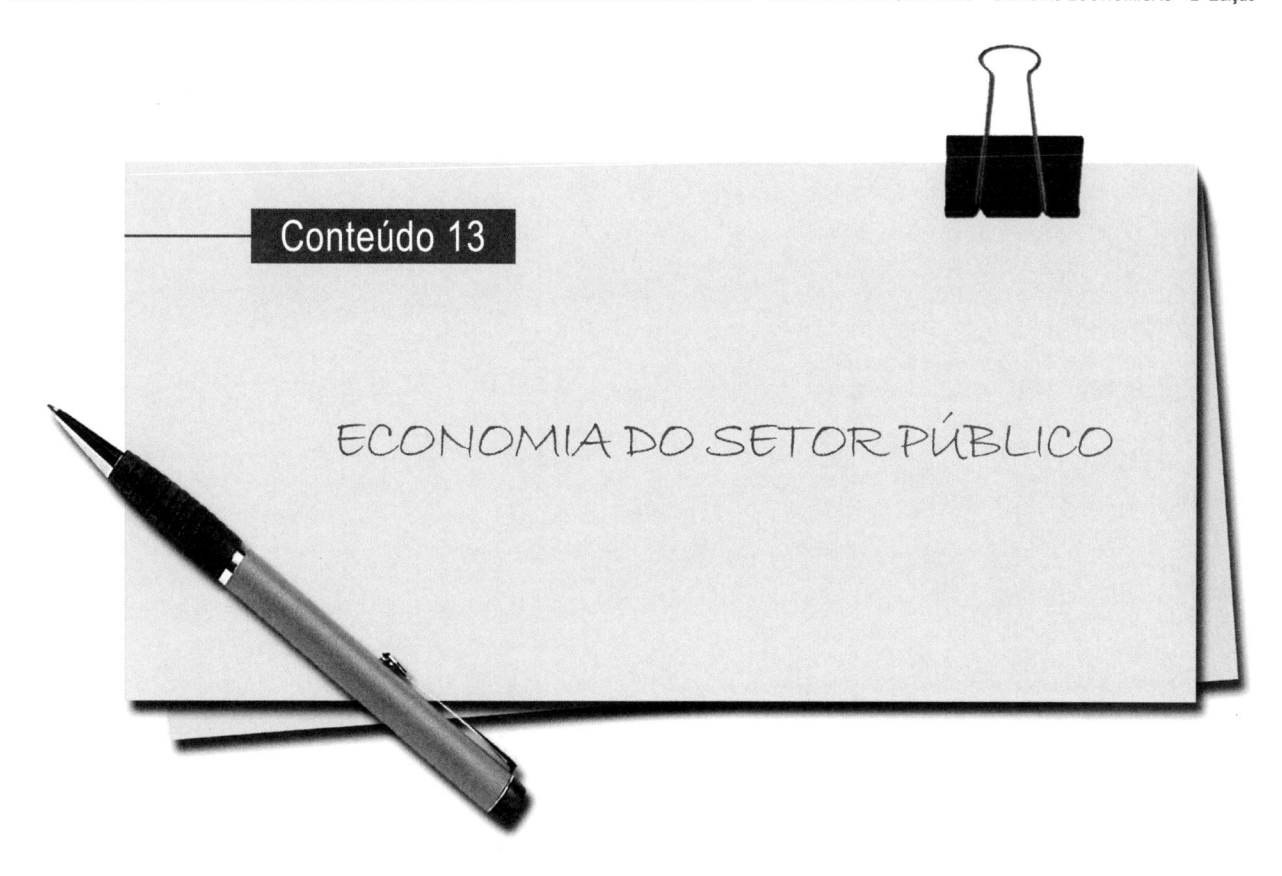

ECONOMIA DO SETOR PÚBLICO

1. (EXAME - 2006)

O gráfico abaixo mostra o efeito de um imposto específico pago pelo vendedor, no qual p0q0 e p1q1 são preços e quantidades antes e após o imposto.

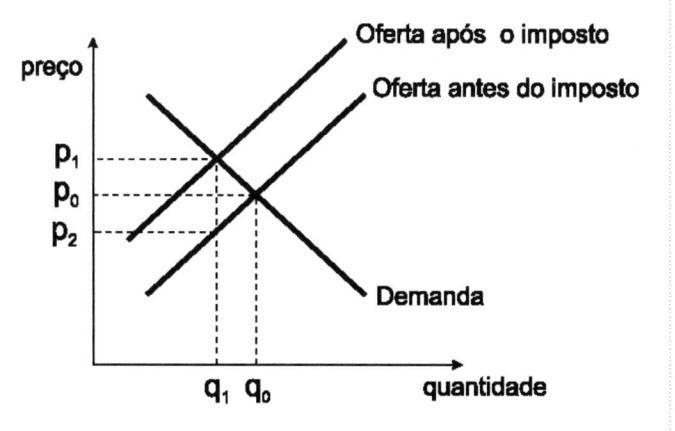

Analisando-se o gráfico, conclui-se que

(A) não há como afirmar quem pagará o imposto.
(B) quanto mais elástica a demanda, mais o imposto incidirá sobre o comprador.
(C) o preço p2 é o que o comprador pagará após o imposto.
(D) o imposto será pago só pelo vendedor.
(E) a maior parte do imposto será paga por quem for mais inelástico.

Conteúdo 14

ECONOMIA MONETÁRIA

1. (EXAME - 2009)

Na economia moderna, o setor financeiro, de extrema complexidade e sofisticação, assume grande importância. A crise atual, por exemplo, originou-se no segmento de créditos de segunda linha (subprime) do mercado de hipotecas habitacionais dos Estados Unidos e se propagou para todo o mundo.

Assinale a alternativa CORRETA em relação às operações e às instituições do setor financeiro.

(A) A importação de bens e serviços, o pagamento de empréstimos bancários, o pagamento de boletos bancários e o pagamento de compra por intermédio de cartão de débito são operações de destruição de meios de pagamento.

(B) As operações de open market objetivam primordialmente contribuir para a aproximação entre a taxa de juros do mercado de reservas bancárias e a taxa básica de juros anunciada pelas autoridades monetárias, evitando que excesso ou falta de liquidez afaste a taxa de mercado da taxa básica.

(C) Os bancos comerciais são instituições financeiras captadoras de recursos, principalmente por meio de operações de underwriting, depósitos à vista e a prazo, depósitos em caderneta de poupança, venda de bônus de emissão própria e de empréstimos externos.

(D) O papel-moeda em poder do público é igual aos meios de pagamento fora das autoridades monetárias menos o caixa dos bancos comerciais.

(E) O Banco Central, no regime de metas inflacionárias, sempre que a inflação esperada se coloca acima da meta, usa seus instrumentos para contrair a oferta de moeda, mas, quando a inflação esperada se coloca abaixo da meta, usa esses instrumentos para induzir aumento da oferta de moeda.

2. (EXAME - 2006)

A componente especulativa da demanda por moeda decorre

(A) da alta elasticidade-juros da demanda por moeda.
(B) da elasticidade-juros positiva da demanda por moeda.
(C) das expectativas incertas sobre a taxa de juros no futuro.
(D) do uso da moeda como meio de pagamento.
(E) do fato de a elasticidade-renda da demanda por moeda ser menor que um.

3. (EXAME - 2003)

O conceito de meios de pagamento (representado por M1) inclui, como agregados monetários,

(A) papel-moeda em poder do público e depósitos à vista nos bancos comerciais.
(B) papel-moeda em poder do público e depósitos em contas de poupança.
(C) títulos públicos em poder do público e depósitos à vista nos bancos comerciais.
(D) títulos públicos em poder do público e depósitos em contas de poupança.
(E) depósitos à vista nos bancos comerciais e depósitos em contas de poupança.

4. (EXAME - 2003)

Em um contexto no qual vigoram expectativas adaptativas e ausência de choques, o modelo de oferta e demanda agregadas prevê que uma política monetária expansionista terá os seguintes efeitos a curto prazo sobre a taxa efetiva de desemprego e o nível geral de preços:

	Desemprego	Preços
(A)	elevação	elevação
(B)	elevação	redução
(C)	nenhum	elevação
(D)	redução	nenhum
(E)	redução	elevação

5. (EXAME - 2003)

Leia com atenção o texto abaixo.

"(...) em pouco mais de três meses, a equipe econômica aumentou a taxa de juros básica da Economia de 25% ao ano para 26,5% e, depois da última reunião do Comitê de Política Monetária (Copom), anunciou viés de alta, ou seja, o aviso de que pode voltar a elevar os juros a qualquer momento. Também subiu a meta de superavit primário de 3,75% para 4,25% do Produto Interno Bruto (PIB) (...)"

O Globo, RJ, 06 abr. 2003.

No que se refere às políticas públicas implementadas, pode-se caracterizá-las como:

	Política Fiscal	Política Monetária
(A)	neutra	expansionista
(B)	restritiva	restritiva
(C)	restritiva	expansionista
(D)	expansionista	restritiva
(E)	expansionista	neutra

6. (EXAME - 2002)

Na comparação entre os regimes de câmbio fixo e flexível, é correto afirmar que o regime de câmbio flexível resulta em maior

(A) disciplina dos preços domésticos.
(B) autonomia à política monetária.
(C) certeza quanto à evolução da taxa de câmbio.
(D) vulnerabilidade da economia a choques externos.
(E) poder de compra para os residentes do país.

7. (EXAME - 2001)

Analise a notícia abaixo, publicada no jornal Valor Econômico de 22 de março de 2001:

"O Comitê de Política Monetária decidiu elevar de 15,25% para 15,75% a taxa básica de juros, para evitar que a desvalorização cambial, que já acumula 8,87% este ano, comprometa a meta de inflação fixada em 4% este ano."

Considerando que as expectativas dos agentes econômicos permanecem inalteradas, suponha que o comportamento da inflação brasileira possa ser explicado pela Curva de Phillips de curto prazo (CP) do gráfico a seguir, . onde também está representada a Curva de Phillips de longo prazo (LP) ., e que a elevação da taxa de câmbio possa ser tratada como um choque de oferta.

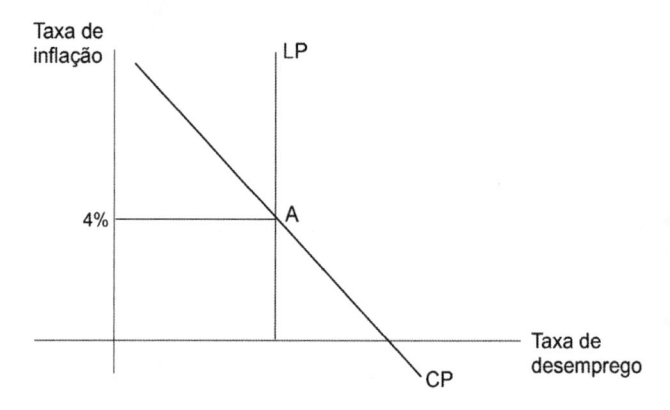

Partindo de uma situação inicial indicada pelo ponto A, a única situação compatível com a seqüência de variações nas taxas de inflação efetiva e de desemprego decorrentes do choque de oferta e da posterior política monetária contracionista desencadeada pelo Banco Central é

	Efeitos do choque de oferta	Efeitos da política monetária
(A)	aumento da inflação e elevação do desemprego	redução da inflação e redução do desemprego
(B)	aumento da inflação e manutenção do desemprego	redução da inflação e elevação do desemprego
(C)	aumento da inflação e redução do desemprego	manutenção da inflação e elevação do desemprego
(D)	redução da inflação e manutenção do desemprego	aumento da inflação e redução do desemprego
(E)	redução da inflação e elevação do desemprego	aumento da inflação e redução do desemprego

8. (EXAME – 2000)

Considerando a teoria quantitativa da moeda e o modelo neoclássico de determinação da renda nacional, é **INCORRETO** afirmar que:

(A) a plena flexibilidade de preços e salários nominais garante que o mercado de trabalho atinja o nível de pleno emprego.
(B) a velocidade de circulação da moeda é constante no curto prazo.
(C) o equilíbrio entre poupança e investimento é garantido por flutuações na taxa de juros.
(D) um aumento da oferta de moeda reflete-se numa elevação do nível geral de preços.
(E) um aumento da demanda agregada eleva permanentemente o nível de renda nacional.

9. (EXAME – 2000)

São medidas expansionistas de política monetária:

I. venda de títulos públicos;
II. compra de títulos públicos;
III. redução do depósito compulsório;
IV. elevação do depósito compulsório;
V. redução da taxa de redesconto;
VI. elevação da taxa de redesconto.

Estão corretas:

(A) I, IV e V apenas.
(B) I, III e VI apenas.
(C) II, IV e VI apenas.
(D) II, III e V apenas.
(E) II, III e VI apenas.

10. (EXAME – 2000)

Suponha que ocorreu um "choque" exógeno de oferta (uma queda inesperada da safra agrícola, por exemplo). Para manter o nível de produto inalterado, o governo adota uma política monetária compensatória. Como resultado ocorre um deslocamento da curva de

(A) oferta agregada para a direita, com conseqüente redução do nível geral de preços.
(B) oferta agregada para a esquerda, com conseqüente elevação do nível geral de preços.
(C) demanda agregada para a direita, com conseqüente elevação do nível geral de preços.
(D) demanda agregada para a esquerda, com conseqüente redução do nível geral de preços.
(E) demanda agregada para a esquerda, com conseqüente elevação do nível geral de preços.

11. (EXAME – 2000)

"O objetivo global da política monetária consiste, obviamente, no controle do total dos meios de pagamento. Ocorre que a criação de moeda não se processa apenas pelas Autoridades Monetárias, mas também pelos bancos comerciais. O Banco Central (...) pode controlar a base monetária. Mas o volume total de meios de pagamento é um múltiplo dessa base."

SIMONSEN, M.H.. **Macroeconomia**. APEC, 1979

A relação entre a base monetária e os meios de pagamentos é dada pelo multiplicador monetário. Ainda que esse multiplicador seja relativamente estável no curto prazo, o Banco Central tem mecanismos (instrumentos) que o afetam.

Para reduzir o multiplicador, o Banco Central tem controle sobre

(A) a venda de títulos no mercado aberto.
(B) a compra de títulos no mercado aberto.
(C) a redução da taxa de juros básica (redesconto).
(D) a redução do depósito compulsório dos bancos comerciais no Banco Central.
(E) o aumento do depósito compulsório dos bancos comerciais no Banco Central.

12. (EXAME – 2009) DISCURSIVA

Os diferentes planos de estabilização implementados no Brasil, a partir de meados dos anos 1980, foram influenciados pela concepção de inflação inercial.

a) Como a inflação inercial foi enfrentada, quando da implementação do Plano Cruzado (1986)? **(Valor: 5 pontos)**
b) Como a inflação inercial foi enfrentada, quando da implementação do Plano Real (1994)? **(Valor: 5 pontos)**

13. (EXAME - 2001) DISCURSIVA

Em 19 de fevereiro último, o Banco Central do Brasil elevou a taxa básica de juros de 25,5% para 26,5% ao ano, e a alíquota do depósito compulsório dos bancos, de 45% para 60% do valor dos depósitos à vista.

Justificando as medidas, o Ministro da Fazenda declarou que "como a inflação deu sinais de crescimento em janeiro, certamente essa questão esteve no centro da decisão", como noticiaram os principais jornais do dia seguinte.

A esse respeito,

a) caracterize o tipo e a natureza das medidas econômicas adotadas; **(valor: 2,0 pontos)**
b) identifique claramente o objetivo das medidas; **(valor: 2,0 pontos)**
c) avalie a possibilidade de elas atingirem o objetivo implícito na declaração; **(valor: 3,0 pontos)**
d) enumere as conseqüências esperadas das medidas sobre os níveis de produção e emprego e sobre o saldo do balanço de pagamentos em suas contas corrente e de capital. **(valor: 3,0 pontos)**

Conteúdo 15

DESENVOLVIMENTO SOCIOECONÔMICO

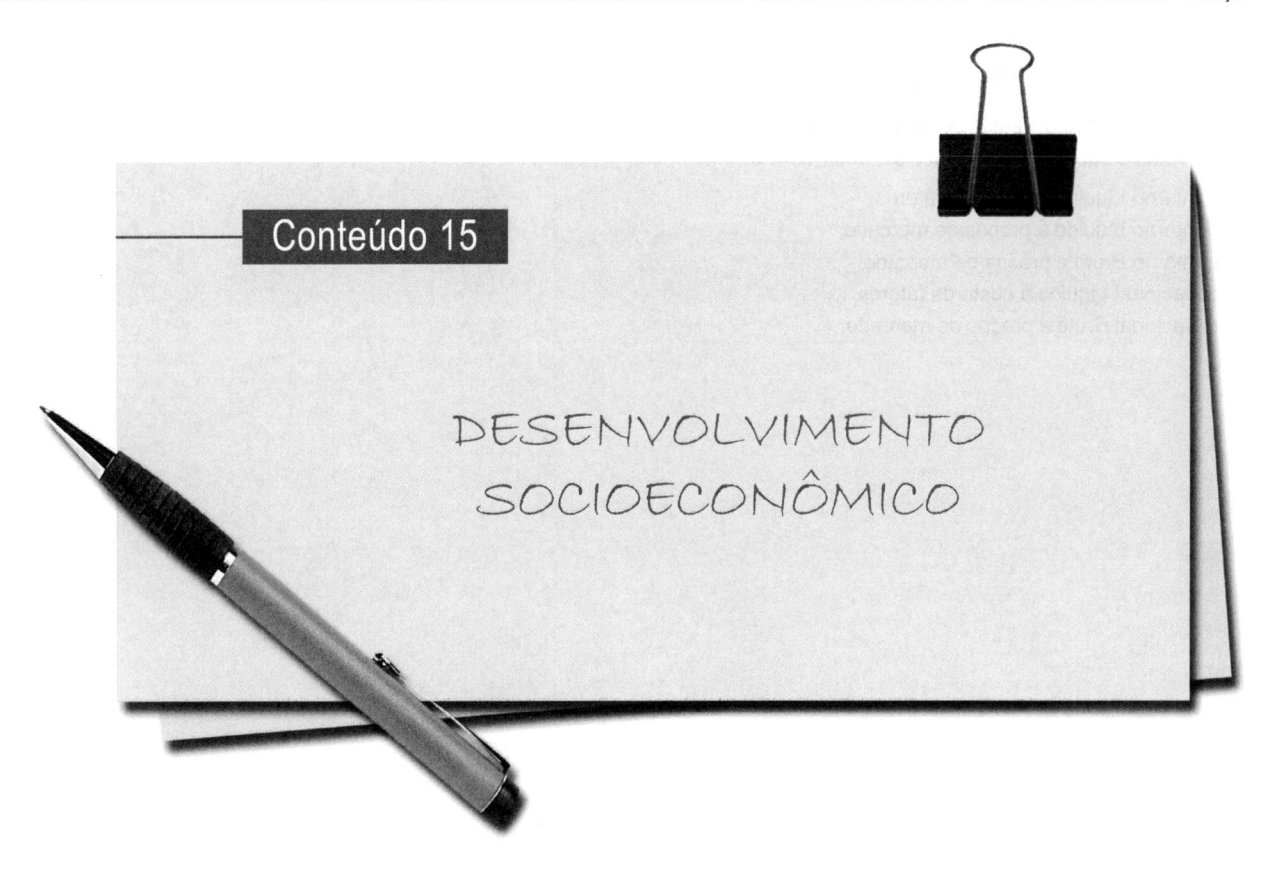

1. (EXAME - 2006)

Segundo dados recentes do Banco Mundial, o Brasil ocupou as seguintes posições em termos de ordenamento internacional:

8º PNB

31º PNB per capita

72º IDH (Índice de Desenvolvimento Humano)

Considerando esses dados, conclui-se que

(A) eles refletem melhor desempenho em termos de desenvolvimento do que de crescimento econômico.
(B) o Brasil poderia ter uma situação pior na classificação, em termos de Produto per capita, caso fosse considerado o PIB e não o PNB.
(C) o IDH é melhor indicador que o PNB per capita para avaliar a qualidade do desenvolvimento de um país.
(D) o Índice de Gini, relativo à distribuição de renda, coloca o Brasil numa posição, entre os demais países, similar à de seu PNB.
(E) dos três indicadores, o IDH é o que menos reflete a realidade socioeconômica brasileira.

2. (EXAME - 2003)

O segundo choque do petróleo, em 1979-80, repercutiu de forma diferenciada nos diversos países. Uma das medidas tomadas para fazer frente a seus impactos foi

(A) o lançamento do II PND no Brasil, sinalizando uma "resposta positiva" ao choque.
(B) a elevação da taxa de juros nos Estados Unidos.
(C) a aceleração do processo de substituição de importações na Europa Ocidental.
(D) a implementação de uma política monetária expansionista no Japão.
(E) a redução das exportações de capitais por parte dos países-membros da OPEP.

3. (EXAME - 2003)

"As bases da política de longo prazo (do governo Geisel) estão descritas nos capítulos II a IV do II Plano Nacional de Desenvolvimento (II PND). Acreditavam seus elaboradores que, no período de 1975 a 1979, a indústria brasileira poderia crescer 12% ao ano e a economia, como um todo, 10% ao ano. Lograram convencer o Congresso Nacional de que esta taxa de crescimento poderia ser uma meta factível para reorientar a oferta de bens e serviços, de modo a superar as dificuldades de balanço de pagamentos enfrentadas pelo país."

CARNEIRO, D. Dias. **Crise e Esperança, 1974-1980**, In: M. de Paiva Abreu. (Org). **A Ordem do Progresso: cem anos de política econômica republicana, 1889-1989**. Rio de Janeiro: Campus, 1990, p. 310.

Entre os objetivos do II PND estava

(A) impedir o retorno à indexação de preços e salários, que alimentava a inflação.
(B) evitar o efeito recessivo da piora dos termos de troca do Brasil.
(C) priorizar a substituição de importações no setor de bens de consumo não duráveis.
(D) direcionar o investimento estrangeiro para a bolsa de valores, promovendo a democratização do capital.
(E) estimular a educação básica, lançando as bases para o desenvolvimento sustentado do País.

4. (EXAME - 2002)

Se ao Produto Interno Bruto a custo de fatores forem somados os impostos indiretos e subtraídos os subsídios, obter-se-á o

(A) Produto Interno Líquido a custo de fatores.
(B) Produto Interno Líquido a preços de mercado.
(C) Produto Interno Bruto a preços de mercado.
(D) Produto Nacional Líquido a custo de fatores.
(E) Produto Nacional Bruto a preços de mercado.

Conteúdo 16

ECONOMETRIA

1. (EXAME - 2009)

Considere um consumidor com renda $m = 100$ e preferência pelos bens I e II, representada pela função de utilidade

$$u(x_1, x_2) = x_1^{2/3} x_2^{1/3}$$

Se o preço do bem I é o dobro do preço do bem II, o consumidor

(A) aumentará mais o consumo do bem I, se sua renda aumentar.
(B) diminuirá mais o consumo do bem II, se ambos os preços caírem à metade.
(C) escolherá a mesma quantia de ambos os bens.
(D) optará apenas pelo bem II.
(E) escolherá uma maior quantia do bem I.

2. (EXAME - 2006)

Considere a tabela abaixo, advinda de uma análise de regressão associada à função de consumo keynesiana.

$$\Delta C_t = \alpha + \beta \cdot \Delta R_t + \varepsilon_t,$$

onde C é o consumo e R é a renda.

Tabela: Estimativas da função de consumo

	Coeficiente	Erro-padrão	Estatística-t	
α	-0,0005	0,0046	-0,11	
β	0,4568	0,0675	6,76	
R^2	0,2793		Durbin-Watson	1,88
R^2 Ajustado	0,2732			
SQR	0,3016		Número de Observações	120

Uma possível conclusão desta análise de regressão é que

(A) deve ser rejeitada a hipótese nula de que o intercepto da reta de regressão seja igual a zero.
(B) deve ser rejeitada a hipótese nula de que o coeficiente angular da reta de regressão seja igual a 0.45.
(C) a estimativa de β não é significantemente diferente de zero a um nível de confiança de 90%.
(D) a estatística de Durbin Watson deveria ser mais distante de 2 para que a não-correlação dos resíduos ficasse caracterizada.
(E) o modelo proposto explicou 27,93% das flutuações da variação do consumo.

3. (EXAME - 2006)

Considere o modelo autoregressivo AR(1) dado por:

$$y_t = \rho \cdot y_{t-1} + v_t$$

onde $E(v_t) = 0$, $var(v_t) = \sigma_v^2$ e $E(v_t v_s) = 0$, $\forall s \neq t$ e $E(.)$ a esperança incondicional.

É correto afirmar que

(A) se $-1 < \rho < 1$, o processo y é não estacionário.
(B) se $|\rho| > 1$, o processo é estacionário.
(C) a variância incondicional de y é dada por $\sigma_y^2 = \dfrac{\sigma_v^2}{1-\rho^2}$, se $|\rho| < 1$.
(D) o processo não é auto-regressivo, mas de média móvel.
(E) um ρ negativo significa que yt guarda pouca relação com o seu passado.

4. (EXAME - 2003)

O gráfico abaixo apresenta a curva de custo médio de longo prazo de uma empresa, com o intervalo de produção dividido em três segmentos (I, II e III).

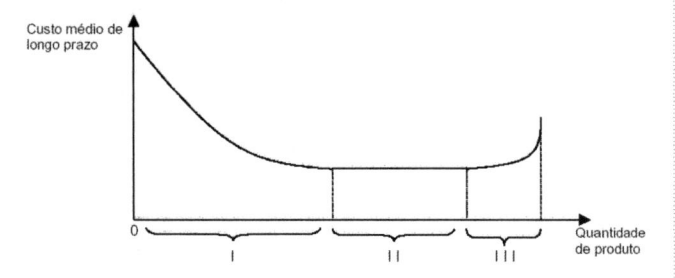

Em qual(ais) segmento(s) a produção apresenta economias de escala?

(A) I.
(B) II.
(C) III.
(D) I e II.
(E) II e III.

5. (EXAME - 2003)

Considere uma indústria perfeitamente competitiva, formada por 100 firmas iguais que produzem um produto homogêneo, usando a mesma tecnologia. O custo marginal de cada firma é dado pela expressão: Cmg =10 + 2q, onde q é a quantidade produzida pela firma. Assumindo que Q é a quantidade ofertada pela indústria como um todo, e p, o preço cobrado pelo produto, qual será a curva de oferta da indústria?

(A) Q = 200p + 1.000
(B) Q = 50p – 500
(C) Q = 5p + 100
(D) Q = 2p + 1.000
(E) Q = 0,5p – 5

6. (EXAME - 2003)

Se a reta de restrição orçamentária $y = a \cdot x + b$ é tangente à curva de indiferença $x^2 + x \cdot \sqrt{y} + y = 1$ no ponto $(x, y) = (0, 1)$, qual das alternativas abaixo é verdadeira?

(A) a = –4 e b = 1
(B) a = –2 e b = 1
(C) a = –2 e b = –1
(D) a = 2 e b = –1
(E) a = 2 e b = 1

7. (EXAME - 2003)

Dada a função de demanda $q = f(p)$, a variação do excedente do consumidor é definida pela área dada por $E(\bar{p}) = \int_{\bar{p}}^{p_0} f(p)dp$, onde p_0 é tal que $f(p_0) = 0$. Se $f(p) = -\frac{p}{3} + 12$ e $\bar{p} = 12$ e então

(A) E(12) < 36
(B) 36 ≤ E(12) < 42
(C) 42 ≤ E(12) < 48
(D) 48 ≤ E(12) < 54
(E) 54 ≤ E(12)

8. (EXAME - 2003)

Para descrever a relação entre as vendas de um produto (V_t), o seu preço (P_t) e a renda dos consumidores (Y_t), um economista estimou a seguinte equação de regressão:

$$\ln V_t = 3,24 + 0,35 \ln Y_t - 4,2 \ln P_t.$$

Com base nessa equação, podemos concluir que

(A) a reta de regressão passa pela origem.
(B) as vendas (V_t) são elásticas em relação à renda (Y_t) e inelásticas em relação aos preços (P_t).
(C) as vendas (V_t) variam inversamente em relação à renda (Y_t) e diretamente em relação ao preço (P_t).
(D) um aumento de 10% na renda (Y_t) gera uma elevação das vendas (V_t) de 3,5%.
(E) um aumento de 10% nos preços (P_t) eleva as vendas (V_t) em 4,2%.

9. (EXAME - 2003)

Na estimação dos parâmetros de uma equação de regressão, um dos problemas centrais é a possibilidade de existência de autocorrelação serial dos resíduos. Para avaliar esta possibilidade, vários testes econométricos podem ser utilizados, tais como o Teste Durbin-Watson (DW) e o Teste h de Durbin (h-Durbin). Quanto ao Teste Durbin-Watson,

(A) não é aplicável, devendo ser substituído pelo Teste h de Durbin, se existir uma variável dependente defasada sendo utilizada como variável explicativa na equação.
(B) não é recomendado, caso existam variáveis exógenas defasadas, pois estará viesado para 3, sendo mais apropriado o Teste h de Durbin.
(C) será próximo a 4, se a autocorrelação serial dos resíduos for elevada e positiva.
(D) será próximo a 2, se a autocorrelação serial dos resíduos for elevada e negativa.
(E) um valor próximo de 0 indica que não há problemas de autocorrelação serial de primeira e segunda ordem.

10. (EXAME - 2003)

No que diz respeito ao processo de estimação dos coeficientes de uma equação de regressão, podemos afirmar que

(A) os coeficientes da equação estimados por mínimos quadrados ordinários perdem todas as suas propriedades desejáveis, isto é, tornam-se tendenciosos, inconsistentes e ineficientes, caso os resíduos da regressão sejam temporalmente correlacionados.
(B) o método apropriado de estimação é o de variáveis instrumentais, caso exista correlação entre o erro da equação e uma das variáveis exógenas.
(C) a presença de heterocedasticidade dos resíduos não afeta em nada a estimação dos coeficientes da equação de regressão, de forma que o método de mínimos quadrados ordinários pode ainda ser utilizado sem problemas.

(D) a utilização de mínimos quadrados ordinários não é recomendada em uma equação de regressão contendo variáveis binárias (dummies) como variáveis exógenas, pois o mais apropriado seria a estimação dos coeficientes da regressão, utilizando mínimos quadrados generalizados.

(E) a estimação dos parâmetros não deverá ser realizada por mínimos quadrados, mas sim por variáveis instrumentais, caso existam variáveis endógenas ou exógenas defasadas na equação de regressão.

11. (EXAME - 2002)

Considere o seguinte sistema de equações simultâneas que descreve o equilíbrio entre oferta e demanda no mercado de um produto:

$$Q_t^d = \alpha_0 + \alpha_1 P_t + \alpha_2 y_t + \alpha_3 r_t + u_{1t}$$
$$Q_t^o = \beta_0 + \beta_1 P_t + u_{2t}$$
$$Q_t^d = Q_t^o \quad,$$

onde Q^d é a quantidade demandada, Q^o, a quantidade ofertada, P, o preço, y, a renda real, r, a taxa de juros real, u_1 e u_2, termos aleatórios. Nesse modelo, as equações de demanda e oferta são, respectivamente,

(A) perfeitamente identificada e superidentificada.
(B) perfeitamente identificada e subidentificada.
(C) subidentificada e perfeitamente identificada.
(D) subidentificada e superidentificada.
(E) superidentificada e subidentificada.

12. (EXAME - 2002)

No contexto do modelo de regressão linear com dados de séries temporais, um problema conhecido é o de regressões "espúrias", onde a associação entre variáveis pode ocorrer de forma puramente numérica, sem significado econômico. No conjunto de estatísticas normalmente reportadas para a estimação de modelos de regressão linear simples, estão a estatística t, usada para testar a significância do parâmetro estimado, a estatística R^2 (coeficiente de correlação múltipla), e a estatística DW (Durbin-Watson), que testa a presença de auto-correlação dos resíduos do modelo. Nesse contexto, são sinais de presença de regressão espúria ("$\to$" significa "tendendo a"):

(A) $t \to 0$, $R^2 \to 0$, $DW \to 1$
(B) $t \to 0$, $R^2 \to 1$, $DW \to 1$
(C) $t \to 0$, $R^2 \to 1$, $DW \to 2$
(D) $t \to \infty$, $R^2 \to 0$, $DW \to 1$
(E) $t \to \infty$, $R^2 \to 1$, $DW \to 0$

13. (EXAME - 2001)

No contexto da estimação conjunta de um sistema de equações lineares, o "viés de simultaneidade" decorre das correlações entre variáveis explicativas com os resíduos das respectivas equações. Entre os métodos abaixo, aquele que **NÃO** representa uma solução potencial para a eliminação do viés de simultaneidade neste contexto é a estimação

(A) pelo método de variáveis instrumentais.
(B) pelo método de mínimos quadrados de dois estágios.
(C) pelo método de mínimos quadrados de três estágios.
(D) do sistema na sua "forma reduzida" através de mínimos quadrados ordinários.
(E) de cada uma das equações "estruturais" do sistema separadamente por mínimos quadrados ordinários.

14. (EXAME - 2003) DISCURSIVA

Um economista estimou a seguinte equação de regressão para a demanda brasileira de importações:

$$\ln M_t = 4,4 - 0,62 \ln TCR_t + 0,95 \ln PIB_t,$$

onde M_t é o volume de importações no ano t, TCR_t é a taxa de câmbio real (definida em R\$/US\$) e PIB_t é o Produto Interno Bruto real.

O economista realizou, ainda, uma extensa bateria de testes econométricos e certificou-se de que sua equação estava adequada para descrever o fenômeno em questão.

a) Analise a equação estimada, verificando se os coeficientes têm os sinais esperados pela teoria. **(valor: 5,0 pontos)**
b) Em 2002, a taxa de crescimento do PIB foi de 1,52%, a desvalorização real da moeda brasileira foi superior a 30% e o volume de importações se reduziu, substancialmente, em relação a 2001. Analise esses resultados à luz da equação estimada. **(valor: 5,0 pontos)**

15. (EXAME - 2001) DISCURSIVA

Um economista assume que os salários (W) recebidos pelos trabalhadores em um instante do tempo dependem fundamentalmente da qualificação dos trabalhadores, a qual pode ser medida pelo número de anos de estudo (E). Com uma amostra contendo informações sobre salários e anos de educação de um grupo de trabalhadores de dois setores distintos de atividade econômica, X e Y, o economista está interessado em testar se há diferença no rendimento médio entre esses dois setores, controlando-se para as habilidades relativas.

a) Formule um modelo de regressão linear que poderia ser utilizado para estimar salários em função das habilidades e do setor em que um trabalhador atua. **(valor: 3,0 pontos)**
b) Explique como seria construída a variável referente ao setor de atividade utilizada no modelo especificado no item anterior. **(valor: 3,0 pontos)**
c) Descreva como você testaria, a partir dos resultados da estimação do modelo do item **a)**, a hipótese "os trabalhadores do setor X ganham em média um valor igual ao dos trabalhadores do setor Y, levando-se em conta as diferenças de habilidades médias entre eles". **(valor: 4,0 pontos)**

Conteúdo 17

TEMAS COMBINADOS

1. (EXAME - 2006) - DISCURSIVA

O gráfico abaixo representa uma situação em que as empresas que oferecem o produto causam dano ao meio ambiente, gerando uma perda de bem-estar social porque o custo marginal social é superior ao preço vigente no mercado.

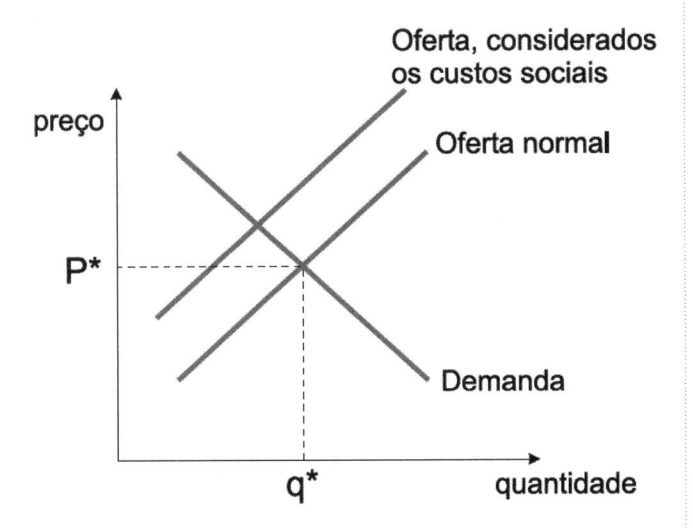

P* = preço de equilíbrio no mercado
q* = quantidade negociada

a) Analise esta situação, mostrando como pode ser corrigida:
- através de impostos;
- por meio de obrigações de pagamentos aos "donos" do meio ambiente danificado. **(valor: 6,0 pontos)**
b) Neste contexto, explique o que vem a ser o Teorema de Coase. **(valor: 4,0 pontos)**

2. (EXAME - 2006) - DISCURSIVA

Admita uma economia aberta pequena, com mobilidade imperfeita de capital em relação ao exterior, e inicialmente com o balanço de pagamentos equilibrado.

a) Descreva as conseqüências de uma política monetária expansionista nesta economia, no caso de regime cambial fixo e apresente um gráfico que a represente. **(valor: 5,0 pontos)**
b) Descreva as conseqüências de uma política monetária expansionista nesta economia, no caso de regime cambial flexível, e apresente um gráfico que a represente. **(valor: 5,0 pontos)**

Capítulo XII
Gabarito e Padrão de Resposta

ANEXO

GABARITO E PADRÃO DE RESPOSTA

CAPÍTULO III
QUESTÕES DE COMPONENTES ESPECÍFICOS DE ADMINISTRAÇÃO DE EMPRESAS

CONTEÚDO 01 – TEORIAS DA ADMINISTRAÇÃO

1. E
2. B
3. C
4. E
5. B
6. C
7. A
8. C
9. A
10. D
11. E
12. C
13. A
14. A
15. B
16. B
17. C
18. B
19. C
20. A
21. C
22. D
23. D
24. A
25. E
26. C
27. E
28. C
29. A
30. B
31. A
32. C
33. C
34. C
35. E
36. E
37. C
38. E
39. B
40. A
41. B
42. A
43. C
44. A
45. B
46. E
47. B
48. E
49. B
50. A
51. E
52. E
53. B
54. E
55. D
56. C
57. B

58. DISCURSIVA

PADRÃO DE RESPOSTA ESPERADO

O conflito, especialmente quando é de papéis, denota a existência de tensão provocada por algum desajuste entre as partes integrantes de uma organização. Logo, pressupõe que alguma coisa deva ser revista dentro da organização. Isso acaba levando a organização a mudar. Assim, no sentido positivo, o conflito pode levar a organização à mudança e à inovação. Dentro das organizações, a existência de novas idéias é vital para que elas possam sobreviver num ambiente extremamente mutante.

Quando o conflito é hierárquico, é mais negativo que positivo, dele inferindo-se insubordinação e problemas de relacionamento. Quando de identidade, volta a potencializar a perspectiva de mudança com ação da administração. Quando são conflitos de interesses, devem entrar em pauta estratégias de negociação. Quando de personalidade, é preciso resgatar a motivação.

CONTEÚDO 02 – ADMINISTRAÇÃO DE RECURSOS HUMANOS

1. C	24. D	47. D
2. A	25. C	48. B
3. A	26. B	49. C
4. D	27. C	50. B
5. E	28. B	51. D
6. D	29. D	52. A
7. E	30. E	53. D
8. A	31. A	54. B
9. A	32. C	55. E
10. B	33. D	56. C
11. C	34. E	57. C
12. A	35. B	58. A
13. B	36. E	59. A
14. D	37. B	60. A
15. B	38. C	61. A
16. B	39. C	62. E
17. E	40. E	63. C
18. B	41. B	64. D
19. A	42. B	65. A
20. E	43. E	66. B
21. B	44. C	67. B
22. D	45. D	68. C
23. E	46. D	

69. DISCURSIVA
PADRÃO DE RESPOSTA ESPERADO

- Identificar pressupostos da teoria da liderança contingencial: a eficácia do líder (fundador) depende da interação entre seu estilo de liderança e certas características da situação.
- Identificar problema do estilo do fundador: a postura paternalista do fundador não atende às necessidades atuais da organização (trabalhadores capacitados e falta de estruturação nas atividades e atribuições do cargo).
- Resolver problema identificado: na atual situação, o fundador deve focar prioritariamente na estruturação das tarefas e responsabilidades e não na relação com os funcionários.

Critério de Atribuição de Pontos:

Nível 1: identificou um dos três itens citados acima (25%).

Nível 2: identificou dois dos três itens citados acima (50%).

Nível 3: identificou dois dos três itens citados acima, relacionado-os explicita ou Implicitamente com as premissas da teoria da liderança contingencial (75%).

Nível 4: identificou todos os três itens citados acima, demonstrando ter conhecimento claro sobre a liderança contingencial e aplicando o conceito com detalhes ao caso do fundador. (100%)

70. DISCURSIVA
PADRÃO DE RESPOSTA ESPERADO

Abordando cada funcionário, individualmente, ou focalizando a equipe, de forma coletiva, o respondente deve considerar os seguintes aspectos em relação à atuação do gerente:

- o gerente deve se preocupar essencialmente com o processo de comunicação, de modo a obter o envolvimento e a participação dos funcionários, ao invés de fazer uso da imposição ou da coerção implícita ou explícita;
- deve atuar, portanto, de forma educativa, explicando o porquê das mudanças e demonstrando a real necessidade e os benefícios da implementação do sistema, ao invés, simplesmente, de obrigar a equipe a adotar o novo sistema.

71. DISCURSIVA
PADRÃO DE RESPOSTA ESPERADO

a) A decisão pode ser recrutamento interno ou externo, independentemente. O mais importante são as razões, em coerência com o tipo de recrutamento escolhido.

Razões para o recrutamento interno:

- o indivíduo recrutado já estará familiarizado com a empresa e seus membros, e essa integração aumenta a probabilidade de sucesso;
- a promoção interna estimula a lealdade e inspira maior esforço por parte dos membros da empresa;
- em geral, é mais barato recrutar ou promover internamente do que contratar fora da empresa;
- a promoção interna pode aumentar a motivação da equipe e melhorar o clima organizacional;
- evita-se contratar uma empresa especializada em recrutamento e seleção que talvez não conheça suficientemente a empresacliente;
- não há garantia de que o profissional oriundo da nova organização vai-se adaptar num tempo esperado ao novo trabalho, o que pode gerar aumento de custos (treinamento, rescisão trabalhista, perda de produtividade, etc);
- evita-se a contratação de um novo profissional que possa trazer consigo vícios de formação e, eventualmente, contaminar a empresa.

Razões para o recrutamento externo:

- na maioria das vezes, amplia a quantidade de talentos disponíveis – em especial, se a empresa tem salários competitivos e reputação ilibada;
- nesse caso específico, em que a empresa não tem experiência em atividade de exportação, é possível recrutar um profissional que detenha tal experiência e possa, rapidamente, implantar a gerência, o que pode reduzir custos de treinamento e aprendizado;
- amplia as chances de que novos pontos de vista cheguem à empresa;
- reduz a complacência e a acomodação entre os empregados que presumem que a antiguidade assegura a promoção;
- aproveita-se o treinamento realizado em outra empresa.

72. DISCURSIVA

PADRÃO DE RESPOSTA ESPERADO

d) Programas de treinamento

Será aceita como correta qualquer abordagem coerente de treinamento e que apresente:
- diferenciação entre os dois níveis de treinamento (gerencial e operacional), quanto aos seus objetivos;
- necessidade de treinamento vinculado às características da empresa (diferenças culturais); e às especificações do produto/negócio;
- exemplos adequados.

Assim, poderão ser indicados: Para o nível gerencial:
- treinamento introdutório para a socialização da missão, visão, valores e normas da empresa;
- treinamento para negociação, em função da possibilidade de conflitos culturais, considerando que a diretoria pode ser formada por estrangeiros, enquanto o nível gerencial pode ser de brasileiros. Para o nível operacional:
- treinamento para capacitar os operários a operar os equipamentos de produção;
- treinamento para qualidade, para manter a classe mundial.

73. DISCURSIVA

PADRÃO DE RESPOSTA ESPERADO:

a) Na condição de Presidente, eu chamaria Luís Cláudio para participar da reunião de Diretoria na qual se discutiria a crise financeira da empresa. Caso decidissem optar pela demissão de funcionários, solicitaria a Luís Cláudio um plano de Recursos Humanos com os critérios a serem considerados no processo de demissão, as alternativas para minimizar o desgaste emocional e financeiro dos funcionários (custo de um projeto de recolocação, custo de programa de treinamento, custo de manutenção de benefícios após demissão) e formas de conscientização dos funcionários sobre os problemas da empresa. A justificativa deve de alguma forma mencionar que o fato de Luís Cláudio não ter sido envolvido na decisão pode gerar uma postura de insatisfação que seria refletida nos funcionários e tornaria o clima organizacional mais difícil de ser gerenciado, e no médio e longo prazo, dificultaria o comprometimento com os objetivos da organização e refletir-se-ia negativamente nos aspectos de produtividade e lucratividade da empresa, com retaliações como absenteísmo, "operação tartaruga", alienação, reclamações trabalhistas, etc.

b) Como gerente, reuniria os nove funcionários conjuntamente e explicaria que a má situação dos negócios pela qual a empresa está passando, obrigou a direção a tomar esta decisão muito embora todos eles exibissem um desempenho bom ou muito bom. Negociaria com o Presidente um processo de recolocação, e/ou plano de benefícios, e/ou treinamento para estes funcionários, e faria reuniões periódicas com os que ficassem para que, através de um sistema transparente de informações, pudesse melhorar o clima organizacional e despersonalizar as decisões tomadas.

c) Luís Cláudio não soube posicionar-se (ou por medo, ou por incompetência, ou por insegurança - não interessa por qual motivo) na sua função de intermediação entre os objetivos organizacionais e os objetivos individuais. Ele optou por obedecer à autoridade sem questionamentos ou propostas que abrissem uma negociação de uma posição mais flexível para ambas as partes envolvidas. Esta sua escolha não foi necessariamente errada, mas foi individualista, passiva e alienada. Os interesses individuais ficaram acima dos interesses grupais, o que nem sempre é aceito ética e moralmente.

74. DISCURSIVA

PADRÃO DE RESPOSTA ESPERADO

A divisão de Recursos Humanos deve atuar na empresa de forma integrada. Não basta haver somente um setor de Treinamento e Desenvolvimento de Pessoal. Compete ao Setor de Seleção aprovar candidatos com potencial a ser desenvolvido através do Setor de Treinamento e Desenvolvimento. Entretanto, é necessária também a atuação do Setor de Administração de Cargos e Salários com o objetivo de manter os talentos que a empresa possui, assim como de um setor de Avaliação de Desempenho, que dará base para a formação de um processo de planejamento de carreira. O graduando deverá evidenciar, em sua resposta, essa interligação, demonstrando, assim, visão sistêmica da área de Recursos Humanos.

75. DISCURSIVA

PADRÃO DE RESPOSTA ESPERADO:

a) Riscos e Barreiras da Delegação

As pessoas não delegam autoridade porque:
- têm medo de perder poder;
- acham que podem fazer o trabalho melhor que os outros;
- não confiam nos subordinados;
- consideram os subordinados não qualificados;
- têm dificuldade na coordenação e medo de duplicação de esforços;
- precisam mudar a postura de liderança autocrática para democrática.

b) Vantagens da Delegação de Autoridade

A delegação de autoridade:
- proporciona mais tempo para o chefe tomar decisões estratégicas;
- aumenta a amplitude administrativa;
- pode servir como fator de motivação e desenvolvimento dos funcionários.

76. DISCURSIVA

PADRÃO DE RESPOSTA ESPERADO

a) A reação negativa dos funcionários ocorreu pelo fato de os mesmos não terem participado da elaboração do projeto e também por ter havido quebra de sigilo.
- O projeto de implantação de avaliação de desempenho deveria ter sido exposto para todos os funcionários da empresa, antes de ser iniciado.
- A avaliação deveria ser feita na presença do funcionário avaliado a fim de se buscar a concordância.

b) A avaliação de potencial pode direcionar funcionários para funções onde os seus resultados de desempenho possam ser maximizados, numa perspectiva pró-ativa.
- A associação entre a avaliação de potencial e a avaliação de desempenho, deve respeitar a cultura organizacional. Certas culturas podem invalidar qualquer tipo de metodologia ou técnica de avaliação.

CONTEÚDO 03 – ADMINISTRAÇÃO MERCADOLÓGICA E MARKETING

1. A	15. A	29. C
2. C	16. C	30. B
3. C	17. D	31. C
4. C	18. B	32. B
5. A	19. A	33. E
6. C	20. C	34. C
7. D	21. B	35. C
8. B	22. E	36. E
9. D	23. A	37. C
10. A	24. D	38. A
11. C	25. A	39. D
12. B	26. D	40. D
13. C	27. B	41. B
14. E	28. C	

42. DISCURSIVA

PADRÃO DE RESPOSTA ESPERADO

Unidades A e C: devem ser priorizadas nos investimentos do grupo, uma vez que apresentam um elevado potencial de crescimento. Além disso, o não-investimento nestas unidades poderá provocar a perda de participação desse mercado.

Unidades D e E: não se devem considerar investimentos e pode-se até considerar o desinvestimento.

Unidade B: unidade de crescimento lento e alta participação. Requer menos investimentos, uma vez que tem uma participação de mercado consolidada. Os recursos gerados por esta unidade podem ser reinvestidos nas outras unidades.

Unidade F: unidade que exige investimentos vultuosos. Em um cenário de incerteza e crise, deve-se evitar investir nesta unidade, pois se desconhece o seu potencial para se tornar uma unidade estrela.

Critério de Atribuição de Pontos:

Nível 1: identificou corretamente pelo menos um dos grupos (o de priorização ou o de enxugamento), mas não justificou com base no conceito desenvolvido pela BCG. (25%).

Nível 2: identificou corretamente os dois grupos (o de priorização ou o de enxugamento), mas não justificou com base no conceito desenvolvido pela BCG. (50%)

Nível 3: identificou corretamente os dois grupos (o de priorização ou o de enxugamento) e justificou com base no conceito desenvolvido pela BCG. (75%)

Nível 4: detalhou o modelo analítico, demonstrando ter conhecimento aprofundado sobre ele, identificou corretamente os dois grupos e justificou com base no conceito desenvolvido pela BCG. (100%)

43. DISCURSIVA

PADRÃO DE RESPOSTA ESPERADO

d) Possíveis motivos favoráveis:
- pode aumentar a demanda no curto prazo;
- incrementa um vínculo emocional/afetivo;
- pode-se transferir a credibilidade, a simpatia e a empatia do artista para a empresa;
- pode-se associar a empresa com alguém adorado/admirado;
- independe da fonte (o artista) ser tecnicamente credível.

Possíveis motivos desfavoráveis:
- pode acarretar uma demanda tão grande que a empresa não tenha capacidade de atendimento;
- pode não ser gravada na mente do consumidor como posicionamento estratégico da empresa;
- o vínculo com o artista pode ser tão forte que a marca pode ser esquecida;
- eventuais deslizes na vida pessoal do artista podem acarretar prejuízos para a imagem da marca;
- pode ter um custo muito elevado.

44. DISCURSIVA

PADRÃO DE RESPOSTA ESPERADO

c) Posicionamento por qualidade.
- Produto: usar marca de prestígio (ou trabalhar a marca nesse sentido, caso não seja conhecida no Brasil); introduzir atributos que agreguem valor tanto do ponto de vista utilitário (funcionalidade sofisticada) quanto psicossocial (o que a posse ou uso do produto irá trazer para o consumidor); desempenho superior; consistência (ou qualidade de conformidade, ou personalização, conforme o valor atribuído pelo cliente); durabilidade; confiabilidade (não dar defeito, não quebrar); facilidade de reparo; estilo atraente; *design* funcional; garantias; serviços agregados; profissionais de atendimento bem treinados; embalagem nobre ou sofisticada.
- Preço: elevado; inexistência de descontos ou preços especiais.
- Praça (ou ponto-de-venda): distribuição seletiva ou exclusiva; entrega facilitada (rapidez, precisão).
- Promoção: meios (mídia) sofisticados (revistas para a classe alta, programas de concertos exclusivos, etc.); emprego de formadores de opinião na propaganda; ênfase no luxo, distinção, bom-gosto, etc.; inexistência de ofertas, promoções, concursos e sorteios populares, etc.; patrocínio de eventos freqüentados pelo público-alvo; emprego de símbolos sofisticados (brazões e outros); apelo à classe mundial do produto; emprego de uma força de vendas bem treinada e de alto padrão.

Observação: Os aspectos abaixo são importantes na resposta a esta questão.

1) Várias informações do caso apontam para a qualidade e sofisticação do produto (alto valor unitário, *design* avançado, funcionalidade sofisticada, qualidade superior, reputação internacional). Um posicionamento por qualidade deverá levar esses fatores em consideração e agregar outros imagináveis.

2) Os "Ps" do composto de *marketing* são os apresentados. Respostas que classifiquem o "público-alvo" como um dos "Ps" deverão receber grau zero (para aquele "P").

45. DISCURSIVA

PADRÃO DE RESPOSTA ESPERADO

a) Empresa Qualidoce: nitidamente posicionada em qualidade.
   - Banana Pop: insiste em apelar para aspectos de qualidade, mas o mercado não os aceita como legítimos. Sendo o posicionamento a maneira como o produto é definido pelos consumidores no que se refere aos seus atributos importantes – ou o lugar que o produto ocupa nas mentes dos consumidores em relação aos produtos concorrentes – infere-se que o produto Banana Pop está posicionado no mercado como popular e de preço baixo.
   - Pró-Light: posiciona-se como produto de baixas calorias, destinado a um nicho de mercado compostopor pessoas preocupadas em manter a forma, mesmo comendo doce.
   - Empresa com posicionamento melhor definido: a Qualidoce é a empresa que tem, até agora, o posicionamento mais bem definido no mercado. Na sua comunicação ela apela para aspectos de qualidade e o mercado os aceita como legítimos.

b) A rentabilidade da Banana Pop está baixa porque a empresa está tentando ocupar um espaço na mente dos consumidores que é legitimamente ocupado pela Qualidoce. Isso só tem feito reforçar a posição da concorrente, em que pesem os grandes gastos da Banana Pop em propaganda. Ou seja, a Banana Pop está despendendo grandes esforços sem obter os retornos necessários. Seu Diretor de Marketing deveria saber que nas posições abertas nas mentes dos consumidores só cabe uma empresa, produto ou marca de cada vez.

Para melhorar sua rentabilidade a empresa deveria assumir seu posicionamento de preço baixo, buscando redução de custos e manutenção de alta participação de mercado.

46. DISCURSIVA

PADRÃO DE RESPOSTA ESPERADO

Fatores Éticos

Baseado no princípio de atrevimento, ou seja, usando a teoria da ética, temos a sensação de que a imagem da empresa seria beneficiada se a ótica do produto estivesse implicitamente associada à preservação dos recursos naturais, tanto quanto do cidadão. Entretanto, estaria prejudicada à luz do interesse único e exclusivo do lucro, independentemente do bem que o novo cigarro possa realmente proporcionar à saúde do fumante.

Enquanto a preocupação da empresa for, efetivamente, o bem comum, a empresa estaria resguardando a questão ética. Considerando que as pessoas têm seus direitos, e estes são inerentes e inalienáveis, à medida que a organização procura preservar os direitos dos consumidores, entre eles o direito à saúde, parte da ética da responsabilidade social também se preserva. É preciso considerar, ainda, que maior número de pessoas seria beneficiado pelo produto independentemente de ser fumante ou não.

Fatores sociais

Os grupos de referência e a família do indivíduo representam um papel importante na decisão de fumar. Se eles não fumam e desencorajam ativamente o fumo, é grande a possibilidade de que a pessoa não fume. Por outro lado, se a pessoa tem forte identificação com o pai que fuma, ou com ídolos que fumam, pode ser fortemente impulsionada a fumar também.

Fatores culturais

O cigarro sem fumaça é a resposta da empresa "Doce Tabaco" à crescente aversão ao fumo, não somente por causa do seu impacto sobre a saúde do fumante, mas também devido aos seus efeitos danosos sobre os não fumantes.

O número cada vez maior de evidências sugerindo que respirar fumaça secundária pode provocar problemas de saúde impulsionou esta tendência.

Desta forma, a preocupação com os outros estimularia os fumantes a adotar o cigarro sem fumaça. Devese notar, entretanto, que existem certos fatores culturais que podem estimular o uso do fumo. Muitas pessoas podem começar a fumar quando adolescentes, em parte pelo desejo de independência, e em parte para tentar "ser adulto".

Além disto, podem existir subculturas onde o fumo é aceito e talvez até mesmo esperado nos adultos.

Fatores ecológicos

O empresário é responsável por todo o ciclo de vida do produto, da fonte de matéria-prima ao seu destino final. No caso relatado, houve preocupação com os seguintes aspectos:

- proteção do meio ambiente, ao se evitar a exalação de monóxido de carbono (fumaça);
- não-contaminação do meio ambiente pelo descarte da embalagem e da bagana do cigarro;
- diminuição do índice de destruição de florestas, decorrente da substituição da celulose por material sintético, artificial e não tóxico de revestimento do cigarro.

Obs.: Estes padrões de resposta correspondem a uma forma possível de organização de dados e argumentos em torno dos temas propostos. Redações diferentes foram aceitas, desde que mantidas as idéias centrais aqui apresentadas.

47. DISCURSIVA

PADRÃO DE RESPOSTA ESPERADO

a) Críticas à posição do diretor de marketing:
   - **acha** que o problema está relacionado à distribuição;
   - embora **não tenha feito nenhuma pesquisa**, acredita que as clientes não valorizam os serviços no ponto de venda;
   - com base nisso, está tomando uma decisão estratégica importante.

b) O graduando deve associar canais de distribuição com status de produto, serviços agregados e preço. O supermercado não tem as mesmas condições de prestar serviços que tem a loja especializada. Por outro lado, como não oferece esse mesmo serviço, apresenta um custo mais baixo, podendo reduzir o preço aos consumidores. O supermercado não tem o mesmo status que a loja especializada, podendo afetar a imagem da marca B&E. O supermercado representa uma forma mais intensiva de distribuição, podendo compensar preços mais baixos com maiores volumes de venda.

CONTEÚDO 04 – ADMINISTRAÇÃO ESTRATÉGICA

1. C	9. A	17. D
2. D	10. A	18. A
3. E	11. A	19. E
4. B	12. D	20. A
5. B	13. A	21. E
6. B	14. B	22. C
7. D	15. A	23. E
8. E	16. A	

24. DISCURSIVA

PADRÃO DE RESPOSTA ESPERADO

Deve ser citada uma das vantagens apresentadas a seguir.
- As principais vantagens, para a empresa franqueadora, estão associadas à velocidade de crescimento e ao baixo nível de investimento. Justificativa: o estabelecimento de franquias constitui meio bastante rápido e eficaz de expansão, em que os maiores gastos ficam a cargo do franqueado.
- Do ponto de vista do franqueado, há o acesso a treinamento de pessoal, sistemas de gestão, marca mundial, propaganda de abrangência nacional, estudos de mercado e, mesmo, seleção de fornecedores. Justificativa: todos esses aspectos constituem conquistas e benefícios que seriam difíceis de alcançar sem a franquia.

Deve ser citada uma das desvantagens apresentadas a seguir.
- As principais desvantagens, de um modo geral, dizem respeito ao relacionamento jurídico entre as partes, à pouca consideração às características dos mercados locais e às diferenças de cultura organizacional. Justificativa: Essas desvantagens podem levar ao insucesso do negócio pelo estabelecimento de cláusulas difíceis de cumprir e, ocasionalmente, pela baixa aceitação do produto.
- Em certos casos, há necessidade de elevados investimentos por parte dos franqueados. No que se refere, especificamente, às empresas franqueadas de multinacionais de alimentos, pode haver concorrência injusta decorrente da elevada sonegação de impostos por parte das pequenas e médias empresas. Justificativa: O retorno pode não compensar os investimentos elevados, acarretando o fracasso da empresa pela dificuldade de obtenção de lucro.
- Pela ótica do franqueador, existe a possibilidade de perda de controle sobre a gestão da marca. Justificativa: A marca original pode ser prejudicada pela introdução de alterações no produto feitas pelo franqueado sem o conhecimento do franqueador.

25. DISCURSIVA

PADRÃO DE RESPOSTA ESPERADO

b) A estratégia de internacionalização mais indicada é a estratégia de exportação por qualquer canal de distribuição existente no país de destino (representantes, atacadistas, varejistas, agentes, etc) porque:
- os compromissos financeiros são reduzidos;
- não há grandes compromissos mercadológicos com o desenvolvimento de canais de distribuição, nem com a divulgação da marca;
- as vendas ocorrerão por lotes, que são normalmente solicitados pelos representantes;
- o risco do negócio tende a ser mínimo;
- as vendas podem ser garantidas com financiamento (cartas de crédito) dos bancos;
- a estratégia pode ser abandonada sem grandes prejuízos financeiros, se a taxa de câmbio tornar-se desfavorável à exportação;
- a implementação pode ser razoavelmente rápida;
- pode-se facilmente mudar a estratégia de internacionalização, se a experiência for bem sucedida.

Obs.: Não são apropriadas as seguintes estratégias, por se chocarem com as premissas da pergunta:
- exportação por Escritórios Próprios/Filiais;
- licenciamento;
- franquias;
- *joint venture*;
- investimento direto;
- alianças estratégicas.

26. DISCURSIVA

PADRÃO DE RESPOSTA ESPERADO:

a) Deverão ser citados, necessariamente, os seguintes critérios (fatores de localização):
- Mercado: potencial, distribuição geográfica, custo de transporte, cultura local globalizada.
- Matéria-prima: proximidade da fonte (custo de transporte), natureza, obtenção, qualidade da fonte.
- Infra-estrutura: disponibilidade de energia, fornecimento de água, transporte, porto, aeroporto, serviços bancários.
- Terreno: custo, visibilidade, acesso, topografia.
- Fornecedores: quantidade, qualidade, certificação, tradição com multinacionais.
- Mão-de-obra: nível educacional, salários, atitude, experiência com grandes empresas.
- Sindicatos: atividades políticas, organização, representatividade.
- Meio ambiente: legislação, grupos organizados.
- Comunidade: atitude relativa à indústria e às multinacionais.
- Classe patronal: atividades políticas, organização, poder político.
- Qualidade de vida: escolas, clubes, segurança, belezas naturais.

b) Deverão ser analisadas as cinco forças abaixo.
- Concorrência interna na indústria: não existe, já que a DREAMINVEST não tem concorrentes no Brasil (não existem produtos similares).
- Poder de negociação dos fornecedores: relativamente pequeno, pois, afinal, a DREAMINVEST é uma grande empresa e provavelmente seria responsável por consumir uma grande parcela da produção dos fornecedores. A DREAMINVEST exerceria uma outra força relativa aos fornecedores: a exigência de elevado padrão de qualidade.
- Poder de novos entrantes: significativo, porque existe efetivamente um concorrente asiático, e não há barreiras específicas à sua entrada no mercado.
- Ameaça de produtos substitutos: segundo o texto, não há.
- Poder de negociação dos compradores: pequeno; os compradores mostram-se ávidos por consumir produtos como o fabricado pela DREAMINVEST e não há produtos de concorrentes com os quais barganhar.

27. DISCURSIVA

PADRÃO DE RESPOSTA ESPERADO

a) A resposta deve apresentar a necessidade de um diagnóstico situacional e de um prognóstico, ambos abordando a competitividade por custos. No diagnóstico espera-se que o graduando calcule o custo relativo de produção de cada uma das empresas, através da divisão do custo dos produtos vendidos pelas vendas líquidas, ambos os valores constantes do Quadro 1, encontrando os valores que constam do Quadro 3, a seguir. Deve concluir que a Empresa é a que apresenta o maior custo relativo, tanto dentre as nacionais quanto dentre as estrangeiras, o que é indicativo de que a Crazy não apresenta competitividade por custos, tanto no mercado nacional quanto no mercado internacional, sendo que, no mercado internacional está muito perto da maior concorrente, a Tori. A maior concorrência por custos será, portanto, com as grandes empresas nacionais no mercado internacional. A possibilidade de alguma explicação decorrente de diferença de preços está excluída porque no corpo da questão consta "Os preços do quilo do frango congelado de todos os concorrentes e da própria Crazy são similares em euros, constituindo-se em uma commodity."

QUADRO 3. CUSTO RELATIVO DOS PRODUTOS VENDIDOS

	CRAZY	FRANFAL	FRANGÃO	FRANDIA	ROKI	TORI
Custo dos Produtos Vendidos	469	820	1.112	1.972	148	1.162
(/) Vendas Líquidas	557	1.201	1.573	2.778	227	1.413
(=) Custo Relativo dos Produtos Vendidos	84%	80%	71%	71%	65%	82%

Com relação ao prognóstico, deve ser recomendado que a Crazy, no que se refere a operações, se volte basicamente para a redução do custo relativo por aumento de produtividade de equipamentos, mão-de-obra e matéria-prima e redução de desperdícios.

Quanto à estratégia empresarial, deve ser feita diferenciação de produto que venha a agregar valor, de forma a diluir o efeito custo, através da venda de frangos em pedaços, "nuggets", palinetes e outros.

b) A resposta torna necessário o cálculo ou a estimativa do cálculo, da necessidade de capital de giro, como apresentado no Quadro 4, a seguir, pelo qual se observa que a empresa não apresenta necessidade de capital de giro, em razão do elevado valor do financiamento da atividade pelos fornecedores. Entretanto, em uma expansão internacional, a empresa poderá vir a apresentar efetiva necessidade de capital de giro, levando-a a empréstimos bancários ou aumento de capital para cobri-la. Assim, a empresa apresentará aumento da necessidade de capital de giro, caso não consiga que os fornecedores continuem a financiá-la na mesma proporção, pois terá que conceder prazo de pagamento aos novos clientes e aumentar estoque.

QUADRO 4. NECESSIDADE DE CAPITAL DE GIRO DA CRAZY EM 2.000 (valores em R$ 1.000.000)

ITEM	VALOR
1. APLICAÇÃO DE RECURSOS EM GIRO	117
• Contas a receber de Clientes	46
• Estoques	41
• Outros Créditos Operacionais	30
2. CAPTAÇÃO DE RECURSOS PARA GIRO	137
• Fornecedores	121
• Impostos, Taxas e Contribuições	12
• Outros Débitos Operacionais	4
3. NECESSIDADE DE CAPITAL DE GIRO (1-2)	(20)

c) A gestão da produção poderá ajudar a reduzir a necessidade de capital de giro através da otimização ou redução dos estoques de matérias-primas, produtos em processo e produtos acabados, o que pode ser obtido por técnicas como Kanbam, Just in Time, MRP.

d) Pelo exposto, o módulo mais importante de um sistema integrado de gestão para a empresa do caso é o de produção, envolvendo essencialmente o controle de custos de produção, e o controle de estoques.

28. DISCURSIVA

PADRÃO DE RESPOSTA ESPERADO

Produto

Para fazer frente ao problema de prazo de entrega do produto, a Megabooks poderia compensá-lo com uma agregação de valor ao produto. Poderia, por exemplo, utilizar uma sobrecapa personalizada nos livros, com nome do cliente gravado, ou com design revolucionário; uma resenha do livro; destaque sobre as partes mais relevantes do livro; enfim, o graduando deverá sugerir alguma forma de agregar valor ao produto oferecido ao cliente, capaz de justificar um prazo mais alto de entrega e, se possível, um preço também mais alto.

Preço

Preço mais baixo: O sistema de venda via Internet reduz o custo total da empresa, o que poderá viabilizar prática de preço mais baixo. Tal argumento poderia ser utilizado junto ao cliente para que ele aceite um prazo de entrega de oito dias. Preço mais alto: Se a empresa decidir por uma estratégia de agregação de valor ao produto, seu preço poderá ser mais alto, no entanto, neste caso, a empresa deverá identificar, junto aos clientes, uma predisposição para aceitar um preço mais alto como contrapartida a um valor agregado ao produto.

Distribuição

O sistema de distribuição atualmente utilizado pela Megabooks apresenta um problema central, que é o prazo de entrega. A utilização do sistema SEDEX, dos Correios, e do sistema DHL são boas alternativas, mas ainda não adequadamente ajustadas às aspirações dos clientes e, por isso, há reclamações. O graduando deverá, então, identificar alternativas capazes de resolver o problema do prazo de entrega, entre as quais podem ser citadas:

- uso de um sistema de entrega via motoboys, nos moldes do que é utilizado pelas pizzarias e farmácias. Nesse caso, é necessário que o graduando perceba algumas implicações como:
    - cobertura de mercado: o sistema de entrega via motoboys trará como principal implicação a cobertura de mercado. O sistema estará limitado à cidade onde a empresa está localizada. A ampliação da cobertura do mercado, neste caso, implicaria abrir depósitos ou filiais locais, com conseqüências óbvias sobre o incremento de custos para manter estoques e para gerir depósitos ou filiais.
    - riscos de acidentes: é importante que o graduando perceba implicações de segurança relacionadas ao sistema de entrega via motoboys. Os riscos de acidentes, neste tipo de entrega, são bastante grandes e têm sido motivo de preocupações para as empresas que os utilizam.
- associação entre o prazo de entrega e o valor agregado ao produto. "Nossa empresa não está, simplesmente, vendendo livros, mas sim um valor agregado que lhe traz benefícios adicionais e, por isso, vale a pena você esperar um pouco mais para receber o produto."
- agilização do processo de pedido, uma vez que pode estar aí o problema;
- montagem de um sistema de informações ou de pesquisa que permita identificar origens do problema no sentido de acompanhamento pós-venda.

Comunicação

Se a empresa seguir uma estratégia de agregar valor ao produto (o que só deverá fazer se tiver certeza de que o cliente aceita esse valor), sua comunicação será central para informar ao cliente os diferenciais do produto, bem como para posicioná-la em termos da oferta diferenciada. É através da comunicação que a empresa transmitirá ao mercado o conceito do seu produto como algo de valor superior, sintonizado com necessidades ou aspirações dos clientes. Como canal de comunicação com o mercado a empresa poderá utilizar a própria Internet. Este canal já se mostrou eficaz para a venda dos produtos Megabooks, sinalizando que também poderá ser eficaz para comunicar os produtos. A combinação da venda com a comunicação deve ser valorizada na resposta do graduando, o qual poderá também sugerir outras formas de comunicação. Neste caso, deve-se avaliar a sua preocupação em justificar a viabilidade das propostas em termos de veículos utilizados e custos.

29. DISCURSIVA

PADRÃO DE RESPOSTA ESPERADO

a) **Ambiente Econômico:**

Embora os carros Hyundai e os computadores Samsung possam sugerir que a Coréia tem uma economia industrial evoluída, o enunciado sugere que o país ainda está em um estágio anterior de desenvolvimento, especialmente no setor de consumo. Por este motivo a Coréia é atraente para empresas como a Águia S.A. A base industrial construída na Coréia produziu salários e renda disponível crescentes. No entanto, os consumidores coreanos têm oportunidades limitadas para gastar essa renda, por conta do desenvolvimento lento do mercado de consumo.

Ambiente Político-Legal:

Da mesma forma que a Coréia do Sul parece estar na fronteira entre o estágio de "em desenvolvimento" e o estágio de "industrializado", sua atitude quanto a compras internacionais também parece ambivalente. O governo toma decisões muito lentamente, respondendo a preocupações de empresas locais com relação ao aumento da competição internacional. Isto deve ser objeto de muita atenção por parte de empresas que queiram ingressar neste mercado. A qualquer momento o governo pode ceder às pressões das empresas locais, ampliando as restrições ao ingresso de capital estrangeiro.

b) **Outras alternativas**

Acordo de Licenciamento. Em vez de investir pesado numa planta já existente e que está quase quebrada, a Águia S.A. poderia buscar um acordo de licenciamento para a produção de sua cerveja na Coréia do Sul. As facilidades para ingresso seriam muito parecidas com as que ela conseguiria através da *joint venture*, com a vantagem de um investimento muito menor e, conseqüentemente, um risco muito menor também.

Exportação Direta. A Águia S.A. poderia produzir sua cerveja no Brasil e exportar o produto para a Coréia. Neste caso, a empresa estaria envolvida com problemas logísticos sérios, relacionados, principalmente, a questões de transporte e armazenagem.

Aluguel da Fábrica do Sr. Ling Nam-Ling. O aluguel dessa fábrica poderia demandar um investimento menor do que a *joint venture*, bem como a Águia S.A. teria mais liberdade de ação do que no caso da associação com o Sr. *Ling Nam-Ling*. As barreiras à saída, caso o empreendimento não desse certo, seriam menores também.

Instalação de uma Fábrica Própria. Provavelmente haveria elevados entraves legais e políticos; exigiria investimentos elevados, conforme o já relatado; levaria mais tempo para poder usufruir resultados, com risco também elevado.

Compra de uma outra Fábrica já Instalada. Provavelmente as dificuldades encontradas seriam maiores, até pelas exigências do próprio governo; o investimento seria mais elevado que nas alternativas anteriores como também as barreiras à saída dos produtos seriam mais altas. Em síntese, esta alternativa, entre as apresentadas, é a que detém maior número de riscos.

30. DISCURSIVA

PADRÃO DE RESPOSTA ESPERADO

Vantagens:

1) possível redução de custos no curto e médio prazos: contratação de organizações mais flexíveis, que através de economias de escala, estratégias de especialização, contratos trabalhistas mais flexíveis, reduzem os custos de produtos/serviços;

2) maior agilidade organizacional, maior foco no negócio principal;

3) maior facilidade de investimentos em tecnologia da informação;

4) agilidade na contratação e escolha dos prestadores de serviço;

5) para o empregador há um esvaziamento dos vínculos sindicais, aumentando o seu poder de barganha nos processos de negociação;
6) aumento da competitividade;
7) revitalização organizacional;
8) possibilidade de aumento da especialização;
9) possibilidade da melhoria da qualidade dos produtos.

Desvantagens:

1) nem todos os setores conseguem manter investimentos de ponta em tecnologia, em empresas terceirizadas;
2) dentro do mesmo ambiente de trabalho há convivência de culturas organizacionais diferentes, políticas gerenciais e políticas de recursos humanos diferentes (incluem critérios heterogêneos de Recrutamento & Acompanhamento, Avaliação & Desempenho, Remuneração e Benefícios, Políticas de Aposentadorias, etc);
3) grau de dependência da empresa-mãe fragiliza a empresa terceirizada e aumenta o risco de insolvência;
4) podem ocorrer conflitos entre os objetivos das organizações (terceirizada versus terceira);
5) há dificuldade de manter o sigilo das informações estratégicas na terceirizada;
6) perda da identidade empresarial;
7) possibilidade de perda de qualidade no processo;
8) aumento da rotatividade de mão-de-obra.

Obs.: Poderão ser aceitas outras respostas, desde que coerentes.

CONTEÚDO 05 – ADMINISTRAÇÃO FINANCEIRA E ORÇAMENTÁRIA

1. C	21. B	41. E
2. B	22. D	42. C
3. C	23. A	43. A
4. E	24. C	44. E
5. B	25. A	45. D
6. D	26. D	46. E
7. B	27. C	47. A
8. C	28. E	48. D
9. C	29. C	49. C
10. D	30. E	50. D
11. D	31. C	51. E
12. A	32. B	52. B
13. E	33. D	53. C
14. E	34. B	54. B
15. E	35. D	55. D
16. A	36. B	56. D
17. E	37. A	57. C
18. B	38. E	58. A
19. D	39. A	
20. B	40. E	

59. DISCURSIVA

PADRÃO DE RESPOSTA ESPERADO

1ª possibilidade de resposta (se o aluno considerar que a empresa tem lucro igual ou superior a R$ 100.000 mil)

Para responder à pergunta, devem ser feitas as análises a seguir.

Parte 1:

Recebimento pela Venda do prédio e instalações	R$ 100.000 mil
(-) Imposto sobre a Renda do ganho de capital	R$ (15.000) mil
(-) Desembolso pelo desligamento de funcionários e terceiros	R$ (100.000) mil
(+) Economia de Imposto sobre a Renda pelo desligamento	R$ 30.000 mil
(=) Ganho Líquido com a desativação de São Paulo	R$ 15.000 mil

Parte 2:

Ampliação do faturamento em Goiás (500 unidades a R$ 200 mil por unidade)	R$ 100.000 mil por ano
(-) Ampliação do custo em Goiás (500 unidades a R$ 120 mil por unidade)	R$ 60.000 mil por ano
(=) Ampliação do Ganho em Goiás	R$ 40.000 mil por ano
(-) Imposto sobre a Renda	R$ 12.000 mil por ano
(=) Ganho Líquido com a produção adicional de Goiás	R$ 28.000 mil por ano

Conclui-se, assim, que, do ponto de vista financeiro, é recomendável a mudança das instalações para Goiás, em razão da agregação de valor que pode ser obtida.

Agregação de valor = R$ 28.000 mil por ano dividido por 10% a.a. (perpetuidade) = R$ 280 milhões, afora R$ 15 milhões da operação São Paulo e dos ganhos anuais pela economia de custo da transferência da produção de São Paulo para Goiás.

2ª possibilidade de resposta (se o aluno considerar que a empresa é deficitária, isto é, tem prejuízo)

Parte 1:

Recebimento pela Venda do prédio e instalações	R$ 100.000 mil
(-) Imposto sobre a Renda do ganho de capital	R$ (15.000) mil
(-) Desembolso pelo desligamento de funcionários e terceiros	R$ (100.000) mil
(+) Economia de Imposto sobre a Renda pelo desligamento	R$ 0 mil
(=) Ganho Líquido com a desativação de São Paulo	R$ (15.000) mil

60. DISCURSIVA

PADRÃO DE RESPOSTA ESPERADO

a) Examinando-se as colunas de análise vertical e comparando-se as contas de custo e despesa das duas empresas, verifica-se que há diferenças a maior para a Cia. Exemplo nos seguintes itens, que, portanto, devem ser incluídos no plano de racionalização:
- devoluções;
- custo do produto vendido;
- despesas administrativas;
- despesas financeiras, sendo este o item mais relevante.

b) A recomendação deve ser no sentido de que a Cia. Exemplo reduza sua Necessidade de Capital de Giro envolvendo, necessariamente, a redução dos estoques.

Justificativa: A Necessidade de Capital de Giro de uma empresa considera os ativos e passivos operacionais, sendo os mais relevantes os itens de estoque, recebíveis e fornecedores. Pela consideração da própria pergunta, existe diferença significativa entre as necessidades das duas empresas, implicando maior captação de recursos, o que pode explicar a maior despesa financeira da Cia.

Exemplo. Como os prazos de compra e de venda são similares, os pontos de diferença não estão na gestão de recebíveis e de fornecedores, restando o item de estoques. No Quadro 1, está exposto que o controle de estoques é realizado de forma manual, enquanto na Cia. Modelo, o é de forma integrada aos demais processos através do ERP, o que explicaria, pelo menos em parte, a maior necessidade de estocagem.

61. DISCURSIVA

PADRÃO DE RESPOSTA ESPERADO

a) Comparando-se os valores da Receita Líquida de Serviços Prestados de 2000 e 2001 das empresas brasileiras e da Delta, conforme apresentado a seguir, conclui-se que nas empresas brasileiras não ocorreu redução da receita: a receita da Varig permaneceu praticamente a mesma, US$2,6 bilhões; a receita da Tam aumentou de US$1 bilhão para US$1,2 bilhões; enquanto a receita da Delta diminuiu de US$16,0 bilhões para US$13,3 bilhões. Parece provável que essa situação tenha sido influenciada pelos fatos ocorridos em 11 de setembro de 2001, em Nova Iorque.

Quadro 3. Demonstração Sintética do Resultado (em US$ milhões)

	VARIG		TAM		DELTA	
	2000	2001	2000	2001	2000	2001
Receita Líquida dos Serviços Prestados	2.663	2.616	1.025	1.280	16.080	13.339

b) Comparando-se a participação dos custos e despesas das empresas, constantes no Quadro 4, conclui-se que, em 2000, os custos e despesas da Varig foram superiores aos da Delta, e os da Tam, inferiores. Já em 2001, os custos e despesas das empresas brasileiras foram inferiores aos da Delta. A possível razão do elevado custo relativo da Delta em 2001 é o fato de ter havido redução da receita sem igual redução de custos e despesas. No caso da Varig, houve menor nível de ocupação das aeronaves brasileiras, e, possivelmente, maior custo de pessoal relativamente à receita.

Quadro 4. Análise Vertical da Demonstração Sintética do Resultado (em %)

	VARIG		TAM		DELTA	
	2000	2001	2000	2001	2000	2001
Receita Líquida dos Serviços Prestados	100%	100%	100%	100%	100%	100%
(Custos e Despesas Operacionais)	96%	104%	86%	96%	90%	112%

c) O impacto está no fato de que, comparando-se as despesas financeiras líquidas das companhias brasileiras em relação às da Delta, conforme Quadro 4, a participação das despesas financeiras na Receita das empresas brasileiras é bem superior às da Delta. No caso da Varig, 10% em 2000 e 2001; no caso da Tam, 13% em 2000 e 12% em 2001; e, no caso da Delta, 2% em 2000 e 3% em 2001.

Quadro 4. Análise Vertical da Demonstração Sintética do Resultado (em %)

	VARIG		TAM		DELTA	
	2000	2001	2000	2001	2000	2001
Receita Líquida dos Serviços Prestados	100%	100%	100%	100%	100%	100%
(Custos e Despesas Operacionais)	96%	104%	86%	96%	90%	112%
Resultado antes de Juros e IR	4%	4%	14%	4%	10%	12%
(Despesa Financeira Líquida)	10%	10%	13%	12%	2%	3%

Obs.: Em virtude de, na prova, não terem sido colocados os sinais negativos em alguns itens do Quadro 4, serão aceitas também outras respostas, desde que haja coerência na análise apresentada.

d) Sim, em virtude da possibilidade de redução de custos e despesas operacionais quando de possível atuação conjunta, proveniente de maior ocupação das aeronaves (no Brasil, as empresas apresentam taxa de ocupação inferior às empresas internacionais, conforme Quadros 1 e 2), redução de número de rotas, redução de gastos com combustíveis, redução de pessoal de terra e ar, redução de manutenção, dentre outros, exceto financeiros.

e) Devem ser indicadas duas das seguintes dificuldades:
- retreinamento de pessoal;
- redução do quadro de pessoal das companhias e provável desmotivação do pessoal;
- incompatibilidade de bases de dados e de sistemas;
- compatibilização de *hardware*;
- compatibilização de culturas organizacionais diferentes.

62. DISCURSIVA

PADRÃO DE RESPOSTA ESPERADO

Para responder corretamente a esta questão o graduando deverá fazer inicialmente uma análise vertical do demonstrativo de resultados, considerando:

- custo sobre receita;
- despesas administrativas sobre receita;
- resultados operacionais sobre receita;
- resultados líquidos sobre receita.

Obs.: pode ser considerada a receita bruta ou líquida.

Em seguida, deverá fazer uma análise dos dados das duas Companhias, considerando:

- composição das vendas observa-se uma queda das vendas da Cervejaria B, no último exercício, com queda de resultado;
- resultados para o último exercício, a margem líquida, lucro líquido sobre vendas líquidas, é de 10%, na Cervejaria A e de 2%, na B;
- custos ainda para o último ano, há uma relação de custo de vendas sobre vendas líquidas de 49% para a Cervejaria A e de 57% para a B;
- despesas observa-se uma relação de despesas administrativas sobre receita líquida de 8% para a Cervejaria A e de 15% para a B.

Em síntese, um rápido diagnóstico financeiro indica a Companhia B em pior situação que a A: queda de vendas, queda de resultados, elevado custo de produção e elevada despesa administrativa, o que, por si só, recomenda a fusão.

Assim, nesse caso específico, o aumento de valor para os acionistas da Companhia B pode ser oriundo de:

- economias de escala, pela redução de custos fixos, notadamente despesas administrativas, e pela redução do custo de produção da Cervejaria B, ao aproveitar o know how de produção da Cervejaria A;
- aumento de receitas face à maior participação de mercado da companhia resultante;
- possível redução de despesas financeiras da Cervejaria B pelo aproveitamento de capital da Cervejaria A.

Obs.: também poderão ser citados: ganhos de capacitação tecnológica, diversificação de produtos e diversificação de mercados, como, por exemplo, possível expansão para mercados internacionais.

63. DISCURSIVA

PADRÕES DE RESPOSTA ESPERADO:

a) Não concederia o empréstimo, uma vez que:
  Capital Circulante Líquido da Cia. Beta reduziu-se até atingir zero;
  - endividamento, de curto e longo prazo, aumentou consideravelmente;
  - resultado do período foi nulo.

b) Quadro das Origens e Aplicações dos Recursos:

Origens dos Recursos	Aplicações dos Recursos
Aumento do ELP – 200	Aumento do Imobilizado – 400
Aumento de Capital (acionistas) – 100	Origens menos Aplicações – (100)
Total das Origens – 300	

Variação do CCL no período: (100)

CCL (ano I): 100

CCL (ano II): 0

c) A política de aplicações de recursos da Cia. Beta foi inadequada, uma vez que gerou uma excessiva imobilização, em detrimento do Capital Circulante Líquido.

Obs.: Foram também aceitas respostas favoráveis à concessão do empréstimo, desde que apresentassem a argumentação conveniente.

64. DISCURSIVA

PADRÃO DE RESPOSTA ESPERADO

O resultado apurado pela empresa em termos de lucro líquido diz respeito a seu desempenho econômico, o qual, por ser apurado dentro de regime contábil de competência, não consegue explicitar o comportamento da empresa em termos financeiros. Já a apuração de resultado pelo enfoque de fluxo de caixa busca examinar aspectos relacionados com (a) operação de desembolso de caixa para financiar itens operacionais e investimentos em ativos fixos; e (b) entradas de recursos advindas das atividades de venda de produtos e/ou serviços e de alienação de ativos.

Obs.: não é aceita qualquer resposta que não fale em regime de competência (que é uma abordagem), em regime de apuração ou de demonstração pelo fluxo de caixa.

CONTEÚDO 06 – ADMINISTRAÇÃO DE PRODUÇÃO, ORGANIZAÇÃO, PROCESSOS E MÉTODOS

1. B
2. B
3. C
4. E
5. B
6. C
7. D
8. B
9. A
10. E
11. B
12. A
13. D
14. A
15. C
16. D
17. B
18. C
19. C
20. D
21. A
22. A
23. B
24. D
25. C
26. E
27. A
28. E
29. C
30. C
31. D

32. DISCURSIVA
PADRÃO DE RESPOSTA ESPERADO

c) O efeito da estratégia na empresa diz respeito às mudanças a serem realizadas para que esta possa se adequar às novas necessidades de produção e pode ser identificado por três das seguintes influências:
- processos de produção e distribuição norteados por uma orientação centrada no cliente;
- modularização dos processos produtivos;
- uso de computadores e robôs, na parte do processo que possa ser padronizada;
- capacidade de desenvolvimento de projetos voltada, concomitantemente, para o produto e para o processo;
- padronização de algumas etapas do processo de fabricação, com produtos projetados para facilitar a produção;
- fabricação de um produto ou prestação de um serviço em resposta às necessidades particulares de um cliente, a um custo eficiente (competitivo);
- colaboração dos clientes no projeto do produto ou serviço desejado;
- capacidade de atrair funcionários criativos (utilizados na diferenciação) e, ao mesmo tempo, funcionários orientados para a eficiência (utilizados nas etapas padronizadas);
- avaliações e incentivos baseados em critérios qualitativos (em especial, com os funcionários envolvidos na diferenciação) e critérios quantitativos (em especial, com os funcionários envolvidos na minimização de custos);
- maior integração dos processos de produção.

33. DISCURSIVA
PADRÃO DE RESPOSTA ESPERADO

Algumas das áreas de empresa que podem colaborar no processo de aprimoramento do SIG inerente aos concorrentes são:
- área de vendas, pois possui grande interação com o mercado, devendo, entretanto os vendedores estar conscientes de que os seus relatórios vão ser utilizados no processo decisório estratégico;
- área de propaganda e publicidade, pois, normalmente, coleciona cópias dos anúncios dos concorrentes, os quais proporcionam informações dos novos produtos e de ações mercadológicas;
- área de compras, pois os fornecedores da empresa podem também estar vendendo aos seus concorrentes;
- área de pesquisa e desenvolvimento, pois, normalmente, seus técnicos, embora de diferentes empresas, usam os mesmos bancos de dados, sendo as empresas vencedoras aquelas que usam os dados de forma mais adequada, convertendo-os em um ativo intelectual competitivo;
- área de crédito, pois tem informações valiosas de empresas do mercado;
- área de atendimento a cliente, pois está em "linha direta" com os clientes, podendo saber sobre novos produtos, suas características, mudanças de preços, etc, sendo que, com a nova Lei do Consumidor, a equipe de atendimento ao cliente teve o seu sistema de informações aprimorado;
- área de distribuição, pois pode saber sobre os custos de transportes dos concorrentes, capacidade de seus depósitos, nível de estoque, etc.;
- área de relações com órgãos governamentais, pois tem contatos com instituições em que são discutidos os setores em geral e os concorrentes em particular;
- área jurídica, pois os advogados normalmente têm conhecimento de concessão de patentes, de alterações governamentais sobre o setor, de algum litígio grave do concorrente;
- área de biblioteca, pois tem a centralização maior das fontes de informações através de relatórios, periódicos, livros, manuais;
- área de informática, pois seus técnicos podem estruturar um sistema de banco de dados automatizado e com maior facilidade de análise;
- área de recursos humanos, pois seus analistas sabem quais funcionários já trabalharam com os concorrentes; e
- área de mercado imobiliário, pois pode contribuir para a análise dos planos de expansão ou de retração de uma empresa concorrente.

CONTEÚDO 07 – ADMINISTRAÇÃO DE SISTEMAS DE INFORMAÇÃO E TECNOLOGIA DA INFORMAÇÃO

1. E
2. D
3. E
4. A
5. C
6. D
7. A
8. E
9. D
10. E
11. D
12. C
13. E
14. D
15. D
16. C
17. D
18. B
19. E
20. D
21. C
22. D
23. B
24. A
25. D

26. DISCURSIVA
PADRÃO DE REPOSTA ESPERADO

O aluno deverá indicar dois dos benefícios a seguir.
- A principal contribuição do ERP está na possibilidade de integração das diversas áreas/processos da empresa, o que possibilita o conhecimento da capacidade de produção e distribuição da Companhia, bem como de seus resultados.
- A geração de relatórios gerenciais permite flexibilidade na análise de vários indicadores do caso.
- Por incluir ferramentas de simulação e previsão, o ERP permite ao decisor avaliar previamente as decisões tomadas, antecipando suas conseqüências.
- Possibilidade de acesso via Web (Internet) proporciona o acesso à informação em tempo real, *on line*, e independe de localização geográfica.

Foram aceitos, ainda, benefícios como:
- melhorar o controle das informações gerenciais;
- possibilitar maior agilidade na tomada de decisão;
- melhorar a confiabilidade como decorrência de maior consistência nos dados em virtude da descentralização.

27. DISCURSIVA

PADRÃO DE RESPOSTA ESPERADO

c) A resposta deverá contemplar os seguintes pontos:
- redução do custo relativo de produção;
- redução das devoluções;
- redução das despesas administrativas;
- proposta de atualização tecnológica dos equipamentos e de integração dos processos produtivos;
- inclusão de implantação de um Sistema Integrado de Gestão (ERP).

Pela análise do Quadro 2, identifica-se como relevante a um Plano de Ação de Operações e Tecnologia a diferença de custos de produção (74% na Cia. Exemplo contra 64% na Cia. Modelo), de devoluções (10% na Cia Exemplo contra 2% na Cia. Modelo) e despesas administrativas (7% na Cia. Exemplo contra 2% na Cia. Modelo). Assim, três itens importantes a incluir no Plano de Ação do Diretor de Operações e Tecnologia são:
- a redução do custo relativo de produção;
- a redução das devoluções e,
- a redução das despesas administrativas.

Pela análise do Quadro 1, identifica-se que a maquinaria de produção é antiga, implicando maiores gastos com manutenção (pela maior freqüência de manutenção), e que os processos de produção não são integrados, gerando desperdícios. Assim, o Plano de Ação deverá conter:
- proposta de atualização tecnológica dos equipamentos e de integração dos processos produtivos.

Pelos demais itens do Quadro 1, observa-se a inexistência de um Sistema Integrado de Gestão (ERP) na Cia. Exemplo, implicando maiores gastos pelo controle manual, mais erros, maior demora nas informações para gestão, pior qualidade da informação, em síntese, maior desperdício, pelo que deveria constar na resposta a inclusão de implantação de tal sistema no Plano de Ação.

28. DISCURSIVA

PADRÃO DE REPOSTA ESPERADO

a) Com a introdução do novo sistema, o Macrosul e/ou seus clientes poderão reduzir custos em função de: (foram solicitados dois aspectos)
- 1º redução dos custos de salários e encargos. Embora o Macrosul precise manter uma equipe de consultores de mercado e provavelmente vá pagar salários individuais maiores do que os que são pagos aos vendedores, o resultado final da alteração levará, com certeza, a uma redução destes custos.
- 2º redução dos custos com viagens e estadias. O fato de os consultores de mercado visitarem menos os clientes fará com que os custos de viagens e estadias sejam reduzidos, uma vez que haverá menos carros rodando, menor consumo de combustível, menos patrimônio depreciado, menos seguros pagos, menor número de diárias de hotel e menos tempo despendido em viagens, etc.
- 3º para os clientes do Macrosul, a redução de custos dar-se-á, basicamente, em função de 3 aspectos: - a simplificação do sistema de vendas do Macrosul terá impacto positivo em suas estruturas de compras. O tempo gasto para fazer compras será reduzido e o número de compradores poderá, conseqüentemente, também ser reduzido;
  - a redução do prazo de entrega do Macrosul fará com que os clientes possam reduzir ainda mais os seus níveis de estoques, com conseqüências na redução dos custos de manutenção de estoques;
  - a possibilidade de o cliente escolher o depósito do Macrosul de onde a mercadoria sairá para atendê-lo poderá levar a reduções em seus custos de transporte.

b)
I. A tecnologia agiliza a tomada de decisão e pode tornar mais confiáveis os dados e as informações. Os sistemas de controle e de comunicação, em geral, são otimizados e há a transferência de trabalhos monótonos, repetitivos e enfadonhos dos homens para a máquina. Por outro lado, pode haver diminuição do número de níveis hierárquicos, especialmente os da média administração, já que o controle passa a ser exercido pelos computadores. Isto tende a resultar em uma administração mais enxuta, organogramas mais achatados e mais tempo para as tarefas de planejamento. Pode também tornar menos pessoais as relações dentro das empresas.

II. a Reengenharia que a organização está fazendo, compreendendo uma **MUDANÇA RADICAL** e **DRÁSTICA** dos **PROCESSOS** que vinham sendo praticados ;

III. no que se refere às estruturas organizacionais e de gestão, torna-se possível migrar de estruturas funcionais e centralizadas para estruturas matriciais e descentralizadas, privilegiando-se a Gestão Matricial;

IV. os programas de qualidade otimizam-se em estruturas mais simplificadas, providas de elevado grau de padronização e sistematização, possibilitando resultados mais eficientes e eficazes, além de garantir a satisfação dos clientes;

V. o processo decisório flui mais efetivamente e o processo comunicativo ganha em celeridade e qualidade.

CONTEÚDO 08 – ADMINISTRAÇÃO DE SERVIÇOS

1. A
2. D
3. B

CONTEÚDO 09 – ADMINISTRAÇÃO DE RECURSOS MATERIAIS E PATRIMONIAIS

1. D
2. D
3. E
4. A
5. E
6. E
7. B
8. A
9. D
10. E
11. E
12. A
13. D
14. B
15. C
16. D

CONTEÚDO 10 – LOGÍSTICA

1. C

2. DISCURSIVA

PADRÃO DE RESPOSTA ESPERADO

Não necessariamente haverá ampliação do ciclo de operações da Companhia, pois os fornecedores tenderão a se mudar para próximo de Goiás. Além disso, a cidade de São Paulo é conhecida pelo caos em seu sistema de trânsito, o que provoca longo tempo no transporte dos produtos. E, em especial neste caso, o maior consumo de tratores não está na cidade de São Paulo, devendo este fator de localização dos clientes ser considerado na análise das operações logísticas.

CONTEÚDO 11 – ÉTICA E RESPONSABILIDADE SOCIAL

1. A **3.** B **5.** C
2. A **4.** C **6.** D

7. DISCURSIVA

PADRÃO DE RESPOSTA ESPERADO

Existe clara responsabilidade social da empresa para com a continuidade das atividades profissionais de seus funcionários a serem demitidos, de seus prestadores de serviços que terão cancelados seus contratos, e de seus fornecedores que terão interrompidos seus contratos de fornecimento de peças.

A solução, informada pela empresa, quanto a seu programa de desligamento, envolverá as ações necessárias ao cumprimento dessa responsabilidade social: aos funcionários, programas de recolocação profissional, com reintegração ao mercado de trabalho, apoio psicológico e médico; e replanejamento de atividades de prestadores de serviço, com análise de novos clientes e mercados.

8. DISCURSIVA

PADRÃO DE RESPOSTA ESPERADO

d) A resposta pode ser positiva ou negativa, devendo, portanto, ser avaliada a justificativa. Como primeira possibilidade de resposta, poderá ser respondido SIM, tendo como justificativa que a utilização de um programa integrado de responsabilidade social com plano de racionalização não fere princípios éticos, porque os gastos com o plano de racionalização serão arcados pela empresa e parte dos benefícios auferidos será aplicada no Programa Fome Zero. Como segunda possibilidade de resposta, poderá ser respondido NÃO, tendo como justificativa que não seria ético, por exemplo, usar o Programa Fome Zero como argumento para justificar possíveis demissões.

9. DISCURSIVA

PADRÃO DE RESPOSTA ESPERADO

e) Podem ser citadas quaisquer duas das influências indicadas a seguir.
 – Se forem mantidos os mesmos fornecedores, deverão ser feitas as seguintes exigências:
  • padrão de qualidade;
  • quantidade necessária (demanda) por período;
  • prazo de suprimento;
  • preço da matéria-prima;
  • condição de armazenagem;
  • condição de transporte.
 – Outras possíveis influências:
  • eventual contratatação de novos fornecedores (de algodão colorido, tecelagens, distribuidores, etc);
  • eliminação de fornecedores que não possam prover os produtos requeridos pela empresa;
  • intensificação do relacionamento com fornecedores para desenvolvimento conjunto de tecnologias para produção ou transformação do algodão colorido.

10. DISCURSIVA

PADRÃO DE RESPOSTA ESPERADO:

e) Devem ser identificados quatro dos seguintes aspectos éticos:
 • o uso de tecnologia sem acarretar impacto ao meio ambiente;
 • atendimento adequado aos consumidores;
 • o padrão de qualidade da empresa será mantido no Brasil;
 • adesão da empresa à barganha iniciada pela proposta governamental;
 • sugestão da empresa de construção de barreiras à entrada de novos concorrentes.

Obs.: Poderão ser aceitas outras respostas, desde que se refiram à prática empresarial e possam ser extraídas ou depreendidas do texto.

11. DISCURSIVA

PADRÃO DE RESPOSTA ESPERADO:

Alguns dos argumentos que podem ser citados são apresentados abaixo.

• É do interesse das empresas melhorar a comunidade na qual estão localizadas e onde fazem seus negócios. Melhorias na comunidade implicam benefícios à empresa.
• Ser socialmente responsável é a coisa ética ou correta "a se fazer", o que melhora a imagem pública da empresa. . É politicamente correto e ético investir na preservação do meio ambiente, o que evita a propaganda negativa decorrente, por exemplo, da pressão de grupos ambientalistas.
• Ações que demonstram sensibilidade social podem, na verdade, ser lucrativas para a empresa, pois o sistema de valores mais aceito encoraja vigorosamente os atos de caridade e a preocupação social.
• Se a empresa não for socialmente responsável por conta própria, a opinião pública ou o governo exigirão que o seja.
• Quanto mais esclarecido o grupo social, maior a tendência a recusar um comportamento omisso por parte de uma empresa em relação ao meio ambiente, o que poderia provocar um boicote aos produtos e/ou serviços dessa empresa.
• Demonstrar sensibilidade, com relação a assuntos sociais, ajudará a impedir eventual intervenção do governo nas empresas. Pode ser bom para os acionistas, já que tais atitudes merecerão a aprovação pública e farão com que a empresa seja vista por analistas financeiros profissionais como pouco propensa a críticas sociais, o que poderá aumentar sua cotação nas bolsas de valores.

- O investimento na questão ambiental pode reduzir a necessidade de elevados gastos adicionais decorrentes de acidentes.
- Uma empresa que pretenda atingir o mercado externo deverá necessariamente possuir o selo verde, o que só poderá obter se comprovar que preserva o meio ambiente.
- Investir na preservação do meio ambiente pode, no futuro, significar economia de custos (em termo de energia, matéria-prima, etc) e gerar importantes inovações que coloquem a empresa à frente de seus concorrentes.

Obs.: Serão aceitas respostas diferentes, desde que pertinentes.

CONTEÚDO 12 – TEMAS COMBINADOS

1. DISCURSIVA

PADRÃO DE RESPOSTA ESPERADO:

1) Deveria ser investigado se na análise foram consideradas as saídas de caixa na data zero:

(1) valor de compra do equipamento, (2) custos de instalação e (3) de demissão dos funcionários, (4) o valor residual da venda do equipamento antigo e (5) nos outros anos os impactos nas receitas e nos custos fixos e custos variáveis ou fluxos de caixa incrementais.

Critério de Atribuição de Pontos:

Nível 1: identificou corretamente um dos itens de dispêndio inicial de capital (valor de compra do equipamento ou custo de instalação ou custo de demissão de funcionários ou valor residual da venda do equipamento antigo) OU o fluxo de caixa incremental. (2 pontos).

Nível 2: identificou corretamente um dos itens de dispêndio inicial de capital (valor de compra do equipamento ou custo de instalação ou custo de demissão de funcionários ou valor residual da venda do equipamento antigo) E o fluxo de caixa incremental. (3 pontos).

Nível 3: identificou corretamente dois dos itens de dispêndio inicial de capital (valor de compra do equipamento ou custo de instalação ou custo de demissão de funcionários ou valor residual da venda do equipamento antigo) E o fluxo de caixa líquido periódico. (4 pontos).

Nível 4: identificou corretamente três dos itens de dispêndio inicial de capital (valor de compra do equipamento ou custo de instalação ou custo de demissão de funcionários ou valor residual da venda do equipamento antigo) E o fluxo de caixa líquido periódico. (5 pontos).

2) Impactos na área financeira: (1) como a TIR é maior que o custo de capital, o principal impacto financeiro é o aumento do valor da empresa; (2) além disso, seria necessário avaliar como o financiamento do projeto iria implicar na liquidez e no risco financeiro da empresa;

(3) também deveria ser considerada a redução do capital de giro.
- Impactos na produção: (1) ganho de qualidade e (2) eficiência, além do aumento da (3) rapidez e agilidade na gestão da cadeia de suprimentos da empresa.
- Impactos no RH é: (1) as demissões poderão trazer um impacto na diminuição da motivação e ressentimento dos remanescentes aos cortes e (2) possíveis problemas legais com o sindicato. (3) Além disso, o RH deverá se preparar para capacitar e treinar os futuros usuários do ERP.

Critério de Atribuição de Pontos:

Nível 1: identificou um impacto em pelo menos duas das três áreas (2 pontos).

Nível 2: identificou um impacto em cada uma das três áreas. (3 pontos)

Nível 3: identificou dois impactos em duas das três áreas. (4 pontos)

Nível 4: identificou dois ou mais impactos em cada uma das três áreas. (5 pontos)

2. DISCURSIVA

PADRÃO DE RESPOSTA ESPERADO:

a) A abordagem não é feliz, pois focaliza justamente a imagem da miséria e subnutrição da população que, provavelmente, já possui uma auto-estima baixa. Além disso, como o produto é destinado a uma camada social menos favorecida, pode dar uma idéia de que é a única solução possível para aquela população.

Campanhas polêmicas desse tipo poderiam ser usadas com um público de classe média, que estivesse mais próximo do "depois" do que do "antes", mas jamais com uma população que é a própria imagem do "antes". É o mesmo que dizer: "Vejam como vocês são subnutridos."

Obs.: Foram aceitas outras respostas em que os graduandos demonstrassem ter percebido os problemas éticos que esse tipo de propaganda pode acarretar.

b) É importante que o graduando perceba que, sendo o público-alvo desnutrido e de baixa renda, ele também pode ser analfabeto, e ter dificuldade de acesso à informação. Nesse sentido, meios de comunicação como jornais e cinema seriam menos adequados para atingi-lo diretamente. Do primeiro grupo, o rádio parece ser o que conta com maior penetração junto ao público-alvo; no entanto, as melhores opções parecem ser as do segundo e terceiro grupos em função de seu caráter local, isto é, adaptado às condições de uma região pobre.

c) Estrutura vertical curta, isto é, atacadistas (distribuidores) e varejistas, aproveitando os mercados (atacadistas e varejistas) locais e aproximando-se ao máximo dos hábitos de venda dos produtos de primeira necessidade, de modo a possibilitar a redução dos custos de distribuição.

d) A abordagem chamada "clássica" postula que a responsabilidade da organização é estritamente fazer com que o negócio proporcione lucros máximos para a organização e dinheiro para os investidores. Os argumentos que a embasam, portanto, são: aumento de lucros do negócio, custos mais baixos do negócio, não-diluição dos propósitos do negócio, maior poder de barganha do negócio, e oferta de contabilidade para o público. Assim, a empresa estará cumprindo a sua responsabilidade social na medida em que gerar lucros, aquecer a economia local e gerar empregos.

A abordagem oposta – a socioeconômica – defende o papel da organização no bem-estar social, além dos lucros. Seus fundamentos são: lucros de longo prazo para o negócio, melhor imagem junto ao público, menor regulamentação para os negócios, maiores obrigações sociais para o negócio, melhor ambiente para todos e atendimento aos desejos do público. De acordo com essa abordagem, a empresa estará cumprindo sua responsabilidade social na medida em que melhorar a vida da população.

e) Elaboraria um programa de treinamento que proporcionasse capacidade (resultado da aptidão depois de exercida ou treinada), usando as pessoas da localidade que têm aptidão (que se transforma em capacidade pelo exercício ou treinamento). A aptidão possibilita o encaminhamento futuro para determinado cargo, enquanto a capacidade possibilita a colocação imediata em determinado cargo. Seria feita, dessa forma, a capacitação da mão-de-obra local, utilizando, inicialmente, instrutores treinados que poderiam ser de outra região e que, pouco a pouco, poderiam ser substituídos por pessoas da própria região, contribuindo efetivamente para sua melhoria de vida.

3. DISCURSIVA

PADRÃO DE RESPOSTA ESPERADO:

a) **Pontos Fortes:**
   - é o maior do setor de revendas no Estado;
   - atua com mais de uma marca;
   - tem sete lojas situadas numa área com acesso a outras regiões do Estado e com população em crescimento e de bom poder aquisitivo;
   - demonstra eficiência e baixo custo das operações e dos recursos;
   - demonstra disponibilidade e bom desempenho da assistência técnica e serviços pós-venda;
   - dá autonomia decisória aos gerentes das lojas.

   Pontos Fracos:
   - há falta de integração nas decisões (possivelmente falta de visão estratégica das partes).

   Oportunidades:
   - expandir para outras regiões;
   - diversificar também para outras marcas.

   Ameaças:
   - outros grupos (inclusive o seu maior concorrente e os que atuam em outras regiões) cresceram através de fusões;
   - outras concessionárias migrarem para as mesmas marcas.

b) No que diz respeito às políticas de Recursos Humanos, o graduando pode responder que tanto a centralização quanto a descentralização apresentam vantagens e desvantagens, mas que, apesar de suas desvantagens, a descentralização é uma tendência importante nas organizações. Com a globalização da economia e as facilidades oferecidas pela moderna tecnologia das comunicações e dos transportes, o acesso à informação a distância facilita a descentralização da autoridade. A descentralização, entretanto, não deve ser utilizada indiscriminadamente para que não haja duplicação de esforços, perda de controle, coordenação e poder.

Encontram-se a seguir exemplos de justificativas que podem ser apresentadas.

VANTAGENS DA CENTRALIZAÇÃO

- as decisões são tomadas por administradores que têm uma visão global da organização;
- os tomadores de decisão estão situados no topo e geralmente são mais bem treinados e preparados do que os que estão em níveis mais baixos;
- a duplicação de esforços é reduzida e a eliminação de esforços duplicados reduz os custos operacionais;
- certas funções, como compras, quando centralizadas, provocam maior especialização e aumento de habilidades;
- as decisões são mais consistentes com os objetivos organizacionais;
- os gerentes têm acesso rápido à informação e podem cuidar dos problemas à medida que ocorrem, pois a centralização produz uniformidade e facilita o controle.

DESVANTAGENS DA CENTRALIZAÇÃO

- os tomadores de decisão situados no topo raramente têm contato com os vendedores e com as situações que a venda envolve;
- as linhas de comunicação mais distanciadas provocam demoras prolongadas;
- administradores nos níveis mais baixos são frustrados porque estão fora do processo decisorial;
- pelo envolvimento de muitas pessoas nas comunicações, há mais possibilidades de erro e de distorções pessoais;
- a avaliação de desempenho sempre depende de critérios estabelecidos pela hierarquia superior;
- a busca de uniformidade impede a competição;
- tende a inibir a iniciativa e, com isto, desestimular a criatividade e o comprometimento.

Ou

VANTAGENS DA DESCENTRALIZAÇÃO

- as decisões são tomadas mais rapidamente pelos próprios executores, ou seja, por administradores que estão mais próximos dos fatos;
- os tomadores de decisão são os que têm mais informação sobre a situação;
- maior envolvimento na tomada de decisão cria maior moral e motivação entre os administradores médios;
- proporciona bom treinamento aos administradores médios;
- permite avaliar os gerentes com base em sua capacidade de tomar decisões e resolver problemas e, por isto, tende a aumentar a satisfação dos gerentes com o sistema de controle de resultados;
- produz um clima de competitividade positiva dentro da organização, já que as pessoas se comparam e são avaliadas com base em resultados;
- produz criatividade e engenhosidade de soluções para os problemas da organização.

DESVANTAGENS DA DESCENTRALIZAÇÃO

- podem ocorrer falta de informação e de coordenação entre departamentos;
- há maior custo por administrador, pois, devido ao melhor treinamento, é melhor o salário dos administradores nos níveis mais baixos;
- os administradores tendem a uma visão mais estreita e podem defender mais o sucesso de seus departamentos em detrimento da empresa como um todo;

- políticas e procedimentos podem variar enormemente nos diversos departamentos;
- o controle e o tratamento uniformizado de problemas são difíceis num sistema descentralizado, em que cada um tem autonomia para agir à sua maneira;
- podem diminuir as vantagens da especialização, já que pode haver uma tendência à busca de auto-suficiência.

c) Como administrador de uma montadora, permitiria que uma concessionária representasse duas marcas desde que não as vendesse na mesma loja e que fossem mantidos padrões éticos de atuação.

Para isso, reuniria os concessionários periodicamente para verificar:

- quais os valores guias compartilhados e se estão claramente compreendidos por todos;
- se os líderes das concessionárias estão pessoalmente comprometidos com os valores e desejosos de agir segundo eles;
- se os valores são considerados em tomadas de decisões e refletidos em todas as atividades importantes das concessionárias;
- se os sistemas de informação, relacionamentos de prestação de contas e avaliações de desempenho apóiam e reforçam esses valores;
- se as pessoas em todos os níveis das concessionárias possuem habilidades e conhecimentos para tomar ótimas decisões éticas o tempo todo.

Outra resposta possível:

Como administrador da montadora, envolveria na elaboração de um código de ética todos os concessionários, ou seja, cada pessoa que tenha de viver sob esse código. Tal código incorporaria declarações corporativas, seria resumido e de fácil compreensão e memorização.

Para a sua implementação seria necessário negociar e buscar um consenso para modificar o comportamento antiético, analisando as suas desvantagens.

d) O graduando deve posicionar-se sobre o processo de regulamentação dos negócios e fazer uma breve análise do papel do Estado na economia.

Respostas possíveis

- Não, porque o crescimento explosivo das regulamentações no final dos anos 60 e início dos anos 70 impôs vasto conjunto de leis e de políticas públicas às organizações. Por meio desta regulamentação, o governo passou a exercer controle crescente sobre as áreas chaves de tomada de decisão empresarial.
- Sim, porque pode haver uma tendência de oligopólio, o que seria ruim para o consumidor final.

4. DISCURSIVA

PADRÃO DE RESPOSTA ESPERADO:

a) Receita prevista: 30.000 unidades x R$ 12,00 / unidade = R$ 360.000,00

Custos diretos com a produção: 30.000 unidades x R$ 7,00 /unidade = R$ 210.000,00

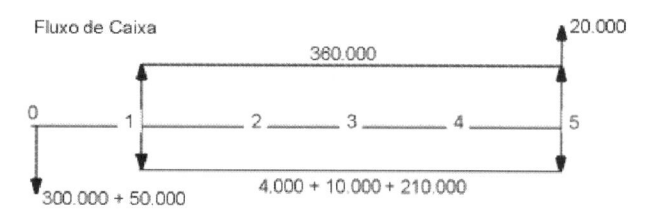

Fluxo de Caixa

```
                    360.000                     20.000
     0     1        2        3        4        5
     
   300.000 + 50.000     4.000 + 10.000 + 210.000
```

t	Valor
0	– 300.000 – 50.000 = – 350.000
1	136.000
2	136.000
3	136.000
4	136.000
5	136.000 + 20.000 = 156.000

b) Valor Presente líquido = $-350.000 + 136.000/(1+0,10)^1 + \ldots + 156.000/(1+0,10)^5 = 177.965,43$.

Sim! Porque o VPL > 0

c) Análise de Sensibilidade:

Receita: 360.000 x 0,85 = 306.000

Custos diretos: 210.000 x 1.10 = 231.000

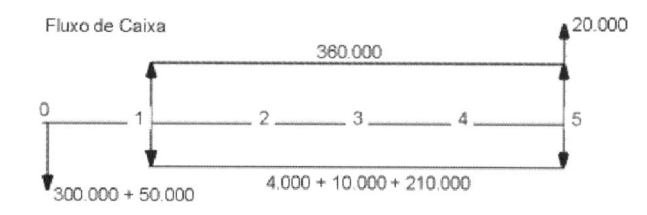

Fluxo de Caixa

```
                    360.000                     20.000
     0     1        2        3        4        5
     
   300.000 + 50.000     4.000 + 10.000 + 210.000
```

Valor Presente Líquido = -106.343,58

Conclusão:

O projeto de lançamento do novo produto não resiste às variações colocadas por apresentar um

VPL menor que zero.

CAPÍTULO IV
QUESTÕES DE COMPONENTES ESPECÍFICOS DE GESTÃO DE RECURSOS HUMANOS

1. D	10. B	19. B	
2. E	11. C	20. A	
3. C	12. C	21. A	
4. D	13. B	22. D	
5. D	14. B	23. B	
6. B	15. D	24. B	
7. D	16. E	25. ANULADA	
8. A	17. A	26. B	
9. D	18. E	27. E	

28. DISCURSIVA
PADRÃO DE RESPOSTA ESPERADO

Possíveis vantagens, entre outras pertinentes:
- incentiva o funcionário a atingir, e até a superar as metas propostas;
- demonstra reconhecimento pelo esforço do funcionário;
- busca de conhecimentos e habilidades para fazer jus a recompensa;
- promove o crescimento e desenvolvimento profissional;
- incentiva a perspectiva profissional.

Possíveis desvantagens, entre outras pertinentes:
- pode contrariar a cultura organizacional que esteja promovendo a colaboração e afetar o clima organizacional;
- demanda por esforço adicional em relação ao estabelecimento de padrões de desempenho;
- manutenção dos registros, tempo consumido para comunicar o plano aos funcionários;
- pode aumentar a competitividade interna gerando conflitos e disputa pelo poder;
- a produção de bens e/ou serviços pode ser prejudicada em sua qualidade pela pressão no alcance de metas.

29. DISCURSIVA
PADRÃO DE RESPOSTA ESPERADO

A empresa Brasil Top Ltda. introduziu o conceito de gestão de pessoas por competências.

A resposta deve contemplar no mínimo 3 (três) dos seguintes aspectos:
- novas atribuições e responsabilidades do cargo;
- conhecimentos;
- habilidades;
- comportamentos;
- atitudes;
- desempenho;
- agregação de valor.

30. DISCURSIVA
PADRÃO DE RESPOSTA ESPERADO

Espera-se que sejam citados alguns destes abaixo listados, separando claramente os instrumentos de apoio a indivíduos e gestores, dos critérios que formalizam a política de carreira.

<u>Instrumentos para o apoio ao desenvolvimento dos indivíduos na carreira</u>
Orientação e acompanhamento dos gestores, planos de desenvolvimento individual, programas de feedback, programas de treinamento e desenvolvimento.

<u>Instrumentos de suporte à ação gerencial</u>
Avaliação de Desempenho, Avaliação de Potencial e preparação dos gestores para feedback ativo.

<u>Critérios que podem compor a política de carreira</u>
Resultado da avaliação de desempenho, participação em cursos e programas de desenvolvimento, envolvimento e participação em ações e projetos organizacionais.

CAPÍTULO V
QUESTÕES DE COMPONENTES ESPECÍFICOS
DE GESTÃO FINANCEIRA

1. B	10. E	19. C
2. E	11. C	20. C
3. D	12. A	21. B
4. C	13. E	22. E
5. E	14. D	23. D
6. D	15. D	24. C
7. D	16. A	25. E
8. C	17. E	26. B
9. B	18. A	27. E

28. DISCURSIVA
PADRÃO DE RESPOSTA ESPERADO

CCL = AC − PC. Assim, para os 4 meses o valor do CCL é, respectivamente, de − 100.000; − 200.000; + 300.000 e + 100.000.

Uma estratégia agressiva seria conseguir somente a quantidade necessária de recursos para na exata medida das necessidades da empresa. Nesse caso, a empresa deveria levantar recursos de R$100.000 no 1º mês e de mais R$200.000 no mês seguinte, podendo desmobilizar esses recursos nos meses seguintes, já que apresentam CCL positivo.

Uma estratégia conservadora, por sua vez, seria aquela na qual a empresa levantaria os recursos necessários relativos ao máximo de suas necessidades. Nesse caso, a empresa deveria levantar, o mais rapidamente possível, R$200.000, o máximo do CCL no período, mantendo esses recursos durante todo o período ou, pelo menos, durante os dois primeiros meses.

29. DISCURSIVA
PADRÃO DE RESPOSTA ESPERADO

a)

	Valores (em R$)
(+) Receita	100.000
(−) Custos operacionais e demais despesas (não-financeiras)	35.000
(−) Depreciação	25.000
(=) Lucro bruto	40.000
(−) Impostos	12.000
(=) Lucro líquido	28.000
(+) Depreciação	25.000
(=) Fluxo de caixa	53.000

Temos que calcular o valor presente líquido do projeto.

$$VP = 53.000 \times \frac{(1+12\%)^{10} - 1}{(1+12\%)^{10} \times 12\%} = 53.000 \times 5,6502 = 299.460,60$$

A recuperação do capital de giro em valor presente vale:

$$VP = 50.000 \times \frac{1}{(1+12\%)^{10}} = 50.000 \times 0,3220 = 16.100$$

O valor presente dos fluxos de caixa projetados é igual a:
299.460,60 + 16.100 = 315.560,60

Finalmente, o Valor Presente Líquido (VPL) do projeto de investimento é igual a: VPL = 315.560,60 − 300.000 = 15.560,60

Como o VPL é positivo, o projeto é atrativo para o custo de capital igual a 12% ao ano.

b) Deve-se calcular o valor presente líquido do projeto para o novo custo de capital próprio. Esse custo de capital é o valor esperado de capital próprio, dado pela média ponderada dos custos de capitais próprios (em que as ponderações são as probabilidades de cada cenário). Assim, o custo de capital próprio esperado é igual a: 60% x 12% + 40% x 19,5% = 15%
Para esse novo custo de capital próprio, as prestações em valor presente valem:

$$VP = 53.000 \times \frac{(1+15\%)^{10} - 1}{(1+15\%)^{10} \times 15\%} = 53.000 \times 5,0188 = 265.996,40$$

A recuperação do capital de giro em valor presente vale:

$$VP = 50.000 \times \frac{1}{(1+15\%)^{10}} = 50.000 \times 0,2472 = 12.360$$

O valor presente dos fluxos de caixa projetados é igual a:
2965.996,40 + 12.360 = 278.356,40

Finalmente, o Valor Presente Líquido (VPL) do projeto de investimento é igual a:

VPL = 278.356,40 − 300.000 = −21.643,60

Como o VPL é negativo, o projeto não é atrativo para o custo de capital igual a 15% ao ano.

c) Em um cenário de valorização do real frente ao dólar, os custos operacionais atrelados ao dólar decrescerão, tornando o projeto mais atrativo, uma vez que as demais premissas não mudaram.

30. DISCURSIVA
PADRÃO DE RESPOSTA ESPERADO

a) $7,0

b) Sim, pois a empresa está com prejuízo de 5% sobre a receita. $6,0, que mantém o lucro atual; abaixo de $6,0 aumenta o prejuízo, qualquer preço entre $6,0 e $7,0 reduz o prejuízo e um preço acima de $7,0 já gera lucro, mesmo que não alcance os $8,40 que garantem o objetivo de 5% de margem operacional.

CAPÍTULO VI
QUESTÕES DE COMPONENTES ESPECÍFICOS DE MARKETING

1. A
2. D
3. C
4. D
5. C
6. D
7. E
8. D
9. B
10. C
11. E
12. A
13. E
14. E
15. E
16. C
17. C
18. C
19. C
20. E
21. B
22. B
23. A
24. E
25. C
26. A
27. C

28. DISCURSIVA
PADRÃO DE RESPOSTA ESPERADO

Dado que o mercado de chocolates é um mercado maduro, as empresas já estabelecidas possuem grandes linhas de produtos, com enorme variedade. Diversas empresas comercializam dezenas de linhas que envolvem: bombons, barras individuais, barras para uso culinário, chocolates *diet* e *light*, recheados com frutas, nozes, entre outras, usando muitas marcas diferentes. Embora a empresa X tenha um chocolate diferente, isto pode não ser o suficiente para se estabelecer em um mercado tão competitivo. Por este motivo, é interessante pensar nas extensões de linha com formatos e sabores diferentes, de forma a atingir segmentos com interesses e necessidades diferentes.

Respostas corretas podem incluir a sugestão de grandes barras com pequenos Smack em sequência; sabores distintos como chocolate branco, amêndoas, trufas, frutas, licores...; embalagens comemorativas e/ou promocionais em datas específicas; embalagens especiais para presente; formato gigante, especial para o Dia dos Namorados, o "super Smack"; entre outras.

29. DISCURSIVA
PADRÃO DE RESPOSTA ESPERADO

Nesta questão, o estudante deve demonstrar conhecimento dos elementos do composto promocional (propaganda – anúncios impressos e eletrônicos, espaços externos das embalagens, encartes da embalagem, filmes, manuais e brochuras, cartazes e folhetos, catálogos, outdoors e outros mobiliários urbanos; vendas pessoais – apresentações e reuniões de vendas, programas de incentivo, feiras e exposições; promoção de vendas – concursos, jogos, loterias, sorteios, prêmios e brindes, amostras, demonstrações, cupons; eventos e experiências – esportes, diversão, festivais, artes, causas, visitas à fábrica, museus corporativos, atividades de rua; relações públicas – kits para imprensa, palestras, seminários, relatórios anuais, doações, publicações, relações com a comunidade, *lobby*, mídia de identidade empresarial; marketing direto – catálogos, malas diretas, telemarketing, vendas pela TV, mala direta via fax, e-mail e correio), lembrando que "a comunicação de marketing é o meio pelo qual as empresas buscam informar, persuadir e lembrar os consumidores – direta ou indiretamente – sobre os produtos e marcas que comercializam. Num certo sentido, a comunicação de marketing representa a voz da marca e é o meio pelo qual ela estabelece o diálogo e constrói o relacionamento com os consumidores". Desta forma, ao citar os elementos do composto promocional, o estudante deverá ter em mente também o público-alvo pretendido (jovens adultos das classes A e B).

Para cada ferramenta citada o estudante deverá apresentar um argumento que justifique o uso da ferramenta de maneira adequada, como por exemplo: promoção de venda, argumentos válidos são a geração de vendas ou caixa ou o giro de estoque. Ou em propaganda, passar o posicionamento de produto ou melhora da imagem da marca.

30. DISCURSIVA
PADRÃO DE RESPOSTA ESPERADO

Fatores pessoais como idade, estágio no ciclo de vida, ocupação, circunstâncias econômicas, personalidade, autoimagem, estilo de vida e valores influenciam as decisões de compra de produtos e serviços. O estudante deverá ser capaz de identificar no texto ou criar elementos que evidenciem como tais fatores influenciam as decisões dos consumidores, avaliando a decisão do gerente.

O estudante deve concordar ou discordar da decisão do gerente, fundamentando-a.

CAPÍTULO VII
QUESTÕES DE COMPONENTES ESPECÍFICOS DE PROCESSOS GERENCIAIS

1. E	10. C	19. E
2. A	11. C	20. E
3. E	12. B	21. B
4. A	13. B	22. C
5. ANULADA	14. A	23. A
6. B	15. C	24. C
7. C	16. E	25. C
8. D	17. A	26. C
9. D	18. E	27. C

28. DISCURSIVA
PADRÃO DE RESPOSTA ESPERADO

As medidas relacionadas ao planejamento referem-se à definição de objetivos organizacionais e à capacidade de se projetar a longo prazo. Podem ser observadas na tomada de decisão baseada em informações de mercado.

As medidas relacionadas à organização referem-se à criação de infra-estrutura para o funcionamento das atividades da empresa, incluindo a distribuição do trabalho e podendo ser observadas na forma como foram organizadas as equipes.

As medidas relacionadas à direção referem-se à distribuição de poder e exercício da liderança que foram demonstradas na autonomia e gestão participativa.

As medidas relacionadas a controle referem-se ao acompanhamento de resultados e podem ser vistos pelo uso de indicadores diversos que demonstram o êxito das medidas.

29. DISCURSIVA
PADRÃO DE RESPOSTA ESPERADO

Espera-se que o estudante destaque, que a partir de uma situação cotidiana Peter teve a **ideia** de montar um negócio tendo identificado uma **oportunidade**. Peter não ficou apenas com a ideia, mas **implementou-a** e criou um negócio **inovador**, atendendo a um mercado não atendido no momento.
Outras características empreendedoras serão **consideradas**, desde que tenham relação com o texto.

A Graber ofereceu valor a um mercado não atendido, portanto, sem concorrência. Este tipo de oportunidade foi bem aproveitada, permitindo à empresa progredir mesmo em tempos de crise.

Espera-se que o estudante perceba em Peter, o espírito empreendedor, quando vislumbrou oportunidade de negócios no momento em que identificou que o ramo de alarmes estava em estágio primitivo no Brasil.

Peter identificou um mercado não atendido e, oferecendo valor a uma clientela não atendida à época, prosperou em ambiente economicamente adverso.

30. DISCURSIVA
PADRÃO DE RESPOSTA ESPERADO

Primeiro plano:

Vantagens: trazer pessoal novo, novas idéias, "sangue novo", novos modelos de gestão, maior rapidez na implantação.

Desvantagens: empregados ficam com medo de demissões, desconfiança, resistência à mudança, desconhecimento da cultura da empresa e dos empregados por parte do pessoal novo.

Segundo plano:

Vantagens: gerentes já conhecem cultura e empregados, que têm confiança e não terão tanta resistência à mudança; mudança na cultura leva tempo e requer confiança, que também leva tempo para se adquirir; gerentes conhecem fornecedores e clientes, não haveria interrupções importantes nesses aspectos.

Desvantagens: mudança levaria mais tempo e poderia não ser tão ou nada efetiva; o grau de confiança dos empregados nos gerentes pode diminuir com a ameaça de mudanças na gestão, ainda que com o mesmo time.

CAPÍTULO VIII
QUESTÕES DE COMPONENTES ESPECÍFICOS DE SECRETARIADO EXECUTIVO

1. D	19. D	37. B
2. B	20. B	38. E
3. A	21. E	39. A
4. D	22. B	40. B
5. D	23. E	41. C
6. A	24. A	42. D
7. B	25. C	43. B
8. E	26. A	44. C
9. E	27. B	45. B
10. D	28. A	46. E
11. D	29. C	47. D
12. B	30. D	48. E
13. B	31. D	49. C
14. C	32. B	50. B
15. D	33. E	51. E
16. C	34. A	52. C
17. D	35. E	53. A
18. D	36. D	

54. DISCURSIVA
PADRÃO DE RESPOSTA ESPERADO

Órgão Emissor
Secretaria/Departamento
Endereço para Correspondência
Telefone e Endereço Eletrônico
5 cm

Título: "Ofício n. xxx"

Local e data.

Ao Senhor
(nome)
(cargo)
CEP – Cidade – Estado

Assunto: Portaria n. 2349/09 - Implantação do Projeto de Gerenciamento Integrado

Senhor Secretário,
2,5 cm

1. A Secretaria de Ensino Superior – SESU, por meio da Portaria no. 2.349/09 estabelece o prazo de 90 dias para que as Universidades Brasileiras implantem seus Projetos de Gerenciamento Integrado com o propósito de unificação dos processos gerenciais das Universidades Públicas Federais.

3,0 cm   1,5 cm

2. O curso de Secretariado Executivo da Universidade Federal de Pernambuco, por questões de reestruturação do seu quadro diretivo não poderá cumprir o prazo estabelecido pela portaria e solicita a sua prorrogação por mais 30 dias.

3. Pedimos a avaliação de nossa solicitação, considerando a importância da conclusão do Projeto no contexto das universidades públicas.

Atenciosamente,

Nome
CARGO

55. DISCURSIVA
PADRÃO DE RESPOSTA ESPERADO

Campinas, 19 de agosto de 2009.

À
Maria de Fátima Cardoso
DIRETORA RECURSOS HUMANOS
ELETROLINKS
Ref.: solicitação de vaga para estágio supervisionado.

Senhora Diretora:

Como aluno do curso de bacharelado em Secretariado Executivo, devo realizar, para fins de conclusão de curso, estágio supervisionado a partir do terceiro período, em empresa que me possibilite a aplicação, na prática, dos conhecimentos auferidos na graduação.

Assim, solicito sua análise sobre a possibilidade de ser aceito nessa conceituada empresa, para fins de realização dessa exigência, junto à Universidade, no total de 300h, em horário comercial, o qual deverá resultar em relatório final.

Agradeço pela atenção dispensada, solicitando, se possível, resposta a esta solicitação, a fim de poder organizar minha agenda acadêmica.

Atenciosamente,

João Alberto Silva
Joao_silva@hotmail.com
(xx) 9999-9999

56. DISCURSIVA

PADRÃO DE RESPOSTA ESPERADO

Mr. Silva

Mrs. Valentina has called, and asked you to call her back as soon as possible (regarding the car). Your wife asked me to remind you not to forget about buying milk and picking your daughter up at school.

57. DISCURSIVA

PADRÃO DE RESPOSTA ESPERADO

A correção se baseará no conteúdo, na coesão / coerência do texto e no domínio da modalidade escrita formal. Os itens a serem avaliados estão apresentados a seguir.

Conteúdo (valor: 4,0 pontos)

O ponto-chave nesta questão é o <u>diferencial</u> na carreira do profissional de Secretariado Executivo em virtude da situação exposta, o que pode ser medido pelas tarefas a serem desenvolvidas atualmente, pela participação do profissional no projeto e pela responsabilidade e papel do profissional na empresa. As idéias abaixo podem ser desenvolvidas na resposta, mas outras idéias e justificativas podem ser incluídas.

- As funções do profissional de Secretariado Executivo foram otimizadas com a utilização da GED. Essa otimização permitiu ao profissional dedicar-se a outras atividades exigidas pelo perfil atual, tais como a administração de equipes, o gerenciamento de informações, a organização de eventos empresariais e a participação em reuniões de nível gerencial.
- O profissional se destacou na empresa por ter participado da implantação da GED, tendo sido caracterizado, assim, como assessor de suporte gerencial, localizando informações importantes sobre a empresa e sobre a equipe e transformando-se num facilitador de processos gerenciais.
- A sugestão de implantar um sistema de GED fez com que a empresa obtivesse reconhecimento de suas atividades em nível nacional, o que torna o profissional responsável – a Secretária Executiva em questão – como referência para a empresa e para os outros profissionais de Secretariado Executivo.

Coerência / coesão (valor: 3,0 pontos)

Os destaques são a seqüenciação lógica das idéias e a adequação à estrutura da frase e do texto (uso de conectores e de elementos anafóricos e catafóricos e paragrafação), além da precisão vocabular.

Modalidade escrita formal (valor: 3,0 pontos)

O candidato deve demonstrar domínio de modalidade escrita formal da língua, em termos de pontuação, concordância, regência e ortografia.

58. DISCURSIVA

PADRÃO DE RESPOSTA ESPERADO

Exemplo de Memorando

MEMORANDO 25/2006

DE: Patrícia Ribeiro
     Secretária Executiva

PARA: Henrique Menezes
       Gerente Administrativo

DATA: 01 novembro de 2006.

ASSUNTO: Participação em evento

Solicito dispensa funcional no dia 13 de novembro de 2006, para participar do Encontro de Secretários Executivos do segmento de Eventos a convite da Associação Comercial de Brasília. O encontro se realizará no Auditório da Associação.

O Evento visa a instrumentalizar os profissionais da área com novas abordagens de comunicação oral, o que acredito poder contribuir para o meu crescimento profissional e para o sucesso de minhas atividades em nossa empresa.

Atenciosamente,

Patrícia Ribeiro (valor: 10,0 pontos)

59. DISCURSIVA

PADRÃO DE RESPOSTA ESPERADO

Exemplo

Rio, 12 de novembro de 2005.

Para: Diretores, Supervisores e Chefes

De: Telecomunicações Corporativas

Em função da re-estruturação da divisão das áreas de operação de telecomunicações, adotaram-se novos procedimentos e horários e funcionamento dos setores malote/fax.

As mensagens deixam de ser entregues pelo pessoal de fax para serem entregues pelo malote, como já ocorre nas unidades Jaceguaí e Panamá.

Os novos horários, são:
Marginal - 7º. andar do Edif. Ciranda

Das 9h às 24h-seg/sex
Das 8h às 14h-sábado
(exceto julho e dezembro)

Edif. Rosires – 7º. andar (lado da Marginal)
Das 9h às 19h – seg/sex
(exceto seg. à tarde)

Edif. S. Francisco – 1º. andar bloco A
Das 9h às 19h – seg/sex

Alvorada – térreo:
Das 14h às 18h– seg

Solicitamos aos funcionários do Alvorada que, caso tenham necessidade de utilização de malote/fax em outros horários, entrem em contato comigo no ramal 210.

Essa nova estrutura entra em operação a partir de 10/12/2005.

Atenciosamente, (valor: 10,0 pontos)

60. DISCURSIVA

PADRÃO DE RESPOSTA ESPERADO

Exemplo

Telephone XXX XXXXXX

Home-Sweet-Hotel
Wellington Road
York
Yorkshire
Y10 12A
27/**XX** January 2005

Mr Michael Foster
31 Fox Lane
London
W10 21P

Dear Mr Foster

We acknowledge receipt of your letter of 6th of January for which we thank you for the feedback.

OR

Thank you for your letter and your feedback about our hotel.

We are glad you are happy with our services and enjoyed the food.

We are sorry for the inconvenience caused by the heating temperature. As advised in our booklet located on the bedside of each hotel room, the heating is directly controlled by the computer at Reception. If any heating adjustment is needed, the customer needs to ask Reception for assistance.

Regarding the check out time, our booklet also informs customers that rooms may be serviced by lunch time on the day of departure in readiness for the next occupant and, if needed, a luggage room will be provided to leave any suitcases until it is convenient for the customer to collect them.

We hope you come back to enjoy our hotel and our facilities.

We look forward to seeing you again.

Yours sincerely, (valor: 10,0 pontos)

CAPÍTULO IX
QUESTÕES DE COMPONENTES ESPECÍFICOS
DE RELAÇÕES INTERNACIONAIS

1. ANULADA
2. A
3. C
4. D
5. B
6. E
7. D
8. A
9. B
10. D
11. C
12. D
13. C
14. D
15. E
16. E
17. D
18. D
19. A
20. D
21. ANULADA
22. E
23. E
24. C
25. A
26. E
27. ANULADA

28. DISCURSIVA
PADRÃO DE RESPOSTA ESPERADO

- Características iniciais das Operações de Paz (Continuidade):
  1. Supervisionar cessar-fogo;
  2. Ocupar áreas desmilitarizadas;
  3. Separar forças hostis.

- Características acrescentadas no pós-Guerra Fria (Descontinuidade):
  1. Usar forças policiais para reprimir distúrbios e conflitos;
  2. Verificar a situação dos direitos humanos e agir em sua defesa;
  3. Restaurar Estados em situação de colapso, por meio de ações sociais, econômicas e políticas.
  4. Mudanças de enfoque de *Peace keeping* para *Peace making/Peace enforcement*.

- Objetivos da Minustah:
  1. Estabilizar o país.
  2. Pacificar e desarmar grupos guerrilheiros e rebeldes.
  3. Promover eleições livres e informadas.
  4. Formar o desenvolvimento institucional e econômico do Haiti.

29. DISCURSIVA
PADRÃO DE RESPOSTA ESPERADO

- Ênfase nas relações e cooperação sul-sul.
- Crescente ênfase no conceito de América do Sul em substituição ao de América Latina.
- Reação anti-hegemônica.
- Ênfase na integração econômica – estratégia de desenvolvimento econômico – integração física.
- Simultaneidade de diferentes formas de integração e concentração regional: infraestrutura e energia.
- Criação de instituições regionais.

30. DISCURSIVA
PADRÃO DE RESPOSTA ESPERADO

- Tema: Agricultura
- Atores: União Europeia, Estados Unidos, países desenvolvidos de maneira geral; Brasil, Índia, países em desenvolvimento de maneira geral.
- Rodada Doha da OMC, iniciada em dezembro de 2001 e que ainda não foi concluída.
- G-20 quer redução ou fim de subsídios agrícolas nos países desenvolvidos, com ênfase na União Europeia e EUA.

CAPÍTULO X
QUESTÕES DE COMPONENTES ESPECÍFICOS DE CIÊNCIAS CONTÁBEIS

CONTEÚDO 01 – TEORIA CONTÁBIL

1. B
2. D
3. A
4. **DISCURSIVA**

PADRÃO DE RESPOSTA ESPERADO

O estudante deverá ser capaz de:

a) Indicar, no mínimo, três formas de reconhecimento das receitas. Para cada uma das formas de reconhecimento de receitas

Justificar dois dos métodos apontados Para cada um dos métodos justificados

Reconhecimento da Receita:

Receitas que acrescem em uma proporção direta ao decurso do tempo

Aplicação: Empresas de Auditoria reconhecem receitas à medida da execução dos trabalhos sem ter necessariamente recebido ou terminado o trabalho contratado.

Reconhecimento da receita por valoração dos estoques

Aplicação: Bens sujeitos a processo de crescimento natural ou metais preciosos, desde que haja mercado e preço líquido e certo.

Exemplo: Gado, Reservas Florestais, Vinho, Ouro.

Produtos ou Serviços de longo Prazo de Produção

Aplicação: Contratos de Longo Prazo

Método de Porcentagem do Acabamento

Exemplo: Fornecimentos de Bens, Obras e Serviços de Longo Prazo, Construção de Navios

Reconhecimento da Receita após o ponto de Venda

Aplicação: Vendas à prestação quando o recebimento é improvável

O reconhecimento deve ser feito à medida que as parcelas são recebidas.

Despesas de Faturamento e ou garantia forem relevantes.

Reconhecimento no momento de fornecimento de bens e serviços

Aplicação: Vendas com entrega imediata. Contabilização através da nota fiscal

Exemplo: Transações comerciais de eletrodomésticos,

5. **DISCURSIVA**

PADRÃO DE RESPOSTA ESPERADO

O aluno deverá ser capaz de elaborar as seguintes Demonstrações Contábeis:

a) Balanço Patrimonial corretamente classificado (valor 1,0 ponto)

Para cada um dos anos corretamente classificados (valor: 0,5 ponto)

Cia. Altamira - Balanços Patrimoniais encerrados					
Ativo	2004 2005	Passivo + Patrimônio Líquido		2004	2005
Ativo Circulante	R$ 36.700	R$ 58.000	Passivo Circulante	R$ 17.000	R$ 24.100
Disponibilidades	R$ 5.000	R$ 13.500	Contas a Pagar	R$ 3.450	R$ 1.600
Estoques	R$ 20.000	R$ 24.600	Dividendos a Pagar	R$ 3.500	R$ 9.000
Clientes	R$ 12.000	R$ 20.500	Fornecedores	R$ 5.050	R$ 6.000
(-) Provisões para Créditos de Liquidação Duvidosa	(R$ 300)	(R$ 600)	IPI e ICMS a Pagar	R$ 2.000	R$ 2.500
Ativo Não Circulante	R$ 59.000	R$ 67.500	Provisão Para Pagamento do Imposto de Renda e Contribuições	R$ 3.000	R$ 5.000
Investimentos			Passivo Não Circulante	R$ 9.000	R$ 10.700
Participações Societárias	R$ 4.000	R$ 5.500	Empréstimos de Longo Prazo	R$ 9.000	R$ 10.700
Imobilizado			Patrimônio Líquido	R$ 69.700	R$ 90.700
Bens de Uso	R$ 46.000	R$ 50.000	Capital Social	R$ 50.000	R$ 70.000
Imóveis	R$ 14.000	R$ 22.000	Reserva Legal	R$ 3.500	R$ 4.500
(-) Depreciação Acumulada	(R$ 5.000)	(R$ 10.000)	Lucros/Prejuízos Acumulados	R$ 16.200	R$ 16.200
Total dos Ativos	R$ 95.700	R$ 125.500	Total do Passivo	R$ 95.700	R$ 125.500

b) Demonstração do Resultado de Exercício com as contas corretamente classificadas

Cia. Altamira - Demonstração de Resultado do Exercício		
	01.01.2004 a 31.12.2004	01.01.2005 a 31.12.2005
Receitas Brutas de Vendas	R$ 340.300	R$ 400.000
(-) Deduções de Vendas		
Impostos Diretos sobre Vendas	(R$ 12.000)	(R$ 15.000)
Receitas Líquidas de Vendas	R$ 328.300	R$ 385.000
(-) Custo das Mercadorias Vendidas	(R$ 200.400)	(R$ 220.000)
Resultado Bruto Operacional	R$ 127.900	R$ 165.000
(-) Despesas Operacionais	(R$ 115.900)	(R$ 141.500)
Despesas com Créditos de Liquidação Duvidosas	(R$ 300)	(R$ 600)
Despesas de Depreciação	(R$ 3.000)	(R$ 5.000)
Despesas Administrativas	(R$ 63.600)	(R$ 79.900)
Despesas de Vendas	(R$ 49.000)	(R$ 56.000)
Outras Receitas e Despesas Operacionais	R$ 1.000,00	R$ 1.500,00
Resultado de Equivalência Patrimonial	R$ 1.000	R$ 1.500
Resultado Antes do IR	R$ 13.000,00	R$ 25.000,00
Imposto de Renda e Contribuições	(R$ 3.000)	(R$ 5.000)
Resultado Líquido	R$ 10.000	R$ 20.000

c) Demonstração das Mutações do Patrimônio Líquido (2004/2005) (valor 1,0 ponto)

Para cada um dos anos (valor: 0,5 ponto) •

Cia. Altamira - Demonstração das Mutações do Patrimônio Líquido				
Itens	Capital	Reservas	Lucros Acumulados	Total
Saldo final em 31.12.2003	R$ 50.000	R$ 3.000	R$ 10.200	R$ 63.200
Resultado 2004			R$ 10.000	R$ 10.000
Distribuição do Resultado				
Reserva Legal		R$ 500	(R$ 500)	R$ 0
Dividendos			(R$ 3.500)	(R$ 3.500)
Saldos finais em 31.12.2004	R$ 50.000	R$ 3.500	R$ 16.200	R$ 69.700
Subscrição de Sócios	R$ 10.000			R$ 10.000
Transferência p/ Capital	R$ 10.000		(R$ 10.000)	R$ 0
Resultado Exercício			R$ 20.000	R$ 20.000
Distribuição Resultado				R$ 0
Reserva Legal		R$ 1.000	(R$ 1.000)	R$ 0
Dividendos			(R$ 9.000)	(R$ 9.000)
Saldos finais em 31.12.2005	R$ 70.000	R$ 4.500	R$ 16.200	R$ 90.700

d) Demonstração das Origens e Aplicações de Recursos (2005) (valor 1,0 ponto)

Cálculo dos valores (valor: 0,5 ponto) • •

Apresentação correta das origens e das aplicações (valor: 0,5 ponto)

Cálculo do Capital Circulante Líquido	2.004	2.005	Variação
Ativo Circulante	R$ 36.700	R$ 58.000	R$ 21.300,00
Passivo Circulante	(R$ 17.000)	(R$ 24.100)	(R$ 7.100,00)
Capital Circulante Líquido	R$ 19.700	R$ 33.900	R$ 14.200,00

Resultado Ajustado		R$ 23.500
Resultado Líquido	R$ 20.000	
+ Ajustes de Despesas Depreciações	R$ 5.000	
(-) Resultado de Equivalência Patrimonial	(R$ 1.500)	

Cia. Altamira - Demonstração das Origens e Aplicações de Recursos		
Origens de Recursos		R$ 35.200
Resultado Ajustado	R$ 23.500	
Aumentos de passivos de longo prazo	R$ 1.700	
Subscrição dos Sócios	R$ 10.000	
Aplicações de Recursos		R$ 21.000
Aumento de Imobilizados	R$ 12.000	
Dividendos Distribuídos	R$ 9.000	
Variação do CCL		R$ 14.200

e) Fluxo de Caixa (Modelo Indireto) (2005) (valor 1,5 pontos)

   Identificação dos caixas gerados:

   Pelas operações (valor: 0,5 ponto)

   Pelos Investimentos (valor: 0,5 ponto)

   Pelos Financiamentos (valor: 0,5 ponto)

Cia. Altamira - Fluxo de Caixa Modelo Indireto		
Das Operações		R$ 12.300
Resultado Ajustado	R$ 23.500	
Variação de Estoques	(R$ 4.600)	
Variação Líquida de Clientes	(R$ 8.200)	
Diminuições de Contas a Pagar	(R$ 1.850)	
Variação de Fornecedores	R$ 950	
Variação de Impostos	R$ 2.500	
Dos Investimentos		(R$ 12.000)
Aumento de Imobilizados	(R$ 12.000)	
Dos Financiamentos		R$ 8.200
Aumentos de Empréstimos de Longo Prazo	R$ 1.700	
Subscrição de Capital	R$ 10.000	
Dividendos Pagos	(R$ 3.500)	
Total de Variações		R$ 8.500
Saldo Inicial das Disponibilidades		R$ 5.000
Saldo Final de Disponibilidades		R$ 13.500

6. DISCURSIVA

PADRÃO DE RESPOSTA ESPERADO

O estudante deverá ser capaz de

a) Conceituar e exemplificar os itens a seguir listados: (valor: 3,0 pontos)

Custo de conversão

Demais custos (cada)

Custos primários – São matéria-prima e mão-de-obra direta, assim chamados em virtude de que sua importância especial na composição dos custos. Hoje em dia a ênfase está nos custos de transformação e não mais tanto nos custos primários.

Custos de conversão - Todos os custos incorridos no processo produtivo para transformar as matérias-primas em produtos acabados. Os mais comuns são mão-de-obra direta e custos indiretos de fabricação.

Custos comuns – Comumente encontrados na fabricação de produtos farmacêuticos, onde durante o processo produtivo até uma determinada fase os custos incorridos são os mesmos e, a partir de um ponto chamado ponto de segregação, tornam-se vários produtos acabados diferentes.

Custos periódicos - ocorrem em momentos específicos no tempo, tais como custos de manutenção.

Custos variáveis e fixos - custos variáveis que variam diretamente à quantidade produzida (não vendida). Custos fixos são custo que não se alteram, por um determinado período e quantidade de produção.

Custos diretos - São atribuídos e identificados de forma direta no produto.

Custos indiretos - Ocorrem na produção mas sua atribuição ao produto é feita mediante rateio.

b) Especificar a aplicabilidade, os pontos positivos e negativos e a forma de cálculo do preço de transferência

Forma de cálculo do preço de transferência:

- O aluno deverá apresentar os pontos positivos e negativos do processo.
- Pontos positivos
- Pontos negativos
- Pontos Positivos
- O gestor consegue identificar a agregação de custos ao longo do processo produtivo.
- Os departamentos podem ser responsabilizados pela gestão de seus custos.
- Identifica-se mais claramente os que são centros produtivos e o que são centros de serviços.
- Quando existe mercado para os produtos ao longo do processo é importante para estabelecer o preço de transferência "alvo"
- Pontos Negativos
- Quando não existe mercado para comparação leva a transferência de ineficiências de um setor para o outro e por fim ao total do custo do produto.
- No caso apresentado transferir-se produtos tomando como base o custo do departamentos a adicionando-se 10% de margem com certeza leva a não gerar competitividade no processo produtivo, pois qualquer que seja seu custo sua margem de 10% está garantida. Desta forma não aconselhável utilizar-se desta metodologia.

CONTEÚDO 02 – ÉTICA GERAL E PROFISSIONAL

1. E	4. E	7. D
2. C	5. E	8. B
3. C	6. B	

CONTEÚDO 03 – ESCRITURAÇÃO CONTÁBIL E ELABORAÇÃO DE DEMONSTRAÇÕES CONTÁBEIS

1. C	4. B	6. C
2. D	5. E	7. D
3. C		

CONTEÚDO 04 – CONTABILIDADE SOCIETÁRIA

1. A	12. E	23. A
2. E	13. A	24. D
3. B	14. D	25. B
4. E	15. D	26. C
5. B	16. E	27. E
6. C	17. B	28. A
7. A	18. C	29. A
8. C	19. A	30. E
9. A	20. E	31. B
10. B	21. D	32. D
11. A	22. D	33. D

34. DISCURSIVA

PADRÃO DE RESPOSTA ESPERADO

a) 5.630

Ativo Circulante	
Caixa e Bancos	200
Aplicações Financeiras	630
Duplicatas a Receber	800
(-) Duplicatas Descontadas	(100)
Estoques	3.300
Impostos a Recuperar	350
Despesas Pagas Antecipadamente	450
Total do Circulante	**5.630**

b) 900

Intangível	900
Marcas e Patentes	900

c) 1.500

Investimentos	*1500*
Participações em Controladas	1.250
Participações em Controladas em Conjunto	250

d) 80

Receita Bruta de Vendas	13.500
Impostos sobre Vendas	(3.100)
Receita Líquida de Vendas	10.400
CMV	(7.000)
Lucro Bruto	**3.400**
Administrativas e Gerais	(500)
Vendas	(1.700)
Resultado Financeiro	(510)
Outras Receitas/Despesas Operacionais	(560)
Lucro antes do IR/CSLL	**130**
Provisão para IR/CSLL	(50)
Lucro Líquido do Exercício	**80**

e) 1.190

Patrimônio Líquido	
Capital Social Realizado	670
Capital Subscrito	900
(-) Capital a Integralizar	(230)
Reservas de Capital	120
Reservas de Lucros	510
Reserva Legal	30
Reserva de Incentivos Fiscais	180
Reserva para Contingências	300
(-) Ações em Tesouraria	(110)
Total do PL	1.190

35. DISCURSIVA

PADRÃO DE RESPOSTA ESPERADO

O estudante deverá:

a) Elaborar corretamente os balanços, ajustando os dados (valor 3,0 pontos)

ATIVO	2.004		2.005		PASSIVO + PL	2.004		2.005	
Circulante		70.000		110.000	**Circulante**		35.000		100.000
Disponibilidades	25.000		35.000		Contas a Pagar	1.000		39.000	
Clientes	40.000		60.000		Fornecedores	25.000		38.000	
(-) PDD	(1.200)		(1.800)		Dividendos a Pagar	1.000		3.000	
Estoques	1.200		4.300		Notas Promissórias a Pagar	8.000		20.000	
Títulos a Receber	5.000		12.500						
Realizável a Longo Prazo		15.000		7.500	**Exigível a Longo Prazo**		16.000		25.000
Títulos a Receber	15.000		7.500		Financiamentos	16.000		25.000	
Permanente		45.500		45.000	**Patrimônio Líquido**		79.500		37.500
Participações Societárias	6.000		6.000		Capital Social	36.000		37.500	
Imóveis	7.000		12.000		Lucros/Prejuízos Acumulados	43.500		0	0
Equipamentos	15.000		15.000						
Veículos	20.000		20.000						
(-) Depreciação Acumulada	(2.500)		(8.000)						
TOTAL GERAL		130.500		162.500	**TOTAL GERAL**		130.500		162.500

- O balanço do ano 2004 preenchido corretamente: (valor: 1,5 pontos)

Com a informação da aquisição de imobilizado em 2005 é encontrado o valor do Imobilizado de 2004 e o total do ativo 2004, permitindo identificar os valores do lucro prejuízo acumulado 2004 e o total do passivo + Patrimônio Líquido de 2004.

- O balanço do ano 2005 preenchido corretamente: (valor: 1,5 pontos) Os dados I, II, IV e V permite preencher corretamente os valores do Ativo de 2005.

b) Apurar os valores das Contas a Pagar e do Passivo Circulante do Exercício 2004 (valor: 1,0 ponto)

O aluno deverá, aplicando a fórmula do índice de liquidez, apurar os valores solicitados:

$$\text{Indice de Liquidez Corrente} = \frac{\text{Ativo Circulante}}{\text{Passivo Circulante}} = 2,0 = \frac{70.000}{x} = 35.000 = \text{Passivo Circulante}$$

• Contas a Pagar (valor: 0,5 ponto)
• Passivo Circulante (valor: 0,5 ponto)

c) Apurar os valores dos Lucros Acumulados e do Passivo Circulante do Exercício 2005 (valor: 1,0 ponto)

$$\text{Indice de Liquidez Corrente 2005} = \frac{\text{Ativo Circulante}}{\text{Passivo Circulante}} = 1,10 = \frac{110.000}{x} = 100.000 = \text{Passivo Circulante 2005}$$

• Lucros Acumulados (valor: 0,5 ponto)
• Passivo Circulante (valor: 0,5 ponto)

36. DISCURSIVA

PADRÃO DE RESPOSTA ESPERADO

a) Elaboração do Balanço Patrimonial

Ativo total = Aplicações totais de recursos = Passivo + PL, logo:

Ativo = 12.000 e Passivo + PL = 12.000,00

Passivo Circulante = Passivo total (–) (PL+ PELP)

Passivo Circulante = 12.000 – (7.000 + 1.280)

Passivo Circulante = 3.720

Ativo Circulante = Passivo circulante + capital circulante líquido

Ativo Circulante = 3.720 + 3.080

Ativo Circulante = 6.800

Liquidez Geral = (AC + ARLP) / (PC + PELP) = 1,6
Liquidez Geral = (6.800 + ARLP) = (3.728 + 1.280) * 1,6
ARLP = (5.000 * 1,6) – 6.800
ARLP = 8.000 – 6.800 ARLP = 1.200

BALANÇO PATRIMONIAL

AC	6.800	PC	3.720
ARLP	1.200	PELP	1.280
AP	4.000	PL	7.000
Total	12.000	Total	12.000

b)

• **Capital circulante próprio ou Capital de giro próprio**

Capital circulante próprio = PL – (AP + ARLP) = 7.000 – (4.000 + 1.200) = **1.800**

Outras alternativas de determinação do capital circulante próprio:

1ª Alternativa

Capital circulante próprio = PL – AP = 7.000 – 4.000 = **3.000**

2ª Alternativa

Capital circulante próprio = capital circulante positivo = **3.080**

Indica a parcela de capital próprio que financia o Ativo Circulante. A Cia. Novidade financia o Ativo Permanente, o Ativo Realizável a longo prazo e, ainda, uma parcela do Ativo Circulante, com o capital próprio.

• **Liquidez corrente**

ILC = AC / PC   ILC = 6.800 / 3.720   ILC = **1,828**

O ILC apresenta a capacidade de cobertura dos passivos circulantes pelos ativos circulantes.

A Companhia apresenta R$ 1,828 de ativos circulantes (correntes) para cobrir cada real de passivos circulantes (obrigações correntes)

• **Participação do capital de terceiros**

(PC + PELP) / PL = (3.720 + 1.280) / 7.000 = **71,43%**

Outra alternativa de resposta:

PCT (ou EG) = (PC + PELP) / Ativo Total = (3.720 + 1.280) / 12.000= **41,67%**

Indica a relação entre o capital de terceiros e o capital próprio.

As obrigações da entidade representam 71,43% (ou 41,67%) do capital próprio, relação considerada aceitável.

• **Composição do passivo**

PC / (PC + PELP) = 3.720 / (3.720 + 1.280) = **74,40%**

Indica a relação entre as obrigações de curto prazo e as obrigações totais.

As obrigações de curto prazo representam 74,4 % das obrigações totais da entidade, caracterizando concentração das obrigações no curto prazo.

37. DISCURSIVA

PADRÃO DE RESPOSTA ESPERADO

a1) O endividamento da empresa é baixo.
R: Esta conclusão é correta, pois o capital de terceiros corresponde a menos da metade do Patrimônio Líquido. O PL representava 74,93% em 2000 e 70,95% em 2001. A participação do capital de terceiros em relação ao capital próprio (PL) é um indicador de risco ou dependência a terceiros por parte da empresa. Esse indicador é importante, pois, em média, as empresas que vão à falência apresentam endividamento elevado em relação ao PL.

a2) O valor de estoques é baixo para o nível atual de vendas.
R: A princípio, esta conclusão é falsa. Primeiro, porque estoque é o maior componente do Ativo Circulante. Como análise sempre envolve comparação, comparando um período com outro, verificamos que os estoques aumentaram de 380.000 em 2000 para 650.000 em 2001, e, ainda, que os estoques cresceram mais do que as vendas entre 2000 e 2001. Poder-se-á aceitar a. resposta de que a conclusão é verdadeira somente se o respondente relacionar o valor de estoque (650.000) com o valor de vendas (16.500.000), com o argumento de que a empresa consegue apresentar um valor de vendas 25,38 vezes maior que o volume de estoques.

a3) A liquidez corrente da empresa é excelente.
R: Esta conclusão é falsa porque, isoladamente, não se pode afirmar que um indicador é excelente ou não. Um dos maiores problemas na utilização de indíces é que os mesmos representam relações, no caso presente, entre Ativo e Passivo Circulante, e sem o conhecimento detalhado da composição do numerador e do denominador da fração ou dos prazos de recebimento ou pagamento, não se pode afirmar nada com segurança. Além do mais, teríamos que comparar o indicador da empresa com os indicadores do setor em que a mesma encontra-se situada, ainda mais que o índice de liquidez corrente decresceu de 2000 (1,30) para 2001 (1,28).

a4) A política de expansão dos investimentos no Permanente deu resultado, pois as vendas cresceram 47% e o lucro, 123%.
R: Esta conclusão é verdadeira, pois, com os dados disponíveis, a elevação dos investimentos no permanente possibilitou uma expansão das vendas e do lucro, apresentando um comportamento do Retorno sobre os Ativos da ordem de 0,07, em 2000, para 0,11, em 2001, mostrando que houve aumento de rentabilidade. Embora não se possa afirmar tratar-se de uma relação de causa e efeito, constata-se uma contribuição da política de expansão dos investimentos para o crescimento das vendas e do lucro. A dificuldade de tal análise reside em não se poder explicar a magnitude da contribuição da política de expansão dos investimentos isoladamente, pois expansão de vendas e aumento do lucro decorrem de um conjunto de fatores não totalmente conhecidos.

a5) Os custos estão controlados, mas houve uma expansão acima do normal nas Despesas Operacionais.
R: Parte da conclusão é correta, isto é, os custos estão realmente controlados, pois subiram menos que as vendas. Entretanto, a outra parte é falsa, pois as despesas foram maiores que as receitas líquidas.

a6) Há uma preocupação, em particular, com a depreciação, visto que algumas máquinas estão tendo deterioração elevada, precisando ser vendidas por valor abaixo do valor contábil.
R: A preocupação é procedente com relação à deterioração elevada e não com a depreciação, já que a depreciação das máquinas é função do uso ou de fatores tecnológicos relacionados às máquinas. As vendas de máquinas abaixo do valor contábil podem ser explicadas por uma série de fatores, destacando-se, nos dias atuais, a obsolescência acelerada decorrente da velocidade da inovação tecnológica.

b1) Obter um empréstimo externo de US$ 500.000,00 para expandir mais o parque fabril, com aquisição de máquinas novas e muito mais produtivas.
R: Parece ser uma estratégia viável considerando o baixo endividamento da empresa, sobretudo se for a longo prazo. A viabilidade desta decisão vai depender das taxas de retorno obtidas com a aplicação desses recursos. Esta é uma questão relacionada ao conceito de alavancagem financeira. O que deve determinar a decisão é o resultado da comparação entre taxa de retorno e custo da dívida.

b2) Aumentar em 50% o volume de estoques para atender à demanda crescente pelos produtos da empresa
R: A estratégia não é viável por partir de premissa equivocada. A previsão de vendas é que determinará os níveis desejados de estoque e não o contrário. Qualquer erro na decisão sobre os níveis de estoques pode implicar perda de vendas ou aumento excessivo nos custos de estocagem.

b3) Aumentar as vendas da empresa em 50%, elevando o prazo de recebimento para 30 dias.
R: A meta pode ser considerada viável. Esta é uma decisão que depende do giro de contas a receber. Se a empresa aumentar as vendas através da elevação do prazo de recebimento e aumentar a eficiência na cobrança, a empresa deverá ser bem sucedida. Um aumento do prazo de recebimento de 20 para 30 dias pode ser considerado adequado, mantidas as mesmas condições de pagamento aos fornecedores. Portanto, o alcance da meta vai depender do quão a empresa for eficiente na cobrança de contas a receber.

b4) Reduzir as despesas administrativas e de vendas em 10%.
R: Sempre é possível reduzir despesas, principalmente de vendas e administrativas, pois são itens em que o poder de decisão do gestor é mais efetivo. Em vista disso, é uma meta viável.

c1) Antes das metas.
R: A tendência da empresa era a de manter o endividamento baixo, a liquidez em nível satisfatório e ter expansão de vendas, talvez não tão expressiva como ocorreu em 2001, mas, ainda assim, elevada. Com os custos e as despesas com crescimento controlados, a expectativa era de um lucro razoável. Portanto, as expectativas da empresa eram auspiciosas.

c2) Após as metas.
R: A tendência é de aumento do endividamento visando a aumento de escala de produção e vendas. A liquidez seca deve sofrer queda em virtude do aumento dos estoques. O risco financeiro, de uma maneira geral, se eleva. Entretanto, o aumento das vendas, acompanhado do controle de custos e redução das despesas operacionais, provocará substancial elevação dos lucros. A situação financeira da empresa deverá melhorar.

CONTEÚDO 05 – ANÁLISE E INTERPRETAÇÃO DE DEMONSTRAÇÃO CONTÁBEIS

1. C
2. C
3. E
4. B
5. E
6. E
7. B
8. C
9. D
10. B
11. B

CONTEÚDO 06 – CONTABILIDADE E ANÁLISE DE CUSTO

1. A
2. A

CONTEÚDO 07 – CONTABILIDADE GERENCIAL

1. B
2. D
3. D
4. C
5. D
6. A
7. D
8. C
9. B
10. A
11. C
12. C
13. D
14. A
15. B
16. D
17. A

18. DISCURSIVA
PADRÃO DE RESPOSTA ESPERADO

a) Margem Bruta Total

Em R$

Itens	Cintos	Bolsas
Receita Líquida de Vendas	450.000,00	500.000,00
Custo dos Produtos Vendidos	(470.000,00)	(340.000,00)
Custo Variável Total	(360.000,00)	(280.000,00)
Custo Fixo Total	(110.000,00)	(60.000,00)
Margem Bruta Total	**(20.000,00)**	**160.000,00**

b) Margem Direta Total (2ª Margem de Contribuição)

Em R$

Itens	Cintos	Bolsas
Receita Líquida de Vendas	450.000,00	500.000,00
Custo Variável Total	(360.000,00)	(280.000,00)
Despesa Variável Total	(30.000,00)	(60.000,00)
Margem de Contribuição Total	60.000,00	160.000,00
Custos Fixos Identificados	(50.000,00)	(20.000,00)
Margem Direta Total	**10.000,00**	**140.000,00**

c) O impacto no resultado é uma redução do lucro da empresa no valor de R$10.000,00, correspondente ao valor da margem direta (2ª Margem de Contribuição) do produto Cinto.

19. DISCURSIVA
PADRÃO DE RESPOSTA ESPERADO

a) Ponto de equilíbrio, margem de segurança, grau de alavancagem operacional

CV = 6.500.000,00	MC % = 50 %
DV = 1.500.000,00	CF = 2.500.000,00
CDV = 8.000.000,00	DF = 4.500.000,00
MCT = 8.000.000,00	CDF = 7.000.000,00

Outra alternativa de resposta:

CV = 6.500.000,00	MC % = 50 %
DV = 1.500.000,00	CF = 2.500.000,00
CDV = 8.000.000,00	DF = 3.900.000,00
MCT = 8.000.000,00	CDF = 6.400.000,00

$$PEO = \frac{CDF}{MC\,\%} = \frac{7.000.000,00}{0,50} = 14.000.000,00$$

Outra alternativa de resposta:

$$PEO = \frac{CDF}{MC\,\%} = \frac{6.400.000,00}{0,50} = 12.800.000,00$$

$$MS = \frac{R - RPE \times 100}{R} = \frac{16.000.000,00 - 14.000.000,00 \times 100}{16.000.000,00} = 12,50\,\%$$

Outra alternativa de resposta:

1ª Alternativa

$$MS = \frac{R - RPE \times 100}{R} = \frac{16.000.000,00 - 12.800.000,00 \times 100}{16.000.000,00} = 20,00\,\%$$

2ª Alternativa

$$MS = \frac{R - RPE \times 100}{R} = \frac{16.000.000,00 - 14.000.000,00 \times 100}{14.000.000,00} = 14,29\,\%$$

$$GAO = \frac{MCU \times VOL}{MCU \times VOL - CDF} = \frac{MCT}{LAIR} = \frac{8.000.000,00}{1.000.000,00} = 8,00 \text{ vezes}$$

(valor: 5,0 pontos)

Outra alternativa de resposta:

$$GAO = \frac{MCU \times VOL}{MCU \times VOL - CDF} = \frac{MCT}{LAIR} = \frac{8.000.000,00}{1.600.000,00} = 5,00 \text{ vezes}$$

b) Análise do risco operacional

Foram aceitas diferentes respostas, dependendo das justificativas apresentadas pelo graduando.

Exemplos de respostas possíveis:

- O risco operacional pode ser considerado elevado, tendo em vista que o ponto de equilíbrio está muito próximo ao nível de vendas em que a empresa está operando. Além disso, a margem de segurança é baixa, mostrando que uma oscilação pequena pode levar a empresa a operar no prejuízo, e a alavancagem operacional é alta, mostrando que a empresa tem muito potencial para crescer, mas confirmando o elevado risco operacional.

- O risco operacional pode ser considerado médio, tendo em vista a margem de segurança de 20,00% e o GAO de 5,00 vezes.
- O risco operacional pode ser considerado baixo, tendo em vista que o lucro líquido representa 4,69% das receitas, além de 7,89% do Ativo e, ainda, 12,50% do Capital próprio. (valor: 5,0 pontos)

20. DISCURSIVA

PADRÃO DE RESPOSTA ESPERADO

a) A resposta do problema está no próprio enunciado da questão: "O gerente não apoiou o fechamento do negócio por entender que o preço do pedido não era suficiente para cobrir os custos de produção". Segundo seu entendimento, o preço não cobriria os custos de produção gerando prejuízo para a empresa. Ele não deve ter levado em consideração que os custos e as despesas fixas não seriam alterados caso tivesse aceitado a oferta. Do mesmo modo, por se tratar de uma venda para o mercado externo, tal fato dificilmente ocasionaria uma insatisfação entre os clientes no mercado interno em virtude de a venda ter sido feita por um preço menor.

b) Quando existe capacidade ociosa, os custos e despesas fixas normalmente não variam quando uma empresa recebe um pedido que não necessite de um investimento adicional na capacidade instalada. Desse modo, a aceitação de um pedido como esse dependerá principalmente do preço que se pretende pagar, dos custos e das despesas variáveis. Caso o preço supere os custos e as despesas variáveis, a margem de contribuição unitária do pedido será positiva, o que determinará um aumento nos lucros.

Nessa questão temos:

Preço de venda unitário 123,00

(−) Custo variável unitário (88,33)

(−) Despesa variável unitária (10,73)

Margem de contribuição unitária 23,94

Margem de contribuição total = 23,94 x 15.000 = 359.100,00

Portanto, a aceitação do pedido geraria um aumento no lucro, na ordem de R$ 359.100,00.

CONTEÚDO 08 – CONTROLADORIA

1. A	3. B	5. E
2. A	4. C	

CONTEÚDO 09 – ORÇAMENTO E ADMINISTRAÇÃO FINANCEIRA

1. C	3. B	5. C
2. E	4. E	

CONTEÚDO 10 – CONTABILIDADE E ORÇAMENTO GOVERNAMENTAL

1. B	3. E	5. E
2. C	4. B	

CONTEÚDO 11 – AUDITORIA EXTERNA E INTERNA

1. D	4. A	6. B
2. E	5. A	7. D
3. C		

8. DISCURSIVA

PADRÃO DE RESPOSTA ESPERADO

O sistema de controle interno da empresa apresenta falhas, especialmente por não separar adequadamente as funções de registro e custódia de ativos (segregação de funções).

Em relação à Tesouraria, o contador não deve ocupar a função de tesoureiro e vice-versa, visto que tal procedimento fere aspectos relacionados às especificidades das funções, podendo gerar situações de risco para a empresa como, por exemplo, recebimento de juros ou outros procedimentos, sem registro na Tesouraria e conseqüente contabilização, podendo caracterizar-se como desfalque permanente. O contador, exercendo a função de controle sobre os serviços executados pela Tesouraria, fica impossibilitado de assumir funções nesse setor, o que dá maior confiabilidade aos valores constantes nos relatórios. Daí, a necessidade de separar as funções relacionadas ao processo de registro daquelas relacionadas à Tesouraria.

O responsável pela área de compras não deve ser o mesmo que faz o recebimento, a conferência e a devolução das mercadorias, pois tal situação gera um risco de fraude ou manipalação dos controles.

É um problema para o Estoque o fato de o controle ser periódico, visto que somente se conhecerá o custo das mercadorias por ocasião do levantamento do inventário físico, que ocorre de seis em seis meses. O inventário periódico deixa lacunas, pois não há condições de apurar possíveis desvios, em decorrência da falta de informações sobre as unidades existentes no estoque e respectivos valores.

A contagem física, sendo efetuada por funcionários do próprio almoxarifado, não dá segurança de que as quantidades levantadas sejam realmente aquelas constantes no estoque. Pode-se até utilizar funcionários do almoxarifado como auxiliares no procedimento de contagem física, todavia o trabalho deve ser coordenado por pessoal não ligado à área de compras e as contagens devem ser de tal forma que uma das verificações seja efetuada sempre por funcionários não ligados ao setor.

9. DISCURSIVA

PADRÃO DE RESPOSTA ESPERADO

a) O auditor deve sugerir à empresa que ajuste os valores nos livros contábeis e refaça o Balanço Patrimonial.

b) Os quatro principais procedimentos na área de Caixa e Bancos são apresentados a seguir.

1. Contagem de caixa: as contagens de caixa visam a verificar a existência física de recursos e a identificar a adequação ou não do seu uso, devendo ser realizadas de surpresa.

2. Circularização dos saldos bancários: a circularização é necessária para obter evidência externa de que os recursos estão à disposição da empresa e sem qualquer restrição.

3. Cutoff (corte) de cheques: o corte dos cheques permite identificar se todos os cheques emitidos em determinado exercício foram contabilizados tempestivamente e, se ainda não tiverem sido compensados, se encontram-se pendentes na conciliação bancária. Objetiva ainda verificar se cheques emitidos no exercício seguinte ao encerramento do balanço foram ou não descontados antes do encerramento do balanço.

4. Teste das conciliações bancárias: permite identificar pendências que possam afetar o resulado do exercício, bem como identificar pendências antigas que possam estar encobrindo fraudes. (valor: 7,0 pontos)

CONTEÚDO 12 – PERÍCIA

1. E

CONTEÚDO 13 – LEGISLAÇÃO SOCIETÁRIA, COMERCIAL, TRABALHISTA E TRIBUTÁRIA

1. C
2. E
3. D
4. D
5. E
6. B
7. C
8. E
9. B
10. E
11. C
12. E
13. A
14. A
15. A
16. E

CONTEÚDO 14 – ESTATÍSTICA DESCRITIVA E INFERÊNCIA

1. C
2. B

CONTEÚDO 15 – SISTEMAS E TECNOLOGIAS DE INFORMAÇÕES

1. A
2. A

CAPÍTULO XI
QUESTÕES DE COMPONENTES ESPECÍFICOS DE CIÊNCIAS ECONÔMICAS

CONTEÚDO 01 – ESTATÍSTICA

1. D
2. B
3. D
4. D
5. E
6. A
7. C
8. E
9. B
10. A
11. D
12. E
13. B
14. A
15. E
16. B
17. A
18. C
19. C
20. DISCURSIVA
Não há padrão de resposta

CONTEÚDO 02 – MATEMÁTICA

1. D
2. A
3. C
4. A

CONTEÚDO 03 – CONTABILIDADE EMPRESARIAL

1. A
2. E
3. E
4. D
5. E

CONTEÚDO 04 – ECONOMIA BRASILEIRA CONTEMPORÂNEA

1. D
2. B
3. A
4. E (ALTERADO)
5. B
6. D
7. B
8. D
9. E
10. B
11. D
12. B
13. E

14. DISCURSIVA

PADRÃO DE RESPOSTA ESPERADO

PADRÃO DE RESPOSTA

a) A URV era uma unidade de valor e não exercia a função de meio de pagamento. **(valor: 2,0 pontos)**

b) Não, pois a introdução da URV poderia unificar e estabilizar a inércia inflacionária e as expectativas futuras de aumento de preços em URV, mas, para eliminar a inflação, seria necessário adicionalmente que a URV se tornasse meio de pagamento e que daí em diante a política econômica do governo evitasse excessos de demanda agregada na economia, evitando as causas não inerciais da inflação. **(valor: 4,0 pontos)**

Obs: Foram aceitas todas as respostas razoavelmente consistentes como a apresentada acima.

c) O Plano Real focalizou inicialmente o componente inercial e a expectativa de inflação, e, em seguida, procurou controlar a demanda agregada.
Um plano ortodoxo daria ênfase inicial à redução crível da demanda agregada, a qual também reduziria, eventualmente, as expectativas de inflação. **(valor: 4,0 pontos)**
Obs: Foram aceitas também respostas que mencionaram a especificidade da heterodoxia, como âncora cambial, novo meio de troca, desindexação, congelamento, ou seja, políticas dirigidas à eliminação das causas inerciais da inflação.

15. DISCURSIVA
Não há padrão de resposta

16. DISCURSIVA

PADRÃO DE RESPOSTA ESPERADO

a) Em relação ao período anterior, o do milagre econômico, a taxa de crescimento caiu (mas permaneceu positiva), a inflação aumentou e o *deficit* do balanço de pagamentos também aumentou. (valor: 6,0 pontos, sendo 2,0 para cada conseqüência)

b) A adoção das medidas contidas no II Plano Nacional de Desenvolvimento e/ou o aumento do endividamento externo. (valor: 4,0 pontos)

17. DISCURSIVA
Não há padrão de resposta

CONTEÚDO 05 – FORMAÇÃO ECONÔMICA DO BRASIL

1. B
2. E
3. D
4. C
5. A
6. E
7. C
8. D
9. A
10. A

11. DISCURSIVA

PADRÃO DE RESPOSTA ESPERADO

a) A partir da década de 30, o Estado foi o principal promotor da industrialização no Brasil. A partir da intervenção do Estado no planejamento do desenvolvimento do País, a indústria transforma-se no setor mais dinâmico da economia. A implantação de inúmeras empresas estatais (BNDE, PETROBRAS, CSN) e setores estratégicos (energia elétrica, telefonia, aço, petróleo, motores) cria as bases para a consolidação e o crescimento da indústria brasileira nas décadas seguintes. (valor: 5,0 pontos)

b) Com a formação e a consolidação do setor produtivo estatal, a estrutura industrial e empresarial brasileira ganhou uma nova e mais complexa configuração. Até a primeira metade da década de 50, as empresas estatais dominaram os setores produtores de insumos básicos para o restante da indústria brasileira: bens de capital e infra-estrutura física e financeira. A partir da segunda metade daquela década, as empresas estrangeiras passaram a dominar os setores de bens de consumo durável, estabelecendo uma especialização setorial entre os capitais estatal, nacional (predominantemente na indústria leve e nos setores de serviços financeiros e não financeiros) e estrangeiro, conhecido como o "tripé empresarial". (valor: 5,0 pontos)

CONTEÚDO 06 – HISTÓRIA DO PENSAMENTO ECONÔMICO

1. C
2. D
3. D
4. D
5. C
6. D
7. C
8. E
9. D
10. A
11. A
12. B
13. C

14. DISCURSIVA

PADRÃO DE RESPOSTA ESPERADO

- **Geopolíticos:** A base geográfica ficou mais ampla do que antes com o aumento do número de países industrializados e em processo de industrialização, principalmente, os Estados Unidos, a Alemanha, a França e o Japão. Na medida em que a Grã-Bretanha perdia a sua condição hegemônica, esses novos países industrializados disputavam maior participação nos mercados mundiais. A disputa por mercados acabou levando ao enfrentamento militar entre as principais potências industriais mundiais.

- **Tecnológicos:** A revolução tecnológica foi fruto da difusão do uso da eletricidade, do barateamento dos custos de produção do aço com o desenvolvimento de processos produtivos mais eficientes, das novas descobertas no campo da química orgânica e do estabelecimento dos motores a combustão interna como padrão da indústria automobilística. A revolução tecnológica do final do século XIX representa também o amadurecimento do paradigma eletromecânico, mais flexível quando comparado com o paradigma mecânico, surgido com a primeira revolução tecnológica do final do século XVIII.

- **Industriais:** As principais transformações nas estruturas industriais tenderam a concentrar-se nas técnicas de produção que eram utilizadas até o momento, nos produtos, nas práticas gerenciais com a introdução do fordismo/taylorismo, e nas estruturas das grandes empresas capitalistas, com o intenso processo de fusões e aquisições e o crescente encadeamento (verticalização) das etapas de produção, distribuição e comercialização.

- **Padrões de Consumo:** Os padrões de consumo sofreram uma importante transformação com a crescente concentração urbana da população e o surgimento do mercado para bens de consumo de massa, padronizados, produzidos e comercializados em larga escala. Esses produtos, na sua grande maioria, eram de preço unitário mais elevado e eram mais sofisticados, exigindo serviços especializados de financiamento, comercialização e distribuição e manutenção pós-venda. (valor: 10,0 pontos)

15. DISCURSIVA

PADRÃO DE RESPOSTA ESPERADO

a) **Lei de Say:** A oferta cria sua própria demanda ou a renda determina o gasto ou a renda recebida é totalmente despendida pelos agentes econômicos a cada período de produção (de modo que a demanda agregada é sempre igual à oferta agregada – o PIB).

Princípio da demanda efetiva: o gasto determina a renda ou a soma dos gastos em consumo (público e privado) e investimento (público e privado) com o saldo da balança comercial determina a renda nacional (o PIB) a cada período de produção. Ou, ainda, uma resposta que contemple a formulação original de Keynes: *"...o volume de emprego depende do nível de receita que os empresários esperam receber da correspondente produção. Os empresários, pois, esforçam-se por fixar o volume de emprego ao nível em que esperam maximizar a diferença entre a receita e o custo dos fatores."* Keynes, 1936 [1983]: 30 (valor: 4,0 pontos)

b) **Lei de Say:** Política Pública deve ser nula: *laissez-faire*. Os mercados se auto-regulam e devem ser deixados livres para fazê-lo. A política fiscal deve consistir em manter um orçamento equilibrado.

Princípio da demanda efetiva: Política Pública deve ser ativa e contracíclica, criando e injetando demanda em situações onde os agentes privados estão impedidos de ou se recusam a fazê-lo. Política fiscal (*deficits* ou *superavits* fiscais) deve ser utilizada em função de metas relativas à estabilização dos mercados (nível geral de preços e expectativas dos agentes) e à elevação do nível de emprego (ou, alternativamente, à promoção do pleno emprego). (valor: 6,0 pontos)

16. DISCURSIVA

PADRÃO DE RESPOSTA ESPERADO

Tradição que NEGA a possibilidade de criação de vantagens comparativas (VC): o argumento é o de que a existência de liberdade comercial e de livre concorrência implica sempre a melhor solução, que as vantagens comparativas são fundamentalmente naturais (e portanto herdadas) e que, se houver alguma vantagem comparativa não explorada, ela será descoberta pelo setor privado, que está permanentemente em busca de oportunidades. Logo, as vantagens comparativas não podem ser "criadas", mas "descobertas" (Adam Smith, Ricardo, Hecksher, Ohlin e seguidores até 2003).

Importância para o debate acerca dos processos de abertura e integração comercial e das políticas de crescimento no Brasil hoje: Estado deve-se abster de fazer políticas de estímulo ao crescimento e, especialmente, de política industrial voltada para proteção de setores eleitos como *estratégicos* e/ou empresas eleitas como *vencedoras*.

Tradição que AFIRMA a possibilidade de criação de vantagens comparativas (VC): o argumento é o de que em condições especiais, como atraso tecnológico a ser recuperado, amplo mercado interno a ser explorado e possibilidade de obtenção de economias de escala na indústria, é possível criar "vantagens comparativas" via proteção temporária a indústrias nascentes e, mais genericamente, com uma política industrial transitória, apoiada em recursos alocados no orçamento público (Alexander Hamilton, John Rae, Friedrich List, Hirschman, Krugman, A. Amsden, R. Wade).

Importância para o debate acerca dos processos de abertura e integração comercial e das políticas de crescimento no Brasil hoje: Estado deve-se envolver com políticas de estímulo ao crescimento, e, especialmente, com políticas industrial, tecnológica e de financiamento de longo prazo voltadas para o incremento da produtividade no sistema econômico. (valor: 10,0 pontos)

17. DISCURSIVA
PADRÃO DE RESPOSTA ESPERADO

a) A economia positiva trata do que é (o que acontece na economia), enquanto a economia normativa trata do que deve ser (o que deveria acontecer, ser feito). (valor: 4,0 pontos, sendo 2,0 pontos para cada aspecto)

b) Dimensão normativa – a fixação do salário mínimo tem como objetivo aumentar a renda dos trabalhadores ou melhorar a distribuição de renda na sociedade. (valor: 3,0 pontos)

Dimensão positiva – discute se a fixação do salário em um nível acima do desejável pode:

- levar as firmas a demitir trabalhadores (substituir trabalho por capital);
- provocar desemprego involuntário;
- levar as empresas a evitarem a contratação de novos trabalhadores;
- levar ao enrijecimento do mercado de trabalho;
- garantir um patamar mínimo de demanda efetiva.

(valor: 3,0 pontos, valendo qualquer das alternativas acima)

18. DISCURSIVA
PADRÃO DE RESPOSTA ESPERADO

a) O homem econômico é uma abstração, que ignora/deixa de lado todas as motivações do comportamento humano, exceto o comportamento maximizador ou de acumulação de riqueza. (valor: 5,0 pontos)

b) Trata-se de uma simplificação sobre o comportamento econômico dos indivíduos, o que facilita o processo de teorização (permite construir teorias mais enxutas, garante a parcimônia dos modelos, permite modelar, etc). (valor: 5,0 pontos)

17. DISCURSIVA
Não há padrão de resposta

18. DISCURSIVA
PADRÃO DE RESPOSTA ESPERADO

Devem ser mencionados três dos seguintes fatores:

- o emprego de políticas keynesianas, no sentido de estimular a demanda agregada e de reduzir as flutuações econômicas;
- a adoção de políticas públicas de apoio aos desempregados, idosos, doentes, etc, que caracterizam o Welfare State (Estado de Bemestar), gerando acréscimo da demanda;
- a reconstrução das economias européias (o Plano Marshall) e japonesa no marco da Guerra Fria, a qual exigia um auxílio dos Estados Unidos para reduzir os problemas econômicos enfrentados pelas populações destes países;
- a criação do conjunto de instituições de Bretton Woods, as quais permitiram o aumento do comércio internacional no marco de um regime de taxas de câmbio basicamente estáveis;
- os desenvolvimentos tecnológicos, os quais permitiram o desenvolvimento em especial dos automóveis e dos produtos eletrônicos, no marco do padrão de produção fordista, fatores que caracterizam a "sociedade de consumo" desse período;
- a devolução, no fim da guerra, dos empréstimos compulsórios contraídos pelo governo norte-americano para financiar o esforço bélico causou o efeito riqueza, isto é, a devolução desses empréstimos gerou demanda adicional;
- a industrialização das economias periféricas, com a conseqüente demanda de insumos, matérias-primas, máquinas e equipamentos produzidos nos países do primeiro mundo, notadamente nos EUA.

(Um fator correto: 3,0 pontos; dois fatores corretos: 7,0 pontos; três fatores corretos: 10,0 pontos)

19. DISCURSIVA
Não há padrão de resposta

20. DISCURSIVA
Não há padrão de resposta

CONTEÚDO 07 – HISTÓRIA ECONÔMICA GERAL

1. D	7. C	13. E
2. D	8. A	14. E
3. E	9. D	15. D
4. B	10. C	16. B
5. B	11. A	
6. C	12. B	

CONTEÚDO 08 – MICROECONOMIA

1. C	15. E	29. C
2. B	16. B	30. C
3. E	17. A	31. A
4. A	18. E	32. B
5. B	19. C	33. C
6. C	20. D	34. D
7. E	21. B	35. B
8. A	22. E	36. C
9. A	23. C	37. A
10. C	24. D	38. E
11. A	25. C	39. B
12. C	26. C	40. B
13. C	27. A	
14. A	28. D	

41. DISCURSIVA
Não há padrão de resposta

42. DISCURSIVA
PADRÃO DE RESPOSTA ESPERADO

a) $\dfrac{\Delta x}{\Delta p}$, ou $\dfrac{\partial x}{\partial p}$. O significado gráfico é a inclinação (ou declividade) da curva de demanda. **(valor: 2,0 pontos)**

b) Esta medida de variação é altamente dependente das unidades de medida adotadas para quantidades e preços, **(valor: 2,0 pontos)**

quando gostaríamos de uma medida mais geral, permitindo comparações entre as variações da quantidade demandada de diferentes bens, cujas medidas de quantidades e preços são muito diferentes. **(valor: 2,0 pontos)**

c) $\dfrac{\Delta x}{x}\Big/\dfrac{\Delta p}{p}$, ou $\dfrac{\partial x}{x}\Big/\dfrac{\partial p}{p}$, ou $\dfrac{\Delta x}{\Delta p}\Big/\dfrac{x}{p}$, ou $\dfrac{\partial x}{\partial p}\Big/\dfrac{x}{p}$. **(valor: 1,0 ponto)**

Nome: Elasticidade-preço, ou elasticidade-preço da demanda. **(valor: 1,0 ponto)**

Interpretação:
Uma variação *percentual* de um certo montante no preço causa uma variação *percentual* de um certo valor na quantidade demandada, ou, uma variação de y% no preço leva a uma variação de z% na quantidade demandada (y e z podem ser quaisquer símbolos, ou mesmo números, que podem ser utilizados como exemplo). **(valor: 2,0 pontos)**

43. DISCURSIVA
Não há padrão de resposta

44. DISCURSIVA
Não há padrão de resposta

CONTEÚDO 09 – MACROECONOMIA

1. D	16. A	31. B
2. A	17. C	32. A
3. C	18. D	33. E
4. E	19. E	34. A
5. E	20. B	35. E
6. D	21. E	36. D
7. C	22. B	37. D
8. D	23. A	38. C
9. A	24. D	39. B
10. B	25. E	40. A
11. D	26. C	41. E
12. C	27. C	42. B
13. A	28. D	43. A
14. C	29. C	44. B
15. D	30. B	

46. DISCURSIVA
PADRÃO DE RESPOSTA ESPERADO

a) A derivada de uma função num ponto de máximo é zero. No

$$\pi'(x_0)=\dfrac{d}{dx}(x.p(x)-c(x))_{x=x_0}-t=\dfrac{d}{dx}(x.p(x))_{x=x_0}-\dfrac{d}{dx}(c(x))_{x=x_0}-t.$$

Portanto, se estamos supondo que a firma é maximizadora de lucro, fixado o valor do imposto t, o nível de produto x_0 satisfaz a equação

$$\dfrac{d}{dx}(x.p(x))_{x=x_0}-\dfrac{d}{dx}(c(x))_{x=x_0}=t \text{ pois } \pi'(x_0)=\dfrac{d}{dx}(x.p(x))_{x=x_0}-\dfrac{d}{dx}(c(x))_{x=x_0}-t.$$

b) Supondo que a firma é maximizadora de lucro, o nível de produto satisfaz $\dfrac{d}{dx}(x.p(x)-\dfrac{d}{dx}(c(x))-t=0$.

$\dfrac{d\pi}{dt}=-x$ pois $\dfrac{d\pi}{dt}=\left(\dfrac{d}{dx}(x.p(x))-\dfrac{d}{dx}(c(x))-t\right)\dfrac{dx}{dt}-x$. Como o nível de produto é positivo, então $\dfrac{d\pi}{dt}=-x$ é negativo, ou seja, π é decrescente na variável t. Portanto, um aumento no imposto implica diminuição no lucro.

47. DISCURSIVA
Não há padrão de resposta

48. DISCURSIVA
PADRÃO DE RESPOSTA ESPERADO

a) A redução da alíquota do depósito compulsório libera mais recursos para os bancos emprestarem à sociedade, aumentando a oferta de moeda e deslocando a curva LM para a direita. A maior oferta de moeda reduz a taxa de juros, estimulando os investimentos e as compras a crédito, elevando o produto da economia, como ocorreu em 2000.

O aumento do produto exige maior importação, dificultando a obtenção de superávits comerciais, tal como ocorreu no ano passado. A redução da taxa de juros desestimulou o ingresso de capitais de curto prazo. **(valor: 3,0 pontos)**

Surge, entretanto, excesso de demanda no mercado de divisas, causando elevação da taxa de câmbio e estímulo às exportações e desestímulo às importações, deslocando as curvas IS e BP para a direita. Essa elevação não foi grande no Brasil, em 2000, devido ao ingresso de capitais, na forma de investimentos diretos.

Encontrando uma nova situação de equilíbrio interno e externo, a economia estará em algum ponto como B no gráfico. **(valor: 3,0 pontos)**

b)

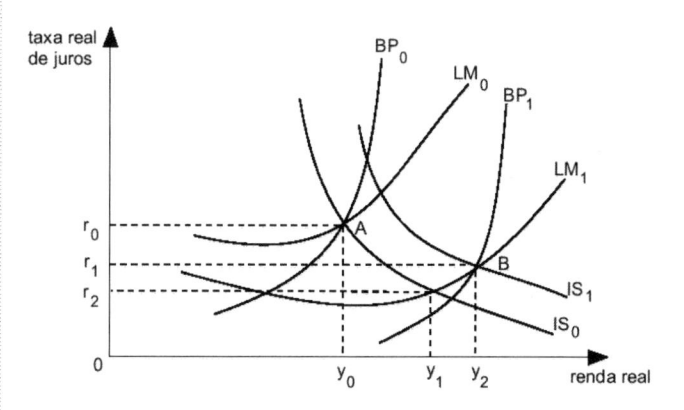

(Gráfico: taxa real de juros vs renda real, mostrando curvas BP_0, LM_0, BP_1, LM_1, IS_0, IS_1, com pontos A em (y_0, r_0) e B em (y_2, r_1), e nível r_2)

(ponto A: 2,0 pontos) / (ponto B: 2,0 pontos)

49. DISCURSIVA

PADRÃO DE RESPOSTA ESPERADO

a) Os motivos abaixo poderiam levar ao surgimento do monopólio.

- A propriedade estratégica de matérias-primas: o proprietário, ao possuir o direito exclusivo ou o direito de propriedade sobre a matéria-prima, pode recursar-se a vendê-la para concorrentes potenciais.

- A exclusividade de conhecimento de alguma técnica de produção: o monopólio surge em função de um mecanismo idêntico ao do caso de uma propriedade estratégica de matérias-primas.

- Direitos de patentes sobre um produto ou processo produtivo: neste caso, o monopólio surge em função do aparato legal-institucional existente.

- Licença governamental exclusiva: a unidade governamental dá a uma firma o direito exclusivo de produzir e/ou comercializar um determinado produto ou serviço.

- O fato de o tamanho do mercado não comportar mais de uma planta operando em tamanho ótimo (monopólio natural), ou seja, uma situação onde o custo médio é decrescente.

(valor: 3,0 pontos, sendo 1,5 ponto para cada uma das duas situações solicitadas)

b)

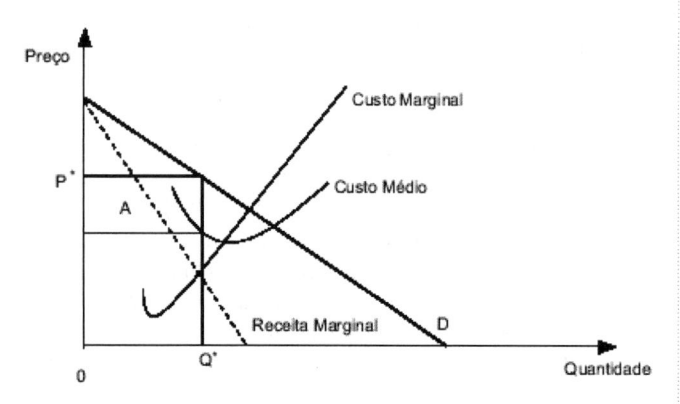

Área A = Lucro **(valor: 1,0 ponto)**
P^* = Preço de Equilíbrio **(valor: 1,0 ponto)**
Q^* = Quantidade de Equilíbrio **(valor: 1,0 ponto)**

c) Como o governo está estabelecendo um imposto específico t, isto implica um aumento do custo marginal do produtor igual a t. Ou seja, a curva de custo marginal se desloca para cima a uma distância t. A nova quantidade de equilíbrio será **menor** que a anterior, e o novo preço será **maior** que o inicial.

Podem ser considerados como corretos os seguintes gráficos: **(valor: 2,0 pontos)**

c1)

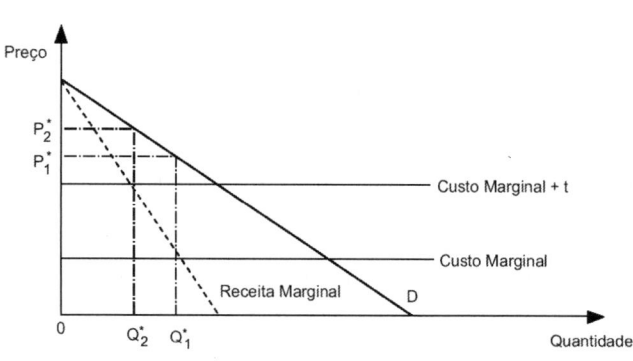

(valor: 2,0 pontos)

OU

c2)

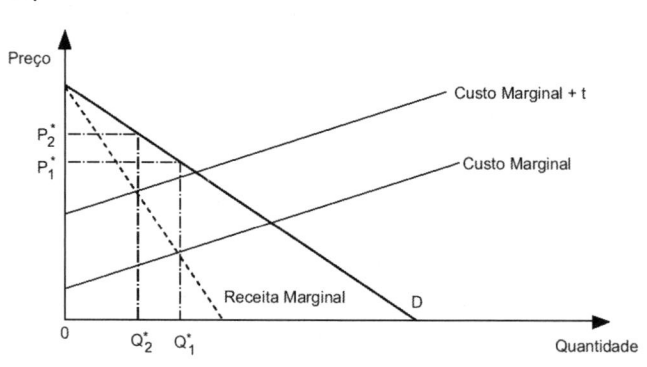

(valor: 2,0 pontos)

OU

c3)

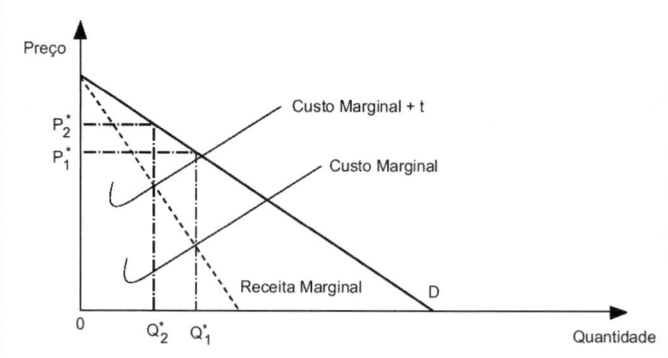

(valor: 2,0 pontos)

50. DISCURSIVA

Não há padrão de resposta

51. DISCURSIVA

Não há padrão de resposta

CONTEÚDO 10 – CONTABILIDADE SOCIAL		
1. D	5. A	8. D
2. E	6. E	9. E
3. D	7. D	10. D
4. A		

11. DISCURSIVA

PADRÃO DE RESPOSTA ESPERADO

Com o aumento na alíquota temos os seguintes:

(i) Os produtores de cigarros originais (CO) estarão dispostos a ofertar cada quantidade a preços maiores devido ao aumento da alíquota. Assim, tem-se um deslocamento da curva de oferta para a esquerda, ocasionando um aumento de preços e uma redução na quantidade transacionada em equilíbrio, como ilustrado no seguinte gráfico sobre o mercado de COs:

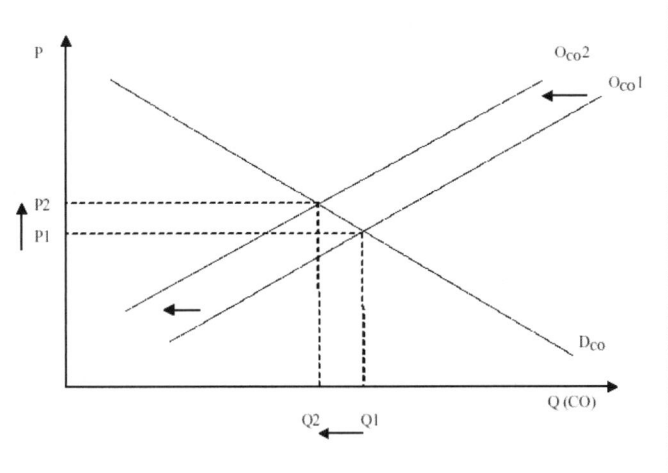

(ii) Como cigarros falsificados (CF) são substitutos para COs o aumento no preço dos COs causa um deslocamento para a direita na demanda por CFs (ao mesmos preços os consumidores estão dispostos a compra uma maior quantia de cigarros falsificados), aumentando o preço e a quantidade transacionada, como ilustrada no gráfico abaixo:

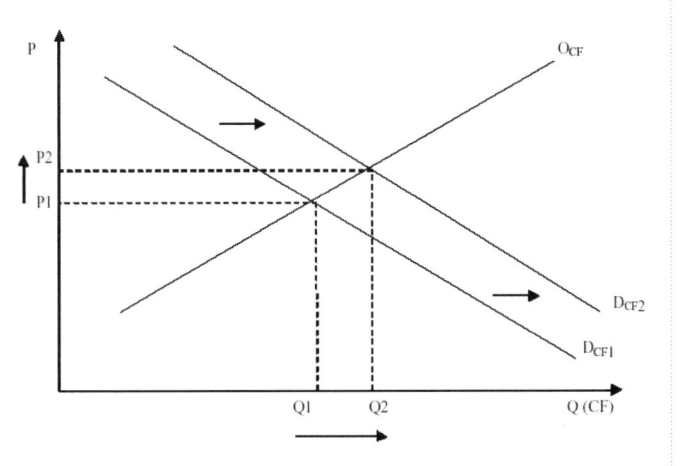

12. DISCURSIVA

PADRÃO DE RESPOSTA ESPERADO

a) A estrutura de mercado tem a capacidade de discriminar os consumidores ou classificá-los em grupos. As diferenças de elasticidade da demanda são determinantes; o grau de concentração é tradicionalmente usado como argumento, mas existe espaço para questionamento. (valor: 5,0 pontos)

b) A discriminação de preços será de terceiro grau, se os consumidores forem classificados em diferentes grupos. A conseqüência será redução do excedente do consumidor e aumento do excedente do produtor. (valor: 5,0 pontos)

Obs.: Será aceita também a resposta de que a discriminação será de segundo grau, se os consumidores forem separados somente por quantidade consumida.

13. DISCURSIVA

Não há padrão de resposta

CONTEÚDO 11 – ECONOMIA INTERNACIONAL		
1. D	8. A	15. C
2. C	9. A	16. A
3. B	10. C	17. C
4. A	11. A	**18. DISCURSIVA**
5. D	12. D	Não há padrão de resposta
6. B	13. B	
7. C	14. E	

CONTEÚDO 12 – ECONOMIA POLÍTICA		
1. C	4. C	6. A
2. B	5. A	7. A
3. D		

CONTEÚDO 13 – ECONOMIA DO SETOR PÚBLICO
1. E

CONTEÚDO 14 – ECONOMIA MONETÁRIA		
1. B	5. B	9. D
2. C	6. B	10. C
3. A	7. B	11. E
4. E	8. E	

12. DISCURSIVA

PADRÃO DE RESPOSTA ESPERADO

a) No Plano Cruzado, a inflação inercial foi enfrentada com a adoção do chamado "choque heterodoxo", que previa dentre outras medidas:

   a) a reforma monetária, criando um novo padrão monetário nacional, o cruzado;
   b) congelamento geral de preços;
   c) regras específicas para conversão de salários;
   d) desindexação da economia, com extinção da ORTN e criação de uma tabela de conversão (tablita);
   e) gatilho salarial.

b) No Plano Real, a inflação inercial foi enfrentada com a desindexação da economia por meio de:

   a) introdução de uma moeda indexada, sendo para isso criado um padrão estável de valor denominado Unidade Real de Valor (URV);
   b) reforma monetária que criou uma nova moeda de curso legal (o Real);
   c) âncora cambial;
   d) condições de emissão e lastreamento da nova moeda para garantir a sua estabilidade;
   e) dentre outras medidas.

13. DISCURSIVA

PADRÃO DE RESPOSTA ESPERADO

a) Trata-se de políticas monetárias restritivas (contracionistas). (valor: 2,0 pontos)

b) O objetivo é conter o processo inflacionário. (valor: 2,0 pontos)

c) Como o aumento da taxa básica de juros e da alíquota do depósito compulsório promovem elevação das taxas de juros de mercado, o montante das vendas (nível de atividade econômica) deve reduzir-se, inibindo elevações de preços. Por isso, são medidas antiinflacionárias, que devem conter a alta dos preços. (valor: 3,0 pontos)

2ª alternativa de solução:

Como o aumento da taxa básica de juros e da alíquota do depósito compulsório promovem elevação das taxas de juros de mercado, **os custos das empresas aumentam, forçando-as a aumentar preços**. Por isso, as medidas adotadas são equivocadas.

d) As conseqüências esperadas são a redução da produção e da renda, com a conseqüente elevação do desemprego. A redução da renda deve diminuir o volume de importações, enquanto a elevação das taxas de juros deve tornar os ativos brasileiros mais atrativos, elevando o fluxo de capitais para o País. (valor: 3,0 pontos)

CONTEÚDO 15 – DESENVOLVIMENTO SOCIOECONÔMICO

1. C
2. B
3. B
4. C

CONTEÚDO 16 – ECONOMETRIA

1. C
2. E
3. C
4. A
5. B
6. B
7. E
8. D
9. A
10. B
11. D
12. E
13. E

14. DISCURSIVA

PADRÃO DE RESPOSTA ESPERADO

a) Uma desvalorização da taxa de câmbio (um aumento em TCR) produz uma redução do volume de importações, pois o coeficiente desta variável é negativo. Por outro lado, uma elevação da renda (PIB) vai ocasionar uma elevação do volume de importações na medida em que o coeficiente que relaciona estas duas variáveis é positivo. Desta forma, a equação apresenta os sinais esperados pela teoria. As importações variam diretamente em relação ao PIB e inversamente em relação à taxa de câmbio real. (valor: 5,0 pontos)

b) Como pode ser visto pelo valor das elasticidades, o impacto de variações no PIB sobre as importações é superior àquele referente à taxa de câmbio real, pois a elasticidade renda (PIB) é 0,95 e a elasticidade preço (TCR) é 0,62. Contudo, como a desvalorização cambial foi muito elevada, seu impacto no sentido de reduzir as importações foi preponderante, superando aquele advindo do PIB, que conduziu a um aumento de importações. Neste sentido, pode-se afirmar que a redução das importações em 2002 foi causada pela desvalorização do câmbio real cujo efeito mais do que compensou o aumento de importações causado pelo aumento do PIB. (valor: 5,0 pontos)

15. DISCURSIVA

PADRÃO DE RESPOSTA ESPERADO

a) $W_i = \alpha + \beta E_i + \delta D_i + \varepsilon_i$, onde W_i é o salário observado do trabalhador i, E_i é o número de anos de educação do trabalhador i, D_i é a variável (*dummy*) que indica o setor de atividade do trabalhador i (Nota: qualquer outro símbolo pode ser escolhido para a variável D_i, desde que sua função seja corretamente indicada), ε_i é o termo aleatório, ou resíduo, ou termo estocástico da regressão; e α, β e δ são os parâmetros da regressão. Nota: os símbolos ε_i, α, β e δ são arbitrários, qualquer outro símbolo, desde que indicada sua função corretamente (termo aleatório e parâmetros do modelo), está correto. (valor: 3,0 pontos)

b) D_i, é uma variável do tipo *dummy*, que assume o valor 1 se o trabalhador i atua no setor X, e assume o valor 0 se o trabalhador i atua no setor Y, (ou vice-versa). (valor: 3,0 pontos)

c) A partir da estimativa do parâmetro δ, seria utilizada uma estatística "t" para testar a hipótese (nula) de esse coeficiente ser igual a zero estatisticamente, contra a hipótese (alternativa) de o mesmo ser diferente de zero, ou estatisticamente significante. (valor: 4,0 pontos)

Obs.: Também pode ser aceito o teste p-valor.

CONTEÚDO 17 – TEMAS COMBINADOS

1. DISCURSIVA

PADRÃO DE RESPOSTA ESPERADO

a)
- A colocação de um imposto sobre o produtor, num montante que equalizasse a curva de oferta normal e a que considera os custos sociais, seria a maneira de corrigir a externalidade, como pode ser visto, por exemplo, no gráfico abaixo.

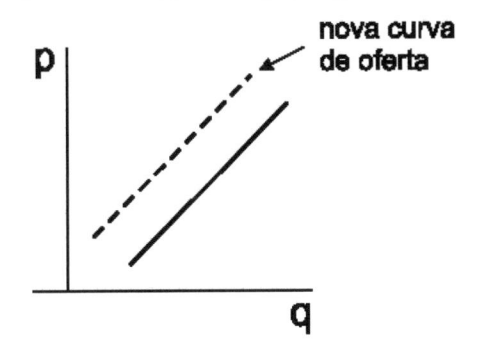

- O mesmo deslocamento da curva de oferta poderia ser obtido se houvesse um "proprietário" do meio ambiente danificado que pudesse cobrar do produtor pelo uso do fator de produção meio ambiente. A curva de oferta também se deslocaria como no gráfico anterior. **(valor: 6,0 pontos)**

Obs: Foram aceitas ainda respostas como: colocar um imposto que permita internalizar o custo do dano ao meio ambiente ou criar um imposto que permita equalizar o custo marginal social aos preços. Foi aceito também o completamento correto do gráfico.

b) Mesmo numa situação em que não haja imposto corretivo, nem um pagamento ao "dono" do meio ambiente, transações entre os prejudicados pelo dano ao meio ambiente e os produtores poderiam resolver a externalidade. Os prejudicados poderiam pagar aos produtores se eles produzissem menos, ou seja, a produção poderia ser reduzida a nível de ótimo social. Mas, para que isto acontecesse, seria preciso que não houvesse custos de transação. **(valor: 4,0 pontos)**

Obs: Para responder corretamente a este item, bastaria enunciar o Teorema de Coase: "Na presença de externalidades, se as partes puderem negociar livremente, não havendo custos de transação, chegariam a um resultado eficiente."

2. DISCURSIVA

PADRÃO DE RESPOSTA ESPERADO

1ª hipótese de resolução (com gráfico)

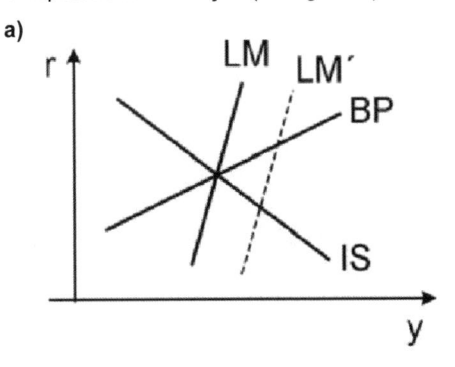

a)

A taxa de juros cai inicialmente e o produto aumenta. Aparece um *deficit* de balanço de pagamentos e o país perde reservas continuamente, até provocar uma contração monetária e a curva LM voltar à posição inicial. **(valor: 5,0 pontos)**

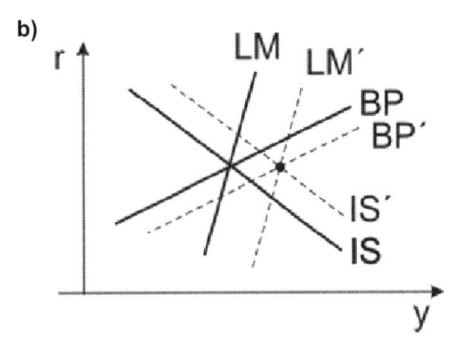

b)

A taxa de juros cai inicialmente e o produto aumenta. Ocorre uma desvalorização cambial que desloca a curva IS para a direita e a curva BP para baixo. A curva LM não volta à posição inicial. **(valor: 5,0 pontos)**

2ª hipótese de resolução (sem gráfico)

a) A taxa de juros cai inicialmente e o produto aumenta. Aparece um *deficit* de balanço de pagamentos e o país perde reservas continuamente, até provocar uma contração monetária e a economia voltar à posição inicial. **(valor: 5,0 pontos)**

b) A taxa de juros cai inicialmente e o produto aumenta. Ocorre uma desvalorização cambial que aumenta a demanda agregada no seu componente exportações líquidas. A economia não volta à posição inicial. **(valor: 5,0 pontos)**

Impressão e Acabamento